JN209540

国際法の
フロンティア

宮崎繁樹先生追悼論文集

編集代表
平 覚＋梅田徹＋濱田太郎

日本評論社

宮崎繁樹 先生

謹んで　故 宮崎繁樹先生に捧げます

執筆者一同

目　次

執筆者紹介　vi

はしがき　vii

第Ⅰ部
人権・人道

1　国連を中心とする国際人権保障————

個人通報手続の誕生……………………………………阿 部 浩 己　3
　　——脱植民地化のダイナミックス

国連人権理事会の特別手続の歴史的展開………………今 井　　直　23

国連における「ビジネスと人権」問題をめぐる議論
　の展開……………………………………………………梅 田　　徹　49
　　——条約化構想と「指導原則」の両立可能性を中心に

国際人権における普遍性再考……………………………戸 田 修 司　77
　　——国際人権に方法論は必要か？

ノン・ルフールマン原則に関する拷問禁止委員会
　および自由権規約委員会の先例法理……………薬 師 寺 公 夫　101

2　日本における国際人権法の適用————

教育分野における国家と個人……………………………荒 牧 重 人　153
　　——国連・子どもの権利委員会による総括所見の分析
　　　　を通じて

From the perspective of a ‘global jurist’: How far did
　the communication between importers and exporters of
　constitutional ideas contribute to Japanese state
　building and peace building? …………………………Akiko Ejima　175

人権条約適合的な国内法解釈……………………………申　　惠 丰　195
　　——生活保護基準引下げの違法性をめぐって

3 地域的人権保障

ヨーロッパ人権裁判所の判例にみる公正な裁判と
　弁護人立会権………………………………………… 北 村 泰 三　217
　　──イブラヒム他対イギリス事件判決を中心に

米州人権裁判所に見る LGBTI の権利………………… 齊 藤 功 高　243
　　──米州人権裁判所の判決と勧告的意見を通して

4 武力紛争・被害者補償

主権免除をめぐる実体法と手続法……………………… 黒 田 秀 治　277
　　──裁判権免除事件を中心に

韓国大法院徴用工判決に関する覚書…………………… 坂 元 茂 樹　297

国際刑事裁判所における被害者賠償の展開…………… 古 谷 修 一　337
　　──個別的損失補填から行政目的の集団的賠償へ

続・空襲被害者と国際法………………………………… 山 下 恭 弘　363
　　──個人の損害賠償請求権の行方

第Ⅱ部
核軍縮・安全保障

核軍縮交渉義務…………………………………………… 江 藤 淳 一　391

核兵器禁止条約の非締約国に対する影響……………… 小 倉 康 久　413
　　──核兵器使用の禁止を中心に

伝統的国際法における在外自国民保護のための
　武力行使の機能………………………………………… 宮 内 靖 彦　431
　　──「意思または能力の欠如」要件の含意

核兵器禁止条約（TPNW）第 6 条および第 7 条の検討
　…………………………………………………………… 山 田 寿 則　455

第Ⅲ部

国際経済・環境

国際環境法における義務と共同体利益（Community Interest）
……………………………………………………………… 井 上 秀 典　481

グローバル・サプライ・チェーン下における
　FTA 特恵原産地規則の課題 …………………………… 平　　　　覚　511

国際経済法における社会条項（労働条項）……………… 濱 田 太 郎　537
　──貿易自由化と人権保障

第Ⅳ部

国際裁判・国際機構

国際裁判における *non liquet* の宣言禁止の許容性を
　めぐる論議………………………………………………… 長 谷 川 正 国　561
　──Lauterpacht、Stone および Fitzmaurice 論争の核心点

能力構築と国連……………………………………………… 林　　一 郎　605

第Ⅴ部

特別寄稿

人権教育啓発推進センターにおける宮崎繁樹先生の
　ご貢献……………………………………………………… 横 田 洋 三　627

宮崎繁樹先生 略歴　633
宮崎繁樹先生 主要業績一覧　635
おわりに　638

［執筆者紹介］（50音順）

阿部浩己（あべ こうき）　　　　　　　明治学院大学教授

荒牧重人（あらまき しげと）　　　　　山梨学院大学教授

井上秀典（いのうえ ひでのり）　　　　明星大学教授

今井　直（いまい ただし）　　　　　　宇都宮大学名誉教授

梅田　徹（うめだ とおる）　　　　　　麗澤大学教授

江島晶子（えじま あきこ）　　　　　　明治大学教授

江藤淳一（えとう じゅんいち）　　　　上智大学教授

小倉康久（おぐら やすひさ）　　　　　明治大学兼任講師

北村泰三（きたむら やすぞう）　　　　中央大学教授

黒田秀治（くろだ ひではる）　　　　　東北学院大学准教授

齊藤功高（さいとう よしたか）　　　　文教大学教授

坂元茂樹（さかもと しげき）　　　　　同志社大学教授

申　惠丰（しん へぼん）　　　　　　　青山学院大学教授

平　　覚（たいら さとる）　　　　　　大阪市立大学名誉教授

戸田修司（とだ しゅうじ）　　　　　　岡山理科大学専任講師

長谷川正国（はせがわ まさくに）　　　福岡大学名誉教授

濱田太郎（はまだ たろう）　　　　　　近畿大学教授

林　一郎（はやし いちろう）　　　　　熊本大学教授

古谷修一（ふるや しゅういち）　　　　早稲田大学教授

宮内靖彦（みやうち やすひこ）　　　　國學院大學教授

薬師寺公夫（やくしじ きみお）　　　　立命館大学特任教授

山下恭弘（やました やすひろ）　　　　福岡大学教授

山田寿則（やまだ としのり）　　　　　明治大学兼任講師

横田洋三（よこた ようぞう）・故人　　人権教育啓発推進センター理事長

はしがき

　敬愛する宮崎繁樹先生は、2016年4月10日、90歳の卒寿を迎えられた年にお亡くなりになりました。明治大学および早稲田大学で先生のご指導を受けた私たちは、先生の卒寿をお祝いする記念論文集を刊行しようと数年前から考えておりましたが、それを実現することができないまま、先生は旅立たれました。それからすでに3年が経過してしまいました。

　しかしながら、なんとか先生の学恩に報いたいという私たちの思いはついえることはありませんでした。そのようなときに、明治大学の間宮勇先生の発意により宮崎先生の追悼論文集の刊行計画が具体的に動き出しました。その直後に間宮先生が60歳の若さで急逝されたことは痛恨の極みでしたが、私たちは間宮先生のご遺志を受け継ぎ、有志による編集委員会を立ち上げました。そしてこのたび、『国際法のフロンティア──宮崎繁樹先生追悼論文集』と題する本書を日本評論社のご協力を得て刊行する運びとなりました。

　宮崎先生は、『国際法における国家と個人』（未来社、1963年）、『人権と平和の国際法』（日本評論社、1968年）、『戦争と人権』（学陽書房、1976年）など、とくに国際人権法に関する多数のご著書とご論文を発表されました。また、世界法学会理事長（1987年〜1990年）および国際人権法学会理事長（1991年〜1994年）を務められ、日本の国際法学界に多大な貢献をされました。さらに、実践面でも、台湾人元日本兵士の補償問題を考える会代表世話人、在日韓国人の政治犯を支援する会世話人、公益財団法人人権教育啓発推進センター理事長（1997年〜2006年）等として人権の実現と普及推進に尽力されました。

　本書では、そのような先生のご活躍の中で、現人権教育啓発推進センター理事長の横田洋三先生をはじめ、とくに宮崎先生とご親交のあった学界の方々にもご寄稿を頂くことができ、宮崎先生を追悼する論文集としてふさわしい、全体で24篇に及ぶ充実した内容のものとすることができました。

　限られた時間の中で、私たちの志に賛同していただき力作をお寄せいただ

いた各著者の皆様に厚く御礼申し上げます。しかしながら、2019年6月12日
に突然悲報がはいり、横田洋三先生がご逝去されました。本書の刊行がもう
まもなくという時期に誠に残念でなりませんが、ここに謹んで哀悼の意を表
します。

　最後になりましたが、本書の刊行については、日本評論社社長串崎浩氏お
よび同社編集部の武田彩氏に格別のご配慮を賜りました。また、本書巻頭の
宮崎繁樹先生のご遺影は、人権教育啓発推進センターからご提供いただきま
した。記して深謝申し上げます。

　ここに謹んで本書を宮崎繁樹先生に捧げます。

　　2019年7月

編集委員会代表

平　　　覚

梅　田　　徹

濱　田　太　郎

第Ⅰ部

人権・人道

1 国連を中心とする国際人権保障

個人通報手続の誕生
―脱植民地化のダイナミックス―

阿 部 浩 己
明治学院大学教授

一　人間存在の至高性
二　自己否定のポリティクス
三　個人通報の普遍化
四　希望の砦のアイロニー

一　人間存在の至高性

　「現在は、価値の多元化の時代であり、ともすれば自信を喪失し、混沌と
した世界のようにも思われる。その中で、基点を定めなければ、ただ漂流す
るばかりである。わたしは、基点を個人の人権に置きたい」――。ハイデル
ベルク滞在中の1984年に刊行した大部の国際法テキストの劈頭において、同
書に託した思いを宮崎繁樹はそう表白している[1]。

　「従来のわが国の公法学は、統治者の視点からのものであり、国際法学も
その例外では無かった。本書では、できる限り主権者であり被治者である個
人の眼で国際法を捉えようとした。」[2]同書の擱筆にあたり、念を押すように
この点が強調されてもいる。今日よりはるかに国家中心性が強かった学的環
境に身をおきながら、個人や人権にかかる多くの研究成果[3]を敢然と物し続
けた宮崎の端然たる佇まいが眼裏を一閃し、思わず居住まいを正さずにはい

1）宮崎繁樹『国際法綱要』（成文堂、1984年）i頁。

2）『同上書』684頁。

3）たとえば、『国際法における国家と個人』（未来社、1963年）、『人権と平和の国際法』（日本評論
社、1968年）、『国際人権法入門』（共編、三省堂、1983年）。

られぬところである。

　どの学問領域でもそうであるように、対象への接近の仕方については国際法学にもいくつかのアプローチがある。それらを大別すれば、記述的、分析的（理論的）、規範的と区分けすることができるが[4]、「個人の眼」を押し出す宮崎の知的成果は、この分類に従うのなら、記述的・分析的な外観に覆われたものであっても明らかに規範的な問題関心を内包させたものとして立ち現れていた。実に、規範的な問題関心抜きには成り立たぬところにその研究の際立った特徴があり、内に包まれた問題関心は、「戦争ほど人間を苦しめ、人権を侵害するものはない」という自らの安からぬ体験に基づいた想念に連なってもいる[5]。

　「人権が国際法上保障されているといいうるためには、人権が国際法規範によって直接に保護され、その人権に対する侵害が、国際的諸機関（人権委員会や人権裁判所）によって審査、検討され、救済が具体的に行われることにより、人権の尊重と遵守が確保されることが必要である」。このような認識に立ち、宮崎は至上の価値をおく人権保障のための国際的手続の重要性に関心を引き寄せる[6]。法における人間存在の至高性を確然と打ち出す点において立場を同じくする Cançado Trinadade もまた、国際法の人間化（humanization）過程の論理的帰結として個人の権利を実現するために必要な手続的能力拡充の意義を説く。米州人権裁判所在職中に示した、思想性溢れる自らの意見の一端を再述し、Cançado Trindade は次のようにいう。「個人申立権は国内で正義を得られなかった者の最後の希望の砦である。メタファーを用いれば、個人申立権は紛れもなく人権の宇宙で最も輝ける星であると言い添えることを私は控えないし、躊躇もしない。」[7]

　両碩学がそれぞれの著書で記すように、普遍的な次元における個人申立権の先鞭をつけたのは、国際連盟時代に委任統治地域住民に認められた請願権

---

4) 坂本義和『平和研究の未来責任』（岩波書店、2015年）7-8頁。
5) 宮崎繁樹『戦争と人権』（学陽書房、1976年）3頁。ちなみに、宮崎は1981年から1985年にかけて、平和の構想を明示的に追究する日本平和学会の理事職にもあった。
6) 宮崎『前掲書』（注1）123頁。
7) Antônio Augusto Cançado Trindade, *The Access of Individuals to International Justice*（Oxford University Press, 2011), p. 13.

であり、さらには国際連合下にあって信託統治地域住民に与えられた請願権であった。「それらは、個人と私的集団に直接に手続的能力を与える初期の国際的試みの一部であった。20世紀前半に顕現したそうした先行例を通して切り拓かれたのが、国連の枠内あるいは普遍的・地域的な人権条約の下における、人権侵害にかかる現代の申立もしくは通報メカニズムである」[8]。

国連と普遍的人権条約に限っていえば、「現代の申立もしくは通報メカニズム」の土台が本格的に定礎されたのは1960年代に入ってからことである[9]。『国際法における国家と個人』、『人権と平和の国際法』という人権にかかる宮崎の重要な研究が江湖に問われたのも同時期であった。時の吻合は、だがけっして偶然がもたらした単なる一致だったわけではない。後学の徒が享受する後知恵をもって評すれば、それらの著作は、個人と国際的メカニズムが結びつきを強め始めた時代の規範環境を後背に据えて必然的に世に押し出された知的成果というべきものにほかならない。

人権保障の要をなす個人申立権は、もとより個人を基点に据えた国際法学徒・宮崎にとっても、Cançado Trindade と同様に「希望の砦」として現れ出ていたことは想像に難くない。小論では、その個人申立手続の普遍的基盤が固められた1960年代の時代状況を、とりわけ国連内での議論に焦点を当てながら改めて見つめ直してみることにしたい。法が政治の産物でもある以上、崇高な理念を映す人権救済申立手続もまた国際社会の濃厚な政治力学が輻輳して生み出されたものであることには変わりない。そこには、歴史の出来事に特有の逆説と偶有性の要素がふんだんに織り込まれてもいる。以下ではその実相をいくばくかでも叙述しようと思うのだが、その際、「ほとんど西欧

---

8) Id., pp. 19-20. さらに、宮崎繁樹『国際法〔第3版〕』(日本評論社、1979年) 45-46頁。もっとも、委任統治制度の下での請願については、当初は数百に及んでいたとされるが、国際連盟が有意な行動をほとんどとらなかったことからその数は減少し、1935年以降は欧州においてユダヤ人マイノリティを保護できぬ連盟への信頼が失墜し、ほんの一握りの請願しかなされぬようになってしまったとされる。Roger Norman and Sarah Zaidi, *Human Rights at the UN: The Political History of Universal Justice* (Indiana University Press, 2008), p. 157.
9) いうまでもなく、地域的には欧州人権条約の人権保障システムが先端的な軌跡を1950年代から漸進的に刻み始めていた。ただし、同条約の履行を監視する欧州人権裁判所がダイナミックな解釈手法を掲げ、同時代の重要な人権問題に積極的に関わりゆく姿勢に転じたのは1970年代後半からである。小畑郁『ヨーロッパ地域人権法の憲法秩序化』(信山社、2014年) 45-46頁。

的視点から国際法を検討していた」日本の国際法学への深い自省の念を隠さなかった宮崎の知的態度[10]を念頭におき、十分に見極められてこなかったアジア・アフリカの人々の主体的な貢献に着目してこれを行うこととしたい。

二　自己否定のポリティクス

1　3つの手続

　まず前提として確認するに、国連システムにおける「現代の申立もしくは通報メカニズム」は現時点では大要3つに分けられる。その第1は、人権理事会によって2007年に設置された申立手続である。「世界のどこであれ、またいかなる状況の下であれ、すべての人権及び基本的自由の重大かつ信頼できる程度に立証された侵害の一貫した形態に対処するために設けられ」たものである。関係国の協力を得やすくするとの理由から非公開とされ、「公平、客観的、効果的で、被害者指向であり時宜を得た形で行われることを確保する」よう、前身の1503手続を改善したものとして制度設計されている[11]。

　第2は、人権理事会・特別手続の下にある通報手続である[12]。1967年以降に導入された人権保護のメカニズムに基づく任務保持者（特別報告者、作業部会といった名称が与えられる。）により担われている。書面や口頭で国別任

---

10)　宮崎『前掲書』（注1）684頁。

11)　A/HRC/RES/5/1, 18 June 2007, paras. 85, 86. 2007年から2014年10月までの実績を見ると、11か国における16の事態（アフリカ、中東、中央アジアがほぼすべて）が人権理事会の決定に付されている。7件は特段の理由を公にすることなく検討終了に至っているが、技術支援提供の勧告や検討文書を公開する旨を伴う決定も見られる。*The List of situations referred to the Human Rights Council under the complaint procedure since 2006*（October 2014）, available at https://www.ohchr.org/Documents/HRBodies/ComplaintProcedure/SituationsConsideredUnderComplaintProcedures（accessed January 31, 2019）. なお、1970年に設置された1503手続については、今井直「国連1503手続の制度的性格と問題点」『早稲田大学法研論集』第26号（1982年）29-54頁、久保田洋『国際人権保障の実施措置』（日本評論社、1993年）109-147頁。

12)　特別手続一般について、Aoife Nolan, Rosa Freedman and Therese Murphy（eds.）, *The United Nations Special Procedures System*（Brill, 2017）; Mark Limon and Hilary Power, *History of the UN Special Procedure Mechanism: Origins, evolution and reform*（Universal Rights Group, 2014）; Ingrid Nifosi, *The UN Special Procedures in the Field of Human Rights*（Intersentia, 2005）, 阿部浩己「国連人権保障システムの至宝——特別報告者①②」『時の法令』第2032号（2017年）53-58頁、第2034号（2017年）59-64頁。

務保持者に提供される陳述・証言は当初から重要な情報源として利用されていたが、1980年以降任命されたテーマ（人権課題）別任務保持者によりこうした情報の処理が通報手続として整備されて今日に至っている[13]。任務保持者は、信頼できる情報が寄せられた場合に関係国政府と連絡をとることができるが、個別の事案だけでなく、現行法や作成中の法案についての内容が通報の対象になることもある。

　通報は2つの形式をとる。1つは「緊急アピール（urgent appeal）」であり、差し迫った人権侵害または現在進行中の重大な人権侵害などを訴える情報を受けたときに採用される。もう1つは「侵害申立書簡（letter of allegation）」と呼ばれ、すでに発生したと主張される人権侵害に関する情報を通報するときに主として用いられている。こうした通報を通して、任務保持者は関係国政府に説明を求め、事態の改善を図り、侵害の防止・終止を促している。もっとも、この手続は法違反の有無を判ずるものではなく、その主要な目的は、関係国政府等の注意を喚起することにより被害者の保護・人権侵害状況の改善を促すところにある[14]。

　ただし、恣意的拘禁作業部会と強制失踪作業部会はこれに加える特筆すべき活動を行っており、なかでも前者の手がける個人申立（individual complaint）についての調査（investigation）は、個々の事案ごとに国際人権基準（5つの類型に分けて判断される）適合性を当事者対抗的な手続によって審査し、その結果を「意見（Opinion）」として示すところに顕著な特徴をもつ[15]。他方で後者は特別手続全体の存在価値を著しく高める活動を遂行してきた作

---

13) Catalina Rivera Diaz, "Victims, Communications and the Special Procedures of the UN Human Rights Council," in Humberto Cantu Rivera (ed.), *The Special Procedures of the Human Rights Council* (Intersentia, 2015), pp. 130-131.

14) 特別手続の通報は「一定の事態について政府の注意を喚起することにより、被害者に即座の保護を提供するための手段である」（Olivier De Schutter, *International Human Rights Law* (2nd ed., Cambridge University Press, 2014), p. 974）。ちなみに、44のテーマ別、12の国別任務保持者により構成された2017年の実績を見ると、534件の通報（そのうち423件が複数の任務保持者による共同の通報）が117か国と23の非国家主体に宛てて送付されている。その中で92件が立法にかかる通報であった。全体の45％が緊急アピール、55％が侵害申立書簡の形式をとっている。人権侵害の被害を受けたとして通報で取り上げられた者は1843人に及ぶ。任務保持者からの通報に対する関係国政府からの回答は484件であった。*Facts and Figures with regard to Special Procedures* 2017, UN Doc. A/HRC/37/37,/ Add.1, 13 March 2018, p. 16.

8

業部会であり、通報についても、強制失踪の事案が報告受領後3か月以内に生じたものである場合には最も直接的で迅速な手段により関係国政府に送付され（緊急手続）、それ以降のものである場合には書簡で送付される（標準手続）というシステマティックな処理が初期の段階から導入されている[16]。

　第3は、主要人権条約に備わった個人通報手続である。選択議定書という別個の条約によるにせよ、条約規定に従った受諾宣言によるにせよ、現在では主要9条約すべてに具備されており（ただし、移民労働者保護条約に基づくものは未発効）、受理された通報[17]について条約違反にかかる判断が「見解（Views）」として示される。1976年に自由権規約委員会がこの手続をスタートさせて以降2016年末までに、各国により受諾された人権条約上の個人通報手続の総数は513ほどにのぼる。諸条約機関に登録された通報数は合計3960件で、そのうち自由権規約委員会が2932件（全体の74％）と最多で、次いで拷問禁止委員会への通報が797件（20％）と続く[18]。ただ、この手続は個人通報を検討する条約機関の権限を受諾した国との関係でのみ利用可能なため、

---

15) See David Weissbrodt and Brittany Mitchell, "The United Nations Working Group on Arbitrary Detention: Procedures and Summary of Jurisprudence," *Human Rights Quarterly*, Vol. 38 (2016), pp. 655-755.

16) 阿部浩己「国連人権委員会と『失踪』——『失踪』ワーキング・グループの成立経緯と活動の実態」『富山国際大学紀要』第1巻（1991年）130-137頁。同作業部会報の多彩な通報の態様について、*Methods of work of the Working Group on Enforced or Involuntary Disappearances*, UN Doc. A/HRC/WGEID/102/2, 2 May 2014, paras. 10-38. 1980年に設置された同作業部会は2018年5月までに108か国の政府に5万7149件の事案を送付し、その時点でも92か国における4万5499件を処理中であった。*Report of the Working Group on Enforced or Involuntary Disappearances*, UN Doc. A/HRC/39/46/, 30 July 2018, para. 5.

17) 通報という語の使用について、自由権規約（市民的及び政治的権利に関する国際規約）委員会の一般的意見33は次のような断りを入れている。「当委員会は、「申立（complaint）」や「請願（petition）」などの用語の代わりに、選択議定書1条に含まれる「通報（communication）」という用語を用いる。もっとも、人権高等弁務官事務所の現行の運営体制下で用いられているのは「請願」という用語であり、選択議定書に基づく通報も、まず請願チームと称される部署において処理されている」（UN Doc. CCPR/C/GC/33, 5 November 2008, para. 6）。この断りが示唆するように、国連では、petition、complaint, communication といった語が互換的に用いられることが多い。事務局での取扱いとは別に、決議や条約等において communication という「あたりさわりのない」語が選好されるのは、「petition、complaint などより弱い響きをもつ」からであるとされる（久保田『前掲書』（注11）99、105頁 注1）。本稿では、申立と通報を互換的に用いるものの、参照する原文で communication という語が用いられている場合には通報という訳語を当てる。

主要9条約いずれの通報手続も受け入れていない諸国については適用し得ない法状況が続いていることはいうまでもない。

2　最も精巧な紙屑篭

上記3つの手続[19]は、情報提供の意味合いが強い非公開申立手続、当事者・政府間に対話の経路を築く特別手続の通報手続、そして個別事案について法的判断を示す条約上の個人通報手続と、制度の性格は一様でない[20]。実効性という観点からも、とりわけ非公開申立手続については、秘密性を隠れ蓑に人権を犠牲にした政治的取引きが行われているなどとして、1503手続の時と同様に重大な疑念・批判が差し向けられている[21]。

もっとも、国連の歴史を顧みれば、当初はこうした非公開の情報提供的な手続すら公然と忌諱される時が続いていた。実際のところ、「すべての者のために人権及び基本的自由尊重するように助長奨励することについて、国際協力を達成すること」を機構の目的の1つに掲げた国連のもとには、発足当初から人権救済を求める多くの書簡が送り届けられていた[22]。1947年1月から2月にかけて開催された人権委員会第1会期で、世界人権宣言の起草にも

---

18) 同じ時点で、拷問禁止条約よりも40以上多くの締約国を擁する女性差別撤廃条約の違反を訴える通報は110件、人種差別撤廃条約についても運用が始まって33年余りに及ぶにもかかわらず、通報登録はわずか51件であった（Marc Limon, *Reform of the UN Human Rights Petitions System: An Assessment of the UN human rights communications procedures and proposals for a single integrated system*（Universal Rights Group Policy Report, January 2018), pp. 20-23）。2018年5月までの通報実績でも、人種差別撤廃条約については15か国について62件の登録（係属中のもの6件）にとどまる。ちなみに、そのうち35件について本案判断が示され、19件で条約違反が認定されている（*Report of the Committee on the Elimination of Racial Discrimination*, UN Doc. A/73/18, para. 44）。

19) なお、以上の3つの通報手続に加えて、1978年にユネスコで「教育、科学、文化及び情報の分野の権利」に関する通報手続も備えられている。現行手続については、104/EX/Decision 3.3を参照。

20) 特別手続と人権条約の通報の違いについて、Nigel Rodley, "United Nations Human Rights Treaty Bodies and Special Procedures of the Commission on Human Rights—Complementarity or Competition?," *Human Rights Quarterly*, Vol. 25 (2003), p. 895-896. なお、申立・通報手続の性格は個人の国際法主体性という文脈でも問題となるが、この点にかかる宮崎の見解は、「国際法主体の問題は……国際法直接性が認められる否かという資格、つまり権利能力の問題であり、具体的にどのような法律行為をなしうるかの行為能力の問題ではない」というものであった（宮崎『前掲書』(注1) 96頁)。

21) Limon, *supra* note 18, p. 41.

22) 久保田『前掲書』(注11) 99頁。

10

顕著な貢献を果たすレバノン代表 Charles Malik やインド、フィリピンの代表らが同委員会の信頼性を高め、人権の実現のために個人申立処理手続の確立が必要である旨を繰り返し強調したのだが、ソ連代表は国連憲章 2 条 7 項を理由にこれに反対し、米国代表 Eleanor Roosevelt も「我々は裁判所ではないので、申立の提起する問題を解決するためにできることは実際上なにもない」と述べるなど、Malik らの提案を拒絶することを躊躇しなかった[23]。

　こうして人権委員会は「人権に関するいかなる申立についても行動をとる権限を有していない」との決定を自ら行うに及び[24]、西欧のみならず東欧諸国の賛同も得たこの決定は、親機関である経社理においても同年 7 月に追認されることになる（Res.75（V））。当該決議は、人権に関する通報について非公開リストを作成するよう事務総長に要請したものの、人権委員会構成国は内密の会合でそのリストに留意するにとどまり、特定の人権侵害を訴える通報の原本を検討することすら制御された。世界各地からの救済の訴えは、初代国連人権部長 John Humphrey が比喩を用いていうように、「これまでに編み出された中で最も精巧な紙屑篭」[25]の内に暗然と葬り去られることとあいなった。

　個人申立権は世界人権宣言の起草過程でも大国の警戒心を呼び、国連への請願・通報権を掲げる草案規定は英国主導の総会決議（Res. 217B（III））により「さらなる検討のため」人権委員会に差し戻され、結果的に同宣言ではなんら言及されることがなかった。その後、国際人権規約の起草へと作業が移った1949年以降50年代を通して、アジア、アラブ、ラテン・アメリカの諸国が個人申立権の挿入を主唱することになるのだが、なかでもフィリピン・インド・エジプト代表の精力的な発議は際立っていた[26]。たとえばフィリピ

---

23) Limon, supra note 18, p. 9. 申立手続に否定的だった Roosevelt の見解について、Carol Anderson, *Eyes off the Prize: The United Nations and the African American Struggle for Human Rights* (Cambridge University Press, 2005), p. 134.

24) UN Doc. E/259 [Supp], 1947, para. 22.

25) John P. Humphrey, *Human Rights and the United Nations: A Great Adventure* (Transnational Publishers, 1984), p. 28.

26) エジプト代表 Mahmud Azmi の貢献について、Suzan Waltz, "Universal Human Rights: The Contribution of Muslim States," *Human Rights Quarterly*, Vol. 26 (2004), p. 835. 1950年頃の段階にあって、アラブ諸国の代表の多くは個人申立権の拡充を支持する傾向にあった。

ン代表 José Inglés は1954年に、個人申立に関する条文案の提案国となった理由に言及して次のように述べている。「真の問題は各国が［自由権］規約において認められた権利の尊重を約束するかどうかである。同規約の文言そのものにより、個人は明らかに国際法の主体であり、その真の目的は個人を国家権力の濫用から保護することにある。……フィリピン代表団は、同規約に申立権を挿入するいかなる提案にも賛同する。」[27]

米国代表とともにこの提案に強く反発したのが英国代表 Samuel Hoare である。人権保障の拡充に一貫して懐疑的であった Hoare にとって、個人申立は「きわめて危険な状況をもたらす」もの以外のなにものでもなかった。その背景には冷戦状況が与ってもいたようで、同人にとって「嘘と半分の真実が世論を動かす手段となっている」時に、つまりプロパガンダが人々を誤った方向に導く状況下にあって、市民は申立権を授けられてはならぬ存在であった[28]。

Malik に代わる代表を据えたレバノンも、従来の姿勢を180度転換させて反対の立場に転じていく。「規約に基づいて自由に引き受けた義務の遵守を国家が怠るよりも、個人による申立権の濫用を恐れることに理由がある」という、にわかには承服しがたい認識が同国の新たな代表により示されている[29]。「国内管轄事項」に固執する東欧諸国の消極姿勢も変わらずに引き続いた。信託統治地域住民の請願権を先例として持ち出したインド代表の言に反駁し、ポーランドとウクライナ代表は、植民地からの個人請願と、完全な主権を有する国家からの個人申立とを同列に扱うことはできないと断じている[30]。

個人申立権に対する欧米・東欧諸国の頑なな抵抗は、1950年代を通していささかも変わるところがなかった。欧米諸国の側には、人種差別を制度化し（米国）、あるいは世界各地に植民地を抱えていた（英国等）内情に加え、自らが「開かれた」政治体制にあるため、個人申立を強権的に抑え込める全体

---

27) UN Doc. E/CN.4/SR.435, 16 March 1954. インド代表の発言について、*id.*

28) UN Doc. E/CN.4/SR.437, 17 March 1954.

29) UN Doc. E/CN.4/SR.435.

30) UN Doc. E/CN.4/SR.435, 436, 16 March 1954.

12

主義諸国に比べ不当に多くの批判にさらされることへの危惧も募っていた。他方で、政治的抑圧下にあったソ連・東欧諸国が国際的監視を忌避していた実情については改めて言挙げするまでもない[31]。Inglés らによる個人申立権挿入の提案は、大国主導の頑強な抵抗を前に棚上げされたまま、人権委員会のもとを離れていくこととなった。

　もっとも、その間も、人権救済を求める訴えは絶えることなく世界各地から国連に寄せられていた。1951年4月から1958年までに、経社理決議75（V）の下に整序された訴えの総数は61,000件を超え出ている[32]。申立権の定立に抵抗した Roosevelt が言明していたように、「通報をどう処理するかは人権委員会が決めることだが、通報を送付することは妨げられていなかった」からである[33]。しかし1959年に経社理は、「最も精巧な紙屑篭」を据えるその決議（75（V））をほぼそのまま再述する新決議を掲げ、個人の訴えを峻拒する姿勢を再確認してこれに応えるのであった[34]。

三　個人通報の普遍化

1　第三世界のイニシアチブ

　自己の権限を再び否定する経社理決議からほどなくして、個人申立権をめぐる情勢は大きな転換期を迎えることになる。独立を果たした多くのアフリカ諸国が参入してきたことで、国連内の勢力分布に重大な変化が生じたからである。脱植民地化・反アパルトヘイト・人種差別撤廃を優先的な政治課題に掲げるアフリカを始めとする第三世界諸国の主導により、まず、総会で1960年に採択された植民地独立付与宣言の履行を監視する特別委員会（脱植

31）James F. Green, "Changing Approaches to Human Rights: The United Nations, 1954 and 1974," *Texas International Law Journal*, Vol. 12（1977）, pp. 224-225.

32）Limon, *supra* note 18, p. 10.

33）UN Doc. E/CN.4/SR.16, 6 February 1947.

34）この決議（ECOSOC Res.728（XXVIII）F）は、誤った希望を与えることを避けるため、人権委員会が人権に関するいかなる申立についても行動をとる権限を有していないことを「すべての」通報提出者に伝えるよう事務総長に要請するものでもあった（従来は「必要な場合に」その旨を伝えるものとされていた）。

民地化委員会／24か国委員会）が請願の受理と請願者の聴聞・調査を行う権限を与えられた[35]。総会は1962年に反アパルトヘイト特別委員会の設置も決定したが（Res.1761（XVII））、ここでも同様の手続が承認された。人権侵害を訴える通報原本へのアクセスすら禁じる人権委員会の消極性を際立たせる事態の展開であった[36]。

アジア・アフリカ諸国からなる新たな多数派集団の形成を背景に、1963年の人種差別撤廃宣言に続けて、1965年に主要9条約の第一弾となる人種差別撤廃条約が高速で誕生する[37]。その中に、他の人権条約の雛型ともなる国際的実施措置の規定が盛り込まれ、個人通報制度がその柱の1つとされた[38]。アパルトヘイトと植民地主義がこの条約上も特別の重みを与えられていることは前文から歴然としているものの、人種差別禁止にかかる事項的範囲は市民的・政治的権利と経済的・社会的・文化的権利の双方にまたがり、場所的な適用範囲も上記2つの特別委員会とは異なり特定の地域に限定されることなく普遍的な広がりをもつものとして定立された。

実施措置が審議された総会第3委員会で個人通報の導入を強く提唱したのはガーナとフィリピンの代表である。起草過程を辿りゆくに[39]、なかでもガーナ代表 George Lamptey の果たした主導的な役割が特筆に値する。「わが政府は、人種差別についてすべての人間のための義務的な申立条項の採択を

---

35) その経緯と活動の実態について、家正治「非植民地化問題と国際連合——植民地独立宣言履行特別委員会の活動を中心として」『神戸外大論叢』第37巻1号（1986年）229-248頁参照。

36) See John Carey, "The United Nations Double Standard on Human Rights Complaints," *American Journal of International Law*, Vol. 60（1966）, pp. 792-803.

37) 「［この条約の］迅速な起草と広範な受諾は、明確な意思をもった多数派の支配ゆえのことでもあろう。欧米の外交官たちに白人至上主義という不快な教義を否認する意思がなかったとしても、かつて従属的な支配下にあった人民たちが、いまや拘束力ある非差別の原則を確立するに十分な数を獲得したのである」（Howard Tolley, *The UN Commission on Human Rights*（Westview Press, 1987）, p. 49）。人種差別撤廃宣言については、Steven L.B. Jensen, *The Making of International Human Rights: The 1960s, Decolonization, and the Reconstruction of Global Values*（Cambridge University Press, 2016）, pp. 102-117参照。

38) 個人通報を含む実施措置規定の起草過程について、ナタン・レルナー［斎藤恵彦・村上正直共訳］『人種差別撤廃条約』（解放出版社、1983年）98-118頁参照。

39) 準備作業について、University of Virginia School of Law, *UN Human Rights Treaties: Traveau Preparatoires*, available at https://hr-travaux.law.virginia.edu/racial-discrimination（accessed January 31, 2019）.

14

望んできたし、今も望んでいる。人種差別の思想と実践は我々が神聖視するすべてのものに反しているからである。わが代表団は、アフリカ系アメリカ人や英国に住む西インド諸島あるいはアフリカ出身者に申立権を与えることができればよいとは考えるものの、しかし義務的な条項は提案していない。なぜなら、目標の75％を達成し、残りの25％については他日を期すほうがより現実的とされるからである」[40]。個人通報の受諾を選択的とすることで実をあげることの意味合いを、Lamptey はそう説いてみせた[41]。

　第3委員会には、スーダン、アラブ連合、タンザニアにより植民地住民からの請願の扱いに関する共同提案も提出されたが、Lamptey はそうした提案を難じてこう述べる。「［当該提案］が現在のままで採択されると、この条約は既にして死文化したものと見なされよう。最も肝要な国々が、署名を拒否する口実を手に入れてしまうからだ」[42]。抑制が利きつつ、しかし時に毅然たる発言も厭わぬ Lamptey の振る舞いには、欧米諸国を含めた幅広い合意を導こうとする姿勢が浸潤していた[43]。

　タンザニア等の共同提案は結果的に現行第15条としてその形を残すものの、条約それ自体の適用範囲は植民地に限定されたわけではないため、個人通報については自国の劣悪な人権状況を懸念する若干のアジア・アフリカ諸国からも異論が呈され、ソ連・東欧諸国の発言を彷彿させるように、国連憲章第2条7項の原則に反するとの主張がイラク代表などからなされていた[44]。だが1950年代とは違い、申立権の挿入については西欧諸国がこれを支持する立

---

40) UN Doc. A/C.3/SR.1364, 3 December 1965, para. 13.
41) Lamptey は、差別に対する効果的な武器として通報権を使用しようとする真摯な希望とこれに警戒的な国家主権の立場を調和させる唯一の方策が通報権を選択的とすることであると述べている（UN Doc. A/C.3/SR.1355, 26 November 1965, para. 39）。Lamptey は、また、通報手続を別個の議定書に移そうとする提案に対して、国際司法裁判所規程・選択条項の貧寒たる実情を引き合いに効果的な反論も展開した（UN Doc. A/C.3/SR.1357, 29 November 1965, para. 40）。
42) UN Doc. A/C.3/SR.1364, paras. 14, 16.
43) これとは対照的に、反アパルトヘイトの急先鋒であったタンザニア代表 Waldo Waldon-Ramsey は、実施措置をめぐる審議において「［植民地主義と奴隷制を生み出した］西洋諸国は人権の問題について発展途上国に教示できるものはなにもない」と痛烈な非難を重ねるとともに、アフリカ諸国における人権問題を条約の適用外におくべきことを主張していた（UN Doc. A/C.3/SR. 1345, 17 November 1965, paras. 39, 42）。
44) UN Doc. A/C.3/SR.1347, 18 November 1965, para. 7.

場を打ち出すに及んだ[45]。個人通報を含む強力な実施措置の導入に対してアジア・アフリカ諸国の中に懸念を示す向きが出てきた状況を捉え、「申立の問題を利用することで、欧米諸国の外交官たちは第三世界グループに譲っていた主導権を再び手に入れようとしていた」と Roland Burke は分析する[46]。脱植民地化の過程で政治的に劣勢に追い込まれた欧米諸国は、第三世界主導の人種差別撤廃条約をテコに国際的な監視をグローバルに広げ、これをさらに人権一般に拡充することで自らの優位性を確保する方向に政策の転換を図っていたということである[47]。

　個人通報にかかる条文全体は、欧米諸国の賛同もあり、最終的に賛成66、反対 0、棄権19という票決結果で採択される[48]。国際人権保障システムの進展にとって、この間、国際人権規約の起草作業が滞り、人種差別撤廃条約の作成が先行してなされたことはなによりの好運であった。個人通報の制度化は、多数を占めるアジア・アフリカ諸国が強い関心を寄せるテーマの条約であればこそ可能なところがあった。とはいえ、いかなる事情があれ、これによって他の人権条約に資する確たる「先例」が築かれたことには変わりない。個人通報を一般化する紛れもない端緒が、結果として開かれたのである。

　人種差別撤廃条約が採択された翌年、総会第 3 委員会での国際人権規約草案の審議に際し、1954年以来棚ざらしのままにあった個人申立権に関する規定を選択条項として規約に挿入する旨の提案がなされた[49]。米国初のアフリ

45）たとえば、英国、ノルウェー、オーストラリア、イスラエル、オーストリアの立場について、UN Doc. A/C.3/SR.1363, 2 December 1965, paras. 5, 11, 12, 22, 23.
46）Roland Burke, *Decolonization and the Evolution of International Human Rights*（University of Pennsylvania Press, 2010）, p. 71.
47）米国で1964年に公民権法が制定され、また、植民地支配下にあった地域が続々と独立し始めていた事情も、欧米諸国の政策転換を促す要因であったことはいうまでもない。
48）UN Doc. A/C.3/SR.1363, para. 19.
49）自由権規約（第一）選択議定書の審議経緯について、『国際人権規約』（『法学セミナー』1979年 5 月臨時増刊）238頁［北村泰三執筆］。See also, Manfred Nowak, *U.N. Covenant on Civil and Political Rights: CCPR Commentary*（N.P. Engel, Publisher, 1993）, pp. 649-651; Marc J. Bossuyt, *Guide to the "Traveaux Preparatotoires" of the International Covenant on Civil and Political Rights*（Martinus Nijhoff Publishers, 1987）, pp. 796-818; Egon Shwelb, "The International Measures of Implementation of the International Covenant on Civil and Political Rights and of the Optional Protocol," *Texas International Law Journal*, Vol. 12（1977）, pp. 141-186.

カ系女性大使 Patricia Harris も、それまでの米国代表の姿勢とは対照的に、人種差別撤廃条約の「先例」をふまえた実施措置の採用を積極的に提案する[50]。アジア・アフリカ諸国の中からは、人種差別に限定された文書の起草時とは打って変わり、個人通報を規約に組み入れることに反対の立場を表明する国が続出したが[51]、その一方でガーナやフィリピン、ナイジェリアなどは人権保障の観点から個人通報の重要性を強調することを厭わなかった。とくにナイジェリア代表 Adam Mohammed は「規約で明確に保障された権利が侵害される場合に救済申立権の個人への付与をいかなるものであれ拒否することは理解しがたいことであるように思える」と述べ、個人の利益を国家のそれに劣位させる諸国の発言を厳しく戒めた[52]。

だが懐疑的な姿勢を崩さぬソ連・東欧諸国および少なからぬアジア・アフリカ諸国は規約本体から個人通報を切り離すよう求め、レバノンが提出したその旨の動議が賛成41、反対39、棄権16という僅差で可決されることになった。賛成国の中には日本も含まれ、他方で反対国の中にはナイジェリアやガーナなどと並び米英、ベルギー、オランダ等の欧米諸国も名を連ねている。反アパルトヘイトへの規範意識の深まり[53]とともに、多くの植民地の独立や黒人解放運動の高まり等を受けて、個人申立に対する欧米諸国の認識の転換をはっきりうかがわせるものがあった。その後、条約本体から分離された個人通報手続案はナイジェリアの発議の下に[54]、若干の審議を経て、賛成59、反対2、棄権32という票決結果をもってその全体を選択議定書として採択されることとなった。

50）UN Doc. A/C.3/SR.1399, 19 October 1966, para. 3.

51）たとえば、タンザニアについて、UN Doc. A/C.3/SR.1455, 12 December 1966, para. 59.

52）UN Doc. A/C.3/SR.1438, 29 November 1966, para. 2.

53）1966年に英国の認識転換を内密に知らされた国連人権部長 Marc Schreiber は、事務総長に宛てた覚書で次のように記していたという。「英国政府はこれまで、第2条7項により、個別国家における特定の人権侵害申立を国連が扱うことはできないと考えていた。［だが、］政治的な理由と圧力を受けて南アフリカにおけるアパルトヘイトの問題について例外が作られた。……今後英国政府は、特定の人権侵害のパターンがある場合には国連が介入する権限を有すると考えるであろう」(quoted in Burke, *supra* note 46,p. 79)。

54）ナイジェリアの提案は、東欧を除く世界各地域に所在する10か国（最終的には9か国）作成の草案に依拠している。See Nowak, *supra* note 49, p. 650.

2 脱アパルトヘイトの位相

人権条約に個人通報が設けられたことは、「最も精巧な紙屑篭」に訴えを葬る国連の対応の歪さを際立たせるものでもあった。ただ、受諾が選択的な条約の手続とは異なり、すべての国に適用される国連制度の改革には国家主権擁護の観点からはより重大な意味合いが込められていた。ここでも事態を動かす初手の動力となったのは、あらゆる手段を用いて自決権の実現を達成しようとする脱植民地化と反アパルトヘイトの力学である。

1965年、脱植民地化委員会は「ポルトガル施政下にある地域、南アフリカ及び南ローデシアにおける人権侵害に関する個人申立を検討する」よう人権委員会に求める決議を採択する[55]。これを受けて経社理は翌年に、「あらゆる国（all countries）、特に植民地その他の従属国及び地域における人権及び基本的自由の侵害の問題（人種差別及び隔離政策並びにアパルトヘイト政策を含む。）」を検討するよう人権委員会に要請した（Res.1102（XL））。共同提案国であったアルジェリア、タンザニア、ソ連等は対象地域を植民地・従属地域に限定しようとしたのだが、脱植民地化の圧力を受け続けていた欧米諸国が「あらゆる国」の挿入を強く求めたことからこのような冗長な表現が案出されるところとなった[56]。

この要請を受けた後、人権委員会、「差別防止及び少数者保護小委員会」（小委員会）、経社理、総会を舞台に、人権委員会の権限拡充をめぐり激しい攻防が繰り広げられることになる[57]。その着地点となったのが、人権の促進にとどまっていた同委員会の活動を人権の保護（人権侵害への対応）の領域にいざなう1967年6月6日の経社理決議1235（XLII）であった[58]。同決議は同委員会と小委員会に対し次の権限を付与している。「南アフリカ共和国及び……南西アフリカ領において行われているアパルトヘイト政策が示すよう

---

55) Nifosi, *supra* note 12, p. 11.
56) Tolley, *supra* note 37, p. 53.
57) 具体的な経緯について、阿部浩己「国連人権委員会の国別審査手続きに関する一考察——公開審議の史的展開と現状」『神奈川法学』第26巻1号（1990年）169-177頁。
58) この間、人権委員会では、特別手続の開始を告げる「南アフリカに関する専門家アドホック作業部会」と「アパルトヘイトに関する特別報告者」が任命されてもいる（CHR Res. 2（XXIII），Res. 7（XXIII））。

18

な人権及び基本的自由の重大な侵害並びに南ローデシアにおいて行われている人種差別に関する情報であって、……経済社会理事会決議728F（XXVIII）に従って事務総長がリスト化している通報に含まれるものを検討すること」。1947年に原型が作られていた「最も精巧な紙屑箆」を廃棄し、国連に寄せられた通報の検討を認める画期的な内容にほかならない。

　同決議は続けて、「アパルトヘイト政策が示すような重大な人権侵害の一貫したパターン並びに特に南ローデシアにおいて行われているような人種差別を示す事態について徹底的な研究を行い」、勧告を付して経社理に報告することができる旨の決定も行なった。後に、南部アフリカ・アパルトヘイトの制約を超えた特別手続の発展と、任務保持者の活動に通報手続を導入する法的根拠となるのもこの決議にほかならない。決議内容の画期性はそこにも見て取れる。

　経社理で執拗な抵抗が示されたのは、検討の対象を「あらゆる国」の人権侵害とすることについてであった。インド、タンザニア、ソ連代表は南部アフリカ、植民地あるいはアパルトヘイトに焦点を絞るよう求め続け、それが叶わぬとなった時点でインド代表は通報に言及する箇所の削除を求めるに及んだ[59]。これに対して、決議1235に結実する共同提案を行ったフィリピン代表 Salvador Lopez は、人権委員会が人権擁護にとって有益な役割を果たすには同委員会が通報に含まれている情報にアクセスすることを許されなくてはならないと反論し、さらに、かつては個人申立を阻み続ける発言を重ねていた英国代表 Hoare も、通報に言及する箇所を維持すべき旨を説き、決議1235の採択実現を強力に後押しする側に回った[60]。

　もっとも、決議採決後も、検討対象が「あらゆる国」の人権侵害に現に及ぶのか、それとも、タンザニア代表 Waldron-Ramsey の要求を容れて決議文に特記された南ア等のアパルトヘイト・人種差別に限定されるのかについては、なお判然としないところが残された。その不安が現実化したのが、1967年の小委員会と翌年の人権委員会においてである。小委員会から早速にハイチとギリシアの事態について注意を喚起されたことに激しく異議を唱え

---

59) UN Doc. E/SR.1479, 6 June 1967.

60) *Id.*

個人通報手続の誕生　19

たのは、ここでも Waldron-Ramsey であった。その発言は苛烈というべき
もので、小委員会の見解を全面拒絶する決議案の上程（後に撤回）までなさ
れた[61]。しかしタンザニア代表の主張は、フィリピン、ナイジェリア、イラ
ン、セネガルなど同じ第三世界諸国の多くによっても支持されずに終わる[62]。
とりわけセネガル代表は南部アフリカへのこだわりを放棄して妥協するよう
Waldron-Ramsey に勧奨するとともに、同人の決議案の採択が不要な混乱に
つながるとして、これを強く諌めている[63]。

　火種は1968年秋の小委員会でも燻っていたが、最高裁長官も務めるスーダ
ン出身の専門家 Mohammed Abu Rannat の次の発言により、決議1235にか
かる潮流はほぼ決した。「小委員会が［アパルトヘイト等を除く人権］問題
に管轄権をもたないという議論は、保護を求めて国連に頼る何百万人もの
人々の利益を擁護する自らの力を削ぎ、国際社会を真正な申立を検討する仕
組のないままに据え置いてしまう。国連とその補助機関に対する世界中の
人々の信頼を回復しようとするのなら、小委員会の責務は明白である」[64]。
つづめていえば、「あらゆる国」の人権侵害を扱うことこそ国連の責務でな
くてはならない、ということである。こうして「1968年の終わりまでに、申
立権は、アパルトヘイトに対する政治的措置の装備から、より一般的な人権
プログラムへと不安定ながらも移行していくのであった」[65]。

　1970年に経社理は決議1503（XLIII）も採択し、地理的にもテーマ的にも
いっさい制約のない個人通報を処理する手続を明文化した。現行の非公開申
立手続の前身である。かつて国連の人権活動を事務局でリードしていたカナ
ダ出身の専門家 Humphrey らにより原案が小委員会でしたためられ、人権
委員会での修正を経て経社理に送付されていた。手続が「非公開」とされた
のは懐疑的な姿勢を崩さぬタンザニア代表の人権委員会における発議を受け
てのことである。ソ連・東欧諸国などを中心に最後まで抵抗があり、採択も
引き延ばしを強いられたが、経社理は最終的に14か国の賛成（反対7、棄権

61）UN Doc. E/CN.4/SR.968, 23 February 1968.
62）UN Doc. E/CN.4/SR.968-972, 23-27 February 1968.
63）UN Doc. E/CN.4/SR.972, 27 February 1968.
64）UN Doc. E/CN.4/Sub. 2/SR.538, 10 October 1968.
65）Burke, *supra* note 46, p. 88.

20

６）をもって当該決議を採択するに至った[66]。

　この結果、２つの通報手続が国連で展開されていく基盤が整った。１つは公開で行われる特別手続の下で任務保持者が従事する通報であり、これは基本的に決議1235に基づいて行われる[67]。もう１つは、決議1503により定式化された非公開の通報手続である。「これら２つの手続の発展は国際人権システムの革命を意味していた。各国は、ある条約の締約国になり、その下での通報手続を選択するかどうかによって、実際上、条約に基づく申立手続に参加することも参加しないこともできる。しかし、国連憲章に基づく新たな手続の下で、各国はもはやそうした選択の余地をもたない。国連は、いまや、どの国に住む個人からであれ、いかなる人権侵害の申立も受取ることができるようになったのである」[68]。1940年代から50年代にかけて人権委員会が自らの権限を自ら否定し続けていた時代とはまったく異なる情景が国連に広がっていくのであった。

四　希望の砦のアイロニー

　個人と国際機関を直接に結びつける通報手続の確立こそ、Limon のいう「国際人権システムの革命」の精髄にほかならない。その革命を可能にしたのは、既述のように、紛れもなくアジア・アフリカ諸国のイニシアチブであった。自らの内に重大な差別や人権問題を抱え込んでいた欧米・東欧諸国が隠れ蓑としてかざし続けた国内管轄事項の壁をこじ開けたのは、国連で新たな多数派集団を構成するに至った第三世界諸国である。だが、脱植民地化の推進を図る諸国が自らを安全地帯におきつつ標的に据えたのは、従属地域・アパルトヘイト・人種差別の問題に限局されていた。

　1960年代半ばから、脱植民地化の圧倒的な波濤が２つの特別委員会を媒介に人権条約の起草や人権委員会の審議に及んできたとき、植民地保有国としての責任を一方的に追及されていた欧米諸国としては、国際的監視（個人申

66）以上の経緯について、Tolley, *supra* note 37, pp. 58-60.

67）特別手続の下での個人通報の展開と現状について、前掲注14参照。

68）Limon, *supra* note 18, p. 13.

立）の矛先を特定の地域・人権課題から引きはがし、あらゆる国の人権侵害に伸張することによってこれに応ずる以外の選択肢は政治的に残されていなかった。もとより、そこには、差別を禁ずる国内法制がようやくにして整えられ、また新興独立国の国連参入により植民地保有国としての責任が軽減され始めていたという事情が与ってもいた。

　あらゆる国の人権侵害への権限拡充は、だが、第三世界諸国一般にとってけっして歓迎すべきことではなく、ソ連・東欧諸国と歩調を合わせて、国内管轄事項不干渉の原則を強調する国もあった。しかし、穏健な立場をとるアジア・アフリカ諸国代表の毅然たる働きかけにより、対立と膠着をあおりかねぬ局面を打開する流れが作り出されていく。人種差別撤廃条約の通報手続は、選択的と銘打たれたことにより反対票は結果的に投じられなかった。（先述のとおり、国際人権規約に先立ってこの条約の起草が終了したという歴史的偶然により、人権条約一般に個人通報が具備される土台が築かれることにもなった。）他方で、国連への通報について見ると、アパルトヘイト等への限定を頑なに主張していた諸国の姿勢がしだいに緩和していく背景に、偏面性よりも普遍性を求める理性的な判断が働いたところもあるのだろうが[69]、それと同時に、第三世界という多数派集団が支配する国連にあって、自国の人権状況に対する批判が政治的に回避されるだろうという免責の確信が少なからず作用していたことも否定できない[70]。

　改めて振り返るまでもなく、人権条約に基づくものであれ国連の枠内のものであれ、「現代の申立もしくは通報メカニズム」の構築作業は予定調和的な目論見があって始められたものではなかった。少なくとも当初は、ほとんどの国がその生成発展を望みも企図もしていなかったといって過言でない[71]。そのこと自体が歴史の偶有性と脱植民地化のダイナミックスを予覚させる一

---

69) R. Q. Quentin-Baxter, "The United Nations Human Rights Commission and the Search for Measures of Implementation," *Victoria University of Wellington Law Review*, Vol. 30（1999）, p. 573.
70) 人権委員会の意思決定過程における政治力学の実態については、阿部「前掲論文」（注57）参照。
71)「［通報手続］は、ゆっくりとためらいがちに強化され、1940年代に人権委員会のほとんどの構成国が想定していたものをはるかに超え出る包括的なシステムへと制度化されていったのである」（Burke, *supra* note 46, p. 88）。

断面であるが、節目節目で登場した第三世界諸国の傑出した人々（ガーナ代表 George Lamptey やナイジェリア代表 Adam Mohammed ら）の貢献なくして、その偶有性もダイナミックスも有意な果実を産み落とすまでには至らなかったに相違ない。普遍的な通報手続の立ち上げは欧米政治エリートの関与・支持を必要とはしていたものの、彼らがその過程を一貫して領導していたわけではけっしてない。

　ただその一方で、皮肉というべきことに、「国際人権システムの革命」は人権への強いコミットメントや各国政府の善き意図によってその根幹を支えられていたわけでは必ずしもなかった。Burke が想い起こさせてくれるように、「アジア・アフリカブロックの国際的分野における最も印象的な成果がもたらされたのは、アジア・アフリカ諸国の多くにおいて人権状況が最悪の状態に近づいていた時であった」[72]。実のところ、個人の通報権を認める前例なきシステムの構築を支持した第三世界諸国の多くは、独裁あるいは権威主義体制の支配する醜悪な人権状況を国内で深めていた。「希望の砦」は、その意味で、薄汚れた影が幾重にも折り込まれながら築かれた構築物でもあった。

　もっとも、だからといって、歴史の断面に刻まれたその陰影に案ずべき病弊が宿り続けているというわけではない。希望の砦が希望を差し出すことができるのは、それが善き光に浴して築かれたからなのではなく、救済を求める個人に申立の回路を提供できるものであるからにほかならない。そしてその回路は、現に提供されてきた。のみならず、個人通報の制度化が実現し半世紀以上を閲した今日も、日本における実情がそうであるように、世界各地の人々がこの手続に賭けるものはますます大きくなっている[73]。脱植民地化のダイナミックスが図らずして産み落とした希望の砦は、激しく揺動する現代世界にあって、宮崎が精魂込めて取り組んだ個人の人権を基点に据える新しき国際法のあり方を牽引する制度として、種々の抵抗を受けつつも、その存在意義を今後ともいや増していくに違いない。

---

72) *Id.*, p. 91.
73) その実情について、前掲注11–18参照。

1 国連を中心とする国際人権保障

国連人権理事会の特別手続の歴史的展開

今 井　直
宇都宮大学名誉教授

はじめに
特別手続の歴史的展開
　　1　国別手続の展開（1967年〜1970年代後半）
　　2　テーマ別手続の誕生・確立（1980年〜冷戦終結）
　　3　特別手続の拡大・発展（冷戦終結〜2006年の人権委員会の廃止、
　　　　人権理事会の創設）
　　4　人権理事会の時代（2006年〜）
おわりに

はじめに

　2018年は世界人権宣言70周年であると同時に、1993年のウィーン世界人権
会議の25周年でもあった。それを記念してウィーンで開催された5月の国際
会議において、当時のザイト国連人権高等弁務官は、ウィーン宣言および行
動計画の前文冒頭で「人権の促進および保護が国際社会の優先事項である」
ことが確認されたことに言及しつつ、「しかし今日、我々は別の方向に向か
っているようだ。……人権は世界中で厳しい圧力の下にある。もはや人権は
優先事項ではなく、のけ者（pariah）である。人権原則の正統性が攻撃され、
人権規範の実行は後退している」と述べている。彼は、その背景にあるポピ
ュリズムやナショナリズムの拡大を憂慮するが、「しかしながら、我々には
まだその懸念について声を上げる空間が残されている。成し遂げてきた成果
や進歩によって立ち向かわなければならない」と締めくくっている（2018年
5月22日付の国連人権高等弁務官事務所のプレス・リリース）。振り返れば、世
界人権会議は冷戦終結後の国連の人権保障体制を強化することが目的の1つ

でもあり、本稿のテーマである特別手続（special procedures）も、ウィーン宣言および行動計画において、システムとして認識され、「世界中のすべての国においてその任務を遂行することを可能にするために」その保持・強化が求められ、また「すべての国はその手続およびメカニズムと十分に協力するよう要請され」たのであった（95項）。筆者は、世界的に人権に対する激しい逆風が吹いている今日のような時代こそ、多様な人権カタログを有し機動力のある作業方法を備えている特別手続が重要な役割を果たす可能性をもつと考えている。そうした可能性は特別手続の性格・特徴や機能から引き出されると言えるが、それを正確に理解する前提的考察として、本稿では主にその歴史的展開を分析したい。

　なお、本稿が扱う特別手続とは、人権委員会（国連憲章第68条に基づき1946年に設置、2006年３月活動終了）および人権理事会（人権委員会に代えて、2006年３月の総会決議60/251により創設）の下部メカニズムであり、特別報告者、独立専門家、作業部会などの専門家個人・集団が、日常的に被害者やNGOなどからの申立・情報を活用して人権侵害問題に対処する手続であり、国別手続とテーマ別手続を合わせていう（2018年末現在国別12、テーマ別44）。それらの設置と廃止は親機関たる人権委員会・人権理事会の決議に基づくものであり、各特別手続権限保持者（mandate holders）の選任も、一定の手続にしたがって議長が選出し、親機関が承認するという形をとるが、各マンデートと行動規則（code of conduct、2007年の人権理事会決議5/2）の枠内で相当程度裁量的に行動する。一般的に特別手続では、人権侵害ケース・事態（政策・法律上の人権問題を含む）などに関する申立や情報を受理し、単独・共同で通報（communications）[1]を関係国政府や非国家主体（国際機関や企業など）に送付し回答を求める（進行中のまたは差し迫っている人権侵害の場合は緊急アピール（urgent appeal）、過去の人権侵害の場合は申立書簡（letter of allegation）、国際人権基準と合致しない政策や法律・法案の場合はその他の書簡（other letter）という形式で、一応区別がなされている）。また、特定国の人権侵害について

――――――――――
1) 通報という用語は、人権条約の個人通報制度や人権理事会の非公開申立手続（旧1503手続）では、個人やNGOなどからの申立・情報そのものを指すが、特別手続においては今日、申立・情報を受けた権限保持者からの関係国等への書簡等を指すものとして用いられることが多い。

プレス・リリースなどで具体的な声明を出したり、特別報告者等が必要性が
あると判断し当該国が同意すれば現地訪問調査を行う。テーマ別手続の場合、
世界的現象や関連国際人権規範の一般的分析・研究も重要な仕事である。ま
た、それぞれ人権委員会・人権理事会に年次報告書と調査報告書を提出し、
双方向対話を行う（要請があれば総会にも、第3委員会での審議のために報告書
を提出する）。具体的な人権侵害問題への対処という点では、通報処理と現
地訪問調査が中心的な任務といえ、本稿でもこの機能を中心に分析する[2]。

特別手続の歴史的展開

　国連憲章上の実行として、国連機関が具体的な人権侵害問題を扱う基準に
関する考え方は、平和に対する脅威に該当する人権侵害（アパルトヘイトや
人民の自決権の侵害など）から、重大な人権侵害事態へ、そして国連人権基
準の侵害へと、より広いカテゴリーの人権侵害を対象範囲とする形で変遷し
ている[3]。特別手続の展開はまさにこうした人権侵害問題対処の基準の変遷
を反映したものである。かかる点と国連にとって重要な歴史的事実を考慮し、
本稿では、1 国別手続の展開（1967年〜1970年代後半）、2 テーマ別手続の誕
生・確立（1980年〜冷戦終結）、3 特別手続の拡大・発展（冷戦終結〜2006年の
人権委員会の廃止、人権理事会の創設）、4 人権理事会の時代（2006年〜）に区
分して、歴史的分析・考察を行う。

1　国別手続の展開（1967年〜1970年代後半）

　特別手続は、一般的には、1967年3月に人権委員会により設置された、南
アフリカに関する専門家から成るアド・ホック作業部会（人権委員会決議2
（XXIII））に端を発すると言われている。この作業部会は、南アフリカにお
ける被拘禁者の拷問・虐待などを調査することや、通報を受理し、証人を聴

2）特別手続の概観と日本との関係について、阿部浩己「国連人権保障システムの至宝　特別報告者①②」『時の法令』第2032号、第2034号（2017年）。

3）Menno T. Kamminga, *Inter-State Accountability for Violations of Human Rights*（University of Pennsylvania Press, 1992）, p. 119.

聞することなどを委ねられた（翌年以降、調査の地域的範囲が南部アフリカ全域に、また調査事項も不法逮捕や死刑の問題などを含むよう拡大される）。個人資格の専門家から構成されること、委託された任務（mandate）が常設ではなく定期的に更新されること、公開手続であることなど、後に特別手続と呼ばれることとなるシステムの共通した特徴を合わせ持つ（国連内を含み、「特別手続」という名称が使われ始めたのは、1980年代以降のことである）。

　なによりも重要なのは、1947年の人権委員会自身の「人権に関するいかなる申立についてもなんら行動をとる権限はない」との人権侵害に関する不作為の決定（同年の経済社会理事会決議75（Ｖ）により承認）が20年経て変更されたことである。作業部会設置の法的根拠として、人権委員会決議2（XXⅢ）は1966年の総会決議2144A（XXI）を挙げているが、この総会決議は、アパルトヘイトや人種差別など南部アフリカにおける人権侵害を強く非難した上で、経済社会理事会と人権委員会に対して、「どこで起ころうとも、人権侵害を止めさせるための国連の能力を改善する方法と手段を緊急に検討するよう要請」している（12項）。これに応じる形で、作業部会設置後同じ会期で人権委員会は、人権侵害に対処する自らの権限を定める決議8（XXⅢ）を採択し、これが1967年の画期的な経済社会理事会決議1235（XLⅡ）で承認される。これにより、人権委員会は、「すべての国における」人権侵害問題と題する議題を毎年審議し、「一貫した形態の人権侵害を示す事態」について調査・勧告を行う公式的権限を有することとなった。そして、かかる権限はその後の特別手続設置の一般的な法的根拠となる。また、同決議は、平和に対する脅威の存在の有無に関わりなく、重大な人権侵害事態に対処する国連憲章上の権限を確認したものといえ、憲章第2条7項の国内管轄事項不干渉原則の解釈としても重要な意味をもつ。

　その後、人権委員会は1969年に、イスラエル占領地域に関する専門家から成る特別作業部会を設置するが（人権委員会決議6（XXV）。総会が前年に設置した調査委員会のメンバーの任命が遅れたため、それまでの暫定的なもの）、次の国別手続への動きは、1975年のチリに関するアド・ホック作業部会の設置（人権委員会決議8（XXXI））まで一休止する。南部アフリカにせよイスラエル占領地域にせよ、この間の動向は、新独立国の大量加盟により

国連で大きな勢力をもつようになった第三世界諸国の反植民地主義、反人種差別、反アパルトヘイトの主張によるところが大きい（人権委員会においても1967年にメンバー国数が21から32に拡大し、第三世界諸国の影響力が増大した）。ただ、これら諸国や社会主義国の立場からすれば、経済社会理事会決議1235（XLII）が「すべての国における」人権侵害問題と規定していても、現実に公開の国別手続のカバーする範囲が広がることは歓迎していなかった。実際、経済社会理事会決議採択の数ヵ月後に、人権委員会の補助機関であった差別防止・少数者保護小委員会が、南部アフリカの諸事態とともに、ギリシャとハイチの事態についても人権委員会に注意喚起したが（小委員会決議3（XX））、1968年の人権委員会では小委員会に対する非難が第三世界諸国を中心に噴出し、両国に関しては何ら行動をとらないまま終わっていた。その点では、南部アフリカやイスラエル占領地域に関する国別手続は、事実上例外的であり、国連の一定の政治目的に資するための調査機関という位置づけが適切かもしれない。

　チリに関するアド・ホック作業部会の設置も、合法的に樹立した社会主義政権が軍事クーデターにより転覆されたことを背景とする大規模な人権抑圧という特殊な要因を指摘しうるが、南部アフリカやイスラエル占領地域の事態が平和に対する脅威に該当するような対外的要因をもつのに対して、チリのケースは純然たる国内的事態であるという決定的な違いがある。その意味では、チリの事態への対処は、国際的要素を持たない重大な人権侵害事態に対するものであり、アド・ホック作業部会も、経済社会理事会決議1235（XLII）の趣旨により即した性格をもつ国別手続であるといえよう[4]。また、この作業部会は、決議1235（XLII）のもう1つの産物である1503手続（1970年の経済社会理事会決議1503（XLVIII）により設けられた常設の大規模人権侵害に

4）カミンガ（M. T. Kamminga）は、「チリに関してとられた諸決定は、もはや国際的要素の存在が国連による対応のための必要な前提条件としてみなされない時代の始まりを記すものである」と述べ、1967年を人権委員会の人権侵害問題への介入の分岐点とする立場と一線を画す。*Ibid.*, p. 88. 特別手続の文脈においても、チリに関する作業部会の設置が「他の国別マンデートへの扉を開けた」との分析がある。Elvira Dominguez-Redondo, "The History of the Special Procedures: A Learning-by-Doing Approach to Human Rights Implementation," in Aoife Nolan et al. (eds.), *The United Nations Special Procedures System* (Brill Nijhoff, 2017), pp. 27-28.

関する通報処理手続であり、非公開性を特徴とする）にチリの事態が係属していたにもかかわらず、公開手続が選択され、設置されたものであり、1503手続から公開手続への移行の先例となった。その厳格な非公開性により実効性に疑問が出始めていた1503手続の優位性が否定された先例ともいえる。なお、作業部会は、1978年にチリ政府の同意を得て、人権委員会の下でのはじめての現地調査を遂行しており、その後の現地調査手続のモデルを提供している。この現地調査後、総会は人権委員会に対して、「一貫した形態の重大な人権侵害を扱う際の人権委員会の将来の行動にかんがみ、アド・ホック作業部会の経験の重要性について注意を喚起する」という決議を採択していることからも（総会決議33/176）、その先例的価値が認められよう。

　さらに1979年に、1503手続の下での協力を拒否し続けてきた赤道ギニアの事態が公開手続に移行され、調査のために特別報告者が設けられたことにより（人権委員会決議15（XXXV））、決議1235（XLⅡ）に基づく国別手続が「すべての国」をカバーすることがようやく一般化し始める。ついで、1980年代に入り、エルサルバドル（1981年）、ボリビア（1981年）、グアテマラ（1982年）、ポーランド（1982年）、イラン（1982年）、アフガニスタン（1984年）、ハイチ（1987年）、ルーマニア（1989年）の人権事態についても、特別報告者や特別代表などが任命された。もっとも、これら調査対象国は、人権委員会の場で議論がなされた国の一部にすぎなく、主に中小国や国際的に孤立していた国が選別されている印象は否めない。後に人権委員会廃止の一因ともなる「政治化」批判の伏線はすでに存在していたと言えるかもしれない。注目すべきは、この時期から特別報告者等の専門家による単独の調査が、作業部会による調査にとって代わって、今日まで続く国別手続の主たる慣行となったことである[5]。こうした方式の採用には、独立性を保証された1人の専門家に任務を委ねることによって、調査の公平性とともに柔軟性、迅速性、効率性を確保しようとする意図が推測される。南部アフリカやチリの事態に関する作業部会のメンバーは、個人資格ではあるが、人権委員会の政府代表の中から任命されており、独立性に疑義を持たれる余地があった。それに対して、

5）1979年に、チリの事態について作業部会に代わって特別報告者が設けられ（人権委員会決議11（XXXV））、これが国別手続におけるはじめての特別報告者となった。

特別報告者等による調査方式の場合には、同時に政府代表の資格を保有していない外部の専門家が任命されることが通例となってゆく。

2 テーマ別手続の誕生・確立（1980年～冷戦終結）[6]

　今日特別手続のシステムの中心を担っているのは、世界的規模で一定の人権侵害問題を扱うテーマ別手続であると言っても過言ではないが、そのテーマ別手続は1980年の強制的または非自発的失踪に関する作業部会の設置により幕を開けた（人権委員会決議20（XXXVI））。この提案は、当時軍事政権が反対勢力に対して「汚い戦争」を仕掛けていたアルゼンチンを国別手続の下で調査対象とすることが同国の外交的な駆け引きにより困難な状況の中で、一種の代替的アイデアとして出されたという側面もあった。「偶然の産物」と言われるゆえんである。決議案はコンセンサスで採択されたが、中南米諸国の軍事政権を中心に強制失踪が世界中に蔓延していたことに対する国際社会の非難（たとえば1978年の総会決議33/173）や、1980年に人権委員会のメンバー国数が32から43に拡大したことにより人権委員会内の勢力地図が混沌とし、相対的に人権擁護に積極的な勢力のイニシアチブが強まっていたことなども、背景的要因として指摘されよう。

　この強制失踪作業部会の任務遂行の評価が、その後の各種テーマ別手続機関の設置を可能にし、またその作業方法はテーマ手続全体のモデルとなってゆく。もちろんその設置時点ではその歴史的意味は知りようもなく、その授権決議である人権委員会決議20（XXXVI）の文言も妥協の産物であり、はなはだ曖昧なものであった。決議は、個人資格の5名の専門家（人権委員会のメンバーから議長が任命）から成る作業部会に対して、強制失踪に関する「問題を検討する（examine）」任務を与え、そのために多様な情報源から情報を「求めかつ受けと」り、それに対して「実効的に対応し、その作業を裁量的に遂行する」ことを要請している。これを読む限りでは、作業部会の任務が研究・分析志向的なものか実践・行動志向的なものかさえ判然としない。結局、その解釈と具体的な作業方法は、作業部会自体に委ねられたのである。

---

6) 1990年代後半までのテーマ別手続の展開については、今井直「国連の人権保障システムの展開と機能——テーマ別手続を中心に」『国際法外交雑誌』第98巻1・2号（1999年）参照。

もちろん、作業部会は後者の方向性を選択し、個人・NGO から申し立てられた個別ケースを含む通報の関係国政府への送付と政府回答の要請（緊急行動を含む）、現地訪問調査といった、今日のテーマ別手続にも共通した革新的な作業方法を最初の1年で編み出す[7]。一方、個別ケースを取扱うことに伴う反論も予想し、作業部会は、失踪者の安否と所在の解明に努める「人道的アプローチ」を強調し、個別ケースに関して事実認定や法的評価といった責任追及的な姿勢はとらず、これにより関係国政府の協力を確保しようとしたのである[8]。

　その後1980年代には、略式または恣意的処刑に関する特別報告者（1982年）、拷問に関する特別報告者（1985年）、宗教的不寛容に関する特別報告者（1986年、2000年に宗教または信念の自由に関する特別報告者に改称し、任務の事項的範囲を拡大）、傭兵に関する特別報告者（1987年）が順次設置される。「国際的名声を認められた個人」を人権委員会議長が特別報告者として任命する形が早くも主流となるが、いずれも、その設置決議（授権決議）には強制失踪作業部会の際と類似した文言が見出され、また、特別報告者が採用した作業方法も強制作業部会に倣ったものとなる（傭兵に関する特別報告者の作業方法は異なり、個人や NGO を情報源とはしなかった）。なお、コンセンサスで設置が決まったものはなく、とくに宗教的不寛容に関しては社会主義国が、傭兵に関しては西側諸国が反対票を投じている。政治的選別性の克服と公平性の担保を利点とするテーマ別手続においても、国別手続ほどではないにせよ、とりわけテーマの選択においては政治的議論からは逃れられないことを示しているといえよう。

　テーマ別手続初期の10年間の実行は、通報処理にせよ、訪問調査にせよ、その作業方法はまだ試行錯誤の段階にあったといえるが、強制失踪作業部会が想像力に富む方法で先例を作り出し、それを認知させて来たことがわかる。たとえば、通報については、設置から7年間で約40ヵ国に約14000ケースを送付してきたが、そのうち緊急行動（緊急アピール）による送付ケースは約2000件であった。緊急行動は、報告されたケースが受理の3ヵ月前以内に起

---

7) U.N.Doc. E/CN.4/1435, paras. 29–43.

8) *Ibid.*, paras. 9, 30, 33.

きたものである場合に最も迅速な手段により当該国の外務大臣に直接そのケースを送付する手続であり、最初の10年間の統計ではケース全体の解明率が約7%にとどまるのに対し、この場合の解明率は約25%に上る[9]。緊急行動は、国際NGOの手法と類似した手続であるが、作業部会はこの手続の実効性を一定程度証明したといえる。一方、特別報告者による通報の取扱いに関しては、質量ともに作業部会には見劣りがする。年間3会期を開催して組織的に任務を進める作業部会と、国連事務局のスタッフの補助以外は常に単独で行動する特別報告者とを単純に比較することはできないが、テーマ別手続の核心ともいえる通報処理のあり方は、特別報告者方式における今日まで続く重要な課題となった。

　訪問調査についても、強制失踪作業部会が先鞭をつけたが、当初は関係者との「直接接触」が主たる目的であり、期間も3～5日程度であった（1982年のメキシコとキプロス、1984年のボリビアの訪問）。訪問調査について明確な授権がないことや、当該国の同意・協力が必要であることが、当初の及び腰的な姿勢の理由かもしれないが、その点では、1984年の人権委員会決議1984/23が作業部会にとって追い風となった。同決議は、「関係国政府に対して、作業部会が自国への訪問の希望を表明した場合、作業部会がその任務をより実効的に遂行するのを可能ならしめるよう、かかる希望に特別な配慮を払って検討するよう奨励する」と定めており（7項）、これは人権委員会による作業部会の訪問調査の明確な承認・奨励ともいえる。その後の1985、86年のペルー、1987年のグアテマラ、1988年のコロンビアの調査では、期間も若干長くなり、なによりも年次報告書とは別個に調査報告書が作成され、そこでは所見さらには勧告を提示しており（concluding observations, conclusions and recommendations）、今日のテーマ別手続の現地訪問調査のスタイルがほぼできあがる[10]。特別報告者もこれに倣うかのように、各国を訪問調査し始め、次第に質を高め、1980年代末には略式処刑に関する特別報告者や拷問に関する特別報告者も報告書において状況評価を行うようになった[11]。

---

9) U.N.Doc. E/CN.4/1987/15, para. 125; E/CN.4/1990/13, para. 351.

10) U.N.Doc. E/CN.4/1986/18/Add.1; E/CN.4/1987/15/Add.1; E/CN.4/1988/19/Add.1; E/CN.4/1989/18/Add.1.

注目すべきことは、この時期すでにテーマ別手続とNGOの協働関係が強く認識されていたことである。たとえば、強制失踪作業部会のメンバーであったガルシア・サヤン（D.Garcia-Sayan）は1991年に、「作業部会は諸政府自体ではなくNGOに基本的に依存している。NGOは作業部会に情報を提供し、行動するよう圧力をかけ、結果を求める。これはすべての国連の特別機関にあてはまる」と指摘し、「NGOは（テーマ別手続の）マシーンを機能させ、その作業を迅速化させるのを可能にする燃料であり潤滑油である」と述べている[12]。テーマ別手続においてNGOは、人権侵害のケースに関する情報提供者としての役割に加えて、国連に行動や救済の方法に関するアイデアを提示し、実行を求めるといった役割も果たしていたのである（実際1980年に強制失踪作業部会の設置を要求する際のNGOの共同声明では、緊急行動手続の種類を示し、その採用を求めていた[13]）。

3　特別手続の拡大・発展（冷戦終結～2006年の人権委員会の廃止、人権理事会の創設）

　冷戦終結後の1990年代（とくに前半）は、国際人権運動の高まりが国連の人権メカニズムの強化をもたらした稀有な時期であった。1993年の国連人権高等弁務官の創設、同じ年の国内人権機関の地位に関するパリ原則の採択とそれを受けた各国での国内人権機関の設置、人権条約における報告制度の活性化や個人通報制度の拡大の動きなどは、とくに顕著な例といえよう。そうした流れは特別手続にも波及し、1990年代は、国別手続、テーマ別手続とも量的拡大を見る。国別手続は、冷戦期には対象とはなりえなかったキューバなどを含み、1994年には18を数えピークを迎える。1980年代5つにとどまったテーマ別手続は、1990年代には、恣意的拘禁、人種主義・人種差別、言

11）略式処刑に関する特別報告者は、conclusions and recommendations、拷問に関する特別報告者は、evaluation and recommendations を提示する。前者は1989年のコロンビアの調査から、後者は1990年1月のザイールの調査から、年次報告書とは別個に調査報告書を提出している。U.N.Doc. E/CN.4/1990/22/Add.1; E/CN.4/1990/17/Add.1.

12）D.Garcia-Sayan, "Non-Governmental Organizations and the Human Rights Movement in Latin America," *UN Bulletin of Human Rights 90/1* (1991), pp. 38-39.

13）U.N.Doc. E/CN.4/NGO/283.

論・表現の自由、裁判官・法律家の独立といった自由権的カタログを付け加えるとともに、子どもの売買・性的搾取、女性に対する暴力、国内避難民、移民といった権利主体別カタログを設け、1990年代後半には、有害物質・廃棄物、教育に対する権利、極度の貧困、発展の権利といった社会権的カタログにも及び、1999年には19を数えるまでに拡大した。さらに、2000年代に入ると、食糧に対する権利、十分な居住に対する権利、健康に対する権利といった社会権分野、人権擁護者、先住民族、アフリカに起源をもつ人々、少数民族問題といった権利主体別分野の充実が見られ、さらには対外債務、テロ対策における人権の促進・保護、人権と多国籍企業・ビジネスなど、時代状況を反映した分野横断的テーマも導入され、人権委員会が廃止されるまでに28を数えるに至った。ウィーン宣言第5条にいう諸人権の相互不可分性を体現化するリストが形成されつつあったといえる。なお、1991年以降各テーマ別手続の授権期間は延長され、3年ごとの更新となり、アド・ホック性に伴う活動の不安定性が一定程度改善された（国別は1年ごとの更新のまま）。

　テーマ別手続に比して、国別手続の拡大は1990年代前半の一時期にとどまり、その後はむしろ、国別手続は人権委員会にとって鬼門となってゆく。国別手続においては、以前から国家間ブロックの利害や東西・南北対立が投影する傾向が強く、前述したように、調査の対象国が一貫した基準により選別されているとはいえない状況があった。こうした傾向がとくに強まるのは、皮肉なことに冷戦終結後である。1990年代に入って、人権委員会で採択された特定国を対象とする人権状況（非難）決議（国別手続の設置・更新に結びつくことも多い）は、1980年代と比べて2倍以上に増加する。これは旧ソ連や東側諸国の影響力がなくなったことが大きい要因といえ、一方で、こうした状況は、大国や地域大国など他国に対して影響力をもつ国以外はどの国でも、監視・調査の対象国となる可能性をもたらし、国別決議・手続をめぐる人権委員会内の緊張と不公平感を増幅させることになった。そこで、決議や調査の対象となる国あるいはその可能性のある国からすれば、人権委員会は政治化・二重基準により毒されているという批判が強く出るようになる。かかる政治的選別性ともいえる現象は、最終的には、「（国別決議を採択する）能力は不健全な政治化の程度に達してしまっている」と事務総長に言わせしめる

34

ほどに、人権委員会の負の部分として認識されるようになってしまったのである[14]。

　テーマ別手続に話を戻すと、この時期の量的拡大やメニューの多様化だけでなく、作業方法の質的な変化の試みにも注目したい。とりわけ1991年に設置された恣意的拘禁作業部会（5名の独立した専門家から構成）の実行は論争喚起的である。コンセンサスで採択された授権決議（人権委員会決議1991/42）により「ケースを調査する（investigate）」任務を委ねられた同部会は、通報処理に関して強制失踪作業部会など従来の作業方法を踏襲しつつも、個々のケースについてそれが世界人権宣言や自由権規約等に違反する恣意的なものであるか否かを判断し、それに基づき勧告を行うという準司法的機能を果たし始めたのである[15]。個別ケースの取扱いについては責任追及的判断を回避するという強制失踪作業部会の人道的アプローチとは明らかに異なる性格をもつ手続であり、こうした作業方法を含む恣意的拘禁作業部会の任務は今日まで人権委員会および人権理事会によって更新され続けている。したがって、国連機関がもっぱら憲章の枠内で個人の人権侵害ケースについて法的判断を下し、関係国に勧告をすることができるかどうかという疑問に対する1つの回答であるともいえよう[16]。もっとも今日まで、テーマ別手続においてもかかる実行はこの作業部会にしか見られない。その点では事実上例外的な手続とはいえるが、法的に逸脱しているとはいえないであろう。授

14）U.N.Doc. A/59/2005/Add.1, para. 11. 当時のアナン事務総長による人権理事会提案の説明書の一節である。もっとも、続けて「深刻な事態に取り組むための能力は維持、再生させなければならない」と述べており、けっして国別決議や国別手続を否定するものではない。

15）恣意的拘禁作業部会の作業方法については、U.N.Doc. E/CN.4/1992/20, para. 13. 国際 NGO である国際法律家委員会の代表として恣意的拘禁作業部会の設置の審議に参加したブロディ（R. Brody）によれば、主に議論となったのは、対象となる拘禁の範囲、関連する国際基準の明示の問題、作業部会か特別報告者かいずれの組織形態にするかという問題（メンバー構成に地理的配分が反映される作業部会の形態を要求したのは発展途上国）であり、「ケースの調査」の性格・方法に関わる議論はほとんどなかったようである。ブロディ自身も、「新たな作業部会が各ケースにつき公式的な決定をするにせよしないにせよ、他のテーマ別メカニズムの現在の実行よりも、ケースに関してより分析を提示すべき」と言うにとどまっており、「ケースの調査」方法の決定については作業部会の裁量によるところが大きかったといえる。R.Brody, "The United Nations Creates a Working Group on arbitrary Detention," *American Journal of international Law*, Vol. 85（1991）, pp. 709-715.

権内容の解釈上可能な範囲であったことと、作業部会という組織的形態をとったことが、こうした準司法的機能を可能ならしめたと考えられる。他方、1994年に設置された裁判官・法律家の独立に関する特別報告者は、「あらゆる実質的な申立を審査する（inquire）」という類似の授権をされたように見えるが（人権委員会決議1994/41）、その作業方法は略式処刑に関する特別報告者と拷問に関する特別報告者を参考にしており、恣意的拘禁作業部会のような実行には踏み出さなかった[17]。恣意的拘禁作業部会の設置後、略式処刑に関する特別報告者、拷問に関する特別報告者、強制失踪作業部会などが相次いで、関係国政府に送付した通報とそれへの回答に関して、年次報告書において適宜国ごとに簡単な所見（observations）を示すようになった。それまで通報処理に関して何らかの評価に踏み込むことはあまりなかったテーマ別手続の「判断志向的態度への明確な進展」が見られ、それは恣意的拘禁作業部会の出現により助長されたと見ることもできよう[18]。

　現地訪問調査については、その期間（10日〜2週間）、状況評価・勧告など、今日のテーマ手続のスタイルがすでに定着してきた感があるが、それとともに今日まで続く大きな課題が浮かび上がって来た。政治的機関である親機関の審議や意思決定が、特別手続の活動と必ずしも十分にリンクしておらずその支えになっていないという現実である。それが、最も悲劇的な形で表れたのが、1994年4月に勃発したルワンダのジェノサイドであった。実はこの1年前の1993年4月、略式処刑に関する特別報告者が現地調査を行い、その報告書は、当時頻発していたツチ族に対する虐殺（massacres）がジェノサイ

16）マリ（J.B.Marie）によれば、大規模人権侵害に優先権を与えてきたのは、個別ケースに関する国連の無権限および無能力によるのではなく、現実主義と実効性への考慮の結果であるという。J.B.Marie, "La Pratique de la Commission des Droits de l'Homme de l'O.N.U. en Matiere de Violation des Droits de l'Homme," *Revue Belge Droits International*, Vol. 15 (1980), pp. 376-377. かかる立場からは、個別ケースを扱うことに憲章上の基本的制約はなく、そうした手続を設けることができるか否かは、現実的条件と政治的意思の問題ということになろう。

17）U.N.Doc. E/CN.4/1995/39, paras. 70-82. 1995年の有害物質・廃棄物に関する特別報告者の授権決議にも、「通報を調査する（investigate）」という文言があるが（人権委員会決議1995/81）、目立った実行はとられなかった。

18）N.S.Rodley, "The Evolution of United Nations' Charter-based Machinery for the Protection of Human Rights," *European Human Rights Law Review*, Vol. 2, Issue 1 (1997), p. 7.

ド条約第2条（a）（b）に該当する可能性を明確に指摘するものであった[19]。この報告書は同年8月に公表されているが、これに対して、人権委員会は翌年春の通常会期まで何も行動をとらず、さらに通常会期でも新たな措置をとることはせず、非公開の1503手続の下での審議を継続しただけであった。会期終了直後大規模なジェノサイドが発生し、就任したばかりの人権高等弁務官が緊急の人権委員会の特別会期を呼びかけ、そこでルワンダに関する特別報告者や現地活動も決定されたが、対応は後手に回るばかりであった。すでにPKOをルワンダに派遣していた安保理や事務総長の責任はいうまでもないが、事態の悪化を十分に予測しうる立場にあった人権委員会の無責任な態度は、教訓にするには余りにも重大であったと言わざるをえない。もちろん経済社会理事会の機能委員会にすぎない人権委員会にできることは限られていたかもしれない。しかし、通常会期を待たずに特別会期を開催し（人権委員会ではメンバー国過半数の要請が必要）、他の国連機関の注意を喚起して行動を促し、自身もより強い監視措置を決定することぐらいはできたはずである。このルワンダの例は、特別手続が早期警報的・予防的な役割を果たしうることを逆説的に示しているが、肝心の親機関がそうした役割を十分に活用しているとはいえない状況は今日の人権理事会にもあてはまる。

　現地訪問調査に関して注目すべき諸国の実行として、継続的招待（standing invitation）の表明がある。これは、すべてのテーマ別手続に対してあらかじめ受け入れの約束を与えるものであり、1999年にノルウェー、カナダが表明し、その後各国に広まり、2018年末現在119ヵ国、1地域（パレスチナ占領地域）にまで及んでいる（日本は2011年に表明）。この方法は、国連NGOであるクェーカー（the Quaker）により1998年に人権委員会において提案され、それを各国が採用したものである。2004年には人権委員会も、すべての国に対してこの約束をすることを検討するよう奨励している（人権委員会決議2004/76）。現地訪問調査は、多くの場合特別報告者等や作業部会が当該国に招待を出すよう要請し、それに応じる形で当該国が招待を出すことにより実現するが、継続的招待はすべてのテーマ別手続の訪問調査要請を常に受け

---

19) U.N.Doc. E/CN.4/1994/7/Add.1, paras. 78, 79.

入れることの公式的な事前表明である。かかる表明をした国に対しては、基本的にそのつど受け入れの意思を確認する必要がなく、訪問調査の招待要請をしやすいことになる。とはいえ、継続的招待は法的拘束力のあるものではなく、政治的約束にすぎないから、拒否されないという保証はない（たとえばイランは2002年に継続的招待の表明をし、2005年までの間に5つのテーマ別手続を受け入れたが、その後は今日まで複数の招待要請があるにもかかわらず事実上拒否している）。また、実際に訪問調査を実現するためには、当該国と調査計画・日程の合意が必要であり、その調整が難航し、訪問調査がなかなか実現しない場合もある。ただ、継続的招待という慣行が生じたこと自体、テーマ別手続の現地訪問調査が一般化・日常化し、それに対して国家も何らかの協力的態度を示さなければならないという認識が形成されつつあることの証左といえよう。

4　人権理事会の時代（2006年～）

(1)　現状の概観

　2006年3月15日国連総会は、人権委員会に代えて人権理事会を創設した（総会決議60/251）。これにより、人権委員会は60年に及ぶ活動に幕を閉じ、新たに47カ国から成る人権理事会が総会の補助機関として発足した。特別手続に関しては、他の人権委員会のメカニズム同様基本的に維持される方向となり（決議60/251・6項）、理事会の創設当初の最優先事項である制度構築作業では、特別手続権限保持者の選任プロセス、特別手続権限保持者の行動規則（Code of Conduct for Special Procedures Mandate-holders）の制定など重要な決定がなされた（2007年6月の理事会決議5/1、付属文書Ⅱ）。かかる決定は結果的に特別手続全体の統合的なシステム化の方向性を反映している。

　特別手続権限保持者の選任に関しては、人権委員会時代の議長による選任から、人権高等弁務官事務所が加盟国、NGO等からの推薦による候補者リストを一定の技術的客観的基準（理事会決定6/104）に基づき作成し、このリストをもとに、5つの各地域グループから選ばれるメンバーによって構成される協議グループ（メンバーは個人資格で行動するとされるが、各ジュネーブ駐在代表であることも多い）が、空席となったポストごとに候補者を勧告し、

理事会議長がそれに基づき選出して、理事会での承認を求めるという手続となった（付属文書39－53項）。協議グループ内の不一致、議長と協議グループとの間の不一致、理事会で承認が得られない場合などもあり、議論が政治化する可能性は常にある。

　行動規則については、アフリカ諸国が積極的に推進したが、制度構築と合わせて全会一致で採択された案（理事会決議5/2）は、当初より穏便なものになっており、NGO等が懸念した程には特別手続権限保持者の行動を制限する内容にはならなかった。交渉の結果、特別手続の実効性を損なうような一連の提案、たとえば各特別手続権限保持者への被害者やNGOからの申立に国内的救済手段完了要件を課すこと、担当者が緊急アピールを各国に送付するときの厳格な基準の要求、行動規則の遵守を確保するための政府代表から成る倫理委員会の設置、といった内容が除去されたのである。行動規則は、情報源、申立書簡、緊急アピール、現地訪問調査など、これまで各特別手続権限保持者の実行により積み重ねられてきた作業方法についても規定しており（第8条～11条）、ある意味それを公式的に認知するものとなった[20]。また、決議5/2は、すべての国に対して、「その任務の遂行において特別手続に協力しかつ援助し、ならびに、特別手続によって送付された通報に不当な遅延なく回答するよう」強く促しており（1項）、人権委員会の従来の立場を再確認している。もちろん、行動規則は特別手続に対して一定の枠づけをする意図もあり、特別手続権限保持者の裁量性がそれにより制約されたり、その行動を非難・攻撃する際の根拠ともなりうるものであり、いわば両刃の剣であると言ってもよい。なお、行動規則に合致させる形で、2008年の特別手続権限保持者の年次会合で、特別手続活動マニュアル（Manual of Operations）も改訂された（最初のマニュアルは1999年に採択）。このマニュアルは、特別手続の特徴を生かしつつ、その内部からシステム化を図ったと言いうる重要な文書である。

　人権理事会創設から今日まで、特別手続のメニューは、とりわけテーマ別手続を中心に、人権委員会時代から続いて拡大傾向である（テーマ別手続は

---

20) 行動規則は「個別ケースを取扱う特別手続の権限の確固たる法的根拠をはじめて与えた」との指摘がある。Dominguez-Redondo, *supra* note 4, p. 45.

人権委員会廃止時28、2018年末現在44)。新規のテーマ別手続としては、自由権分野では、現代的形態の奴隷制、平和的集会・結社の自由、プライバシーに対する権利、社会権分野では、安全な水に対する権利、文化的権利、環境に関する人権義務、権利主体別分野では、法と慣行における女性に対する差別、高齢者の人権、障害者の権利、アルビーノの人権、性的志向・ジェンダー自認に基づく暴力・差別、ハンセン病患者・家族に対する差別、また、他の問題との関連性における人権問題として、真実・正義・補償・再発防止（移行的正義と人権）、一方的強制措置の人権に対する影響、などがある。一瞥すると、権利主体別分野がより豊かになっており、従来は可視化されにくかった人権問題も導入されている。テーマ別手続の守備範囲は、まさに世界中のあらゆる人権問題に及びつつあるといえよう。一方で、人権と国際連帯に関する独立専門家や、民主的で均衡のとれた国際秩序の促進に関する独立専門家といった、曖昧模糊とした研究志向的なテーマや、子どもの売買・性的搾取に関する特別報告者と人身売買に関する特別報告者の活動の重複など、テーマ別手続全体の整序の必要性も指摘される状況になっている。なお、組織形態としては、作業部会6（強制失踪、恣意的拘禁、アフリカ起源の人々、傭兵、法と慣行における女性差別、人権と多国籍企業・ビジネス）、特別報告者32、独立専門家6である。

　国別手続については、人権理事会では、主に議題4の「理事会の注意を必要とする人権状況」か議題10の「技術援助および能力構築」（体制の移行期にある国などの人権状況の改善をめざした援助のあり方などが検討される）の下で議論され、その設置・更新も決定される。パレスチナ占領地域に関する特別報告者だけは、独立した議題7の「パレスチナおよび他の占領下にあるアラブ領域における人権状況」の下で活動する。とりわけ議題4は人権理事会において最も政治的論争的な議題であり、制度構築作業においても国別決議・手続に対する反発が強く、交渉過程でそれまで特別報告者による監視対象であったキューバとベラルーシを人権状況とは関係なく国別手続のリストから外し、制度構築後の議題4における議論でも、多くの国が理事会の活動指針である「建設的な国際的対話および協力」（総会決議60/251・4項）を強調して、国別決議・手続自体を批判していた。こうした雰囲気の中では議題4の

40

下で新たな国に対して国別手続を設けるのは厳しい状況にあると思われた。しかし、2011年に入りアラブの春という国際政治文脈の下で、リビアやシリアの事態が集中的かつ連続して特別会期（理事国3分の1の要請で開催できる）において審議され、独立国際調査委員会が設置されるという明らかな変化が起きた（リビアは決議S-15/1、シリアは決議S-17/1）。ある種特別会期が議題4の代替をするという形になったが、この流れは通常会期にも波及し、同年議題4の下でイラン（決議16/9）、コートジボアール（決議16/25）、ベラルーシ（決議17/24）が監視の下に置かれることになる。国別決議・手続に関わる理事会当初の状況がアラブの春を背景に変化が生じたといえる[21]。

　もっとも、国別手続をめぐる状況は相変わらず複雑な様相を呈している。2018年末現在国別手続にかかっているのは12ヵ国であるが、そのうち、議題4の下にあるのは、ベラルーシ、北朝鮮、エリトリア、イラン、ミャンマー、シリア（いずれも特別報告者）、議題10には、カンボジア、中央アフリカ、マリ、ソマリア、スーダン（カンボジアは特別報告者、それ以外はいずれも独立専門家）、議題7にはパレスチナ占領地域である。当該国の同意を得て設置される議題10の国別手続とは異なり、議題4の下にある国とイスラエルは頑なに協力を拒否し続けており、特別報告者の現地調査はまったく実現していない。そうした膠着した状況の下で、当該国の協力もなくまた現地調査もできなくとも、組織的な調査を行い一定の成果をあげられる独立調査委員会が存在感を増している。この点は人権委員会時代にはあまり見られなかった実行である。独立調査委員会（個々の名称は多様）は、理事会当初から特別会期において主にパレスチナ関連事態に関して設置されていたが、リビア、シリア以降は、コートジボアール（決議16/25）、北朝鮮（決議22/13）、エリトリア（決議26/24）、南スーダン（決議31/20）、ブルンジ（決議33/24）、ミャンマー（決議34/22）、コンゴ民主共和国（決議35/33）、イエメン（決議36/31）などについても設置されている（加えて、スリランカのように、人権高等弁務官事務所に調査を委ねる場合もある（決議25/1））。このうち現在も設置され続けているのは、シリア、パレスチナ占領地域のほか、南スーダン、ブルンジ、

21）この間の人権理事会の動向については、今井直「国連人権理事会の大規模人権侵害への対処機能に関する一考察」『国際人権』第22号（2011年）22-27頁。

ミャンマー、イエメン、コンゴである。調査委員会の任務は、シリアとパレスチナ占領地域を除けば短期間で終了することが多く、毎年更新されることが多い特別報告者とは協働的、相互補完的に機能している感がある（議題4の下で現在国別手続にかかっている国では、ベラルーシとイラン以外は、すでに調査委員会が設置された）。議題4の下での国別手続対象国の事態や独立調査委員会の対象事態は、人権理事会が優先的に対処しなければならない重大・組織的な人権侵害であると言ってもよく（総会決議60/251・3項は、「理事会が、重大かつ組織的な侵害を含む、人権侵害の事態に対処し、それについて勧告すべきことを決定する」と定めている）、そうした事態における調査、報告・勧告等の任務は今日国別手続と独立調査委員会双方が主に担うようになったといえよう。なお、独立調査委員会は国別手続にはカウントされていないので、特別手続とは別個の手続ということになるが、国別手続と独立調査委員会の任務の関連性に注目して、両者合わせて分析することが必要であろう。

(2) 作業方法

　ここで特別手続の作業方法の進展について概観する。人権理事会には毎年特別手続の統計的データ（Annual Facts and Figures）が提出されているので、それらを材料として述べる[22]。なお、全体的統計では国別とテーマ別の区別がなされていないことが多いが、その数字はほとんどテーマ別手続の占めるものである[23]。

　まず現地訪問調査に関しては、理事会創設以降も明らかに増加傾向にあり、全体で2006年38カ国48回、2007年51カ国62回、……2016年65カ国96回、2017年64カ国86回、2018年59カ国84回に上る。この結果、今日では（2018年末現在）169カ国が少なくとも1つの特別手続による現地調査を受け入れている。残る国連加盟国のうち、そもそも訪問要請がまったくない国（7カ国）や訪問調査が予定されている国もあり、訪問要請がありながらそれに応ぜず受け

22）2018年の年間統計は、U.N.Doc. A/HRC/40/38/Add.1.
23）たとえば、2006年6月から2015年1月末までに関係国等に送付された通報のうち国別手続からのものは約2%にすぎなかったといわれる。Catalina Rivera Diaz, "Victims, Communications and the Special Procedures of the UN Human Rights Council," in Humberto Cantu Rivera (ed.), *The Special Procedures of the Human Rights Council* (Intersentia, 2015), p. 136.

入れていない国は14ヵ国にすぎない。その中にはエリトリアのような人権状況が大きく懸念されている国もあるが、小国がほとんどである。こうした統計を見る限り、とりわけテーマ別手続においては、5大国など影響力をもつ国や人権侵害国として非難されている国も含めてほとんどの国が何らかの調査を受け入れていることがわかる。政治的選別性・二重基準の克服という点からする限り、一定の成果をあげていると見ることもできよう。ただ、個々具体的に、どの国がどのような調査を受け入れているかという視点も必要である。たとえば、北朝鮮は2017年に障害者の権利に関する特別報告者の訪問調査を受け入れた。しかし、肝心の国別手続の特別報告者に対する協力は拒否したままであり、自由権分野のテーマ別手続の調査も受け入れていない。これは一例にすぎなく、テーマ別手続のリスト拡大にともなう訪問調査の招待要請の増加により、国家による調査受け入れの選別の余地も大きくなっているという状況が生まれているのである。

　これだけ現地訪問調査が日常化している中、当然その調査に基づく勧告等の実施状況が問われるところである。勧告実施への働きかけは本来親機関である人権理事会の任務であろう。しかし、テーマ別手続の特別報告者等の年次報告書や調査報告書は、理事会では「すべての人権の保護・促進」というより一般的な議題3の下で審議され、とくに当該国は説明や回答を求められるが、ただこの場は双方向対話にとどまり、当該国に対する具体的な行動に結びつくことはほとんどない。人権理事会が特別報告者等の勧告をフォローアップする実質的なメカニズムは存在しないと言ってよい。また、普遍的定期審査（UPR）の場で各国が特別報告者等の勧告を援用することもあり、その効果が期待できる場合もあるかもしれないが、これも組織的なものではない。本来理事会のバックアップにより特別手続の実効性が強化されなければならないのであるが、現実は特別手続のみが孤立して機能している感がある。そこで特別手続は、自ら勧告のフォローアップをせざるをえず、毎年いくつかの特別手続が当該国にフォローアップ訪問をしたり、フォローアップ報告書を提出しているのが現実である。

　次に関係国政府等への通報送付の全体的データに関しては、やや困惑する結果が出ている。現地訪問調査とは異なり、理事会創設以降明らかに減少傾

向なのである。つまり、2006年1115（143ヵ国）、2007年1003（128ヵ国）、2008年911（118ヵ国）、2009年689（119ヵ国）、2010年604（110ヵ国）、2011年605（124ヵ国）、2012年603（127ヵ国）、2013年528（117ヵ国）、2014年553（116ヵ国）、2015年532（123ヵ国13非国家主体）、2016年526（119ヵ国23非国家主体）、2017年534（117ヵ国25非国家主体）、2018年655（121ヵ国75非国家主体）という数字である。この間のテーマ別手続のリスト拡大にもかかわらず、理事会の活動当初に比較して各国政府への通報はほぼ半減している。一方で注目すべき点は、2018年に顕著に見られるように、企業や国際機関など非国家主体への通報が増加していることである（2014年以前に非国家主体に関する数字がない理由は不明）。この送付される通報数の減少は、人権侵害被害者やNGO等からの申立・情報が少なくなったことによるものとは必ずしも言えない。なぜなら、こうした申立・情報に関するデータは公表されていないからである。また、今日通報の約80％が複数の権限保持者の連名による共同通報（joint communications）であることから、単にその結果とも考えられる（2006年〜2007年は共同通報約50％、2008年〜2010年は約65％、2011年以降は約75％以上で推移）。しかし、共同通報の増加が要因の1つであるにせよ、数字の推移を見る限りそれだけでは説明できないように思われる。筆者が危惧するのは、主として予算やスタッフの不足により、通報送付の役割に支障が出ており、被害者等のニーズに十分対応できていないのではないかという可能性である[24]。

　各特別手続ごとのデータも見る[25]。理事会の活動当初（2006年6月）から2018年11月末現在までの、トータルの通報送付の多い順に並べると（括弧内は回答率）、人権擁護者3454（56％）、表現の自由3246（53％）、拷問2388（55％）、恣意的拘禁1692（56％）、略式処刑1514（49％）、平和的集会・結社の自由1257（57％）、裁判官・法律家の独立1236（56％）、健康に対する権利750（60％）、女性に対する暴力614（54％）、宗教・信念の自由522（59％）が

---

24) ある国際NGOによれば、申立のうちピックアップされ、通報送付されるのはせいぜい約10％であり、そこには資源制約によるジレンマがあるという。Universal Rights Group, *Reform of the UN Human Rights Petitions System*（2018）, p. 34.
25) U.N.Doc. A/HRC/40/79, pp. 10–11.

トップ10である（恣意的拘禁作業部会と強制失踪作業部会に関しては、通常の手続は別個の手続として除外されており、緊急アピールだけがカウントされている）。この数字を見ると、通報送付は自由権分野が圧倒的に多く、社会権分野は相対的に少ないことがわかる（ちなみに、健康に対する権利に続くのは居住に対する権利で355（52%））。また、人権擁護者に関する特別報告者の通報送付が多いことは、人権活動家やNGOに対する人権侵害が昨今の顕著な世界的現象となっていることを示しており、表現の自由や平和的集会・結社の自由に関する通報送付も目立つことと合わせて（後者に関する特別報告者の設置は2010年）、今日世界各地で人権活動がいかに危うい状況にあるかがわかる。このことはNGO等市民社会との協働関係の上に成り立っている国連の人権メカニズムにとっても喫緊の課題であるといえる。

　こうした通報送付とそれへの関係国政府等の回答を受けての特別手続権限保持者の対応はけっして一様ではない。1990年代に一般化したように見られた、テーマ別手続における各年次報告書あるいはその付属文書等で適宜国ごとに簡単な所見（observations）を示すというスタイルは、今日ではむしろ例外的になりつつある。2018年においてもそうしたスタイルをとり続けているのは、人権擁護者に関する特別報告者、略式処刑に関する特別報告者、平和的集会・結社の自由に関する特別報告者ぐらいである。通報処理に関するテーマ別手続の「判断志向的態度」は、準司法的手続を維持している恣意的拘禁作業部会を除けば、明らかに後退しているのである。かかる状況を生じさせたのは、外圧というより、2011年9月以降の通報データ公表の効率化の動きが大きいと思われる。現在年3回の人権理事会の毎会期ごとに特別手続全体の送付通報およびそれへの回答に関する報告書（communications report）が提出されているが、この中では所見を掲載する項目がそもそも存在しない。さらに、2017年初頭に設けられた通報データベースはこれに拍車をかけた。これにより、情報提供者は自らが送った情報・申立（これもオンラインで提出可能）の運命を迅速に追いかけることができるようになったが、特別報告者等の所見はこのデータベースに掲載されることはない。かかる効率化の動向前後までは少なくとも3分の1程度のテーマ別手続は、所見を出すスタイルをとっていたが、多くの特別報告者等はそれを止めることを選択したので

ある。もっとも、効率化の動きがあっても（それ自体は情報・申立を送る側にも十分メリットがある）、年次報告書の付属文書で送付通報・回答に関する自らの所見を提示するスタイルを維持している特別報告者もいるところから[26]、結局は特別報告者等の姿勢・意識の問題といえそうである。効率化以前の各テーマ別手続の所見を見ても、回答があれば謝意、無回答であれば遺憾の意を表明するというだけの形式的な所見も少なからずあった（社会権分野の特別報告者に散見される）。また、同じテーマでも担当者によってかなり差異がある。拷問に関する特別報告者について言えば、所見を付すスタイルは、効率化の動向以前にノヴァック（Manfred Nowak, 2004-2010）の任期の時に一時止まった。しかし彼を引き継いだメンデス（Juan Mendez, 2010-2016）は、効率化の流れにもかかわらず、ケースごとに所見を付し、主に拷問等禁止条約を援用し、「拷問等からの自由に対する権利」の侵害があるか否かを判断するという、特別報告者としては稀有なアプローチをとった[27]。その後メンデスを継いだメルツァー（Nils Melzer）は今のところ所見をまとめた報告書は提出していない。このように、同じテーマを担当する特別報告者でも通報処理については大きなギャップが存在する。ノヴァックは在任中、通報処理手続について「その実効性はかなり限定的であり、この手続を実効的なツールにするためには、諸政府およびその他のアクターによってなされるべき多くの事が必要である」と述べ、一方で、拷問等への実効的な対応のために「自分が自由に使える最も重要なツールは、特定国への事実調査ミッションである」という認識を示していた[28]。これは確かにノヴァックの率直な感想

26）最新のものとしては、2019年の人権理事会第40会期に提出された人権擁護者に関する特別報告者の国別所見。U.N.Doc. A/HRC/40/60/Add.1.

27）たとえば、U.N.Doc. A/HRC/34/54/Add.3. この文書には日本のケースも含まれており、2015年12月の慰安婦問題に関する日韓合意や、性同一性障害特例法が性別変更の要件としている性転換手術について、「拷問等からの自由に対する権利」の侵害を認める所見を出している。*Ibid.*, paras. 296-304.

28）Manfred Nowak, "Fact-Finding on Torture and Ill-Treatment and Conditions of Detention," *Journal of Human Rights Practice*, Vol. 1, No.1 (2009), pp. 102-103. 通報処理の実効性について、Universal Rights Group, *supra* note 24, p. 36. 通報の多い15ヵ国を対象としたサンプル調査によれば、通報送付に対する回答率約50％のうち、侵害に処する何らかの措置をとったのは8％、不十分だが実質的な回答をしたのは42％であったとされる。

であり、その指摘は傾聴に値するが、それが通報処理についての彼の対応に結びついていたとすれば、特別手続を「最後の救済の砦」として申し立てた人々にとってはやるせないことである。彼ら彼女らは特別報告者の1つのコメントでも勇気づけられたかもしれないであろうから。それもある意味での実効性ではないかと思えるのである。

　最後に、通報処理に関して注目すべき最近の実行をあげる。表現の自由に関する特別報告者が先陣を切って2011年以来続けている実行であるが、各国（国際機関や企業を含む）の法律（法案）、規則、政策等に関して、送付した通報（その他の書簡あるいは緊急アピールとして）とそれに対する回答を、その公式ホームページ上の「法律と政策に関するコメント（comments on legislation and policy）」という項目でまとめて提示するというものである。この手法は他のテーマ別手続にも広がりを見せており、2018年末現在分野を問わず13の特別報告者等が採用している。もっとも、コメントといっても、送付した通報の中で述べられた、申立・情報に基づく懸念や質問のことであるが、事実関係の照会の比重が大きい個人の人権侵害ケースよりは、法律等の内容に直接踏み込むことができ、議論を喚起しやすい領域である。当該分野の専門家である特別報告者等にとって力量を発揮できる通報送付ともいえる（この種の通報は2016年62、2017年92、2018年108と漸増している）。かかる通報は送付してから48時間後に当該各特別手続のサイトで公表すると決定されており[29]、「法律と政策に関するコメント」に関する実行は、今後定着してゆくものと予想される。

おわりに

　以上述べてきたことを受けて、とくに次のような点が指摘されよう。
① 特別手続の展開は、国連憲章上の実行として、人権侵害問題対処の基準の変遷を反映するとともに、その基準を自ら形成、拡大する役割を果たして来た。今日、人権侵害事態（政策・法律上の人権問題を含む）や個人の人権侵

29）2018年の特別手続権限保持者の年次会合での決定。U.N.Doc. A/HRC/40/38, para. 66.

害ケースを国連機関が扱うことは、憲章の権限内の事項であると言いうる。

② 歴史的には各特別手続はアド・ホックな手続として設置され、そのマンデートや組織形態にも一貫性はなかったが、テーマ別手続については今日まで実質的に廃止されたものはなく、諸人権の相互不可分性を示すカタログを形成しつつ常態化しており、また、作業方法や手続の相当程度の定式化・統一性も図られ、全体として統合性をもったシステムとしての性格をもつ方向性にあることが確認できる。

③ 特別手続の作業方法（通報処理や現地訪問調査など）は、利用する側（多くの場合被害者やその家族、NGO、法律家など市民）の目的に応じた機能を果たそうとするものであることを認識できる。また、2014年のあるデータによれば、特別報告者等の専門家のうち、56％が学者・研究者、23％がNGO等の出身である[30]。かかる市民社会との密接な関係は、特別手続を「市民社会的メカニズム」と呼ぶにふさわしい。ただ、最近の通報送付や所見の減少傾向には注視する必要がある。

④ 親機関である人権理事会という国家間メカニズムの審議や意思決定が、日常的に各国の人権侵害と対峙している専門家集団である特別手続の活動と十分にリンクしていない現実があり（とくにテーマ別手続の場合）、両者の協働関係の構築が大きな課題である（ただ、孤立して機能している現状があるにせよ、特別手続が各国の国内行動に影響を与えたとされる例は少なくない[31]）。

⑤ 特別手続の権限保持者は、その独立性・裁量性を生かして国連の人権保障に貢献してきたのであり、特別手続のシステム化がその強みを制約してはならない。一方で、専門家個人の資質・能力・考え方がその作業方法等に大きく反映する可能性は常にあり、特別手続を分析する際には個々の手続あるいは権限保持者ごとに観察するという視点も肝要である。

⑥ 特別手続が抱える他の現在の課題として、作業方法の改善・効率化、支援体制の強化（財政・スタッフなど）、関係国等の協力の確保（通報への実質

---

30) Universal Rights Group, *Human Rights Special Procedures; Determinants of Influence* (2014), p. 14.

31) Ted Piccone, *Catalysts for Change: How the UN's Independent Experts Promote Human Rights* (Brookings Institution Press, 2012), Appendix D.

的な回答、調査の選別のない受け入れと調査の自由の尊重、勧告の実施など）、他の国連人権機関との関係・連携の強化（国連人権高等弁務官、総会第3委員会、人権条約機関など）、人権擁護者の保護措置、国際人権法規範の明確化・形成への貢献などがあげられ、一層の検討が必要である。

1 国連を中心とする国際人権保障

国連における
「ビジネスと人権」問題をめぐる議論の展開

―条約化構想と「指導原則」の両立可能性を中心に―

梅 田 徹
麗澤大学教授

はじめに
一 「規範」草案と「指導原則」から条約化への展開
二 ２つの結節点
三 両立可能性に関わる論点
四 両立可能性についての１つの評価
おわりに

はじめに

　グローバル化の進展とともに、多国籍企業の持つ影響力の大きさはいっそう増大しつつあるが、国際社会は多国籍企業の行動を十分に規制することができていない。国際法の発展が企業のグローバル化に追い付いていないことが理由としてしばしば挙げられる。追い付くための努力はもっと早い時期に開始されていたが、その努力は多国籍企業行動規制に結びつくことはなかった。

　多国籍企業の国際法主体性確立に向けた取り組みは1970年代に始まっていた[1]。当時の取り組みは、多国籍企業の幅広い行動パターンを視野に入れていた。ところが、企業の行動規制の議論が進む中、1990年代後半あたりから、多国籍企業の多様な行動パターンのうち、人権に対する影響に焦点が集まる

---

1) このテーマに関する国際法分野における先駆的研究としては、『多国籍企業の法的研究』（入江啓四郎先生追悼）（成文堂、1980年）がある。

ような展開に変わった。結果的に、「ビジネスと人権」というテーマに対する関心は高まり、そのテーマをめぐる議論およびそのテーマに対する関心は今日まで続いてきている。

　その中で、2005年の国連事務総長によるビジネスと人権に関する特別代表の指名は、後知恵ではあるが、結果的に、多国籍企業の行動規制の議論の方向性を大きくシフトさせる効果を持った。その特別代表が2008年に人権理事会――2006年に委員会から理事会に格上げされていた――に提案した「保護・尊重・救済」フレームワークは、多国籍企業の国際法主体性を否認する前提に立ち、人権を尊重する企業の責任を国家の保護義務とは明確に区別することによって、あたかも企業が人権を尊重する法的義務を負っていないかのようなフレーミングを採用した[2]。そして、この保護・尊重・救済フレームワークの基礎の上に2011年、国連総会で「ビジネスと人権に関する指導原則」が採択された。

　「フレームワーク」から「指導原則」への展開は、観察者の目には、多国籍企業の国際法主体性を樹立する方向に積み上げられてきた議論がリセットされたように映ったとしても不思議ではない。ところが、2014年、人権理事会の採決の中で、かろうじて過半数に達する勢力の賛成を得て、企業行動を規制するための法的拘束力のある文書策定の動きが承認され、ここに再び規範化の取り組みが動き始めた。議論はリセットされていなかったのである。2018年7月には議論のたたき台となる草案が公表された。この草案に盛り込まれた要素がそのまま条約になる保証はない。しかしながら、その草案は多国籍企業と国際法との関係を考える上で非常に有意で有益な視点を提供している。

　本稿では、国際法における多国籍企業の法的地位はいかなるものであるべきか、また、多国籍企業の国際法主体性を樹立するためにはいかなる手続を経る必要があるか、いかなる条件が整備されるべきか、といった基本的な問題意識を維持しつつ、国連における条約化の議論再開により再び関心が集まるようになった、「ビジネスと人権」の分野における企業と法の問題、とり

---

2) 法的義務を負っているとしても、せいぜいそれは「ソフトロー」的な義務であると説明された。企業の法的義務の有無に関する議論は、この先、本文中で扱う。

わけ、この分野における条約化が「指導原則」と両立するかどうかに焦点を絞り、その議論の歴史を振り返って整理し、問題の所在を再確認することを狙いとする。

一 「規範」草案と「指導原則」から条約化への展開

「ビジネスと人権」の問題への焦点化がどの段階で進み始め、また、それはどのような経緯をたどって、「ビジネスと人権に関する指導原則」の採択に至ったのか、また、それがいかなる手続を経て、あるいは、いかなる機運が高まって条約化の動きにつながったのか。この節では、そのあたりのことを整理しておこう。

1 「多国籍企業その他の事業体の人権に関する責任についての規範」草案の成立

1997年8月に出された差別防止少数者保護小委員会の報告によれば、多国籍企業の活動に関する作業部会は、委員のエルハヂ・ギセ ElHadji Guissé に人権の享受と多国籍企業の活動との間の関係に関する背景資料を作成し、1998年のセッションで報告する任務を与えた[3]。規範策定の取り組みはここに端を発したと捉えることができる。ただし、それよりも少し前、発展の権利に関する作業部会が、行動規範に関する多数国間協議の再開を視野に入れて多国籍企業および銀行の活動を規制するための新たな立法の採択、ならびに実効的な国際的制度の創設を勧告していた事実がある。この時期、いくつかの部門において人権との観点から多国籍企業の行動を規制する必要性が認識され始めていたことがわかる。

1998年8月、同小委員会は、5名から構成される作業部会を3年の任期で

---

3) David Weissbrodt and Muria Kruger, "Current Developments: Norms on the Responsibilities of Transnational Corporations and Other Business Enterprises with Regard to Human Rights," *American Journal of International Law*, Vol. 97, 2013, p. 903. ほかに、David Weissbrodt, "Corporate rights Responsibilities," *Zeitschriftfur Wirtshafts- und Unternehmensethik*, 2005: 271-297, 横田洋三「『人権に関する多国籍企業およびその他の企業の責任についての規範』について」『季刊企業と法創造』第3巻2号（通巻8号・2006年）5-14頁、を参照した。

立ち上げて、多国籍企業の活動を検討することを決定した。作業部会のマンデートには、問題の所在の特定、多国籍企業の人権に及ぼす影響についての情報の吟味、投資協定と人権条約の両立性の吟味、人権保護のための多国籍企業の事業と活動の方法に関する勧告の策定、多国籍企業を規制する国家の義務の範囲の検討が含まれていた[4]。

1999年8月の作業部会の会合は、米国出身の委員デイヴィッド・ワイスブロート David Weissbrodt に多国籍企業の行動規範の草案の準備作業を託して任務を終えた。2000年8月の会合で、「企業の行動規範草案」が提出され、規範策定に関する議論が本格化した。3年の任期内に策定作業が終了しなかったため、2001年8月、作業部会の任期はさらに3年間延長された。2002年2月に18条からなる草案がまとまり、同年8月の会合で検討された。その後は、この草案の加筆修正という形で作業が進められ、まとまった最終草案（E/CN.4/Sub.2/2003/12/Rev.2）は、2003年8月、人権促進保護小委員会の会合において承認され、人権委員会に上程されることが決定された[5]。これが、「多国籍企業その他の事業体の人権に関する責任についての規範」草案である。

2004年4月の会合において、小委員会から上程された規範草案の検討が始まった。この草案に対して「委員会は冷たく反応した」[6]。多くの委員は少なくとも承認を留保する立場をとった[7]。委員会は、決議の中で、規範草案を準備したことについて小委員会に対する謝意を表明し、また、「委員会による検討にとっては有益な要素や理念が含まれている」と述べたものの、規

---

4) Weissbrodt and Kruger, *supra* note 3, p. 904.

5) *Ibid.*, p. 906.

6) John G. Ruggie, "Business and Human Rights: The Evolving International Agenda," *American Journal of International Law*, Vol. 101, 2007, 819–840, p. 820.

7) 人権高等弁務官の報告書は、「規範」草案に関する意見の対立を次のように表現している。「コンサルテーションの過程で、利害関係者の間にその草案の価値と内容についての意見の大幅な開きがあることが明らかになった。経営者団体、多くの諸国、そして企業の一部は、その草案に批判的であったのに対し、非政府組織、一部の諸国と企業ならびに学者、法律家、コンサルタント等の個人の立場の利害関係者は、草案を支持した。」Report of the United Nations High Commissioner on Human Rights on the responsibilities of transnational corporations and related business enterprises with regard to human rights（UN Doc. E/CN.4/2005/91, 15 February 2005), para. 19.

範草案を承認しなかった。また、その規範草案は「法的地位を有しない」以上、小委員会は企業に対するいかなる監視機能をも果たすべきではないと釘を刺した[8]。

2 保護・尊重・救済フレームワークと指導原則

一方、人権委員会は、同じ決議の中で、人権高等弁務官事務所に対して、多国籍企業の人権関連の責任に関係する「既存の基準等の範囲と法的地位」を確認し、「すべてのステークホルダーとの協議」を通じて、問題の所在を特定し、委員会に報告することを求めた。その目的は、多国籍企業の人権関連の責任に関する基準を強化する選択肢を特定することであった。2005年の決議（2005/69）の中で、委員会は、国連事務総長に対して、当初2年の任期で、人権と多国籍企業の問題を担当する特別代表を指名するよう要請した。2005年7月、経済社会理事会がこの要請を承認したことを受けて、当時の国連事務総長コフィ・アナンは、ジョン・ラギー John G. Ruggie を特別代表（SRSG）に指名した[9]。

事務総長特別代表に与えられたのは、次のマンデートであった[10]。すなわち、(a) 多国籍企業およびその他の事業体の人権に関する企業の社会的責任および説明責任の基準を特定し明確にすること、(b) 人権に関する（国際協力を通した場合を含む）多国籍企業およびその他の事業体の役割を実効的に規制し裁定することにおける国家の役割について掘り下げること、(c) 多国籍企業およびその他の事業体にとっての、「共謀」および「影響力の範囲」等の概念の含意を調査し明確化すること、(d) 多国籍企業およびその他の事業体の活動についての人権インパクト評価を実施するための材料および方法を開発すること、(e) 国家、多国籍企業およびその他の事業体のベスト・プラクティスの一覧表を策定すること、である。

---

8) Commission on Human Rights Resolution 2004/6116 (20 April 2004). [Chap. XVI, E/2004/23 -E/CN.4/2004/127].

9) UN Doc. E/CN.4/2006/97 (22 February 2006), para. 2.

10) Commission on Human Rights Human Rights Resolution 2005/69 (20 April 2005). [Chap. XVII, E/CN.4/2005/L.10/Add.17].

事務総長特別代表は、その後、この問題に対する打開策を探るべく、各方面との協議、意見交換、調査等を展開した。2006年2月には中間報告書（E/CN.4/2006/97）を提出した。2006年3月に人権委員会から昇格した人権理事会に対しては、2007年2月に報告書（A/HRC/4/35）のほか、人権影響評価についての関連報告書（A/HRC/4/74）が提出された。それらの報告の総括として事務総長特別代表は、2008年4月、「保護・尊重・救済フレームワーク」と題する報告書（A/HRC/8/5）を提出し、その枠組みは、人権理事会の決議で歓迎された。その後は、2009年4月に「フレームワークの運用に向けて」と題する報告書（A/HRC/11/13）が、2010年4月には、それをさらにフォローする報告書（A/HRC/14/27）が出されている。その際、事務総長特別代表の任期は、2011年6月まで3年間延長された。

　なお、2010年11月、事務総長特別代表は、29項目からなる原則の草案を公表し、2011年1月末を期限としてパブリック・コメントを募集した。コメントを受けて「原則」草案に必要な手直し等を加え、2011年3月に完成版として公表したのが、「ビジネスと人権に関する指導原則」である（A/HRC/17/31）。

　2011年6月16日、国連人権理事会は、採択した決議（A/HRC/RES/17/4）の中で、「ビジネスと人権に関する指導原則」を支持した。この「指導原則」は、「国際連合"保護、尊重、救済"フレームワークの実施」という副題がついていることが示すように、2008年6月、企業と人権に関する事務総長特別代表のラギーが国連人権理事会に提案した保護・尊重・救済フレームワークを基礎にして原則の形式で表現したものである。

3　ビジネスと人権に関する条約化の動き

　人権理事会による「指導原則」の承認をもって、2005年以来継続（途中2008年の時点で3年間の延長を含む）していたラギーの事務総長特別代表の任務は公式に終了し、代わりに同じ決議によって設置が決まった、5名の専門家から構成される作業部会が「指導原則」の実効的な伝搬や実施促進、政府や国際機関との連携等の役割を担うことになった[11]。作業部会は、その後、企業と人権に関するフォーラムを設置し、政府、経済界、市民社会を巻き込

みながら、保護・尊重・救済フレームワークを基礎とした「指導原則」の普及活動を展開していった。2013年9月の人権理事会で、エクアドル代表がこの分野における条約化の可能性に言及した[12]。これが事実上の条約化の提案であると捉えてよいであろう[13]。エクアドルの説明によると、この提案は、アフリカグループとアラブグループを含む、少なくとも85か国に支持された共同提案であった。提案の表明後は、200以上のNGOが提案を歓迎し支持を表明した。

　エクアドルの条約化の可能性の指摘から10か月後の2014年7月、人権理事会の会合において、「人権に関する多国籍企業およびその他の事業体についての、1つの国際的な法的拘束力のある文書」の策定を決定する決議案が提出された。決議案には、開放討議型の政府間作業部会を設置し文書の策定の任務を付与する内容は含まれていた。エクアドルと南アフリカによる共同提案の形をとっていたこの決議案は、賛成20、反対14、棄権13で採択された（A/HRC/RES/26/9）[14]。

---

11) 2014年7月、人権理事会は作業部会の任期を3年間延長することを決め（A/HRC/RES/26/22, 15 July 2014)、また、2017年7月には再度、3年間の延長を決めている（A/HRC/RES/35/7, 14 July 2017)。

12) "Statement on behalf of a Group of Countries at the 24rd (*sic*) Session of the Human Rights Council," General Debate – Item 3: "Transnational Corporations and Human Rights," Geneva, September 2013.

13) エクアドルは、実は、2011年6月、人権理事会が指導原則を支持する決議を採択した際、国連は今後も引き続き条約化に努力すると信じていることを理由に挙げて賛成したと説明している。エクアドルとしては、指導原則には人権侵害を行った企業の責任を追及する制度と被害者を救済するメカニズムがない点を問題視していた。2011年の時点から条約化を提案する機会を窺っていたようである。See, https://www. business-humanrights. org/sites/default/files/media/documents/ruggie/declaration-ecuador-human-rights-business-16-jun-2011.pdf

14) 票決の内訳は以下のとおりである。決議に賛成した国は、アルジェリア、ベナン、ブルキナファソ、中国、コンゴ、コートジボアール、キューバ、エチオピア、インド、インドネシア、カザフスタン、ケニア、モロッコ、ナミビア、パキスタン、フィリピン、ロシア連邦、南アフリカ、ベトナムであった。一方、反対票を投じたのは、オーストリア、チェコ、エストニア、フランス、ドイツ、アイルランド、イタリア、日本、モンテネグロ、韓国、ルーマニア、マケドニア、英国、米国であった。棄権は、アルゼンチン、ボツワナ、ブラジル、チリ、コスタリカ、ガボン、クウェート、モルジブ、メキシコ、ペルー、サウジアラビア、シエラレオネ、アラブ首長国連邦であった。先進国およびヨーロッパ諸国が反対に回り、アジア・アフリカの発展途上国が賛成に回る一方、ベネズエラを除き、ラテンアメリカ諸国は棄権を選択したことがわかる。

作業部会の会合は4回予定されており、最初の2回の会合を経て、実質的な交渉に入る第3回の会合までに座長報告者は「構成要素」Elements を準備することになっていた。2017年7月、エクアドル代表団が「構成要素」を提出した[15]。2018年10月に開催される第4回の会合に先立つ7月19日、このたたき台を基礎に非公式会合の内容を盛り込んだ条約草案が公表された[16]。この条約草案は、「Zero Draft」と呼ばれている。本稿では、この先、「ZD」と呼ぶことにする。提案された ZD は大きな反響を呼んだ。経済団体、市民社会から草案に対するかなり多くのコメントや意見が寄せられ、それらはインターネットで公開されている。

二　2つの結節点

　前節では、「規範」草案から「フレームワーク」と「指導原則」を経て、2014年からスタートした条約化に向けた展開を概観してきたが、その展開の中で、おそらく将来の視点からとらえた場合に間違いなく結節点になるものが2つある。1つは、「規範」草案から「フレームワーク」へのシフトであり、いま1つは、「指導原則」の対抗軸として形成されつつある、企業業と人権をめぐる条約化に向けた動きである。この節では、それぞれのシフトがどのような意味を持つのかについて検討する。

1　「規範」草案から「フレームワーク」への展開
　特別代表に指名されたラギーが直面した重要な課題の1つは、人権保護促進小委員会が採択し人権委員会に上程した2003年の「規範」草案の位置づけ

---

15) Elements for the Draft Legally Binding Instrument on Transnational Corporations and Other Business Enterprises with Respect to Human Rights, Chairmanship of the OEIGWG established by HRC Res. A/HRC/RES/26/9 (29/09/2017). https://fian-ch.org/content/uploads/LegallyBindingInstrumentTNCs_OBEs.pdf
16) このときに、20か条からなる選択議定書の草案も提出された。選択議定書草案の第1条は、「各締約国は、法的及び行政的体制に従って、この議定書の当該締約国における発効2年以内に、［法的文書］の遵守、監視および実施を促進するための国家実施メカニズムを指定もしくは樹立するものとする」と規定している。

であった。「規範」草案の存在が人権委員会における膠着状態の原因であった以上、ラギーにとっては、その草案を基礎にした解決策を議論する選択肢はおそらく最初から排除されていたのであろう。問題は、「規範」草案を基礎にしないことをいかに説明するかであった。

ラギーは、2006年の中間報告書（E/CN.4/2006/97）の中で「規範」草案の正当性を否定する理由を述べている。彼がとくに問題視したのは次の２点であった[17]。１つは文書の権威に関する問題である。「規範」草案は、企業と人権に適用可能な国際法原則を「反映」reflect ないし「リステイト」restate するだけであると説明されているにもかかわらず、他方で、非自発的な性質を有し、ある意味、企業を直接的に拘束する性質のものとして提示されている[18]。これは、現代の国際法が企業に対して直接的な責任は負わせていないということと矛盾する。ラギーが「規範」草案の正当性を否定したもう１つの理由は、「規範」草案が国家の責任と企業の責任を明確に区別していない点にあった。企業は特別な機能を果たす特殊な機関であって、性質上、国家が有するような一般的な役割を果たしていないにもかかわらず、「規範」草案は、国家と企業のそれぞれの社会的な役割をふまえて責任を区別していないというのである[19]。

第２点目から先に検討しておく。「規範」草案が国家と企業の義務と責任を明確に区別していないという点は、ラギーの指摘のとおりである。「規範」草案の第１条は、国家に人権の保護促進に関して「第一義的な責任」（多国籍企業による人権尊重の確保を含む）を負わせていたのに対して、多国籍企業

---

17) "Interim Report of the Special Representative of the Secretary-General on the issue of human rights and transnational corporations and other business enterprises," UN Doc. E/CN.4/2006/97 (February 22, 2006), paras. 56-69. また、ラギーは、この２点とは別に、企業が尊重すべき権利のいかなる限定的な列挙も限定的でしかないという議論を持ち出し、企業行動が影響を与える権利を列挙する形を採用している「規範」草案を暗に批判している。SRSG 2008 Report（A/HRC/8/5），paras. 51-55.

18) UN Doc. E/CN.4/2006/97（February 22, 2006），para. 60.

19) ラギーは、「規範」草案は「自身の教義上の過剰に飲み込まれてしまっている」点を批判する。また、「誇張された法的主張と概念上の曖昧さは、多くの本流の国際法学者その他の公平な分析者らの間において混乱と疑念を生み出している」とも述べている。SRSG 2008 Report, *supra* note 17, para. 55.

に関しては、「それぞれの行動および影響の領域の範囲内において」、人権を促進し保護する「第一義的な義務を負っている」と規定していた。国家と同じような責任や義務を企業に負わせようとしているところに問題があると考えたラギーは、自身のマンデートの遂行の中で、国家と法的義務と企業の責任を明確に区別した議論を進め、その基礎の上に保護・尊重・救済フレームワークが構想されることになったのである。ただし、「フレームワーク」の表現の仕方は、企業があたかも一切の法的責任を負っていないかのように見せかけになっている。企業は、国内法の下で人権を尊重する法的責任を負っていることに異論を唱える人はほとんどいないはずである[20]。

　第1点目については慎重に検討する必要がある。たしかに、「規範」草案の原案策定に携わったワイスブロートは、「採択された規範（草案）は、企業の社会的責任についての_自発的なイニシアティブではない_」ことを強調していた（引用者による強調）。「規範（草案）の非自発的な性質は、したがって、国連グローバル・コンパクト、ILO三者宣言、OECDの多国籍企業ガイドラインに見られる自発的な指針を越えるものである」とも述べたのち、「とはいえ、それは条約ではない。規範（草案）の法的権威は、主として、企業に適用可能な国際的な法原則のリステイトメントとして、条約および慣習国際法の中にある（規範の）源泉から派生したものである」と説明している。おそらく、ラギーにとっての最大の問題点は「非自発性」というキーワードに集約されていたことであろう。したがって、これを批判し、企業の自発性が確保されるような枠組みが必要であると考えたとしても不思議ではない。しなしながら、現在のわれわれの視点から見て、提案された「規範」草案は、はたして非自発的な性格を持つものであったかどうか、慎重に検討する必要がある。

　ワイスブロートの持ち出した「非自発性」は、法的拘束力を持つような文書であることを推測させる効果をもたらした。さらに、「規範（草案）の法的権威は、主として、企業に適用可能な国際的な法原則のリステイトメントとして、条約および慣習国際法の中にある（規範の）源泉から派生したもの

---

20) 東澤靖「ビジネスと人権——国連指導原則は何を目指しているのか」『明治学院大学法科大学院ローレビュー』第22号（2015年）23-40頁、35頁。

である」というくだりは、企業の（人権を尊重する）責任は、国際法の法源の中から派生し、したがって、企業は国際法の下で人権を尊重する義務を負っているかのような判断を引き出し、あるいは少なくとも、そのような印象を与える効果があった。しかしながら、ワイスブロート自身は、企業が国際法の下で直接、責任を負っている点について確信していなかったようである。彼は、先の引用箇所の2ページほど先のところで、ほとんど同じ文章を書いているが、それには追加されている部分がある。すなわち、「規範（草案）の法的権威は、いまや、主として、企業に適用可能な国際的な法原則のリステイトメントとして、条約および慣習国際法の中にある（規範の）源泉から派生したものであるが、将来、拘束力を持つようになる余地はある。」（引用者による強調）。この最後の文章は、「規範」の源泉は、国際法から派生するが、それはいまだ拘束力を持つに至っていないことを明確にしている[21]。彼は、「規範（草案）は、国連の多くの勧告や宣言と同様、"ソフト"ローとしてスタートした」とも述べている。そうであるならば、「規範」草案の「非自発性」はどのように説明されるべきなのであろうか。企業に対して国際法上の義務を課すような規範——これが非自発性に関わる要素であると考えられる——がすでに存在するのであれば、その規範をリステイトする文書をもって「非自発性」を有する文書と性格づけることはまったく問題がない。しかしながら、いまだその地位を獲得していない文書をもってそのように性格づけることは問題であると言わなければならない。にもかかわらず、ラギーは、自らが提案する「フレームワーク」との決定的な違いを強調するために、「規範」草案に関する「非自発性」の部分を取り出してこれに批判を加える方法を採用した。

　客観的に見るかぎり、企業の人権尊重責任が国際法的に規定されたものであるかどうかという法律的な議論が争点になるべきであった。これが最大の争点であったはずだからである。しかし、そうはならなかった。それを最大の争点にすることを阻んだのは、ある点に関して2人の意見が一致していた

21）バクシーは、「規範」草案は「あるべき法」を示したものであって、「ある法」としての実定法を反映したものではないと述べている。Upendra Baxi, "Market Fundamentalisms: Business Ethics at the Altar of Human Rights," *Human Rights Law Review*, Vol. 5, 2005, 1-26, p. 14.

ことに関係する。「企業は国際法上、人権を尊重する義務を負っていない」
という立場については、ワイスブロートもラギーも、意見が一致していた可
能性が高い[22]。2人を決定的に分けたのは、「規範」草案がその後の展開の
中でいかなる効果を発揮するかをめぐる捉え方であった。つまり、「規範」
草案のような文書が、この先、経済社会理事会あるいは国連総会等の上位機
関において採択されることになれば、それが企業の国際法主体性を大幅に前
進させるような大きな推進力になる可能性があった[23]。そうした感覚を双方
の側とも持っていたのであろう。ワイスブロートはその可能性に期待をかけ
ていた一方、ラギーとしてはその道筋を早い段階で阻止しておきたかったの
ではないかと推測される。いずれにしても、この問題を争点化することなく、
むしろ、「非自発性」の問題に焦点を当てた──焦点をずらした──ところ
は、ラギーの政治的な手腕として評価すべきなのかもしれない。

2 「指導原則」の対抗軸としての条約化の展開

　条約化に向けた準備を行うために人権理事会が作業部会の設置を決めた
2014年7月の決議は、企業と人権の問題をめぐる国連の取り組みにおける1
つの大きな結節点になるであろう[24]。なぜそれが結節点であるのか。特別代
表が2008年に提案した保護・尊重・救済フレームワークは、2003年の「規
範」草案の正当性を否定した上に成り立っていた。その意味において保護・
尊重・救済フレームワークと「規範」草案と両立する可能性は完全に排除さ
れていた。これに対して、2018年に提案されたZDは、既存のパラダイムで

---

22) 特別代表として公表したいくつかの報告書の中で、ラギー自身は、「フレームワーク」に盛り
込まれた要素を「ソフトロー」または「ソフトロー・ハイブリッド」と呼ぶことになる。後知恵で
はあるが、奇しくも、ワイスブロートとラギーは「ソフトロー」でも共有部分を有していたことが
わかる。

23) 多国籍企業の義務を包括的に規定する文書として「規範」草案を歓迎したノランは、規範草案
が、そのうちに国連や条約を通じて徐々に「ハードロー」に変化すると述べている。Justine Nolan,
"With Power Comes Responsibility: Human Rights and Corporate Accountability," *University of
New South Wales Law Journal*, Vol. 28, No. 3, 2005, p. 581. キンリーとチェインバースも、国連の宣
言、決議等によって採択される場合には、「規範」草案が実定法に発展する潜在的な性質を大幅に
高めるだろうと述べている。David Kinley and Rachel Chambers, "The UN Human Rights Norms
for Corporations: The Private Implications of Public International Law," *Human Rights Law
Journal*, Vol. 6, No. 3, 2006, 447-497, p. 487.

ある——「権威的」かつ「包括的」であると考えられていた——保護・尊重・救済フレームワークならびにそれに基づく「指導原則」の権威に挑戦する形で提起されたイニシアティブである。後から登場したこの ZD は、その前から存在していた保護・尊重・救済フレームワークおよび「指導原則」にとっていかなる関係に立つものなのか。具体的には、この条約化の試みと2011年に採択された「指導原則」は両立しうるものなのかどうか。ZD の提案以来、これは 1 つの大きな議論になっている。

　2018年 7 月にエクアドルが公表した ZD をめぐっては、前節で述べたように、条約化を支持する人権団体や学者グループからその方向性を歓迎するコメントが出され、あるいは、さらなる改善提案を盛り込んだ研究論文等が出されている一方で、経済界をはじめとする、「指導原則」を支持する勢力からは、ZD の目的に疑問を呈しあるいは具体的な問題点を指摘するコメントがいくつも出されている。ごく大雑把な区分ではあるが、意見の対立の一方には、条約化は「指導原則」と両立するだけでなく、「指導原則」を補完する役割を果たすものであると考える立場があるのに対して、もう一方には、条約化は指導原則と両立しえない（したがって、条約化の動きに反対する）という経済界の立場がある。

　提案されている ZD が「指導原則」と両立可能であるかどうかについての結論は、この先で示すことにするが、まず、この段階で一般論として言うならば、「ビジネスと人権」に関するいかなる条約化プロジェクトも「指導原則」と両立できないと考えるのは間違いである。両立可能性の議論は、条約の目的は何か（何のために条約が必要か）という問題に関わる[25]。「指導原則」の基本的な枠組みとその性質から判断するかぎり、「指導原則」と両立しう

24）ラギーは、エクアドルによる条約化の提案の 4 か月後の2014年 1 月に公表した短い論稿の中で、「この提案は、企業と人権の議題を新たな屈折点（inflection point）をもたらす可能性がある」と述べている。"A UN Business and Human Rights Treaty?" An Issues Brief by John G. Ruggie, 28 January 2014, Harvard Kennedy School, p. 3. この論稿には、「ビジネスと人権」に関する条約についての彼自身の捉え方が簡潔に表明されている。重大な人権侵害のみを刑事訴追することを可能にするような条約化については賛同している。

25）ラギーは、同じ論稿の中で次のように述べている。「指導原則の採択から 3 年近くが経った今、条約化プロセスの開始を検討する時期であろうか？ どんな条約でも何を解決しようとするかだ。『すべて状況次第』というのが、私の慎重な回答だ」。Ibid., p. 3.

るような条約を作成する余地は、理論的にも実際的にも残されている。また、そのような条約が、「指導原則」が依拠しているソフトロー方式の弱点を補完するようなものであれば、そのかぎりにおいて補完的役割を果たすものとして評価できるであろう。

たとえば、法人による人権侵害を刑事罰化するような立法措置を講じることを締約国に義務づけることに焦点を絞った条約が締結されるとしよう。この立法化義務規定は、「指導原則」第1項に規定された「国家の保護義務」に含まれるものと解釈することができる。したがって、すでに相当数の諸国が、現在までに法人による人権侵害を刑事罰化する措置を実施してきていてもおかしくない。しかしながら、現実には、この種の法制化を行っている国はほとんどない。したがって、このような立法措置を義務づける、焦点を絞り込んだ条約を制定することは、「指導原則」と両立するものである。また、実際的にも、条約の存在は、その種の立法化を推進するのに一定の効果を持つことが期待されるであろう。別のパターンとしては、企業と人権に関してどんな措置を講じたのかを国際的な機関（たとえば、規約人権委員会のような）に定期的に報告する義務を課すことだけを焦点化した条約なども、「指導原則」と両立するであろう。このような両立可能性の余地が残されているとすれば、ビジネスと人権の分野において条約を目指す取り組みは、その両立可能性を意識して進めるべきであろう。

一方で、ZD が「指導原則」との間で両立可能なものであるかどうかは、上記の一般論とは別に判断すべき問題である。それは、ZD が何を意図しているかに大きく関わる問題でもある。条約の目的に関わる問題は、条約の範囲に関わる議論とも連動する。提案された ZD が指導原則と両立するかどうかについては、次節における議論をふまえた上で出すべき結論であろう。

三　両立可能性に関わる論点

ZD が「指導原則」と両立するかについて具体的に検討するために、いくつかの論点を特定する必要がある。両立可能性について吟味する上で議論する必要があると思われるのは、いずれも ZD の側から提起されている次の4

つの問題である。第1に、締約国の「防止」義務との関係で浮上する（人権）デュー・ディリジェンスの義務化に関わる問題、第2に、企業の法的責任の問題、第3に、犠牲者の救済に関する問題、第4に、監視メカニズムに関する問題である。途中、間に、国家の保護義務に関する検討が介在するが、4つの問題のいずれかに盛り込むことができると判断し、個別の柱を立てなかった。

デュー・ディリジェンスの義務化[26]

「指導原則」と条約化の両立可能性を検討する上で避けて通ることができないのは、今回提案されている ZD に含まれる、締約国の義務との関連における、企業の法的責任の性質と範囲をめぐる議論である。企業の法的責任については、ZD 第9条と第10条が関係する。第9条が規定する法的責任の性質と範囲に関する議論には2つの問題が重なる。1つは、条約の下で締約国に法制化が求められる（人権）デュー・ディリジェンスに関して企業が負うことになる（人権）デュー・ディリジェンス義務の性質に関する議論である。いま1つは、その延長線上にある、（人権）デュー・ディリジェンス義務に違反した場合に責任を負わなければならないことに関する議論である。

締約国の「防止」義務を扱う第9条は、第1項で、締約国は、自国の領域内（または管轄権下・統制下にある他の場所）で、越境的性格の企業活動を行うすべての者が、企業活動の規模、性質・文脈、関係するリスクから生じる人権に対する潜在的なインパクトを考慮して、企業活動の全体をカバーするデュー・ディリジェンス義務を果たすことを、国内立法を通じて確保しなければならないと規定している[27]。「デュー・ディリジェンス」と表現されているが、文脈から判断すれば、それが「人権デュー・ディリジェンス」を指すことは間違いない。

---

26) 英語の‘due diligence’の語は、法学の分野では従来から「相当の注意」と訳されてきたが、企業経営の分野では、「デュー・ディリジェンス」（または「デュー・デリ」）の語が一般的に用いられている。両分野では文脈にもよるがニュアンスがかなり違う場合がある。日本でも「人権デュー・ディリジェンス」の語が定着しつつある。本稿では、「デュー・ディリジェンス」とカタカナ語で表記することにした。

「指導原則」は、「人権インパクトを特定し、防止し、緩和し、自身がそれにどのように対処するかを説明するために」人権デュー・ディリジェンスを実施すべきであると述べている。国家が国内法の下で人権デュー・ディリジェンスを企業に義務づけることが要求されているわけではない。これに対して、ZDにおいては、（人権）デュー・ディリジェンス義務違反の場合、（国内法の下ではなく）条約の下で責任および賠償責任を負わなければならないと規定している。「指導原則」を支持する立場からは、この人権デュー・ディリジェンスの義務化に関して批判の声が上がってもおかしくなかった。実際、ZDについて発表したコメントの中で、ラギーは、ZDが企業に対して人権侵害を防止することを要求している（第9条）ことに注目し、それは人権デュー・ディリジェンスを「結果の基準として措定している」ことを意味すると指摘している[28]。「指導原則」はプロセスとしての人権デュー・ディリジェンスを求めているにすぎないが、ZDは、プロセスではなく、人権侵害の防止という「結果」を基準として求めている。ラギーによれば、それは「いかなるデュー・ディリジェンスの要求にとっても高すぎる命令である」[29]。

企業の法的責任

一方、法的責任について規定する第10条に関しても、主として次の2点の問題が指摘されている。1つは、「越境的な性格をもつ企業活動」に従事するすべての者が、企業の操業に関連して発生した人権侵害によって引き起こされた損害に対して負うべきものとされている責任の範囲に関わる。ZDによれば、自己の操業行為のみならず、子会社との間で「十分に密接な関係」

---

27) 現段階で、人権デュー・ディリジェンスを法制化している事例としては、フランスが2017年に制定した「企業管理責任法」La loi sur le devoir de vigilance があるのみである。同法は少数の大企業を対象とする立法であるが、人権デュー・ディリジェンスをする実施義務を課しているが、それは単なる手続にとどまらず、実体的な罰則を備えたものである。他の事例との比較については、Justine Nolan, "Hardening soft law: are the merging corporate social disclosure laws capable of generating substantive compliance with human rights?," *Revista de Direito Internacional*, Vol. 15, No. 2, 2018, 64-83.
28) Ruggie, "Comments on Zero Draft Treaty on Business & Human Rights," retrieved from Business & Human Rights Resource Center at https://www.business-humanrights.org/
29) *Ibid.*

があり、かつ、企業の行為と被害者が受けた損害との間において「強く、直接的な関連性がある」場合には、子会社が引き起こした損害に対しても親会社が民事責任を負わなければならない。この条件が追加されたために、第9条の下におけるデュー・ディリジェンスの義務化との関連で、親会社が子会社の行為について責任を負うことが不明瞭になっているとの指摘がある[30]。

　この問題は、多国籍企業の行動についてしばしば議論になる「法人のベール」corporate veil 法理にも関係する。現在の多くの国の法体系の下では、親会社と子会社が別の法人とみなされ、子会社の行為について親会社が責任を負わないとする法理が原則として維持されている。ZD は、条約の受諾を通じてこの原則を乗り越えようとしているのである（ZD は、親会社にとっては子会社との関係だけでなく、サプライチェーン上にある企業との関係においてもこの構図を適用しようとしている）。さらに、海外にある子会社が引き起こした行為に関する損害について締約国内にある親会社等の民事責任を追及しようとすることは、域外管轄権の問題にも触れることになる[31]。実際、作業部会のメンバーであるビルチッツは条約擁護論を展開する中で、条約化の目的の1つは米国の「外国人不法行為請求法」（Alien Tort Claims Act: ATCA）のような立法措置を締約国に受け入れさせることにあると主張している[32]。

　第10条との関連でもう1つ問題視されているのは、刑事責任に関する議論である。刑事責任に関してとりわけ懸念が表明されているのは、普遍的管轄権に関する規定である。普遍的管轄権については、この先で検討する。

犠牲者の救済

　ZD 第8条は、犠牲者の権利について規定している。犠牲者は、「国際法に従って正義と救済に対する公平で実効的で迅速なアクセスに対する権利」を有するものとされる（第1項）。救済には、原状回復、金銭賠償、サティ

---

30) *Ibid.*

31) Olivier De Schutter, "Towards a New Treaty on Business and Human Rights," *Business and Human Rights Journal*, Vol. 1, 2016, 41–67, p. 52.

32) David Bilchitz, "The Necessity for a Business and Human Rights Treaty," *Business and Human Rights Journal*, Vol. 1, 2016, 203–227, p. 218.

スファクション等が含まれる。必要な場合の環境の改善・生態系の回復が含まれる。犠牲者は、必要な場合、外交的・領事的手段に対するアクセスのほか、訴訟提起に必要な情報、法的支援等に関する情報に対するアクセスを有する。犠牲者は、人間性および自身の尊厳と人権に対する尊敬の念を持って扱われ、自身の安全、肉体的・精神的厚生、プライバシーを確保されなければならない。一方、締約国の義務としては、個人的、集団的に裁判所に訴えを起こす犠牲者の権利を保証し、そのために、国内の司法当局に必要な管轄権を提供すること、すべての人権侵害ついて実効的、迅速、徹底的、衡平な調査を実施すること、犠牲者に対し適切で実効的な法的支援を提供すること等が規定されている。

　第8条には、「犠牲者は〜するものとする」（Victims shall 〜）から始まる規定がある一方、「締約国は〜するものとする」（State Parties shall〜）または「国家は〜するものとする」（States shall〜）という規定の仕方が混在している。条約が、人権侵害の犠牲者が救済手段にアクセスできるための立法措置を締約国の義務として課すことは、一般的に実施されている義務付与の方式である。これに対して、犠牲者が条約上、救済へのアクセスを保障されることの意味合いは何かが問題になる。その規定が存在することをもって、条約が、救済手段へのアクセスする権利を直接、犠牲者に付与するものであると解釈する余地がある。そのような解釈が成り立つとすれば、それは、犠牲者は人権侵害が発生した国のみならず、当該人権侵害に関与した企業の本国においても救済を求めることができることになる。そして、それは、結局のところ、域外管轄権の問題につながる。その影響する範囲は非常に広範囲に及ぶ可能性がある。

　人権団体の多くは「指導原則」のソフトロー的な規定に不満を感じていた。とりわけ、「指導原則」においては、犠牲者の救済へのアクセスが不十分である点に不満は集中していた。第8条はそれを手当てするための規定であった。第1項は、犠牲者は、「国際法に従って正義と救済に対する公平で実効的で迅速なアクセスに対する権利」を有し、救済には、原状回復、金銭賠償、サティスファクション等が含まれると規定している。条約の下で救済にアクセスする権利を犠牲者に直接付与する方式は、これまでの国際法の枠組みを

大幅に乗り越えるものになる可能性がある。この規定に依拠するだけでも、理論的には、犠牲者は、当該人権侵害が発生した国（犠牲者が居住する国である可能性が高い）で民事的な救済を求めることができるだけでなく、当該人権侵害に関与した企業の本国においても民事的救済を求めることができることになる。この点を明確にしているのは、管轄権について規定する第5条である。第1項は、管轄権は、「作為または不作為が発生した国」および「当該行為または不作為を実行したと訴えられている自然人もしくは法人（組合の場合を含む）が居住する国（設立地、中央司令部、事業上の実質的な利益、子会社、代理人、支店、代表事務所の存在等いずれかの条件を満たす国）にあると規定している。

さらに、これに加えて、先に言及した第9条に規定されている国家の人権侵害防止義務がある。それによれば、国家が要求する（人権）デュー・ディリジェンスの対象には、多国籍企業の子会社の活動のほか、間接的、直接的に統制下にある企業あるいはその操業、製品・サービスに直接的に関係している企業の行動が含まれる。これは、ある意味では、国家の人権侵害防止義務（＝人権保護義務と言い換えることができる）が、領域外を越えて広がりうることを示している。国家の人権保護義務の範囲をめぐっては、ラギーが、2008年の報告書の中で、「国際法が、自身の領域で設立された企業による海外での人権侵害を防止するのに貢献することを要求されているかどうかについて専門家の見解は割れている」[33]と慎重な判断を示しながらも、「管轄権についての承認された基礎があるところでは」、国家は域外管轄権を行使することを「禁止されていないことについては、より大きなコンセンサスがある」と述べている[34]。この点に関して言えば、ZD は、それ自体で「管轄権についての承認された基礎」を提供することを意図していると捉えて間違い

---

33) SRSG 2008 Report, *supra* note 17, para. 19.
34) *Ibid.* 2007年報告書では、「国際法はある国家が承認された基礎があることを条件としてそのような管轄権（引用者注：域外管轄権）を行使することを許容している」という表現が使われている。SRSG 2007 Report（A/HRC/4/35), para. 15.「指導原則」第2項のコメンタリーは、「現在、国家は、国際人権法の下では、その領域及び／または管轄内にある企業の域外活動を規制することを一般的には求められていない。また、認知された管轄的根拠がある場合、そうすることを一般的に禁止されてもいない」と述べている。

ない[35]。

　ZD が普遍的管轄権の導入を意図している点をどう評価するかは、今後、議論になる可能性がある。ZD 第10条第11項は、「国際法の下で適用可能な場合には、国家は、犯罪に相当する人権侵害について普遍的管轄権のための適切な規定を自国の国内法の範囲内において導入するか、そうしない場合には、執行するものとする」と規定している。この規定は、その領域内で人権侵害が発生した国でも、人権侵害に関与したと申立てられている企業の親会社が所在する国でもない、まったく関係のない第三国が企業関与の人権侵害について刑事裁判管轄権を行使する事態を想定して置かれたものであると思われる。これは、国家の保護義務が域外にまで及ぶかどうかをめぐる域外管轄権に関する議論をはるかに越えている[36]。この規定については、管轄権について規定した第5条の内容と矛盾するという指摘もある[37]。実際、「指導原則」では、「承認された基礎」があれば、普遍的管轄権を行使することを認めているし、また、重大な国際刑事法違反に対して普遍的管轄権の適用を認めている国がいくつかある[38]。属地主義と（法人適用に拡大された）属人主義を原則としたことによって、皮肉にも、ZD は「指導原則」よりも制限的である性質を露呈する。

　先に言及した「法人のベール」法理との関連で一点、補足しておきたい。国家が立法措置を通じて国内に所在する企業に対して人権デュー・ディリジ

---

35) 社会権規約委員会の一般的意見は、社会権に関するかぎりにおいて、国家の保護義務が終わらないこと、国内で設立された企業が海外における人権侵害を防止するために必要な措置を講じる義務を負っていることを明確に指摘している。Committee on Economic, Social and Cultural Rights, General comment No. 24 (2017) on State obligations under the International Covenant on Economic, Social and Cultural Rights in the context of business activities (E/C.12/GC/24) 10 August 2017, para. 26.

36) 国家の保護義務が域外まで及ぶかどうかに関する議論については、菅原絵美「自国企業に対する国家の域外的保護義務——社会権規約からの考察」『国際人権』第23号（2013年）100-105頁、がある。

37) 2018年10月の会合では、多くの国から普遍的管轄権の規定が明確性を欠いているという指摘があった。A/HRC/40/48, para. 70. ECCJ, "UN Treaty on Business & Human Rights "Zero Draft" Negotiations: Day 3," October 18, 2018. また、ラギーは第5条との矛盾を指摘している。Ruggie, *supra* note 27.

38) SRSG 2007 Report, *supra* not 34, para. 25. 具体的には、豪・加・蘭・西・英の5か国が普遍的管轄権の適用を法制化している。

ェンスの実施を義務づける ZD の想定は、海外子会社やサプライチェーン上にある契約企業にまでその対象範囲が広がっており、しかも、たとえば、海外子会社のうちの1つが関与する形で人権侵害が発生した場合、その犠牲者は、侵害発生国で救済を求めることもできるだけでなく、その子会社の親会社にあたる国（侵害発生国にとっては外国）において救済を求めることができるようになっている。これは、先に述べたような、親会社が海外における子会社の行為について責任を負う構造になる[39]。現状では、海外子会社は、親会社とは別個の法人格を有するため、親会社が子会社の行為について責任を負うことはないという「法人のベール」法理・原則が妥当している。提案されている条約化は、まさにこの枠組みを乗り越えることを意図しているのである[40]。しかしながら、このような条約の枠組みだけでは「法人のベール」法理の妥当性を否定することはできない。少なくとも、「企業と人権」の分野においては、条約が受け入れられた範囲において、また、その限度においてのみ、「法人のベール」に穴を開ける（piercing the corporate veil）ことができるにすぎない。それは他の分野にまで波及して、「法人のベール」法理の妥当性が全面的に否定されるような効果を持つものではない。

監視メカニズム

　最終規定として位置づけられている第15条には、条約の「実施」に関する規定が含まれている。そこでは、「締約国は、条約の実効的な実施のために必要な立法的、行政的その他の措置を講じなければならない」と規定されており、その措置の中に「適切な監視メカニズムの樹立」が含まれている。ただし、「適切な監視メカニズム」に関する詳細は用意されていない。ZD の

---

39) シュッターは、これを「親会社ベースの領域外規制」parent-based extraterritorial regulation と呼んで、その妥当性、有用性を主張している。Schutter, *supra* note 31, p. 52. See also, Jennifer A. Zerk, *Multinationals and Corporate Social Responsibility* (Cambridge, 2006), p. 161.
40) この点は、親会社が子会社に対して影響力を行使するような体制を整備することを求めている。それは「企業の尊重責任」の理解に含まれる。「指導原則」における親会社の立場について簡潔にまとめたものとして次を見よ。John F Sherman," Should a Parent Company take a Hands-off Approach to the Human Rights Risks of its Subsidiaries?," *Business Law International*, Vol. 19, No. 1, 2018.

公表と同時に公表された選択議定書の草案は、国家実施メカニズムの樹立を締約国に求めており、その国家実施メカニズムの中に条約を監視する役割が盛り込まれている[41]。デュー・ディリジェンス義務の履行をレビューすること、企業に対して立ち入り調査を実施することなどに加えて、人権侵害の申立を受理し検討する、勧告を行う等、設立される委員会が担う役割の要素が含まれている。まだ十分な体系化が行われていないが、単純な「監視」の機能にとどまらない、一定の広がりを持つ機能が想定されていることがわかる[42]。何をもって「監視メカニズム」と称するかは、必然的に「指導原則」の内容と条約化の両立可能性の議論に影響することになる。

　2003年の「規範」草案においても監視メカニズムに関する規定が含まれていた。第16項は、「多国籍企業はその他の事業体は、この規範の適用に関する、既存の、または今後創設される国際連合その他の国際的、国内的なメカニズムによる定期的な監視および検証に服さなければならない。この監視は、透明で、独立的なものでなければならず、NGO を含むステークホルダーからの提供される情報を考慮に入れなければならず、また、規範の違反についての申し立ての結果として実施しなければならない」と規定していた[43]。この規定については、経済界から強い懸念が表明されていた。

　グローバルな範囲で実施することを予定している監視メカニズムに関しては、ラギーが監視の対象となる多国籍企業数の膨大さを取り上げることでそ

---

41) Draft Optional Protocol to the Legally Binding Instrument to Regulate, In International Human Rights Law, the Activities of Transnational Corporations and Business Enterprises, retrieved from UNOHCHR, at https://www.ohchr.org/.

42) 監視メカニズムは、2003年の「規範」草案の中にも盛り込まれていた。「規範」草案の第16項は、多国籍企業およびその他の事業体は「この規範の適用に関する、国際連合その他の国際的、国内的なメカニズム―すでに存在し、または今後創設されるものを含む―による定期的な監視および検証に服さなければならない」と規定していた。この監視メカニズムは、「透明で、独立的なものでなければならず」、NGO を含む利害関係者の意見を考慮に入れるものでなければならず、規範の違反についての申立の結果としても実施しなければならないと規定されていた。

43) コメンタリーは、国連の人権条約組織が規範の実施を監視すべきであるとした上で、締約国に追加的な報告義務の創設、条約義務の解釈に関する一般意見および勧告の採択等を予定していた。企業の規範不遵守に関する情報を検討し実効的な措置を講じるために専門家委員会の設置を検討すべきであることも勧告していた。Commentary on the Norms on the Responsibilities of Transnational Corporations and Other Business Enterprises with Regard to Human Rights, U.N. Doc. E/CN. 4/Sub.2/ 2003/38/Rev.2（2003）.

の実効性に疑問を投げかけている[44]。一方で、シュッターなどは、企業数は実効性を阻害するものではないと反論している[45]。

四　両立可能性についての１つの評価

　前節における分析を基礎にして、2018年に提案された ZD が「指導原則」と両立しうるものであるかどうかについて１つの結論を出す段階に来た。前節で取り上げた四項目のうち、デュー・ディリジェンスの義務化、企業の法的責任、犠牲者の保護について規定する、ZD のそれぞれ第９条、第10条、第８条は、いずれも締約国間における権利義務関係が関わる事項の範囲内に収まる問題である。これに対して、監視メカニズムは、国際的なレジームの設立に関わるという意味で、締約国が相互間で負い合う義務の範囲を越える問題であり、最初の三項目とは性質を異にする。

　ZD は、デュー・ディリジェンスの義務化、企業の法的責任、犠牲者の保護は、多国籍企業に対して、一般的に負わされている義務よりも広い範囲の義務（たとえば、子会社やサプライチェーン上にある企業に対する人権侵害を防止する義務等）を負わせる一方、人権侵害の犠牲者に対して救済への幅広いアクセス権を付与することを意図している。犠牲者が多国籍企業の親会社の本国において救済を求める根拠を条約そのものが付与する狙いがあると考えられる。多国籍企業の側にデュー・ディリジェンスの実施に関する法的責任を負わせる一方で、犠牲者の側に、人権侵害に関わった多国籍企業に対して民事的な責任を追及する権利を付与するという二重の分厚い手当てを採用し、さらに、第５条の管轄権の規定が側面からこの二重の分厚い手当てを支える

44）いかなる監視システムも、これだけの数を実効的に捕捉・運用できない点を強調するときにラギーがしばしば持ち出すのは、グローバル経済には77,000社の多国籍企業が操業しており、その十倍の数の子会社があり、サプライヤーまで含めると数百万社にのぼるというデータ（UNCTAD の *World Investment Report 2006*）である。Ruggie, *supra* note 6, p. 6; UN Dc. A/HRC/17/31（21 March 2011), para. 15; John G. Ruggie, "Comments on the "Zero Draft" Treaty on Business & Human Rights." at https://www.business-humanrights.org/en/comments-on-the-Czero-draft-treaty-on-business-human-rights.

45）Schutter, *supra* note 31, p. 58.

構造になっている。

このような構造を与えられた ZD は、保護・尊重・救済フレームワークを基礎にした「指導原則」のいくつかの前提に抵触する可能性がある。とりわけ、ZD において、広範囲に及ぶデュー・ディリジェンスの実施を企業に義務づける前提に置かれているのは、国家の人権保護義務の範囲の拡大である。国家の人権保護義務は自国の領域を越える領域外にまで広がるべきものであるという理解が、デュー・ディリジェンスの義務化を支えている。これに関して域外管轄権の競合の可能性を指摘する論者もいるが、「指導原則」はそもそも、そこまでの広い範囲における国家の保護義務の範囲を一般的には認めていない。認めているとしても、せいぜい個々の国家が判断すべき問題であるという立場を採用しているにすぎない（結果的に、保護義務の範囲を広く確保する国が出てくるとしても、それは「指導原則」が自由な立場を許容することの結果である）。条約化による一般的な規制をかける（義務化する）ことは想定していないのである。したがって、そのような想定を持ち込むこと自体が、「指導原則」の前提と両立しないということになる。

被害者の救済についても同様のことが言える。人権侵害が発生した場合、その被害者が救済を得るために当該企業の本国の裁判所に提訴することができるためには、当該国が米国の ATCA のような立法を用意している必要がある[46]。ZD においては、仮にそのような立法がない場合でも、企業の親会社が置かれている国の裁判所に民事訴訟を起こすことができるような根拠そのものを条約が提供することを意図していると考えられる。いずれにしても、それは「指導原則」の前提と矛盾する可能性が高いと言わざるを得ない（もっとも、「指導原則」は、ある国家が、外国における人権被害の被害者が救済を求めることを可能にする、ATCA のような立法措置を講じることを禁止していない）。

ZD に盛り込まれている、国際的なレジームの設立を前提とした監視メカニズムについては、それが現行の「指導原則」の立場とは相容れないものであることは言うまでもない。経済界は、監視システムの導入の要素に一貫して反対してきている。「指導原則」にも、国際的なレジームに設立に直接的

---

46) ATCA の利用可能性は、連邦最高裁の2013年の Kiobel 判決によって大幅に制限されたが、それでも外国で発生した権侵害に関する民事訴訟が一定の条件下で認められる余地は残されている。

に言及した部分はない。しかしながら、私は別の論稿[47]で、３つの柱からなる保護・尊重・救済フレームワークを基礎に策定されている「指導原則」は、それが将来的にある程度実効性を持って機能するようになるためには、国家の保護責任と企業の尊重責任の２つの柱を有機的につなぐような、包括的なレジームが形成されなければならないことを主張するために、（提案されていない）４つ目の柱に注目する必要性を唱えたことがある。そのレジームは、条約を基礎としたものというよりも、諸国の慣行を基礎とした慣習法形成によるものを想定していた。具体的にどのようなプロセスを経てレジームが形成されるかは不透明であるが、少なくともそれは、条約締結というプロセスを経るものではなかった。それは、レジーム形成に多国籍企業の側における取組が一定の役割を果たすのではないかとの期待に裏づけられたものであったことを補足しておきたい。

　わかりやすくするために俗っぽい比喩表現を用いることが許されるのであれば、次のような言い方をしておきたい。軽装備の条約化提案であれば、「指導原則」と両立することは可能であるかもしれないが[48]、提案されている内容を精査するかぎりでは、ZD は重装備であるがゆえに「指導原則」の前提と両立しない部分が多い、と。

　「ビジネスと人権」に関する条約化をめぐる議論は、まだスタートしたばかりである。今後、どういう方向に展開していくか、関心を持ってフォローする必要がある。

おわりに

　本稿では、2003年の「規範」草案から保護・尊重・救済フレームワーク、そして、条約化に向けた新たな動きへと進む展開について、少し離れたところから眺めてみた。率直な感想としては、論者の焦点、あるいは、議論の発展の方向性が、多国籍企業の責任に集中しすぎているのではないかという思

---

47) Toru Umeda, "A Fourth Element concerning the Three-Pillar Structured Protect, Respect and Remedy" Framework," 『麗澤学際ジャーナル』第23巻（2015年）1-20頁。
48) 「軽装備」にも多様なパターンがあり得ることについては、本文中で指摘している。

いを禁じ得ない。2008年に公表されたあるベンチマーク調査報告書は、企業側における「指導原則」の取り込みが不足していることを明らかにしている[49]。それは確かにそうであるにちがいない。しかしながら、企業の取り組みに影響を与えるのは、国家の立法的、行政的措置であり、法執行の意思と能力であることを今一度、思い返す必要がある。

　国家の側における「ビジネスと人権」問題に関する取り組みが「指導原則」採択以降、どの程度、進展したのかについては、あまり関心が向けられていない。人権理事会の作業部会から奨励されている国別行動計画の策定は、欧米を中心に進んでいる。先進国の中には、企業の海外における操業に関する情報開示を求める立法化を進める国が出てきている。しかし、いずれも、その広がり方はかぎられている。一方、発展途上国の側における企業規制に関する情報がほとんど提供されていない。それは取り組みが遅れていることの証左と見ることもできる。

　もちろん、途上国の側には固有の問題がある。先進国との間で締結した多くの投資保護協定があるため、途上国の側が人権に関する国内の体制を変更するだけで、協定違反として投資進出企業から訴えられるリスクがあり、あるいは、人権に関する規制を強化すれば、外国企業による新たな投資が減少するリスクに晒されるといった問題がある。

　人権の問題は、グローバルな市場経済構造の中に組み込まれている以上、その構造的な問題の解決に向けた努力なくしては、「ビジネスと人権」に関わる問題の大幅な進展を期待することはできない。「指導原則」の組み立てにおいては、その点に考慮が払われている[50]。条約化に向けた議論においても、投資保護協定等の経済的な性質の条約締結よりもむしろ人権を優先させるべきだという主張がある。「構成要素」では考慮点の1つとして挙げられていたが、ZDでは採用が見送られた[51]。

---

49)　"Corporate Human Rights Benchmark: 2018 Key Findings, Apparel, Agricultural Products and Extractives Companies," by CHRB, 2008.
50)　「指導原則」第9項にはそれが反映されている。「国家は、例えば投資条約または契約を通じて、他の国家または企業とビジネスに関連する政策目標を追求するとき、その人権義務を果たすために国内政策でしかるべき余地を残しておくべきである」（国際連合広報センター訳）。

「ビジネスと人権」に関わる構造的な問題はいかにして解決できるのか。次なる課題として取り組みたい。

51）Doug Cassel, "At Last: A Draft UN Treaty on Business and Human Rights," retrieved from Business & Human Rights Resource Center at https://www.business-humanrights.org/. このテーマについての作業部会における議論については、次を見よ。Doug Cassel, "The Third Session of the UN Intergovern- mental Working Group on a Business and Human Rights Treaty," *Business and Human Rights Journal*, Vol. 3, 2018, 277-283, pp. 282-283.

国際人権における普遍性再考
―国際人権に方法論は必要か？―

戸 田 修 司

岡山理科大学専任講師

一　問題の所在
二　人権の普遍性に対する疑義
三　国際人権と方法論――学説の検討
四　結論

一　問題の所在

　1948年12月10日、第3回国際連合総会で採択された世界人権宣言（Universal Declaration of Human Rights）は、文字どおり人権を普遍的に（universal）宣言したものである。第1条において「全ての人間は、生まれながらにして自由であり、かつ、尊厳と権利とにおいて平等である。人間は理性と良心を授けられており、互いに友愛の精神をもって行動しなければならない」と規定している。その後の人権条約の増大および地域的人権保障機構の発展をみれば、国際社会において人権の普遍性は今日では疑いえないものであると思われる。

　しかしながら、かつてカッセーゼは、「人権は本当に普遍的であるのか？」という疑問を投げかけ、普遍性は少なくとも当面は神話であると述べた[1]。そして、西欧諸国にとって、人権は何よりも国家権力に対して個人の自由を保護するためのものであるのに対して、第三世界や社会主義諸国にとって、自由は個人と共同体との統合を促進するものであるという根本的な相違があ

---

1) Antonio Cassese, *Human Rights in a Changing World*（Temple University Press, 1994), p. 51;［§3 Are Human Rights Truly Universal ?］, pp. 48-67.

ることを指摘している[2]。人権の国内的実施が国家に依拠するものである以上、国家と個人との関係をどのように捉えるかという点は重要な意義をもつ。たとえば、アジアにおける仏教や儒教の観念では、社会は家族を基礎としそれに基づく家父長の見方を国家に拡張する。その結果、個人の自由は家長にあたる政治指導者に対して負う服従の義務を考慮し、可能な限り個人の行動を指導者の行動と調和させることにあるとされる[3]。また、アフリカでは1981年に採択されたバンジュール憲章があるが、第27条において「全ての個人は、その家族及び社会、国家その他の法的に認められた共同体並びに国際共同体に対する義務を負う」と規定し、国家と個人の関係について権利自由だけでなく義務の側面についても明確にしている。

　以上のような相違から、人権は普遍的なものではないと結論づけることができるのだろうか。私は、そのように結論づけることはできないと考える。なぜなら、人権とは、「単に人間であるという理由によって保持される権利である」からである[4]。そうであるとすれば、人権は全ての人間が有するものであり、その意味において普遍的でありまた普遍的でなければならない。それでは、何が問題なのだろうか。その背景には、1993年に開かれたウィーン世界人権会議において東アジア諸国により示された人権の普遍性への疑義があったことが挙げられる。最終的に採択されたウィーン宣言及び行動計画は、第5項前段において「全ての人権は、普遍的であり、不可分かつ相互に関連し合っている」とし人権の普遍性、不可分性、相互性が確認された。しかしながら、後段においてとりわけ東アジア諸国の主張が取り入れられた結

---

2) *Ibid.*, p. 53. カッセーゼは、この論稿の中で人権の普遍性を否定しているわけではない。差異を認識した上で人権に関する合致点を模索し、今日国際社会における人権について基本的な合意がみられる分野があると述べている。

3) *Ibid.*, p. 53. この点についてアジアの人権を考察するものとして、安田信之「人権・個人的なものか社会的なものか——アジアの人権にそくして」今井弘道・森際康友・井上達夫（編）『変容するアジアの法と哲学』（有斐閣、1999年）79-96頁、「『アジア型』人権論の試み——その論理と展望」憲法理論研究会編『人権理論の新展開』（敬文堂、1994年）119-132頁を参照。

4) Rosalyn Higgins, *Problem and Process International Law and How We Use It*（Oxford University Press, 1994）, p. 96. また、トムシャットは、国連総会決議67/1（GA Res 67/1, 24 September 2012, para. 6）の「[全ての人権および基本的自由］が有する普遍的性格は疑問の余地がない」という部分を引用し人権の普遍性を確認している。Christian Tomuschat, *Human Rights -Between Idealism and Realism*（3rd ed., Oxford University Press, 2014）, p. 47.

果、「国家的及び地域的特殊性、並びに様々な歴史的、文化的及び宗教的背景の重要性を考慮に入れなければならないが、全ての人権及び基本的自由の促進及び保護は、政治的、経済的、文化的体制のいかんを問わず、国の義務である」とする。文の前半では人権の特殊性を確認し、後半では政治的、経済的、文化的体制のいかんを問わず国の義務である（人権の普遍性）としているが、どこまで特殊性が容認されるのかについては何も語られていない[5]。極論するならば、各国が人権を実施する上で特殊性を根拠として用いれば、人権は制限され結果的に人権の普遍性が否定されることになりかねない[6]。

　人権の普遍性と特殊性（相対性）という問題の根本には、何があるのだろうか。人権の国際的保障について語られる際に、第2次世界大戦の反省から人権保障が平和につながるという認識を背景に国際関心事項と位置づけられたことが取り上げられる。確かに、条約を中心とした人権規範の発展また国際機関やNGOによる人権の実施における進展は、国際社会においては大きな進歩であるといえよう。しかしながら、中央集権的な国内社会とは異なり分権的な国際社会において、国際人権が依然として抱えている課題は、国内的実施において第1に責任を負うのは国家（政府）であるという点である[7]。言いかえれば、人権が国際関心事項と位置づけられた今日においても、国内実施という場面では「国内管轄事項」としての側面が温存されているといえるのではないだろうか[8]。そうであるとすれば、人権の特殊性（相対性）が最も問題となるのは、具体的な個々の問題に人権を適用する場面であると考えられる。国際的な人権規範をどの地域においてもまったく同一の基準で適

---

5) 人権の普遍主義と相対主義の論議における「文化相対主義（cultural relativism）」の分析について、北井泰三「国際人権概念の生成と展開——人権の普遍性をめぐる議論を中心に」国際法学会編『日本と国際法の100年　4　人権』（三省堂、2001年）26-33頁を参照。また、試論ではあるが人権と地域性を分析しているものとして、住吉良人「国際人権をめぐる一、二の問題」住吉良人（編）『現代国際社会と人権の諸相』（成文堂、1996年）121-128頁を参照。

6) この点について、自由権規約個人通報手続における留保と解釈を題材に詳細に考察しているものとして、薬師寺公夫「自由権規約個人通報手続における相対主義と普遍主義の法的攻防」松井芳郎・木棚照一・薬師寺公夫・山形英郎編『グローバル化する世界と法の課題』（東信堂、2006年）291-358頁がある。

7) ウィーン宣言及び行動計画の第1項は、「これらの保護及び促進は、政府の第一の責任である」としている。

用することは、果たして可能なのだろうか。西欧諸国と第三世界および社会主義諸国では、政治体制、経済体制、文化的伝統、宗教、歴史など様々な面で異なっている。そのような差異を乗り越えるためには、まずどのような違いがあるのかを認識することから始める必要があるだろう。そして、人権の普遍性と特殊性（相対性）の論議においてどちらが正しいかを問うことに終始するのではなく、それを乗り越えるための方法（考え方）を模索することが何よりも重要であると考える[9]。そこには、人権概念の捉え方に伴う問題として、個人と国家さらには国際社会との関係をどう理解するかが含まれる。

　このような問題意識から、本稿では、まず国家実行の分析として人権概念に関する各国政府の見解について取り上げる。具体的には、近年人権の特殊性（相対性）を最も強く主張した東アジア諸国について、1993年ウィーン世界人権会議の際に示された政府見解を取り上げる。そして、国際社会という観点から人権に関してどのような捉え方があるのかを分析したいくつかの学説を取り上げ、人権の普遍性と特殊性（相対性）を乗り越えるアプローチとして一助となるものかどうかを探求したい。

---

8) この点について、山本教授は、「人権保障の国内的適用・履行の確保については、各国の政治制度・文明・発展段階の相違とか国内問題の不干渉義務との関係もあり、さらには他国の人権侵害に対して直接に相互主義や報復という手段で対抗することもできないなどの事情もあって、限界がつきまとう」ことを指摘する。そして、国際人権法規の適用と履行の確保は、国家管轄権との間にある基本的な二律背反をどのように克服し調整するかが課題となるという。山本草二『国際法〔新版〕』（有斐閣、1994年）529頁。

9) 人権の普遍性対相対性という問題における欧米中心主義を乗り越えるため、文明という観点を軸に据えて「文際的人権観（an intercivilizational approach to human rights)」を提唱するものとして、大沼保昭『人権、国家、文明——普遍主義的人権観から文際的人権観へ』（筑摩書房、1998年）がある。とくに26-30頁を参照。この文際的視点の意義について、「1980年代以来説いてきた文際的視点は、このように国際的視点と民際的視点に立脚した『ものの見方』からすり落ちてしまう非欧米世界の人々の価値（観）、利益、感情、発想・行動様式を地球社会の支配的な言説空間に組み込み、そうした発想や行動様式を地球社会における共通理解に高め、支配的な政策決定過程の一環に取り入れることを目指すものである」と説明している。大沼保昭『国際社会における法と力』（日本評論社、2008年）95頁。

二　人権の普遍性に対する疑義

1　1993年ウィーン世界人権会議における政府声明：東アジア諸国の見解を中心に

　国際社会における人権の普遍性と特殊性（相対性）を考察する上で最も基本となるのは、各国政府の認識である。人権が普遍的であるならば、それを法的に体現するのは全ての国家を拘束する慣習国際法ということになるだろう。一般的に慣習国際法の成立要件として一般慣行と法的確信があげられるが、一般慣行の証拠となる国家実行には、判決、国内法令、行政機関の決定・措置、条約その他の国際文書の受諾の他に、外交書簡、政策声明、法制意見、新聞発表などが含まれると解される[10]。また法的確信とは慣習国際法の成立における心理的・主観的要因を意味するのであり、この点においても各国政府の認識（公式見解）は重要な意義を有するものと考えられる[11]。人権の普遍性の再考を促す契機となった1993年に開催されたウィーン世界人権会議（171カ国参加）で、人権の普遍性に最も否定的な見解を示したのはとりわけ東アジア諸国であった[12]。このことをふまえて、ここでは、ウィーン世界人権会議において東アジア諸国により示された政府代表の声明（政府見解）をいくつか取り上げる[13]。

(1)　中国[14]

　中国代表は、国際連合および国際社会が、植民地主義、人種主義、アパル

---

10) 山本『前掲書』（注8）53頁。

11) この点については、人権に関連して、「国際人権文書を批准した諸政府がどれほど正確に民意を反映し、その国の人々を代表し、どれだけ諸国民の規範意識を正しく反映したものか、という点についてはさまざまな点で疑問の余地がある」とする見方もある。大沼『人権、国家、文明』（注9）330頁。

12) 人権の普遍性に異議を唱えた強硬派として、とくに中国、イラン、シリア、インド、マレーシア、シンガポール、インドネシアが指摘されている。阿部浩己「75パーセントの偽善を超えて」江橋崇（監修）『NGO が創る世界の人権──ウィーン宣言の使い方』（明石書店、1996年）24-59頁。

13) James T. H. Tang（ed.）, *Human Rights and International Relations in the Asia Pacific*（Pinter, 1995）, pp. 213-249.

トヘイト、外国の侵略および占領による大規模人権侵害の除去、弱小国が有する自決権、また発展途上国の有する発展の権利の保障、さらに全ての国家の人民が基本的人権を獲得することへの寄与という点で多くの成果を出しており、これら全てが世界人権宣言の重要な発展を示していることを述べている。また他方で、植民地主義、人種主義、アパルトヘイト、外国の侵略および占領による深刻な結果が未だ十分に取り除かれていないことを知っておくべきであることも指摘する。そして、多くの発展途上国の現状について、経済的困難と貧困の状態にある途上国の人々は最低生活水準以下で生活しており、飢餓、災害および欠乏に苦しんでいるという。このことが普遍的人権を実現する道のりにおいて障害となっており、これらの障害を取り除くことまたそのための国際協力に最重要性が与えられるべきであると主張する。欧米諸国が人権において自由権を強調することに対する批判とも取れるが、この点については、さらに次のように強調する。発展途上国にとっては生存および発展への権利の完全な実現を保障することが第一であるとし、「発展途上国の人権状況を判断する主要な基準は、それら途上国の政策及び措置が経済的及び社会的向上を促進することに寄与するかどうか、人々が食料及び衣服のための基本的ニーズを満たすことに寄与するかどうか、また彼ら自身の生活の質を改善することに寄与するかどうかであるべき」[15]であるという。明らかに自由権よりも社会権を重視しており、社会の発展こそが人権の保護を促進するという理解がうかがえる。

　そもそも人権概念そのものについて、中国はどのように理解しているのだろうか。中国代表は、この点についても見解を示している。人権という概念は歴史的発展の産物であるとした上で、特定の国における固有の社会的、政治的および経済的状況と固有の歴史、文化および価値に密接に関係しており、異なる歴史的発展段階は異なる人権の要求を有するという。結果として、一定の諸国が有する人権基準およびモデルを唯一正しいものと考え、その他の全ての諸国にその遵守を要求すべきではなくまたできるものではないとする。さらに、人権概念は、個人の権利と集団の権利双方を含む1つの総体である

---

14) *Ibid.*, pp. 213-217. [Statement by Liu Huaqiu, Head of the Chinese Delegation]

15) *Ibid.*, p. 214 para. 5.

とし、人権が有するさまざまな側面（市民的および政治的権利、経済的、社会的および文化的権利）は相互に依存し等しく重要で不可分かつ不可欠であることを指摘する。また、義務の側面についても言及しており、市民が有する権利と義務は不可分であり、市民は正当な権利および自由を有するが社会的な責任および義務を果たさなければならないという[16]。

　個人と国家の関係について、国家主権が人権の実現にとって基礎であり、人権濫用を理由に他国を責めることまた自国の人権基準を他国に課すことは主権の侵害にあたり、国内問題への介入であることを示した。これは、人権問題をあくまで国内問題であるとする見方であり、第2次世界大戦後に国際関心事項として人権保障の発展に取り組んできた国際社会の流れとは逆行するものといえる[17]。この点については、義務に関する言及に関連して、法の枠内で規定されるものを除き絶対的な個人の権利および自由は存在しないとし、個人の権利および利益は国家の権利および利益よりも上に位置づけられるものではないと述べている。ウィーン宣言の第1項は「人権及び基本的自由は、全ての人間の生来の権利（the birthright of all human beings）である」と規定し、人間が生まれながらに有する権利（自然権思想）であることを確認しているが、中国政府の見解はこの考えとは異なり、人権は国家の枠内で個人が享受できるものであるという理解がうかがえる。

　このような人権概念における認識の違いを前提として、中国代表は4つの見解を提示している。とりわけ4番目の見解は人権の特殊性（相対性）につながるものであり、人権に関する中国の認識を象徴しているといえる。

16）中国憲法における市民の基本的権利・義務と人権について解説し、市民の義務についても言及するものとして、高見澤磨・鈴木賢・宇田川幸則『現代中国法入門〔第7版〕』（有斐閣、2016年）95-104頁がある。また、中国における人権については、エドワーズ・ヘンキン・ネイサン（斎藤惠彦・興梠一郎訳）『中国の人権——その歴史と思想と現実と』（有信堂、1990年）を参照。

17）この問題の背景について、大沼教授は「『普遍的価値』に基づく国際関心事項の増大＝国内事項の縮減傾向に対しては、途上国を中心とした根強い抵抗がある。こうした抵抗には、文化の多様性の尊重という正当な側面、そうした名目で実は独裁的・権威主義的権力を維持しようという側面、人権尊重それ自体には賛意を持ちつつ国家の経済発展段階から十分な保障ができないという側面など、さまざまな面が重なりあっている」と指摘している。大沼保昭「人権は主権を超えるか——不干渉原則と『普遍的価値』の相克」山本武彦他編『国際化と人権——日本の国際化と世界人権体制の創造』（国際書院、1994年）24頁。

4．各国が自国の状況に照らして人権保護に関する独自の政策を策定する権利もま
た尊重されかつ保障されなければならない。他国に政治的及び経済的圧力をかける
ために、人権問題を利用することは誰であっても許されてはならない。人権問題は、
諸国間で討議することが可能である。しかしながら、討議は相互的な尊重の精神で
かつ対等な立場で行われなければならない。[18]

(2) シンガポール[19]

シンガポール代表は、『人権に関する現実世界』と題する声明を出してい
る。まず、国家が自国の市民をどのように扱うかはもはや国家の排他的な決
定事項ではないとし、世界人権宣言を拒絶する国はなく人権に関する国際法
が発展していることを明言している。しかしながら、他方で、人権に関する
国際的な合意は依然として脆いものであることも指摘する。人権に関する見
解の相違は、競合する国家および利益から成る現実世界においては避けられ
ないものであり、人権への関心には常に国内利益とのバランスがとられてき
たという。そして、人権に関する普遍的な承認において、もし普遍主義が多
様性という現実を否定するあるいは覆い隠すために用いられるのならば害を
及ぼすものとなることを主張する。

この人権における多様性という観点において、シンガポール代表は、世界
人権宣言が起草されている中で1947年にアメリカ文化人類学協会が示した
『人権に関する声明』[20]を引用している。すなわち、「ある社会において人権
であると考えられるものは、他の人々により反社会的であるとみなされるか
もしれない」、また「文化間の差異への尊重は、文化を質的に評価する技術
が発見されていないという科学的事実によって正当であると認められる」と
いう点である。しかし、人権において多様性を過度に強調するならば、結果
として人権の普遍性は維持できないものとなるだろう。そのため、この点に
ついて、多様性への寛容が独裁者のための盾として用いられる危険が存在す
ることを確認した上で、これは承認しえないものであるとする。そして、多

---

18) Tang (ed.), *supra* note 13, p. 216.

19) *Ibid.*, pp. 242-247. [Statement by Wong Kan Seng, Minister for Foreign Affairs of the Republic of Singapore]

20) "Statement on Human Rights," *American Anthropologist*, Vol. 49 (1947), p. 542.

様性は、人権の大規模侵害を正当化できるものではなく、たとえば殺人は米国であれアジアやアフリカであれ殺人であり、拷問を文化的遺産の一部であると主張するものはいないことを指摘する。シンガポールの主張の根幹には、人権という概念は歴史的に特殊なものであるとする認識がうかがえる。具体的に、異なる社会が有する歴史、文化および背景における差異は無視できるものではなく、それらの社会は異なる方法や経験によって何千年もの間別個に発展してきたのであり、その理想および規範は異なるという認識を示している。このことは、同質の社会においてさえも時が経てば生じることを指摘し、その例としてイギリスでは1928年に女性に投票権が認められ、アメリカでは女性は1920年、またアフリカ系アメリカ人は1965年に投票権を獲得したことを取り上げている。

　また、市民的及び政治的権利に関する国際規約における逸脱しえない権利が人権の中核となる権利であることを認めつつ、発展の権利が不可譲の権利であることを主張する見解があることを指摘する。この他、「人権」、「民主主義」、「良い政府（good government）」という用語がしばしば類義語であるかのように用いられるが、それらは同じものではない点についても主張する。さらに、個人と社会あるいは共同体との関係についても言及している。いかなる社会における生活も必ず制限を伴うのであり、権利の行使は責任を負うこととのバランスをとる必要があるとし、また個人は共同体を通じて権利を実現しなければならず個人が属する共同体と個人の権利とのバランスが必要とされるという。この点については、シンガポールの麻薬取締りを例として取り上げ、麻薬の使用および売人の有する人権を理由に共同体の利益が犠牲となる場合があることを指摘する。シンガポールの声明は、全般的に必ずしも人権概念そのものについての認識を明確に提示したものとはいえない。しかしながら、この声明からうかがえることは、人権において各国が有する多様性を認めることが重要であり、歴史および文化における差異を考慮しなければ人権に関する国際的な合意は脆く崩れてしまうという認識である。

(3)　インドネシア[21]

　インドネシア代表は、発展途上国であるという立場を強調した上で、基本

的人権を自由であるための自由、欠乏、無知、社会的不公平および経済的後進性からの自由であるとする。ウィーン世界人権会議には、政治的および市民的権利を強調する西欧的な普遍的人権概念と権利のカテゴリー全ての不可分性また社会経済的、文化的および政治的現実の多様性を考慮する必要を強調するアジア諸国の見解に対立があることを認識した上で、文化相対主義という不明瞭な概念に基づく別個の人権概念を主張するつもりはないことを述べる。むしろ、人権の遵守および促進は対決および両立しえない価値の押し付けによってではなく、協力およびコンセンサスにより助長されなければならないということを確認している[22]。そして、西欧において発展してきた人権概念の理論的基礎（社会契約説および自然権）は、アジアおよびアフリカ諸国においても知られており価値が認められているという。しかしながら、多くの発展途上国には、人権および民主主義の観念を発展させてきた西欧諸国と同様の歴史を経験しなかった国もあり、それら諸国は、人間と社会、人間とその同胞との関係について異なる経験、また個人の権利に対する共同体の権利に関する経験に基づく異なる認識を発展させてきたことを指摘し、人権問題における広範な多様性を強調する。

　また、基本的人権および基本的自由の普遍的妥当性は疑いないものであるとし、国連憲章はこれらの遵守および促進を国際協力という文脈に正しく置いたことを確認する。ただし、この国際協力において、他国に対して思いのままに判事、陪審員および執行人を果たす国家または国家群があってはならないとした上で、人権の実施を経済的発展の協力に条件づけることは承認できないという。人権の全てのカテゴリー（市民的、政治的、経済的、社会的および文化的権利、個人の権利ならびに共同体、社会および国家の権利）は相互に関連しかつ不可分であることが一般に承認されており、そのうちの１つを過度に強調することは正当化できないものであるとする。他方で、世界人権宣言第29条を取り上げ社会および国家に対して個人が負う義務について言及す

---

21) Tang（ed.）, *supra* note 13, pp. 228-234.［Statement by Ali Alatas, Minister for Foreign Affairs and Head of the Delegation of the Republic of Indonesia］

22) この点について、ウィーン世界人権会議の地域的な準備作業としてアジア諸国が採択したバンコク宣言の前文10段落は、「人権の促進が、両立し得ない価値観の対立や押し付けを通してではなく、協力とコンセンサスによって奨励されるべきこと」を確認している。*Ibid.*, pp. 204-207.

る。この点について、人権の実施において個人の人権と共同体に対する個人の義務とに均衡関係があることは明らかであるとし、個人であると同時に共同体の構成員であるため権利および義務は共同体という文脈において意味あるものとなるという認識を示した。また、発展の権利についても言及し、これを不可譲の権利であると明言している。

加えて、国内的文脈における人権の表明および実施は各政府の権限および責任に留まることが一般に認められていることを取り上げ、これは異なる経済的、社会的および文化的現実、また各国に普及している固有の価値体系が有している複雑な多様性が考慮される必要があることを意味すると指摘する[23]。最後に、人権に関するインドネシアの見解として、次のように述べている。人権分野における国際的な行動の第一の目的は、互いについて独善的な判断を下すことではなく、共にこれら基本的権利の遵守を促進する上で国際社会という共通の意識を高めることであるという見解を維持してきた。国際的発展の現時点で必要とされることは、対決を強めることではなく協力、慈悲心および相互的な寛容を増大させることである。インドネシア代表の政府見解は、人権の普遍性を認めつつも発展の権利や義務の側面について強調が見られる。中でもとりわけ何度も繰り返し述べられている点は、社会、経済、文化および政治における各国が有する多様性の考慮についてである。

2 小括

以上のように、ウィーン世界人権会議においてとくに人権の普遍性に対する疑義を強く示した諸国として、中国、シンガポール、インドネシアの政府見解を見てきた。以上の3カ国の人権に関する認識だけでは東アジア全体の総括を行うことはできないが、少なくともいくつかの共通項が見られる。ま

---

23) この根拠として、1977年国連総会決議32/130前文パラグラフ3の「そのような協力は、異なる社会に存在する問題の多様性についての深い理解にまたそれら異なる社会の経済的、社会的及び文化的現実への十分な尊重に基づかなければならない、と確信する」、また効力を有するパラグラフ1の「結果として、人権問題は、完全な人間の尊厳また社会の発展及び福利を促進する必要だけでなく、様々な社会が提示するその社会の文脈全体の双方を考慮して地球的規模で検討されなければならない」という部分を引用している。Tang (ed.), *supra* note 13, pp. 232-233. [GA Res 32/130, 16 December 1977]

ず第1に、本質的には人権の普遍性を否定しておらず、むしろ承認している
という点である。つまり、これら諸国は、必ずしも第2次世界大戦以降の国
際的人権保障の発展そのものを否定しているわけではないということである。
第2に、発展途上国にとって優先すべきは生存および発展への権利の実現で
あるとする点である。これは欧米諸国が人権の中核として発展させてきた市
民的および政治的権利と同等のものとしてあるいはそれよりも重要なものと
して、経済的、社会的および文化的権利に重きを置いているということであ
る。これは、人権カテゴリーの不可分性につながる。しかしながら、この点
については、社会的発展という観点から生じる帰結として、個人の権利だけ
でなく共同体および国家の権利という点が強調され、共同体および国家に対
する個人の義務という側面が重視される。第3に、人権実施の国内的文脈に
おいて西欧諸国で用いられている基準をそのまま適用するのではなく、各国
が有する固有の社会的、政治的および経済的状況ならびに固有の歴史的伝統
および文化的背景を考慮する必要がある点を強調していることである。これ
は、人権における多様性の考慮ということになるが、この点については、具
体的な人権規範の適用という場面においてどこまで多様性を容認すべきかに
ついて明確な判断基準を示すことは極めて困難であり、この点を強調するこ
とは結果として人権の普遍性を否定する危険性を孕んでいるといえよう。

　とりわけ、第3の点に関しては、ウィーン世界人権会議の準備作業として
開催されたアジア地域会合の最終文書であるバンコク宣言のパラグラフ8に
おいて、「その性質上普遍的である一方で、人権は、国家および地域の特殊
性と様々な歴史的、文化的、宗教的背景の重要性に留意し、国際規範設定の
動的で進化するプロセスの文脈の下で考慮されなければならないこと」が確
認されている[24]。結果的に、この内容がウィーン宣言に盛り込まれたといえ
るが、その後2012年に採択されたASEAN人権宣言の第7項後段にも同様
の内容が見られる。すなわち、「同時に、人権の実現は、政治的、経済的、
法的、社会的、文化的、歴史的、および宗教的背景の違いを考慮しつつ、地

---

24) *Ibid.*, p. 205. See, Christina M. Cerna, "Universality of Human Rights and Cultural Diversity: Implementation of Human Rights in Different Socio-Cultural Contexts," *Human Rights Quarterly*, Vol. 16, No. 4 (1994), pp. 743-744.

域および国家の文脈において検討されなければならない」という部分である[25]。このことから、アジア諸国に見られる人権に関する多様性（ひいては特殊性）の考慮という姿勢は、今日においても人権の普遍性を考える上で解決されていない課題であることがわかる。

三　国際人権と方法論——学説の検討

国際人権を考える上で最も困難な面は、人権規範の履行確保であろう。国際社会において人権の普遍性が確認され、それに基づく多くの人権条約が策定されてきた。確かに、締約国の遵守を監視するモニタリングシステムとしての国家報告制度や自由権規約の第一選択議定書に基づく個人通報制度、また国連人権高等弁務官の創設、さらには国連人権理事会による国連加盟国への普遍的定期審査、その他にも地域的人権保障機構（欧州、米州、アフリカ）があり、第2次世界大戦以降これまでに国際人権保障の実施は確実に進展してきたといえる。しかしながら、国際社会には依然として共同体による強制力が欠如しているという現実がある。人権の分野では、権利を主張する個人と義務を負う国家の間には、伝統的な国際法において国家相互の利益を調整するために機能してきた相互主義は働かない。結果として、人権の実施は、第1に国家の自発的な意思に依拠することになる。このような国際社会において人権保障が有する特殊な状況が、人権の普遍性に疑義を唱え人権の特殊性（相対性）を強調する原因につながっていることは否定できない。

それでは、国際人権保障はこれまでどのような観点から取り組まれてきたのだろうか。本章では、国際人権に関するアプローチについて取り上げ検討する。ここで取り上げる学説は、必ずしも明確な理論として確立しているというわけではない。しかし、国際社会において人権問題を取り組む上で、その基礎となる観点を提供するものとして意義がある。

25）岩沢雄司編集代表『国際条約集〔2018年版〕』（有斐閣、2018年）384頁。Urfan Khaliq (ed.), *International Human Rights Law Documents* (Cambridge University Press, 2018), p. 630.

1 フォークによる6つのロジック

人権の理論的基礎として、フォークは、6つのロジックを提示している[26]。具体的には、国家主義のロジック、覇権のロジック、自然主義のロジック、超国家主義のロジック、国家横断のロジック、人民主義のロジックである。ここで示されるロジックは、国際的な歴史の一時期における人権と世界法秩序との関係を決定するものとして示されている。そして、人権の保護は、実施を約束する規範的基準と社会権力の相互作用によるものであり、本質的には対立する社会権力間の闘争の結果であると捉えている。フォークは、国際政治の広範な文脈の中で人権問題を論じており、必ずしも人権概念そのものを軸として論じているわけではない。ある観点から人権にアプローチした場合、どのような結果がもたらされるのかを主眼としている。

まず、国家主義のロジック[27]についてであるが、ここでは、人権は、特定の政府が同意しない限り地球規模の関心に適した主題ではない。ウェストファリア講和条約が締結されて以降、支配的な秩序づけのロジックは、領域を有する主権国家の意思に基づいてきた。そして、ボダンが集権化された世俗的な権威を擁護する決定的な主張として発表した主権論を背景に、ヴァッテルがこれを国家の対外関係に拡張したことで、国際関係に国家主義のロジックを適用したのである[28]。つまり、国際法上の義務を策定する上で決定的なものとして政府の同意が要求されることを強調するのである。とりわけ自国の市民または自国領域内にいる人々に関する政府の義務について、政府の解釈を容認することが重要となる。結果として、主権の観念は、国家領域内で行われる権利の濫用を覆い隠すことになる。ここで想定される世界法秩序は、

---

26) Richard Falk, *Human Rights and State Sovereignty* (Holmes & Meier Publishers, 1981), pp. 33-52. ここで用いている「ロジック (Logic)」について、フォークは、本来前提と適用との関係において過度に厳格なイメージを与えるものであるが、本稿の主たる意図は、分析の筋道が世界システムにおける政治的権威の基礎に関する初期の前提を採用することから論理的に生じるものを提示することにあるという。その意味合いとしては、むしろアプローチあるいはパースペクティブの方が適切であると説明している。

27) *Ibid.*, pp. 35-38. [Statist Logic]

28) 主権については、筒井若水編集代表『国際法辞典』(有斐閣、1998年) 178頁、ヴァッテルについては、田畑茂二郎「ヴァッテル」国際法学会編『国際関係法辞典〔第2版〕』(三省堂、2005年) 56頁を参照。

法的および政治的平等のモデルである。したがって、互いの主権的特権を相互に尊重する諸国から成る世界モデルは、必然的に、人道的な目的のために介入しようとするいかなる訴えも排除する。以上から、国家主義が意味するものは、次のようなものである。すなわち、人権の実現への最も実質的な貢献は、国内政治の内部的な動態から生じるのであり、国家内部から生じる人権保護への効果的なコミットメントは、外部から人権政策を課すよりも意義があるというものである。結果として、このロジックでは、人権の達成は第1に国内改革に向けた問題であり、地球規模の関心は必要ないばかりか実効的でもないということになる。

次に、覇権のロジックは[29]、確立した統治過程を欠く政治体制において権力を構造化する役割を承認することをその本質とする。これは、国家レベルでの平等は存在しないことを想定する。たとえば、かつての米国による人権外交は、他国の国内問題に対する覇権的姿勢を示すものである。覇権が作用する場は、世界の全ての地域における出来事に利益をもつ指導的で地球規模の国家であり、覇権のロジックのための規範的土台は統率力に関係する。ベトナム戦争のような冷戦時代の介入的外交は、政策決定者によって自由へのコミットメントとして正当化された。そこで人権の論拠は、人権とは無関係な目標である地政学的な闘争を遂行することに支持を生み出すための声を集めるものとして用いられた。そのため、覇権のロジックは、国家主義のロジックの制約から強国を免除するものにすぎないことになる。また、国際法の観点からみれば、他国が自決の闘争の一面に関わるならば、一般に他国による介入の禁止は弱くなる。人権の実現において、覇権のロジックは、帝国としての目標が確実に断念される場合、また人権の正当化に関する広範な合意が帝国としての行為者が有する潜在的な範囲に存在する場合には、肯定的な見方ができるといえる。

また、自然主義のロジック[30]は、一定の権利は人間の本性に本来備わっており組織された全ての社会により尊重されるべきものであるとする概念に基づく。フォークは、行動の影響力という点では、国家主義や覇権のロジック

---

29) Falk, *supra* note 26, pp. 38-42.［Hegemonial Logic］

30) *Ibid.*, pp. 42-45.［Naturalist Logic］

よりもかなり弱いものであることを指摘している。この自然主義の概念に基づけば、人権の基礎は政治以前の（政治に優先する）ものであり、主権による同意の欠如は必ずしも不遵守の口実とはならない。また、法的レベルで主張される場合は、慣習国際法の形成によって創設される規範を承認するという形態が要求されることになる（そのプロセスは黙示的承認となるが）。自然主義の場合は、統治者および市民を含む政治的行為者の良心へ訴えることになる。このことから、自然主義は、人権は普遍的に妥当するということを断言するための本質的な根拠となるといえる。そして、ロジックのどの部分に最高性（primacy）を置くのかという点では、国家主義のロジックが管轄権の原則であるのに対して、自然主義のロジックは規範の基準に最高性を置く。そのため、理想的に言えば、国家機構は自然権の指針の範囲内で行動のための権力を行使することになる。しかしながら、自然主義のロジックには規範の曖昧さがあり、権力に関して自然法が何を要求するかについて利己的な解釈がなされるという難点もある。自然主義のロジックの特徴は、市民だけでなく全ての人が国家の濫用に対して保護されるべきであるという原理にあり、これは行動に関する一定の最低基準を法的に正当化する人権の土台となるものである。人権の促進に関して言えば、国家という法人格の尊厳よりも人民の福利を中心目標とする地球規模の変革に向けた運動の形成に寄与することになる。

　そして、超国家主義のロジック[31]は、個々の国家から成る水平的な秩序に基づく国家主義、覇権、自然主義のロジックとは異なり、垂直的な秩序を切望するものである。超国家共同体という弱い意識は、地域的および地球規模のレベル双方で作用する。これは、国家を代表する政府による集合的行動の表れとして常設的な国際機構に関連づけられ、その最も顕著な例が国際連盟と国際連合である。また、ヨーロッパ人権条約や米州人権条約に基づく地域的人権機構があるが、地域的文脈は一様ではなく複雑である。そのため、人権に関して、超国家主義の主要な世界的舞台は国連総会となる[32]。それは、国家主権の保護に関心をもつ政府に影響される舞台であり、同時に世界的な

---

31) *Ibid.*, pp. 45-49.〔Supranationalist Logic〕

世論の主な規範的関心が表現されるフォーラムでもある。この点において、超国家主義のロジックには、国連が覇権および国家主義のロジックから逃れることができないため制限が生じる。具体的には、覇権としての行為者（冷戦期の米ソ大国）の意思、世界秩序の構造に関する国家主義概念への服従によって、国連の活動は抑制されることになる。確かに、国連安保理には超大国の拒否権が認められており、これは覇権および国家主義のロジックを表しているといえる。しかし、政府の合意が存在する場では、国連が積極的に規範に関する役割を果たすことを妨げるために制限を課すことができないことは明らかである。一定の人権の文脈において、国連総会が役割を果たしているという現実は否定できない。国連が人権分野において行えるのは、深刻な濫用を行う国家に圧力をかけるだけでなく、基準を設定しかつ規範を創設することである。具体的には、世界人権宣言をはじめとする国際人権章典やその後の多くの人権条約を策定し、人権のための有権的な枠組みを示してきた。国連憲章は、世界法秩序への政治的移行を支持するものではあるが、憲章が有する可能性はその実現において主権国家の政府に依拠しているといえる。そのような政治的移行が起こるまでは、超国家主義のロジックに拡張的な役割を期待することは現実的ではない。

　他方で、世界における多様な秩序づけの活動は国境を越えて生じている。そのような背景から、国家横断のロジック[33]は、他の場所で影響を及ぼすためにある国家において刺激を開始することをその本質とする。国家横断の見通しが有する意義の増大は、国際生活の相互依存の増大を反映している。国家横断の中心点は、地球規模のニーズに応じつつ権力および権威の領域性を容認する秩序づけの妥協点にある。すなわち、ロジックとしての国家横断の秩序は、国家主義および覇権の水平的秩序と超国家主義の垂直的秩序との中

32）この点に関連して、田畑教授はフォークの見解を取り上げ、「R・A・フォークは、主権志向手続（sovereignty-oriented procedure）と共同体志向手続（community-oriented procedure）という二つの概念を用い、国際連合は、多くの点において、従来の主権志向手続を認めているが、一定の範囲内において、協同活動を集中することによって、主権志向手続を共同体志向手続におきかえているというふうにのべている」と指摘する。田畑茂二郎「国家主権観念の現代的意義」『現代国際法の課題』（東信堂、1991年）38頁。

33）Falk, *supra* note 26, pp. 49-51. [Transnational Logic]

間に位置するといえる。ただし、国家横断の行為者は、主権国家の内部に位置するため国家の統制を受けることになる。その特徴は、非政府機関であるということであり、中でも多国籍企業は顕著な例として挙げられる。人権の分野においては、非政府機関は最も意義のある行為者の1つになっている[34]。アムネスティー・インターナショナルは、人権保護に関する活動が評価され1977年にノーベル平和賞を受賞しており、報告書の提出や外国高官への非公式な圧力、人権濫用の犠牲者への接触などを通じて人権促進において重要な影響を及ぼしてきた。しかしながら、国家横断の行為者には、直接に利用できる強制措置はなく、自発的な寄付金に依拠する私的団体であるため、その影響は、関連領域において世論に影響力を与える結果として生じるものである。

　最後に、人民主義のロジック[35]についてであるが、これは主権が究極的には人民に基づくことをその本質とする。秩序に関するロジックとしては、最も弱いものであるが潜在的には枠組みを崩してしまうものである。権力の周辺にある個人と緩やかに組織された集団は、正当化された権威を独占しようとする政府および政府間の要求を否定する。これらさまざまな個人と集団は、超国家主義のロジックを強調するために地球市民という展望を採用する。そして、人権の文脈では、国家による人権濫用の一定のカテゴリーについて公衆の自覚を促すことを意味する。また、人民主義は、国家主義の正統性を拒絶する点で国家横断のアプローチとは異なる。国家横断の行為者は、権利の具体的な要求に関する義務を政府に仕向けることで世界秩序体系全体の正当性を受け入れる傾向にある。それに対して、人民主義の行為者は、国家主義の特権は人民主権から派生するものであり、人民に対して十分に説明責任があるとする。実際には、環境団体や反核団体のように、国家横断の行為者が人民主義の圧力の結果として生じその目標として人民主義の行動計画を採用することで、人民主義と国家横断主義の混合といえる例もある。

---

34) 1993年のウィーン世界人権会議における NGO の貢献については、萩原重夫「人権は一つ？それとも二つ？──九三ウィーン人権会議参加報告」憲法理論研究会編『人権理論の新展開』（敬文堂、1994年）201-212頁を参照。

35) Falk, *supra* note 26, pp. 51-52.［Populist Logic］

2　ドネリーによる3つのモデルと文化相対主義

　ドネリーは、人権の普遍性について、主権国家を基礎として構築される政治秩序には合わないものであると指摘する。そして、人権のような普遍的な道徳権利は、個人を諸国の市民としてよりも地球規模の政治的共同体（コスモポリス）の構成員とみなす世界主義の概念により適していると述べている。そこで、世界主義者（コスモポリタン）は、個人や非国家主体が直接的な参加者となる地球規模の政治過程について考えることになるとし、国際関係における人権の地位について3つの理論モデルを提示する[36]。

　まず、伝統的な国家主義者のモデル（the traditional statist model）についてであるが、これは人権を主として主権に基づく国内管轄権の問題であるとみなすものである。国家主義者は、人権がもはや国家の排他的な領分ではないこと、また国家が唯一の国際的な行為者ではないことを認める。しかしながら、人権は第1に主権に基づく国内管轄権の問題に留まるのであり、主として国家間関係の周辺的な関心事であるべきであると主張する。結果として、このような国家主義者にとっては、意味のある独立した国際共同体は存在せず人権のために行動する権利を有する国際機関も存在しないことになる。次に、世界主義者（a cosmopolitan model）のモデルを取り上げ、これは国家よりもむしろ個人から始めるものであるとする。世界主義者は、国家について、個人およびNGOによって下方からまた地球共同体（国際組織や他の国家集団だけでなく）によって上方から異議を唱えられるものとみなす。人権のための国際的な行動は、このモデルにおいては比較的に問題がないといえる。実際に、大規模で継続的な人権侵害に直面して、不干渉のために必要とされる正当化事由および立証責任を逆転させてきた。そして、国家主義と世界主義の中間を占めるのが、国際主義者のモデル（internationalist models）であるという。このモデルにおいて、国際共同体とは、本質的には諸国から成る社会（NGOや個人により補完されるもの）である。国際的な人権活動は、諸国から成る社会に関する規範によって権威づけられる範囲でのみ許されることになる。ただし、これらの規範は特定の国際社会の間ではかなり異なる。

---

36) Jack Donnelly, *International Human Rights* (2nd ed., Westview Press, 1998), pp. 28-30.

これら3つのモデルは、人権が国際関係において現に有する地位について記述的な主張を形成し、また人権が有するべき地位について規範的な主張を形成するものとして理解されるものであることを述べる。しかしながら、世界主義については、現在のところ世界政府のような地球規模の政治的共同体は原始的なものであり国家が依然として世界政治を支配しており、その意味で記述的な力をほとんど有していないといえる。他方で、国家主義者により描かれる世界は過去のものであり、近年の状況を反映していないという。その結果、国際主義者のモデルに関するいくつかの形態が、現代の国際関係における人権の地位について最も的確な記述を提供すると、ドネリーは指摘している[37]。

また、ドネリーは、国際人権に関する3つのモデルの他に、普遍的人権において文化相対主義がどのような意味を有するのかについて検討し、独自の見解を示している[38]。まず、文化をあらゆる価値の源であるとみなす「急進的な相対主義」があるという。この立場では、単に人間であることにより平等に与えられる権利は存在しないと考えるため、実際に人権という観念そのものを否定することになる。他方で、「急進的な普遍主義」、つまり、人権を含むあらゆる価値は文化的または歴史的相違に照らして修正を受けない完全に普遍的なものであるという見方があるという。この立場は、あらゆる時代にそしてあらゆる場所で適用する一連の人権が存在すると考える。しかし、全ての人権が全ての国において同一の方法で実施されると主張するのは現実的ではないと指摘する。そこで、相対主義の立場をさらに詳細に分類し、2つの立場を提示する。第1に、「強い相対主義」は、人権は主として文化または他の事情により決定されると考えるものである。そのため、普遍的人権は、文化的に特殊な価値を抑制するものとして寄与することになるが、その

---

37) *Ibid.*, p. 29.

38) Jack Donnelly, "Cultural Relativism and Universal Human Rights," *Human Rights Quarterly*, Vol. 6, No. 4 (1984), pp. 400-419; Donnelly, supra note 36, pp. 32-35. See, R. J. Vincent, *Human Rights and International Relations* (Cambridge University Press, 1986), pp. 37-57. また、人権の普遍性を否定する諸見解の1つとして「文化相対主義」を考察するものとして、深田三徳『現代人権論——人権の普遍性と不可譲性』（弘文堂、1999年）132-137頁があり、その注釈においてドネリーの見解を詳細に紹介している。

強調点は差異および相対性に置かれる。第2に、「弱い相対主義」は、それとは反対に普遍性に強調点を置く。この場合、普遍的人権は、二次的な文化的修正のみを受けるだけとなる。ドネリーは、この点について、弱い文化相対主義を支持している。具体的に、この立場は、普遍性の弱い推定が存在するが人間の本性、共同体および権利の相対性が普遍主義の行き過ぎを抑制するものとして寄与する。つまり、弱い文化相対主義は、一応の普遍的人権に関する包括的なリストを認めた上で、比較的に稀でかつ厳密に限定された地域的差異および例外のみを許すことになる[39]。端的に言えば、文化を絶対的な基準とするのではなく、人権の普遍性を前提としながらもその解釈および実施において文化を考慮するということになるだろう。

四　結論

　以上見てきたように、人権の普遍性と特殊性（相対性）の論争には、その本質に国際社会における人権を国際関心事項とみなすかあるいは国内管轄事項とみなすかという国家主権の制限に関わる従来からの課題が潜んでいる[40]。1993年のウィーン世界人権会議で提起された人権の普遍性への疑義は、その根拠として特殊性または相対性が示されたことから、問題の本質が見えにくいものとなっていた。人権の特殊性を主張する東アジア諸国は、自国の文化および歴史を根拠にして国家主権を擁護していたといえる。これは、まさにフォークの提示した国家主義のロジックに当てはまるものである。他方で、人権を普遍的なものとみなし国連やNGOを中心に世界的に人権規範の基準策定を行うことは、超国家主義または国家横断のロジックに当てはまる。この点については、ドネリーの3つのモデルも同様である。国際社会において人権を促進するためにどのような観点または立場からアプローチすべきなのかについて、確実に言えることは国家主義を否定することである。しかし、

---

39) *Ibid.*, p. 401.
40) 国内管轄事項の今日における意味について人権分野を取り上げ、「人権の国内的適用と実現の具体的方法の多くは、なお各国の国内管轄事項に留まっている」と指摘するものとして、森川幸一「国内管轄事項とその国際標準化」村瀬信也、奥脇直也編『国家管轄権——国際法と国内法』（勁草書房、1998年）128-129頁がある。

さまざまな立場またそれに基づく利益が絡まり合いながら規範形成が行われてきたというのが実情である。単に超国家主義のロジック（ドネリーのいう世界主義者のモデル）を人権の普遍性に対して批判的な国家に押し付けるだけでは、人権の促進は進展しないばかりかさらなる反発を招くだけだろう。この問題を解決に向かわせるために必要なのは、国家を超える上方からの改革だけではなく、国家横断および人民のロジックが示すように国家内部において人民やNGOが国家を下方から改革していくプロセスである。そして、そのために何ができるのかを考え行動していくことが重要なのではないだろうか。

　今日の国際社会における人権保障の現状をふまえれば、人権の普遍性をまったく認めないというような完全な相対主義はありえないだろう。この点については、本稿で取り上げた東アジア諸国を見てもわかるように、人権の普遍性は一応承認されている。しかしながら、国内的文脈で人権の解釈や実施において文化が考慮に値するとしても、その判断が各国に委ねられるのであれば、それは結果として人権の普遍性を否定する可能性の余地を残すことになる。人権の解釈や実施の具体的な場面でその判断において困難な状況が生じる場合、それを解決するためにはより高次にある「人間の本性および尊厳（human nature and dignity）」に基づく必要があると思われる[41]。そして、人権の解釈をより明確にし人権実施の実行を共有していくことで国家内部から人権促進に向けた改革を推進するためにも、東アジアにおける地域的人権保障機構の設立が望まれる[42]。

　各国がそれぞれ独自の歴史を有しているのと同様に、地球規模の視点から見れば国際社会も1つの歴史の過程にある。人権は、西欧諸国の歴史において弱い立場の人々による権力への闘争によって獲得されてきたという経緯が

---

41) この点について芹田教授は、人権法の基本原則として「人間の尊厳」に関し詳細に考察されている。芹田健太郎『国際人権法』（信山社、2018年）3-32頁。

42) 芹田健太郎「東アジア人権委員会設立の提案——東アジアにおける国際人権保障制度設立の可能性」山手治之・香西茂編集代表『現代国際法における人権と平和の保障（21世紀国際社会における人権と平和——国際法の新しい発展をめざして　下巻）』（東信堂、2003年）27-43頁。また、山崎公士「地域的人権保障体制とアジア・太平洋地域」『国際法外交雑誌』第96巻3号（1997年）65-99頁を参照。

ある。同様に、今日の国際社会は、依然として弱い立場にある発展途上国が自身の主張を示すことにより経済的発展への権利を獲得するため、強者である西欧諸国に対する闘争過程にあると見ることができるだろう。ただし、大沼教授が指摘するように、そこに見られる途上国政府の認識は民意を無視するものであってはならない[43]。なぜなら、人権は国家のものではなく、個人のものだからである。宮崎教授は、かつて著書『国際法綱要』のまえがきにおいて「国際社会が、人類の全体的法社会として機能する日は、それほど遠くはあるまい」と述べた上で、「わたくしは、基点を個人の人権に置きたい」（傍点は筆者による）と自身の見解を示された[44]。人権というものが人間であることにより有する権利である以上、国際社会においてどれほど国家の利益が強調されようとも、人権というテーマにおいて「個人」に重きを置くことは欠かすことができないスタンスであると考える。

---

43) 大沼『人権、国家、文明』（注9）330頁。
44) 宮崎繁樹『国際法綱要』（成文堂、1984年）「まえがき」。また、この見解の背景にある考え方について、「国家と個人の関係において、どちらに比重を置いて考えるかは、法の本質を考える上において大きな影響がある。わたくしは、法は窮極において、個人の幸福利益を増進するための制度である、との立場をとっている。このような立場から実定国際法を理解することは、やや先走った考えかもしれない。実定国際法は、前記のように依然として、国家を単位として構成されているように一見思われるのだから。しかし、国際法が国家機関によってだけ定立され、適用された時代は、まさに過ぎ去ろうとしている。民間の非政府的な国際交流、連帯意識の増大は、交通、通信機関の発達、経済的必要とも相まって、国境の壁を突き破り、新しい国際慣習法を作り上げていくに違いない。現在は、まさにその黎明期である」と述べられている。宮崎繁樹『国際法における国家と個人』（未来社、1963年）8頁。

1 国連を中心とする国際人権保障

ノン・ルフールマン原則に関する拷問禁止委員会
および自由権規約委員会の先例法理

薬 師 寺 公 夫
立命館大学特任教授

はじめに
一　ノン・ルフールマン原則の解釈・適用に関する日本の裁判所の若干の判決例
二　拷問等禁止条約第３条に関する個人通報事例の検討
三　自由権規約に基づくノン・ルフールマン原則に関する個人通報事例の検討
四　むすびにかえて

はじめに

　退去強制令書（以下退令）に関する出入国管理及び難民認定法（以下入管法）第53条１項は、退去強制を受ける者の送還先をその者の「国籍又は市民権の属する国」と定める。しかし、国籍国等に「送還することができないときは」、「本邦に入国する直前に居住していた国」など同条２項１号から６号に定める国のいずれかに送還されるものとされ、さらに同条３項で、前２項の国には、次の１号から３号（１号は1981年改正、２号と３号は2009年改正で追加）に掲げる国を含まないものと定める。入管法第53条３項が送還を禁止している国は、①難民条約第33条１項に規定する領域の属する国（法務大臣が日本国の利益または公安を著しく害すると認める場合を除く）、②拷問等禁止条約第３条１項に規定する国、③強制失踪条約第16条１項に規定する国である。

　日本が締約国となっている条約でノン・ルフールマン原則（以下 NR 原則）を定めたものは、上記の３条約以外にもある。典型的な例は自由権規約第６

条および第7条であり、A.チンマーマン編集の難民条約の注釈書やM.ノバックおよびE.マッカーサー編集の拷問等禁止条約の注釈書も、黙示的ではあるがNR原則を定めた代表的条約として自由権規約を挙げている[1]。日本の退令発付処分の無効確認または取消請求訴訟でも、自由権規約を根拠に送還先の指定の違法性が主張されたことがある。しかし、入管法第53条3項が自由権規約に言及しておらず、国も自由権規約第6条および第7条がNR原則を直接定めたものではないという解釈をとってきたことから、入管法第53条3項を自由権規約のNR原則にも準用するという状況にはない。

　しかし、国内裁判においても難民条約第33条1項とともに拷問等禁止条約第3条や自由権規約第6条および第7条が追放・送還禁止の根拠として援用される事案が増えてきていること、ならびに、日本が拷問等禁止条約や自由権規約の個人通報制度を受諾する場合にはNR原則の国内実施についても条約実施機関による審査が行われること、とくに拷問禁止委員会（以下CAT）の個人通報事件の圧倒的多数がNR原則に関する事案であることに鑑み、本稿ではNR原則に関するCATおよび自由権規約委員会（以下HRCttee）の先例法理（jurisprudence）について検討してみたいと思う。強制失踪条約第16条1項もNR原則を定めるが、同原則に関する個人通報事件が強制失踪委員会（以下CED）に係属したことは未だない。

　以下では、まず日本の裁判所において難民条約第33条、拷問等禁止条約第3条、自由権規約第6条および第7条に定めるNR原則の適用が争われた若干の事件を取り上げて、NR原則の解釈・適用につきどのような争点が生じているのかを見る。その後、これらの争点を含むNR原則の解釈・適用に関するCATおよびHRCtteeのそれぞれの先例法理について検討する。最後に、CATおよびHRCtteeの先例法理をふまえて、日本におけるNR原則の適用の若干の課題について指摘してみたいと思う。

---

1) Andreas Zimmermann ed. *The 1951 Convention Relating to the Status of Refugees and its 1967 Protocol: A Commentary*, Oxford 2011, pp. 1350-1353; Manfred Nowak & Elizabeth McArthur eds, *The United Nations Convention Against Torture: A Commentary*, Oxford 2008, pp. 193-195.

一　ノン・ルフールマン原則の解釈・適用に関する日本の裁判所の若干の判決例

1　難民条約第33条に関する日本の最近の裁判判決例

　難民条約第33条1項は、迫害主体を特定することなく「難民」を「人種、宗教、国籍若しくは特定の社会集団の構成員（membership of a particular social group）であること又は政治的意見のためにその生命又は自由が脅威にさらされるおそれのある領域の国境へ追放又は送還（expel or return）してはならない」と定めるが、同条2項で、「難民」であっても「締約国の安全にとって危険であると認めるに足りる相当な理由があるもの又は特に重大な犯罪について有罪の判決が確定し当該締約国の社会にとって危険な存在となったもの」については、追放・送還の禁止に対する例外を認める[2]。第33条1項に定める NR 原則を根拠に退令発付処分等の無効確認または取消しなどを求める訴訟の多くは、難民認定不許可処分取消訴訟とセットで提起されるため、裁判所が難民不認定処分の取消しを命じる場合には、難民該当者を迫

---

2) たとえば難民不認定処分取消請求控訴事件（平成19年（行コ）122号）では、イラン人が、本邦への違法な麻薬取引に関与し、本邦でキリスト教に改宗し、ラシュディの「悪魔の詩」を所持したこと等がイラン当局に知られたので本国に帰国すれば「特定の社会集団の構成員」および「宗教」を理由に迫害を受けると主張して難民認定申請をしたが不認定の処分を受けたため、取消訴訟を提起した。大阪地裁判決（平成19年9月28日）は、麻薬犯罪容疑者は特定の社会的集団に該当せず、キリスト教改宗の供述は信用しがたく、退去強制手続において改宗や悪魔の詩のことに何一つふれていないことなどから、原告の供述は難民の主張を補強するために想到・追加されたものにすぎないとして難民不認定処分に違法な点はないと判示した。大阪高裁判決（平成20年3月18日）も同様の理由で難民該当性を認めなかったが、同判決は、控訴人が大麻取締法違反等の罪により懲役8年および罰金200万円の有罪判決を受けていることに言及して、「大麻樹脂の量、巧妙かつ大胆な犯行の手口からみて、控訴人の背後には強力な大麻密輸組織の存在がうかがわれるところ、控訴人が上記刑事手続の捜査・公判を通じて上記犯罪を否認していたこともあって、上記大麻密輸組織の解明は同手続によってもほとんど進んでいないことが認められる。加えて、……控訴人は、本訴の証拠等として、偽物のイラン政府発付の本件逮捕状を提出したりしている。以上によれば、控訴人による上記犯罪は、我が国の安全および公共の秩序を著しく害するものというほかなく、同犯罪が10年以上も前の出来事であること、控訴人は、平成17年3月に日本人と結婚し、一児をもうけて、現在平穏な生活を送っていることを考慮しても、控訴人は難民条約33条2項にいう『特に重大な犯罪について有罪の判決が確定した当該締約国の社会にとって危険な存在となったもの』に相当するというべきであり、したがって、仮に控訴人が難民に該当するとしても、本国であるイランへの追放・送還を拒否できないというべきである」（判例集未登載）と判示した。

害のおそれのある国に送還する退令発付処分も取消しを免れないと判断する
のが普通である[3]。東京高裁判決が「我が国の法制度において、難民に該当
することを理由に、難民不認定処分の取消判決が確定している外国人は、法
務大臣による難民認定を要件とすることなく、上記処分時において難民条約
の適用を受ける難民であることが公権的に確認されていることになり、法務
大臣もこれに拘束される」[4]と判示したように、裁判所判決で難民該当性が
認められれば、難民でないことを前提としてなされた退令発付処分が無効ま
たは取消しを免れないことは当然の理であろう。反対に、裁判所が難民不認
定処分を適法だと認定した多数の事件では、退令処分時にも難民該当性は認
められず、本国を送還先とする退令発付処分も難民条約第33条１項に違反し
ないと判示された[5]。難民条約第33条のNR原則については、本稿では直接
の検討対象としないが、拷問等禁止条約第３条ならびに自由権規約第６条お
よび第７条のNR原則にも共通する２つの論点についてのみここで簡単にふ
れておきたい。

　第１は、非国家主体による迫害にもNR原則が適用されるかという問題で
ある。送還先の国が非国家主体による迫害を了知しながらこれを放置ないし

---

3) たとえばミャンマー軍事政権下で学生運動等に関与し二度にわたり身体を拘束され本邦入国後
も反政府活動を継続していると主張するミャンマー男性の難民不認定処分取消等請求事件（平成18
年（行ウ）491号）で、東京地裁判決（平成20年２月８日 LEX/DB25421210）は、法務大臣の平成
17年７月19日付け難民不認定処分を取り消すとともに、平成18年３月24日付けの退令処分について
も、「当該外国人が難民であるにもかかわらず、その者を、これを迫害するおそれのある国に向け
て送還する退去強制令書発付処分は違法である」と判示した。難民不認定処分取消等請求事件（平
成26年（行ウ）136号）で原告は、ネパールに帰国するとマオイストから政治的意見を理由に迫害
を受けると主張して名古屋入管局長のした難民不認定処分（平成23年11月14日）の取消し等を求め
たが、名古屋地裁判決（平成27年11月12日）は、同処分を適法と認定し、名古屋入管主任審査官の
した送還先をネパールとする退令発付処分（平成23年12月13日）も適法と認定した。これに対して、
控訴審（平成27年（行コ）71号）の名古屋高裁判決（平成28年７月13日）は、2000年に控訴人が本
国を出国した時点および2011年の難民不認定処分の時点において「マオイストは公然かつ広範囲に
迫害行為を繰り返していたにもかかわらず、ネパール政府はこれを制止し得ず、制止し得る確実な
見込みもなかったというほかない」として、控訴人の難民該当性を認定した後、「控訴人は、難民
に該当するから、控訴人をネパールに送還することは許されず、ネパールを送還先としてされた本
件退令処分は無効であると」判示した（LEX/DB25544117, 25544116）。
4) 難民不認定処分取消等請求控訴事件（平成30年（行コ）228号）東京高裁判決（平成30年10月15
日判例集未登載）。原審の難民不認定処分取消等請求事件（平成27年（行ウ）524号）東京地裁判決
（平成30年３月16日 LEX/DB25561140）も参照。

助長する場合に難民該当性を認める点で日本の裁判所の判決はほぼ一致してきているといえるものの、「放置ないし助長」の理解は必ずしも一様ではない。迫害の主体が公然かつ広範囲に迫害行為を繰り返し、政府がこれを制止し得ず、制止し得る確実な見込みもない場合が含まれるという基準を採用した判決がある反面、非国家主体による迫害が国籍国による迫害と同視できる状況にある場合に限るべきで、国籍国政府に私人による暴力を取り締まる意思があっても、その能力の欠如によって国籍国政府による保護がまったく期待できないような場合に限られるという基準を採用した判決もあり、解釈は分かれている[6]。

第2に、犯罪人引渡手続への難民条約第33条の適用可能性の問題である。かつては第33条の起草過程での議論状況に依拠して犯罪人引渡しには同条は適用されないとする解釈も唱えられたが、現在では、UNHCR執行委員会の結論第17号（1980）も含めて同条項は犯罪人引渡手続でも遵守されるべきだという見解が有力である[7]。ただし、難民条約第1条Fに該当する場合には難民該当性自体が否定されることになり、中国民航機ハイジャック犯引渡し事件東京高裁決定は、ハイジャック事犯が重大な犯罪に該当し、難民条約第

---

5) たとえばパキスタンのモハジール民族運動に所属していた原告が、分裂した一派MQM-Aを本邦入国後に批判したこと等により、同国に帰国すればMQM-Aにより迫害されると主張して難民認定申請したが不認定処分を受けたのでその取消し等を求めた難民不認定処分取消等請求事件（平成22年（行ウ）81号）で、大阪地裁判決（平成23年9月30日）は、難民不認定処分時に難民該当性は認められないと判示し、退令発付処分時にもこの状況が変わっていないことを確認した後、パキスタンを送還先とする退去発付処分が難民条約第33条1項に違反し無効とは認められないと判示した。同事件の控訴審（難民不認定処分取消等請求控訴事件、平成23年（行コ）149号）である大阪高裁の判決（平成24年3月16日）も、原判決を相当とした。判例集未登載。同種の判決例として、難民の認定をしない処分取消等請求事件（平成22年（行ウ）40号）および退去強制令書発付処分取消等請求事件（平成22年（行ウ）525号）、東京地判（平成24年6月22日 LEX/DB25494710）のほか、東京地判（平成29年（行ウ）204号）平成29年11月21日（LEX/DB25550794）、東京地判（平成28年（行ウ）218号）平成29年10月19日（同25539345）、東京地判（平成26年（行ウ）229号）平成29年7月20日（同25539145）。
6) 前掲注3の難民不認定処分取消請求等控訴事件（平成27年（行コ）71号）の名古屋高裁判決（平成28年7月13日）参照。同じく難民不認定処分取消請求控訴事件（平成28年（行コ）2号）名古屋高裁判決（平成28年9月7日 LEX/DB25543795）参照。後者の解釈については、難民不認定処分取消等請求控訴事件（平成24年（行コ）108号）大阪高裁判決（平成24年12月13日判例集未登載）。

１条 F（b）により難民条約の適用を受けないから逃亡犯罪人引渡法第10条
１項２号によって引き渡すことができない場合にあたらないと判示した[8]。
犯罪人引渡手続にも難民条約、拷問等禁止条約および自由権規約の NR 原則
が適用されるという場合、日本の国内法上、入管法第53条２項または３項に
対応する規定を何で担保するかが問題となる。上記中国民航機事件東京高裁
決定は、逃亡犯罪人引渡法第10条１項２号の「逃亡犯罪人を引き渡すことが
できない場合」を示唆するが、同規定が同法第２条各号以外の事由を含むか
否かは決着がついていない。

2　拷問等禁止条約第３条に関する日本の最近の裁判判決例

　拷問等禁止条約第３条１項は、「いずれの者をも、その者に対する拷問が
行われるおそれがあると信ずるに足りる実質的な根拠（substantial grounds）
がある他の国へ追放し、送還し又は引き渡し（expel, return（'refouler'）or
extradite）てはならない」と定め、強制失踪条約第16条１項も、「ある者が
強制失踪の対象とされるおそれがあると信ずるに足りる実質的な理由（sub-
stantial grounds）がある他の国へ当該者を追放し、送還し又は当該者につい
て犯罪人引渡し（expel, return（"refouler"）, surrender or extradite）を行って
はならない」と定める。難民条約第33条と異なり、NR 原則の例外規定はな
く、５つの事由に基づく難民該当性を示すことなくすべての人が保護対象と
なりうるが、両条約が定義する「拷問」または「強制失踪」はなんらかの形
態の国家の関与が認められるものに限られており、たとえば「拷問」は「公
務員その他の公的資格で行動する者により又はその扇動により若しくはその
同意若しくは黙認の下に」行われるもの（拷問等禁止条約第１条）に限られ

7）初期の解釈例としては、See e.g. Commentary on the Refugee Convention 1951: Articles 2-11,
13-37 Published by the Division of International Protection of the UNHCR, 1997, comments（1）-
（9）on article 33. This commentary was written by A. Grahl-Madsen as a Special Consultant in the
Office of the High Commissioner for Refugees in 1962-63, available at https://www. unhcr.
org/3d4ab5fb9.pdf. 最近の議論状況については、さしあたり Andreas Zimmermann ed. *supra* note 1,
pp. 1364-1367.
8）逃亡犯罪人引渡審査請求事件（平成２年（て）37号）東京高裁決定（平成２年４月20日）髙刑
集43巻１号78-80頁。

る。両条約は、拷問や強制失踪が行われるおそれがあると信ずる「実質的な根拠」の有無を決定するために考慮しなければならない事項についてもほぼ共通の規定をもっており、拷問等禁止条約第3条2項を例にとれば、「すべての関連する事情（該当する場合には、関係する国における一貫した形態の重大な、明らかな又は大規模な人権侵害の存在を含む。）」を考慮することが求められている。

　難民条約については「難民条約の文言の解釈は締約国の権限に委ねられていると解すべきである」と述べた判決もあるが[9]、拷問等禁止条約第3条については、CATによる条約の履行監視が行われる点に注意が必要である。CATの決定に法的拘束力は認められないが、日本も同条約の国家通報手続を受諾していること、同条約には条約の解釈・適用紛争を国際司法裁判所（ICJ）に一方的に付託できる規定が置かれており（第30条）、ICJがディアロ事件判決で、人権条約実施機関の条約規定解釈に相当の重みを与えるべきだと判示していること、にも留意しておく必要があるだろう[10]。

　近年わが国の訴訟でも拷問等禁止条約第3条のNR原則を援用するものがいくつか見受けられる。しかしその大半が、難民不認定処分取消請求とセットの退令発付処分取消請求等において援用されるため、難民該当性が認められなければ、同様の事情により、拷問等禁止条約第3条1項の該当性もないと簡単に片付けてしまう判決が散見される[11]。難民条約の「迫害」概念について、わが国裁判所の判決はほぼ一様に「通常人が受忍することができない苦痛をもたらす攻撃ないし圧迫であって、生命・身体の自由の侵害又は抑圧を意味する」[12]と解釈してきていることから、拷問のおそれも迫害を受けるおそれの中に包摂して審査し、拷問等禁止条約第3条の違反はないと認定したと思われる判決もある[13]。しかし、難民条約第33条1項のNR原則が同条2項に基づく例外を認めるのに対して、拷問等禁止条約第3条1項のNR原

9）難民の認定をしない処分取消等請求事件（平成21年（行ウ）514号）東京地裁判決（平成22年2月4日 LEX/DB25560847）。難民条約解釈における UNHCR の役割については、立松美也子「難民をめぐる国際制度——UNHCR と難民条約」『国際法外交雑誌』第117巻3号（2018年）93-97、110-115頁参照。

10）*Ahmadou Sadio Diallo*（*Republic of Guinea v. Democratic Republic of the Congo*）, *Merit, Judgment, 30 November 2010, ICJ Reports 2010*, p. 664, paras. 66-67.

則は絶対的な原則であるから同条項に定める要件に即した解釈・適用が求められる。たとえば、X 対広島入国管理局長事件では、原告が大麻密輸罪および改宗等により本国に帰国すれば迫害および拷問を受けるおそれがあるとして、イランを送還先とする退令発付処分の取消し等を求めたところ、広島地裁判決は、X は「特に重大な犯罪について有罪の判決が確定し当該締約国の社会にとって危険な存在となったもの」および「日本国の利益又は公安

11）たとえば原告がミャンマーのバルーア族であるため政府から国籍を否定され、同国の民主化運動に参加したことから同国に送還されれば迫害を受けるおそれがあると主張して難民不認定処分の取消しとともに本国への送還が難民条約第33条１項および拷問等禁止条約第３条１項違反であるとして退去発付処分の無効を請求した事件（平成28年（行ウ）218号）で、東京地裁判決（平成29年10月19日）は、原告は、１参加者として数回のデモに参加したにすぎず、政府からとくに注視される存在だったとはいえないなどとして、難民該当性を認めず、原告に対する拷問のおそれについても、個人につき難民該当性が認められず、ミャンマーに帰国した場合に、原告に対して、同国政府から非人道的なまたは品位を傷つける取扱いが行われるおそれがあると信ずるに足りる実質的な根拠があったとも認められないとして、本国に送還しても NR 原則に反するとはいえないと述べて拷問等禁止条約第３条の違反は認められないとした（LEX/DB25539345）。前掲注５の難民の認定をしない処分取消等請求事件（平成22年（行ウ）40号）および退去強制令書発付処分取消請求事件（平成22年（行ウ）525号）の東京地裁判決（平成24年６月22日）、同じく前掲注５の難民不認定処分取消等請求事件（平成22年（行ウ）81号）の大阪地裁判決（平成23年９月30日）も参照。
12）たとえば前掲注３の難民不認定処分取消等請求事件（平成26年（行ウ）136号）の名古屋地裁判決（平成27年11月12日）および同控訴審（平成27年（行コ）71号）の名古屋高裁判決（平成28年７月13日）、退去強制令書発付処分取消請求事件（平成17年（行ウ）133号）・難民不認定処分取消等請求事件（平成18年（行ウ）118号）の大阪地裁判決（平成19年11月20日）、同控訴審（平成19年（行コ）128号）の大阪高裁判決（平成20年６月12日）判決（いずれも判例集未登載）、難民不認定・退令発付処分等取消請求事件（平成17年（行ウ）492号、平成18年（行ウ）233号）の東京地裁判決（平成20年１月17日）、同控訴審（平成20年（行コ）60号）の東京高裁判決（平成20年５月28日、いずれも判例集未登載）など。
13）たとえば原告が、クルド労働者党を支持し食糧等の援助をしたことからトルコに帰国すれば政府から迫害されるおそれがあると主張した事件（平成22年（行ウ）456号、477号）で、東京地裁判決（平成24年２月７日）は、憲法第17条が拷問禁止を定め、トルコ警察等も拷問の使用を禁止する指導を強めてきたが、EU 諸国等からなお拷問が根絶されていない等の指摘があり、拷問等に対する刑罰強化や訴追手続の厳格化が求められていること等の事情に照らせば、必要かつ相当な範囲を超えて拷問の対象とされる等迫害の恐怖を抱くような客観的事情が存在するとは認められないとした。さらに本件で原告は、クルド人の政党である HADEP 等の活動に積極的に参加し、複数回警察に拘束・拷問されたと主張するが、事実の信憑性を認めることができないため難民該当性を認めることはできないと結論した。裁判所は、同様に「原告らに対する拷問が行われるおそれがあると信ずるに足りる実質的な根拠があるということもできない」と判示した（判例集未登載）。同種の事件として、難民不認定・退令発付処分等取消請求事件（平成17年（行ウ）492号、233号）の東京地裁判決（平成20年１月17日判例集未登載）。

を著しく害する」場合に該当するとして第33条１項の利益の享受を要求することができないと判定したが、拷問等禁止条約第３条については例外規定が存在しないために、同条約第３条の該当性を別途検討した[14]。結論だけ述べれば広島地裁判決（確定判決）は、大麻取締法違反に関連して拷問が行われる可能性について、イランでは政治犯罪ではなく薬物犯罪に関して拷問が行われていると認めるに足りる証拠はないと述べ、また改宗等に係る拷問についても、イラン政府が原告の改宗等について個別に把握しているものと認めることはできず、イランの「公務員その他の公的資格で行動する者により又はその扇動により若しくはその同意若しくは黙認の下に」拷問が行われるおそれがあると信ずるに足りる実質的根拠があるとまでは認められないとして、拷問等禁止条約違反の主張は理由がないと判示した[15]。この判決も含めて、裁判所判決は、拷問が行われる「おそれ」があると信ずる「実質的な根拠」があるというための基準やその挙証責任について必ずしも明確な説明を与えてはいないが、条約はこれらの点について何らかの示唆を与えるのか。また、条約第１条の定義との関連で、国家機関が関与しない非国家主体による拷問の「おそれ」については、どう対応すべきなのか。これらの点を含めて拷問等禁止条約第３条に関するCATの先例法理を検討しておくことが有意義であろう。

3　自由権規約に定めるノン・ルフールマン原則に関する日本の最近の裁判判決例

　自由権規約第６条および第７条は、送還先の国で個人の生命や身体の権利に対する重大な侵害が行われる明らかな危険がある場合には、締約国にその者を当該国に追放・送還することを禁止する義務を締約国に課す。後述（本稿三）するように、この解釈はHRCtteeの先例法理として確立しているが、同規約第６条および第７条にはNR原則の明示規定はなく、当然ながら入管法第53条３項は自由権規約については何の言及もしていない。わが国の裁判

---

14)　退去強制令書発付処分等取消請求事件（平成15年（行ウ）16号）、広島地裁判決（平成17年６月30日 LEX/DB28101577）。

15)　同上、第３（争点に対する判断）の２（争点（２））の（２）のイとウ。

所判決も、自由権規約は締約国に外国人の外国における人権保障まで義務づ
けてはいないという解釈により、規約第6条および第7条がNR原則を定め
た規定だとは解釈してこなかった。

　たとえば上記X対広島入国管理局長事件では、原告が、薬物犯罪に死刑
を科すおそれのあるイランに送還することは、規約第6条1項と2項および
拷問または残虐な取扱い若しくは刑罰を禁止する第7条に違反すると主張し
たのに対し、被告（国）は、犯罪に対する刑罰権は原則として国の裁量事項
であり薬物犯罪に極刑を科す国は他にもあることに加え、規約上の権利は外
国人在留制度の枠内で享受できるにすぎず、原告を規約第6条および第7条
の権利が侵害されるかもしれないイランへ送還することまで禁止した規定と
はいえないと主張した[16]。広島地裁判決は、①規約第6条は外国人の外国で
の生命権の保障まで日本に義務づけるものではないし、第6条2項は「最も
重大な犯罪」に対する死刑を容認しているから薬物犯罪に死刑を科すことが
許されないわけでもない、②規約第7条も外国での外国人の権利保護まで要
求する規定ではなく、第7条の権利が保障されない国に外国人を送還するこ
とを禁止した規定と解釈することもできないと判示して、国の解釈を支持し
た[17]。自由権規約第6条および第7条は、日本領域内において生命や身体の

16）退去強制令書発付処分等取消請求事件（平成15年（行ウ）16号）、広島地裁判決（平成17年6
月30日、前掲注14、第2（事件の概要）の2（主要な争点および当事者の主張）の（1）（原告の
主張）のイ（憲法およびB規約違反）の（ウ）と（エ）、同（被告らの主張）のウ（憲法およびB
規約違反の主張について）の（ア）と（ウ）。

17）同上、第3（争点に対する判断）の1（争点（1））の（2）ウとエ。この解釈は「国際人権
規約は、直接には締約国に対してその管轄内における人権の遵守を求めるものであって、当然には
締約国が他国に対して条約上の基準を守るよう求めるための手段となることを目的としてはいな
い」と述べた中国民航機ハイジャック犯引渡事件の1990年東京高裁決定を受け継ぐものである。東
京高裁決定は、「本人を引き渡した場合、その引渡し先となる国で国際人権規約の趣旨に反する扱
いが生じるかもしれないことを予見しながら同国からの引渡しに応じることは、もとより引渡し行
為自体に規約違反の性質はなくても、同規約を批准しているわが国の人権尊重の態度として首尾一
貫するかどうかやはり一考を要する」と判断した。その結果東京高裁は、逃亡犯罪人引渡法に定め
る手続に従えば、「逃亡犯罪人を引き渡すことができない場合」とは、同法の文理上もっぱら法第
2条各号に該当する場合をさすと解釈され、引渡しの当否に影響するその他の事由についての判断
は法務大臣によって処理されるべきことを示唆し、また中国政府が行った説明や外交的約束に基づ
けば送還後死刑の適用を前提とすることもできないと指摘した。逃亡犯罪人引渡審査請求事件東京
高裁決定、前掲注8、高刑集43巻1号74-78頁参照。

権利を保護する規定であり、難民条約第33条1項や拷問等禁止条約第3条1項のようにNR原則まで定めた規定とはいえないというのが、国の解釈であり、裁判所もこの解釈を支持してきたものと思われる。

ところが、この解釈とは若干趣を異にする判決も出されている。たとえば、イラン人が本邦で他のイラン人を殺害し懲役10年の刑の執行後イランを送還先とする退令発付処分を受けたため、同処分の違法性を争った事件がその一例である。同事件控訴審の大阪高裁判決は、原告はイランで本件犯行に関して再度殺人罪で起訴され同害報復刑が適用される蓋然性が高く、「血の代償金」について被害者家族の同意が得られないまま公開の場で死刑に処せられる可能性があると認めた[18]。大阪高裁は、「被送還者が国籍国に送還された場合には、被送還者の生命に差し迫った危険の発生することが相当程度の蓋然性をもって予想され、かつ、その結果が我が国の法制度や刑罰法規の定めおよび刑事手続の適用等に照らして到底容認し難いものといわざるを得ないようなときは、たとえ、それが送還先となる国の法令の定めに従い、裁判等の適正な手続を経た上で行われる合法的な処罰であっても、入管法第53条2項にいう『送還することができないとき』に当たるというべきである」と判示し、このような解釈が規約第6条1項および2項の「趣旨」に合致すると述べた[19]。

要するに大阪高裁判決は、送還先で、自由権規約第6条および第7条の「趣旨」に反するような「生命に差し迫った危険の発生することが相当程度の蓋然性をもって予想され」、かつ「その結果が我が国の法制度や刑罰法規の定め及び刑事手続の適用等に照らして到底容認し難い」場合には入管法第53条2項の「送還することができないとき」に該当するという解釈を採用した[20]。本件は、送還先で再度殺人罪で起訴され同害報復刑が適用される蓋然

---

18) 退去強制令書発付処分取消請求控訴事件（平成26年（行コ）106号）大阪高裁判決（平成26年（行コ）106号）判例時報2298号17-28頁。とくに、裁判所の認定事実（25-26頁）、裁判所の判断（28頁）参照。なお原審については、退去強制令書発付処分取消請求事件（平成23年（行ウ）215号）大阪地裁判決（平成26年2月28日 LEX/DB25542148）参照。
19) 同上、判例時報2298号26頁。
20) 大阪高裁判決については、前田直子『新・判例解説 Watch』Vol. 19（2016年10月）320-322頁、川村真理『ジュリスト』第1505号（2017年）300-301頁の各評価を参照されたい。

性が高いことを理由に入管法第52条2項の解釈を通じて実質上NR原則を適用した事例と理解できるが、自由権規約は送還先での死刑執行が予見される場合だけでなく、第7条の拷問、残虐なまたは非人道的な取扱いが予見されるさまざまな場合にもNR原則の適用を認めており、NR原則の適用対象が、難民条約第33条1項、拷問等禁止条約第3条より広範囲の人権侵害に及ぶ可能性がある。また拷問等禁止条約のような定義上の制約がないため国家機関が関与しない非国家主体による人権侵害もNR原則の適用対象となる可能性がある。入管法第53条2項の「送還することができないとき」にどのような事由まで含まれるのかを検討するにあたり、HRCtteeの先例法理を検討しておくことが有意義であろう。

二　拷問等禁止条約第3条に関する個人通報事例の検討

　CATの統計によれば、2015年8月15日までに委員会が受理した個人通報全34ヵ国697件の内550件（79%）が上位6ヵ国（スイス168、スウェーデン135、カナダ124、オーストラリア56、フランス34、デンマーク33）に関する通報事件であることからも窺われるように、個人通報事件の大半は、NR原則の適用に関する苦情である[21]。拷問禁止委員会がこれまでに採択した4つの一般的意見の内、一般的意見1（1997年）と一般的意見4（2017年）が第3条の実施に関するものであり、NR原則の解釈・適用に関するCATの先例法理は一般的意見4に集約されているといっても過言ではない。以下では、まず一般的意見4の内容を概観し、次いで「拷問が行われるおそれがあると信ずるに足りる実質的な根拠」（第3条1項）をCATがどう認定したのかを、個人通報の相手国（以下「被告国」）の行政・司法機関の認定との対比も交えて、検討することにする。

1　拷問禁止委員会の一般的意見4
　一般的意見4について、最初に4点を確認しておきたい。①同意見は、

---

21) CAT, Statistical Survey on individual complaints as of 15/08/2018, at http://www.ohchr.org/en/hrbodies/cat/pages/catindex.aspx（visited at 18/02/2019).

「強制退去（deportation）」を、人または人の集団の１国から他国への追放（expulsion）、犯罪人引渡し（extradition）、強制送還（forcible return）、強制身柄引渡し（forcible transfer）、超法規的引渡し（rendition）、国境での入国拒否（rejection at the frontier）、海上を含む押戻し（push back including at sea）を含むが、これに限定されない概念と定義している[22]。本稿もこれにならう。②条約第３条は、第１条が定義する「拷問」にのみ適用される。しかし第16条２項により、自由権規約その他の国際文書がそれ以外の人権侵害に NR 原則の適用を義務づける場合には、その適用を妨げない[23]。③ CAT は、上訴機関でも準司法的または準行政的機関でもなく締約国が設置した宣言的権限のみを有する監視機関にすぎないことに鑑みて、「(a) 条約第３条に従って管轄権を行使する際には、締約国の機関が行った事実認定に相当の重みを与えるが、(b) 締約国の機関の認定に拘束されず、事件ごとのあらゆる事情に基づき事実を自由に評価する第22条４項に定める権限を有する」[24]。つまり、CAT は、第22条４項を根拠として、締約国国内行政・司法機関とは独立して事実に関する認定権をもつことを強調している。④挙証責任と事実認定について、CAT は、事案に根拠があることを示す詳細な主張を行う挙証責任は通報者にあるが、拷問の関係資料の入手が困難または自由を奪われていることを証明した場合には挙証責任は転換され、通報者の主張を調査し情報を確認するのは被告国の責任になるとみなす。拷問が行われるおそれの有無は、主要には通報の当事者が提出した情報に照らして決定される（第22条４項）が、CAT は国連の諸情報および信頼できると考える他の情報も検討する[25]。

---

22) 一般的意見４、第４項。CAT, General Comment No. 4 (2017), CAT/C/GC/4, para.4.

23) *Ibid.*, para. 26.

24) CAT, General Comment 1, para.9, *Repot of the CAT* (A/53/44), p. 53; CAT, General Comment No. 4 (2017), *supra* note 22, para. 50. TD 対スイス事件 CAT 決定は、委員会は上訴機関ではないので被告国の機関が行った事実認定には相当な重みを与えなければないと述べて、在外エチオピア反政府組織のチューリッヒ州代表といっても実際の活動状況に照らせばエチオピア政府当局の注意を引く存在とはいえないとしたスイス当局の評価に必要な重みを与えた。See *T.D. v. Switzerland* (No. 375/2009), Decision of 26 May 2011, CAT/C/46/D/375/2009, paras. 7.7-7.9. cf. *N. S. V. Switzerland* (No. 356/2008), Decision of 6 May 2010, CAT/C/44/D/356/2008, paras. 7.3-7.6; *N. Alp V. Denmark* (No. 466/2011), Decision of 14 May 2014, CAT/C/52/D/466/2011, paras. 8.3-8.7; *I.E. v. Switzerland* (No. 683/2015), Decision of 14 November 2017, paras. 7.4-7.8.

さらに CAT によれば、「回復不可能な侵害に対する予防措置として疑わしきは（通報者の）利益にの原則（principle of the benefit of the doubt）を考慮」できる[26]。

　以上の基本点に基づいて、「拷問が行われるおそれがあると信ずるに足りる実質的な根拠（substantial grounds）」の有無を評価する CAT の方法および評価基準は、次のように要約できよう。

　第 1 に、拷問のおそれの実質的な根拠が有るというためには、拷問の危険が「単なる理論又は疑いを超える根拠」に基づかなければならないが、「高度な蓋然性の基準（the test of being highly probable）」を満たす必要はなく、拷問の「予見可能な、個人的な、現在する、及び、真正な（foreseeable, personal, present and real）」おそれを示すことが必要になる[27]。拷問のおそれの一般的基準を示したこの定式は、実際の事案では常に 4 つの要素すべてにふれるわけでも、それらの充足を逐一審査するわけでもないが、通報者に拷問を受ける個人的事情があること、拷問が行われる蓋然性が高いことまで証明する必要はないが単なる抽象的なおそれでは足りず予見可能で真正なおそれがあること、を要求するものである。

---

25) CAT, General Comment 1, *supra* note 24, para. 5; General Comment No. 4（2017）, *supra* note 22, paras. 38 and 44. 通報者が第 3 条違反の認定に足りる挙証責任を果たしていないと判断した最近の例として次の事件を参照。*S. v. Sweden*（No. 691/2015）, Decision of 16 November 2018, CAT/C/65/D/691/2015, paras. 10-11; *B. N. T. K. v. Sweden*（641/2014）, Decision of 9 August 2018, CAT/C/64/D/641/2014, para. 8.8. 他方、たとえば、J.K.対カナダ事件では、ウガンダに送還された場合、性的指向を理由に拷問を受けるという通報者の主張に対して、カナダは、2007年に逮捕され拷問を受けたことがあるという供述を含めて主張の中心部分で信用できないと反駁したが、CAT は、信憑性を確認できない文書がいくつかあることを認めつつも、ウガンダ人権委員会、国内 NGO、ウガンダ・ゲイ・レスビアン協会等の信頼できる文書等をもって挙証責任を転換させるに十分な情報が提供されたとみなした。*J.K. v. Canada*（No. 562/2013）, Decision of 23 November 2015, CAT/C/56/D/562/2013, para. 10.3-10.4.挙証責任を転換させる信頼できる情報が提供されたとして「疑わしきは（通報者の）利益に」の原則を考慮すべきだと判断された事例として、see, *C. B.A. Karoui v. Sweden*（No. 185/2001）, Decision of 8 May 2002, CAT/C/28/D/185/2001, para. 10. See also *A.S. V. Sweden*（No. 149/1999）, Views of 24 November 1999, CAT/C/25/D/149/1999, para. 8.6. CAT は、拷問のおそれの徴表（indication）となりうる15の人権状況を例示列挙して締約国にその有無を検討するよう注意を喚起した。

26) General Comment No. 4（2017）, *supra* note 22, para. 51.

27) General Comment No. 1, *supra* note 24, para. 6; General Comment No. 4（2017）, *supra* note 22, para. 11.

第 2 に、通報者が拷問を受けるおそれがあると信ずるに足る実質的な根拠があるか否かを評価するために、条約第 3 条 2 項は、締約国に対して、送還先国の「一貫した形態の重大な、明らかな又は大規模な人権侵害の存在」を含むあらゆる関連事情を考慮するように要求する。この点で CAT が重視するのは、(a) 拷問の広範な使用および実行者の不処罰、(b) 少数者集団に対するハラスメントおよび暴力、(c) 集団殺害を誘発する事態、(d) 性差に基づく広範な暴力、(e) 基本的自由を行使する人々への刑罰・投獄の広範な使用、(f) 国際的・非国際的武力紛争事態、の存否である[28]。これらの考慮に加え、CAT は、送還先国が領域全般に対して拷問を防止・処罰するために厳重な措置をとっているか否かを重視すること、他方で、地方的な危険の事情を援用することで拷問の個人的な危険を払しょくすることはできず、「国内避難の選択肢（internal flight alternative）」は信頼できるものでも効果的なものでもないこと、を指摘している[29]。ただし、これらの一般的事情は、評価の際に重要な手がかりを提供するが、決定的な要素ではない。CAT が繰り返し強調するように、「国における一貫した形態の重大な、明らかな又は大規模な人権侵害の存在は、それ自体では、その国へ送還されれば特定の人に対して拷問が行われるおそれがあることを決定するための十分な根拠を構成せず、その個人が個人的に危険な状態にあることを示す追加的理由が提示されなければならない。反対に一貫した形態の重大な、明らかな又は大規模な人権侵害の不存在は、その人に対して特定の状況の下で拷問が行われないことを意味するものでもない」[30]。

第 3 に、CAT は、個人的な危険を評価する際の「徴表」となるものとして、(a) 請求者の種族的背景、(b) 請求者と家族の政治的所属または活動、(c) 公正な取扱いの保証のない逮捕状の発付、(d) 欠席判決、(e) 性的指向および性的自己同一性、(f) 軍隊または武装集団からの脱走、(g) 以前の拷問経験、(h) 送還先国での外部との接触を断つ拘禁その他の恣意的および違

---

28) *Ibid.*, para. 43.
29) *Ibid.*, paras. 46-48.
30) See e.g., *S. v. Sweden*（No. 691/2015）, Decision of 16 November 2018, CAT/C/65/D/691/2015, para. 9.3.

法な拘禁の経験、(i) 拷問のおそれによる出身国からの逃亡、(j) 宗教的所属、(k) 思想・良心・宗教の自由の侵害（国教以外の宗教への改宗等を含む）、(l) 拷問のおそれのある第三国への強制退去の危険、(m) 強姦を含む女性への暴力、を列挙している[31]。

一般的意見 4 は、拷問が行われるおそれがあると信ずるに足りる実質的な根拠の有無を決定する際の CAT の基準、考慮すべき一般的な事情、ならびに、拷問を受けるおそれを生じさせる個人的な事情と、それらを示唆する徴表を、これまでの諸事件から抽出して整理し、一般化したものである。しかし、一般的意見を読むだけでは、具体的な事件において CAT が被告国の行政・司法機関の行った危険評価をどのように審査して NR 原則の適用を否定しまたは肯定したのかが、必ずしも明確には浮かび上がらない。そこで、以下では若干の事件を例にとって、CAT が実際にどのようなリスク評価を行い、NR 原則の適用の可否を決定したのかを、検討しておきたい。

2　第 3 条に関する個人通報事件と拷問禁止委員会の対応

条約第 1 条の定義によれば、「拷問（torture）」には、「公務員その他の公的資格で行動する者により又はその扇動により若しくはその同意若しくは黙認の下に行われる」（以下「国家機関の関与」）という要素と、身体的または精神的に「人に重い苦痛を故意に与える行為」という要素が必要である。しかし、実際には送還先国で予見される行為が苦痛の重さにおいて「拷問」に当たるか「残虐な、非人道的な若しくは品位を傷つける取扱い若しくは刑罰」（以下「残虐な取扱い等」）にあたるかは区別されていない。しかし、国家機関の関与のある行為とそうでない行為は、明確に区別して議論されてきた。そこで以下でも、2 つを分けて検討する。

(1)　国家機関による拷問行為のおそれとノン・ルフールマン原則の適用
(i)　拷問のおそれがあると信ずるに足りる実質的な根拠がないと判断された事例

---

31) General Comment No. 4 (2017), *supra* note 22, para. 11.

まず、通報者が、送還先の国で拷問を受けるおそれを一般的に主張するだけで、拷問を受ける個人的な理由の具体的説明や関連する証拠・資料の提出を怠る場合、あるいは、陳述内容に看過しえない齟齬がある場合などの場合には、CAT は、通報者の挙証責任が果たされていないとして、通報の受理許容性を否定するか、または、被告国の国内行政・司法機関の決定に条約第3条の違反はないと決定してきた。

　たとえば、法輪功の活動を根拠に中国に送還されれば拷問を受けるおそれがあると主張された Y.Z.S. 対オーストラリア事件において、CAT（2012年決定）は、通報者の提出した請求が詳細でないこと、請求の一般的信憑性を損なうような事実に関する数ヵ所の矛盾があること、請求を証明する説得的証拠が提出されなかったこと、二度中国を出国してオーストラリアを旅行していること等に鑑みれば、被告国当局が、請求の矛盾点に対する通報者の説明、難民審査裁判所への審査請求提出の遅れ、同裁判所口頭手続への欠席等を理由に通報者の主張を信用できないと判断したことに同意できるとして、第3条違反を認定しなかった[32]。同様に、通報者が自らの性的指向と無神論およびイランの世俗国家化の唱道を理由に本国に送還されれば拷問を受ける恐れがあると主張した H.R.E.S. 対スイス事件で、CAT（2018年決定）は、イランの国内法が一定の犯罪に対してむち打ち刑や切断刑を許容している事実を認めつつも、通報者が、イラン当局は通報者の性的指向や政治的意見を認識しているとも彼がホモセクシャリティであることを公的に表明したとも主張していないこと、迫害の対象となるような具体的政治活動をしたことを示す証拠を提出していないこと、スイスの庇護審査手続に瑕疵があったことを示す証拠を提示していないことに鑑みて、通報者はイラン当局が関心をもつ存在だったことを証明できていないと結論づけた[33]。これらの事件では、通報者が過去に本国で拷問・虐待を受けたとか、逮捕・取調べを受けるような具体的活動を行ったことを示す陳述が不十分であることに加え、被告国当局の手続および判定内容について具体的瑕疵が適示されなかったことが、CAT により考慮されたものと思われる。

---

32) *Y.Z.S. v. Australia*（No. 417/2010），Decision of 23 November 2012, CAT/C/49/D/417/2010, para. 7.6.

通報者が、過去に本国で行った具体的政治活動や逮捕および取調べ中に拷問または虐待を受けたことを申し立てる場合であっても、CAT が、通報者の陳述内容と提出された資料との齟齬、迫害の根拠となる出来事からの時間的経過など通報者の陳述内容と被告国当局の説明を比較衡量して、拷問を受けるおそれがあると信ずる実質的な根拠が認められないと評価した決定は、少なからずある。たとえば、T.M.対韓国事件では、通報者が、1988年のミャンマーにおける民主化要求デモに参加して当局に逮捕され、拘禁中に逃亡して韓国に不法入国したが、(a) ミャンマー軍政下で重大な人権侵害が継続しており、(b) 1988年の逮捕・拘禁中に暴行されたこと、(c) 拘禁中の逃亡に加え、当局から2008年まで出頭状が送達されていること、(d) 同様の事情を抱えた帰国者が拷問された事例が存在することからみて、同国へ強制送還されれば拷問を受けるおそれがあると主張した。他方、韓国は、上記 (b) および (c) の証拠がなく、通報者には国外での反政府活動歴もなく、家族が逮捕された事実もないから、民主化要求デモから20年を経てなお警察が通報者を追跡しているとは考えられないと主張した。CAT (2014年決定) は、過去の拷問を裏付ける証拠も診断書もなく、出頭状の宛名が本人名でないことに加え、通報者には1988年以降政治活動の事実がなく、1992年10月から半年間ミャンマーに帰国していたという双方に争いのない事実に鑑みれば、通報者は予見可能で、個人的で、真正な拷問のおそれを認定するに足る証拠を提示していないと述べて第3条違反を認定しなかった[34]。また G.E.対オーストラリア事件では、PTSD (心的外傷後ストレス障害) と診断された通報者が、

---

33) *H.R.E.S. v. Switzerland* (No. 783/2016), Decision of 9 August 2018, CAT/C/64/D/783/2016, particularly paras. 8.6-8.14. See also, *S. v. Sweden* (No. 691/2015), Decision of 16 November 2018, CAT/C/65/D/691/2015, paras. 9.5-9.8 (Deportation to Iran); *S.A.M v. Denmark* (No. 693/2015), Decision of 3 August 2018, paras. 8.5-8.9 (Deportation to Afghanistan); *N. Gharsallah v. Morocco* (No. 810/2017), Decision of 3 August 2018, CAT/C/64/D/810/2017, paras. 8.6-8.8 (Deportation to Tunisia); *Z. v. Switzerland* (No. 738/2016), Decision of 9 August 2018, CAT/C/64/D/738/2016, paras. 7.6 and 8 (Expulsion to D.R. Congo).
34) *T. M. V. Korea* (No. 519/2012), Decision of 21 November 2014, CAT/C/53/D/519/2012, particularly paras. 9.3-9.7. 同じく20年近く以前の出来事と拷問のおそれとの関係が疑問視された事案として次を参照。*N.S. v. Switzerland* (No. 356/2008), Decision of 6 May 2010, CAT/C/44/D/356/2008, para. 7.4.

(a) LTTE 支配地域出身のタミール人男性であり、家族が LTTE に徴用された経歴があるから、スリランカ当局に LTTE 関係者と疑われ、(b) 警備員として勤務していた大学で2011年に発生した施設破損事件を捜査した警察当局に取調べ中に性的拷問を受けたこと、および、(c) 本国を不法に出国したことから、帰国すれば逮捕・拷問されると主張した。他方、被告国政府は、難民審査裁判所手続で初めて主張された (b) の事実の信憑性を争った。CAT (2017年決定) は、LTTE との関係を疑われる可能性のあるタミール人男性がスリランカに送還された場合には拷問の危険があること、ならびに、スリランカ国家報告に対する CAT の総括的所見が、同国では2009年内戦終結後も治安部隊による拷問が継続していることに懸念を表明していることに留意したが、他方で、被告国が主張するように通報者の供述内容の信憑性に影響を与える多数の不一致と頻繁な変更が認められること、本国において庇護申請が認められなかった者が虐待を受ける危険についても被告国当局が適正に検討を加えていたことに鑑みれば、通報者は拷問のおそれの存在を十分に提示する挙証責任を果さなかったとして第3条違反を認定しなかった[35]。

　CAT の審査目的は、過去の拷問等の事実の確認ではなく、通報者が送還先の国で被る拷問の危険の確認にあるが、そのためには権限のある国内審査機関と同様に、CAT は、通報者の主張の信憑性とともに、通報者の主張する事情が送還先国で拷問が行われるおそれがあると信ずるに足りる実質的な根拠となっているか否かを評価しなければならない。CAT は必ずしも個々の事実の信憑性を確定してはおらず、主張された事実が被告国によって争われているか否かを重視し、争われている場合にはそれぞれの挙証責任が果たされているか否かを比較衡量して、最終的に拷問のおそれがあると信ずる実質的根拠の有無の判断を行っている。その際にミャンマーやスリランカのよ

---

35) *G. E. V. Australia* (No. 725/2016), Decision of 11 August 2017, CAT/C/61/D/725/2016, particularly paras. 7.4-7.9 and 8. See also *R.R.L. v. Canada* (No. 691/2015), Decision of 10 August 2017, CAT/C/61/D/659/2015, particularly paras. 9.4-9.9; *A. M. Abdulkrim v. Switzerland* (No. 710/2015), Decision of 6 November 2017, CAT/C/62/D/710/2015, especially paras. 10.4-10.10. See also, *I.E. v. Switzerland* (No. 683/2015), Decision of 14 November 2017, CAT/C/62/D/683/2015, especially paras. 7.5-7.8; *Z v. Switzerland* (No. 738/2016), Decision of 9 August 2018, CAT/C/64/D/738/2016, paras. 7.4-7.6.

うに、送還先の国で軍隊または警察の取調べ中に拷問や虐待が行われていることが委員会の総括的所見や他の国連文書により確認できる場合であっても、通報者個人に係る個別的事情を検討し、また、通報者が過去に拷問を受けたと主張しまたは PTSD の診断書を提出する場合であっても、基本的には拷問のおそれの根拠となる基本的事実に関する通報者の主張の一貫性と資料による裏付けの程度を、被告国審査機関による審査内容と比較対照しつつ慎重に判断していることが窺える。拷問のおそれがあると信ずるに足る実質的な根拠がないと判断された事例の多くは、上記の例のように、通報者の主張内容に一貫性がなく信憑性が認められないと評価されるかまたは拷問の危険の根拠となる基本的事実の具体的な証明ができていないと認定されたものといえる。

(ii) 拷問のおそれがあると信ずるに足りる実質的な根拠があると判断された事例

　反対に、CAT により拷問のおそれがあると信ずるに足る実質的な根拠があると判断された事例に多く共通する特徴は、①送還先の国において一貫した形態の重大な、明らかなまたは大規模な人権侵害（以下「大規模な人権侵害」）、または、拷問が組織的・系統的に行われていることが国連人権文書等により確認されている、②通報者が送還先の国で顕著な反政府（武装）活動や国教に反する活動を行っているため、同国に送還されれば、逮捕または拘禁される事情がある、③被送還者が過去の拘禁や取調べで拷問または虐待を受けた経歴がある、④被告国が通報者の主張する事実を争わなかった、⑤被告国の国内審査機関の手続または判断内容に瑕疵が認められる、といった事情が認められることである。

　（a）反政府団体の党員でたとえ地位の低いものであっても拷問のおそれがあると認定された例がある。PKK（クルディスタン労働者党）の党員である通報者がトルコに送還されれば拷問される危険があると主張した M.グジュル対スウェーデン事件で、CAT（2010年決定）は、各種情報によれば「トルコ治安部隊及び警察部隊は特に訊問中に拘禁施設でテロリスト容疑者に対して拷問の使用を継続して」いることが認められることをまず確認した。被告国は、通報者は地位の低い PKK の一員にすぎずトルコ当局の関心対象とな

っているとはいえないから、拷問を受けるおそれがあると信ずるに足る根拠がないと主張したが、CATは、通報者に対して刑事事件が提起されているという通報者の主張を被告国は争っていないことに留意して、通報者は、15年間PKKの党員であり、地位は低いが、指導者オジャランその他の幹部とともに活動したことがあり、トルコからテロリスト禁止法で指名手配され、帰国すれば逮捕される可能性があるから、個人的な、予見可能なおよび真正な拷問の危険を示す十分な証拠が提示されていると認定した[36]。

　(b) 海外での活動についても拷問のおそれが認められた例がある。N.A.A.対スイス事件で、通報者は、スーダン解放運動を支持した父および反政府運動をした叔父が殺害された後スイスに逃れ、同国でスーダン政府に抗議する会合や「正義と平等運動」に参加し写真を撮られたことなどから、同国に送還されれば当局に拷問されるおそれがあると主張した。他方スイスは、通報者がダルフール北部出身者であるか疑わしく、父と叔父を殺害されたという供述には矛盾があるため信頼できず、スイスでの活動はスーダン政府が注意を向けるほど重要なものではないと反論した。CATは、各種報告からスーダン当局が抵抗者および反政府帰還者に対して恣意的拘禁と拷問を行っている状況が認められる上、欧州人権裁判所判決が迫害の危険は幹部だけでなく現政府に反対しているとみなされる者および、またスーダン政府は海外の反政府運動を常時監視していると認定したことに留意した。そこでCATは、通報者がスイスでの活動により報復を受ける可能性があること、ならびに、スイス当局が父、叔父、通報者の政治的経歴に十分な重みと調査を与えなかったこと等を考慮すれば、通報者には拷問のおそれがあると認められると判定した[37]。

　(c) 被告国の国内審査機関が通報者の個人的事情について妥当な考慮を払わなかったと認定された事例がある。H.K.対オーストラリア事件の通報者は、2012年にパキスタン当局の制服を着た者に10日間恣意的に拘禁・拷問され、

---

36) *M. Gücül v. Sweden* (No. 349/2008), Decision of 11 November 2010, CAT/C/45/D/349/2008, particularly paras. 6.2-6.8. 同種の事件として次も参照。F.K. v. Denmark (No. 580/2014), Decision of 23 November 2015, CAT/C/56/D/580/2014, paras. 7.4-7.6.

37) *N. A. A. v. Switzerland* (No. 639/2014), Decision of 2 May 2017, CAT/C/60/D/639/2014, particularly paras. 2.1-2.15 and 7.5-7.12.

バローチ民族運動に関する情報提供を強要され、釈放後も連絡を強要されたので海外に逃れたが、同国に送還されればパキスタン当局により拷問・殺害されるおそれがあると主張した。他方、被告国は、2012年の拘禁・拷問の実行者に関する通報者の供述内容が一貫せず信憑性に欠けるほか（通報者は通訳に一貫して制服を着用した者と説明したと主張）、拘禁期間と情報提供の強要に関する供述内容は事実とは認め難いとした。CAT（2017年決定）は、公的情報からパキスタン情報当局がバローチ民族政党および学生組織の構成員を標的にしており、公式発表だけでも1000件を超える強制失踪が報告されていることにまず留意し、「地方的危険」を援用することで個人が拷問を受ける危険を完全に払拭できないとした。続けてCATは、2012年の通報者の恣意的拘禁および虐待につき、被告国の審査機関が実行者に関する通報者の供述が一貫していないことを理由にその信憑性を否定したが、通訳を通じての供述内容の食い違いは拘禁と虐待の事実自体を損なうものではなく、被告国もこの点を争っていないところ、被告国は10日間の拘禁期間と情報提供の強要の事実を否定するがその根拠を何ら提示しなかったとして、通報者をパキスタンに送還した場合の拷問の危険の評価において、通報者が経験した出来事に関する主張に妥当な考慮が払われていないと認定した[38]。同様に、G.I.対デンマーク事件では、通報者が、ムスリムにキリスト教の聖書を配布し、車中にアルコールを所持したかどでパキスタンで4人の警察官に襲われ、駐在所に連行され天井から逆さ吊りにされて暴行されるなど1週間拘禁されたことがあることから、パキスタンに送還されれば拷問を受けるおそれがあると、傷痕に関する診断書を付して主張したにも拘わらず、被告国当局が調査を行わなかったと主張した。CATは、請求をさらに調査しまたは医療検査を命じることもなく、通報者の庇護申請を拒否したことにより、被告国は通報者が拷問を受ける危険があると信ずる実質的な理由があるか否かを決定することを怠ったとして、その下で行われた本国への強制退去を第3条違反と認定した[39]。

---

38) *H. K. v. Australia*（No. 701/2015), Decision of 10 May 2017, CAT/C/60/D/701/2015, particularly paras. 7.5-7.8. See also *T. H. Khan v. Canada*（No. 15/1994), Decision of 15 November 1994, Report of the CAT（A/50/44, 1995), p. 54, paras. 12.3-12.6.

犯罪人引渡しについても同様の事情が認定された例がある。イングーシェティア領域内での武装強盗罪等を理由とする逃亡犯罪人引渡し請求がなされたX.対カザフスタン事件では、通報人のロシアへの犯罪人引渡しによる拷問のおそれが問題になった。CATは、ロシアの第5回国家報告に対する同委員会の総括的所見に基づき、ロシアの北コーカサス地方では治安部隊その他の法執行官による拷問、強制失踪、即決処刑等の重大な人権侵害が行われていることをまず確認した。次いでCATは、本件では、通報者が、2012年にロシア当局者と思われる正体不明の人々により誘拐・拷問され、殺害される寸前に脱出してカザフスタンに逃れたが、ねつ造された犯罪容疑に基づいてロシアに犯罪人引渡しが行われれば、ロシアで拷問を受けるおそれがあると主張していたにも拘わらず、この予見可能で、個人的で、および真正な危険の主張に対して、被告国はカザフスタン刑事訴訟法および条約第3条に従った徹底的な通報者個人に関する審査を行わなかったとして、第3条の違反を認定した[40]。

　（d）犯罪人引渡し事案では、外交的保証によって拷問の危険を払拭するには不十分だとされた事例がある。トルコの村落警護官殺害の罪で1989年に終身刑判決を受けた通報者の逃亡犯罪人引渡し事件であるH.Y.対スイス事件において、通報者（PTSD発症）は、過去にPKK支援を理由に逮捕・拷問された経歴があり、本件引渡し請求犯罪はトルコ当局がねつ造した冤罪であるが、刑務所を脱走してスイスに逃れたためトルコ当局に引き渡されれば拷問を受ける危険があると主張した。他方、被告国は、通報者の主張には信憑性がないとして事実を争い、PTSDに関する診断書には通報者の拷問跡についての記載がなく、拷問が有罪判決後も続けられたという主張はされていないと反論し、さらにトルコ政府がスイス政府に対して通報者の安全を保証した外交的約束（2012年）があるとした。CAT（2017年決定）は、トルコの第

---

39) *G.I. v. Denmark* (No. 625/2013), Decision of 10 August 2017, CAT/C/61/D/625/2014, paras. 2.3 and 8.7-8.8.

40) *X. v. Kazakhstan* (No. 554/2013), Decision of 3 August 2015, CAT/C/55/D/554/2013, paras. 2.1-2.6 and 12.5-12.8. See also *S. Amini v. Denmark* (No. 339/2008), Decision of 15 November 2010, CAT/C/45/D/339/2008, paras. 9.6-9.9 (Deportation to Iran); *S. Bakatu-Bia v. Sweden* (No. 379/2009), Decision of 3 June 2011, CAT/C/46/D/379/2009, paras. 10.6-10.8.

４回国家報告審査の総括的所見において同委員会がトルコでは2015年の
PKK 反乱活動の再発に対する鎮圧措置として法執行官による拷問が行われ、
独立の調査機関がないため拷問の不処罰が許されているという懸念を表明し
たことに留意した。続いて CAT は、外交的保証をとりつけること自体拷問
が行われるおそれがあるという懸念を被告国が抱いていることを示すが、ト
ルコの約束については、通報者から同約束が拷問の危険を払拭するものとは
いえず、約束の履行監視は困難であるとの反論がなされており、スイス当局
も刑務所への引渡し前または釈放後に秘密部隊により身柄が拘束され拷問さ
れる危険性を否定しておらず、加えて2016年のクーデター未遂と緊急事態発
令および2017年憲法改正により事態が悪化している状況に鑑みれば、トルコ
の外交的保証により通報者に対し拷問が行われるおそれを信ずる実質的な根
拠がなくなったとはいえないと判定した[41]。

　実際、外交的保証が拷問を防げなかった例もある。A.H.M.K. アギザ対ス
ウェーデン事件では、「聖戦」テロ集団構成員の罪に問われエジプト軍事裁
判所の欠席裁判で25年の拘禁刑を言い渡された通報者が、拷問等を行わない
という外交的保証の下にスウェーデンからエジプトを送還先として退去強制
された。しかし、エジプトに送還後、通報者に対する電気等を使用した「高
度な訊問方法」による拷問が行われた。CAT は、スウェーデン政府は、エ
ジプトが政治的および治安上の理由で拘禁された者に対して系統的および広
範な拷問を行っていること、および、通報者がテロ活動の罪に問われている
ことを了知し、通報者を引き取りに来たエジプト国家機関の職員がスウェー
デン領域内で同国職員の黙認の下で通報者に暴行を加えたことに照らせば、
退去強制時に通報者がエジプトで拷問にさらされる危険があったという結論
は当然であるとし、執行の制度を欠く外交的保証はこの明白な危険に対する
保護としては不十分で、強制退去措置は第３条違反に当たるとした[42]。R.
ボイリイ対カナダ事件でも、2006年にカナダが、メキシコでマリファナ取引

---

41) *H. Y. v. Switzerland* (No. 747/2016), Decision of 9 August 2017, CAT/C/61/D/747/2016,
particularly paras. 10.4-10.7.
42) *A.H.M.K. Agiza v. Sweden* (No. 233/2003), Decision of 20 May 2005, CAT/C/34/D/233/2003,
paras. 2.1-2.10 and 13.2-13.5.

で服役中に看守を殺害して脱走した通報者を、同一刑務所に返せば拷問を受ける可能性を知りつつ、メキシコとの外交的保証に基づき犯罪人引渡しを行ったところ、メキシコ移送後に拷問が行われた。CATは、合意された外交的保証が拷問を効果的に防止できるように十分に注意して設計されていないなど適正な措置がとられなかったとして、当該犯罪人引渡しを第3条違反と認定し、外交的保証のあり方を再検討するように勧告した[43]。

（e）国家の外郭支援組織による拷問のおそれが認定された事例がある。J. N.対デンマーク事件の通報者は、タミール人で2008年にイーラム人民民主党（EPDP）という準軍事組織に拘禁・暴行され、LTTE関係者の息子の所在を問い詰められたことがあるほか、自らも8年間LTTEシータイガーと関係をもっていたので、スリランカに送還されれば、EPDPに拷問されるおそれがあると主張した。他方、デンマークの審査機関は、通報者の供述の不一致点を指摘するとともに、これらが事実としても、EPDPはもはや準軍事組織として政府と提携しておらず単なる犯罪組織の地位しかもたず、以前のような脅威を通報者に与える存在でもないとして、通報者に対する虐待のおそれを認めなかった。CATは、2011年のスリランカ国家報告書審査および2013年の英国国家報告書審査、拷問課題特別報告者の報告などから同国軍および警察による拷問の実行が継続しており、信頼できる複数のNGOの報告によれば海外から送還されたタミール人に対して拷問が行われており、当局の拷問行為にEPDPが関与しているという情報があることに着目した。その結果、CATは、通報者がLTTEと関係をもつタミール人で、かつてEPDPに拘禁・拷問された経歴をもつことから、本国への送還は拷問のおそれがあると認定した[44]。

以上、CATが送還先国で国家機関または準国家機関によって拷問が行われるおそれがあると信ずるに足りる実質的な根拠があると認定した事例には、大別して2系列の事情が認められる。1つは文字どおりCATが、各事件に

---

43) *R. Boily v. Canada* (No.327/2007), Decision of 14 November 2011, CAT/C/47/D/327/2007, paras. 2.1-2.4, 14.5 and 15.

44) *J. N. v. Denmark* (No. 628/2014), Decision of 13 May 2016, CAT/C/57/D/628/2014, paras. 2.1-2.3, particularly paras. 7.5-7.10.

立ち現れた上記（ii）で示した①から⑤の諸事情（120頁）を総合的に検討した結果、送還先国において拷問のおそれがあると信ずるに足りる実質的根拠があると積極的に判断した場合であり、もう1つは、そのような可能性があるにも拘わらず被告国の国内審査機関が危険のより徹底した調査を行わなかった瑕疵があるとして第3条違反を認定している場合である。後者は、厳密には拷問のおそれがある場合とは言えないが、疑わしき場合には調査が終わるまで強制退去を抑制させるという点でNR原則の趣旨を拡張したものと考えられる。CATが上記①から⑤の事情を検討する際に、①についてはCATの送還先国に関する総括的所見および拷問課題特別報告者の報告等国連人権諸文書に基づいて判断する事例が多くなってきている。また個人的事情については、②と③に関する供述内容および情報が当然ながら重視されており、通報者と被告国の主張が対立する場合、④の争われていない事実または通報者の主張に対して根拠を示して争わなかった事柄については判断のための前提事実とみなされることが多くなっている。他方、争われた点については、より詳細な調査・検討が求められ、国内審査機関がそれをしていないとCATがみなす場合には、危険評価において手続的瑕疵があったとみなされる傾向が強いように思われる。なお細かい点だが、いわゆる外交的保証については、外交的保証が拷問を抑止できていない現実があるために、CATはそれを否定しないまでも実効的な保証を要求しており、外交的保証は拷問のおそれを自認するものとみなされ、それを防ぐため再引渡し等を含む実効的保証を求める傾向が見られる。同様に、一般的意見4でもみたとおり「地域的危険」の概念はCATには受け入れられていない。

(2)　非国家主体による拷問行為のおそれとノン・ルフールマン原則の適用

(i)　一般的意見2までの状況

　G.R.B. 対スウェーデン事件で、通報者はペルーへの強制退去によりセンデロ・ルミノソによる拷問のおそれを主張した。しかしCATは、「政府の同意又は黙認のない非政府主体によって加えられる苦痛を受けるかもしれない人の追放を慎む義務を締約国が負っているか否かの問題は、条約第3条の範囲外の問題である」という解釈を採った[45]。ただし、エルミ対オーストラリ

ア事件では、無政府状態が続く1999年当時のソマリアの特殊な状況を背景に、シカル部族（Shikal clan）に属す通報者が、ハイウェ部族（Hawiye clan）による拷問のおそれを援用した。CAT は、同国には長年にわたり中央政府がなく、モガディシュでは複数の派閥が準政府組織を樹立して共同統治の確立を交渉しているという特殊な状況に鑑み、「事実上、それらの派閥が、正統政府が通常行使する国家権能に対応する一定の国家権能を行使しており、これらの派閥の構成員は条約の適用上、第1条にいう『公務員その他の公的資格で行動する者』に該当する」と解釈した[46]。その結果 CAT は、モガディシュ市ではシカル部族はハイウェ部族のなすがままの状態にあり、通報者の家族はシカル部族の上級階層で過去にハイウェ部族の資金要請を断ったことで同部族から特別の標的（父兄の殺害および妹の強姦等）とされた家系であることから、通報者が送還されれば拷問を受けるおそれがあると認定した[47]。ところが H.M.H.I. 対オーストラリア事件では、状況の変化により異なる決定がなされた。通報者は、モガディシュ等ではアイディード派ハイウェ部族が支配しており、通報者の所属するラハウェイン部族（Rahanwein clan）のダバレ亜部族は他のラハウェイン亜部族とも対立しているため、ソマリアに送還されればバーレ体制の前閣僚として拷問を受ける危険があると主張した。しかし CAT は、「エルミ決定から3年を経過して、ソマリアは現在暫定国民政府（TNG）の形態での国家当局を保持し、領域的権限の範囲とその永続性には若干の疑問が存在しうるが、中央政府の資格で国際社会と関係を有している。したがって委員会は、この事件がエルミ事件の例外的状況にあてはまることはなくなり、現在のソマリアでは、諸実体の行為は条約第3条の範囲外にある」と決定した[48]。つまりソマリアの特殊状況の終了とともに、非国家主体の拷問行為への NR 原則の適用は第3条の守備範囲外であるという原則に立ち戻ったのである。

---

45) *G.R.B. v. Sweden*（No. 83/1997）, Decision of 15 May 1998, CAT/C/20/D/83/1997, para. 2.3, 4.14 and 6.5.

46) *S.S. Elmi v. Australia*（No. 120/1998）, Views of 14 May 1999, CAT/C/22/D/120/1998, paras. 2.1-2.7, 3.1-3.2 and 6.5.

47) *Ibid.*, paras. 6.7-6.9.

48) *H.M.H.I v. Australia*（No. 177/2001）, Decision of 1 May 2002, paras. 2.1-2.6, 3.1-3.2 and 6.4.

こうした状況に変化をもたらす契機が、第2条の実施に関するCATの一般的意見2（2018年）である。一般的意見2は、第2条の義務につき次の解釈を提示した。

　　「国の当局又は公的な資格若しくは法律の名の下に行動する者が、拷問にあたる行為若しくは虐待が非国家職員若しくは私的主体により実行されていることを了知し又はそう信ずる合理的な理由があるときに、このような非国家職員若しくは私的主体を条約に従って防止し、調査し、訴追し及び処罰するために相当の注意の行使を怠った場合には、国は責任を負い、その職員はこのような許されない行為に同意し又は黙認したことにより条約に基づいて、実行者として、共犯者として又はその他により責任を負うと考えられるべきである。制止のために介入し、制裁を課し、及び、拷問の被害者に対して救済を与えるために相当の注意を行使することを国が怠ることは、非国家主体が条約上許されない行為を処罰されることなく実行することを容易にし、及び可能にすることであるから、国の無関心又は不作為は、一種の奨励及び（又は）事実上の許可を与えることになる。」[49]

この解釈を第3条に応用すれば、送還先の国における非国家主体によって行われる拷問行為は、国がそれを適切に防止、調査、処罰しない場合には、公務員の同意または黙認の下に行われた拷問行為とみなされることにもなりうる。もっとも同意見採択後のグジュル対スウェーデン事件では、通報者がトルコへの送還はPKKによる拷問の危険にさらすと主張したが、CAT決定（2010年）は、国の同意または黙認を伴わない非国家主体の拷問行為を受けるおそれのある人の強制退去を慎む義務を負うのか否かの問題は、条約第3条の範囲外にあるという従来の見解を繰り返した[50]。

(ii)　一般的意見2以降の進展

　（a）拷問の主体が特定の私人である場合、最近の決定でも、国家機関の同意または黙認がなければ第3条の適用の範囲外とみなされている。たとえば、H.I.ほか対オランダ事件では、通報者が、アルメニア大統領元ボディーガードのD.M.が所持していた麻薬につき虚偽の自白書に署名することおよび海外逃亡を暴力により強要されたため、アルメニアに送還されればD.M.に拷問・殺害されるおそれがあると主張したのに対して、被告国は、D.M.の暴

---

49)　一般的意見2、第2項。CAT, General Comment No.2（2008）, CAT/C/GC/2, para.2.

50)　*M. Gücül v. Sweden*（No. 349/2008）, *supra* note 36, para. 5.2.

力行為は第3条の対象外にあると反論した[51]。CAT（2017年決定）は、先例法理によれば、政府の同意または黙認のない非国家主体により拷問が行われるおそれがある者を追放しない義務があるか否かは、第3条の範囲外の問題だと指摘した後、D.M.が政府団体内で活動し、または、通報者に対する暴行が公務員の同意または黙認の下に行われたことおよび国内当局が通報者を保護できないことは証明されていないとして、通報者の主張をしりぞけた[52]。

　(b) これと対照的に、行為主体に関係なく女性の暴力からの保護が全国的に困難になっている国への送還を第3条に基づき禁止した例がある。E.ヌジャンバほか対スウェーデン事件で、通報者は、コンゴ民主共和国で反政府活動に武器調達していた夫が2004年に起こった軍との戦闘中に子どもと共に失踪したため海外に逃れたが、夫と敵対していた軍人親族等がいるため同国に送還されれば殺害されると主張した。被告国は、夫の反政府活動等の事実について争ったが、CATの決定（2010年）は、通報の本質は通報者の安全の問題であり、当時コンゴでは武力紛争地域だけでなく国の全域で女性に対する暴力、とくに銃をもった男たちや文民による強姦等が危険なレベルに達しており、これらの情報および一般的意見2に鑑みれば、通報者にとって安全と考え得る送還地域を指定できないとして、通報者を同国に送還すれば拷問を受ける危険があると信ずるに足りる十分な根拠があると認定した[53]。

　(c) 一定の組織的集団の行為については、一般的意見2の定式に従ってNR原則の適用を示唆した事例も生まれ始めている。Z.A.H.対カナダ事件では、キリスト教信者の通報者が、パキスタンに送還されれば、政府により禁止されたテロリスト団体であるシパ・エ・サハバ（Sipah e Sahaba）により拷問を受ける危険があると主張したのに対して、被告国が国家機関の同意または黙認のない非国家主体の拷問は第3条の範囲外であると反論した[54]。CAT（2017年決定）は、一般的意見2に言及しつつも、本件では、パキスタ

---

51) *H.I.,L.I., S.I., A.I. v. the Netherlands*（No. 685/2015）, Decision of 10 November 2017, paras. 2.1-2.7, 3.1 and 4.5.

52) *Ibid.*, para. 8.6.

53) *E. Njamba et al. v. Sweden*（No. 322/2007）, Decision of 14 May 2010, CAT/C/44/D/322/2007, paras. 2.1-2.5, 3.1-3.2 and particularly paras. 9.5-9.6. See also *S. Bakatu-Bia v. Sweden*（379/2009）, Decision of 3 June 2011, CAT/C/46/D/379/2009, paras. 10.6-10.8.

ン政府がシパ・エ・サハバによる迫害に同意しまたはそれを黙認したという主張を証明するための十分な証拠を提示できていないと判断した[55]。CATは、パキスタン政府の相当の注意の欠如というよりも、第1条の拷問の定義に従い、従来の同意または黙認の枠組みで対処しようとしたが、取り締まり対象のシパ・エ・サハバの行為を政府の黙認で説明することは困難であった。これに対してM.K.M.対オーストラリア事件では、通報者が、タリバンから自爆テロリストの逮捕に協力したことを疑われ、2008年に父とともに誘拐され5ヵ月間拘禁・拷問され、父が面前で首を切られ殺害された後（PTSD発症）、カブールに向かう途中逃亡して海外に逃れたが、タリバンはアフガニスタンのあらゆるレベルに浸透しているため同国当局の保護は望めず、同国に送還されればタリバンに拷問・殺害されると主張した[56]。被告国は通報者がタリバンに拘禁・拷問されPTSDを発症していることを争わなかったので、CAT（2017年決定）は、アフガニスタン当局が通報者をタリバンの迫害から保護する状況にはない事実について十分な重みを与えることなく庇護申請を不許可としたことにより、被告国は、通報者を同国へ送還すれば拷問または虐待が行われる危険があるか否かについて十分に調査することを怠ったと認定した[57]。CATは、一般的に保護の欠如がみられ、個人が反政府活動によって任意に行われる文民の攻撃という形態の迫害の危険にさらされる場合には、国内的逃避または国内移住という選択肢は、信頼できる長期的手段とはならないとも指摘した。

　「拷問」の定義上、CATの従来の立場は、国家機関の同意または黙認のない非国家主体による拷問のおそれについては第3条のNR原則の適用対象外とみなすというものであった。この基本的考え方は現在も不変といえる。ただし、この考え方の下でもとくに女性に対する暴力については、コンゴ民主共和国の特殊状況があったとはいえ、通報者の安全を第1とする考え方が

---

54) *Z.A.H. v. Canada*（No. 687/2015), Decision of 11 August 2017, CAT/C/61/D/687/2015, paras. 2.1-2.10, 3.1-3.4 and 4.5-4.6.

55) *Ibid.*, paras. 7.5-7.7.

56) *M.K.M. v. Australia*（No. 681/2015), Decision of 10 May 2017, CAT/C/60/D/681/2015, paras. 2.7-2.8.

57) *Ibid.*, para. 8.9.

採用された。さらに、一般的意見2の採択後、国の拷問防止義務（相当の注意義務）が強調されるにつれて、アフガニスタンのタリバンの例のように、政府の黙認とはいえないが、政府の防止能力が及ばない場合にも、NR原則の適用を認めるべきだとする実行が徐々に生まれつつある。通報者の安全第1という例外の拡大とみるのか、「拷問」の定義の拡大とみるのか、理論的な整理はまだこれからの課題といえよう。

三　自由権規約に基づくノン・ルフールマン原則に関する個人通報事例の検討

1　自由権規約委員会の一般的意見31と危険を評価する基準

　自由権規約は、拷問等禁止条約第3条のようなNR原則に関する明示の規定を有していない。しかし、欧州人権裁判所のゼーリング事件判決（1989年）に続いて自由権規約委員会が、キンドラー対カナダ事件[58]において、犯罪人引渡しの結果必然的に恣意的な生命の剥奪または残虐若しくは非人道的な苦痛が生じることが予見されるときは、当該の犯罪人引渡し自体が自由権規約第6条または第7条の違反となるという見解（1993年）を表明して以降、自由権規約においてもHRCttee の先例法理という形態をとって、NR原則が認められるようになった。

　HRCttee の一般的意見31（2004年）の12項は、次のように述べる。

　　すべての締約国に領域内及びその管轄の下にあるすべての人に対して規約上の権利を尊重し及び確保することを要求する第2条の義務は、人が移送されることになる国又はその後に移送されることになるいずれかの国において、規約第6条及び第7条に定める回復不可能な侵害の真正な危険（a real risk of irreparable harm）があると信ずるに足りる実質的な根拠がある場合には、その者を自国領域から犯罪人引渡し、強制退去、追放又はその他の方法により移送を行ってはならない義務を当然に伴うものである[59]。

---

58) これらの判決と見解の概要については、さしあたり、小畑郁「不引渡事由としての死刑」松井芳郎編集代表『判例国際法〔第2版〕』（東信堂、2006年）248頁以下、古谷修一「ノン・ルフールマン原則と犯罪人引渡」戸波江二他編『ヨーロッパ人権裁判所の判例』（信山社、2008年）124頁以下参照。

59) HRCttee, General Comment No. 31 [80], CCPR/C/21/Rev.1/Add.13 (2004), para. 12.

強制退去に関する HRCttee の最近の見解（views）では、一般的意見31の12項を引用した後に次のような定型句が付されるのが慣行となっている。すなわち、「委員会はまた、危険は個人的（personal）でなければならないこと、並びに、回復不可能な真の危険が存在することを証明するための実質的な根拠を提供する高い基準があることを指摘してきた。この評価を行う際には、通報者の出身国における一般的な人権状況を含むすべての関連する事実及び事情が検討されなければならない」が、「委員会は、締約国が行った評価に相当の重み（considerable weight）を与えるべきであり、並びに、このような危険が存在するか否かを決定するために事実及び証拠を審査し又は評価するのは、その評価が明らかに恣意的であるか又は明白な誤り若しくは裁判拒否になると認められるのでなければ、一般的には規約締約国の機関であるという先例法理を想起する」[60]。

　これらの定型句を CAT の一般的意見 4 と比較すれば、次のような異同が認められる。まず、自由権規約の場合、送還先の国について確認しなければならない事項は、規約第 6 条および第 7 条等に定める権利に対する「回復しがたい侵害」の「真正な危険（real risk）」があると信ずるに足りる実質的な根拠の有無である。すなわち、① NR 原則の適用対象となる権利侵害は「拷問」にとどまらず、自由権規約第 6 条、第 7 条その他の権利の侵害と広くなる可能性があるが、他方で、②これらの権利侵害は「おそれ（danger）」では足らず、「回復しがたい侵害」の「真正な危険」が存在することを証明する高い基準が設定されている印象を受ける。また、③危険の有無を評価するために、送還先の国における一般的な人権状況を含むすべての関連する事実および事情を検討しなければならないが、危険はあくまで「個人的な」ものでなければならないとする点では CAT と同じである。最後に、④強制退去を決定した国の行政または司法機関が行った事実認定および証拠価値の判断については、CAT がそれを尊重しつつも独自の決定権を強調したのとは対照的に、HRCttee は、国家機関の判定が恣意的になされたか、明白な誤り

---

60) See e.g. *S. A. H. v. Denmark*（No. 2419/2014), Views of 8 November 2017, CCPR/C/121/D/2419/2014, paras. 11.2-11.3; *M. S. aka M. H. H. A. D. v. Denmark*, Views of 27 July 2017, CCPR/C/120/D/2601/2015, para. 9.2.

があるかまたは裁判拒否に相当するものでなければ、それを尊重しなければ
ならないという原則を採用している。この③と④の点については、HRCttee
内部でも見解が多少分かれていたので、まずその点にふれておきたい。

　第1は、NR原則を適用するための危険評価基準の問題がある。拷問等禁
止条約は、拷問の「おそれ」があると信ずるに足りる実質的な根拠（高い蓋
然性を必要としない）の有無を問題にしていた。これに対してHRCttee のキ
ンドラー対カナダ事件見解は、犯罪人引渡しが規約上禁止される基準として
「規約に違反する取扱いが確実又は引渡しの目的自体になっている場合」、
「犯罪人引渡しの結果その者の規約上の権利が他の管轄権の下において侵害
される真正な危険があるという事情の下で引き渡す場合」または「生命を失
わせるような真正な危険、換言すれば、必然的及び予見可能な結果（the
real risk, i.e. a necessary and foreseeable consequence）にさらす」といった表現
を用いて、生命を喪失させる真正な危険の存在またはその高い蓋然性を求め
る表現になっていた[61]。このためG.T.対オーストラリア事件のHRCttee見
解（1997年）は、マレーシア政府から一事不再理により麻薬密輸入罪につい
ては訴追しないとの約束がなされたこと、同種の麻薬密輸入罪で有罪になり
本国送還されたが送還先で死刑を科されなかった例があることを理由に、
「強制退去の予見可能な及び必然的な結果として通報者の夫が裁判にかけら
れ、有罪宣告され、死刑を言い渡されるとはいえない」と認定した[62]。この
ようにHRCttee では高い蓋然性を示唆する表現が用いられてきたことから、
E.S. ピレイ対カナダ事件見解（2011年）において、ケラー、ロドリー等5人
の委員は、拷問等禁止条約第3条の「おそれ」とは異なり、これまで
HRCttee の基準は、何が確実または蓋然性か高いかのみならず状況が示す
真正な危険にも注意するように要求してきたが、今では、強制退去の必然的
および予見可能な結果としての拷問の実際の発生ではなくその「真正な危
険」の有無を問うようになっていると述べて、危険評価の基準がすでに緩和

---

61) *J. Kindler v. Canada* (No. 470/1991), Views of 30 July 1993, CCPR/C/48/D/470/1991, paras.
6.2, 13.1 and 14.1.
62) *G. T. v. Canada* (No. 706/1996), Views of 4 November 1997, CCPR/C/61/D/706/1996, paras.
8.4-8.6.

されたことを示唆する意見を表明した[63]。他方、岩沢反対意見は、最近の委員会の実行には強制退去の必然的および予見可能な結果として拷問の実際の発生を要求したとみなせるものもあって一貫しておらず、いずれの基準をとるのか明確にすべきだとの意見を述べた[64]。これは、危険の評価につき何に焦点をあてるかにつき委員間に意見の相違が生じていたことを示唆するが、一般的意見31以降の委員会の実行は、同意見の定式に従って回復不可能な人権侵害の「真正な危険」の有無に焦点を合わせており、拷問の「おそれ」に焦点を合わせる CAT の危険評価と歩調を合わせていると思われる。

　第2は、国内審査機関が行った事実認定および証拠価値の判断に対する委員会の審査のあり方についても委員の見解は分かれていた。HRCttee の多数意見は、CAT と同様に委員会の独自の判断権を広く認める方向にあるように思われるが、これに対して少数意見ながら、委員会は事実認定および証拠の価値判断について第4審の機能を果すべきではないとする伝統的な見解が根強く存在している。たとえば、M. シャキール対カナダ事件見解（2013年）では、被告国の国内審査機関が行った事実認定および証拠評価を支持するシェイニィ（5人の委員が賛同）反対意見が要旨次のような意見を述べた。国内当局は国内手続に提出された証言その他の資料に直接アクセスできるために事実認定を行う上で比較優位が認められる上、委員会は事実と証拠を新たに評価する第4審ではないから、これまでも国内審査機関の決定が規約に反するとされてきたのは、①当該決定手続について実質的な不正規性が指摘できる場合、②通報者の規約上の権利に十分な考慮が払われずまたは証拠が適正に考慮されなかったため、最終決定が明白に不合理または恣意的な性質を帯びた場合、③通報者が争いのない証拠に基づいて、強制退去により回復不可能な侵害の真正かつ個人的な危険が生じていることを証明した場合に限られる。ところが、本件において多数意見が条約違反の根拠としたイスラーム裁判所からのファトワ（fatwa）、通報者の兄弟の殺害、地方警察局からの

---

63) *E.S. Pillai v. Canada* (No. 1763/2008), Views of 25 March 2011, CCPR/C/02/D/1763/2008, Individual opinion by Committee members Ms. H. Keller, Ms. I. Antoanella, Mr. G. Neuman, Mr. M. O'Flaherty and Sir N. Rodley, pp. 21-22.

64) Individual opinion by Mr. Y. Iwasawa, *ibid.*, p. 23, para. 2.

冒涜罪法違反の通知については、カナダの入管難民当局、移送前の危険検証官および連邦裁判所があらゆる証拠に照らして適正に審査した結果、これらの出来事に信憑性がなく、現在のパキスタンにおいてキリスト教の牧師というだけで物理的危害を加えられる危険は認められないと認定したものであって、これらの判断に危険の重要な要素を見落としたまたは明白に不合理または恣意的な瑕疵があったとは認められない[65]。このように HRCttee においては、事実および証拠の評価について原則として国内審査機関の評価を委員会は尊重すべきだとする先例法理に根強い支持がある。ただし、被告国国内で生じた人権侵害事件の事実および証拠評価と異なり、NR 原則が評価対象とするのは送還先の国における人権侵害の危険の評価であり、HRCttee は国連諸機関の調査・報告等を通じて多数の情報と資料を蓄積していることから、通報者が被告国に入国後後発的に生じた事実や証拠などを除けば、絶えず被告国に事実および証拠評価上の比較優位が認められるとはいえない場合がある。したがって、HRCttee も今後事件の具体的状況に応じて独自の危険評価を強めていくと思われる。

2　規約のノン・ルフールマン原則に関する個人通報事件と自由権規約委員会の対応

　一般的意見31は、NR 原則の適用を、規約第 6 条および第 7 条に定める回復不可能な侵害の真正な危険があると信ずるに足りる実質的な根拠がある場合と定めていた。HRCttee には第 6 条および第 7 条違反だけでなく時として第 9 条違反の身体拘束の真正な危険がある場合にも NR 原則の適用を求める通報がなされる場合がある。被告国は HR 原則は第 9 条の違反には適用されないと反論する場合が多いが、委員会は、現在までのところ、第 9 条に関する請求が第 6 条および第 7 条から生じる請求と切り離せない形で提起されているとみなして、第 9 条単独の違反に対する NR 原則の適用可能性を判断

---

65) *M. Shakeel v. Canada*（No. 1881/2009），Views of 24 July 2013, CCPR/C/108/D/1882/2009, Individual opinion of Committee member Mr. Y. Shany, joined by Mr. C. Flinterman, Mr. W. Kälin, Sir N. Rodley, Mr. A.Seibert-Fohr and Mr. K. Vardzelashvili, pp. 16-17. See also Individual opinion of Mr. Y. Iwasawa, *ibid*., p. 18. See also *M.S. aka M.H.H.A.D. v. Denmark, supra* note 60, Individual opinion of Committee member Mr. Y. Shany and Mr. C. Heynes.

していないと思われるが[66]、強制失踪条約第16条が強制失踪のおそれについて NR 原則の適用を定めていることから、適切な事件があれば、第9条の権利侵害（自由のはく奪）についても NR 原則の適用が認められる可能性はあると思われる。しかし、以下では第6条と第7条に定める権利の回復不可能な侵害の真正な危険のみを検討対象とする。

　拷問等禁止条約第3条と異なり、自由権規約および一般的意見31は、回復不可能な侵害の行為者を国家機関またはその同意または黙認の下に行う実体に限定しておらず、また締約国は人権を確保する義務も負っているので、以下では、国家機関の同意または黙認の下に行われるのではない非国家主体による回復不可能な権利侵害も含めて検討を行う。

⑴　回復不可能な侵害のおそれがあると信ずるに足りる実質的な根拠がないと判断された事例

　結論を先に述べれば、HRCttee も、CAT と同じく、通報者の主張が、送還先国での抽象的・一般的な危険を述べるにすぎないもの、回復不可能な侵害の危険を生じさせる具体的事情の説明が不十分なもの、供述内容に看過できない齟齬や偽りのあるものについては、通報を受理非許容または実質的根拠なしと判定してきたが、HRCttee では、これとならんで、通報者が、被告国の国内審査機関が行った事実および証拠の評価について、その恣意性または明白な誤り若しくは裁判拒否に該当する事由を具体的に提示していないことを掲げるものが多数ある。

　客観的に見て生命や身体に対する権利に回復不可能な侵害を受けるおそれを生じさせるような政治的その他の活動をしていない場合は、当然ながら NR 原則の適用を認められない。A.S.G.M.対デンマーク事件で、通報者はエジプトで過去二度の兵役からの脱走と違法出国およびムスリム同胞団への支持とシーシ大統領批判を理由に、本国に送還されれば常習脱走犯として同国当局に逮捕され7年以上の拘禁刑が科されるほか、ムスリム同胞団支持者として拷問・強制失踪の対象となると主張した。しかし HRCttee（2017年見

---

66) See e.g. *Y v. Canada*（No. 2280/2013), Views of 22 July 2015, CCPR/C/114/D/2280/2013, para. 6.5.

解）は、エジプトにおけるムスリム同胞団構成員に対する過酷な人権侵害と不処罰については認めつつも、デンマークの審査機関が、庇護審査過程で通報者の主張、エジプトの人権状況、エジプト外務省の覚書等に適正な考慮を払ったこと、他方、通報者がデンマーク審査機関の決定に明らかな恣意性または明白な不合理（危険の要素に対する適切な考慮の欠如等）があることを説明しなかったことに照らして請求をしりぞけた。その際、委員会はとくに、通報者が特定の政治団体または宗教団体の構成員でもなくエジプトでの活動歴もなく、ムスリム同胞団およびムルシ大統領への支持もフェイスブックとツィッターへの書き込みのみであり、良心的兵役拒否も主張しておらず、二度の脱走と違法出国にも拘わらず何らの問題もなく旅券を取得していること等の点に言及して、エジプト政府に迫害される根拠とムスリム同胞団支持者とみなされる根拠を説明できなかったことを指摘した[67]。

　提出資料や供述内容の信憑性についての国内審査機関の判断は、重要な危険要因の看過等の瑕疵がなければ原則として、委員会によって尊重されている。たとえば、F.M.対カナダ事件の通報者は、2008年に一時首都を占拠したチャド反乱部隊が通報者居宅の井戸を飲料補給に利用したため反乱軍撤退後国家治安局に反乱軍援助の疑いで4日間拘禁され、通報者の所属するチャド基本的自由保護協会について訊問され拷問された後、一将校から車1台と書面への署名と引き換えに国外逃亡を強要されたため、チャドに帰国すれば殺されると主張した。しかし委員会（2015年見解）は、事実および証拠の評価は通常国内裁判所の任務であり、カナダの難民審査機関は通報者の難民認定申請を徹底的に審査して、上記協会の党員証が偽造品であること、カナダ到着直後はチャドで逮捕・拘禁されたことはない旨供述していたが、後に国家治安局に4日間拘禁されたと述べるなど説明に齟齬があること等に照らして通報者の主張は信憑性に欠けるとして難民不認定処分を行い、国内裁判所もこれを肯定したこと、さらに移送前危険評価官および連邦裁判所も送還により拷問または殺害の真正な危険は認められないと判断したこと、さらに通報者がこれらの決定手続の不正規性または国家当局による危険要因の看過ある

---

67) *A. S. G. M. v. Denmark* (No. 2612/2015), Views of 9 November 2017, CCPR/C/121/D/2612/2015, paras. 2.1-2.10, 3.1-3.4, 4.2-4.9 and particularly 7.3-7.5.

いは決定の明白な不合理性、瑕疵、恣意性を示すことができなかったことに着目して、第7条違反の主張をしりぞけた[68]。通報者が北部スリランカ出身のタミール人であることを理由に同国に送還されれば、LTTEとの結びつきを理由に同国当局から迫害される危険があると主張したY対スリランカ事件でも、委員会（2015年見解）は、通報者がLTTEとのつながりをスリランカ当局に疑われる特定の根拠（本人または家族のLTTE活動への参加、支援等）が示されていないことに加え、カナダの国内審査機関が行った決定について、通報者は危険要因を適正に考慮しなかった等の明白な不合理性または恣意性を説明できなかったとして、第6条1項および第7条の違反はないと認定した[69]。

(2) 回復不可能な侵害のおそれがあると信ずるに足りる実質的な根拠があると判断された事例

（ⅰ）死刑の科刑または執行の真正な危険とノン・ルフールマン原則の適用

　送還先の国で自由権規約に違反する死刑が執行される危険がある場合にその国への追放・送還を禁止する点に、自由権規約が義務づけるNR原則の特質の1つがある。もっとも、HRCtteeは、当初、死刑廃止国が死刑囚を死刑存置国に引き渡すことそれ自体を規約第6条違反とは解釈していなかった。キンドラー対カナダ事件の委員会多数意見は、第6条1項を最も重大な犯罪に死刑を科すことを禁止していない同条第2項と併せ読まなければならず、もし通報者がカナダからの犯罪人引渡しの結果米国で第6条2項違反の真正な危険にさらされるのであれば、カナダは第6条1項に違反することになるが、本件では第6条2項および第14条の違反は認められないので、第6条1項がカナダに通報者の犯罪人引渡しを拒否するよう義務づけたとはいえない、とした[70]。ポカール委員やシャネ委員等は、カナダのような死刑廃止国は死刑を直接または間接に再導入しない義務を負うから、領域内の個人を犯罪人

---

68) *F. M. V. Canada* (No. 2284/2013), Views of 5 November 2015, CCPR/C/115/D/2284/2013, paras. 2.1-2.17, 3.1-3.4, 4.3-4.7 and particularly 9.2-9.7.

69) *Y v. Canada* (No. 2280/2013), Views of 22 July 2015, CCPR/C/114/D/2280/2013, paras. 2.1-2.16, 3.1-3.5, 4.4-4.14 and particularly 7.3-7.6.

70) *J. Kindler v. Canada* (No. 470/1991), Views of 30 July 1993, *supra* note 61, paras. 14.3-14.4.

引渡しまたは追放によって死刑にさらさない義務を負っていると主張したが[71]、当時は少数意見にとどまった。したがって、死刑執行の真正な危険が予見される場合に NR 原則が適用されるためには、第 6 条 2 項違反、死刑待ち現象（death row phenomenon）、第 7 条に違反する死刑執行方法などの他の要件が必要とされた。実際、イン対カナダ事件見解（1993年）は、窒息ガスによる死刑執行が「可能な最小限度の肉体的および精神的苦痛」の基準に適合しないために規約第 7 条に違反する残虐なおよび非人道的な取扱いを構成すると解釈し、カナダが、同方法による死刑執行を合理的に予見できたにも拘わらず、死刑を執行しない保証を求めることなく通報者を米国に引き渡したことで規約第 7 条に違反したと結論づけた[72]。

　ところが、死刑廃止をめぐるその後の国家実行の動向と国際世論の展開を主要な根拠として、ジャッジ対カナダ事件の委員会多数意見（2002年）は、第 6 条に関する発展的解釈を採用した。多数意見の解釈は次のようにいう。「すべての人間は、生命に対する固有の権利を有する」と定める第 6 条 1 項が一般原則であり、死刑廃止国は同条項に基づきあらゆる事情の下で生命を保護する義務を負う。他方、第 6 条 2 項から 6 項は、同条 1 項が死刑廃止を定めたと理解されることを回避するために入れられた規定で、死刑に関する生命権の例外を設定しおよびその例外の範囲を限定する機能を有する。死刑を廃止していない国のみが 2 項から 6 項の例外を援用できるのであり、「死刑廃止国にとっては、人を死刑の適用の真正な危険にさらさない義務がある。したがって、個人が死刑を宣告されることが合理的に予測される場合には、死刑が実施されないことを確保することなしにその者をその管轄権内から、強制退去又は犯罪人引渡しによって、移送することはできない」[73]、と。

　ジャッジ事件見解を通じて HRCttee は、死刑廃止国に、送還先の国で死

---

71) Individual opinion by Mr. B. Wennergren, by R. Lallah, by F. Pocar, by Ms. C. Chanet and by Mr. F.J.A.Urbina, *J. Kindler v. Canada*（No. 470/1991）, *ibid.*, Appendix B（pp. 21-23）, C（pp. 24-26）, D（p. 27）, E（pp. 28-30）, F（pp. 35-41）.

72) *C.C, Ng v. Canada*（No. 469/1991）, Views of 5 November 1993, CCPR/C/49/D/468/1991, para. 16.4. なおマブロマチス委員とサディ委員、安藤委員は窒息ガスによる死刑方法を第 7 条違反とみなすことはできないとした。Individual opinion by A. Mavrommatis. W. Sadi, by K. Herndl and by N. Ando.

刑を宣告または執行される真正な危険が予測される場合にはNR原則を適用しなければならないという死刑存置国より高い義務を負わせた。死刑存置国もキンドラー見解およびジャッジ見解の解釈を適用すれば、第6条2項から6項の違反、第7条違反または第14条違反となるような死刑の科刑または執行の真正な危険があると予見される場合には、NR原則を適用しなければならないといえるだろう。もっともジャッジ見解は、死刑存置国が第6条2項から6項が要求する基準よりも厳格な国内基準（たとえば死刑対象犯罪の限定）を死刑について課す場合に、第6条1項が当該国内基準を満たさない外国への強制送還まで禁止するか否かについては明らかにしていない。

(ii) 第6条および第7条の回復不可能な侵害の真正な危険とノン・ルフールマン原則の適用

　CATほどではないがHRCtteeにもNR原則違反が認定された個人通報事例が一定数ある。通報された事件も、送還先国での拷問のおそれに限定されてはいないが、CATに通報された事案と類似したものが多く、NR原則の違反が認定された事件では、①送還先の国において重大なまたは組織的・系統的な人権侵害が行われていることが国連人権文書等により確認されている、②通報者が送還先の国で顕著な反政府的な政治または宗教活動を行っているため同国に送還されれば、逮捕または拘禁される事情がある、③被送還者が過去に送還先の国で虐待を経験したことがある、といった事情が認められるものが多い。CATと異なる点としては、④国家機関の関与していない非国家主体による人権侵害も国の防止能力の欠如を理由にNR原則の適用が認められる場合がある、⑤普通犯罪の取調べ等に関連した暴力行為や死刑求刑に関連してNR原則の適用が認められた事案がある、⑥被告国の国内審査機関がとった手続または採用した事実および証拠の評価に対して委員の注意が向けられる傾向が強い、といった点を指摘できよう。

　（a）送還先の国の政府に敵対する軍事、政治その他の活動またはテロ組織の構成員であることを疑われているため、送還先の国家機関によって生命ま

---

73) *R. Judge v. Canada*（No. 829/1998）, Views of 5 August 2002, CCPR/C/78/D/829/1998, paras. 10.3-10.4. 同種の判断。*Y.F. Kwok v. Australia*（No. 1442/2005）, Views of 23 October 2009, para. 9.7.

たは身体に対する回復不可能な侵害を受ける真正な危険があると認められた
ケースが少なからずある。

X 対デンマーク事件で、通報者は、イラン政府から反政府的とみなされ
たイラク北部のキャンプに10年居住し、イラン・クルド自由党の積極的活動
家である父の下で自らも文化活動に参加していたことからイランに送還され
れば処刑を含む第7条違反の取扱いを受ける危険があると主張した。他方、
デンマークの審査機関は、同党党員としての活動内容に関する供述が曖昧で
迫害を裏付ける説得力に欠けるとみなして難民該当性を否定し、通報者の主
張をしりぞけた。シェイニー委員等3名の委員も、当該審査には通報者の提
示した証拠に対する適切な考慮の欠如または手続的瑕疵は認められず、通報
者が供述した個々のどの事情に照らしても通報者が拷問を受ける真正な危険
を示すものはないとして被告国への送還が第7条違反とはいえないとした[74]。
しかし委員会多数意見は、通報者がクルド自由党の党員であることは争われ
ておらず、イラン当局からクルド人政治集団の構成員とみなされて各種情報
により確認される第7条違反の取扱いを受ける危険があることは否定できな
い上、通報者がとくにバリカ・キャンプに長期間居住し、身分証明書も所持
せず、ファルシ語も話せないという事情は、その1つ1つが虐待を受ける真
正な危険を証明するには不十分であっても、イランでは拷問が一般的に行わ
れているという情報と総合的に評価すれば、通報者の同国への送還は第7条
違反を構成する、と認定した[75]。

J.ラサップ兄弟対デンマーク事件では、スリランカのタミール人である通
報者（未成年）が、元LTTE構成員の父は行方不明で、政府軍掃討作戦の前
に居住地から逃げたが政府軍に捕まり訊問中に殴る蹴るの暴行を受けたとし
て2010年に被告国で庇護申請したが、同国審査機関は、2012年の UNHCR
のスリランカ・ガイドラインに留意しつつも、父がLTTE幹部ではなく同
組織を離脱しているので、家族への迫害のおそれはないと判断した[76]。しか

---

74) *X v. Denmark* (No. 2389/2014), Views of 22 July 2014, CCPR/C/114/D/2389/2014, paras.
2.1-2.7, 3.1-3.5, 4.6-4.10, and Individual opinion of Committee members Mr. Y. Shany, Mr. Y.
Iwasawa and Mr. K. Vardzelashvili (Appendix, p. 14).

75) *Ibid.*, paras. 7.6-7.7.

し委員会多数意見（2015年）は、スリランカの人権状況に関する各種の公的報告書によれば、LTTE 掃討後も拷問等の人権侵害が多数報告されており、LTTE との関係を疑われている一定のタミール人個人（LTTE 旧戦闘員の家族、LTTE 支持者等）には引き続き国際的保護が必要であるとされていること、ならびに他の関係諸情報も併せ考慮すれば、通報者が父は元 LTTE 構成員であると主張していたことならびに通報者がスリランカを出国する前に経験した出来事等について被告国審査機関が適正な考慮を払っていたとはいえないとして、これらの点についてさらに検討することなく通報者を送還することは通報者を第 7 条違反の回復不可能な侵害の危険にさらすものと認定した[77]。

　また M.B.A.ハミダ対カナダ事件では、通報者が、チュニジア内務省公安部局の武力警察行動を忌避して拘置所の配属となったが、上官命令に反して被拘禁者に食事を与えたため 5 ヵ月間拘禁された後解雇され、国外脱出に失敗して厳重行政監察下に置かれたが賄賂を使ってカナダに逃亡したと主張し、本国に送還されれば失踪および拷問の危険があると訴えた[78]。他方、カナダの審査機関は、通報者が政治的意見を理由に本国政府により迫害される十分に根拠のあるおそれを証明しておらず、しかも通報者は拷問を常套手段とする同国内務省公安部門の職員だったため難民条約第 1 条 F（a）および（c）により難民資格を有しないという結論を下した。これに対して委員会は、通報者の主張が一般的であって真正な危険を認めるには不十分としつつも、なおチュニジアでの拷問の一般的実行に鑑み、通報者を迫害を受ける危険のある人の範疇に入らないとしたカナダ当局の評価に対して、「内務省に雇われ、懲戒を受け、拘禁され、不服従のため厳重監察の下に置かれてきた経歴からみて、通報者は政治的反対者とみなされ拷問される真正な危険があり、庇護申請は通報者が反体制派とみなされる可能性を高めるものでカナダでの庇護

---

76) *J. Rasappu et al. v. Denmark* (No. 2258/2013), Views of 4 November 2015, CCPR/C/115/D/2258/2013, paras. 2.1-2.20, 3.2, 4.7-4.10 and para. 7.7.

77) *Ibid.*, para. 7.7. 同見解にも、反対意見が付されている。Joint opinion of Committee members Mr. Y. Shany, Ms. Seibert-Fohr and Mr. K. Verdzelashvili, *ibid.*, p. 12.

78) *M. B. A. HAMIDA v. Canada* (No. 1544/2007), Views of 18 March 2010, CCPR/C/98/D/1544/2007, paras. 2.1-2.8, 3.1-3.5.

申請によりこの危険は増大した」と述べて、第7条違反を認定した[79]。

　以上のように、HRCttee に提出される通報の内容は、CAT に提出される通報内容と基本的には同種の迫害および虐待であり、「回復不可能な侵害」の「真正な危険」は「拷問又は虐待」の「予見可能な、個人的な及び真正なおそれ」と相当部分重なりあっている。ただし第6条および第7条が拷問だけでなく、恣意的な殺害（即決処刑等）、残虐な、非人道的なまたは品位を傷つける取扱い若しくは刑罰の禁止を広く定めているので、NR 原則を援用できる権利の「回復不可能な侵害」の範囲は、拷問等禁止条約第3条の侵害よりは広い。他方、HRCttee は、事実および証拠に関する評価は裁判拒否等に該当する場合を除き基本的には権限のある国内審査機関が判断する事柄であるという先例法理に考慮を払うため、第6条または第7条違反を認定した根拠として、国内審査機関の審査手続や危険評価の際の瑕疵に言及するものが多いという特徴がある。その際に、通報者が主張した危険諸要因についてのより徹底した調査および被告国の一般的人権状況と照らし合わせた適正で総合的な審査が必ずしも十分に行われているとはいえないと判定された事件が少なからずあることが上記の例からもうかがえる。委員会が、「回復不可能な」「真正な危険」の存在を積極的に認定した場合だけでなく、上記のような手続的または評価の瑕疵を認定した場合にも、第6条または第7条違反として NR 原則の適用を認める傾向があるのは CAT と同じである。

　(b) 自由権規約は第6条および第7条の人権につき、国の消極的義務だけでなく積極的義務も課している。拷問等禁止条約第1条または強制失踪条約第2条のように国家機関が関与した拷問または強制失踪のみを条約の対象とする定義上の制約もない。そこで非国家主体による人権の「回復不可能な侵害」の「真正な危険」が認められる場合も NR 原則の適用を認めた事例がいくつかある。

　N.A.チョーダリー対カナダ事件では、パキスタンのパンジャブ地方でシーア派の積極的活動家であった通報者が、近所に開設された過激なスンニ派シパ・エ・サハバのメンバーから繰り返し殺害の脅迫、身体への暴力、銃撃等

---

79) *Ibid.*, para. 4.3, 6.1-6.2 and 8.3-8.8.

を受け、スンニ派教義に対する冒涜罪（blasphemy）で刑事告訴され逮捕状が出されたため2002年にカナダに逃れて難民認定申請をしたが、その後ファトワが発せられていること、2006年にはパキスタンにいた息子が復仇行為として誘拐され失踪したと聞いたと主張した[80]。しかし被告国の難民審査機関は、通報者の身分証明書が偽造文書であったこと（後に正式なパキスタン旅券が発行された）、供述内容の曖昧な点等を弁護士同席の口頭審理で弁明する機会が与えられたにも拘わらず納得のいく説明をしなかったこと等を理由に難民該当性を否定した。また被告国審査機関は、退去強制前危険評価手続（PRRA 手続）において、2005年にパキスタン政府がシパ・エ・サハバを取り締まる措置をとり、冒涜法の濫用を規制するため正統な団体が発行したファトワのみを有効とする措置をとったところ、通報者が提出した殆ど内容の読み取れないファトワの写しはファトワとしての証拠価値はないこと、通報者の息子が6日間行方不明と書かれた新聞記事については、通報者がその後の情報を示さず迫害の証拠としての信憑性に欠けること、シーア派指導者に対する拷問・殺害を示す証拠は提示されなかったことなどを指摘して、通報者が拷問・殺害される真正の危険は認められないと判断した[81]。これらの諸決定に対する異議はカナダの司法機関によってしりぞけられた。そこでHRCttee の6人の少数意見は、通報者が援用したすべての危険の要因は、カナダの国内審査機関が、PRRA 手続およびその後の裁判所手続および2回の人道上の H & C 申請手続を通じて徹底的かつ適正に審査した上で、通報者が主張した出来事の証明はなく、シーア派の通報者が物理的侵害を受ける特別の危険があるとはいえないと結論したものであり、この判断に恣意性または明白な不合理性は認められないと述べた[82]。しかし委員会多数意見は、PRRA 手続以下の手続では徹底した危険評価には限界があり、通報者の身元が確認された段階で再度難民審査局の下で徹底した難民該当性の審査がされるべきであったとし、さらに実体面では、最近の報告ではシーア派等の宗

---

80) *N. A. Choudhary v. Canada* (No. 1898/2009), Views of 28 October 2013, CCPR/C/109/D/1898/2009, paras. 2.1-2 and 8, 3.1-3.7.

81) *Ibid.*, paras. 4.4-4.13 and 9.4-9.5.

82) Individual opinion of Committee members Mr. Y. Shany, Ms. A. Seibert-Fohr, Mr. K. Vardzelashvili, Mr. C. Flinterman, Mr. G. Neuman and Mr. W. Kälin, *ibid.*, Appendix (pp. 17-18).

教的少数者が引き続き厳しい宗教的迫害および安全の欠如に直面していると指摘されていること、パキスタン当局が少数者を保護することができていないかまたは望んでいないこと、パキスタン政府が冒涜法改正案を削除したこと、2012年に冒涜事件の数が増加していることなどを指摘し、これらの一般状況に照らせば、通報者が自分に対してファトワが発付され、冒涜法上の第1回情報報告がなされ、パキスタン刑法上冒涜罪の法定刑が死刑だと主張していること、冒涜法の罪を問われた宗教的少数者が私人により殺害されても、政府には彼らを保護する意思も能力もないと伝えられる状況があること等の事情に鑑みれば、通報者およびその家族をパキスタンに追放することは第2条3項と併せ読んだ第6条1項および第7条に違反すると認定した[83]。

サダム・フセイン時代のイラク軍最高位にあったスンニ派家系のバース党党員だった通報者が、イラクに送還されれば、復讐により拷問・殺害される危険が高いと主張したM.S.対デンマーク事件において、HRCtteeは、迫害主体に言及することなく「シーア派とスンニ派の間の宗教間の暴力でスンニ派の人が標的とされ、彼の親族の殆どがイラクから逃亡している事実を考慮すれば、委員会は、本件の事情の下では、通報者のイラクへの強制送還は、第6条1項と第7条違反に該当する」と決定した[84]。またM.K.H.対デンマーク事件でも、ホモセクシャルであることを村人から咎められ拷問を受けた後村に帰れば殺すと脅迫されて村から追放されたと主張するバングラデシュ国籍の通報者が、同国は刑法でホモセクシャルを禁止しているためこの種の迫害に対して国の保護が期待できないとして同国への送還が第7条に違反すると主張した。委員会は、迫害主体が非国家主体であることを問題にすることなく、被告国の国内審査機関は、通報者がバングラデシュで経験した出来事について供述した内容、提示した文書、ホモセクシャルが同国において直面する危険に関して入手できる情報を十分に考慮することなく、恣意的に請求を却下したと思料すると述べて、同国への通報者の強制送還を第7条に違

---

83) *Ibid.*, paras.9.6-9.8. See also *M. Shakeel v. Canada* (No. 1881/2009), Views of 24 July 2013, CCPR/C/108/D/1881/2009, paras. 8.2-8.6.

84) *M.S. aka M.H.H.A.D. v. Denmark* (No. 2601/2015), *supra* note 60, paras. 2.1-2.9, 3.1-3.3 and particularly 9.3.

反すると認定した[85]。

　これらの事件例は、送還先国における回復不可能な人権侵害の危険が国家機関の関与しない非国家主体によって行われるものであっても NR 原則が適用され、強制送還を行う国がその国の一般的な人権侵害の状況に照らして通報者個人が具体的な人権侵害を受ける事情を通報者の供述内容や当事者双方により提示された資料等に基づいて十分に検討していない場合には、HRCttee は、NR 原則に係る手続的義務が果たされていないとして第6条または第7条違反あるいはそれらの条文と併せ読んだ第2条3項の効果的救済義務の違反を認定することがあることを示唆する。その際に N.A.チョーダリー事件見解が示唆するように送還先国の政府の人権保護意思または保護能力に言及した例もあるが、M.S.事件や M.K.H.事件のように、送還先国政府の意思や能力を取り立てて問題にしていないものもある。自国管轄下で生じる人権侵害について国自らが人権侵害を行う場合と第三者の人権侵害行為を防止しない場合の責任の根拠は明らかに異なるが、送還国が送還先国の政府の代理責任を負うわけではないので、送還先国の政府の人権保護意思および能力は、強制送還される個人が送還先国でさらされる人権侵害の危険を評価する際の指標の1つにすぎない。CAT の場合と同様に、送還先国の政府の相当の注意の欠如に重点を置くのか、被送還者の安全に重点を置くのか、HRCttee の先例法は次第に後者の方向で発展していくように思われる。

　(c) HRCttee では反政府活動に対する弾圧の手段としての「拷問」だけでなく、殺人事件等普通犯罪の捜査・訴追手続過程における回復不可能な人権侵害の危険が予測される場合にも第7条違反が認定される可能性を示唆した事案が見いだされる。たとえば M.M.ジャムシディアン対ベラルーシ事件は、イランから母と弟の殺人事件容疑で通報者の犯罪人引渡しが請求され、請求を受けたベラルーシが通報者をイランに強制退去させようとした事案であるが、通報者は、イランに追放されれば取調べで拷問され、公正な裁判なしに死刑を言い渡されるおそれがあると主張した。HRCttee（2017年見解）は、

---

85) *K.H.M. v. Denmark*（2462/2014）, Views of 12 July 2016, CCPR/C/117/D/2462/2014, paras. 2.1-2.7, 3.1-3.3, 4.1-4.9 and particularly 8.8. See also *M.I. v. Sweden*（No. 2149/2012）, Views of 25 July 2013, CCPR/C/108/D/2149/2012, paras. 7.2-7.5.

ベラルーシ当局が、イランでは殺人罪が死刑犯罪に該当し、防御制度が事実上機能しておらず、国の安全に関わる事件の取調べではしばしば拷問が行われることを了知しながら、弟の殺人事件については弟の政治活動に関心を示していたイラン当局が国の安全に関わる事件だとみなして通報者を拷問する危険について顧慮しなかったことに留意した。その結果委員会は、刑事被告人が利用できる刑事弁護人の独立性と質に重大な問題点があるにも拘わらず、恣意的な死刑執行の危険にさらされないための十分な措置をとらないまま通報者をイランに追放することは第6条違反となり、また、このような事情のある通報者を、拷問を受ける真正な危険のないように確保する十分な措置をとらずにイランへ追放することは第7条違反になると認定した[86]。死刑に関連しては、独立性を有する弁護人による弁護を含む公正な裁判を経ずに死刑判決が下される危険がある場合にも、NR原則が適用される可能性を示唆していると思われる。

　以上の諸事例が示すように、規約第2条が締約国に要求するNR原則は、一般的意見31の12項が定めるように、「自由権規約第6条及び第7条で予期するような、回復不可能な侵害の真正な危険があると信ずるに足りる実質的な根拠がある場合」に広く適用される。自由権規約の下では、当初は、引渡しまたは送還先の国で恣意的な死刑または第7条に違反するような肉体的または精神的な苦痛をもたらす死刑の科刑または執行が予見される場合に送還を禁止する原則として確認されたが、やがて、拷問等禁止条約第3条が禁止する「拷問」のおそれがある場合も含めて、第7条が禁止する残虐なまたは非人道的な取扱いまたは刑罰を受ける危険が予見される場合に送還を禁止する原則として広く適用されるようになっている。「第6条及び第7条で予期する」という文言は、such asという文言が付されているように例示であり、「回復不可能な侵害」の「真正な危険」が予見される場合は、他の条文についても今後認められる可能性を残している。たとえば、「強制失踪」とみなされるような秘密拘禁の真正なおそれのある場合などはこれに該当するかもしれない。また、「回復不可能な侵害」の「真正な危険」をもたらす主体は

---

86) *M. M. Jamshidian v. Belarus* (No. 2471/2014), Views of 8 November 2017, paras. 2.1-2.8, 3.1-3.3, 6.2-6.3, particularly paras. 9.3-9.5.

主要には送還先の国家機関であるが、HRCttee が、非国家主体によっても
たらされる危険にも NR 原則の適用を認めてきたことは、以上に見てきたと
おりである。しかし、NR 原則が、送還先国における犯罪集団や債権者など
一般私人による生命剥奪や暴行等からの保護までを送還を行う国に義務づけ
ているわけではなく、送還先国の人権保護意思または保護能力がどのような
状況にある場合に NR 原則の適用が認められるのかについての基準は、先例
法理上必ずしも明確になっているとはいえない。

　HRCttee に通報される事案（その多くは欧米先進諸国が被告国となる）は、
被告国の難民・庇護審査手続および犯罪人引渡しまたは退去強制手続におい
て国内行政・司法機関により送還先国での規約の「回復不可能な侵害」の
「真正な危険」はないと判定されたものである。しかし委員会は、総括的所
見を含む国連人権諸文書等で指摘されている送還先国の一般的人権状況に照
らして、人権の「回復不可能な侵害」の「真正な危険」が通報者個人につき
認められるか否かを審査してきており、規約違反の認定をした事例では、通
報者が主張した危険要因に対する国内審査機関の調査または検討の不十分さ
を指摘することが多く、NR 原則の違反は、委員会が国内審査機関の評価と
は反対に「回復不可能な侵害」の「真正な危険」があると認定した場合だけ
でなく、国内審査機関の手続上の瑕疵または通報者が主張した危険要因に対
する検討の不十分性を認めた場合にも、認定されていることに注意を払う必
要があろう。もっとも後者の場合、委員会の勧告は再審査を求めるものが殆
どである。

四　むすびにかえて

　わが国は、難民条約第33条１項、拷問等禁止条約第３条１項、強制失踪条
約第16条１項、自由権規約（第２条と併せ読んだ）第６条および第７条等に
基づいて追放・送還禁止の義務を負っており、これらの条約は、被送還者が、
送還先の国で、「生命又は自由が脅威にさらされる」、「拷問が行われる」、
「強制失踪の対象とされる」または（生命または身体に対する）「回復不可能な
侵害」がもたらされるおそれまたは「真正な危険」のあると信ずるに足りる

「実質的な根拠」がある場合には、その者の当該国に向けた追放・送還を禁止する。NR 原則が適用されるための要件となる危険の内容は、各条約により異なるが、上記いずれかの事由が認められる場合には、わが国はその者を危険のある国に対して引渡しまたは追放することができない。上記の各おそれの有無は、第一義的には各条約締約国が国内法に定める行政・司法手続（以下一括して「国内審査手続」）に従って決定し、難民条約ではこの決定が事実上確定的なものとなる。他方、条約実施機関による国家報告審査手続、個人通報手続および国家通報手続を設けている拷問等禁止条約、強制失踪条約および自由権規約では、国内審査機関によって最終的に確定されたこれらの条約の解釈・適用が、条約実施機関により審査され、とくに個人通報手続の下では、通報者に係る犯罪人引渡しまたは退去強制の決定が、各条約に定める NR 原則に違反するとして、まだ引渡しや送還が行われていない場合にはその停止、すでに行われた場合には賠償や再送還等が勧告されることがある。そこで本稿では、拷問等禁止条約第 3 条およびと自由権規約第 6 条および第 7 条に基づく NR 原則に関する個人通報事例を素材に、CAT および HRCttee の NR 原則の解釈・適用の特徴を示すいくつかの事件を検討してみた。

　二および三で示したように、CAT が拷問等禁止条約第22条 4 項の権限に基づき事実認定および証拠評価に対する独自の判断権限を強調する傾向があるのに対して、HRCttee は、どちらかといえば、国内審査機関の決定に裁判拒否に相当する重大な手続的瑕疵または明白な危険要因等の判断の誤りなどがない限り、当該決定を尊重する傾向があった。また CAT が拷問の定義に基づいて非国家主体の拷問行為を原則として第 3 条の守備範囲外とみるのに対して、HRCttee は、そのような制約を受けないため、非国家主体による人権侵害行為も必要に応じて「回復不可能な侵害」の危険の中に含める傾向がある。このように NR 原則に関する両者のアプローチの仕方には多少の違いは認められるが、双方とも国内審査機関が行った危険の評価を実質上否定して NR 原則違反を認定した事例は相当数に上る。「拷問」の「予見可能な、個人的な、現在する、及び、真正な」おそれまたは自由権規約第 6 条および第 7 条に定める権利の「回復不可能な侵害」の「真正な危険」があると

信ずるに足りる「実質的な根拠」の有無に関する CAT および HRCttee の危険評価の方法には、次のような特徴が見てとれる。すなわち、①送還先国の重大なまたは組織的な人権侵害状況の評価にあたっては直近の国家報告審査に対する総括的所見その他の国連人権文書または公的文書に依拠することが多く、送還先国につき懸念された人権状況に照らして被送還者の個人的事情の慎重な検討を締約国に要求すること、②個人的事情に関する事実認定および証拠評価については、予見される危険が被拘禁状態で行われる人権侵害（拷問、強制失踪、秘密拘禁等）であることから、挙証責任については、疑わしきは被害者の利益にという原則を含む挙証責任の分担と強制送還実施国の調査義務を重視すること、ならびに、通報者の供述内容で被告国が争わない事項は事実とみなすこと、③個人の安全確保の視点から適切な場合には非国家主体による人権侵害も NR 原則の対象とみなすこと、④送還先国からの外交的保証で実効的な監視や効果を欠くものおよび国内移住の選択可能性については委員会は危険を回避する十分な保証とは必ずしもみなしていないこと、といった点があげられよう。もっとも、CAT と HRCttee では、上記のアプローチの仕方の違いから、後者は、国内審査機関の犯罪人引渡しまたは退去強制の決定過程における審査の瑕疵に言及して第4審の例外事由にあたることを指摘する傾向があり、とくに重大なまたは組織的な人権侵害状況が認められる国においては、個人的危険要因に対する調査の不十分性が指摘される場合が多い。その場合は、前述のように、危険に関する何らかの形の再審査が勧告されることが多い。

　CAT および HRCttee は、拷問等禁止条約第3条または自由権規約第6条または第7条の NR 原則の違反を認定した場合には、委員会の意見をふまえて再審査を行う義務がある、犯罪人引渡しまたは強制送還を差し控える義務がある、またはすでに引渡しまたは送還されている場合には、賠償若しくは再送還義務があると勧告する場合が多い。これらの勧告のフォローアップに対する締約国の対応は、個々の事案の事情との関係もあり多様である[87]。最

---

87) See for example, CAT/C/63/3, pp. 1, 37; CAT/C/62/3, pp. 2, 4, 6-9; CAT/C/60/4, pp. 1-2, 5, 7-8, 10-13; CAT/C/59/3, pp. 1-2, 6-7; CAT/C/57/3, pp. 1-4 8-9; CCPR/C/121/R.1, pp. 10-18; CCPR/C/119/3, pp. 11-15, 23-25.

近の両委員会の個人通報フォローアップ報告を一瞥しても、一方では、スイスやオランダにように通常犯罪人引渡しの中止または暫定滞在許可と難民旅券発行で対応する国（対イラン、ロシア、トルコ、スーダン、ギニア送還等、ただし犯罪人引渡し事案では代理処罰を行う場合がある）、あるいは、フィンランドのように難民認定をし、または年数を区切った滞在許可を付与するが、事件によっては検討に時間を要する国（対コンゴ民主共和国、アンゴラ送還等）もある。他方、個々の事件の事情に応じて多様な対応をとる国もある。たとえば、カナダは、永住権または条件付き永住許可の付与（対ウガンダ、チュニジア、スリランカ送還）、永住権への切り替え可能な一時滞在許可の付与（対パキスタン送還）、国内決定機関の判断に対する適切な尊重を欠いた認定への不同意の表明と条件付き永住権または請求資格の付与（対パキスタン、ナイジェリア送還）等で対応し、デンマークは新庇護申請審査による居住許可（対スリランカ送還）を認めた事案もあるが、勧告にも拘わらず自主的退去を求めたり、新規の庇護審査を認めても不認定処分を行うなど比較的厳しい態度をとり（対トルコ、エジプト、バングラデシュ、ソマリア送還等）、またオーストラリアも、事件によっては、審査範囲を通報者の健康状態や非国家主体の行為にまで広げ、国際実行でも認められている国内移動の選択肢を否定するような委員会の見解には従えないとして、通報者に自主的退去を求めた場合（対アフガニスタン）がある。さらにはモロッコのように、犯罪人引渡しに同意しなければ一生拘禁状態に置くことを告げ、通報者に引渡しへの同意をせまる国（対サウジアラビア犯罪人引渡し）すらある。HRCttee により事案の再審査が求められている場合は、再審査によってデンマークのように生命や身体の回復不可能な侵害の真正な危険はないと再判定して国外退去を求めても、フォローアップ上満足のいく結果とみなされることがある。

　一で述べたように、わが国は入管法第53条3項2号および3号で拷問等禁止条約第3条1項および強制失踪条約第16条1項に規定する国への送還を禁止するほか、国内裁判所判決の中には、自由権規約第6条および第7条の趣旨に反して生命や身体に回復不可能な侵害の真正な危険のある国への送還については、入管法第53条2項の「（1項に定める）国に送還することができないとき」にあたるという解釈をとりうることを示唆したものが生まれてきて

いる。他方、犯罪人引渡しの場合には、逃亡犯罪人引渡法第2条の引渡し制限事由の中には上記のNR原則に関する規定がないので、引渡し禁止の直接の根拠となる規定を欠くが、NR原則に反する場合も同法第10条2項の「逃亡犯罪人を引き渡すことができないとき」に該当するという解釈をとれないことはないと思われる。したがって、上記諸条約に関連する行政不服審査または訴訟手続においては、個人通報事例を通じてCATおよびHRCtteeが形成してきたNR原則に関する先例法理にも十分に考慮を払った上で、原則的なNR原則の解釈・適用が望まれよう。もちろん、難民条約第33条1項、拷問等禁止条第3条、強制失踪条約第16条、自由権規約第6条および第7条のNR原則につき、条約実施機関の見解や決定等に関する検討も踏まえた上で、手続面および実体面にわたるより体系的国内法整備が望まれることはいうまでもない。

後記：博士課程になって国際人権保障を研究分野に選択して以来、宮崎繁樹先生の国際人権法論は研究だけでなく、日本の人権裁判への関わりでも、強制失踪委員会の委員の活動を実践する上でも常に一つの道標であった。今もって先生の理想主義とも思える高い人権理念までにはたどり着けないが、少しでも学恩に報いることができればと思って寄稿させていただいた。毎回のように出席されていた名古屋の大学院ゼミで親しくお話しさせていただいたこと、ハイデルベルグの古城でばったりお目にかかったことは、今や懐かしい思い出である。先生のご冥福をお祈りいたします。

2 日本における国際人権法の適用

教育分野における国家と個人
―国連・子どもの権利委員会による総括所見の分析を通じて―

荒 牧 重 人
山梨学院大学教授

はじめに
一　人権条約における教育への権利保障と国家の役割
二　国連・子どもの権利委員会による締約国に対する総括所見
三　国連・子どもの権利委員会による日本に対する総括所見
おわりにかえて

はじめに

　国家と個人の関係について、教育の分野でも以前から国内外で問われてきた。

　日本では、1872年の学校制度の発足以降、大日本帝国憲法・教育勅語体制の整備・構築、侵略・戦争の時代、第２次世界大戦後の日本国憲法・教育基本法の制定、いわゆる逆コースを経て、中央集権的な教育が制度的にも実践的にも展開され、そして現在でも新自由主義的な「教育改革」が推し進められている。その意味では、日本の近代以降、教育において国家と個人の関係が政治的・社会的にも課題になってきた（いるし）、理論的にも避けて通れない問題である。日本では、とくに教育を国家体制構築・再編の手段・道具にしてきた部分が強い。その背景には、教育勅語が「国民道徳」になっていく、また植民地支配にも活用されてきたことに象徴されるように、国家が教育を通じて個人の領域まで介入することに国民が「慣らされてきた」歴史もある。それに関する研究は膨大な量にのぼるので、他に譲るほかない[1]。この問題は、教育裁判においても、とりわけ家永教科書検定訴訟では34年にわ

たり中心的争点であり続けたし、いまは「日の丸・君が代裁判」等で問われている。

　小論では、このような日本の歴史や状況を念頭におきながら、国際機関で採択された人権条約の検討を通じてテーマに迫りたい。周知のように、批准した人権条約を国内法規範化していく際に国家と個人の関係が課題になるし、また人権条約は国家（立法・行政・司法等の機関）を拘束することによって個人の人権を保障しようとするもので、国家と個人の関係が鋭く問われるからである。そして、この問題は、義務教育段階でとりわけ先鋭に現れるので、小論ではその世代を対象にしている子ども（児童）の権利に関する条約（以下、条約と略す）を中心に検討する。とくに、国連・子どもの権利委員会（以下、CRCと略す。）による条約の実施状況について審査を経て採択される、締約国とりわけ日本に対する総括所見（concluding observations）の分析を通じて、課題に迫ることにする[2]。なお、教育分野に関する総括所見については時期区分をして分析するほど、CRCの会期により特徴があるわけではない。

　総括所見については（締約国審査にもいえることであるが）、①締約国報告書の内容や締約国政府による審査の対応、②NGOや国際機関からの情報や提言、③CRCのこれまでの一般的意見や一般的討議の内容、④CRC委員のキャリアや関心項目、CRCの審議時間（近年は選択議定書の審議を含め2会合6時間）、⑤CRCの審査・総括所見等の蓄積や関連人権条約の審査・総括所見、そして⑥審査・総括所見を担当する事務局の水準など、さまざまな要因が絡み合っているので、その分析にあたっては、総括所見のなかで懸念・勧告されている項目だけでCRCの水準を把握してはならないであろう[3]。小論は、ある意味では、条約の規定やCRCの一般的意見等から指摘しうる、条約における教育への権利に関する認識やその内容について、CRCの総括

---

1)『日本教育法学会年報』（有斐閣、現在まで48号発行）、姉崎洋一ほか編『新訂版　ガイドブック教育法』（三省堂、2015年）等を参照。

2) 国連・子どもの権利委員会の総括所見では、委員会の一般的意見もしばしば参照される。その一般的意見については、拙稿「子どもの権利条約と教育への権利保障——国連・子どもの権利委員会の一般的意見の分析」戸波江二先生古希記念『憲法学の創造的展開　下巻』（信山社、2017年）およびそこでの注。

所見を通じて改めてかつ具体的にしようとする作業でもある。

なお、小論では、CRC の総括所見については、便宜上（注）ではなく、〔　〕内で会期と国とパラグラフ番号等を表示する。

一　人権条約における教育への権利保障と国家の役割

1　詳細な教育規定とその内容

人権条約は、これまで拙稿でも再三指摘してきたように[4]、教育への権利保障を重視し、詳細に規定している。たとえば、経済的、社会的及び文化的権利に関する国際規約（以下、社会権規約と略す）は、13条に加えて14条の初等教育実施義務を含む詳細な国家の義務を規定し、また子どもの権利条約は、第28条に加えて第29条で教育目的を独立の条文で規定し、さらに当事者が参加するなかでより現実的で詳細な規定を有する障害者の権利に関する条約でも、教育に関しては充実している（24条）。

教育はそれ自体で権利であるとともに、他の権利を実現する不可欠な手段なのである。日本国憲法も、個人の尊重（第13条）を基本にして教育を権利として規定している（第26条）。

人権条約では、総じて（たとえば条約第41条等、より有効な規範の適用規定も考慮すると）、次のような教育への権利保障の内容になっている。

①すべての者のあらゆる段階での権利

すべての者の権利という側面は、教育における差別の禁止と平等なアクセスの促進、ならびにこれまで充分に保障されてこなかった女性・障がいのある人・難民さらには少数者・先住民族などの主体別の教育への権利保障という2つの方向で実質化されている。また、この権利は生涯にわたるあらゆる

3）国連・子どもの権利委員会による総括所見のフォローアップとしては、子どもの権利条約 NGO レポート連絡会議編『子どもの権利条約から見た日本の子ども』（現代人文社、2011年）が参考になる。なお、第4回・第5回統合日本政府報告については、拙稿「子どもの権利条約第4・5回日本政府の検討と報告制度の効果的活用」山梨学院大学法科大学院『ロー・ジャーナル』第12号（2017年11月）を参照。

4）拙稿「人権条約と教育人権」永井憲一編『憲法と教育人権』（日本評論社、2006年）等を参照。

段階での権利と捉えられている。

②保障される教育の内容を問題にする権利

　教育に関する規定は、教育の目的として、人格の全面的発達と人格・自己価値の尊厳の意識の発展、人権・基本的自由、人間の多様性の尊重、すべての民族・集団等の相互理解・寛容・ジェンダーの平等・友好の促進、文化的アイデンティティ等の尊重、平和の構築・維持、自然環境の尊重、自由かつ民主的な社会への効果的な参加など、教育の個人的側面と社会的側面の両方にかかわる規定をしている。このことは教育への権利が価値志向性を持つ権利であり、保障されるべき教育の質を問題にする権利であることを示している。この権利は、教育へのアクセスの平等やそのための条件整備のみならず、各人が上の教育目的にふさわしい教育をいかに獲得するかがこの権利実現の鍵である。この教育の目的規定をどのように位置づけるか、その規範性を考えるのかなどの点で、国家と教育の関係についての捉え方が変わってくる。

　なお、この教育の目的は、とりわけユネスコの一連の宣言やCRCの一般的意見1「教育の目的」（2001年）等で、その内容や実現方法について具体化されている。

③教育への権利を保障する条件の整備

　教育への権利に対応する国家の義務として、初等教育の義務制と無償制、中等教育および高等教育への漸進的無償制を含むアクセス保障、教育・職業に関する情報・指導へのアクセス、定期的な通学の確保、基礎教育の促進、学校制度の発展、教育職員の条件の改善などを規定している。

④「教育の自由」「学問の自由」

　教育への権利の保障に国家が積極的に関与し義務を果たさなければならないからといって、人権条約は国家の役割に全面的な信頼を寄せているわけではない。たとえば社会権規約は、教育の目的、親の私立学校選択および宗教的・道徳的教育確保の自由、個人および団体の私立学校設立の自由という3つの点から、教育の国家的独占・支配について歯止めをかけている。

　なお、子どもの教育に関する親の自由は、子どもの権利の前に絶対的でありえない。親の教育の自由は、条約からすると、子どもの権利保障のための自由として位置づけられる。教育への権利は学問の自由の保障とも密接にか

かわる。

条約では、学校の規律や懲戒を人間の尊厳に適合する方法で、かつ条約の権利を尊重して運用するよう定めている（第28条2項）ことを改めて付言しておこう。

2　教育への権利の実現にむけた国家の義務

1で述べたことを違う側面からいうと、いかに教育の目的規定や教育の自由等をふまえながら、国家としての義務を果たすかということが課題になる。たとえば社会権規約は漸進的実現を規定し、利用可能な資源の限界による制約を認めているものの、締約国に対して教育への権利がいかなる差別もなしに行使されることを保障し、同規約第13条の全面的実現に向けて行動をとる義務のような即時的義務を課している。そして漸進的実現とは、締約国に第13条の全面的実現にむけてできるかぎり迅速にかつ効果的に行動する具体的で継続的な義務があることを意味する。教育への権利の関連でなんらかの後退的措置をとることについては、その許容性を認めない強い推定が存する（社会権規約委員会一般的意見13、パラ43～45等）。そして、社会権規約第13条の違反は、締約国の直接的な行動（作為）または規約が求める行動をとらないこと（不作為）を通じて生じうる（同59等）。

以上のことは、条約における教育への権利規定にも当てはまる。

二　国連・子どもの権利委員会による締約国に対する総括所見

CRCによる締約国に対する総括所見をみるなかで、条約の規定をどこまでふまえ、審査・総括所見を採択しているかについて検討してみよう。その際、締約国審査が始められた1993年1月の3会期から2019年1月の80会期まですべての総括所見を取り上げるわけにはいかないので、その典型的なものを検討することにする。

1　教育への平等のアクセス

教育への権利保障の中心的課題はなお教育への平等のアクセスであり、総

括所見の圧倒的多数は当初より、教育へのアクセスが充分ではないこと、その改善のための措置を求めるものである。とりわけ途上国において、非識字率、就学率・出席率、中途退学率・留年率等が問題にされている（最貧国といわれる国には、社会権規約第14条で特別に整備するよう規定されている。初等の義務教育制度の確立・強化も指摘されている）。

　また、女子、非都市部の子ども、マイノリティ、難民・移民、貧困層の子どもなど、とくに不利な立場に置かれたグループに属する子どもの状況に関する指摘が多い。差別の禁止の原則（条約第2条）を重視する委員会の姿勢が、教育へのアクセスの分野でも貫かれているということができる。

　たとえば、すでに93年3会期のエジプトに対して次のような勧告がなされていた。

9．6歳から14歳の非常に多くの子どもたちが労働力となっており、そのため学校に行く可能性をまったくまたは部分的に有していないことについても具体的懸念が表明される。子どもは季節的活動に一定程度貢献することができるが、彼らが初等教育を利用でき、かつ危険な条件下で働かないようにするための配慮は常に行われるべきである。

10．学校における教育の質も懸念材料であり、かつ、高い中退率の説明になっている可能性がある。この問題は、教育方法、カリキュラムおよび充分な教材の欠如と関係するものである。

12．委員会は、条約第2条に規定されている差別の禁止の原則は強力に適用されなければならないことを強調する。一部の集団の子ども、とりわけ女子および非都市部の子どもに対する差別を解消するために、より積極的なアプローチがとられるべきである。報告書で述べられている識字率および就学率の格差に関しては、女子が学校に行く権利を享受できるように、女子が直面している障がいに対する充分な取り組みが行われなければならない。この点に関して、親の意識を向上させるためにさらなる措置をとることができよう。

　また、インドネシアに対しては次のような勧告がなされている〔04年の35会期パラ63〕。

63．……

(a) 無償の完全初等教育を達成するための措置を強化すること。

(b) 都市部、農村部および最も発展が遅れている地域の女子および男子がいかなる金銭的障壁もなく教育機会に平等にアクセスできることを、漸進的に確保すること。

(c) すべての子どもが乳幼児期教育にアクセスできるようにするための追加的措置を

実施すること。

(d) 中退率、留年率および非識字率を低下させるための効果的措置をとること。

(e) 婚姻した子どもおよび妊娠した10代に対して教育機会を提供すること。

(f) 教員が充分な訓練を受けることを確保するための努力を追求すること。

(g) 子どもの権利を含む人権を学校カリキュラムに導入するために適当な措置をとること。

(h) 学校における暴力を減少させるための措置をとること。

(i) 教育部門を向上させるため、ユネスコ、ユニセフ、アジア開発銀行および市民社会と引き続き協力すること。

さらに、教育へのアクセスおよびその継続を保障するための条件（インフラストラクチャー）の整備ということにも焦点が当てられている。義務教育・無償教育の確立をはじめとして、教育制度の整備や強化が求められている。その一環として、教育への予算配分に関する問題点も指摘されている。具体的な外的条件としては、教員の不足や教員養成の不充分さに関して指摘が行われている。このほか、就学のための便益（教育施設や教材など）に関する勧告がなされている。

これらの指摘が、教育の質の向上に絡めてなされていることも総括所見の特徴である。さらに、教育に関してとった措置を「教育の質に関するものも含めて」定期的に評価するシステムを確立するよう促している例もある〔97年の15会期ガーナ43、97年の16会期トーゴ49等〕。ただし、教育の質に大きな影響を与える条件である教育・生徒比率については、あまり懸念が表明されていない〔たとえば初期では、97年の14会期シリア16、97年の15会期ガーナ22、同バングラデシュ22等で言及されてはいる〕。

しかし、こうした指摘はおおむね一般的・抽象的であり、質の高い教育とはどのようなものなのかという点が明らかにされていない。また、「子どもの就学率および出席率を相当に向上させるための、および、教育の質ならびに適切さを改善するための、低コストではあるが効果的な戦略を発展させるために、さらなる取り組みを行うことを提案する。そのような措置の導入は、子どもたちに学校に出席する気を起こさせ、かつ、教育の価値を家族に納得させることに対するこれまでの決意をさらに示す一助となるはずである」〔95年の9会期ニカラグア38〕という所見に象徴されているように、教育の

質の向上については、それ自体が子どもの権利としてとらえられるよりも、就学と中退防止を促進するための手段として位置づけられている場合が多い。

なお、教育へのアクセス保障について、多くの途上国でユニセフ・ユネスコ・関連 NGO との協力・支援を受けて確保するよう勧告されている。

もちろん、教育へのアクセス保障については、先進国においても重要な課題であり、予算措置を含め具体的手立てを勧告している。たとえば、スウェーデン〔99年の20会期パラ20〕、イギリス〔08年の49会期パラ66・67〕、ニュージーランド〔11年の56会期パラ46・47〕などでは次のように指摘されている。

スウェーデン：

20. 委員会は、予算削減が子どもの教育への権利に与える影響について依然として懸念する。委員会は、締約国に対し、補習教育に対するより高い水準の資金拠出を回復し、かつ、特別な援助のニーズを有する子どもたちへと対象を拡大する決定を行うよう奨励するものである。……

イギリス：

67. ……

(a) 子どもの社会的背景が学校の成績に及ぼす影響を減少させるための努力を継続しおよび強化すること。

(b) 不利な立場にあり、周縁化されており、かつ学校から離れているあらゆる集団の子どもに対して〔権利の〕全面的享受を確保する真にインクルーシブな教育に対するすべての子どもの権利を確保する目的で、相当の追加的資源を投入すること。

(c) 学校に通っていないすべての子どもが良質な代替的教育を受けることを確保すること。

(d) 懲戒措置としての停退学を最後の手段としてのみ用いるようにし、停退学の件数を減少させ、かつ、学校との紛争を抱えた子どもを援助するため学校にソーシャルワーカーおよび教育心理学者を配置すること。……

(i) 北アイルランドにおける分離教育に対応するための措置をとること。

(j) イレブンプラス進学先決定試験を廃止することによって北アイルランドの二層化文化に終止符を打つとともに、すべての子どもが初等学校後の就学受け入れ体制に含まれることを確保すること。

ニュージーランド：

46. ……

(a) すべての子どもが、少なくとも社会的に不利な立場に置かれた家族および子どもに対しては無償で提供される、質の高い乳幼児期の教育およびケアにアクセスできることを確保すること。

（b）子どもの民族的（文化的・地域的）ならびに社会的背景がその就学および通学に及ぼす悪影響を低減させるための努力を継続しかつ強化すること。

（c）真にインクルーシブな教育に対するすべての子ども（不利な立場に置かれた、周縁化されたおよび学校から距離のあるすべての集団の子どもを含む）の権利を確保するため、相当の追加的資源を投入すること。

（d）退学または停学の懲戒措置は最後の手段としてのみ用いること、停退学の件数を削減すること、および、学校生活に関してリスクを有する子どもを援助するため学校にソーシャルワーカーおよび教育心理学者が配置されることを確保すること。

（e）親が圧力によって学校に寄付させられないこと、および、親がそのような寄付をしないまたはできない場合に子どもに汚名が着せられないことを確保すること。……

2　教育・学校のあり方

(1)　競争主義的な教育制度の改善

　CRC は、教育・学校のあり方に無関心だったわけではない。たとえば、教育制度の根幹にかかわる競争主義的な教育制度について、韓国〔96年の11会期パラ16・29、03年の32会期パラ52・53、11年の58会期パラ62・63〕、香港〔96年の13会期パラ31・32、05年の40会期パラ76・78、13年の64会期パラ77・78〕、シンガポール〔03年の34会期パラ42・43、11年の56会期パラ58・59〕、タイ〔06年の41会期パラ64・65〕等で指摘されている。

　日本以上に競争主義的な教育制度を有する韓国では、次のような指摘がなされている（2011年）。

62. ……委員会は、締約国の教育制度において、深刻なほど競争的な状況がいまなお蔓延していることを懸念する。委員会はまた、課外で行われる民間の追加的指導を子どもが広く受けている結果、子どもが深刻かつ不相応なストレスを受けており、かつその身体的および精神的健康に悪影響が生じていることも懸念するものである。さらに委員会は、このような民間の指導の金銭的負担のためにすでに存在する社会経済的非対称性が悪化していること、および、これによって余暇および文化的活動に対する子どもの権利の充分な実現が阻害されていることに、懸念とともに留意する。……

63. 委員会は、締約国が以下の措置をとるよう勧告する。

（a）第29条、および教育の目的に関する委員会の一般的意見1号（2001年）を正当に考慮しながら、現行教育制度および関連の試験についての評価を行うこと。

（b）民間の課外教育に対する幅広い依存の根本的原因およびその結果として生ずる高等教育へのアクセスの不平等に対応する目的で、公教育制度を強化するための努力を倍加すること。

(c) 条約第31条にしたがい、充分な余暇、文化的活動およびレクリエーション活動を享受する子どもの権利を確保すること。……

(2) 教育の目的の実現

また、条約の教育の目的規定に言及する勧告も出されている。CRC は当初から一貫して、人権教育の促進、学校のカリキュラムへの導入等について途上国・先進国を問わず指摘している。しかしその多くは、条約第29条あるいは CRC 一般的意見 1 を一般的にふれるか、第29条 1 項（d）＝国際理解・平和・寛容・平等・友好等の促進に言及することが多い。

たとえば、「国連人権教育の10年」に関わってノルウェーに対して〔94年の 6 会期パラ21〕、また、一般的意見 1 「教育の目的」が採択された2001年には、ベルギー〔02年の30会期パラ25、26〕に対して「人権教育」という項目で次のような指摘をしている。

ノルウェー：
21. 委員会はまた、とくに人権教育のための10年を設定する可能性に関する総会決議48/127にかんがみ、人権教育の促進に関して締約国が進めてきている政策も歓迎し、かつ、締約国に対し、この機会を活用して、児童を対象としたカリキュラムに子どもの権利条約についての教育を編入することを促進するよう、奨励する。
ベルギー：
26. 委員会は、締約国が、教育の目的に関する委員会の一般的意見 1 号を考慮に入れ、子どもの権利を含む人権を、とくに人権、寛容、両性の平等ならびに宗教的および民族的マイノリティの平等の尊重の発展との関連で、すべての初等中等学校のカリキュラムに含めるよう勧告する。

なお、少数であるが、ユネスコが提唱する「子どもにやさしい学校」づくりに言及する例もみられる〔00年の24会期グルジア53、同スリナム52、10年の53会期モンゴル60等〕。

(3) 子どもの意見表明・参加の促進

加えて、学校における子ども参加、あるいは教育問題の解決における子ども参加については、一般的（抽象的）に指摘するものが多いが、具体的な提案・勧告も行われている。学校における子ども参加についての勧告は多い。

初期の段階からたとえば、イギリスに対して次のような勧告が行われていた〔95年の8会期〕。

32. 教育に関わる問題に関して、委員会は、退学に対して異議申立てをする子どもの権利を効果的に確保するよう提案する。自己に関わる学校運営上の問題に関して意見を表明する機会を子どもたちに提供することを確保するための手続の導入も、提案されるところである。さらに、委員会は、教員の養成カリキュラムに子どもの権利に関する条約についての教育を盛りこむよう勧告する。条約の一般原則および第29条の規定に照らし、教授法が条約の精神および哲学に影響を受け、かつそれを反映するよう勧告されるところである。委員会はまた、締約国が、子どもの権利に関する条約についての教育を学校カリキュラムに導入する可能性を検討するようにも提案したい。民間の財源によって運営されている学校における体罰の使用を禁ずるため、立法措置が勧告されるところである。

教育評価等に関わる子ども参加に言及している例もある〔たとえば、00年の25会期スロバキア〕。

45. ……委員会は、子どもが自己の学校成績の評価に参加する権利を有していないことを懸念するものである。

46. 委員会は、締約国における教育が、条約第29条にしたがい、子どもの人格、才能ならびに精神的および身体的能力を子どもの積極的参加を得ながら最大限可能まで発達させることを指向すべきことを勧告する。

3 教育に関する諸問題の改善

いじめは当初から問題にされており（その後、体罰、それを含めた子どもに対する暴力の防止・禁止に進展していく）、その解決について子ども参加やソーシャルワーカー等の関与も指摘されていた。日本に続いて最も早い段階でいじめ問題が取り上げられた国の1つであるスウェーデンに対して次のように指摘されていた〔99年の20会期〕。

19. 1999年の年次学校監査をいじめの問題に集中して行うという締約国の計画は歓迎しながらも、委員会は、締約国に対し、学校におけるいじめを防止するための努力を継続すること、この現象の規模に関する情報を収集すること、および、とくに、この問題への充分な対応およびその解決に子どもが参加できるようにするための具体的な体制を確立することを、奨励する。

その後、スウェーデンに対しては、「いじめ」を項目にして勧告している〔09年の51会期〕。

58. 学校におけるいじめと闘うためにとられた多数の措置、とくに、児童生徒の差別その他の形態の品位を傷つける取り扱いを禁ずる法律（2006: 67）の関連規定、スウェーデン教育庁の責任のもとで行われるいじめに関する取り組みおよび児童生徒オンブズマン（BEO）による取り組みを歓迎しながらも、委員会は、学校におけるこの現象、とくに障がいのある子どもおよび外国系の子どもに対するものが根強く残っていることを依然として懸念する。

59. 委員会は、締約国が、いじめと闘うためにとられる措置を強化し、かつ障害のある子どもおよび外国系の子どもに対して特段の注意を払うとともに、いじめを削減するための取り組みへの子どもの参加を確保するよう、勧告する。このような措置においては、教室外または校庭で行われる新たな形態のいじめおよびいやがらせ（携帯電話によるものおよびバーチャルな会合場所におけるものを含む）への対応も行われるべきである。

　そのほかにも、教育をめぐる問題について、締約国の課題に応じた総括所見は多様に採択されている。

　たとえば、学校を通じて食事を供給し保健の提供を補完することを奨励されたホンジュラス〔94年の7会期パラ31〕、母語やマイノリティの言語による教育を提案・奨励されたセルビアモンテネグロ〔96年の11会期パラ29〕や中国〔96年の12会期パラ40〕等の多くの多民族国家、有罪判決を受けた子どもが施設等で働くことを防止する措置を求められたデンマーク〔01年の27会期パラ39〕、テロリズムの悪影響への対処を求められたスペイン〔02年の30会期パラ44〕、10代の母親の継続教育を促進・奨励するための教育プログラムを勧告されたイギリス〔02年の31会期パラ47、48〕、学校民営化が子どもの教育への権利に及ぼす影響評価を実施するよう勧告されたイギリス〔同〕、学習障害のある子どもに対するサービスのさらなる発展を勧告されたドイツ〔04年の35会期パラ53〕、さらに学校における宗教的標章・服装の着用等の禁止を再考するよう求められたドイツ〔04年の35会期パラ30、31〕やフランス〔09年の51会期パラ45、46〕、学校に通っていないすべての子どもが良質な代替的教育を受けることを確保することや親のケアを受けていない子どもの最善の利益を擁護する代理人の任命を求められたイギリス〔08年の49会期パラ66〕、校則の改善を求められたアイスランド〔11年の58会期パラ47〕、教育における宗教的マイノリティの権利保障を促されたポーランド〔15年の70会期パラ22、23〕など多様である。

さらに、乳幼児期の発達や教育との連続性等を考慮した勧告や、近年では持続可能な開発目標（SDGs）との関連づける勧告も出されている。

三　国連・子どもの権利委員会による日本に対する総括所見

1　日本における教育に関する総括所見の内容

CRC による日本に対する総括所見はこれまで 4 回出されている。これらの総括所見の実現にとっては、条約の性質上これを批准した政府・行政機関の役割が重要であるが、とくに日本の教育分野においては、それと当時に地域や学校、家庭における教育自治的な解決も求められている。

(1)　第 1 回総括所見（CRC/C/15/Add.90　1998年）

第 1 回総括所見では、子どもが高度に競争的な教育制度のストレスにさらされ、その結果として発達障害が生じており、学校忌避も相当数に上ること〔22〕、教育へのアクセスにおける不平等があること、社会のあらゆる分野、とくに学校制度において子どもの参加権（第12条）を行使する上で困難に直面していること〔13〕、学校における体罰やいじめなどの暴力が頻繁に発生していること〔24〕、学校においてプライバシーが侵害されていること〔15〕、人権教育が不充分なこと〔23〕など、教育の基本問題を含めに懸念が表明された。そのうえで、これらに対応する形で、勧告がなされている〔43、35、45、36、44等〕。

35. 条約の一般原則、とりわけ差別の禁止（第 2 条）、子どもの最善の利益（第 3 条）および子どもの意見の尊重（第12条）の一般原則が、政策に関する議論および意思決定の指針となるのみならず、いかなる法改正ならびに司法上のおよび行政上の決定においても、かつ子どもに影響を与えるあらゆる事業および計画の発展および実施においても適切に反映されることを確保するために、さらなる努力が行われなければならないというのが委員会の見解である。……

36. 委員会は、締約国に対し、とくに家庭、学校、ケアのための施設および他の施設において子どものプライバシーへの権利を保障するために、法的措置も含めて追加的措置をとるよう勧告する。

43. 競争の激しい教育制度が締約国に存在すること、ならびにその結果として子ども

の身体的および精神的健康に悪影響が生じていることをふまえ、委員会は、締約国に対し、条約第3条、第6条、第12条、第29条および第31条に照らして、過度のストレスおよび学校ぎらい〔学校恐怖〕を防止しかつそれと闘うために適切な措置をとるよう勧告する。

44. 委員会は、締約国に対し、条約第29条にしたがって、人権教育を系統だったやり方で学校カリキュラムに含めるために適切な措置をとるよう勧告する。

45. とくに条約第3条、第19条および第28条2項に照らし、委員会は、学校における暴力を防止するため、とくに体罰およびいじめを解消する目的で包括的な計画を作成し、かつその実施を注意深く監視するよう勧告する。加えて、委員会は、家庭、ケアのための施設およびその他の施設における体罰を法律で禁止するよう勧告するものである。委員会はまた、代替的形態によるしつけおよび規律の維持が子どもの人間の尊厳と一致する方法で、かつこの条約に従って行われることを確保するために、意識啓発キャンペーンを行うようにも勧告する。

(2) 第2回総括所見 （CRC/C/15/Add.231 2004年）

CRCは、とくに差別の禁止、学校制度の過度に競争的な性質およびいじめを含む学校での暴力に関する勧告は充分にフォローアップされていないこと、これらの懸念および勧告が第2回総括所見においても繰り返されていることに留意しながら〔6〕、教育の分野では次のような勧告をしている。

50. 委員会は、締約国が以下の措置をとるよう勧告する。

a. 高校を卒業したすべての生徒が高等教育に平等にアクセスできるよう、高い水準の教育の質を維持しつつも学校制度の競争的性質を緩和する目的で、生徒、親および関連の非政府組織の意見を考慮に入れながらカリキュラムを見直すこと。

b. 生徒および親と連携しながら、学校における問題および紛争、とくに（いじめを含む）学校における暴力に効果的に対応するための措置を発展させること。

c. 東京都に対し、定時制高校の閉鎖を再検討し、かつ代替的形態の教育を拡大するよう奨励すること。

d. マイノリティ・グループの子どもが自己の文化を享受し、自己の宗教を表明しまたは実践し、かつ自己の言語を使用する機会を拡大すること。

e. 教科書でバランスのとれた見方が提示されることを確保するため、教科書の審査手続を強化すること。

第2回総括所見の特徴として、「子どもの権利基盤アプローチ」の必要性が強調されている。たとえば、立法を包括的に見直おすことを求めている〔11〕。第2に、「包括的」「体系的」「全面的」等の表現で、立法・行政等の

総合的対応が要請されている。教職員等に対する条約の原則および規定の体系的な教育・研修を実施すること〔21b〕、条約第13条・第14条・第15条の全面実施を確保するために学校内外で生徒が行う活動を規制する法令等を見直すこと〔30〕、プライバシーに対する子どもの権利の全面的実施を確保すること〔33、34〕、障がいのある子どもが教育制度や文化的活動等において全面的に統合されていないため、いっそうの統合を促進すること〔43、44b〕などが求められている。第3に、子どもの意見の尊重、子どもの権利救済・監視の分野において、子どもに対する社会の伝統的態度により制限されている子どもの意見の尊重について、家庭・学校・裁判所等で、それらを促進し便宜を図ること、そして子どもがこの権利を知るようにすること、さらに親や教育者等に教育的情報を提供することが勧告されている〔27、28ab〕。また、子どもの意見が政策や子どもたち自身にどのような影響を与えているかについて定期的検討を行うことや、学校や施設において政策を決定する場に子どもが制度的に参加できるようにすることが勧告されている〔28cd〕。さらに、青少年育成施策大綱を子ども等とともに継続的に見直すこと〔13〕、子ども等と連携しながら児童虐待防止のための分野横断的な国家戦略を策定すること〔38a〕、障がいのある子どもに影響を及ぼすあらゆる政策を子ども等とも連携しながら見直すこと〔44a〕、学校制度の競争的性質を緩和する目的で生徒等の意見も考慮に入れながらカリキュラムを見直すこと〔50a〕なども勧告されている。子どもの権利救済・監視に関わっては、人権擁護法案の見直し、子どもの権利救済を確保するための人権委員会のあり方〔14、15ab〕、自治体レベルでのオンブズ設置の促進とその人的・財政的資源の確保などが勧告されている〔14、15cd〕。関連して、体罰については、施設や学校の子どもを対象とした苦情申立てのしくみを強化することにより不当な取扱いの苦情が効果的にかつ子どもを配慮した方法で対応すること〔36c〕、性的搾取について、子どもに配慮した方法で苦情を受理、監視、調査および訴追する方法についてソーシャルワーカー・児童相談所職員・検察官等を訓練すること〔52c〕なども勧告されている。第4に、子どもに関する施策の評価が必要とされている。広報・研修において、意識啓発キャンペーン、研修および教育プログラムが態度の変革、行動および子どもの取扱いに与えた

影響を評価すること〔21a〕、子どもの意見の尊重において、子どもの意見がどのぐらい考慮されているか、政策やプログラムおよび子どもたち自身にどのような影響を与えているかについて定期的検討を行うこと〔21c〕が勧告されている。第5に、子どもの権利についての広報・教育・研修等を通じて意識の変革が求められている。広報・研修の項目では、子どもが権利の主体であることに関する意識啓発キャンペーンを強化すること、子どもとともにおよび子どものために働いているすべての者を対象として条約の原則・規定に関する体系的な教育・研修を実施すること、意識啓発キャンペーンや研修・教育プログラムが態度の変革や行動や子どもの取扱いに与えた影響を評価すること、人権教育およびとくに子どもの権利教育を学校カリキュラムに含めることが勧告されている〔21〕。そして、女子、障がいのある子ども、アメラジアン、コリアン、部落、アイヌその他のマイノリティ、移住労働者の子ども、難民・庇護申請者の子どもに関して社会的差別と闘いかつ基本的サービスへのアクセスを確保するため、とりわけ教育・意識啓発キャンペーンを通じて、あらゆる必要な積極的措置をとること〔25〕、意見を考慮される子どもの権利および子どもの参加の権利について親・教育者・行政職員・司法関係者・社会一般に対し教育的情報を提供すること〔28a〕、体罰に関する態度を変革するため、子どもの不当な取扱いの悪影響について教育キャンペーンを実施すること〔36b〕、児童虐待において子どもに配慮した方法で苦情を受理・監視・調査・訴追する方法について法執行官・ソーシャルワーカー・児童相談所職員・検察官に対する研修を増すこと〔38d〕、思春期の精神的健康の問題に子どもに配慮したやり方で対応する方法について、教職員やソーシャルワーカーや子どもとともに働くその他の者を訓練すること〔46c〕、未成年者の性的虐待や性的搾取に関連する法律についての資料の提供や教育プログラムのような、性的サービスの勧誘・提供を行う者を対象とした防止措置を発展させること〔52d〕などが勧告されている。第6に、当事者である子どもをはじめ、市民社会（市民・NGO等）などさまざまな主体の参加とそれらと連携が必要とされている〔18、19、28〕。とくに市民社会・ソーシャルワーカー・親および子どもと連携しながら児童虐待防止のための分野横断的な国家戦略を策定すること〔38a〕、障がいのある子どもおよび関連の非政

府組織と連携しながら障がいのある子どもに影響を及ぼすあらゆる政策を見直すこと〔44a〕、児童相談所・ソーシャルワーカー・教職員・ヘルスワーカーその他の関連の専門家と協力しながら、若者の自殺に関する国家的行動計画を策定・実施すること〔48〕、生徒・親および関連の非政府組織の意見を考慮に入れながら高い水準の教育の質を維持しつつも学校制度の競争的性質を緩和する目的でカリキュラムを見直すこと〔50a〕などが勧告されている。

このように、教育に関連する内容は非常に多い。その一方で、日本の子どもたちにとって依然深刻ないじめや不登校の問題についての勧告が不充分である。差別の禁止・撤廃については、新たにアメラジアン、移住労働者の子ども、難民や庇護申請者に言及されたとはいえ、その指摘が一般的である。

(3) 第3回総括所見（CRC/C/JPN/CO/3 2010年）

第3回総括所見において「懸念」よりも強く「遺憾」に思われている事項は、子どもオンブズパーソン等の独立した監視機構に関する情報の不存在〔17〕、児童相談所における専門的処遇の体系的評価の不充分さ〔62〕などである。「強く勧告」されている事項は、子どもの権利の包括的な法律の制定〔12〕、子どもの権利実現に向けた資源配分〔20〕、家庭を含むあらゆる場面での体罰の法禁および効果的な実施〔48〕などである。これまでよりも踏み込んだ詳細・具体的な懸念・勧告としては、体罰をはじめとする子どもへの暴力の禁止・防止〔47〜49〕、障がいのある子どもの権利保障〔58〜61〕などである。

また、日本の子どもをめぐる今日的な課題である「子どもの貧困」・格差ならびに家庭環境の問題に焦点が当てられた。とりわけ、条約のすべての分野を網羅する子どものための国家的行動計画の策定〔15・16〕、子どもの貧困等に対応し子どもの権利実現に向けた予算の見直し・配分〔19・20〕、貧困下で暮らしている子どもや権利侵害を受けるおそれのある子どものデータ収集〔21〕、ワーク・ライフ・バランスの促進や子どもの権利の意識啓発を含む家族支援、とくに不利な立場に置かれた家族の優先的な対応〔50・51〕、子どもの貧困を根絶するための適切な資源配分、貧困削減戦略の策定、子どものウェルビーイング・発達にとって必要な家庭生活の保障に関する監視措

置〔66・67〕、子どもの扶養料の回復のための措置〔68〜69〕、マイノリティ・先住民族の子どもへの差別について生活のあらゆる分野での解消措置〔86・87〕などの勧告がなされている。

　さらに、これまで明示的に取り上げられなかった問題について新たに懸念が表明され勧告がなされた。とくに、企業セクター・民間部門の規制〔27・28、39・40〕、遊び、余暇および文化的活動〔76〕、難民の子ども〔77・78〕などである。

　これらはいずれも教育への権利保障に関連する（欠かせない）内容である。しかし他方で、第1回・第2回総括所見や第3回審査の内容に照らし、不充分な懸念表明・勧告もある。広報・研修〔23・24〕、差別の禁止〔33・34〕、子どもの意見の尊重・子ども参加〔43・44〕等については、条約の実施状況は不充分にもかかわらず、指摘が少ない。NGOからの指摘は相当あったにもかかわらず、委員会における教育分野についての審査は依然として時間的にも内容的にも不充分なままである〔70〜75〕。

71.　委員会は、学業面での優秀な成果と子ども中心の能力促進とを結合させ、かつ、極端に競争的な環境によって引き起こされる悪影響を回避する目的で、締約国が学校制度および大学教育制度を再検討するよう勧告する。これとの関連で、締約国は、教育の目的に関する委員会の一般的意見1号（2001年）を考慮するよう奨励される。委員会はまた、締約国が、子ども同士のいじめと闘う努力を強化し、かつそのような措置の策定に子どもたちの意見を取り入れるよう勧告する。

73.　委員会は、締約国に対し、外国人学校への補助金を増額し、かつ大学入試へのアクセスにおいて差別が行われないことを確保するよう奨励する。締約国は、ユネスコ・教育差別禁止条約の批准を検討するよう奨励される。

75.　委員会は、締約国が、検定教科書においてアジア・太平洋地域の歴史的出来事に関するバランスのとれた見方が提示されることを確保するよう勧告する。

⑷　第4・5回総括所見（CRC/C/JPN/CO/4-5）[5]

　第4・5回総括所見の特徴としては次のような点をあげることができよう。①これまで指摘されてきた問題のほとんどが引き続き取り上げられている。

---

5)　荒牧重人・平野裕二「国連・子どもの権利委員会による日本の第4回・第5回報告書審査と総括所見」子どもの権利研究第30号（2019年）等を参照。なお、第4回・第5回日本審査のフォローアップ本について現在準備中である。

②委員会が採択した一般的意見を想起・留意しながら、勧告を実現するよう促している〔10、15、19、22、24、26、32、33、35、41、42等〕。③持続可能な開発目標（SDGs）との関連が全体を通じて強調されている〔5のほか、23、24、33、35〜40等〕。④条約の4つの一般原則および家庭環境・代替的養護の分野などについてこれまでよりもやや踏みこんだ勧告が行われている〔17〜21、27〜29等〕。⑤子どもの生命・発達・健康に関わる勧告が全体としてこれまでより詳細になっており、これに関わって福島原発事故の影響や気候変動への対応など新たな問題も取り上げられている〔33、36、37等〕。⑥東日本大震災の影響、子どもの権利侵害に相当する校則などの問題についてははっきりと触れられておらず、また日本の状況を充分に理解していないと思われる点も散見される。

　CRCは近年、とくに緊急の措置が必要とされる分野を所見の冒頭で6つあげ、それ以外の分野については具体的な問題点の指摘（懸念の表明）を基本的に省略して勧告のみ記載するのを原則としている。そのような優先対応分野に挙げられたのは次の6つである〔4〕。すなわち、差別の禁止〔18〕、子どもの意見の尊重〔22〕、体罰〔26〕、家庭環境を奪われた子ども〔29〕、リプロダクティブヘルスおよび精神保健〔35〕、少年司法〔45〕である。

　教育に直接関わる内容〔39〕は比較的短いもので、(a) いじめ対策の実施、(b)「ストレスの多い学校環境（過度に競争的なシステムを含む）から子どもを解放するための措置」の強化、(c) 朝鮮学校に対する差別的政策（高校授業料無償化制度からの除外など）を改めることが勧告されている。

39. 持続可能な開発目標のターゲット4.a、とくにいじめを経験する生徒の割合に関する4.a.2に留意しつつ、委員会は、前回の勧告（CRC/C/JPN/CO/3、パラ71、75および76）を想起し、締約国が以下の措置をとるよう勧告する。
(a) いじめ防止対策推進法に基づく効果的ないじめ対策、ならびに、学校におけるいじめを防止するための反いじめプログラムおよびキャンペーンを実施すること。
(b) ストレスの多い学校環境（過度に競争的なシステムを含む）から子どもを解放するための措置を強化すること。
(c)「授業料無償化制度」の朝鮮学校への適用を促進するために基準を見直すとともに、大学・短期大学入試へのアクセスに関して差別が行われないことを確保すること。

　いじめに関する (a) の勧告は、「虐待（学校におけるものも含む）」に関す

る勧告〔24（a）〕などもふまえて実施していくことが必要である。（b）の勧告とあわせ、いじめがおきにくい学校環境の整備も重要である。また、第3回総括所見〔71〕ではいじめ対策の立案に子どもたちの意見を取り入れることが勧告されており、子どもの声を充分にふまえた取り組みをすすめていくことも求められる。（b）との関連では、日本政府は第4回・第5回統合報告書において、「仮に今次報告に対して貴委員会が（これまでと同様の）認識を持ち続けるのであれば、その客観的な根拠について明らかにされたい」という、挑戦的ともとれる記載を行っていた（報告書パラ123）。このストレスの問題については、生命・生存・発達に対する権利との関連で、「社会の競争的性質によって子ども時代および発達を害されることなく子ども時代を享受できることを確保するための措置をとること」〔20（a）〕が促されており、日本社会全体の課題として位置づけられるに至っている。また、（c）高校授業料無償化制度からの除外をはじめ朝鮮学校の児童生徒・卒業生への差別的扱いをやめることは他の人権条約機関からも繰り返し促されてきた課題であり、速やかな対応が求められる。

　今回の所見では、就学前のケアおよび教育、とくに保育に関わる問題についても、無償化計画の効果的実施、待機児対策の継続を含む比較的詳しい勧告が行われた〔40〕。「保育を、負担可能で、アクセスしやすく、かつ保育施設の設備および運営に関する最低基準に合致したものにすること」〔40（c）〕を含め、保育の質を確保することの重要性が繰り返し指摘されている点〔同（d）等〕に注意が必要である。

2　総括所見にみる教育分野の分析

　これまでの総括所見では、子どもが高度に競争的な教育制度のストレスにさらされ、その結果として発達等に悪影響を及ぼしていること、学校における体罰やいじめなどの暴力が頻繁に発生していること、教育の場で子どもの意見表明・参加が不充分なこと、学校においてプライバシーが侵害されていること、人権教育とりわけ子どもの権利・条約の教育が不充分なことなど、教育の基本問題を含め懸念や勧告が再三表明されている。

　それらに対して、家庭関係については、子どものプライバシーへの権利の

保障措置、代替的な家庭環境の整備、子どもの虐待・不当な取り扱いの防止と救済、家庭における体罰の法律による禁止措置、人間の尊厳と一致する「しつけ」「規律」の維持等について勧告されている。また学校関係では、根本的には競争の激しい教育制度と過度のストレスの防止措置、子どもの権利・条約広報のための学校カリキュラム化、意見表明・参加の促進をはじめ、学校における暴力（体罰、いじめ）の防止措置、子どものプライバシーへの権利の保障、障がいのある子どもを含め学校のインクルージョン化、自殺・エイズ防止のための教育、学校内外の「薬物」等の濫用防止の広報等について勧告されている。その際には、子どもを含む市民社会の意見を考慮・反映することが求められている。さらに、朝鮮学校に対する差別的な取扱いの是正、バランスのとれた見方ができるように検定教科書の手続等も指摘されている。

　小論のテーマを念頭におくと、たとえば家庭や学校における体罰や虐待を防止するために、家庭の場合、親・保護者に対する支援よりも家庭問題に入り込みすぎていたり、加害者に対する制裁等を強調しすぎたりする面が強い。総括所見で指摘されているように、子どもの権利救済システムの確立や公的な措置の拡充を図ることにさらに重点を置くべきであろう。しかし繰り返すが、公権力が無制限に家庭や学校などの教育活動の場に対して踏み込んでくるとしたら、家庭におけるプライバシー保障や教育の自由等、これまで積み上げられてきた学校や地域の教育自治的な共同の努力が踏みにじられる危険もある。教育分野においては、その機能として親・保護者、学校教職員などによる教育自治的な解決の努力が基本に置かれてこそ、そのバックボーンとしての総括所見の機能が活かせるといえよう。

おわりにかえて

　以上みてきたように、CRC の総括所見における教育の項目は、相対的には詳細である。また、教育に関わる項目も多い。しかし、条約の規定やCRC の一般的意見が、そして CRC での審査がどこまで反映されて総括所見が出されているかは疑問である（教育の分野に充分に審査時間が割かれていな

いこともある）。しかも、近年では、総括所見の上限字数が定められているため、その内容が具体的でなかったり、絞られすぎたりする面がある。

　教育分野の総括所見にかかわる課題は諸々指摘できようが、当面は第1に、CRC の審査において、教育の分野に時間をもっと割く必要がある。そのためにも、18人の委員構成のなかに教育の分野に造詣の深い委員を増やす必要がある（現 CRC は法律家が大多数）。さらに、ユネスコや教育関係の NGO が CRC の審査に情報提供やアドバイスをすることも重要である。

　第2に、教育への権利を実現するためには国家の役割・関与は重要であるが、その役割を果たす際に、とくに教育への国家的介入の持つ「危険性」にかかわる経験や条約の教育の目的規定の持つ意味等をふまえることが大切である。この点について、CRC の総括所見では、教育の目的に関する一般的意見1を考慮するように勧告するものの、主要な点は国家による教育へのアクセス保障である。その際にも条約が独立した条文でかつ詳細に教育の目的を定めていることや一般的意見1で具体的に述べていることを念頭において審査・採択すべきであろう。

　もちろん、教育の項目が総括所見のなかでどのように位置づけられているかなど、いっそう厳密に分析することが求められる。条約が子どもの権利について包括的に保障しており、教育の分野だけを取り上げてもそれだけで教育への権利が保障されるわけではない。まして、国家と個人の関係を教育の面から考察しようとする小論においてはなおさらである。繰り返し指摘しているように、教育への権利保障は他の権利を実現する基礎的なものであるし、国家の介入を受けやすい分野であることもふまえなければならない。

　そのうえで、条約の規定、一般的意見、総括所見等について、その関連を含めて「総合的に」分析することも必要である。加えて、詳細な教育規定を有する社会権規約や障害者権利条約等の総括所見も検討することも求められる。

付記：CRC に関する情報については、筆者の長年にわたる国際活動のパートナーであり、CRC について最も詳しい平野裕二氏のお世話になった（https://www26.atwiki.jp/childrights/）。記して、感謝申し上げる。

2 日本における国際人権法の適用

From the perspective of a 'global jurist' :
How far did the communication between importers
and exporters of constitutional ideas contribute
to Japanese state building and peace building?

Akiko Ejima
Professor, Meiji University

I. Introduction
II. Significance of a 'global jurist' in implementing a bill of rights
III. The Meiji Constitution (1889)
IV. The Constitution of Japan (1946)
V. Conclusion

Abstracts

The aim of this article is to explore the influence of the communication between importers and exporters of constitutional ideas that contributed to Japanese state building and peace building. The article tries to discover how the early period of this interaction influenced the present Japanese constitutional system. The first interaction occurred after Japan opened its borders to international society in the mid-nineteenth century, and the outcome of this interaction was the Meiji Constitution (1889). This constitution was not enacted to prevent wars or promote peace but to make Japan a strong and independent 'nation'. The second attempt was the Constitution of Japan (1946), which has sometimes been categorised as an 'imposed constitution'. However, a detailed analysis of the constitutional drafting process reveals the more complex aspects of the activities of actors that did not always promote impositions (one way) but are intentional or coincidental cooperation (two way

176

or multi-layered). By exploring Japanese experiences, this article will attempt to answer some of the key questions. What were the reasons for seeking models from foreign constitutions? Who exported or imported foreign and/or international legal materials and what were the methods used? How and to what extent have foreign and/or international legal materials influenced the interpretation of the Constitution of Japan of the judiciary and the legislature? How and to what extent have foreign and/or international legal materials contributed to building the nation and maintaining peace?

I. Introduction

A country's constitution-building process is related to peace building and state building and vice versa. Therefore, constitution building attracts the attention not only of the country's citizens, who are trying to regain peace and/or build (or rebuild) a state, but also international society and neighbouring countries. Since the 1990s, after the end of the Cold War, many constitution-building processes have been observed, supported and sometimes mediated by international society and/or other countries. A certain level of comparative knowledge about constitution building has been shared between countries who wish to build or rebuild themselves to achieve a goal, particularly peace and prosperity after a war or civil war.[1] However, the results of constitution building did not necessarily guarantee these expectations. Disappointment often makes the unfamiliar or foreign aspects of a new constitution the scapegoat.[2]

This article pays attention to lawyers and nonlawyers who were involved in

---

* This article is an updated version of the paper that was submitted to Workshop #20 The Influence of Foreign and International Legal Sources on Post-Conflict and in-Conflict Constitutional Law at The 10th World Congress of Constitutional Law 2018 Soul, 18–22 June 2018, SungKyunKwan University, Seoul, South Korea.

1 Böckenförde et al. 2011: VII.

the constitution-building process to evaluate their interaction at the microlevel. In the transplantation or migration of ideas, two kinds of parties always exist: the importer and exporter. Contemporary constitutional drafting is more likely to take place between nationals and nonnationals (particularly foreign legal experts) despite the façade that drafting a constitutional law is a national matter or that a foreigner or a foreign country should not intervene or influence the process. The author calls the people who play a role in the transfer of legal knowledge from A to B global jurists, where A and B can be a country or/and an organisation. Some global jurists included this article are not jurists in the traditional sense. However, the article includes them when they import a norm, particularly human rights, into a new territory.[3]

The article introduces two examples of possible global jurists in the context of Japanese constitutional drafting between the 1880s and 1940s, which provide useful examples to help understand and evaluate more recent constitutional drafting in the latter half of the twentieth century and twenty-first century.[4] The first example is the drafting process of the Constitution of the Empire of Japan (hereinafter the Meiji Constitution, promulgated in 1889 and took effect in 1890), and the other is the drafting process for the Constitution of Japan (promulgated in 1946 and took effect in 1947), which is the present constitution. This article also intends to provide material to examine whether the constitution must only be written by nationals.

II. Significance of a 'global jurist' in implementing a bill of rights

Before analysing the two moments of constitution building in Japan outlined

---

2 Moreover, a recent trend of resurgence of sovereignty narrative (Brexiteers argue for taking back control from the European Union) or 'state first' slogan (e.g., 'America first') reinforces this general tendency.

3 This is also an attempt to shed light on some people whose work has not been sufficiently recognised from this perspective.

4 See, Vanoverbeke. 2018.

178

above, this section explores the potential role of a 'global jurist' in implementing a bill of rights. Owing to the development of international human rights law, the implementation of human rights takes place at two levels: international and domestic. To achieve effective implementation, it is useful to establish a multi-layered protection system for human rights. Two developments that include the national development of the constitution (a constitution has a bill of rights, whose implementation is secured by a separation of powers) and the international development of human rights law can be intertwined as one system. If a multi-layered framework is effective, no human rights issues can be forgotten, but this system does not guarantee the thorough resolution of human rights issues.[5] Until now, the author has focused on institutional aspects, such as domestic and international courts, and UN treaty bodies. However, for the purposes of this article, it will be helpful to explore an individual's potential when she or he has a chance to play a role in the transfer of new ideas, such as human rights or a governmental system, into new soil.

The first person who came into author's mind as a global jurist involved in building the present Constitution of Japan was Beate Shirota Gordon (1923-2012).[6] She was not a Japanese national but drafted a clause on women's rights (Article 24) in the present Constitution of Japan when she was just 22 years old. She did not talk publicly about her experience of drafting the Constitution of Japanese to anyone, including her parents, until the 1970s, because her boss told her that it was top secret. She was also afraid that if Japanese people knew that the draft was written by a young foreign woman, the authority and authenticity of the Constitution might be damaged because she knew Japan to be a country where age and gender matter.

Her concern was relevant. The present Constitution of Japan has been criticised for being 'imposed' by the United States. The first draft was prepared by the Government Section (*Minseikyoku* 民政局) of the US occupying army. It

---

5 Ejima. 2015, 2016 and 2017.
6 See, IV 2.

took only nine days (4–12 February 1946) to complete the first draft. The goal of the Liberal Democratic Party (LDP), the longest lasting ruling party since 1955, has been to amend the constitution.[7] It is undeniable that the drafting process was a problem. However, a different evaluation of the content of the constitution is possible. For example, the content of the bill of rights of the present constitution complies with the standards set at the time, such as the Universal Declaration of Human Rights (1948), whereas the original government draft's bill of rights was poor.[8] It is also alarming that the constitutional amendment proposed by the LDP in 2012 included an explanatory note in which they say that the bill of rights in the present constitution should be amended because those rights were derived from Western ideas (natural law and the natural rights of 'man' 天賦人権) and were not based on Japanese traditions and values.[9]

Who can be equivalent of Shirota Gordon and her American colleagues who prepared the first draft of the present Constitution in the context of the Meiji Constitution? What was the situation surrounding the drafting of the previous constitution, the Meiji Constitution? Was it drafted only by Japanese people? If so, it must have been an extremely difficult task because they must have learned about a Western legal system (there was no guidebook or manual for drafting a constitution), in addition to Western languages. Japan had opened itself to other foreign countries by signing unequal treaties (the first one was in 1854). Just a handful of Japanese people could speak English. However, Japan urgently needed to incorporate the Western legal system to abolish these unequal treaties. Foreign legal advisers and the Japanese mission to Western countries played an important role in drafting the Meiji Constitution. It is also

---

7 The LDP lost power only between 1993–1994 and 2009–2012. The present Constitution has never been amended since its promulgation.

8 See, Table 1 in Ejima. 2017.

9 ⟨http://constitution.jimin.jp/document/draft/⟩ and ⟨http://constitution.jimin.jp/document/faq/⟩ (accessed 1 June 2018).

surprising to see how quickly Japanese politicians and scholars in general absorbed Western ideas.

III. The Meiji Constitution (1889)

1. The goal of the Meiji Constitution

One of the goal of the Meiji Constitution was the amendment of unequal treaties, and the measure used was legal reform as a transplant of Western law. Imagine a country that was run by a completely different set of rules and customs and had no connection to or history with Western law. The Edo government (1603-1868) prohibited nationals from leaving the country and barred foreigners from entering the country. However, it traded with Chinese and Dutch merchants at the designated port called 'Dejima'.[10]

In 1953, Commodore Perry's arrival with four ships at Shimoda completely changed the situation. The following year, the Edo government accepted the terms of the United States and signed unequal treaties with the United States and other Western countries. This meant that Japan did not have jurisdiction over foreigners or any authority to tax imported goods. Since then, the primary goal of the Edo government and the Meiji government was the amendment of unequal treaties. They considered that adopting a Western legal system was a necessary measure to persuade Western countries to amend the treaties.

2. Foreign legal advisers

The fastest way to change Western law to Japanese law was to invite Western jurists from Western countries to advise and help understand the Western legal

---

10 The recent historical study revealed that the Tokugawa government, which is the predecessor of the Meiji government, was quite well informed of international politics despite its 'seclusion policy'. The expression of the seclusion policy itself was not used by the Edo government. However, the Meiji government referenced this policy in describing the policy of the Edo government.

system. The Meiji government invited not only jurists but also all kinds of experts such as engineers, medical doctors and army officers from Western countries. They were called 'employed foreigners' (*oyatoi gaikokujin* お雇い外国人). This custom started towards the end of the Edo government and was systematised by the Meiji government. The number of foreign advisers reached more than 500 during 1874–1875, and they were paid quite generously. The salaries of some foreign advisers were the equivalent of Japanese high-ranking ministers. It was said that the salary they received in Japan would be enough for them to live comfortably for 30 years in their home country.[11] In 1899, the procedure to employ foreigners was abolished.

One of the early foreign legal advisers was Guido Herman Fridolin Verbech (1830–1898), who was a Dutch American. He arrived at Nagasaki in 1859 as a missionary and taught English, politics and economics at local schools established by the domain (*han* 藩), from which many important political leaders (including Ito and Okubo) graduated. The Japanese government invited him to Tokyo as a foreign adviser.

In 1870, when the government started to draft civil law, they took an approach that they first translated from the French Civil Code, which they considered the most established civil law. They then drafted Japanese civil law by consulting the translated French version. When they had questions, they asked Verbeck, who could not give appropriate advice because he was not a lawyer. Therefore, the government invited George Hilaire Bousquet in 1872. After Bousquet left in 1867, Boissonade (1825–1910), who was a law professor at Grenoble University, was invited. He lived in Japan for 23 years, taught law to Japanese students, influenced the draft of Japanese criminal law and civil law and advised on amendments to the unequal treaties.[12] He is considered a

---

11 Umetani 2007.

12 Boissonade was against the idea of foreign judges by arguing that if foreign judges are introduced, the Japanese people should be tried by a foreign judge via a foreign language. Therefore, this court cannot be called a Japanese court that works under the name of the Emperor.

182

founding father of Japanese modern law and his statue is exhibited at the Japanese Supreme Court. However, his draft of civil law was rejected owing to criticisms that it was too radical for Japanese society.

Meanwhile, a German law professor named Hermann Roesler (1834-1893) was employed in 1878 because of his expertise in constitutional law. He played an important role in drafting the Meiji Constitution. His employment reveals the victory of politicians who supported a Prussian model for the constitution (Iwakura and Inoue and later Ito) over the group who supported a British parliamentary model (Okuma). The Iwakura proposal maintained the sovereignty of the monarch, the emperor as the supreme commander and the wider authority of the emperor. These characteristics were obviously based on Roesler's advice.[13]

3. The Japanese mission to Western countries

The other way to transplant Western law was to send Japanese people to Western countries to absorb legal knowledge. The idea of sending Japanese people to Western countries was proposed for the first time by Verbech, one of the first foreign advisers. His advice was followed by the Iwakura Mission.

The Iwakura Mission (1871-1873)
The Iwakura Mission was the largest mission at the time and consisted of 107 people (46 official members and numerous young academics who accompanied them as attendants). The mission made a grand tour of the United States, the United Kingdom, France, Belgium, the Netherlands, Germany, Russia, Denmark, Sweden, Italy, Austria and Switzerland. They departed on 23 December 1871 and returned in September 1873. It is unbelievable that high ranking officials and leading politicians such as Iwakura (1825-83, who was commissioned as ambassador plenipotentiary), Kido (1833-77), Okubo

---

13 Umetani. 2007: 93-94.

(1830–78), Ito (1841–1909) and Yamaguchi (1839–94) were all abroad for nearly one and a half years.[14]

The official purpose of this mission was to visit Western countries, request the postponement of treaty amendment and observe Western civilisation. However, the true purpose was treaty amendment. They believed that the treaty amendments had to be conducted according to international law (law of nations, *bankoku koho* 万国公法). Therefore, domestic law had to be reformed according to international law. The purpose of the trip was to contrive measures for domestic reform.

How could measures be identified? It was surprising to read about their naïvely optimistic and rather dependent attitudes towards Western countries. The Japanese mission believed that if they honestly explained the realities and problems in Japan, they would be offered answers from their Western counterparts. Therefore, in the first place, the mission thought that it would be more constructive to ask Western countries what they required from Japan and inform them that Japan was eager to reform according to these requirements.[15] After all, international law was the first Western law Japan encountered, and it was a useful starting point for Japan to refer to when the mission made their debut in the international community. This naïve reliance on international law or internationalism will lead to problems in the future.

What did they see in Europe? It is difficult to imagine how they understood Western concepts and principles. What was justice? What was society? What was parliament? How important was democracy? Moreover, they realised that what was happening in Western civilisation was an incessant competition to survive (even a war in the worst case). Their understanding was strengthened after meeting Bismark, who told them that it was not international law but military power that countries needed to maintain their independence.[16] They

---

14 Okubo (1830–1878) is one of the three outstanding Meiji statesmen. Ito became Prime Minister later.

15 Takii 2003: 23–24.

184

came to the conclusion that they should prioritise having a constitution to institutionalise nationalism (the solidarity of the people) and political tradition and to strengthen Japan as a nation state. Kido submitted a written statement (*kengensho* 建言書) after he returned to Japan. Okubo also gave a written opinion to Ito. The Iwakura Mission saw the reality of politics in the West. The sovereignty of a state cannot be maintained if it does not have wealth and strength. In their view, the constitution needed to be modified to assemble the power of the people and make a strong country.

Ito's research on European constitutional laws (1882–1883)

In March 1882, Ito went to Europe again with nine bureaucrats (14 people in total) to complete the constitutional drafting. The background facts were as follows. First, Okuma submitted a constitutional proposal (*Ikensho* 意見書) that argued for the establishment of parliament and the introduction of a British-style parliamentary cabinet system.[17] However, he was expelled from the government owing to suspicions of attempting to overthrow the government. Thereafter, Iwakura submitted a constitutional proposal with the assistance of Inoue, who supported a constitutional monarchy modelled on the Prussian constitution. The task of Ito was to finalise the draft while he was in Europe, where secrecy could be easily maintained.

Ito rushed to meet Heinrich Rudolf Hermann Friedrich von Gneist (1816–1895), who is a constitutional law professor at Berlin University, because the government had already decided that the German model was ideal for Japan. However, he was hugely disappointed by the attitude of Gneist, who had strong doubts that he could offer any useful advice because he did not know anything about Japan. The attitude arose from his position that constitutional law was not just a written document, but it had to be born from the ideas and spirit of the people. Ito also felt that Gneist believed that it was too early for

16 Takii 2003: 73.
17 Okuma is a founding father of Waseda University, Tokyo.

Japan to draft a constitution.

However, Ito and his team members were encouraged by a meeting with Lorenz von Stein (1815–1890), who is an Austrian public law professor. Stein told them that European civilisation and European countries had developed around the Mediterranean Sea, and his studies had not gone beyond this. In his view, Japanese development, as well as the development of Japanese studies, should focus on the Japan Sea and China Sea areas. Owing to his supportive attitude towards the Japanese constitutional project, Stein became very popular with the Japanese people, who frequently visited him. Stein was amazed by Japanese eagerness and wondered what encouraged them to visit Europe and learn from Europe.[18]

4. Promulgation of the Meiji Constitution (1889) and Western evaluation

Compared with the hasty drafting process of the Constitution of Japan, the drafting process of the Meiji Constitution took longer to draft. Different ideas such as the British parliamentary model or Prussian model were explored. Even private drafts by non-governmental groups produced drafts of constitutions in the civil rights movement in 1870s and 1880s. However, the reality was that nobody except the drafters and academics knew the contents of the constitution. When Japanese people heard the news of the promulgation of the Meiji Constitution, most of them did not understand what was meant by the constitution.

There was another mission by Kaneko in 1889. He visited Western countries to request comments from Western academics with regard to the English translation of the Meiji Constitution and Ito's commentary. He met Gneist, Georg Jellinek, Stein, Johan Ritter von Chlumecky, Herbert Spencer, Albert Venn Dicey, Henry Sidgwick, Oliver Wendell Holmes and other scholars. This was the debut of the Meiji Constitution to international society. In general, he

---

18 Stein might consider Japan as a new region where his academic views could be disseminated or his financial situation could be improved.

received positive or favourable comments. British academics indicated the strong influence of the German constitution. Dicey commented that it was appropriate for Japan to draw upon the German constitution because Germany was prospering at that time. In his view, the British constitution was difficult for Japan to draw upon because it was unique.[19]

5. Evaluation from a perspective of peace building

Considering that the Meiji Constitution was the first Western-style constitution for Japan and that it was not amended until 1946, its quality was not necessarily poor. Moreover, the Taisho democracy (1910s–1920s) was only made possible because of the Meiji Constitution. However, it could not prevent wars. In other words, the Meiji Constitution itself did not play a role in restricting government power nor could it control it. There were four wars during the period of the Meiji Constitution: the First Sino-Japanese War (1894–1895), the Russo-Japanese War (1904–1905), the Second Sino-Japanese War (1937–1945) and the Pacific War (1941–1945) as a part of World War II. It is also important to note that the Japanese government became isolated by losing the previous attitude to listen to outsiders.[20]

IV. The Constitution of Japan (1946)

1. The MacArthur draft

Why did General MacArthur, the Supreme Commander for Allied Powers, decide to prepare a draft? The Japanese government understood the necessity of amending the constitution to be compatible with the Potsdam Declaration (1945), which required demilitarisation, democratisation and liberalisation.[21]

---

19 Takii, 2007.

20 Japan's withdrawal from the League of Nations in 1933 was a typical example.

21 The Potsdam Declaration stipulated the condition for surrender.

The government established a team that presided over with a minister to consider a new constitution, but its draft was leaked by the newspaper. Seeing that the unsatisfactory content maintained the sovereignty of the emperor, MacArthur realised it would take too long if he waited until the Japanese government arrived at a satisfactory result. He ordered the Government Section of the US army to draft a new constitution by presenting MacArthur's Three Principles (the emperor as the head of state (constitutional monarchy), the abolition of war, and the abolition of the feudal system). The work started on 4 February 1946 and lasted until 12 February 1946. The principal members among the 25 people in total included Charles L. Kades (40 years old), Alfred R. Hussey (44 years old) and Milo E. Rowell (42 years old), who were all educated in law and had experience as practising lawyers.

2. Article 24 and Beate Shirota-Gordon

Beate Shirota Gordon was born in Vienna in 1923. Her father was a famous Jewish pianist born in Russia (now Ukraine) and was well-established in Vienna. Her father was invited to become a music professor at a music university in Tokyo when she was just five years old. The situation in Europe at that time persuaded him to take the offer. Shirota spent nearly 10 years in Tokyo and then went to study in the United States. She was fluent in five languages, including Japanese. When World War II broke out, she lost contact with her parents. When the war was over, she managed to return to Tokyo by getting a job as a translator with the US army. She was assigned to the Government Section.

After MacArthur's order, she became a member of a subcommittee on civil rights of the drafting committee. A provision on women's rights was assigned to her because she was a woman. How did she approach her task despite her lack of a legal education? Her previous career as a researcher at Time magazine in the United States inspired her to collect world constitutions. She and her colleagues then searched for constitutions in several Tokyo libraries and obtained various constitutional documents, including the Declaration of Independence, the American Constitution, the Magna Carta, the Weimar Constitution, the French Constitution, the Scandinavian Constitutions and the Soviet Constitution. Thereafter, she started to make notes on legal articles that might be useful for writing human rights clauses. She was particularly attracted by the outline of social rights in the Soviet Constitution and the Weimar Constitution, where she found attractive resources for her clause on women's rights. Conversely, she was disappointed by the US Constitution, which scarcely mentioned women's rights (only a plain clause on female suffrage [Amendment 19]). She then began to list the specific problems and difficulties faced by Japanese women: young women who were forced to marry, women who were forced to divorce owing to infertility, married women who had no rights to property, women who were marginalised in the society and so on. On the basis of what she had learned through conversations or her own observations of Japanese society when she was brought up in Tokyo, she understood the importance of these issues. She then categorised the problems connected with human rights by consulting existing constitutions. Therefore her draft became longer and more specific and included specific social welfare services, such as free education, medical services and the protection of mothers with babies. One good example was the rights of children born out of wedlock. She was determined to include a passage to abolish discrimination against children born out of wedlock because she knew that the discrimination was severe and directed not only at children but also the women who gave birth outside marital relationships. However, Coronel Kades ordered Shirota to curtail this provision because the content was too detailed for the constitution. In the end, the protection clause for children born out of wedlock was deleted and her draft was shortened to one-third of its original length.[22] The outcome is Article 24: Marriage shall be based only on the mutual consent of both sexes,

---

22 Shirota-Gordon 1997, Koseki 1997.

and it shall be maintained through mutual cooperation with the equal rights of husband and wife as a basis. With regard to choice of spouse, property rights, inheritance, choice of domicile, divorce and other matters pertaining to marriage and the family, laws shall be enacted from the standpoint of individual dignity and the essential equality of the sexes.

Shirota later regretted that she obeyed Kades when she learned that even the legal discrimination towards children born out of wedlock (e.g., unequal treatment concerning the legal allocation of an inheritance) remained. In 2013, the Supreme Court finally admitted the unconstitutionality of this legal discrimination.[23] The consensus among professional lawyers was that the constitution prescribes general principles that are realised by statute, thus hindering the elimination of the real problem; this was an issue that was clearly recognised by Shirota. Moreover, it should be noted that this legal discrimination in Japanese law was the indirect consequence of importing the French Civil Code. This is a good example of how a non-jurist with a critical mind and a sense of justice can offer a better prescription for resolving a legal problem. Moreover, she had not copied a foreign constitution. She used other constitutions as a sample of rights and also as specimens of how to write a legal article. She, however, began her process by thinking about the problems of Japanese women and what was preventing them from having a better life, which she had known from her experiences in Japan during her childhood.

In the end, all three members of the subcommittee who were in charge of the chapter on rights (bill of rights) had no legal background. Instead, they had experiences in travelling and living in foreign countries. Two of them had ample knowledge of Japan. 'Probably this variety of training and experience better qualified them for writing the "rights of human life" that transcended race and nation, than jurists equipped only with technical legal training'.[24]

---

23 Ejima 2015.
24 Koseki 1997.

190

3. Evaluation from the perspective of peace building

MacArthur's draft was handed over to Foreign Minister Yoshida and Minister Matsumoto on 13 February 1946. The Japanese government wrote its own draft on the basis of the American draft. Thereafter, the draft was discussed at the Diet (legislature) and passed after significant amendments were added. Moreover, there were approximately 10 drafts or proposals by private groups. Particularly, the draft prepared by the study group ran by Yasuzo Suzuki (1904-1983) is famous for its influence on the American drafting team.[25]

It is true that Japan has not been directly involved in any wars since the enactment of the present constitution. It is too naïve to say that it is entirely due to the present constitution. There have been many factors that have contributed to the avoidance of war. Moreover, the concept and nature of the war itself has been changed since World War II. Some politicians and academics argue that the it is necessary to amend Article 9 in order to adjust with the present international relations. However, it is an interesting fact that Japanese people welcomed Article 9 (the principle of pacifism) and still consider this article and the idea of pacifism important (57% people think that it is not necessary to amend Article 9, whereas 25% people think it is necessary to do so).[26]

V. Conclusion

First, it is correct that what many Western constitutional academics during the late 1890s said that it is difficult to transfer a constitution of one country to another country when they were requested for advice about the constitution. Moreover, the bill of rights in the Meiji Constitution was never fully realised. Instead, the freedom of expression, freedom of religion and personal freedom

---

25 Koseki 1997.

26 〈https://www3.nhk.or.jp/news/special/kenpou70/yoron2017.html〉 (visited 10 June 2018).

(due process), which today are considered fundamental rights to maintain democracy, were greatly restricted. It is obvious that there were neither implementation mechanisms of human rights at the national or international levels nor a mechanism to control power, particularly that of the military. There were foreign legal advisers who knew the Japanese situation at that time, but they were lacking a global comparative perspective that would enable them to adopt a more international approach. Instead, there was a rivalrous relationship between the German model and the British model. This demonstrates the danger inherent in making decisions without an objective assessment of an appropriate and feasible model for a particular country.

Secondly, the Shirota episode reveals the significance of a neutral outsider who is well informed about the local situation. She started by listing the real problems that Japanese women encountered daily and then reviewed the major constitutions at that time to discover the most relevant clauses. As a nonlawyer, she recognised the limits of the US Constitution as an eighteenth-century document that did not recognise the inequality between women and men as a problem when it was drafted.

Thirdly, who are the global jurists referred to in this article? Foreign legal advisers? Some may be considered global jurists but not all. Take Boissonade as an example. He lived in Japan for 23 years without becoming a fluent Japanese speaker. Someone may have a rather negative perception of him because of his approach in drafting Japanese civil law by heavily relying on the French Civil Code. Some members of the missions to Western countries could probably have become global jurists. They changed their hostile views of Western civilisation, became open minded and grasped the role of constitution-al law from a wider, international perspective. They had studied many different constitutions and compared them. On the contrary, their decisions may have been heavily influenced by political situations and political goals. Their decisions may also have involved cherry picking. The attitudes of Western academics vary. Some thought that it was impossible to transplant Western law to non-Western countries, and many believed that law and the legal system itself originated from the tradition and culture of a specific country. On the contrary, Shirota can be called a global jurist for defining women's rights owing to her knowledge of Japanese society, her independence, her neutrality, her ability to sympathise, her strong sense of justice and her good sense of humour. All this worked together when she defined human rights with reference to the legacy of human rights prescribed in many constitutions. The lessons drawn from the few examples in this article are that global jurists can contribute to the process of acceptance and implementation of human rights. Even Article 24 of the present constitution is finally developing to change the status quo with the help of international human rights treaties. It can be said that more progressive views of Shirota on women's rights was caught up with by the development of international human rights treaties and particularly the Convention on the Elimination of All Forms of Discrimination Against Women. At present, it is not necessary to collect world constitutions when a country endeavours to write a bill of rights. There is a wide collection of international human rights treaties. Moreover, these treaties offer a state the opportunity to have constructive dialogue to clarify the content of rights using international implementation tools, such as state reporting and individual communications with treaty bodies.

Many questions remain: How far can a global jurist talk about a foreign constitution and on the basis of what position? What are his or her motivations? Why should the constitution should be drafted and decided by nationals? We do not care about the nationality of medical doctors, engineers and financial advisers if they can provide the best prescriptions or advice, the best technology and best financial plan. Therefore, the constitutional principles of popular sovereignty can be deconstructed and reconstructed to be open and flexible enough to assist global jurists in certain situations, such as the Constitution of Japan.

References

Böckenförde, Markus, Hedling, Nora and Wahiu, Winluck. 2011. *A Practical Guide to Constitution Building*. International Institute for Democracy and Electoral Assistance.

Ejima, Akiko. 2017. "The Comparative and Transnational Nature of the Bill of Rights: An Analysis of the Japanese Experience under the Bill of Rights after World War II" in Sakaguchi, Shojiro et al (ed.), *Kenpo no Shiso to Hatten* [Constitutional Ideas and Development]. Shinzansha. pp. 147–169.

Ejima, Akiko. 2016. "A Possible Cornerstone for an Asian Human Rights Court: The Deliberative Nature of the Dialogue between Comparative Constitutional Law and International Human Rights Law (a.k.a. Global Human Rights Law)" in SNU Asia-Pacific Law Institute (ed), *Global Constitutionalism and Multi-layered Protection of Human Rights – Exploring the Possibility of Establishing a Regional Human Rights Mechanism in Asia*. Constitutional Court of Korea. pp. 584–601.

Ejima, Akiko. 2015. "Towards a Symbiotic Relationship between the Comparative Constitutional Law and International Human Rights Law" *Journal fur Rechtspolitik* Vol. 23, pp. 44–55.

Fassbender, Bardo and Peters, Anne. 2012. *The Oxford Handbook of the History of International Law*. OUP.

Groppi, Tania and Ponthoreau, Marie-Claire. 2013. *The Use of Foreign Precedents by Constitutional Judges*. Hart.

Hahm, Chaihark and Kim, Sung Ho. 2015. *Making We the People: Democratic Constitutional Founding in Postwar Japan and South Korea*. CUP.

Koseki, Shoichi. 1997. The Birth of Japan's Postwar Constitution. Westlaw.

Kwan, Ilwon, 2017. "The Constitutional Globalization in Korea" *Proceeding of the 1ˢᵗ International Symposium of the AACC Secretariat for Research and Development, Constitutionalism in Asia: Past, Present and Future*. Constitutional Court of Korea and AACC SRD.

Lang, Anthony F. and Weiner, Antje. 2017. *Handbook on Global Constitutional-*

ism. Elgar

Lee, Seokwoo and Lee, Hee Eun. 2016. *The Making of International Law in Korea.* Martinus Nijhoff.

Rosenfeld, Michel and Sajó, Andras. 2012. *Oxford Handbook of Comparative Constitutional Law,* OUP.

Shelton, Dinah. 2011. *International Law and Domestic Legal Systems: Incorporation, Transformation, and Persuasion.* OUP.

Shirota Gordon, Beate. 1997. *Only Woman in the Room.* Kodansha.

Takayanagi, Kenzo et al. 1972. *Nihonkoku Kenpou Seitei no Katei II* [Drafting Process of the Constitution of Japan II]. Yuhikaku.

Takii, Kazuhiro. 2007. *The Meiji Constitution: The Japanese Experience of the West and the Shaping of Modern State.* I-House Press.

Umetani, Noboru. 2007. *Oyatoi Gaikokujin* [Foreigners Employed]. Kodansha.

Vanoverbeke, Dimitri. 2018. "Are We Talking the Same Language? The Sociohistorical Context of Global Constitutionalism in East Asia as Seen from Japan's Experiences" in Suami, Takao et al (eds.) *Global Constitutionalism from European and East Asian Perspective.* CUP. pp. 203-224.

Yoshino, Sakuzo. 2016. *Nihon no Meicho* [Japanese Classic Books] Vol. 48. Chuo Kouronsha.

2 日本における国際人権法の適用

人権条約適合的な国内法解釈
―生活保護基準引下げの違法性をめぐって―

申　惠丰
青山学院大学教授

はじめに
一　生活保護基準引下げの生活保護法および憲法上の問題点
二　社会権規約の規定と国内における法規範性
三　国際人権法に照らした2013〜2015年の生活保護基準引下げの違法性
おわりに

はじめに

　人権問題がなければ人権規範の存在意義は意識されにくいのに対して、深刻な人権問題が起きている時こそ、人権規範の存在は緊要なものになる。日本が「一億総中流」社会といわれた時代に比べ、格差や貧困が目に見えて広がるようになった今、生存権の問題が訴訟でも多く提起されるようになっているのは自然なことである。経済的、社会的及び文化的権利に関する国際規約（以下「社会権規約」）上の権利が日本で語られるようになった１つのきっかけは、阪神淡路大震災後に表面化した居住権の問題であった[1]。昨今は、国が相次いで生活保護基準引下げや年金受給額の引下げを行っていることに対し、その違法性を争う訴訟が多数提起されているが、そこでは、生活保護法などの関連法と憲法の生存権規定のみならず、社会保障についての権利を実現するため国が措置を取ることとした社会権規約を援用した主張も積極的に展開されている。

---

1) 近畿弁護士連合会編『救済はいつの日か――豊かな国の居住権侵害』（近畿弁護士会連合会、1996年）。

日本では国が批准した条約は国内的効力を有し、裁判でもさまざまな形で援用できる法規範となる。他方で、国際人権規約のうち、市民的及び政治的権利に関する国際規約（以下「自由権規約」）と異なり社会権規約については、裁判所が直接その規定に依拠して司法判断を下す直接適用はもちろん、国内法の解釈・適用に反映させる形（間接適用）であっても、裁判所によって用いられることは稀である。1989年の塩見事件判決で最高裁は、社会保障についての権利を定めた第9条は「締約国において、社会保障についての権利が国の社会政策により保護されるに値するものであることを確認し、その実現に向けて積極的に社会保障政策を推進すべき政治的責任を負うことを宣明したものであって、個人に対し即時に具体的権利を付与すべきことを定めたものではない」とした[2]。人権条約である社会権規約の規定を単に「政治的責任」を課したにとどまるものとしたこの判決の立場には、根本的な誤謬がある。しかし裁判実務では今でも基本的にこのような考え方が踏襲され続けており、社会権規約の規定がもつ規範性が看過されてしまっているのが実態である。

本稿は、現在日本で行われている生活保護基準の引下げの違法性について、国内法（生活保護法および憲法）ならびに国際人権法（社会権規約および子どもの権利条約）の観点から検討し、これらの人権条約に適合した国内法解釈のあり方について論じるものである。具体的に検討対象とするのは、現行生活保護制度が始まって以来前例をみない大幅引下げであった2013年から2015年の引下げである[3]（以下「2013～2015年の生活保護基準引下げ」ないし、繰り返しの言及になる場合「この引下げ」）。

以下ではまず、2013～2015年の生活保護基準引下げが、最高裁判例の基準

---

2) 最判平成元（1989）・3・2訟月第35巻9号1754頁。

3) これは、厚生労働省告示に基づいて生活保護基準を改定し、①生活保護基準のうち生活扶助の基準を3年間で670億円（国費ベース。生活保護は4分の3が国から、4分の1が都道府県・市区町村から支出されている）削減する（削減幅は平均6.5％、最大10％）、②生活保護受給世帯約215万人（2013年7月時点）の96％、200万人以上が生活扶助支給額を減額された、③2013年8月、2014年4月、2015年4月の3段階で引下げが実施された、というものである。本稿執筆の2019年1月現在、全国29都道府県、940名を超える原告がこれに対し違憲訴訟を提起し、国・自治体を相手に裁判闘争を行っている。「いのちのとりで裁判全国アクション」ウェブサイト（http://inochino-toride.org/about.php）参照。

に照らしても行政裁量の逸脱または濫用として生活保護法違反を認めうる不適切な判断過程・手続によって行われたものであったことを明らかにする。続いて、憲法の生存権規定の規範性とそれによる立法・行政裁量の限界に照らして、生活保護基準の引下げは憲法違反にもあたりうることを述べる。その上で、社会権規約に照らせば、意図的な後退的措置であって求められる要件を満たしていないこの引下げが社会権規約に反すること、および、そのことは、憲法違反の結論を補強することを示す。加えて、この引下げでは、生活保護受給世帯の実に96％が引下げの対象となり、その中には母子家庭を中心とする一人親世帯を含め子どものいる世帯が多数含まれていることから、子どもの権利の観点からも問題があることを指摘する。

一　生活保護基準引下げの生活保護法および憲法上の問題点

1　生活保護基準引下げによる生活保護法違反の余地

　生活保護法は、「日本国憲法第25条に規定する理念に基づき、国が生活に困窮するすべての国民に対し、その困窮の程度に応じ、必要な保護を行い、その最低限度の生活を保障するとともに、その自立を助長することを目的とする」（第1条）。憲法第25条1項をふまえ、「保障される最低限度の生活は、健康で文化的な最低水準を維持することができるものでなければならない」（第3条）。生活保護の基準および程度については、「保護は、厚生労働大臣の定める基準により測定した要保護者の需要を基とし、そのうち、その者の金銭又は物品で満たすことのできない不足分を補う程度において行う」として厚生労働大臣に委ね（第8条1項）、「前項の基準は、要保護者の年齢別、性別、世帯構成別、所在地域別その他保護の種類に応じて必要な事情を考慮した最低限度の生活の需要を満たすに十分なものであつて、且つ、これをこえないものでなければならない」（同2項）と規定する。

　生活保護基準の決定は、現在、国民の低所得者層の消費水準と均衡した水準を維持・調整する「水準均衡方式」によって行われている。また、基準決定に関して、学識経験者による専門的かつ客観的な検証を行うために、2011年に、厚生労働省に生活保護基準部会が設置されており、社会保障の専門家

が保護基準について検討し報告書を出している。

生活保護基準は、個人住民税の非課税基準、国民健康保険の減免基準、就学援助基準など、厚生労働省が挙げる国の制度だけでも47の制度と連動しており[4]、生存権を保障するナショナルミニマム（国民的最低限）としての意味をもっている。それをふまえても、基準の引下げは慎重にも慎重を期すべきもので、安易に行われてはならない。

老齢加算廃止をめぐる訴訟で最高裁は、老齢加算廃止を合法としつつも、そのような改定は、厚生労働大臣の判断に「最低限度の生活の具体化に係る判断の過程及び手続における過誤、欠落の有無等の観点からみて裁量権の範囲の逸脱又はその濫用があると認められる場合、あるいは、老齢加算の廃止に際し激変緩和等の措置を採るか否かについての方針及びこれを採る場合において現に選択した措置が相当であるとした同大臣の判断に、被保護者の期待的利益や生活への影響等の観点からみて裁量権の範囲の逸脱又はその濫用があると認められる場合に、生活保護法3条、8条2項の規定に違反し、違法となるもの」とし[5]、厚生労働大臣の判断過程および手続において過誤、欠落等がある場合には生活保護法違反が生じうることを認めた。また、同じく老齢加算廃止をめぐる別の訴訟で最高裁は、「裁量判断の適否に係る裁判所の審理においては、主として老齢加算の廃止に至る判断の過程及び手続に過誤、欠落があるか否か等の観点から、統計等の客観的な数値等との合理的関連性や専門的知見の整合性の有無等について審査されるべきもの」とした[6]。

2　2013～2015年の生活保護基準引下げにおける行政裁量行使の生活保護法違反

2013～2015年の生活保護基準引下げは、自民党が2012年12月の総選挙時の公約で生活保護給付水準の原則1割カットを掲げ政権に就いたことに端を発

---

4) 厚生労働省「生活保護基準の見直しに伴い他制度に生じる影響について（対応方針）（at https://www.mhlw.go.jp/file/04-Houdouhappyou-12002000-Shakaiengokyoku-Shakai-Hogoka/0000191696.pdf）。

5) 最判平成24（2012）・2・28民集第66巻3号1240頁。

6) 最判平成24（2012）・4・2民集第66巻6号2367頁。

する。政府はこの翌月には、基準引下げを含む2013年度予算を閣議決定している。しかし、この基準引下げの判断過程と手続には恣意的な要素が多く、判例に照らしても、行政裁量の逸脱・濫用として違法とみるべき余地が十分にあるものであった。

第1に、生活保護基準部会は確かに、基準として一般低所得世帯の消費実態を用いるのが現実的であるとして、第1・十分位の階層（一般国民全世帯の消費水準を10分割したときの最下層）との比較を用い、年齢階級別、世帯人員別、級地別に、一般低所得世帯の消費実態との乖離を詳細に分析している[7]。しかし他方で、「現実には第1・十分位の階層には生活保護基準以下の所得水準で生活している者も含まれることが想定される点についても留意が必要である」としていた[8]。また、「厚生労働省において生活保護基準の見直しを検討する際には、本報告書の評価・検証の結果を考慮し、その上で他に合理的な説明が可能な経済指標などを総合的に勘案する場合は、それらの根拠についても明確に示されたい。なお、その際には現在生活保護を受給している世帯及び一般低所得世帯への見直しが及ぼす影響についても慎重に配慮されたい」と述べており[9]、生活保護基準の見直しの際には、生活保護受給世帯および一般低所得世帯双方に及ぼす影響に慎重に配慮すべきことを求めていた。とくに、子どものいる世帯について、「今般、生活扶助基準の見直しを具体的に検討する際には、現在生活保護を受給している世帯及び一般低所得世帯、とりわけ貧困の世代間連鎖を防止する観点から、子どものいる世帯への影響にも配慮する必要がある」ことも強調していた[10]。このように、生活保護基準部会報告書は決して安易な基準引下げを容認してはおらず、むしろ、慎重な検討を厚生労働大臣に重ねて求める内容のものであった。しかし、このような要請は厚生労働大臣の決定に反映されなかった。

第2に、とりわけ問題であったのは、この引下げにあたっては、2008年から2011年の間の物価下落を考慮するという「デフレ調整」が厚生労働大臣に

---

7)「社会保障審議会生活保護基準部会報告書」平成25（2013）年1月18日（at https://www.mhlw.go.jp/stf/shingi/2r9852000002szwi-att/2r9852000002t006.pdf）8頁。
8) 同上、9頁。
9) 同上。
10) 同上、9-10頁。

よって行われたことである[11]。「水準均衡方式」は、一貫して一般低所得世帯の「消費」支出の実態に着目する方式であり、物価動向を勘案するものではない。そのため、2013年の引下げの後の生活保護基準部会では、委員から、「デフレで下げるならインフレになったら上げるのですね……。私たち部会報告ではない部分で、しかもある一定のまとまった分を、今、生活保護を受けている人にツケを回した感じになっているのですね」と指摘されるに至っている[12]。

　生活保護法では生活保護基準部会の報告書の位置づけについて明文規定はないとはいえ、専門的かつ客観的な検証を行うために設置された同部会の検討手法とまったく異なる手法を用いて結論を出した厚生労働大臣の判断過程および手続は、適切とは言い難い。このようなやり方は、厚生労働大臣の「判断の過程及び手続における過誤、欠落の有無等の観点からみて裁量権の範囲の逸脱又はその濫用があると認められる場合」ないし「同大臣の判断に、被保護者の期待的利益や生活への影響等の観点からみて裁量権の範囲の逸脱又はその濫用があると認められる場合」（上述の平成24（2012）・2・28最高裁判決）として生活保護法に違反し違法とされうる。また、この基準引下げは「統計等の客観的な数値等との合理的関連性や専門的知見との整合性」（上述の平成24（2012）・4・2最高裁判決）に乏しく、この点でも裁量権の逸脱・濫用があったものと認められよう。

3　憲法の生存権規定の法規範性と立法・行政裁量の限界——後退禁止原則の法理

　生活保護基準の引下げは、生活保護法の諸規定に違反し違法となりうるのみならず、同法が由来しているところの憲法第25条にも違反しうる。

　憲法第25条１項は「すべて国民は、健康で文化的な最低限度の生活を営む権利を有する」として生存権を保障する[13]。生存権の法的性格について、憲

11）その具体的内容と手法については、生活保護問題対策全国会議編『「生活保護法」から「生活保障法」へ』（明石書店、2018年）23頁以下を参照。

12）「2013年10月４日　第14回社会保障審議会生活保護基準部会議事録」（https://www.mhlw.go.jp/stf/shingi/0000034205.html）岩田正美部会長代理発言。

法学では当初、第25条１項・２項を一体的にとらえ、同条は国の政策目標を定めたものだとみるいわゆるプログラム規定説が支配的な時代もあった。しかしこれに対しては、憲法が「権利」として保障するものに法的意義を認めないのはあまりに恣意的であるという当然の批判が加えられた[14]。今日、憲法学の通説は、狭義の生存権は個人の主観的な法的権利として当然に成立し、ただその具体的内容の確定においてのみ裁量的判断が認められるとし[15]、そのような意味での抽象的権利と解する。第25条は国に対し、立法および予算措置を通して生存権を実現すべき法的義務を課している[16]。それは、立法と予算措置によって具体化される生存権保障のあり方が、憲法第25条の規範的統制に服さないということではない。「この種の法律が制定された場合、それを受けて行政庁の基準設定がなされ、それに基づき具体的処分が行われるが、それらは25条１項との関係で評価され、その処分（さらには法律自体）が１項違反とされる場合がありうる」[17]。

　この点、厚生労働大臣の定める生活保護の内容がもともと憲法第25条１項の要請を満たさないものである場合には、それは憲法違反とされなければならないが、憲法学説では、受給していた生活保護の「切下げ」や「廃止」はより厳格な違憲審査を受けてしかるべきであるとの考え方も有力である。第

---

13) 同条２項は「国は、すべての生活部門について、社会福祉、社会保障及び公衆衛生の向上及び増進に努めなければならない」と定めるが、これは、１項に定める最低限度を超えた、いわば良好な生活を営む権利として、広義の生存権を定めたものと観念される。

14) 佐藤幸治『日本国憲法論』（成文堂、2011年）363頁。

15) 小山剛「生存権（２）」法学セミナー724号、2015年、15頁。

16) 芦部信喜［高橋和之補訂］『憲法〔第４版〕』（岩波書店、2007年）254頁、佐藤幸治『前掲書』（注14）366頁。

17) 佐藤幸治『前掲書』（注14）366頁。厚生大臣（当時）の定める日用品費600円という基準額は憲法と生活保護法の定める健康で文化的な最低限度の生活水準を満たさないものであるとして争われた朝日訴訟で最高裁も、憲法第25条は「直接に個々の国民に対して具体的権利を賦与したものではな」く、「具体的権利としては……生活保護法によって、はじめて与えられる」としつつ、「現実の生活条件を無視して著しく低い基準を設定する等憲法および生活保護法の趣旨・目的に反し、法律によって与えられた裁量権の限界をこえた場合または裁量権を濫用した場合には、違法な行為として司法審査の対象となる」としている（最大判昭和42（1967）・５・24民集第21巻５号1043頁）。「何が最低限度の生活水準であるかは、特定の時代の特定の社会においては、ある程度客観的に決定できるので、それを下回る厚生労働大臣の基準決定は、違憲・違法となる場合があると解すべきであろう」（芦部『前掲書』（注16）254頁）。

25条1項は個人に具体的請求権は付与していないとしても、立法・行政に対して「健康で文化的な最低限度の生活を営む権利」を実現する法的義務を課しているとするならば、いったん確立された給付水準が切り下げられる局面でこそ、客観的憲法原則としての第25条1項が憲法上の制約となるはずだと解するのである[18]。

「いのちのとりで」裁判の原告らは、2013～2015年の生活保護基準引下げの影響について、その生活実態を次のように語っている。

「1日3食なんてとんでもありません。1日2食を食べられたらいい方です。もう切り詰められるのが食費しかないのです。安いスーパーをまわり、正規の値段では買いません。……食費を切り詰め、光熱費を切り詰め、出歩くことはしません。家に引きこもり、お付き合いもせず、不義理をしながらひっそりと生きています。私が一番つらいのは、叔父や叔母が亡くなってもお線香代さえ送ることができないことです。私のことをかわいがってくれていた叔父や叔母でした。そんなとき、自分がみじめで、情けないと痛切に感じます。」「私は節約につとめていますが、今回の引き下げにより、さらに切り詰めなければならなくなりました。1時間以上歩いて安いスーパーを探し、時には自宅の裏山の山菜を採って食事に充てるようにしています。築40年以上の公団住宅は冬はとても冷え込みますが、引き下げ後は一切暖房を使わず部屋で毛布と布団をかぶって過ごしています。入浴も夏場は2日に1度のシャワー、冬は湯船に浸かるのは3日に1度になりました。」「[2014年に]2回目に引き下げられたときは、長年購読していた新聞を止めざるを得なくなりました。生活のためとはいえ、新聞を止めなくてはならなかったのはとても辛かったです。この[2015年]4月に3回目の保護費の引き下げがありました。今回減額になる1,120円分はどうやっても浮かせられません。築約50年の木造アパートは、冬は昼間でも室温が10度前後、寒いときは5度以下になります。それでも、暖房の類は一切使わず、厚着をして毛布2枚にくるまってしのぎました。冬は週1回の銭湯、夏は淀川の支流で行水をして節約しています。」「今回の保護費の減額は、努力の限界を超えていると感じます。……これまでは冠婚葬祭、特にお葬式に備えて月々の保護費から毎月500円ぐらい貯めておいて、不幸があったときは香典として5,000円ほど包んでいたのですが、保護費が引下げられてからはこれもできなくなりました。どんなに親しい人のお葬式であっても、香典が出せませんので、どれほど失礼だと

---

18) 棟居快行『憲法学の可能性』(信山社、2012年) 392-393頁。「制度の切り下げに当たっては、そのような切り下げが『社会通念』に合致するものであることが、国側により裁判上論証されなければならない」(同上、404-405頁)。同旨、葛西まゆこ「司法による生存権保障と憲法訴訟」ジュリスト1400号 (2010年) 114頁。

思われても行かないことにしました。」「これまで節約に努めてきましたが、保護費が減額されてから生活はますます厳しくなりました。医師から『バランスのとれた食事をするように』と言われても、作り置きした同じ惣菜を何日も食べざるを得ず、バランスのとれた食事をとることはできません。双子の孫から絵本やおもちゃがほしいと言われても買ってあげることができません。さらに、人付き合いをあきらめることも多くなったことは一番辛いことです。」「たまに親戚や知人の葬式もありますが、香典を出す余裕がないので、知らなかったふりをしたり、『用事があって行けない』と断っています。人としての道にそむいていることが辛くて、とてもみじめな気持になります。こんなことが重なったこともあり、親せきづきあいをしなくなってしまいました」[19]。

これらは受給当事者の声のごく一部であるが、食事の回数や質、暖房の使用、最低限の交際費などに対してこのような影響をもたらす引下げは、憲法第25条１項の求める「健康で文化的な最低限度の生活」に反し違憲であるとみる余地が十分にあろう。

なお、憲法上の人権のうち、とくに生存権のような社会権の実現のためには立法・行政措置が不可欠であるから立法・行政裁量が広く認められるとしても、立法措置を取らない不作為や、立法措置を取ったとしてもそれが権利の内容を実現するに至らないこと、また、現に立法に基づいて与えられてきた保障を新たな立法や行政措置によって後退させる措置を取ることに対しては憲法の人権規定が規範統制を及ぼすという考え方は、決して目新しい議論ではなく、諸外国では、ヨーロッパ諸国を中心に広く認められているものである。

多くの国では、憲法上の基本的権利について、権利実現の状況を後退させる法令の改廃には制約があるとする法理が存在する。このような法理が判例で最も発展している国の１つであるフランスでは、「歯止め効果」の法理が憲法院によって最初に自由権の分野で用いられ、後に社会権の分野にも適用されている。1984年、高等教育に関する法律をめぐる決定[20]で憲法院は、1968年11月12日法の規定が、大学教員の教育の自由について、憲法上の要求

---

19)「いのちのとりで裁判全国アクション」前掲ウェブサイト（注３）「当事者の声」at http://inochinotoride.org/voice.php.

20) Conseil constitutionnel, Décision n° 83-165 DC du 20 janvier 1984, *Loi relative à l'enseignement supérieur*, Journal officiel du 21 janvier 1984, p. 365, at http://www.legifrance.gouv.fr.

204

に沿う権利保障を与えていたのに対し、同等の保障が与えられていないにもかかわらず同法を完全に撤廃することは憲法に反すると判断し[21]、「歯止め（cliquet）」効果の法理を用いた。この法理はその後1991年に社会権の分野における決定[22]でも適用され、憲法上の基本権に関する立法府の介入の限界を示す原則として認められている[23]。同様の法理として、「停止効果（stand-still effect）」の義務、「後退的措置（regressive measures）」の禁止、「後退禁止の原則（the principle of non-regression）」、「社会的既得物（acquis social）」等と呼称される法理は、各国で、憲法上の人権の実現に関して、立法裁量にすら憲法上の制約を課す法理として、とくに社会権の分野で広く用いられている[24]。

二　社会権規約の規定と国内における法規範性

1　条約の国内的効力と、憲法解釈への反映

　批准した条約が国内で法的効力を有する日本では、条約の規定は、訴訟の当事者や裁判官が有効に依拠することのできる法源になる。当事者は、条約の規定を主張において用いることができるし、裁判官はその司法判断において、場合に応じ、直接または間接に、条約規定に依拠することができる。直接に依拠するとは、裁判官が条約規定をそれ自体根拠として司法判断を下す

---

21) *Ibid.*, para. 42.

22) Conseil constitutionnel, Décision n° 90-287 DC du 16 janvier 1991, *Loi portant dispositions relatives à la santé publique et aux assurances sociales*, Journal officiel du 18 janvier 1991 ; Conseil constitutionnel, Décision n° 91-296 DC du 29 juillet 1991, *Loi portant diverses mesures d'ordre social*, Journal officiel du 31 juillet 1991, at http://www.legifrance.gouv.fr.

23) L. Favoreu et L. Philip, *Les grandes décisions du Conseil constitutionnel*, 13ᵉ éd., Paris : Dalloz, 2005, pp. 561-564.

24) C. Gusy, "Les droits sociaux sont-ils nécessairement injusticiables ? ," Grewe et Benoît-Rohmer (dir.), *Les droits sociaux ou la démolition de quelques poncifs*, Strasbourg : Press universitaires de Strasbourg, 2003, p. 45 ; J.Iliopoulos-Strangas, "La protection des droits sociaux fondamentaux dans les Etats membres de l'Union européenne : Conclusions comparatives," Iliopoulos-Strangas (éd.), *La protection des droits sociaux fondamentaux dans les Etats membres de l'Union européenne- Etude de droit comparé*, Athènes/Bruxelles/Baden-Baden : Editions Ant. N. Sakkoulas/Bruyant/Nomos, 2000, pp. 951-960.

方法であり、間接に依拠するとは、国内法の解釈・適用の際に、条約規定の趣旨に適合した解釈を採用する方法である。

　人権条約は人権保障を目的とし、締約国内で実効的に実施されることを旨としているから、国家機関たる裁判所が人権条約の規範を活用しそれに実効性をもたせることは、国際法遵守の原則に合致することである。また、日本法上の問題としても、そのような姿勢を裁判所がとることは、国際法遵守義務を定めた憲法第98条2項の要請といえる。そのことは、憲法の人権規定の解釈・適用にもあてはまる。人権条約の規定の多くは、憲法の人権規定と共通する内容を含みつつも、より広範ないし詳細な定めをおいたものになっている（たとえば、日本国憲法第14条の法の下の平等規定における差別禁止事由と、国際人権規約や子どもの権利条約の差別禁止事由を比較せよ）。そのように、人権条約の規定内容が憲法の人権規定よりも広いか詳細である場合には、人権条約の規定によって憲法解釈を豊富化しうると考えることができる[25]。政府が憲法適合的として留保なく批准した人権条約は、憲法を具体化する解釈指針としての意味をもち、それに応じて憲法解釈も変わりうるものと考えるのが妥当である[26]。

　最高裁も近時、婚外子差別をめぐる2つの法令違憲判断で、いかなる理由によっても子どもを差別してはならないという人権条約（自由権規約、子どもの権利条約）の規定の趣旨を憲法解釈に反映させて、国籍法と民法の規定をそれぞれ違憲とする判断を導き[27]、人権保障に関して、人権条約の規定の趣旨を反映させて憲法解釈を展開している。

25）横田耕一「人権の国際的保障をめぐる理論的問題」憲法理論研究会編『人権理論の新展開』（敬文堂、1994年）166頁。

26）近藤敦「コメント：社会権の権利性──国際人権法を意識した憲法理論の展望と課題」『国際人権』第16号（2005年）89頁。

27）最大判平成20（2008）・6・4民集第62巻6号1367頁（国籍法違憲判決）、および最大決平成25（2013）・9・4民集第67巻6号1320頁（民法相続分規定違憲決定）。後者の決定は、自由権規約および子どもの権利条約のみならず、それらの条約の委員会が日本に対して出していた総括所見にも言及していることが注目される。

2 社会権規約上の国家の義務

社会権規約は第9条で、「社会保険その他の社会保障についてのすべての者の権利」を認め、第11条は、「自己及びその家族のための十分な［adequate 公定訳では「相当な」］食料、衣類及び住居を内容とする十分な［同上］生活水準についての権利並びに生活水準の不断の改善についてのすべての者の権利」を認めている（1項）。

社会権規約上、締約国は、「利用可能な資源［resources 公定訳では「手段」］を最大限に用いることにより」、権利の完全な実現を漸進的に達成するため「措置［steps 公定訳では「行動」］を取る」とされ（2条1項）、権利実現の時間的な幅では柔軟性がもたされている。しかし、「権利」とは本来的に、義務主体の負う相関的義務を伴う概念であるから、法文上、明文で「権利」を認め、締約国を義務主体としている社会権規約上、締約国に何らの相関的義務も生じないと解することはできない[28]。第2条1項により締約国は、権利の完全な実現に向けた措置を意識的に、政策的に取ることが要求されているのであって、そのような「措置を取る」ことを怠る不作為は、それ自体第2条1項の義務の過怠となる。また、一定の「権利」を認め、その実現のため「措置を取る」義務を負った以上は、権利の実現を意図的に後退させる措置を取ることは、その義務に逆行し、規約の趣旨に反することになる（後退禁止原則）。社会権規約委員会は一般的意見において明確にそのような見解を取り、「いかなる後退的な措置が意図的に取られた場合にも、規約上の権利全体に照らして、及び利用可能な最大限の資源の利用という文脈において、それを十分に正当化することが要求される」としている[29]。また、第9条に関し、国が意図的な後退的措置を行い場合には規約との合致について締約国に立証責任が課されることを以下のように敷衍している。

> 「社会保障についての権利に関連して取られた後退的な措置は、規約上禁じられているという強い推定が働く。いかなる意図的な後退的措置が取られる場合にも、締約国は、それがすべての選択肢を最大限慎重に検討した後に導入されたものであること、及び、締約国の利用可能な最大限の資源の完全な利用に照らして、規約に規

---

28) 申『人権条約上の国家の義務』（日本評論社、1999年）46頁。

29) General Comment 3, UN Doc. E/1991/23, para. 9.

定された権利全体との関連によってそれが正当化されること、を証明する責任を負う。委員会は、(a) 行為を正当化する合理的な理由があったか否か、(b) 選択肢が包括的に検討されたか否か、(c) 提案された措置及び選択肢を検討する際に、影響を受ける集団の真の意味での参加があったか否か、(d) 措置が直接的又は間接的に差別的であったか否か、(e) 措置が社会保障についての権利の実現に持続的な影響を及ぼすか、既得の社会保障の権利に不合理な影響を及ぼすか、又は個人もしくは集団が社会保障の最低限不可欠なレベルへのアクセスを奪われているか否か、(f) 国家レベルで措置の独立した再検討がなされたか、を注視することになる」[30]。

このような観点から、委員会は2013年、日本の政府報告書審査において、生活保護基準引下げの問題を取り上げ、総括所見で、「社会保障への予算分配の大幅な削減が、特に、不利な状況にあり社会の周縁に追いやられている人々の集団の経済的・社会的権利の享受に悪影響を与えていることに、懸念を持って留意する。……一般的意見3（1990年）を想起し、委員会は締約国に対し、後退的措置は、利用可能な資源を最大限に用いた状況においてのみ取られることを確保するよう求める。さらに委員会は、締約国に対し、社会保障費の削減が、受給者が規約上の権利を享受することにもたらす影響を監視することを求める」という懸念と勧告を示している[31]。

3 社会権規約適合的な憲法解釈

本稿では、紙幅の制約から、国内裁判における条約の適用のあり方のうち、社会権規約の直接適用可能性については割愛し[32]、間接的な適用すなわち、規約の規定の趣旨を国内法解釈に反映させるべきことについて述べるにとどめる。

本稿ですでにみた、婚外子差別に関する最高裁の2つの法令違憲判断は、自由権規約と子どもの権利条約の規定に鑑みて、国籍法と民法の規定をそれぞれ違憲としたものであったが、これらの判断において、人権条約の規定は、これらを違憲とする憲法14条1項の解釈を裏付け、補強する要素の重要な一

---

30) General Comment, 19, UN Doc. E/C.12/GC/19, para. 42.
31) Concluding obserations, Japan, UN Doc.E/C.12/JPN/CO/3,para. 9.
32) 社会権規約を含め、人権条約の直接適用可能性については、申『人権条約の現代的展開』（信山社、2009年）第8章、および申『国際人権法──国際基準のダイナミズムと国内法との協調〔第2版〕』（信山社、2016年）504頁以下を参照。

部として用いられた。さらに、民法の相続分差別違憲決定では、これらの人権条約の委員会が日本に出している総括所見も、違憲決定を補強するものとして挙げられていた。

　社会権規約については、裁判所は従来、その規定の趣旨を憲法解釈に反映させることには消極的であったが、最近の裁判例では新たな発展がみられる。

　生活保護の老齢加算廃止をめぐり、大阪高裁は2015年、社会権規約の趣旨について基本的には塩見訴訟最高裁判決の考え方（社会保障政策を推進すべき政治的責任を宣言したもの）に立ち、「したがって、社会権規約を直接の根拠として本件改定の違法を論ずるのは相当ではない」としつつも、「一方、憲法98条2項は、締結した条約及び確立された国際法規は、これを誠実に遵守することを定めているから、社会権規約の規定の内容は、法や憲法の解釈に反映されるべきものである」とした。続けて、一般的意見3及び19の内容に言及しながら、「社会権規約9条及び11条1項の内容、社会権規約委員会の一般的意見第3及び第19の内容は、先に挙げたとおりであって、制度後退禁止を規定しているものと解される」とも述べた。しかし結論的には、これらの内容は「具体的には、『後退的な措置が意図的に取られた場合……十分に正当化することが要求される』、『意図的な後退措置がとられる場合にも、締約国は、それがすべての選択肢を最大限慎重に検討した後に導入されたものであること……を証明する責任を負う』というものである。したがって、制度の後退がいかなる理由によっても許されないものとはされていない。そして、中間取りまとめただし書部分は、本件改定と同時に併せて検討すべきことが要請されたものではなく、激変緩和措置については、必要な事項の検討はされたものである。……そうであれば、社会権規約の規定の内容を法や憲法の解釈に反映したとしても、本件改定が法や憲法に違反するものでないとの結論は変わらない」として主張を退けた[33]。

　本判決は、結論的には老齢加算廃止を適法・合憲としたものの、社会権規約の規定内容が生活保護法や憲法の解釈に反映されるべきことを認めたほか、規約第9条および第11条1項がその規範内容として制度後退禁止を含み、こ

---

33) 大阪高判平成27（2015）・12・25『賃金と社会保障』第1663・1664号（2016年）10頁。

れらの規定が行政処分の適法性・合憲性を判断する際の基準になることを認めた点で、社会権規約に対する理解に関して一定の前進がみられるものと評価できる。

三 国際人権法に照らした2013～2015年の生活保護基準引下げの違法性

1 社会権規約に照らした検討

社会権規約委員会は上述の一般的意見19において、社会保障についての権利（第9条）に関連して取られた意図的な後退的措置が規約上の義務に合致するかどうかの判断基準として、「(a) 行為を正当化する合理的な理由があったか否か、(b) 選択肢が包括的に検討されたか否か、(c) 提案された措置及び選択肢を検討する際に、影響を受ける集団の真の意味での参加があったか否か、(d) 措置が直接的又は間接的に差別的であったか否か、(e) 措置が社会保障についての権利の実現に持続的な影響を及ぼすか、既得の社会保障の権利に不合理な影響を及ぼすか、又は個人もしくは集団が社会保障の最低限不可欠なレベルへのアクセスを奪われているか否か、(f) 国家レベルで措置の独立した再検討がなされたか」の諸点を挙げている。

2013～2015年の生活保護基準引下げは、このいずれの基準をも満たしていない。まず、すでに述べたように、(a) この引下げは、当初から引下げありきの政治主導で行われ、憲法第25条に基づき生活保護法上定められた保護の基準と程度の原則からして見直しが必要であるという合理的な理由に基づくものではなかった。また、(b) 合理的理由のない政治主導の動きであったことを背景として、生活保護基準部会における検討結果を十分ふまえたものでもなかった。

(c) について、この引下げにあたり、生活保護基準部会は、影響を受ける受給者の意見聴取は行っていない。障害者の権利の分野では、障害者総合支援法や障害者差別解消法の下で障害者および関係者の意見を反映させるための仕組みがあるが、生活保護の分野ではそのような制度がなく、基準改定において当事者の意見聴取がなされたこともない。

(e) および (d) についてはとくに重大な問題がある。すでに見たとおり、

生活保護基準部会は、一般低所得世帯には生活保護基準以下で生活している
世帯もあることをふまえれば、基準の見直しの際には生活保護受給世帯およ
び一般低所得世帯双方に及ぼす影響に慎重に配慮すべきことを求め、「今般、
生活扶助基準の見直しを具体的に検討する際には、現在生活保護を受給して
いる世帯および一般低所得世帯、とりわけ貧困の世代間連鎖を防止する観点
から、子どものいる世帯への影響にも配慮する必要がある」ことも強調して
いた。しかし、これらの配慮は厚生労働大臣の決定ではなされなかった。

この引下げによる影響の検証では、影響額の割合を世帯類型ごとにみると、
「高齢者世帯では『−1％以上−2％未満』が約4割を占めた。母子世帯では
『−6％以上−7％未満』が約4割を占めた。傷病者・障害者世帯及びその他
の世帯では『−1％以上−2％未満』が約3割を占めた。特に、母子世帯への
影響は大きく、また、多人数の世帯についても影響が大きい傾向が見られ
た」[34]とされている。この事態は、換言すれば、母子世帯や多人数の世帯に
対して差別的な効果をもたらしていることでもある。実際、今回の基準引下
げによって生活保護を減額された母子家庭の母親は、「2013年からの基準引
き下げによって、苦しい生活費の中からの支出は、子供の生活にも、もろに
影響してきました。切り詰めた生活のために、親がピリピリしていると、子
供はビクビクして、学校生活も耐えられないくらい心を痛めてしまいまし
た。」と述べている[35]。このように子どものいる世帯に大きな悪影響を与え
る形での生活保護基準引下げは、貧困の世代間連鎖を悪化させ、子どもの貧
困対策に逆行するだけでなく、いかなる差別もなく権利を保障する（第2条
2項）とした社会権規約、および、子どもに対するいかなる差別もなく権利
を尊重し確保する（第2条2項）とした子どもの権利条約にも合致しない。

　（f）独立の機関による再検討は、その後の生活保護基準部会における議論
を除けば行われておらず、同部会の報告書も、安易な引下げを容認するもの
ではなくさまざまな問題を毎回指摘しているにもかかわらず厚生労働大臣の

---

34)「社会保障審議会生活保護基準部会報告書」平成29（2017）年12月14日）。母子世帯では、月額
5,000円以上から2万円未満（年額6万円〜24万円）の引下げとなった世帯が計8割に達している。
35)「いのちのとりで裁判全国アクション」前掲（注3）ウェブサイト「当事者の声　子どもの生
活にも影響」（at http://inochinotoride.org/voice/voice21.php）。

決定には反映されていない。それどころか、今回の生活保護基準引下げの後にも、2018年から、厚生労働大臣によってさらなる生活保護基準の引下げが行われている（2020年までの３年間かけて計160億円を見込んだ引下げ）。これについては、国連人権理事会特別報告者ら４名が連名で、このような引下げは国際人権法に違反するという声明を日本政府に送付しているところである[36]。

　筆者は、2013～2015年の生活保護基準引下げは生活保護法の諸規定および憲法第25条１項に反するとともに、社会権規約第９条・第11条１項の権利を実現するため措置を取るという同規約の規定の趣旨に反し、この点で、社会権規約の規定は、生活保護法違反や憲法違反の判断を補強すると考える。そして、この点で、社会権規約の規定のみならず、社会権規約委員会の一般的意見や、日本に対する総括所見も、規約の解釈の重要な指針となる。生活保護法によって与えられた行政裁量の逸脱または濫用による同法の違反、および憲法第25条１項の違反は、社会権規約の規定と委員会の一般的意見に照らしてみたとき、より明確に導かれると考えられるのである。

2　子どもの権利条約に照らした検討

　子どもの権利条約は第26条で、社会保障給付を受ける権利について、「締約国は、すべての児童が社会保険その他の社会保障からの給付を受ける権利を認めるものとし、自国の国内法に従い、この権利の完全な実現を達成するための必要な措置を取る」と規定している（１項）。また、第27条は、生活水準に対する権利について、「締約国は、児童の身体的、精神的、道徳的及び社会的な発達のための十分な［adequate 公定訳では「相当な」］生活水準についてのすべての児童の権利を認める」と規定している（１項）。そして、条約第３条の基本原則により、第26条および第27条に関わるものを含め、児

36）「日本のような豊かな先進国におけるこのような措置は、貧困層の人々が尊厳をもって生きる権利を直接に掘り崩す、意図的な政治的決定を反映している。」「緊縮政策下にあっても、日本は、社会保護の基本的な水準を差別なく確保する義務を負っている。貧困層の人権に与える影響を慎重に検討しないで取られたこのような緊縮措置は、日本が国際的に負っている義務に違反している」（United Nations, Office of the High Commissioner for Human Rights, "Japan: Benefit cuts threaten social protection of the poor, UN rights experts warn," at https://www.ohchr.org/EN/NewsEvents/Pages/DisplayNews.aspx?NewsID =23124&LangID = E）。

童に関するすべての措置を取るにあたっては、公的もしくは私的な社会福祉施設、裁判所、行政当局または立法機関のいずれによって行われるものであっても、子どもの最善の利益（the best interests of the child）が主に考慮されなければならない（1項）。

　2013〜2015年の生活保護基準引下げは、このような子どもの権利に照らしても大きな問題を含む。第26条および第27条は、社会権規約第9条および第11条1項と重なる内容であり、今回の生活保護基準引下げは子どもの権利条約のこれらの規定に照らしても社会権規約の違背と同様に考えることができるが、子どもの権利条約に照らしてとくに問題となるのは、公的機関によるものを含め子どもに関するあらゆる措置を取る際には「子どもの最善の利益」を主に考慮するとした第3条1項の義務である。

　生活保護引下げにおける「子どもの最善の利益」の考慮に関して、国内裁判所が詳細な検討を行い子どもの権利条約違反を認定した例として、R対労働年金大臣事件における2015年のイギリス最高裁判決[37]を引いておきたい。

　この訴訟は、非就労世帯に対する生活保護給付について週当たり500ポンド（就労世帯の平均収入に等しいとされた）という上限額を設定した労働年金省の省令が違法な差別であるとして提起されたものである。当該の上限額は世帯における子どもの数や地域の家賃の違いにかかわらず適用され、母子家庭でそれぞれ複数の子どもを育てている2人の原告が、このような上限額を定める省令は、自分たちのように配偶者暴力（DV）等の原因で母子家庭となり（イギリスでも、日本と同様、一人親世帯の9割が母子家庭である）、家賃の高いロンドンに居住している非就労世帯に最も深刻な影響を及ぼすものであり、1998年人権法に反する差別であると主張していた。

　イギリス最高裁は、関連の法令案が議会で討議された際の内容と経過（予算の5か年計画 Budget 2010、21世紀の福祉についての意見聴取結果 *Consultation Reponses to 21st Century Welfare*、財政支出の見直し *Spending Review 2010*、財政支出の見直しが平等に対して与える影響 *Overview of the Impact of Spending Review on Equalities*、世帯上限額の設定が与える影響についての影響評価 *Impact*

---

37) *R v. Secretary of State for Work and Pensions*, 18 March 2015, [2015] UKSC 16.

Assessment for the Household Benefit Cap、世帯上限額の設定が平等に対して与える影響についての影響評価 *Household Benefit Cap Equality Impact Assessment*、議会の両院において、1年以上かけて綿密に行われた検討［これには、多数の当事者団体から提出されたエビデンスの受理と検討、イギリスの「子どもコミッショナー Children's Commissioner」や「平等・人権委員会 Equality and Human Rights Commission」が法案に対して出していた報告書の検討、人権に関する両院の合同委員会が法案の人権への影響について公刊した報告書の検討を含む］）を詳細に検討した上で、子ども手当を上限の範囲から外す改正の試みもあったことや、当事者団体からの意見聴取の結果として制度にいくつかの改善が加えられたこと等から、人権法に違反するものではないとした。しかし他方で、5名のうち3名の裁判官が、以下のように、1998年人権法に反しないとしても子どもの権利に反することを指摘し、子どもの権利条約第3条1項「子どもの最善の利益」に言及した。

> Carnwath 判事「子どもコミッショナーは、『子どもの個別の状況に関係なく一律に上限を課すことは、子どもの権利条約第3条1項に基づく最善の利益原則に抵触しうる』という見解を表明している。子どもコミッショナーは2004年子ども法上、子どもの利益に関して大臣に助言を行う機関であるから、この見解は特別の重要性をもつ。……私は、大臣はこの規則が子どもの利益を主に考慮する義務と両立することを示していないという見解である」[38]。
>
> Hale 判事「子どもが十分な食料、衣服、暖房及び住居という生活の基本的必要を得る手段を奪うことは、上限によって影響を受ける子どもたちにとって、最善の利益ではあり得ない」[39]。
>
> Kerr 判事「子どもの権利条約第3条1項は、疑いなく、上限額を実施する規則を制定するにあたって子どもの利益が主に考慮されたかどうかの問題に直接に関連する。すでに述べたように私は、そのような考慮はされなかったという Hale 判事の見解に同意する」[40]。

この判決では、イギリス最高裁の多数意見は、関連法令の制定時に議会でなされた討議の経緯を詳細に検討した上で、当該省令は1998年人権法には反しないとしたものの、子どもの権利については、子どもコミッショナーが表

---

38) *Ibid.*, paras. 110, 128.

39) *Ibid.*, para. 226.

40) *Ibid.*, para. 262.

明していた懸念があることなどを挙げ、子どもの権利条約第3条1項に沿っ
て子どもの最善の利益が主に考慮されたとは言えないとの結論を出したので
ある。

　しかるに、このような他国の例と比べても、日本の状況はどうであろうか。
日本には、イギリスの子どもコミッショナーや平等・人権委員会のような
「国内人権機関」[41]が未だ存在しない上に、政策や法案に対して人権影響評価
を行う仕組みや、当事者からの意見聴取を行う仕組みも（後者については、
障害者の権利の分野を除いて）ない。生活保護基準の決定についても、生活保
護基準部会が設置されてはいるものの、生活保護法上その位置づけが規定さ
れているわけではなく、その見解を厚生労働大臣の決定に反映させる仕組み
も十分ではない。そして現に、2013～2015年の基準引下げにおいては、部会
でまったく検討もされていない物価の要素を独自に導入して引下げを正当化
するなど、厚生労働大臣の判断過程と手法には恣意性があることが明白であ
る。この過程において、子どもの権利条約第3条1項が求めている、子ども
に関係する措置を取るにあたっては子どもの最善の利益を主に考慮するとい
う原則は、まったく守られていない。であるとすればなおさら、生活保護基
準引下げの違法性を問う司法審査においては、子どもの権利条約に照らした
違法性の検討も、裁判所によってなされなければならない。

おわりに

　現行の生活保護制度の運用が始まって史上最大の引下げとなった
2013～2015年の基準引下げは、厚生労働大臣の判断の過程および手続におけ

41）国内人権機関（National Human Rights Institution, NHRI）とは、政府から独立した立場で人権
基準の遵守促進のために活動する国家機関をいう。国連は1992年に「国内人権機関の地位に関する
原則」（パリ原則）を採択して、独立性や権限などの面で同原則の指針に合致した国内人権機関の
設置を加盟国に奨励している。各国の国内人権機関がパリ原則に準拠しているかどうかを認証する
制度を運用している「国内人権機関グローバル連合」によると、2018年2月現在でその数は120あ
り、そのうち、Aランク認証、すなわち政府から独立した国内人権機関として国際的に認知された
国内人権機関は77ある（GANHRI Sub-Committee on Accreditation（SCA）, at https://nhri.ohchr.
org/EN/AboutUs/GANHRIAccreditation/Pages/default.aspx）（as of January 28, 2019）。

る過誤からみて明らかに裁量権の範囲の逸脱またはその濫用があるものと認められ、生活保護法違反にあたる。また、生活保護法が憲法第25条１項を具体化する法律であることから、行政庁の基準設定およびそれに基づく処分は憲法第25条１項との関係でも評価されなければならないが、健康で文化的な最低限度の生活を送れる基準を下回るほどに受給者の生活への影響を大きくもつ基準引下げ決定は、憲法第25条１項違反にもあたりうる。

　そして、日本が締約国となっている社会権規約上の義務に照らして見た場合、この生活保護基準引下げは、意図的な後退的措置として、社会保障についての権利（第９条）、また生活水準についての権利（第11条１項）の完全な実現を漸進的に実現するため措置を取る（第２条１項）義務に反している。社会権規約委員会が述べているように、規約上の義務に鑑みれば、意図的な後退的措置は規約上禁じられているという強い推定が働く。いかなる意図的な後退的措置が取られる場合にも、締約国は「それがすべての選択肢を最大限慎重に検討した後に導入されたものであること、及び、締約国の利用可能な最大限の資源の完全な利用に照らして、規約に規定された権利全体との関連によってそれが正当化されること」を証明する責任を負う（一般的意見19）。この点で委員会は、(a) 行為を正当化する合理的な理由があったか否か、(b) 選択肢が包括的に検討されたか否か、(c) 提案された措置および選択肢を検討する際に、影響を受ける集団の真の意味での参加があったか否か、(d) 措置が直接的または間接的に差別的であったか否か、(e) 措置が社会保障についての権利の実現に持続的な影響を及ぼすか、既得の社会保障の権利に不合理な影響を及ぼすか、または個人もしくは集団が社会保障の最低限不可欠なレベルへのアクセスを奪われているか否か、(f) 国家レベルで措置の独立した再検討がなされたか、を注視するとしているが、これらの条件はいずれも満たされていない。

　社会権規約上の国の義務は単なる「政治的責任」「努力義務」などとして軽視されがちであるが、そのような矮小化は人権条約としての社会権規約の趣旨・目的に反しており妥当でない。社会権規約上の権利も、明文の条約規定で「権利」とされている以上、国家機関の権限行使を制約するし、その実現のため「措置を取る」義務は、意図的な後退的措置に制約を課す規範性を

有する。この基準引下げが、社会権規約の規定の要請を満たしているといえないことは、生活保護法の違反、および憲法第25条1項違反の判断を支え補強するものとみることができる。

　加えて、子どもの権利条約に照らした視座も重要である。この基準引下げは、子どもの権利条約第26条および第27条に照らしても、社会権規約の違背と同様、それらの趣旨に反するに考えることができるが、とりわけ子どもの権利条約の観点からは、子どもに関するあらゆる措置を取る際には「子どもの最善の利益」を主に考慮するとした第3条1項の義務に違背している。この基準引下げにおいてはこの基本原則が遵守されず、結果として母子家庭にとくに大きな悪影響をもたらしている。子どもの権利条約のこれらの規定の趣旨も、生活保護法の違反および憲法第25条1項違反の判断をいっそう補強するというべきである。

　日本では、国内人権機関がないこともあいまって、政策の策定段階における人権の考慮や政策が人権に与える影響（人権影響アセスメント）の検討が非常に不十分である。であればこそ、訴訟となった事案では、裁判所は、日本が批准している人権条約の規範（条約規定および、委員会の一般的意見や総括所見をふまえたその解釈）に正当な考慮を払い、人権条約の趣旨・目的が実現されるような法解釈を導くことが求められよう。

3 地域的人権保障

ヨーロッパ人権裁判所の判例にみる
公正な裁判と弁護人立会権
―イブラヒム他対イギリス事件判決を中心に―

北 村 泰 三
中央大学教授

はじめに
一 弁護人の援助を受ける権利の内容
二 イブラヒム他対イギリス事件
おわりに

はじめに

　今日の国際人権法の下においては[1]、「市民的および政治的権利に関する国際規約（以下、自由権規約）」第14条、ヨーロッパ人権条約第6条等により保障される公正な裁判を受ける権利の中の具体的な権利として、弁護人の援助を受ける権利が保障されている[2]。また、この権利の中には、弁護人依頼権、秘密の接見交通権などとともに警察取調の際に弁護人の立会を求める権利を含むという解釈が一般化しているが、わが国では警察取調に弁護人の立会権は認められていない。わが国の法制度の下では、被疑者、被告人の権利については、さまざまな制約が課せられていて、「人質司法」という批判も

---

1) 故宮崎繁樹先生は、わが国における国際人権法研究のパイオニアであるとともに、いち早くヨーロッパ人権条約に関する研究成果をわが国で発表された（参照、宮崎繁樹「ストラスブール機構とヨーロッパにおける人権の国際的保障について」『法律論叢』第35巻4・5・6号（1962年）261-305頁）。振り返ってみれば、先生が60年近く前にヨーロッパ人権条約に関する知見を公表して以後、今日までにはヨーロッパの人権保障体制には多くの変化と発展があった。そこで本稿では、今日のヨーロッパ人権条約（以下、人権条約）の下で直面している問題点の1つを取り上げることにより、いささかなりとも宮崎先生から授かった学恩に報いることとしたい。

ある[3]。そうしたわが国における問題状況も考慮して、本稿ではヨーロッパ人権裁判所（以下、人権裁判所）による公正な裁判を受ける権利に関する判例を素材として、弁護人の取調立会権の制限がいかなる場合に可能かという問題を考えてみたい。

人権裁判所は、ジョン・マーレー事件等において逮捕直後の段階から弁護人の援助を受ける権利の重要性を指摘してきた[4]。人権条約第6条の解釈として取調における弁護人の立会権を含むという点は、2008年のサルドゥズ事件（Salduz v Turkey）大法廷判決によって示され、その後の人権裁判所の一連の判例法よって、逮捕直後からの警察取調における弁護人立会権の保障を含むとされている[5]。さらにこの権利は、ヨーロッパ連合（以下、EU）においても具体化している。EU は、2013年に弁護人の援助を受ける権利に関する EU 指令を採択し、その中でも取調立会権が明文で規定され、EU 構成国の国内法の基準ともなった[6]。

ヨーロッパ諸国では、今世紀になってから宗教的過激思想の影響を受けたテロが繰り返されるようになり、自由で安全な社会を守るためには、テロ容疑者に対する厳しい対応も容認されるべきであるという主張も一定の支持を

---

2) ヨーロッパ人権条約第6条は民事、刑事の双方において公正な裁判を受ける権利を保障している。刑事裁判に関係に関する第6条の意義については、以下を参照。European Court of Human Rights, *Guide on Article 6 of the European Convention on Human Rights Right to a fair trial (criminal limb)*, updated on 31 December 2018. 筆者は、自由権規約およびヨーロッパ人権条約の判例法の分析を中心として国際人権法における弁護人立会権についてすでに論文として纏めたことがある。本稿はその続編ともいえる。北村「警察取調べにおける弁護人立会権をめぐる人権条約の解釈・適用問題──ヨーロッパ諸国の動きを中心として」『法學新報』第120巻9・10号（2014年）161-235頁。

3) 自由権規約委員会や拷問等禁止委員会などの国際人権条約の実施機関によるわが国に対する総括所見においても、わが国政府に対して積極的な是正措置が求められてきた。拷問等禁止委員会の総括所見（CAT/C/JPN/CO/2, 2013年6月28日）、自由権規約委員会の総括所見（CCPR/C/JPN/CO/6, 2014年8月20日）を参照。

4) 北村「弁護人依頼権」戸波江二他編著『ヨーロッパ人権裁判所の判例』（信山社、2008年）232-238頁。水野陽一「公正な裁判の実現と証拠判断──ヨーロッパ人権条約6条に関する議論を参考に」『北九州市立大学法政論集』第44巻3・4号（2017年）27-72頁。

5) Salduz v Turkey, Judgment of the European Court of Human Rights, Grand Chamber（GC）, 27 November 2008. 本件の判例解説については、北村「サルドゥズ事件」小畑郁他編著『ヨーロッパ人権裁判所の判例Ⅱ』（信山社、2019年）261-264頁参照。

6) Directive 2013/48/EU, 22 October 2013. OJ L 294/1.

得ている。そうした背景の下で、ヨーロッパ人権条約の下で、テロ容疑者の取調に際しては弁護人立会権の保障に例外を認めることができるか否かが真正面から問われたのが、イブラヒム他対イギリス事件（Ibrahim and others v UK）である[7]。本件では、2005年7月にロンドンの地下鉄等爆破未遂事件の容疑で逮捕された容疑者に対する警察の取調において弁護人の立会が認められない間に獲得された供述が有罪証拠とされた。それにもかかわらず、人権裁判所は条約第6条に違反しないとの判断を示した[8]。しかし、この判断は、従来確立されてきた判例法の立場とは異なっている。イブラヒム事件で人権裁判所は、弁護人の取調立会権を制限したとしても刑事手続全般の公平性（proceedings as a whole）という視点から判断を下すことによって、サルドゥズ判決の基準を下方修正したものと受け止められている。さらに人権裁判所は、2018年11月のブーゼ対ベルギー事件（Beuze v Belgium）において、通常の刑事事件でかつ緊急性がなくとも個別の権利の制限云々よりも、刑事手続全般に照らして公平性が損なわれていたか否かという基準を採用した[9]。こうした判例の傾向は、人権裁判所が「補完性の原則」を配慮する傾向を強めたことを示しているとも思われる[10]。

　本稿では、以上のような人権裁判所の判例法において被疑者等の弁護人の援助を受ける権利、とくに身柄拘束後の警察取調に際して弁護人の立会を求める権利の性質とこれを制約する理由およびその妥当性等に関する問題点を考察することとしたい。以下ではこの問題を考察するにあたって、人権裁判所のサルドゥズ事件判決の意義を確認し、続いてEUの弁護人の援助を受ける権利に関する指令を検討する。その後、イブラヒム事件の内容を検討して、弁護人立会権の例外または制約を認める根拠を分析する。

---

7) Ibrahim and others v UK, Judgment of the 4th Chamber, 16 December 2014. Judgment of the Grand Chamber, 13 September 2016.

8) Zoran Buric, "Re-Assessing the Jurisprudence of the European Court of Human Rights on Police Interrogation - Case of Ibrahim and Others v. the United Kingdom," *EU and Comparative Law Issues and Challenges Series*, Vol. 2 No. 2（2018）, pp. 338-354.

9) Beuze v Belgium, Judgment of the European Court of Human Rights（GC）, 9 November 2018.

10) ヨーロッパ人権条約と補完性の原則については、小畑郁『ヨーロッパ地域人権法の憲法秩序化』（信山社、2014年）321-334頁参照。

一 弁護人の援助を受ける権利の内容

1 ヨーロッパ人権条約第6条の構造

　本稿で扱う取調における弁護人の立会いを求める権利は、ヨーロッパ人権条約では第6条3項cの弁護人の援助を受ける権利に含まれる具体的権利として解釈されている。この規定は、同条1項の公正な裁判を受ける権利のなかの個別の権利として定められているものである[11]。第6条3項の個別の権利は、それ自体が独自の権利性が認められるのかそれとも第6条の公正な裁判に対する権利の全般の文脈の中で保障されるのか、という問題が提起されている。

　そこで、第6条1項の規定をみると、「すべての者は、その民事上の権利および義務の決定または刑事上の罪の決定のため、法律で設置された、独立の、かつ公平な裁判所による妥当な期間内の公正な公開審理を受ける権利を有する。判決は公開で言い渡される。(以下、省略)」と定めている[12]。第6条3項cでは、弁護人の取調立会いについて、「刑事上の告発を受けたすべての者は、自らまたは自らが選任した法的援助を通じて自らを防禦する権利を有する。法的支援を受けるために十分な支払い手段がなければ、司法の利益により求められる場合には、無料で法的支援を受ける権利を有する。」と定めている。これは、法的支援に対する権利 (right to legal assistance) をいうものであって、わが国でいう接見交通権、実況見分等への弁護人の立会いおよび勾留中の被疑者、被告人に対しては (参考人・証人として警察が尋問する場合であっても後の裁判で証言がもちいられる場合には参考人等についても)、取調に際して弁護人の立会を求める権利が保障されている[13]。

---

11) 人権条約第6条の解釈については、さし当たり次を参照。William A. Schabs, *The European Convention on Human Rights; A Commentary* (Oxford, 2015), p. 310. Harris, O'Boyle and Warbrick (eds.), *Law of the European Convention on Human Rights*, 4th ed., (Oxford, 2018) pp. 473-4.
12) 公正な裁判を受ける権利に関しては以下を参照。Sarah J. Summers, *Fair Trials; The European Criminal Procedural Tradition and the European Court of Human Rights* (Hart Publishing, 2007). 判例については、次を参照。Jeremy McBride, *Human Rights and Criminal Procedure; the Case Law of the European Court of Human Rights*, 2nd ed., (Council of Europe, 2018).

第6条で定められている他の刑事手続上の権利については、2項で「無罪の推定を受ける権利」を定め、3項では刑事上の罪に問われているすべての者に対して、(a) 理解する言語で罪の性質および理由を告知される権利、(b) 防禦のための十分な時間と便益に対する権利、(d) 証人尋問権、(e) 無料で通訳の援助を受けること、を保障している[14]。従来の判例では、第6条3項のこれらの個別の権利は、それぞれが具体的権利として保護されているものであるか、それとも公正な裁判に対する権利としての全般の文脈で解釈されるものであるのか明確ではなかった。問題は、3項中の個別の権利に違反があったとしても、第6条全般の文脈で公正な裁判を捉えることによって、条約違反を認定しないという判断が認められるか否かである。

2 サルドゥズ事件判決の意義

ヨーロッパ人権裁判所のサルドゥズ対トルコ事件判決は、警察取調中の弁護人立会権に関する最も重要な判例である[15]。本件申立人（逮捕時17歳の少年）は、トルコ国内では禁止されているクルド労働者党を支持するデモの最中に同党支持を表明する横断幕を橋の欄干に掲げた行為等により警察に逮捕され、取調の際の自白に基づき有罪判決が下された。後に、同人はヨーロッパ人権裁判所に対して警察取調中に自白の強要があり、しかも弁護人が取調に立ち会っていない間になされた供述が有罪証拠として用いられたことなどが人権条約第6条1項および同3項cの規定に違反すると申し立てた。2008年の人権裁判所大法廷判決は、警察取調中に弁護人を立ち会わせなかったのは、人権条約第6条1項および3項cに違反するとして、次のように述べた。

> 「当法廷は、公正な裁判に対する権利が十分に『実際的かつ効果的』（practical and effective）であるためには、第6条1項は、一般的に弁護人に対するアクセスは、この権利を制限するべきやむを得ない理由（compelling reasons）があることが、特別の事情に照らして証明されない限り、警察により被疑者の最初の取調のときから付与されるべきであると認める。やむを得ない理由により、弁護人に対する

---

13) Imbriosca v. Switzerland, judgment of 24 November 1993.

14) Ryan Goss, *Criminal Fair Trial Rights: Article 6 of the European Convention on Human Rights* (Hart Publishing, 2014).

15) See, *supra* note 5.

アクセスの拒否が例外的に正当化される場合にあっても、そのような制約は、いかに正当化されようが、第６条に基づく被疑者・被告人の権利を不当に害してはならない。防御の権利は、弁護人に対するアクセスのないままに警察の取調中に得られた自白（incriminating statement）が有罪の証拠として用いられた場合には、原則として回復不能なほどに損なわれる（irretrievably prejudiced）であろう。」[16]

　ここでいう弁護人に対するアクセスとは、曖昧な用語であるが、実際は警察取調に際しての弁護人の立会を求める権利を含むものと理解されている。本判決では申立人が17歳の少年だったという要素が特別に考慮されたとも考えられるが、その後の一連の人権裁判所の判例法においては、成人の場合であってもまた政治的犯罪ではなく普通犯罪であっても、逮捕直後からの取調における弁護人依頼権、とくに警察取調中の弁護人立会権が保障されるべきことを明確に確立させた[17]。

　本判決の意義は、公正な裁判を受ける権利は実際的かつ効果的でなければならないとして、３項ｃにいう自らまたは弁護人を通じて防禦する権利には、警察取調中に弁護人の立会を求める権利を含むという解釈を明らかにしたこと、ならびに弁護人立会権が確保されない状態で獲得された自白を裁判の証拠から排除すべきとした点にある。これらの２つの点は、サルドゥズ原則と呼ばれてきた。本判決が画期的であったのは、その内容だけでなく、波及的効果という点にもある。実際には本判決当時においては、ヨーロッパ諸国間にも未だ警察取調における弁護人立会権を国内法で整備していない国があったが、本判決と同趣旨のいくつかの判決が繰り返されることによって、フランス等諸国においても国内法が改正されて、警察取調中の弁護人立会権が制度化された[18]。さらには、EU が採択した弁護人による援助を受ける権利に関する指令の中で警察取調における弁護人立会権を明記したことである。これによって、EU 構成国においては刑事手続上の権利に関する法の接近が図

---

16) *Ibid.*, para. 55.

17) 北村「前掲論文」（注２）。

18) たとえば、フランスについては人権裁判所の Brusco 事件判決（2010年10月14日）により当時のフランス法が人権条約違反として判示されたことにより、フランスも法改正を行って被疑者の取調時における弁護人立会権を認めた。北村「前掲論文」（注４）参照。John D. Jackson, "Responses to Salduz: Procedural Tradition, Change and the Need for Effective Defence," *Modern Law Review*, Vol. 79, No. 6（2016）, pp. 987-1018.

られることになった[19]。

3　弁護人に対するアクセスの権利に関する EU 指令

　本稿の目的はヨーロッパ人権裁判所による弁護人の取調立会権に焦点を置いているが、EU も2009年のリスボン条約の発効以後、刑事手続に関する一連の指令（directive）を採択しており、これが EU 構成国にとってのスタンダードとなっている。しかも、EU 条約第 6 条により、EU 自体がヨーロッパ人権条約への加入を方針としているので、EU 法とヨーロッパ人権条約との関係はますます密接なものとなりつつある[20]。EU の刑事手続に関する指令のうちとくに弁護人の援助を受ける権利に関する指令は[21]、人権条約の解釈にも実際の影響を与えるようになっている。

　また2000年に採択された EU 基本権憲章は、第47条で公正な裁判を受ける権利を、第48条で無罪の推定および防禦の権利を規定している。2009年にEU 改革条約（リスボン条約）が発効したことによって、基本権憲章の法的拘束力が認められた[22]。その後、EU はストックホルム・プログラムを採択して、より具体的な刑事手続上の諸権利に関する指令を採択することとした[23]。一連の刑事手続に関する権利の指令の 1 つとして、2013年に採択された弁護人に対するアクセス権に関する指令は、とくに重要である[24]。

　本指令は、ヨーロッパ人権裁判所の判例法に基づいて弁護人に対するアクセスの権利を考慮して詳しく条文形式に定めたものである[25]。具体的な内容としては、第 3 条において「弁護人に対するアクセスの権利」定めている

19）EU 運営条約第82条は刑事司法協力について定めており、同条 2 項（b）では刑事手続における権利についても指令を採択することを定めている。このような EU の刑事司法協力は、EU が国境検査を廃止して、域内における人の自由移動を認めたことにより必然的に求められる。Kai Ambos, *European Criminal Law*（Cambridge, 2018）.

20）EU の人権条約への加入をめぐる問題については、別稿で纏めたのでここでは立ち入らない。北村「EU のヨーロッパ人権条約への加入問題」『前掲書』（注 5 ）15-20頁。

21）前掲注 6 参照。

22）Giacomo Di Federico, ed., *The EU Charter of Fundamental Rights; From Declaration to Binding Instrument*（Springer, 2011）, p. 95-107.

23）北村「ヨーロッパ諸国間における犯罪人引渡法制の現代的変容（ 3 ）」『中央ロージャーナル』第10巻 4 号（2014年）77頁。

24）Directive 2013/48/EU, 22 October 2013. OJ L 294/1.

（この「アクセス権」とは、弁護人依頼権、接見交通権、弁護人の取調立会権および実況見分における立会権を含む）。その1項では、「構成国は、被疑者・被告人が自己の防御権を実際的かつ効果的に行使することができるように弁護人に対するアクセス権を保障する。」と定める。2項では、この権利の始期について「被疑者・被告人は、不当な遅滞なく弁護人に対するアクセスする権利を有する」とし、いかなる場合でも被疑者・被告人は、次の（a）から（d）のいずれか早い段階から弁護人に対するアクセスの権利を享有すると定める。

(a) 警察もしくはその他の法執行当局または司法当局における取調の前、
(b) 捜査権限を有するその他の機関が行う捜査または証拠収集行為の実施に際して、
(c) 自由のはく奪から不当に遅延のない時期、
(d) 被疑者・被告人が、刑事に関する管轄権を有する裁判所に出廷を求められている場合には、裁判所に出廷する前の然るべき時期のいずれかである。

第3条3項では、秘密の接見交通権および弁護人の取調立会権を定める。

(a) 構成国は、被疑者・被告人が、警察またはその他の法執行もしくは司法機関による取調の以前においても自己を代理する弁護人と秘密に会い、連絡する権利を有することを保障する。
(b) 構成国は、被疑者・被告人が取調を受けるときには、自己の弁護人に立会いを求め、効果的に参加してもらう権利を有することを保障する。弁護人の参加は、国内法の手続に従うものとする。ただし、これらの手続は、この権利の実効的な行使およびその本質を侵害しないことを条件とする。弁護人が取調中に立ち会うときには、国内法に従って記録される。

本指令によって、EU構成国は弁護人立会権を効果的に確保するよう国内法で定めを置くべきことが求められる（第15条）[26]。国内法への転換は、2016年11月27日までに行うべきこととされていた。なおイギリスは、イギリスの刑事司法制度にとって「混乱をもたらす」（disruptive）として本指令には加わらない方針をとっている[27]。

25) Valsamis Mitsilegas, *EU Criminal Law after Lisbon: Rights, Trust and the Transformation of Justice in Europe*（Bloomsbury, 2016）, p. 168.
26) 北村「前掲（注2）論文」202-203頁。
27) イギリス、アイルランド、デンマークは本指令に不参加を表明していた。Mitsilegas, *supra* note 25, p. 180-182.

以上の諸点は、本指令の積極的な面である。しかし、次の2点は人権裁判所の判例法では必ずしも明確でなく、問題である。

　第1は、サルドゥズ判決以後確立している、弁護人不在の状況で獲得された自白を有罪証拠から排除すべきとする原則が明確に定められていない点である。本指令第12条1項は、本指令の権利が侵害された場合には効果的な救済を受けると定めているが、2項では「弁護人の援助を受ける権利に違反してまたはこの権利の保障停止が第3条6項に従って承認されている場合に獲得された証言または証拠の評価においては、弁護の権利と手続の公正さが尊重されることを保障する。」と定める。この規定は、証拠の評価に関して国内裁判所は自由裁量を認められるべきであるとのEU構成国側の主張に配慮して定められたものであって、取調中に弁護人不在のまま獲得された自白を証拠から排除すべきことを定めたのかどうか曖昧である[28]。

　第2は、本指令の第3条5項と6項において、弁護人に対するアクセス権の適用除外（derogation）を定めている点である。まず5項では、被疑者・被告人が地理的遠隔地にある場合には、2項（c）の適用を暫定的に免れることができると定める。6項は、「公判前の例外的な事情に限り、構成国は、事案の特別の事情に照らして、以下のやむを得ない理由の一またはそれ以上によって正当化される場合には、その限りにおいて、3項に定める権利の適用を暫定的に免れることができる。」とし、例外として（a）生命、自由または身体の高潔性に対する重大かつ有害な結果を回避するために緊急な必要性がある場合、（b）刑事手続を実質的に害するのを防止するためにやむを得ない場合に、捜査機関が緊急行動をとることを認めている。このような一般的かつ抽象的な適用除外を規定したことは、人権保障という観点からみると問題があるとも考えられる。そこで、本指令第8条では、一時的な適用除外措置を援用するためには、次の条件に従うことと定める。すなわち、（a）（目的に対して）比例的（proportional）であり、必要な範囲を超えないこと、（b）時間的に厳格に制限されていること、（c）容疑とされる犯罪の類型また

---

28) Anneli Soo, "Divergence of European Union and Strasbourg Standards on Defence Rights in Criminal Proceedings? Ibrahim and the Others v. the UK," *European Journal of Crime, Criminal Law and Criminal Justice*, Vol. 25, No. 4 (2017), pp. 327-346. Especially, p. 336-338

は重大性にもっぱら基づくものであってはならないこと、(d) 訴訟手続の全般的な公平性に予断を与えないこと、である[29]。

本指令の起草にあたってヨーロッパ人権裁判所の判例法が考慮されたが、上記二点はEU構成国政府の主張をとり入れているように思われるのであり、従来の人権裁判所の判例法の枠を越えているように思われる。適用除外には、セーフガード条項も含まれてはいるが、その解釈は曖昧であり、例外の解釈にあたって国家の裁量を広く解されるおそれがある。たとえば、「比例的である」とは、曖昧であり、こうした理由によって人権の制約が正当化されるならば、公正な裁判を受ける権利の保障が危惧されるおそれもあるだろう。

4　EU指令がヨーロッパ人権条約第6条の解釈に及ぼす影響

ヨーロッパ人権条約の第6条（公正な裁判を受ける権利）の規定は、第8条（私生活の尊重）、第9条（思想、良心、宗教の自由）、第11条（表現の自由）、第12条（集会結社の自由）等の規定とは異なり、国の安全、公共の安全、公の秩序等を理由とする一般的な適用除外規定を含んでいない。したがって、これらの理由により第6条については締約国の解釈裁量を認める根拠は存在せず、締約国の「評価の余地」も縮減される[30]。これに対して第2条（生命権）、第3条（拷問・非人道的な取扱の禁止）、第4条（奴隷的拘束の禁止）の規定は、「公の緊急事態による権利の停止（derogation）」が認められない絶対的な権利であるとも言われる。第6条の公正な裁判を受ける権利は、第2条から第4条の権利と第8条から第12条の諸権利の2つの類型の権利の中間に位置づけられており、いずれにも該当しないので、その性質は、中間的な権利または単に「強い権利」と呼ばれることもある[31]。しかし、ミトシリガスも指摘するように、EU指令が弁護人の援助を受ける権利に関して例外を明示したことは、本権利が相対的な権利として、緊急かつ例外的な事情においては一時的に保障を停止することもできると解する余地があることを明確に

---

29) 北村「前掲（注2）論文」206-207頁。

30) Goss, *supra* note 14, p. 116-118.

31) Andre Ashworth, Mike Redmayne, *The Criminal Process* (4th ed.) (Oxford, 2010) p. 38. 笹山文徳「イギリス刑事手続における違法収集証拠排除の現状と展望」『同志社法學』67巻8号（2016年）3273-3371頁。

させた。これには、各国政府が状況によっては本権利の制限も認められるべきとする考え方を有しているからに他ならない[32]。

　もともと EU の刑事手続上の諸権利に関する指令の制定は、シェンゲン協定により国境検査のない人の域内自由移動が実現したことが端緒となった。それに伴い、ヨーロッパ逮捕状制度の運用等を通じて刑事司法分野における捜査協力が積極的に進められた結果、各国間において刑事手続上の権利の内容のばらつきがあっては、容疑者の捜査、逮捕および引渡しに支障が生じるおそれがあるために、各国間における権利保障の水準を接近させる必要があった。その要請に応じて、指令はヨーロッパ人権裁判所の判例法に基づき最小限の基準を各国間に導入することを目的としている。同時に EU 運営条約第82条でも確認しているように、一方で「法律および規則の接近」（1項）を目指しながら、他方では「構成国の法的伝統および法制度の相違を考慮」（2項）するという複雑で、一見のところ二律背反的な規定となっている。

　以上のような内容を含む EU 指令がヨーロッパ人権条約の解釈に何らかの影響を与えるのかという問題がある。この点、EU 法とヨーロッパ人権条約とは別個の体系に属する法的文書であって、相互の間に制度的連関性はないので両者は切り離して考えられるといえるだろうか[33]。しかし、EU 法と人権条約との関係については、以前から「同等の保護」という解釈原則が採用されてきた[34]。EU 司法裁判所とヨーロッパ人権裁判所の双方の判例解釈において、実質的に齟齬のないような解釈を探ってきたのである[35]。EU 運営条約第6条によれば EU はヨーロッパ人権条約に加入が予定されており、実体的にもますます EU 法とヨーロッパ人権条約との関係は密接になってくる

---

32) Mitsilegas, *supra* note 25, p. 176-177.

33) Jacqueline Hodgson, "The Right to Access to the Lawyer at Police Stations: making the European Union Directive Work in Practice," *New Journal of European Criminal Law*, Vol. 5 No. 4 (2014), pp. 450-479.

34) Bosphorus Hava Yallari Turizm ve Ticaret Anonim Sirketi v Ireland, ヨーロッパ人権裁判所、2005年6月30日判決。「ボスポラス事件」前掲書（注4・戸波他編『ヨーロッパ人権裁判所の判例』）。Also see, Nada v Switzerland, Judgment of the European Court of Human Rights, 12 September 2012.

35) Elisa Ravasi, *Human Rights Protection by the ECtHR and the ECJ: A Comparative Analysis in Lights of the Equivalency Doctrine* (Brill/Nijhoff, 2016).

であろう。問題は、人権条約の解釈基準を低下または切り崩すような形で
EU 法に依拠することが認められるかどうかである。

二　イブラヒム他対イギリス事件

　ヨーロッパ人権条約第 6 条 3 項 c の弁護人の援助を受ける権利は、従来の
判例法により取調時の弁護人立会権も含むものと理解されている。しかし、
この権利は絶対的な権利ではなく緊急な場合等の一定の要件が満されるなら
ば、制限に服するとされている。本件は、具体的にどのような場合にこの制
限が認められるかが問われた事件である。この点で、本件は、近年の重大な
テロ事件への対策に苦悩しているヨーロッパ諸国において、人権条約上の義
務とテロ対策とをどのように両立させるのかというあらたな論点を提起して
いる点で重要な意義を有する[36]。

1　事実の概要
　2005年 7 月 7 日、ロンドンの 3 つの地下鉄車内と駅およびバスの中で 4 件
の自爆テロ事件が勃発して、死者52人他、多数の負傷者がでた[37]。犯行はイ
スラム過激思想の影響を受けた者によるものであった。その 2 週間後の 7 月
21 日、ロンドンの地下鉄で自爆テロ未遂事件が起きた。今回は、4 個の爆弾
の起爆装置が作動したが、いずれも不発だった[38]。犯人は、事件現場から逃
走したが、監視カメラの映像等により、警察はオマール（Yasin Hassan
Omar）氏をバーミンガム市内の住居で逮捕し、直ちにロンドン市内の警察
署に連行して、取調を開始した。同氏は、弁護士との接見を求めたが、テロ

---

36) Zoran Buric, "Re-Assessing the Jurisprudence of the European Court of Human Rights on
Police Interrogation - Case of Ibrahim and Others v. the United Kingdom," *EU and Comparative
Law Issues and Challenges Series*, Vol. 2, No. 2 (2018), pp. 338-354. Anna Pivaty, "The Right to
Custodial Legal Assistance in Europe: In Search for the Rationales," *European Journal of Crime,
Criminal Law and Criminal Justice*, Vol. 26, No. 1 (2018), pp. 62-98.
37) 前掲注 7 参照。Ergul Celiksoy, "Ibrahim and Others v. UK: Watering down the Salduz
principles?," *New Journal of European Criminal Law*, Vol. 9, No. 2 (2018), pp. 229-246.
38) 後日の調べでは不発の原因は液化過酸化水素の濃度不足によるものと判断された。

リズム法（2000年）の規定により警視正の地位にある警察官の承認があれば、逮捕後48時間以内は弁護人不在であっても「セーフティ・インタビュー」を行うことができることとされていた。セーフティ・インタビューとは、警察が生命の保護および重大な財産的な損害を防ぐために緊急に行う取り調べをいい、その間は、弁護人の法的援助を遅延させることが可能とされた。また、黙秘権の行使が有罪の推定をまねくことがあるとの警告が与えられた[39]。その数日後、イブラヒム（Muktar Said Ibrahim）氏とモハンメド（Ramzi Mohammed）氏がロンドン市内のフラットで逮捕され、取調中はほぼ同様の形で弁護人の援助を受ける権利が制限された。第4の申立人であるアブドラーマン（Ismail Abdurahman）氏は、当初、証人として尋問を受けている際に、容疑者の1人を隠匿し逃走を助けたことを自供し始めた。その段階で申立人は逮捕されず、証人として供述調書を取られ、その後に逮捕された段階で初めて弁護人による法的助言を得ることができた。しかし、この供述調書は、後の裁判で有罪証拠として認められた。

　イギリスの国内裁判所では、捜査に当たっていた警察署の事情等を考慮して警察による手続に瑕疵はなかったと判断し、イブラヒム氏ら3人については2007年殺人共謀罪により有罪の評決が下され終身刑（最短40年）が言い渡された。アブドラーマン氏については、第1審で禁錮10年の有罪判決が下され、控訴審で8年に減刑された。

　以上の経緯によりイブラヒムら4人は人権裁判所に対して、条約第6条の公正な裁判を受ける権利、とくに取調中の弁護人の立会を含めて弁護人の援助を受ける権利を侵害されたと申し立てた[40]。従来の人権裁判所の判例法によれば、弁護人の立会がないままに警察による取調が行われ、その間に獲得された供述が後に有罪の証拠として用いるのは条約6条違反とされるが、争点となったのは、（1）警察取調中の弁護人立会権を含めて、弁護人の援助

---

39) 1994年の刑事司法・公共秩序法（Criminal Justice and Public Order Act 1994）の規定では、被疑者が弁護人の援助が認められる以前に行われた警察取調中に容疑者が黙秘したとしても、有罪の推定が導かれることはないという警告を与えるべきとされていたが、2000年テロリズム法（The Terrorism Act）の下では、申立人らの逮捕後のセーフティ・インタビューの際には黙秘権を行使して後の裁判において被告人に不利となる事実を陳述しなかったならば、有罪の推定を招くことがありうるという内容の新たに導入された警告が与えられた（§139-142）。

を受ける権利の制限を正当化するためのやむを得ない理由が存在したかどうかという点、（2）弁護人の援助を受ける権利が制限された結果、手続の全般からみて公正な裁判を受ける権利が回復しがたいほど侵害されたかどうかという点である（§161）。

2　小法廷判決

人権裁判所小法廷判決（2014年12月16日）は、以下のような判断を下した。

　第6条1項に関する当法廷の関心は、刑事手続の全般的な公正さを評価することにある。このような刑事手続の全般としての評価という視点は、条約の趣旨および目的や「実際的かつ実効的な」解釈などともに、以前から人権裁判所の判例法でも採用されてきた基準である。第6条3項に基づく刑事手続上の諸権利の保障は、同条1項に定める公正な裁判に対する権利の特定の側面である。その本来の目的は、刑事裁判手続の全般としての公正さを確保することにあり、公正な裁判の要請に一致しているか否かは手続全般を斟酌して判断されるべきであり、特定の側面または事象だけを考慮することによって判断するべきではない（§191）。

　申立人は、法的支援のないままに警察取調中に行われた供述が後の裁判で証拠として採用されたことにより、公正な裁判を受ける権利が侵害されたと主張するが、刑事裁判の手続全般の公正さを考慮することにより、申立人にとって不利になるかどうかが問題である（§195）。

　したがって、問題は、法的支援が得られない状況下で行われた供述が証拠として採用された結果、公正な裁判が損なわれたかどうかである。この点で、イギリス法では弁護人の援助を受ける権利については、例外的に遅延が認められ、その条件は

40）イギリス政府は、以下の主張を行った。弁護人に対するアクセス権の制限は、テロリズム法の規定に従って個別事件の事情を基礎に判断され、決定には合理的な理由を必要とする。制限は、生命・財産の保護等の合法的な目的のためでなければならず、個人の権利とテロ対処という緊急性とのバランスが認められている（§163）。申立人らは、黙秘権の行使によって有罪の推定が行われたとか、自己負罪を招く証言が有罪証拠として採用されたのではなく、むしろ取調の際の虚偽の供述が有罪証拠として認められたことについて申し立てているだけである。自己負罪拒否特権は、（強制的に）自白を強要させられた者または黙秘権を行使した結果、罪を帰せられた者を保護する趣旨であって、捜査当局を意図的かつ進んで誤らせようする者を保護しない（§164）。本件では、申立人らの供述が唯一の有罪証拠ではなく、彼らの急進主義的見解、自爆攻撃への支持、爆弾の製造と配置、遺書、失敗後の逃走計画などのいくつもの証拠がある。したがって、本件では、サルドゥズ事件とは異なり、弁護人の援助がない状況において行われた警察の取調における自己負罪的供述が有罪証拠として用いられたケースではない（§165）。申立人の諸権利は、弾劾主義的国内刑事裁判の手続によって適切に保護されていた。申立人らに対する警告が誤って伝えられたとしても、手続上の不公正を結果させない（§167）。

厳格で網羅的である。2000年テロリズム法の規定は、法的援助に対する権利の重要性と公衆を保護するために必要な情報を得るために例外的な場合には、急迫な要請との間の適切なバランスを確保している。セーフティ・インタビューの目的は、厳格に守られていた（§205-206）。また、弁護人の援助を得られていない状況での供述が、申立人らに対する唯一の有罪証拠なのではなく、他にも多くの物的証拠等があった（§211）。

　セーフティ・インタビューに関する立法の枠組、警察は申立人らの取調にあたってその立法枠組を慎重に適用したことなどを総合的にみれば、国内裁判所での証拠の採用に関する判断および申立人に対する検察側の証拠の証明力に関する判断が、公正な裁判に対する第6条1項の権利を不当に侵害したとはいえない。したがって、イブラヒム他3人の申立人らについて条約第6条3項cとの関連で第6条1項の違反はなかった（§212-213）。

　アブドラーマン氏は、証拠の性質およびそれが獲得された状況、証言は任意に獲得されたものであること、犯人の逃亡を実際に助けようしたこと等の一連の事情からみて、当初の警察取調の段階で弁護人へのアクセスが提供されなかったことにより条約第6条1項の違反を生じさせるほどの不当な侵害はなかった。したがって、第6条3項cとの関連においても第6条1項の違反はなかった（6対1）（§224）[41]。結局、小法廷は申立人4人全員について人権条約違反を否定した。

3　大法廷判決

　小法廷の判決に対して申立人側からの請求により大法廷への上訴が認められた。これによって大法廷では、サルドゥズ判決の立場とは異なり、弁護人立会権の保障が確保されなくとも人権条約に違反しないという解釈を認めるかどうかが争点となった。2015年11月25日には大法廷において口頭弁論が行われ[42]、続いて2016年9月13日に判決が下された。大法廷判決は、オスマン、

---

41) カライジェフ（Kalaydjeva）判事は反対意見において、自己負罪拒否特権に対するセーフガードは第6条3項cの法的援助に対する最小限の保障であり、多数意見が、情報の漏洩により捜査に危険が及ばないようにするために弁護人へのアクセスの遅延を遅らせることができるとした主張には賛成できないとした。

42) 同日筆者は、ストラスブールの人権裁判所大法廷における口頭弁論の模様を傍聴する機会があった。その際の傍聴記を監獄人権センターのニュースレターに掲載させていただいた。「テロに揺れる欧州諸国と欧州人権裁判所」『監獄人権センター・ニュースレター』（2016年7月）

イブラヒムおよびムハンマドの3名については、小法廷判決と同様に人権条約違反を認めなかったが、アブドラーマン氏については第6条3項cの違反を認めた。

イブラヒムら3人については、以下のように公正な裁判に関する手続の全般的な公平性という観点を重視して、第6条3項にいう具体的な個々の権利の保障に欠ける点があったとしても公正な裁判を受ける権利それ自体の侵害にはならないとした。判決では、サルドゥズ判決により身柄拘束後の早い段階において第6条3項cにより弁護人の援助を受ける権利を保障しており、警察取調中の弁護人立会権も含まれるとしているが、この権利は絶対的ではなく、①やむを得ない理由が存在すること、②一時的でかつ個別の状況の評価に基づくこと、という2つの基準が満たされるならば制約することもできるとする。

　政府は、甚大な生命が失われる潜在的おそれ、攻撃計画について情報を得る緊急の必要性および捜査当局が厳しい実際的な制約に直面していた点などにより弁護人の援助を遅らせるためやむを得ない理由があったと主張した。人の生命、身体に対する深刻な災いを回避する緊急の必要性が確信的に主張される場合には、やむを得ない理由があることを認める。容疑者に対してセーフティ・インタビューが行われたときには、そうした必要性が存在していたことは疑いがない。……3人の容疑者とオスマン氏が7月21日に地下鉄とバスの車内で爆発物に点火したとき、イギリスがテロ攻撃の標的とされていると警察が結論したのは不可避であった。……爆弾が不発であったのは、犯人らは、自由に他の爆弾を仕掛けて爆発させることができることを意味していた。政府は、最初の3人の申立人に場合には、公衆の生命および身体に対する深刻な被害を防ぐための緊急な必要性があったことを説得的に証明したと考える（§276）。

　しかし、やむを得ない事情の存在を満たす事情があるからといって、被疑者に対する法的援助の利用制限が当然に正当化される訳ではない。その他の考慮されるべき要素には、当該制限が国内法における制約のための基礎となるかどうか、本件制約が特定の事情に関する個別的な評価に基づくものであるかどうか、また制約が一時的なものであるかどうか、である（§277）。

続いて、判決は「手続全般としての公正性」という観点から、イブラヒムら3人の申立人に対しては弁護人の支援が遅延したことにより公正な裁判に対する権利が侵害されたかどうかを検討する。これらの評価においては、小

法廷判決とほぼ同様に、イギリス法の下ではセーフティ・インタビューの目的が公衆の安全を確保することに限定されており、弁護人へのアクセスの制限は、幹部警察官の承認が得られることを条件として短時間に限って認められること（§281）、これに対する異議は裁判所によって審査の対象となることなどを考慮した（§283～284）。爆薬製造に関する物的証拠やイスラム過激思想の影響を受けていたことを示す証拠がある点も考慮された（§290～291）。以上の諸点に鑑みて、「最終的に、本犯罪の捜査および処罰における重大な公的利益が存在していたことに疑いがない。無差別のテロ攻撃は、その性質上無辜の市民の中枢に不安を生じさせ、無秩序と恐怖を引き起こし、日々の生活に支障を生じさせる。……甚大なテロ攻撃（日常生活を営む一般市民の大量殺害の共謀を含む）を防止し処罰する上での公共の利益は、最もやむを得ない理由の１つである（§293）。」「結論として、当法廷は、３名の申立人に対して法的支援へのアクセスの提供が遅延したことおよび法的援助が欠けた状況で得られた供述を裁判で有罪証拠として採用したにもかかわらず、各申立人について手続全般としては公正であった（§294）。」以上によりイブラヒムら３人の申立人については、第６条１項および３項ｃの違反はなかった（15対２）。

第４の申立人については、証人として警察に尋問された際に、自白を始めた時点で同人は犯罪の容疑を問われていたのであるから、取調官はその時点で弁護人の援助を受ける権利を告知すべきであったにもかかわらず、これを告知することなく取調が行われ、その際の供述が後の裁判において有罪証拠として採用された。これらの点についてやむを得ない理由の存在を政府は立証していない。以上により、第６条１項および３項ｃに違反した（11対６）。

17人の大法廷判事の中では、意見は分かれた。イブラヒム以下３名については条約違反を肯定する２名の裁判官の反対意見があった[43]。逆に、アブドラーマン氏についても条約違反を認めるべきではないという立場からの６名の判事による共同反対意見があった[44]。

---

43) サヨ（Sajó）判事とラフランケ（Laffranque）判事の反対意見がある。

44) Hajiyev, Yudkivska, Lemmens, Mahoney, Silvis, O'Leary の６人の判事は、アブドラーマン氏についても条約第６条の違反はなかったとする共同反対意見を述べた。

4 本件判決の意義：サルドゥズ原則の下方修正

　本件の争点は、イギリス法の下では、原則的に取調中の弁護人の立会を含めて弁護を受ける権利が保障されているが、2000年のテロ法の下では、テロ容疑に問われている者に対してセーフティ・インタビューを行っている間は弁護人の援助を受ける権利からの停止または逸脱を可能としていた点がヨーロッパ人権条約第6条の解釈によって許容されるかどうかであった。人権裁判所は、サルドゥズ判決以後の一連の判例法において、弁護人の立会がない状況で獲得された自白が後の裁判において有罪証拠として採用された場合には、回復しがたい結果を生じさせるのであるから、「弁護人の援助を受ける権利」を実効的かつ実際的権利として解釈することにより、逮捕直後の段階から警察取調における弁護人立会権を含むと解してきた。しかし、本件判決は、テロ事件直後の緊急な捜査が行われている間は、公衆の安全を確保するため、警察取調中に弁護人の立会が否定された状況で獲得された供述が後の裁判において有罪証拠として採用されたとしても、条約違反を生じさせないとした。これはサルドゥズ判決以後確立されてきた判例法を変更する意味がある。こうした判断を採用するにあたって、本判決は、第6条の公正な裁判を受ける権利が侵害されたか否かの判断は、第1に、権利の制約のための「やむを得ない理由」が存在するか、第2に、第6条3項cの具体的な権利の制限だけにとらわれることなく、手続全般としての公平性が損なわれたかどうかという観点から評価するというアプローチをとった[45]。しかし、こうした解釈方法については、ヨーロッパ人権条約の解釈の正当性という観点からいくつかの問題があるように思われる。

(1) 権利制約理由としての「公共の利益」の承認

　弁護人の取調立会権を含む弁護人の援助を受ける権利の保障の根拠は、被疑者に対して自己負罪拒否特権を保障するところにある。この原則は、サルドゥズ対トルコ事件他の人権裁判所の一連の確立された判例法によって確認されてきた。それによれば、原則的に、弁護人による援助が得られない状況

---

45) Anneli Soo, *supra* note 28, pp. 333-336.

で獲得された供述を有罪の証拠としては用いてはならないとされている。

前述のように、第6条の公正な裁判を受ける権利は、絶対的権利でもなく、相対的権利でもない「強い権利」としての性格を有しているとされるが、比例性原則の適用により例外が許容されるのか否かに関して、従来の判例は立場を明らかにして来なかった[46]。イブラヒム事件では、テロ事件直後の緊急事態であり、公衆の安全を確保するための「やむをえない理由」がある場合には、取調中の弁護人の立会権に例外を認めたことが着目される。弁護人の支援を受けることにより、容疑者が警察に対して非協力的になり、捜査に支障をきたす虞があることがその理由として考えられる。しかし、こうした虞は、緊急かつ具体的であると言えるかどうか疑問がある[47]。判決はこのような一般的かつ曖昧な理由により、公正な裁判を受ける権利の意義を毀損し、公共の利益を優先させたと批判的に評価することができる。

本判決は、テロ鎮圧という公共の利益をもって、権利を制約する上でのやむを得ない理由として認めている。この点については、政府の主張に大きな配慮をしているが、このような国家による条約解釈の裁量を認める際に用いられる「評価の余地」という言葉は使っていない。従来の判例法でも、第6条の解釈に際しては、評価の余地を認めてこなかった。今回、テロ事件直後の例外的状況の下で、評価の余地を認めれば、公共の利益を拡大して解釈することにより、権利の実質的意義を大きく制約することも可能となってしまうからであると思われる[48]。判決は、評価の余地理論に代えて、手続全般としての公平性という枠組において厳格な審査を行ったのである。

(2) 手続全般としての公平性という視点

多数意見は、条約第6条の公正な裁判を受ける権利の解釈においては、同条3項に掲げる権利の特定の側面または1個の出来事を単独に考慮するので

---

46) Ryan Goss, "Out of Many, One? Strasbourg's Ibrahim Decision on Article 6," *Modern Law Review*, Vol. 80, No. 6 (2017), p. 1147.

47) サヨ判事らは、実際には、警察は個別具体的な状況によらずに、予め弁護士との接見制限を決めていたと批判する。*Supra* note 44, para. 22-28.

48)「評価の余地」理論については、次を参照。Andrew Legg, *The Margin of Appreciation in International Human Rights Law* (Oxford, 2012).

はなく、全般としての手続の展開を考慮に入れて解釈すべきであるという立場を採用した。多数意見は、個別の要素の侵害についてというよりは、手続全般の公平性に焦点を置いたのである。やむを得ない理由の欠如は、それだけでは条約第6条の違反認定には、つながらない。この見解は、全般として手続の分析を必要としたものであり、サルドゥズ判決以後確立した第6条3項に定める具体的な権利の侵害は手続の取り返しのつかないほどに公正さを損なうという原則を退けたという意味がある。しかし、これまで人権裁判所は、手続全般としての公正性を評価するまでもなく、個々の違反だけで条約違反を認定することもあった。

　この点について、サホ（Sajó）、ラフランケ（Laffranque）両判事は、公正な裁判を受ける権利の侵害があったか否かの判断において手続全般の公正さという基準を重視する方法は、サルドゥズ判決によって確立された保護を薄めるという理由により批判している[49]。それによれば、「サルドゥズ判決は、弁護人へのアクセスが欠けたまま警察取調中になされた自白が有罪判決のために用いられた場合には、防御の権利は回復しがたいほどに侵害されると断じた。回復不能とは、救済手段がないという意味である。」「それにも拘わらず、多数意見は、回復しがたい点があったとしも、裁判の公正性に決定的な結果をもたらさないという結論に達した。なぜならば、公正さとは全般として考慮されるべき問題だからである（§9, §10）。」しかし、「手続全般の展開を考慮するべきであるが、個々の要素は、取調手続の初期において裁判の公平性に関する評価を可能にするほど重要である（§15）」ことを強調していた。続けて、仮にやむを得ない理由があったとしても、「弁護人の不在が第6条に基づく被疑者の権利を不当に侵害したか否かを決定する際には、より厳密な精査をすべきであった。」とする。結局、本件では取調段階の供述が後に有罪証拠として採用され、後に裁判所もその点を補正する機会を持たなかったと指摘して多数意見を批判した。

　いずれにせよ、多数意見は、第6条3項cの権利が制約されたとしても、手続全般の公平性という観点からは、条約違反は生じないこと認めた。サル

---

49) Joint Partly dissenting, partly concurring opinion of Judges Sajó and Laffranque, para. 2.

ドゥズ判決は、身柄拘束後の初期の段階からの取調における弁護人立会権が公正な裁判を受ける権利の実効的かつ実際的な保障のためには不可欠であると強調したものであったが、イブラヒム判決ではただ単にこの権利に違反したとしても、公正な裁判を受ける権利に関する手続全般の文脈で判断することにより、具体的な権利としての性格を減損させたように思われる。大法廷多数意見は、条約第6条3項cに含まれる権利の意義を希薄化し、公共の利益の追求との関連において公正な裁判に対する権利を比較考量する余地を生じさせたといえよう。問題は、なぜこのような判例法の変更とも言える判断を人権裁判所が行ったのかであろう。もちろん、テロ事件直後の緊迫した状況の中での捜査という困難な状況があったことは事実として重いにしても、問題は人権裁判所がそうした事実を判例法理論の中にどのように落とし込んだのかである。そこで考えられるは、補完性の原則および評価の余地との関連である。

⑶　補完性理論への傾斜；EU刑事手続指令との関連性

　イブラハム事件判決では、従来の判例法と同様に、補完性の原則や評価の余地については明確な文言で言及していない[50]。なぜならば、前述のように人権条約第6条には、評価の余地の根拠となる規定が存在しないからである。しかし、人権条約第6条の解釈についても、従来の人権裁判所の解釈権と締約国の条約解釈権との間の対立が、補完性の理論や評価の余地との関係でより現実的に重要な問題となってくるように思われる。

　その第1の理由は、申立件数の増大により人権裁判所の審査機能が限界に達している中で、締約国による人権条約の解釈に委ねる部分を拡張することにより、人権裁判所の負担軽減を目指すためには、補完性の原則を人権条約の実施体制の下に取り込み、締約国の国内裁判所による人権条約の解釈、適用を確実にすることが適切と考えられるからである。そのためには、締約国にはそれぞれの国の文化的伝統やシステムの違いが容認される一方で、国内裁判所と人権裁判所の判例法との間で溝が生じないように「司法的対話」

50）補完性の原則については、小畑『前掲書』（注10）、および北村「国際人権法における『補完性原則』の意義――序論的考察」『国際人権』第24号（2014年）18-24頁。

(judicial dialogue) を密にする必要がある[51]。同時に、現在 EU が人権条約への加入を準備している状況において、EU 法の理論でもある補完性の原則を人権条約体制下でも、取り入れようとする力学が働くであろう。また EU 基本権憲章においても、補完性の原則が明記されていることも考慮されるだろう[52]。補完性の原則は、各締約国による人権条約の解釈を尊重することを意味しており、それを人権裁判所の判例法に落とし込んだものが評価の余地理論であるとも言える[53]。

　第2の理由は、前述のように弁護人の援助を受ける権利、とくに取調における立会いを求める権利の制限および停止は、EU 指令（2013/48/EU）にも明記されているからである。すなわち、同指令でも、生命、自由その他の重大な結果を回避するために緊急の必要性がある場合、捜査機関が緊急な行動をとるためなどの場合には、弁護人立会権に例外が認められるので（第3条2項 a、b）、イブラヒム事件で人権裁判所が取った立場は EU 指令上の根拠はあるように思われる。したがって、「同等の保護理論」に基づけば、ヨーロッパ人権条約上もテロ事件のような緊急性のある事件においては「民主的社会において必要」である限りは、国家の裁量を尊重することが一応許容されると考えられる。ただし、その裁量は無制約ではない。EU 指令の適用除外に関する条文には、そのような裁量に制限を置いているが、人権条約第6条にもまた人権裁判所の確立された判例法にもそれに類似の規定または解釈原則は見られない。したがって、第6条の解釈において人権裁判所が締約国の裁量に配慮する必要がある場合、EU 指令はその根拠となりうるであろう[54]。EU 指令の規定は、構成国政府の意向を反映しているので、人権裁判

---

51) ロベルト・スパーノ人権裁判所判事は、今後のヨーロッパ人権条約の解釈において各締約国における人権条約の解釈が重きをなすという意味で、補完性原則が重要となるべきことを指摘する。Robert Spano, "The Future of the European Court of Human Rights—Subsidiarity, Process-Based Review and the Rule of Law," *Human Rights Law Review*, Vo. 18,（2018）pp. 473-494.

52) EU 基本権憲章の前文では「補完性原則に十分な考慮を払いつつ、構成国に共通の憲法上の伝統および国際的義務」への言及がみられる。Chloé Brière and Anne Weyembergh, *The Needed Balances in EU Criminal Law: Past, Present and Future*（Oxford: Hart Publishing）2018.

53) Legg, *supra* note 49, p. 61

54) 逆にいうと、人権裁判所は EU 指令を個人の人権を制約する論理として援用するおそれも指摘されている。Soo, *supra* note 28, p. 345

所の判例法とは、内容的に一致しない部分があるが、両者を結びつけるのは補完性の原則である。

EU 構成国に関する訴えを判断する際には、刑事手続法の分野において採択された EU 指令中の基準とヨーロッパ人権裁判所の判例法が、相互に参照されつつ人権裁判所の判例法を形成していくのではないかと思われる。ということは、EU 指令とヨーロッパ人権条約との適合性の問題についても人権裁判所が判断権を有するという慣行が形成されていくことを示唆している。

補完性原則への傾斜を深めるもう１つの理由は、2013年に採択された人権条約第15議定書の存在である。同議定書では、補完性の原則、評価の余地への言及を本条約前文に挿入することなる。これによって、従来、人権裁判所の判例法上の理論として形成されてきた評価の余地と補完性原則が、人権条約の解釈適用上の基本原則として明文化されることを意味する[55]。

5　その他の判例

イブラヒム判決は、公正な裁判を受ける権利に関する従来のサルドゥズ判決以後確立された判例法を変更したが、それ以後のより最近の判決においても、基本的にこの立場は踏襲されている。たとえば、ブーゼ対ベルギー事件は、テロ事件ではなく一般の刑事事件（殺人）の被疑者の取調においても第６条の公正な裁判を受ける権利の侵害を審査するにあたって、手続全般の公平性という観点から審査を行った点で注目される[56]。

本件の人権裁判所大法廷は、イブラヒム事件とは異なり人権条約第６条１項および同３項 c の違反を認定したが、サルドゥズ事件と同様にベルギーの国内法が取調における弁護人立会権を規定していなかったにも拘わらず、その点だけで人権条約違反を結果させる訳ではないとの立場を採用した。サル

---

55) 2013年６月に採択された第15議定書により、締約国は補完性原則の下で人権の履行確保のための主要な責任を有し条約の解釈適用上の「評価の余地」を享有することを確認した。本議定書は（2019年３月末現在）未発効ではあるが、発効は時間の問題である。Dean Spielmann, "Allowing the Right Margin: The European Court of Human Rights and the National Margin of Appreciation Doctrine: Waiver or Subsidiarity of European Review?," *Cambridge Yearbook of European Legal Studies*, Vol 14（2012）pp. 381-41.

56) Beuze v Belgium, 前掲注 9 参照。

ドゥズ判決によれば、国内法の不在だけで人権条約違反を認定することができたにも拘わらず、本判決では、犯罪の取調手続の全般を考慮した結果、場合、弁護人に対するアクセスの権利についての制約は、広範囲であり、こうした事情の下で、黙秘する権利を十分に告知されることなく、申立人は、弁護人の立会がないまま取調中に自白をしたことなどより人権条約第6条1項および第6条3項cの違反を認定した[57]。

おわりに

本稿では、ヨーロッパ人権裁判所のイブラヒム他対イギリス事件判決を中心として、公正な裁判を受ける権利に関する判例法の展開を検討することにより、テロとの戦いに直面しているヨーロッパ人権裁判所が人権条約第6条の下で弁護人による援助を受ける権利をどのように解してきたかについて検討を行った。その結果、人権裁判所は、サルドゥズ判決以後確立されてきた従来の判例法を修正し、緊急性の高い場合には、個々の具体的な刑事手続上の権利よりも刑事手続の全般の公平性を重視することによって、例外的な事情の下では弁護人の援助を受ける権利（とくに、警察取調に弁護人立会権）の制約も可能とした。加えて、手続の全般的な公正性に鑑みて、弁護人の立会がない状況の下で獲得された証言であっても有罪証拠から排除されないとした。

手続全般の公平性とは、テロ事件の捜査という緊急性や一般の人々の生命や安全を配慮した上で、厳格かつ慎重に検討されるべきものとされる。しかし、結局のところ、それは公共の安全や秩序の中に埋没するおそれのあるアプローチであるように思われるのであり、人権条約上の弁護人による援助を受ける権利の意義を毀損する結果をもたらす点で懸念を伴うものである。

このような人権裁判所の判断には、ヨーロッパ人権裁判所とイギリス政府との間の深刻な対立関係が影響しているとみることもできるだろう[58]。実際、ヨーロッパ人権裁判所は、オスマン事件やハースト事件などを通じてイギリ

---

57) ベルギーでは、2016年11月27日施行の刑事訴訟法の改正により、警察取調における弁護人立会権を規定した。これは、EU指令2013/48の実施法である。

ス政府との間で見解の対立を深めてきた。イブラヒム事件でさらにイギリス政府関係者による反論やタブロイド紙の扇動的な批判記事を通じて対立を深めることとは、人権裁判所としては避けたいとの事情もあったと思われる。しかし、実際はそのような表面的な問題よりも、ヨーロッパ人権裁判所をめぐるより構造的な環境の変化が背景にあるように思われる。

　その1は、EU法とヨーロッパ人権条約との関係という視点である。EUが人権保障の分野にも管轄権を拡張するようになり、とくに刑事手続上の権利に関する指令が効力を有するようになったこと、さらにはEUによるヨーロッパ人権条約への加入が予定されていることも人権裁判所の判断に影響を与えていると思われる。弁護人による援助を受ける権利に関するEU指令は、ヨーロッパ人権裁判所の判例法に基づいて起草されたはずではあるが、実際には、人権条約第6条には規定されていない保障停止条項が導入され、また人権裁判所の判例法で確立されている条約上の権利を侵害する方法によって獲得された証言を有罪証拠から排除する趣旨も明確には定められていない。EU指令の規定は、サルドゥズ判決の基準を下回る解釈を容認するおそれが指摘されていたところであるが、人権裁判所はイブラヒム事件で人権条約第6条をEU指令に合わせるように解したのである。しかし、従来の判例法の基準を切り下げるような形でEU法の基準をヨーロッパ人権条約の解釈に取り入れることには慎重であるべきだろう。

　その2は、補完性原則（および評価の余地）を人権条約の解釈指針として前文に明記したヨーロッパ人権条約第15議定書の存在である。補完性の原則とは、人権条約の解釈適用は、原則的に各国の国内裁判所に委ねられるが、国内裁判所が十分に条約上の目的を確保できない場合にのみ、人権裁判所が判断するという意味である。換言すれば人権条約の履行確保は、締約国の国内裁判所とヨーロッパ人権裁判所の共同作業として把握しようとするのが補完性の原則の意味であるが、人権裁判所の判断権は国内裁判所の判断を尊重して、抑制的に行使されることになる。そうであるとすれば、人権条約の履

---

58) Othman（Abu Qatada）v. UK, 12 January 2012. Hirst v UK（No. 2）, Judgment of 6 October 2005 [GC]. Dimitrios Giannoupoulos, "What has the European Convention on Human Rights ever done for the UK?," *European Human Rights Law Review*, 2019 No. 1, pp. 1-10.

行プロセスにおいて国内裁判所の役割がいっそう重要になる。イブラヒム事件判決は、このような方向性を示した判決でもあるが、人権裁判所の人権条約の価値を最終的に支える「礎石（cornerstone）」としての役割は、ますます重要となると思われる。

　これらの問題を抱えながらも、ヨーロッパ人権裁判所の判例法解釈は、現代世界における弁護人の援助を受ける権利に関する考察を深める役割を果たしていることは評価できよう。テロの時代においてヨーロッパ人権裁判所は困難な問題に直面しているが、依然として人権問題を考える上での指標としての価値を失ってはいない。

追記：本稿は、日本学術振興会科学研究補助金・基盤研究Ｃ（研究課題「国際人権条約上の履行監視機関の正当性に関する研究」）（研究代表者・北村泰三）による研究成果の一部である。

3 地域的人権保障

米州人権裁判所に見る LGBTI の権利
―米州人権裁判所の判決と勧告的意見を通して―

齊 藤 功 高
文教大学教授

はじめに
一　米州人権条約第1条1項で保護されるカテゴリーとしての LGBTI の権利と条約
　　第24条（平等な保護に対する権利）
二　米州人権裁判所の判例に見る LGBTI の権利
三　米州人権裁判所の勧告的意見に見る LGBTI の権利
おわりに

はじめに

　人権は単なる学問的研究の対象ではなく、現実の人権状況を変革して、少しでも人々の幸福につながるように考えていく極めて実践的な学問である。その意味で、人権の研究は常に民衆の側に立って行われるものであるから、その結果、人権は常に国家と対峙する運命を背負っている。

　人権保護については、従来から人権の普遍性と特殊性が議論されてきた。一般的に、民主主義の成熟度が高い国は人権の普遍性を主張し、民主主義の度合いが低いか、あるいは独裁に近い国では特殊性が主張される傾向がある。とりわけ、選挙で指導者が選ばれる制度をとっている国は、民衆の要望に耳を傾けなければ、次の指導者として選ばれることはない。そこに、人権の発展が期待される。

　ある国で、大多数の国民が、多少の不満はあっても現状の人権状況を受け入れている場合には、人権状況に不満を示し、その国にとっては不安定分子となるようなマイノリティが存在していても、そのマイノリティを抑え込む

のは簡単である。人権保護のためには、民主主義の成熟が必要な所以である。その意味で、人権は常にマイノリティの幸福向上のためにあるといっても過言ではない。

　今全世界で、#MeToo 運動に象徴されるように、いわゆる社会的弱者といわれる女性が声を上げ始めている。さらに、性的マイノリティであるLGBTI（Lesbian, Gay, Bisexual, Trans or Transgender and Intersex）の人々も声を上げ始めている。

　しかし、LGBTI の人々は国の歴史や伝統に合わないなどの理由で、ある時は殺害され、ある時は暴力を振るわれ、ある時は権利が無視され、侵害されているのも現実である。

　ある研究では、米州諸国では、LGBTI の権利を容認する国の割合が他地域より高いが、同時に、同性愛者やトランスの人々に対する暴力も多いという[1]。

　2015年の米州人権委員会の研究によると、2013年1月から2014年3月まで、性的指向によるゲイ、レズビアン、トランスジェンダーの人が約600人殺害されていると報告されている。多くの専門家はこの数字は過大評価だとしているが、それでも、多くの性的マイノリティが殺害されていることは間違いない。

　しかし、性的マイノリティの権利を保護しようとする国が増加しているのも現実である。LGBTI の保護に積極的な国も多いことも米州諸国の特徴となっている。2018年のベスト国家ランキングによると、LGBT の人々が非LGBT の人と同じ権利を持つべきだと考える人の割合が、世界の21,000人のうちの82％が米州諸国の人である。

　世界の地域で比較すると、欧州73％、アジア74％、中東・アフリカ63％なのに対して、ブラジル87％、アルゼンチン85％、メキシコ83％となっている[2]。

　そこで、米州人権裁判所（以下、裁判所）に提訴された LGBTI の事件と

---

1) Simeon Tegel, "LGBT in Latin America" (23 January 2018), at http: //simeontegel. com/2018/01/lgbt-in-latin-america/ (as of February 26, 2019).
2) *Ibid.*

コスタリカから提起された裁判所の勧告的意見を通して、米州諸国、とりわけラテンアメリカのLGBTIに対する現状と進展を検討する。

一 米州人権条約第1条1項で保護されるカテゴリーとしてのLGBTIの権利と条約第24条（平等な保護に対する権利）

　裁判所は、LGBTIが米州人権条約（以下、条約）第1条1項の権利尊重の義務で保護されるカテゴリーに入るかどうかを検討する際に、最初に、人権条約は活きた文書であるから、その解釈は時代と現状の進展とともに変化しなければならないとの基本姿勢を確認する。そして、その進化的解釈は、ウィーン条約法条約と同様、条約第29条の解釈の一般規則に一致しているとする[3]。

　条約は、第1条に関連して他の条項を適用するという方式を取っている。そのため、判決には、必ず、「第1条に関連して……の条項に違反する」という言い方をしている。

　この点に関し、裁判所は、条約第1条1項は一般的な義務であり、その内容はこの条約のすべての規定に及んでおり、差別せず条約で保障されている権利と自由の完全な行使を尊重し、保障することを締約国に義務づけているとしている。

　問題は、保護すべき権利のカテゴリーに、LGBTIの人の権利が含まれるかどうかである。

　締約国が保護すべき権利として、条約第1条1項には、「人種、皮膚の色、性、言語、宗教、政治的意見その他の意見、国民的もしくは社会的出身、経済的地位、出生またはその他の社会的条件」が挙げられている。しかし、ここに述べられているカテゴリーは網羅的ではなく、例示的であるとして、裁判所は、ここに挙げられていないカテゴリーは、「その他の社会的条件」という用語に包含される余地を残していると考える。条約第1条1項の「その他の社会的条件」にどのようなカテゴリーが入るのかは、人間にとって最も有利な規範の原則に従って、条約によって保護される権利の保護のために最

---

3) *Caso Atala Riffo Y Niñas v. Chile*（*Fondo, Reparaciones y Costas*）, Sentencia de 24 de Febrero de 2012, para. 83.

も有利な解釈が選ばれなければならならず[4]、それを決定するのは裁判所であると主張する[5]。

それを裏づける証拠として、裁判所は、第1に、米州機構（OAS）総会が、2008年以来、年次会期で性的指向（sexual orientation）と性同一性（gender identity）に基づく差別的取り扱いに対する保護に関して9つの決議を承認してきたことを挙げる（2013年以来、ジェンダーの表現に基づく差別的扱いに言及する決議)[6]。それを通して、差別的行為に対して効果的な保護のための具体的措置の採択が求められてきた。

第2に、欧州人権裁判所の判例を引用する。Salgueiro da Silva Mouta vs. Portugal 事件で、欧州人権裁判所は、性的指向は欧州人権条約第14条に含まれる概念であると結論した[7]。さらに、第14条のカテゴリーのリストは例示的であり網羅的ではないと繰り返した[8]。

また、Clift v. United Kingdom 事件では、欧州人権裁判所は「他の地位等」に含まれるカテゴリーの1つとして、性的指向はそのリストに含まれる特別な例であるとした[9]。同裁判所は、性的指向は人の内的あるいは固有という意味で、個人の特徴として見なされると述べた[10]。

このように、禁止された差別のカテゴリーとして、性的指向を含む点で、欧州人権裁判所は、性的指向は差別的取り扱いを禁止する欧州人権条約第14条に述べられた「他の条件」であると判示してきた。

第3に、国連などの国際機関で採択された条約や決議等を挙げる。自由権規約委員会や社会権規約委員会は、自由権規約第2条1項と社会権規約第2条2項で禁止された差別のカテゴリーの1つとして「他の地位」に性的指向

---

4) *Ibid.*, para. 84.

5) *Ibid.*, para. 85.

6) Advisory Opinion OC-24/17 of November 24, 2017, Requested by the Republic of Costa Rica, para. 72.

7) *Caso Salgueiro da Silva Mouta v. Portugal*（No. 33290/96), Sentencia de 21 de diciembre de 1999, Final, 21 de marzo de 2000, párr. 28.

8) Advisory Opinion OC-24/17, para. 77.

9) *Caso Clift Vs. Reino Unido,*（No. 7205/07), Sentencia de 13 de julio de 2010. Final, 22 de noviembre de 2010, párr. 57.

10) *Caso Atala*, para. 87 Advisory Opinion OC-24/17, para. 77.

が含まれると述べ、子どもの権利委員会、拷問禁止委員会、女子差別撤廃委員会は、差別の禁止されたカテゴリーの1つとして、性的指向を含むということを一般的勧告の枠組みで言及してきた[11]。

また、国連人権委員会は、Toonen v. Australia 事件で、性というカテゴリーへの言及は性的指向を含むとしている[12]。

2008年12月22日国連総会は、「人権、性的指向、性同一性に関する宣言（Statement on human rights, sexual orientation and gender identity）」を採択した。そこでは、非差別の原則が再確認され、性的指向あるいは性同一性に関わらず、人権はすべての人間に平等に適用されなければならないと述べられている[13]。

2011年3月22日、「性的指向と性同一性の理由で人々に向けられた暴力と人権侵害の行為を止める共同宣言（Joint statement on ending acts of violence and related human rights violations based on sexual orientation and gender identity）」が国連人権理事会で採択された。

2011年6月15日、国連人権理事会で「人権、性的指向、性同一性に関する決議（Resolution on human rights, sexual orientation and gender identity）」が採択され、そこでは、人々に対して性的指向と性同一性の理由で、世界中で犯されている暴力と差別の行為の深刻な出来事が表現されている。

これに関して、差別の問題を扱う最近の地域条約の中には、差別の禁止されたカテゴリーとして性的指向と性同一性をとくに言及しているものがある。

たとえば、2017年1月11日に効力を発生した「高齢者の人権保護に関する米州条約（the Inter-American Convention on Protecting the Human Rights of Older Persons）」は、「年齢を理由にした平等と非差別」に関する第5条において、締約国に高齢者の年齢に基づく差別を禁止しており、脆弱な高齢者に関する政策、計画、法律を規定する際に、多様な差別の犠牲者の中に性的指向と性同一性の人を含めている[14]。

---

11) *Caso Atala*, para. 89.

12) Naciones Unidas, Comité de Derechos Humanos, *Toonen v. Australia*, Comunicación No. 488/1992, CCPR/C/50/D/488/1992, 4 de abril de 1992, párr. 87.

13) Naciones Unidas, Declaración sobre derechos humanos, orientación sexual e identidad de género, Asamblea General de Naciones Unidas, A/63/635, 22 de diciembre de 2008, párr. 3.

同様に、2013年6月5日に採択された「差別と不寛容のすべての形態に対する米州条約（the Inter-American Convention against all Forms of Discrimination and Intolerance）」の第1条1項は、差別禁止のカテゴリーとして性的指向、性同一性およびジェンダー表現を挙げている[15]。

　上記のように、条約第1条1項の一般的義務と第29条の解釈基準を念頭に入れて、ウィーン条約法条約、OAS総会決議、欧州人権裁判所の判決、国連機関等で定義されているように、裁判所は、性的指向と性同一性およびジェンダー表現は条約によって保護されているカテゴリーであり、条約は、個人の性的指向、性同一性あるいはジェンダー表現に基づく差別的な法律、行動または慣習を禁止しているとする[16]。そのため、裁判所は、国内法に基づく規定、決定または実行は、性的指向、性同一性あるいはジェンダー表現に基づく個人の権利をいかなる形でも縮小または制限することができないと述べる[17]。

　さらに、条約第1条1項に基づく一般的義務は、第24条の法による平等の保護を受ける権利に対応している。つまり、条約第24条は、この条約に含まれる権利だけでなく、国家によって制定されたすべての法律とその執行についても差別を禁止している[18]。言い換えれば、国が条約に基づく権利の尊重または保障を差別する場合、国は第1条1項に定められた義務および実質的権利の義務を遵守していないことになる。反対に、第1条1項によって保護されているカテゴリーに関して、差別が国内法またはその執行によって不平等な場合、条約第24条に照らして検討されなければならないことになる[19]。したがって、人権を尊重し、保障する義務と平等と非差別の原則との間には不可分の関係がある[20]。

　たとえ、国家機関の政策や立法がどのようなものであれ、条約に保障され

---

14) Advisory Opinion OC-24/17, para. 71.

15) *Ibid.*

16) *Caso Atala*, para 78.

17) *Ibid.*

18) *Ibid.*, para. 64.

19) *Ibid.*

20) *Ibid.*, para. 63.

た権利の行使に関して、差別と見なされる取扱いはこの一般的な義務と一致しない[21]。

国家が差別的な取扱いを適用することによって、すなわち、合法的な目的を持たない、または不必要かつ／または不均衡な差別的取り扱いを適用することによって、人権を尊重し保護する一般的な義務を守ることができない場合、国は国際的責任を負うことになる[22]。各国は、特定の集団を害する社会内に存在する差別的な状況を変えていく積極的な措置を採ることが義務づけられているのである[23]。

しかし、裁判所は、取扱いのあらゆる差異が差別的であるとみなされるのではなく、合理的ではない基準に基づく相違が差別に当たると考える[24]。換言すれば、取扱いの差異が正当な目的を持たず、使用される方法と追求される目的との間に均衡関係がない場合である[25]。

二　米州人権裁判所の判例に見る LGBTI の権利

1　裁判所における LGBTI の判例

裁判所が扱った LGBTI の事件は現在（2019年3月現在）まで3件である。最初の事件は、2012年2月24日判決の Atala Riffo and daughters v. Chile 事件である。この事件は、Atala（Karen Atala Riffo）が性的指向の理由で、自分の3人の娘たちのケアと後見人としての保護（Custody）を放棄する結果になった司法手続に関するものである。

次の事件は、2016年2月26日判決の Duque vs. Colombia 事件[26]である。この事件は、同性のパートナーの死による遺族年金の支払いに関するものである。

21）*Ibid.*

22）*Ibid.*

23）*Ibid.*, para. 66.

24）*Ibid.*

25）*Ibid.*

26）*Caso Duque vs. Colombia*（*Excepciones Preliminares, Fondo, Reparaciones y Costas*）, Sentencia de 26 de Febrero de 2016.

3番目の事件は、2016年8月31日判決の Flor Freire v. Ecuador 事件[27]である。この事件は、同性間の性行為を処罰するエクアドル軍の懲戒制度に基づいてエクアドル陸軍から解雇の決定を受けたことに関するものである。

(1) Atala 事件

最初の Atala 事件は、「子どもの最善の利益」の決定に際して、母親の性的指向という差別的偏見が裁判所での審理に重要な要素となったかどうかが問われた事件である。

Atala は、1993年3月29日、López（Ricardo Jaime López Allendes）と結婚し、3人の娘M、V、Rを設けたが、2002年3月、2人は離婚した。その際、Atala は、3人の娘のケアなどの後見人としての保護を行う契約を López と結んだ[28]。2002年11月、Atala は子ども達とともに Emma de Ramón と同棲を始めた。

2003年1月14日、López は3人の娘の後見人としての保護を求めて、Villarrica の少年裁判所（Juzgado de Menores de Villarrica）に提訴した。

2003年5月2日、少年裁判所は、仮保全措置として、父親に暫定的に後見人としての保護権を与えた。少年裁判所の決定の理由は、以下のとおりである。①同性パートナーと子ども達が一緒に住むことによって、家族の日常が変化し、子ども達の情緒的安定と社会化のプロセスに影響を及ぼす、②同性パートナーの家族では、子どもの最善の利益に合うように母親の役割が果たせない[29]。

2003年10月29日、少年裁判所は、本案判決で、今度は父親の請求を退けて、母親に後見人の保護権を与えた。その理由として、Atala の性的指向は母親としての役割を害するものでなく、子ども達をケアする能力が母親にないとする証拠はなく、母親のパートナーの存在が子ども達の幸福を奪うという特別な行為の存在も証明されなかったとした。そして、同性愛は病理学的挙動

---

27) *Caso Flor Freire v. Ecuador（Excepción Preliminar, Fondo, Reparaciones y Costas）*, Sentencia de 31 de Agosto de 2016.

28) *Caso Atala*, para. 30.

29) *Ibid.*, para. 41.

と見なされないことは確立しており、Atala は母親の役割を果たす上で心理学的に何ら矛盾を示していないと判示した[30]。

そこで、2003年11月11日、父親は Temuco 控訴裁判所に控訴した。2003年11月24日、同裁判所は、父親に後見人の保護を与える判決を出した。Atala は、2人の裁判官の忌避を最高裁に訴え、最高裁は、その訴えを多数で容認し、控訴裁判所に事件を差し戻した。2004年4月30日、Temuco の控訴裁判所では、2人の忌避された裁判官を除いて審議され、今度は、Atala の主張が認められた[31]。

2004年4月5日、López は控訴審の判決に対し最高裁に上告した。López は、上告理由として、とくに、レズビアンの行動は、子ども達に、現在あるいは将来に、性的役割の混乱を導くことになると主張した[32]。

2004年5月31日、最高裁第4法廷は、父親の主張を3対2で認めた。

まず、最高裁は、両親が離婚した場合は、「子どもの最善の利益」に注意を払うことが重要であるとし、民法第225条1項が、両親が離婚した場合には、母親が子どもの養育に関わることが規定されているが、これは絶対的決定的なものではなく、子どもの後見人としての保護の資格があれば、子どものケアを別の親に任せることができると述べた[33]。とくに、最高裁は、①証言によると、同性のパートナーと住み始めてから娘たちは社会的差別を受けており、友人たちの訪問もほとんどなくなっている、②子どもに近い人々の証言によると、ゲームや少女たちの態度から母親の性的役割に混乱が見られる、③ Atala が同性のパートナーと住み始めてから自分たちの利益を優先し、子ども達のケアを後回しにすることが見られる、④同性パートナーとの生活は、娘たちの年齢から考えて、彼女らの幸福と精神的情緒的発達に影響があり、男性父親に代わり同性父親の存在は性的役割に混乱をもたらし、精神的発達に危険な状況を構成すると述べた[34]。

また、最高裁は、学校の友人や近所の親戚からの証言として、通常の家族

---

30) *Ibid.*, para. 44.
31) *Ibid.*, paras. 51-52.
32) *Ibid.*, para. 53.
33) *Ibid.*, para. 55.
34) *Ibid.*, para. 56.

環境とは異なる環境によって、子ども達は、社会的環境において脆弱な状況に置かれ、個人的な発達に影響を与える差別に晒されているとした。したがって、最高裁は、民法第225条に従って、子ども達の利益を考慮して、父親に後見人の保護をする資格があると判示した[35]。

(2) Duque 事件

Duque（Ángel Alberto Duque）は2001年9月15日、同性のパートナー J.O.J.G.が AIDS で亡くなるまで一緒に暮らしていた。J.O.J.G は、コロンビア年金・退職金管理会社（la Compañía Colombiana Administradora de Fondos de Pensiones y Cesantías（COLFONDOS））と提携していた。

2002年3月19日、Duque は、J.O.J.G.の死亡に伴い、COLFONDOS に遺族年金の受給に必要な情報を請求した。2002年4月3日、COLFONDOS は、Duque は現行法により遺族年金の受給資格がないと返答した。その際、COLFONDOS は以下の点を指摘した。社会保障に関する1993年12月23日法律100号第74条に遺族年金の受給資格が規定されているが、そこには、配偶者（cónyuge）、同伴者（compañera）、あるいは永続的同伴者（compañero permanente）となっている。しかし、それらの受給資格者は、男女間の結びつきによるもので、同性同士の結びつきには適用されない[36]というものであった。

また、法律100号第47条では、遺族年金受給者は、配偶者、同伴者、あるいは残された永続的同伴者と規定しているが、1990年12月28日法律54号第1条では、事実上の夫婦は男女間で構成されると定義されており、同性カップルは事実上の夫婦と見なされていない[37]。

さらに、法律100号第74条では、遺族年金は、年金者の死亡によって生じるとあり、配偶者、同伴者あるいは永続的同伴者は、老齢あるいは障害年金の資格の要件を満たしたときから、少なくとも、故人と夫婦生活を送っていたことが証明されなければならず、死亡の少なくとも2年前からともに生活

---

35) *Ibid.*, para. 57.

36) *Caso Duque*, para. 70.

37) *Ibid.*, para. 102.

を送っていたことが必要となる。他方、法令1889号では、第10条と第11条に、遺族年金の効果は、故人とは異なる性の同伴者あるいはパートナーで、少なくとも2年以上夫婦として生活していることが必要であると規定する[38]。

2002年6月5日、ボゴタの第10民事裁判所（El Juzgado Décimo Civil Municipal de Bogotá）は、同性愛者のカップルには、法律上遺族年金の受給者の資格がないとして Duque の主張を否定した[39]。

続いて、2002年7月19日、ボゴタの第12民事巡回裁判所（Juzgado Doce Civil del Circuito de Santa Fe de Bogotá）も、同性同士のつながりは、家族を構成しないので、同性同士の関係と家族を構成する関係とは別であると判示した[40]。

2002年8月26日、Duque は憲法裁判所へ上告した。2007年2月7日、憲法裁判所（la Corte Constitucional de Colombia）は、同性カップルの年金給付、社会保険、財産権を認めた。同裁判所は、1990年法律54号（事実上の夫婦に関する事項を規定）を同性カップルにも適用した。その結果、法律がこのような夫婦の結びつきを承認する必要と認める要件を満たす限り、同性カップルは保護を享受することとなった[41]。

続いて、2007年10月3日、憲法裁判所は、拠出制度による健康に関する社会保障制度の適用が同性カップルにも及ぶと決定した。同性カップルの社会保険の認定は、異性カップルに適用されるのと同じメカニズムによって規制されることとなった[42]。

2008年4月16日の判決 C-336の内容を確認した2010年の判決 T-051を通して、憲法裁判所は、遺族年金受給資格の地位にある同性の永続的カップルに遡及的に遺族年金を認めた[43]。

しかし、コロンビア労働法（Código Sustantivo del Trabajo）によると、受け取られるべき遺族年金の残額は、遺族年金が請求されてから3年前に遡っ

---

38) *Ibid.*
39) *Ibid.*, para. 78.
40) *Ibid.*, para. 79.
41) *Ibid.*, para. 81.
42) *Ibid.*
43) *Ibid.*, para. 82.

254

てしか支給されない[44]。その結果、遺族年金の請求権が確定した2010年判決によって、Duque が主張する2002年からは支給されないことになる[45]。

(3) Freire 事件

Freire (Homero Flor Freire) は、1992年8月7日第2装甲騎兵中尉のランクでエクアドル陸軍に入隊した。

2000年11月19日アマゾナス軍施設の Freire の部屋で、性行為をしている Freire と兵士を見たと将校が証言したことによって、懲戒手続に付された。軍事懲戒規則 (El Reglamento de Disciplina Militar) は、性行為に対して2通りの方法で規制している。1つは、第67条で、「軍事区域内で (男女の) 違法な性的行為」 (actos sexuales ilegítimos en el interior de repartos militares) を行った場合、「道徳に対する犯罪」 (contra la moral) として懲罰され、この場合は、一定の日数の懲戒処分になる。

一方、同規則第117条では、「同性同士の行為」 (actos de homosexualidad) をした軍隊の構成員は任務内でも、あるいはそれ以外でも軍隊人事法 (la Ley de Personal de las Fuerzas Armadas) 87条 (i) に従い、「男女間の違法な性行為」 に比べて、解雇というより重い懲戒処分が科されることになっている[46]。

2008年12月15日、エクアドルは、同性間の性的関係と異性間の性的関係の区別を排除する新軍事懲戒規則を採択した。しかし、Freire の事件の差別的取り扱いは1998年の軍事懲戒規則の適用の結果として生じたので、この新規則は Freire には適用されなかった。

2010年3月15日、委員会は、Freire の請願を受理した。委員会は、①現行規則が「男女間の違法な性行為」による制裁と「同性同士の行為」による制裁に差別を設けており、その取り扱いの差異は差別に当たる、②軍の施設内で、証拠調査と裁判を担当する者に性的指向の差別的先入観があった、③ Freire に対する手続に公平性が欠けており、効果的な救済がなされていな

---

44) *Ibid.,* para. 134.

45) *Ibid.,* paras. 135-137.

46) *Caso Freire,* para. 115.

いと主張した[47]。その上で、委員会は、軍事懲戒規則、とくに同性間の性行為により軍からの追放という制裁の規定に基づき、エクアドル陸軍将校としてFreireを解雇に導いた結果に対してエクアドル政府は国際責任があると主張した。

エクアドル政府は2014年7月28日公式に謝罪したが、Freireに対する上記委員会の要求に対して、当事者間で不一致が存在するので、委員会は2014年12月11日裁判所に提訴した[48]。

2 米州人権条約の各規定と性的指向における裁判所の判断

(1) 平等な保護に対する権利（条約第24条）と性的指向

Atala事件では、性的指向に基づく差別的な取り扱いが国内裁判所とりわけ、少年裁判所と最高裁の判決に決定的な要因となったかどうかが問題となった。

裁判所は、最高裁の判決理由と少年裁判所の仮保全措置における議論とそこで使われた用語から両裁判所が性的指向に重きを置いた判断をしていると認定した[49]。

また、Atalaに対する懲戒処分の問題では、Terumoの控訴裁判所から任命された調査官による調査は、性的指向に基づいたものであったと判断した[50]。

結局、裁判所は国内裁判所における判断がAtalaの性的指向に基づいた差別を構成し、第24条に違反すると判示した[51]。

Duque事件では、裁判所は、法律54号第1条と法令1889号第10条が条約第24条に照らして差別的であるかどうかを検討した。

裁判所は、永続的なパートナー間の事実上の夫婦と家族制度に関するコロンビア国内法と社会保障を構成している法令は、事実上の夫婦を形成する異性間のカップルでの取扱いと同性カップルによって形成された事実上の夫婦

---

47) *Ibid.*, para. 1.
48) *Ibid.*, para. 3.
49) *Caso Atala*, para. 97.
50) *Ibid.*, para. 218.
51) *Ibid.*, paras. 221-222.

間での取扱いが異なっていると判断した[52]。また、裁判所は、国は性的指向に基づく遺族年金の受給に制限を設けることに客観的合理的な正当性を示さなかったとして、法律54号第1条と法令1889号第10条の同性カップルの遺族年金の受給に関する差異は、性的指向に基づく差別であり、条約第24条に違反すると判示した[53]。

Freire事件では、裁判所は、軍事懲戒規則第67条との比較から同規則第117条と軍隊人事法第87条（i）が性的指向に基づく不平等で差別的取り扱いを規定しているかどうかを検討した。

裁判所は、「違法な性的行為」と「同性間の行為」に懲戒の差異を設ける場合は、客観的合理的正当性を持たなければならないが、国は同性愛者同士の性的行為に重大な制裁を科すことに十分な正当性を示すことができなかったので、この措置が差別的性質であると推定できるとした[54]。

結論として、裁判所は、軍事懲戒規則第117条のFreireに対する適用（同性同士の行為により重い懲罰を加える）は、差別的行為を構成し、エクアドル政府に対し、条約第24条に違反していると判示した[55]。

裁判所は、これら3事件の事件すべてにおいて、性的指向に基づいた差別があったことを認定している。

(2) プライバシー、名誉・尊厳の権利（米州人権条約第11条1項・2項）と性的指向

Atala事件では、まず、裁判所は、条約第11条は私生活の恣意的あるいは不正な干渉を禁じており、プライバシーの権利には私生活の保護が含まれるとした上で、Atalaの性的指向は彼女の私生活の一部であり、子どもの養育の決定に際して、国内裁判所によって、Atalaの性的指向に基づいた恣意的干渉が行われたと判断し、裁判所は性的指向はプライバシーの一部であり、親あるいは母性の良し悪しを分析するのとは関係がなく、第11条2項に違反

---

52) *Ibid.*, para. 103.

53) *Caso Duque*, para. 124.

54) *Caso Freire*, paras. 126 and127.

55) *Ibid.*, para. 140.

していると判示した[56]。

　また、Atala の身辺調査に関しても、裁判所は、結果として Atala に性的指向のための懲戒はなされずに終わったが、Lillo の訪問と報告書は Atala のプライバシーの権利に対する干渉を構成し、恣意的な調査であったと述べ、第11条 2 項のプライバシーの権利の侵害に当たると判断した[57]。

　Freire 事件では、裁判所は、性的指向に基づく差別的規則に基づいて懲戒を科されることによって、Freire は名誉と尊厳を侵害されたと認定し、条約第11条 1 項の名誉と尊厳の権利にエクアドルは違反したと判示した[58]。

　いずれの事件でも、裁判所は、国内裁判所の判断や規則に性的指向に基づく差別があったと認定した。

(3) 家族の権利（条約第17条 1 項）と性的指向

　Atala 事件では、裁判所は、第11条 2 項と第17条 1 項は緊密な関係にあり、第11条 2 項で、すべての人が家族の恣意的不正な干渉に対して保護を受ける権利を保障しているが、これは、第17条の家族の保護の権利の一部であると考え、その証拠として欧州人権裁判所の判例を引く[59]。

　欧州人権裁判所は、家族の概念を広く解釈しており、家族には、結婚に基づく関係に限定されず、結婚していない同士の事実上の家族も含まれるとしている[60]。

　1993年の X, Y and Z v. United Kingdom 事件で、欧州人権裁判所は、家族の概念を広く解釈し、トランスセクシャル、女性同士のパートナー、あるいは子どもは家族を形成できるとした[61]。

　その後、2004年、男性同士を含む同性カップルの保護に関して、Schalk and Kopf v. Austria 事件でも、欧州人権裁判所は、家族の広い基準を適用し

---

56) *Caso Atala*, para. 167.

57) *Ibid.*, para. 230.

58) *Caso Freire*, paras. 156-158.

59) Caso Atala, para. 170.

60) *Ibid.*, para. 172.

61) T.E.D.H, *Caso X, Y y Z v. Reino Unido*, (No. 21830/93), Sentencia de 22 de abril de 1997, párr. 36.

て、事実上の安定した関係で住む同棲の同性カップルは、家族生活の概念に入るとした[62]。

したがって、裁判所は、Atala 事件では、国内の両裁判所によって示された、子どもの最善の利益を保護する措置は、同時に、母親とパートナー、子ども達から構成された家族を引き離す結果となったので、これは、私的生活と家族生活の権利への恣意的な干渉を構成するとして、第11条2項と第17条1項に違反すると判決した[63]。

この事件では、裁判所は、異性カップルに限定して家族を定義することは、性的指向に基づいた差別を構成するとした。

(4) 公正な裁判を受ける権利（条約第8条1項）と性的指向

Atala 事件では、裁判所は、性的指向を前提にした Lillo の突然の訪問と身辺調査、それに基づく報告書と、それを基にした裁判所の調査手続に公平性はなく、第8条1項に違反していると認定した[64]。

また、Freire 事件では、Freire は懲戒略式起訴手続に付されたが、裁判所は、Freire に対する軍という非司法機関が行う懲戒手続であっても、軍の懲戒手続は第8条1項の適正手続の保障の完全な尊重に基づき決定を採用すべきであると判断した[65]。

この前提に立って、裁判所は、国は略式起訴手続における司法上の瑕疵はないものの、Freire の上官であった第4軍事地区の司令官が、2000年11月19日に起こった出来事の予断をもって公平な証拠集めをしなかったため[66]、略式起訴手続において公平性が担保されなかったことにより、第8条1項に違反すると判断した[67]。

Duque 事件では、第8条1項の公正な裁判を受ける権利と第25条の司法

---

62) T.E.D.H., *Caso Schalk y Kopf v. Austria*, (No. 30141/04), Sentencia de 24 de junio de 2010, 22 de noviembre de 2010, párr. 94.

63) *Ibid.*, para. 178.

64) *Ibid.*, para. 237.

65) *Ibid.*, para. 166.

66) *Ibid.*, para. 175.

67) *Ibid.*, para. 181.

的保護を受ける権利は認められなかった。

裁判所は、被告は適正手続に従って公平な裁判を受ける権利があり、その場合、裁判官は法によって判断するべきできあると述べる[68]。

その上で、当時の司法機関は、Duque に遺族年金の受給資格がないとした法律54号第1条と法令1889号第10条の規定に沿って判断しているので、Duque の性的指向が主な決定的要素としてあるいは性的指向に基づいて考慮されてではおらず、また、裁判官の性的指向に対するステレオタイプの信念とは関係なく、通常の方法で解釈されたと裁判所は判断し[69]、国家は第8条1項と第25条には違反していないと判示した[70]。

この場合、裁判所は、性的指向に基づいた偏見が公平な裁判を受ける権利を侵害している場合は条約違反となるが、性的指向に基づかない判断には違法性はないと述べている。

(5) 国内法の効果（条約第2条）と性的指向

Duque 事件で、裁判所は、2008年以来、憲法裁判所を通して、同性カップルに異性カップルと同じ条件で遺族年金を受給できるとする重要な判決の進展があったことを認めた[71]。とくに、規則の変更に際して、年金の遡及的効果を認める2010年の判決 T-051は、判決 C-336が遡及的効果を持っていることを明確にした。これは、2011年の判決 T-860のようなコロンビア憲法裁判所の判決によっても明確にされた[72]。

したがって、裁判所は、条約の権利に反する差別的な取り扱いをやめさせる判例の進展あったことを考慮して、条約第2条違反はなく、国家には責任がないと結論した[73]。

---

68) *Ibid.*, para. 162.

69) *Ibid.*, para. 165.

70) *Ibid.*, para. 166.

71) *Caso Duque*, para. 133.

72) *Ibid.*

73) *Ibid.*, para. 139.

(6) 生命に対する権利と人道的な取り扱いを受ける権利（条約第4条1項、第5条1項）と性的指向

Duque 事件で問題となったのは、HIV に対する健康の権利に関するものである。

2015年2月9日の保健相による公式の文書によると、Duque に対して、1995年から現在まで一貫して国の定めた社会保険制度と連携して保証しており、2015年3月25日の保健相の公式の文書によっても、Deque は1985年から現在まで、保健制度の一員として保証は中断されていないとしている[74]。

しかし、Duque 側は、健康保険の支払い能力のある人に対する拠出制度による保健と支払い能力のない人に対する助成制度による保健の間の差異は大きく、サービスの質と継続性に関しても、とくに HIV に関して違いがあると主張する[75]。

専門家の意見では、①保健の社会保障制度を通して、HIV/AIDS の広範なケアが制度の属性に関係なく行われている、②国家は、1997年から両制度に注意を払ってきた、③UPC（Capitation Payment Unit 人頭支払い単位）は拠出制度と助成制度の間で異なる価値を持っているが、高額な疾患へのサービスには影響がないとされている[76]。

したがって、裁判所は、Duque の場合だけとくに、助成制度が拠出制度より質の悪い保健を提供していると結論づける要素はないとし[77]、国家は、第4条1項と第5条1項には違反していないと判示した[78]。

すなわち、裁判所は、Duque が主張するコロンビアの社会保険制度は性的指向と無関係に運用されているとして、性的指向に基づく差別はないと判断した。

以上の裁判所の判決を表にすると以下の通りになる。

---

74) *Ibid.*, para. 185.
75) *Ibid.*, para. 188.
76) *Ibid.*, para. 190.
77) *Ibid.*, para. 191.
78) *Ibid.*, paras. 191-192.

【米州人権裁判所の判決】

事件名	違反条項	非違反条項
ATALA 事件 2012.2.24判決	24条	8条1項（司法上の公平性の保証）
	11条2項	
	17条1項	
	8条1項（公平性の保証）	
DUQUE 事件 2016.2.26判決	24条	2条
		8条1項、25条
		4条1項、5条1項
FREIRE 事件 2016.8.31判決	24条	9条
	11条1項	8条1項（動機づけの公平性の保証）
	8条1項（公平性の保証）	25条

＊米州人権裁判所ホームページから筆者が作成

三　米州人権裁判所の勧告的意見に見る LGBTI の権利

　コスタリカは、2016年5月18日、条約第1条に関して、第11条2項、第18条および第24条の解釈および範囲に関する勧告的意見を求めた。

　具体的にコスタリカが要請した勧告的意見は、①性同一性（gender identity）の人に対して名前の変更を認めることは、条約第1条に関して、第11条2項、第18条、第24条による保護に値するか、②1887年9月28日の法律第63号のコスタリカ民法第54条を性同一性に基づいて名前を変更したいと思っている人たちに適用することは、条約第1条に関して第11条2項、第18条、第24条と両立するか、③同性同士のカップルに家族の権利を認めることは、条約第1条に関して第11条2項および第24条に規定される保護に値するかである[79]。

　このことを前提にして、コスタリカは、以下の質問を行った[80]。

① 性同一性が、条約第11条2項および第18条の規定とともに、条約第1条および第24条によって保護されているカテゴリーであることを考慮し、条約

---

79) Advisory Opinion OC-24/17, para. 1.

80) *Ibid.*, para. 3.

は、国家が性同一性に従って個人の名前の変更を認め、それを進める必要があることを認めているか。

② 上記の質問に対する回答が肯定的である場合、適切な行政手続が存在しない場合、名前を変更したいと希望する者が司法手続を通じてのみそれを行うことができるのは条約に反するか。

③ コスタリカ民法第54条は、条約に基づいて、性同一性に基づいて名前を変更したいと思っている人は司法手続に頼るべきではなく、むしろ、国が人権を行使するための自由で迅速でアクセス可能な行政手続を提供しなければならないと理解されるべきか。

④ 性的指向に基づく差別の禁止が、条約第11条2項の規定に加えて、第1条および第24条によって保護されているカテゴリーであることを考慮して、条約は国家が同性のカップルに家族の権利を認めるべきであるか。

⑤ 上記の質問に対する回答が肯定的である場合、国家は同性カップルに家族の権利を認める法制度を構築すべきか。

　上記のコスタリカの勧告的意見の要請を、①性同一性と名前の変更、②同性カップルと家族を形成する権利に絞って考察する。

1　性同一性と名前の変更

　性同一性の人に名前の変更を認めることは条約上可能なのだろうか。また、名前の変更に伴う他の手続も認められるべきだろうか。この点に関しては条約第11条2項、第18条、第24条が関係している。

　第18条における名前（given name）とは、出産時に割り当てられた身体的性別によって名づけられたその人固有のものである。その意味で、ここでの名前は、出産時に割り当てられた生物学的な男性は常に男性として成長し、出産時に生物学的に女性を割り当てられた人は常に女性として成長するという考えが示されている。すなわち、出生時に診断された身体的性別と自分の性自認が一致し、それに従って生きること（Cisnormativity）を前提にしている。その意味で、文理解釈上、第18条の「すべての人は名前を持つ権利を有する」という条約上の文言は、すべての人とは生物学的に出産時に決められた性別であり、名前とはその性別の属性として名づけられたものである。

しかし、LGBTI の人は、出産時における生物学的な身体的特徴と精神的一体性が合わなくなった状態であり、第18条でいうところの「人」とその属性である「名前」が一致しないのである。

名前は人格の属性として個性の表現を意味し、その目的はすべての個人が他人から自分を区別する記号を持つことであり、名前によって他人から自分が認識されることになる。その意味で、名前はすべての人に備わっている基本的な固有の権利であると考えられ、社会に対しては、自分のアイデンティティを確認することであり、国家に対しては、手続的に保障されることを意味する[81]。

条約第18条で認められている名前の権利は、各人のアイデンティティの基本的かつ本質的な要素を構成し、名前が保証されなければ、社会によって承認されないし、国家によっても登録されない[82]。

裁判所は、これにより、各国は、名前の権利を保護するだけでなく、名前の登録に必要な手段を提供する義務があることを示してきた[83]。

したがって、名前を持つ権利は、国が名前の登録された時期に応じて、名前を選択するときに制限や妨害がなく、個人またはその親が選んだ名前で登録されることを保障しなければならず、一旦名前が登録されると国家は指定された姓名を保持し、また場合によってはその姓名を変更しなければならないことを意味すると考えられる[84]。

裁判所は、このことを証明するために、次の各種委員会の文書や条約を挙げる。

米州司法委員会（the Inter-American Juridical Committee）は、人びとがアイデンティティの権利を行使することおよび国家が名前を登録すること、また、アイデンティティに関する情報を含む文書を提供することは分けて考えることはできず、アイデンティティの権利はそれ自体が権利であり、他の文化的、経済的、政治的および社会的権利を行使するための不可欠な権利であ

---

81) *Ibid*, para. 106.

82) *Ibid*.

83) *Ibid*., para. 107.

84) *Ibid*.

ると述べている[85]。

　したがって、同委員会は、人はアイデンティティの権利を持つことから、出生後に名前の変更をする権利とこの目的のために必要な措置を取ることは国家の義務であり、また、出生時の名前の登録はすべての人が国家や社会における法律上の人格を行使し、法の前に平等の条件で行動するための主要な措置であり、出発点であると述べる[86]。

　国連人権委員会は、名前は個人のアイデンティティの重要な構成要素を構成するとし、プライバシーの権利には、自分の名前を選択し変更する権利が含まれ、その恣意的または違法な干渉に対する保護も含まれると主張している[87]。

　欧州人権条約では、名前に対する明示的な言及はないが、同条約は、姓名は人間の私的および家族的な生活の一部であるため、個人の識別手段および家族への関係性を構成し、同条約第8条によって保護されていると述べている[88]。さらに、同条約は、人格の属性としての姓名の確立は、アイデンティティの権利の実現と共に各人の存在に意味を与えるような自由な選択にとって重要であると主張している[89]。

　次に、これに関連して裁判所は米州諸国の国内法を検討する。

　まず、性同一性の権利および身元証明書の名前と性別の変更権に関するウルグアイの法律第18.620号を引用する。その第1条では、「すべての人は、生物学的、遺伝的、解剖学的、形態的、ホルモン的に割り当てられた性別、またはその他の性別にかかわらず、彼ら自身の性同一性に従って、自分自身の個性の自由な発展の権利を有する。……この権利には、性同一性と、この性同一性と民事登録の記録、身分証明、選挙や他の文書のような身分証明書

---

85) *Ibid.*, para. 108 OAS, The Inter-American Juridical Committee, Opinion "on the scope of the right to identity," Resolution CJI/doc. 276/07 rev. 1, of August 10, 2007, para. 14.4.

86) Advisory Opinion OC-24/17, para. 108.

87) *Ibid.*, para. 109 United Nations, Human Rights Committee, *Coeriel et al. v. The Netherlands*, No. 453/1991, CCPR/C/52/D/453/1991, para. 10.2.

88) Advisory Opinion OC-24/17, para. 110 ECHR Judgments *Stjerna v. Finland,* para. 37; *Guillot v. France*, No. 22500/93, Judgment of 24 October 1993, paras. 21 and 22.

89) Advisory Opinion OC-24/17, para. 110.

に記載されている名前と性別との間の合致を完全に認識する方法で特定されることを含む。」[90]と規定されている。

同様に、アルゼンチンの性同一性に関する法律第26,743号は、すべての人が性同一性に対する権利を有し、「性同一性に従って扱われる権利、特に彼らが登録されている名前、写真、性別についての身元を証明している文書にある方法で識別される権利を有している」[91]と定めている。

次に、裁判所はジョグジャカルタ原則を引用する。同原則は、「各人の自己定義された性同一性を完全に尊重し、合法的に承認するために必要なすべての立法、行政その他の措置を講じることは国家の義務であること、そして、出生証明書、パスポート、選挙記録およびその他の文書を含む個人のジェンダーあるいは性別を示す、すべての国家によって発行された身分証明書が、自己認識された性同一性を反映している場合に、手続が存在していることを保障する国家の義務を確立している。」[92]と述べる。

また、国連人権高等弁務官は、国に対し、関係者の好ましいジェンダーを反映し、また、他の人権を侵害することなく、トランスジェンダーの好ましいジェンダーの法的承認を促進し、好ましい性別や名前を反映するような身元証明書を発行するように勧告した[93]。

裁判所は、このことが、誰もが自由に自分の名前を選び、あるいは自分の名前を変えることができる理由であるとして[94]、アイデンティティに基づいて名前の変更が認められないということは、その個人が、その権利の所有権の全部または一部を失うことを意味し、個人が国家や社会に存在しているにもかかわらず、かれらの存在が彼らのアイデンティティの本質的要素に基づいて合法的に認められていないことを意味すると述べる[95]。そして、このような状況下では、法的に認められた人格の権利と性同一性の権利も損なわれていると主張する[96]。

---

90) *Ibid.* note 251.

91) *Ibid.*

92) *Ibid.*, para. 12　Yogyakarta Principles, 2007. Principle 3.

93) Advisory Opinion OC-24/17, para. 113.

94) *Ibid.*, para. 111.

95) *Ibid.*

裁判所は、このように、性同一性を認めるということは諸記録と身分登録簿における個人情報においても、性別の同一性に対応した手続が必要となることが推定されるとしている[97]。

したがって、裁判所は、LGBTI の人々に名前の変更の権利を認めないことは、他の基本的権利の行使を妨げる可能性があり、その結果、トランスジェンダーの人々に重要な影響を及ぼす可能性があると述べている[98]。そして、裁判所は、性同一性を承認しないということは、そのような人に対する差別行為の強化の決定要因を構成し、また、まともな人生への権利、移動の権利、表現の自由、市民的および政治的権利、身体的統一性、健康、教育、およびその他、国際法によって認められているすべての権利を十分に享受するための大きな障害になる可能性があると指摘する[99]。

その結果、裁判所は、自分の性別に対する同一性と性同一性を自律的に定義する各人の権利と、記録と身元証明書の個人情報は、自己のアイデンティティに対応し、一致する必要があり、それは、人格の自由な発展（条約第7条、第11条2項）、プライバシー権（条約第11条2項）、法の前に人として認められる権利（条約第3条）、および名前の権利（条約第18条）を保障する条項の下で、条約によって保護されていると結論づける[100]。

したがって、国家は公的機関または第三者による妨害を受けることなく、自分の名前、画像のような自分のアイデンティティの他の必須要素、あるいは、性別やジェンダーへの言及などを登録し、変更し、修正する可能性を全員に尊重し、提供しなければならないと裁判所は言及する[101]。

これは必然的に、性同一性を確認する人がそのように認識されなければならないことを意味し、さらに、国家は、自分を自認できない別のアイデンティティを義務づけることなく、とくに、これが国内法および国際法で認められている権利の行使および享受に影響を与えているのであれば、国家は性自

---

96) *Ibid.*
97) *Ibid.*, para. 112.
98) *Ibid.*, para. 114.
99) *Ibid.*
100) *Ibid.*, para. 115.
101) *Ibid.*

認できるアイデンティティに基づいて、自分の権利を行使し、義務を履行できるように保障しなければならないと裁判所は述べる[102]。

　以上の考察をふまえて、裁判所は、コスタリカの質問に対して、名前の変更、公共の記録と身分証明書の画像の修正、性別あるいは性の修正は、性同一性に対応するように条約第18条、第3条、第7条1項、第11条2項によって保護されている権利であり[103]、その結果、差別のない権利（条約第1条1項および第24条）を尊重し、確保する義務および国内法令（条約第2条）を採択する義務に従って、国はこの目的のために適切な手順を承認し、規制し、確立しなければならないと結論づけた[104]。

　具体的にコスタリカが勧告的意見を求めた理由の1つに、コスタリカ民法第54条の解釈が、条約第11条2項、第18条および第24条と合致しているかどうかがある。

　コスタリカ民法第54条では、「民事登録簿に登録されたコスタリカ人は、裁判所の許可を得て自らの名前を変更することができ、これは司法手続によって得られる」と規定している[105]。一方で、民法第55条は、「裁判所は、名前の変更の請求が提出されたときは、官報に告示して、異議申立を15日以内に通知すべき旨を命じなければならない」とし、民法第56条は、「名前の変更または改正の場合には、検察庁の聴聞を受け、裁判所は、判決を下す前に、申請者の善行行為に関する報告書と警察記録を入手しなければならない」と述べられている[106]。

　裁判所は、これらの3つの条項を関連があるものとして分析している。裁判所が条約の規定の関連で問題にしたのはプライバシーの権利（第11条）である。コスタリカ民法第54条では、名前の変更に司法手続が必要であり、そのために、官報に掲載されること、検察庁の聴聞を受けること、警察などからの個人情報の提供を受けることなどの手続から名前の変更が公になってしまうことである[107]。

---

102) *Ibid.*

103) *Ibid.*, para. 116.

104) *Ibid.*

105) *Ibid.*, para. 163.

106) *Ibid.*

そこで、裁判所は、条約に違反しないためには、①申請者のプライバシーが守られなければならない。そのためには、名前の変更は、司法手続ではなく行政手続または公証手続であることが望ましい、②性同一性のアイデンティティを基に名前の変更が行われるべきである、③名前の変更は、医学的および/または心理的などの要件を付与しないで申請者の同意のみに基づかなければならない、④名前の変更は迅速で、できれば無償で行われなければならない、⑤名前の変更に手術あるいはホルモン療法の証拠を必要としてはならないと述べる[108]。

裁判所は、具体的にこれらの条件を満たせば、条約に違反しないとした。

2 同性カップルと家族を形成する権利

条約上、同性カップルの家族形成について関連する条項は、第11条2項と第17条である。第11条2項は、何人も家族に対して恣意的にもしくは不正に干渉され、または名誉もしくは信用を不法に攻撃されないと規定している。

また、家族の権利について直接規定するのは第17条である。とりわけ、第17条2項は、家族の形成について規定している。それによると、婚姻可能な年齢の男女は婚姻し、かつ、家族を設ける権利があると規定する。

この条項における男女とは生物学的な意味における男と女を意味する。したがって、文理解釈上は、同性同士には婚姻ならびに家族を設ける権利はないことになる。

しかし、裁判所は、文理解釈をとらず、体系的解釈と論理的解釈から導き出す手法を取り、それを進化的解釈と言っている。そこで、条約法条約第32条の規定と条約第29条に従って、条約の準備作業での議論を始め、米州人権宣言あるいは他の同様な性格の国際文書からその解釈を導く[109]。

裁判所は、家族は人間の最も基本的なニーズと欲求から生まれる社会制度として重要な存在であり、家族がコミュニティ、社会、および人々全員に結束をもたらした制度であるが、家族の概念は時代とともに変化し、進化して

---

107) *Ibid.*, para. 168.
108) *Ibid.*, para. 171.
109) *Ibid.*, para. 175.

きたと指摘する[110]。また、条約が作成されたときから数十年前まで、米州地域では、嫡出子と非嫡出子を区別することは合法的であると考えられていたが、今日では、家族が担うべき役割についての常識的な概念は打ち消されてきたと指摘する[111]。さらに、今日、家族関係には多くの形があり、婚姻に基づく関係に限定されないことが認められるに至っていると述べる[112]。

その結果、裁判所は、叔父や叔母、いとこ、祖父母のような他の親族も家庭生活の権利を得ることができることから、家族の定義は夫婦とその子どもという伝統的な概念によって制限されるべきではないと主張する[113]。彼らが緊密な個人的な関係を持っているならば、拡張された家族の可能なメンバーにも家族という名前を付けることができるというのである[114]。

さらに、裁判所は、多くの家族で子どもの世話をしている人は、生物学的親ではない場合があり、移民の家族関係の中には、両親が同伴されていない場合、すなわち、法的な意味で必ずしも家族ではない個人間で、家族が確立されてきたとも述べる[115]。また、養子縁組という制度も生物学的な親子ではない同士が家族になる制度である。そう考えると、家族は性的指向や性同一性の人で構成されていてもよいことになる。

したがって、裁判所は、条約は男女の結びつきによる家族という狭い形態ではなく、広い意味の家族を保護しようとしているので、これらの家族はすべて社会と国家による保護を必要とするという[116]。

欧州人権裁判所は、家族の要素として、カップルが一緒に住んでいるかどうか、彼らの関係の長さがどうか、彼らがお互いに家族の約束を示しているかどうかを挙げている[117]。

しかし、国連システムは、家族の概念は国や地域で異なる場合があり、家

---

110) *Ibid.*, para. 176.

111) *Ibid.*

112) *Ibid.*, para. 177.

113) *Ibid.*, para. 178.

114) *Ibid.*

115) *Ibid.*

116) *Ibid.*, para. 179.

117) ECHR, *Case of X, Y and Z v. The United Kingdom*, No. 21830/93, Judgment of 22 April 1997, para. 36, and *Case of Şerife Yiğit v. Turkey*, No. 3976/05), Judgment of 2 November 2010 para. 96.

族の概念を標準化することは不可能であると認めている[118]。

したがって、裁判所は、「家族」という言葉の通常の意味を特定することが不可能であるとすると、条約第11条2項および第17条1項の規定では満足のいく回答を提供しないとし、一方で、第17条2項・3項・4項および5項は、1つの形態の家族関係を指しているが、家族関係の保護は婚姻に基づく関係に限定されないと述べる[119]。

第17条2項には、婚姻可能な年齢の男女は、婚姻をし、かつ、家族を設ける権利を認められるとあるが、ここには、結婚あるいは家族についての限定的な定義がなされていない。そこで、裁判所の意見では、第17条2項は、結婚の特定の形に対して条約に基づく保護を明示的に示したものにすぎず、この用語は、条約によって保護されている唯一の形態の家族であることを必ずしも意味するものではないとしている[120]。

裁判所は、同性カップルの絆が条約上の家族とみなされるかどうか判断するために、条約第29条（c）に基づく解釈上の規定に従って解釈するべきだとした。すなわち、第29条には、この条約のいかなる規定も、次のように解釈してはならないとして、（c）には、「米州人権宣言および他の同様な性格の国際文書が有する効果を抑制し、または制限すること」が挙げられている。

裁判所は、条約を解釈する際には、それに関連する正式な協定およびその他の文書だけでなく、それが属する米州人権制度も考慮することが必要だと述べた[121]。そこで、裁判所は、「米州人権宣言」第Ⅴ条、第Ⅵ条、1988年11月17日の「経済的、社会的および文化的権利の領域における米州人権条約の追加議定書」（サンサルバドル議定書）第15条、2016年6月15日の「先住民族

---

118) United Nations, Human Rights Committee, General Comment No. 19 (thirty-ninth session, 1990), Article 23 (The Family), HRI/GEN/1/Rev.9 (Vol. I), para. 2.; Committee on the Elimination of Discrimination against Women, General Recommendation No. 21 (thirteenth session 1994), Equality in marriage and family relations, para. 13; Committee on the Rights of the Child, General Comment No. 7, 20 September 2006, Implementing child rights in early childhood, CRC/C/GC/7/Rev.1, paras. 15 and 19; Human Rights Committee, General Comment No. 16 (thirty-second session, 1988), Article 17 (The right to privacy), HRI/GEN/1/Rev.9 (Vol. I), para. 5.

119) Advisory Opinion OC-24/17, para. 181.

120) *Ibid.*, para. 182.

121) *Ibid.*, para. 183.

の権利に関する米州宣言」第 XVII 条を参照した。

　これらの条項には、家族という用語は定義されていないが、条約第17条2項よりも広い概念で表現されている。すなわち、第17条2項では、婚姻可能な年齢の男女が家族を形成できると述べているが、米州人権宣言やサンサルバドル議定書第15条2項には、すべての人が家族を形成できると述べている。ここには、性別、ジェンダー、性的指向、または特定の家族の形態が示されていない。

　裁判所は、条約の採択の準備作業中に、同性カップルを家族の一形態とみなすべきかどうかの議論はなかったと指摘し[122]、これは、条約の採択時における歴史的時期に由来するものだと述べる。このことから裁判所は、家族の構成員が性別に基づいていることを確定したことにはならないと判断する[123]。

　そこで、裁判所は、人権条約は生きた文書であり、その解釈は、時代によって進化するとする進化論的解釈を取った。進化論的解釈は、条約法条約によって確立されており、条約第29条に含まれる解釈の一般的規則にも一致すると述べる[124]。

　また、裁判所は、国際司法裁判所（ICJ）が、特定の国際条約において締約国の意図は、用語を固定化されたものと考えるのではなく、進化可能な意味を用語に与えることだと述べ、国際法の発展のためには許されるものだと述べていることを挙げ[125]、このような場合、条約が締結された時点における当事者の共通の意思を尊重するためには、進化論的解釈をする必要があると主張する[126]。

　この裁判所の考えは、当事者が条約で一般的な用語を使用した場合、当事者は、用語の意味が時間の経過とともに進化する可能性が高いことを認識していたという考えに基づいている[127]。ICJ は、当事者は、原則として、それ

122）*Ibid.*, para. 186.
123）*Ibid.*
124）*Ibid.*, para. 187.
125）*Ibid.*, para. 188.
126）*Ibid.*
127）*Ibid.*

らの用語が進化する意味を持つことを意図したものと推定されなければならないとしている[128]。

同性カップル間の絆を米州人権制度から排除する「家族」の概念の制限的解釈は、条約の対象と目的にそぐわず、条約の対象と目的は「人間の基本的権利の保護」であり、それは差別をしないことだと裁判所は述べる[129]。

米州地域における LGBTI に対する受け止め方の多様性は、裁判所の争訟管轄権に提出された事件に反映されており、いろいろな家族関係を含め、裁判所の審理では種々の家族制度で保護が可能なことが明らかになった[130]。

これを念頭に置いて、裁判所は、生活を共にすることを求める同性カップルが、典型的には協力と相互支援によって特徴づけられる恒久的な感情的絆による家族関係を無視する理由はないと判断する[131]。

裁判所の意見では、1つの家族形態を別の家族形態に優先させたり、差別したりすることは裁判所の役割ではないが、条約の下でそのような家族の絆を認識し、保護するのは国家の義務であると判断した[132]。

この根拠に基づき、裁判所は、異性の夫婦とは対照的に同性の夫婦が「家族の生活」を享受できないという見解を維持することは不自然であるという点で、欧州人権裁判所の見解に同意する[133]。

裁判所は、家族は性同一性および、または性的指向を有する人で構成することが可能だが、これにより、他の家族の形態を軽視するものではなく、社会の不可欠な構成要素として家族制度の重要性は無視していないことを強調する[134]。反対に、裁判所は歴史的に抑圧され、差別された性的マイノリテ

---

128) International Court of Justice, *Dispute regarding Navigational and Related Rights*（*Costa Rica v. Nicaragua*）, Judgment of 13 July 2009, p. 213, paras. 64 and 66.

129) Advisory Opinion OC-24/17, para. 189.

130) たとえば、*Case of Aloeboetoe et al. v. Suriname.*（Reparations and costs）, Judgment of September 10, 1993. Series C No. 15, para. 62.

131) Advisory Opinion OC-24/17, para. 191.

132) *Ibid.*

133) ECHR, *Case of Schalk and Kopf v. Austria*, No. 30141/04, Judgment of 24 June 2010, para. 94; *Case of Vallianatos et al. v. Greece*, Nos. 29381/09 and 32684/09, Judgment of 7 November 2013, para. 73.

134) Advisory Opinion OC-24/17, para. 192.

ィである同性カップルの感情的な絆にも同じ尊厳を認めている[135]。

　裁判所は、条約を起草し採用した者は、そこで認識された基本的権利と自由が固定化されたものだとは思っていなかったという認識に立ち、条約は、時間の経過に応じて範囲を特定し、保護する任務を国と裁判所に付与するものであると主張し[136]、裁判所の判断は条約に署名した当初の意図と異なるものではないと述べる[137]。

　そして、裁判所は、逆に、性同一性および性的指向の家族関係を認識することによって、当初の意図を守っていると主張する[138]。つまり、裁判所は、家族の形態の保護には2つの側面があると判断した。最初は、条約第1条1項によってLGBTIの人の人権の平等が定義され、その内容はこの条約のすべての条項に及ぶ一般的な義務を生じさせる[139]。さらに、この保護は、人権の保護のための米州人権制度のすべての文書、たとえば「強制失踪に関する米州条約（the Inter-American Convention on the Forced Disappearance of Persons）」に拡大され、さらには、家族の保護に関する条項を含む国際人権条約、たとえば子どもの権利条約にも拡大されている[140]。

　家族の形態の保護の第2の側面は、条約第24条に基づく国内法を指す。言い換えれば、すべての国内法とその施行に関する「法律の平等な保護」である[141]。

　この点で、裁判所は、性的指向と性同一性に関する国際人権法の適用に関するジョグジャカルタ原則第13原則、「すべての人は、性的指向や性同一性に基づいて差別を受けることなく、社会保障およびその他の社会保障措置の権利を有している。したがって、国家は、性的指向または性同一性に基づく差別を行わずに、雇用給付, 育児休業、失業給付、健康保険またはケアまた

---

135) *Ibid.*

136) *Ibid.*, para. 193.

137) *Ibid.*

138) *Ibid.*

139) *Ibid.*, para. 194.

140) *Ibid.*

141) たとえば、*Case of Yatama v. Nicaragua*, para. 186; *Case of Duque v. Colombia. Preliminary objections, merits, reparations and costs*, para. 94.

は給付（性同一性に関する身体的変更を含む）、その他の社会保険、家族給付、葬儀給付、年金および病気や死の結果として配偶者やパートナーに対する支援の喪失に関する給付への平等なアクセスを確保するために必要なすべての立法、行政その他の措置を講じなければならない。」を引用する[142]。

　裁判所は、同性カップルが給付を受けることができ、享受することができる権利、給付、責任のリストが増加していることも指摘している。これらの側面には、とりわけ、税金、継承権および財産権、遺族継承に関する規則、証拠および手続法の法律によって確立された配偶者特権、医療決定を行う権限、生存者の権利および給付、出生および死亡証明書、専門的倫理基準、選挙に対する財政制限、労働者災害補償給付、健康保険、児童預託などがある。これは、裁判所の意見では、同性カップルで構成された家族に対していかなる差別もなしに保証されなければならない内容である[143]。

　以上をふまえ、裁判所は、同性カップルの家族関係の保護の範囲は単なる家族権（patrimonial rights）の問題を超えていると考えている。裁判所が指摘したように、同性カップルによる家族関係の承認の意味合いは、市民的、政治的、経済的、社会的権利であり、その他の国際的に認められた権利にも及ぶ。さらに、このような同性カップルの保護は、異性間のカップルの家族関係に適用される各国の国内法によって確立された権利と義務にまで及ぶと裁判所は考える[144]。

　裁判所は、条約は第17条の家族の保護の権利と第11条２項のプライバシーの権利によって、同性カップルの家族関係を保護するが[145]、同性カップルの間の保護された家族関係から由来するすべての家族権は、平等と差別のない権利に基づいて異性間カップル（heterosexual couples）に関しても差別を受けずに保護されなければならないとしている[146]。

　そして、裁判所は、国家の国際的な義務は、単なる家族権以上のものであり、国際的に認められたすべての人権と、異性間のカップルの家族関係から

142) Advisory Opinion OC-24/17, para. 196.
143) *Ibid.*, para. 197.
144) *Ibid.*, para. 198.
145) *Ibid.*, para. 199.
146) *Ibid.*

生じる各国の国内法の下で認められたものと同等の権利と義務を含むとしている[147]。

おわりに

　これまで LGBTI に関する裁判所の判決と勧告的意見を見てきた。裁判所の判決が 3 件しかないことは、決して性的マイノリティの問題が少ないことを意味しているのではなく、各国の国内法で問題が解決されているか、あるいは、問題はあってもあえて米州人権委員会に請願しない状況があると推察できる。その証拠に、ラテンアメリカでも性的マイノリティに対する殺害や暴力などの事件が数多く報告されているからである。

　条約との関係では、まず、第 1 条 1 項で保護されるべきカテゴリーとして LGBTI が含まれることが確認された。そのうえで、性的マイノリティにとって最も重要な問題は性的マジョリティとの差別の問題であることが、すべての判決で条約第24条の差別の禁止が取り上げられていることからわかる。

　判決と勧告的意見の検討では、国内法で具体的に何が問題となっているのか、そして、裁判所はその何を問題としているのかを明確にするため、具体的な内容を取り上げて論じた。その中に、LGBTI の抱えている問題が浮きぼりになっていると考えるからである。

　その中から、性的指向に基づく差別や偏見によって法律が策定されていたり、裁判官が差別に基づく価値観で判決を下している現状に対して、裁判所が条約の規定から判断を下していることがわかる。しかし、裁判所は、ただ判断を下すだけではなく、その判決がどれだけ遵守されているかを監視する任務も負っているので、裁判以後に当該国がどのような対策を講じているのか知ることができる。

　裁判所は米州諸国における LGBTI の人権を向上させる大きな力となっていることは間違いない。

---

147) *Ibid.*

追記：明治大学大学院で宮崎繁樹先生からご指導を受けました。大変お世話になり感謝いたしております。先生のご恩にどれほど報いられているか、いささか心もとないのですが、先生のご指導を肝に銘じて、後進の指導に当たっています。宮崎門下として、今後とも先生の志を継いでいきたいと決意しています。

4 武力紛争・被害者補償

主権免除をめぐる実体法と手続法
―裁判権免除事件を中心に―

黒 田 秀 治
東北学院大学准教授

はじめに
一　裁判権免除事件
二　国際文書・国際司法裁判所における実体法と手続法
三　学説における主権免除＝手続法肯定論と否定論
おわりに

はじめに

　法律家にとって、実体法と手続法は、あらためてそれを定義するまでもないほどよく知られたことである。実体法は実体的権利・義務を定め、手続法は手続的権利・義務を定める。実体的権利が何かと問われれば、それは一定の作為・不作為を要求する資格・能力であり、実体法が目指す価値を実現する手段・方法をもつ資格・能力が手続的権利である[1]。手続法は、実体法次第でさまざまな機能を果たし、国内裁判では加害者の人権を守る一方で、実体法が目指す価値の実現の障害となって、加害者の責任の追及と被害者の救済を妨げることもある。それでも国内裁判の実務では、実体法と手続法の区別は著しく困難な問題を生じさせない[2]。

　ところが、国際法の領域では、この問題を同様に論じることができない。

---

1) 権利・義務、実体法・手続法などの定義について、竹内昭夫・松尾浩也・塩野宏編集代表『新法律学辞典〔第3版〕』（有斐閣、2012年）234-235、378、621、1028頁；髙橋和之・伊藤眞・小早川光郎・能美善久・山口厚編集代表『法律学小辞典〔第5版〕』（有斐閣、2016年）204、339-340、560、837、961-962頁。なお、法的権利義務関係の現代的諸相や対応関係について、田中成明『現代法理学』（有斐閣、2011年）221-224頁。

国際法が国家の行為を実体的または手続的に規整することはいうまでもないが、権利義務関係が明確に設定されているならば、国家は、国際法上の権利を主張すると同時に相手国にはそれに対応した義務の履行を要求し、相手国がそれに従わない場合に相手国の国際法上の責任を追及する。これに対して、国際法上の権利義務が明確に規定されていないならば、そうした場合の紛争は、特定国や国際社会全体に対して国家管轄権の行使が国際法上有効なのかどうかを問われる国家管轄権の配分またはその行使の対外的効果に起因して争われることになる。法律的紛争に関する両者の相違は、山本草二が分類した合法性をめぐる紛争と対抗力をめぐる紛争[3]や、H.L.A.Hart による義務賦課ルールと権能付与ルールの分類[4]とこの分類に基づくそれぞれのルール上で生ずる紛争が対応するであろう[5]。国際法上、権利義務関係が明確に設定されている場合は少なく、とりわけ国際法が変更・流動過程にある場合などでは、国際法上、法律的紛争は少なからず国家管轄権の配分やその行使の効果に起因することになる。その意味で、かりに過去に明確な国際法規則があったとしても、国際法が流動過程にあるならば、実体法と手続法の明確な存在と区別を前提に、国家責任を追及できるかどうかの判断には、慎重な配慮が必要となる。

　このような視点は主権免除概念ついても当てはまる。周知のように、主権免除概念に対する考え方が絶対免除主義から制限免除主義に移行するととも

---

2) 実体法と手続法とを概念的または体系的に峻別することは極めて困難であろうが、国内法または裁判実務では、具体的な法令が実体法に規定されれば実体法の問題であり、訴訟法に規定されれば手続法の問題である。

3) 山本草二『国際法〔新版〕』（有斐閣、1994年）40-41頁、同『国際行政法の存立基盤』（有斐閣、2016年）190-195頁。なお、村瀬信也「国家管轄権の一方的行使と対抗力」村瀬信也『国際立法—国際法の法源論』（東信堂、2002年）469-518頁も参照。対抗力を争うことは、国際紛争の発生原因の１つであるとともに、それが新たな国際法の定立の要素として、国際法の実質的法源であるとの理解があった。もっとも近年、対抗力の主張が国家管轄権行使の正当性より実効性を過度に評価する立場であると考えられるようになってきている。したがって、対抗力は、その機能についていえば、限られた射程をもつにすぎないとされる。これについて、詳しくは、江藤淳一『国際法における欠缺補充の法理』（有斐閣、2012年）183-219頁。

4) H.L.A.ハート（矢崎光圀監訳）『法の概念』（みすず書房、1976年）31-32、36-37、90頁

5) 同様の分類として、濱本正太郎「国際法における無効の機能—責任との比較において」『国際法外交雑誌』102巻４号（2004年）80-93頁。

に、ユース・コーゲンス、対世的（erga omnes）義務、および普遍的管轄権の展開は主権免除の射程に大きな影響を与えつつある。これは、国際法が主権国家間の対等な水平的（horizontal）構造であるのみならず、国際社会全体に対する義務を含む垂直的（vertical）構造を新たに構築しつつあることの影響を免れないことを示唆しているといえよう[6]。

　こうしたなかで、国際司法裁判所（以下、ICJ と略す）は、2012年の裁判権免除事件[7]において次のように述べて、国際人道法違反は実体法であるユース・コーゲンスに抵触するとしても、被害者の請求を妨げる主権免除に関する国際法は手続法に属する以上、両者に抵触はないと判示して、ドイツの主権免除をみとめた。

> ……占領地での文民の殺害、奴隷労働のための住民である文民および捕虜の強制連行を禁ずる武力紛争法規則がユース・コーゲンス規則であると想定しても、これらの規則と国家免除に関する規則との抵触はない。2 つの規則は異なる事項を取り扱う。国家免除の規則は、性格上手続的であり、かつ国家の裁判所が他国について管轄権を行使するか否かを決定することに限定される。これらは、訴訟提起の対象となる行為が適法か違法かの問題に関係しない[8]。

　この判決はいわゆる不法行為例外の適用可能性の否定にも言及するが[9]、

6）たとえば、国際刑事裁判権の行使は垂直的関係を基礎にするとともに水平的関係との相克のなかで展開している。これについて、古谷修一「国際刑事裁判権の意義と問題」村瀬信也・洪恵子編『国際刑事裁判所——最も重大な国際犯罪を裁く〔第 2 版〕』（東信堂、2014年）5 頁。なお、従来どおり、主権免除法の射程には垂直的（vertical）構造の構築の影響がないとする言説について、see, e.g., M. Sarzo, "The Dark Side of Immunity: Is There Any Individual Right for Activities Jure Imperii?," *Leiden Journal of International Law*, Vol. 26（2013）, p. 110; H. Fox & Ph. Webb, *The Law of State Immunity*, 3rd ed.（Oxford University Press, 2013）, pp. 5, 39-49.

7）Jurisdictional Immunities of the State（Germany v. Italy: Greece intervening）, Judgment, *I.C.J. Reports 2012*, p. 99 [hereinafter cited as *Jurisdictional Immunities case*]. この事件に関する日本語判例評釈として、たとえば松田幹夫「国家の裁判権免除（ドイツ対イタリア）」横田洋三・東壽太郎・森喜憲編『国際司法裁判所——判例と意見・第 5 巻（2011-16年）』（国際書院、2018年）144-154頁。なお、坂巻静佳「国際司法裁判所『国家の裁判権免除事件判決』の射程と意義」『国際法研究』第 1 号（2013年 3 月）113-141頁も参照。See also A. Orakhelashvili, "International Decisions, Jurisdictional Immunities of the State（Germany v. Italy; Greece Intervening）, at http://www.icj-cij.org., International Court of Justice, February 3, 2012," *American Journal* of International Law, Vol. 106, pp. 609-616（2011）.

8）*Jurisdictional Immunities case*, para. 93.

9）*Ibid.*, paras. 62-79. 坂巻「前掲論文」（注 7）125-132頁も参照。

判決理由の要諦は、実体法であるユース・コーゲンスが手続法である主権免除法と抵触しない、ということにあった。その一方で、この判決は、国際法における実体法と手続法について定義を行わず、またそれらの規範的性格を分析することもせず、さらにユース・コーゲンスが実体法に属し主権免除法が手続法であることの根拠について説明しなかった。ICJ は、推論にあたって、国際法を分類した過去の先例や作業、たとえば2010年のパルプ工場事件[10]や国連国際法委員会が作成した国家責任条文草案[11]による国際法規範の区別も参照していない。

　本稿は、いま述べてきた状況をふまえて、裁判権免除事件判決を主たる素材に、主権免除法を手続法と捉える言説（以下、主権免除＝手続法肯定論と略す）を批判的に検討するものである。実体法と手続法との関係についていえば、国際法を実体法と手続法とに二分する言説（以下、二分論と略す）が妥当であるのか、国際法を二分した場合に相互の規範の抵触はないのかなど、論点は多岐にわたるが、本稿の目的は、過去の実行および学説を素描し、主権免除＝手続法肯定論の問題点を浮き彫りにすることによって、主権免除をめぐる実体法と手続法の関係の一端を明らかにすることである。

一　裁判権免除事件

1　事件の概要[12]

　第 2 次世界大戦末期に実行された、ナチス・ドイツによる一連のイタリア人に対する国際人道法違反の残虐行為について、イタリアの国内裁判所はドイツの裁判権免除を否認した。これに対して、ドイツが裁判権免除の否認を国際法上違法であると主張して ICJ に提訴したのが、この事件である。裁判

---

10) Pulp Mills on the River Uruguay（Argentina v. Uruguay）, Judgment, *I.C.J. Reports 2010*, p. 14 [hereinafter cited as *Pulp Mills case*]. この判決に関する判例評釈として、たとえば一之瀬高博「ウルグアイ川パルプ工場事件（アルゼンチン対ウルグアイ）」横田洋三・廣部和也・山村恒雄編『国際司法裁判所──判例と意見・第 4 巻（2005-10年）』（国際書院、2016年）122-172頁。

11) Draft Articles on Responsibility of States for Internationally Wrongful Acts, 2001, *Yearbook of the International Law Commission*, Vol. II, Part 2（2001）, pp. 26-146.

12) *Jurisdictional Immunities case*, paras. 20-36.

権免除事件はのちにギリシャが訴訟に参加することになる。以下では、事件の原因行為を簡単に振り返ることにしよう。

第2次世界大戦の末期、ムッソリーニ政権が崩壊すると、イタリア新政権は連合国に降伏したが、ドイツは、イタリアの大部分を占領した。その後、ドイツは数10万人のイタリア人将兵を捕虜とし、彼らをドイツに移送し、捕虜資格を否定して強制労働に従事させた。

第2次世界大戦後、ドイツ政府はナチスの被害者に対するさまざまな救済を提供した[13]。1953年のドイツ連邦補償法、1965年の同法改正、2000年の「追憶・責任・未来（Erinnerung, Verantwortung und Zukunft）」基金の設立などの施策がとられたが、イタリア人はその対象から漏れていた。国家間レベルでは、1961年に独伊間で一括支払い協定が締結され、ナチスによるイタリア人犠牲者の救済の最終的解決が合意された。

イタリア人軍人抑留者ついては、まったく救済の対象から除外されていた。彼らの提訴に対して、ドイツの連邦憲法裁判所は、捕虜に対する戦時賠償をみとめていない2000年の連邦法がドイツ基本法上合憲であり、しかも国際法上強制労働に対する賠償請求権は確立されていないと判示した。イタリア人被害者はヨーロッパ人権裁判所に申立を提起したが、ヨーロッパ人権裁判所は、ドイツの国内裁判所の判決と同様に請求権の存在を否定し、ヨーロッパ人権条約および同議定書上、事項的な要件を具備していないとして、申立を受理しなかった[14]。

フェッリーニ（L.Ferrini）はイタリア軍将兵ではなかった。しかし彼は、1944年8月にドイツによって身柄を拘束され、捕虜となったイタリア人将兵と同様にドイツに連行され、軍需工場での強制労働に従事した[15]。フェッリーニは1998年9月にドイツ政府に対する民事訴訟をイタリアの裁判所で提起した。下級審での彼の請求はドイツの裁判権免除を理由に却下されたが、イ

---

13) *Ibid.*, paras. 20-26.

14) Associazione Nazionale Reduci and 275 Others v. Germany (dec), No. 45563/04, ECHR 2007, available at http://hudoc.echr.coe.int/eng?i =001-82292. 捕虜に対する賠償は、1907年のハーグ陸戦条約第3条で言及されているが、これは交戦国間の賠償に関する規定であり、捕虜個人に対する賠償を規定するものではない。*Ibid*, p. 4.

15) *Ibid.*, p. 2.

タリア破毀院は、フェッリーニに対するドイツの行為が国際犯罪を構成する以上、ドイツに免除を許与することはできないとして、イタリアの裁判所が管轄権を有すると判示した[16]。この判決ののち、1943年から1945年にかけて実行された連行や強制労働などの国際人道法違反に対する同様の提訴がイタリアでは続き、ドイツによる免除の申立にかかわらず、イタリア破毀院はドイツに対する裁判権の行使を確認した[17]。

イタリア人に対する国際人道法違反はこれらの場合に限られなかった。1944年6月29日に、イタリアレジスタンス兵士によるドイツ軍兵士の殺害の報復として、「ヘルマン・ゲーリング（Hermann Göring）」部隊の構成員は、イタリア各地で民間人を虐殺し、その数は203名に上った[18]。イタリアの軍事裁判所は「ヘルマン・ゲーリング」部隊の構成員であったミルデとドイツ政府に対し虐殺犠牲者に対する補償の支払いを命じ、その後イタリアの破棄院は、国際法上の犯罪に対する主権免除の適用を否認して、軍事裁判所の判決を肯定した[19]。

以上のように、イタリアの国内裁判所は、1943年から1945年にかけてドイツが実行した国際人道法違反に対して、ドイツに免除を許与しなかった。ドイツは、イタリアの国内判決に対して2008年12月23日にICJに提訴し、ICJは審理を開始した。イタリアの裁判所は、ディストモ村事件ギリシャ破棄院判決[20]の執行可能性について、イタリアに所在するドイツの国有財産に対する強制執行をみとめていたが、これとの関連で、ICJはギリシャの訴訟参加も許可した。

2　実体法および手続法の定義と両法の区別

国家によるユース・コーゲンス違反が免除される主たる理由として、ICJ

---

16) Ferrini v. Germany, Decision No. 5044/2004, Italy, Court of Cassation, *International Law Reports*, Vol. 128（2006），pp. 658-679.

17) *Jurisdictional Immunities case*, para. 28.

18) *Ibid.*, para. 52.

19) *Ibid.*, para. 29.

20) Prefecture of Voiotia v. Germany, Cace No. 11/2000, Greece, Court of Cassation, *International Law Reports*, Vol. 129（2007），pp. 513-524.

が採用したのが、主権免除＝手続法肯定論と二分論である。ICJ は、本稿「はじめに」で言及した判決文の一節以外にも、実体法であるユース・コーゲンスと手続法である主権免除法との関係を次のように描写している。

> ユース・コーゲンスの地位をもたない規則は、直接的な抵触がなくとも、ユース・コーゲンスの実現を妨げる場合には、適用されないと主張される限りで、裁判所は、そのような主張に根拠があるとみとめない。ユース・コーゲンス規則はそこからの逸脱をみとめない規則である。しかし、管轄権の射程および範囲、ならびに、いつ管轄権が行使されるかを決定する規則は、ユース・コーゲンス的地位をもつそのような実体的規則から逸脱することはなく、また、ユース・コーゲンスの概念に内在するもののなかに手続的規則の変更を要求しまたはその適用にとってかわるものは存在しない[21]。

この一節は、主権免除法が手続法でありユース・コーゲンスが実体法であること、また、２つの法の間で抵触がないことを強調するにすぎない。実体法と手続法の定義についても二分論の適用根拠についてもまったくふれられていない。

ところで、手続法が実体法の実現に関する法と考えるならば、実体法違反に対する賠償または制裁の方法・手段は実体法に対して手続法の関係にたつ。したがって、主権免除の否認がユース・コーゲンス違反の帰結またはその賠償としての機能を果たす場合には、主権免除法を手続法として理解することも可能である。ICJ は、この点について言及することなく、賠償と主権免除との関係を次のように説明した。

> イタリアの裁判所が当該違反から生ずる請求を審理する管轄権をもつか否かを決定するための国家免除の規則の適用が、違反された規則との抵触を伴うことはありえない。この主張は、原因となった違法行為よりむしろ賠償を行う加害国の義務に焦点を当てることによって、強調されることもない。賠償義務は賠償の実施方法とは別個に存在する規則である。国家免除に関する国際法は、もっぱら後者に関係する。すなわち外国を免除する決定は、原因となった違法行為を禁ずる規則とも賠償義務とも抵触しない[22]。

上述の一節が権利義務規範（行為規範）の存在およびそれらの実現義務を

---

21) *Jurisdictional Immunities case*, para. 95.

22) *Ibid.*, para. 94.

実体法とし、規範の実現方法を手続法であると示唆しているならば、それは実体法と手続法の関係を物語るものかもしれない。もっとも、判決はそのように述べているわけではない。

二　国際文書・国際司法裁判所における実体法と手続法

1　国家責任法における第 1 次規則と第 2 次規則

　2001年に国連国際法委員会が採択した「国際違法行為に対する国家の責任に関する条文」、いわゆる国家責任条文草案は、裁判権免除事件ではまったく参照されなかった。この条文草案は、国家の権利義務規範（または行為規範）を第 1 次規則とし、その法的帰結、すなわち国家責任の解除およびその条件・方法を定めるサンクション規範（または裁決規範）を第 2 次規則、すなわち国家責任法とすることによって、国際法を分類した。これは、一般的国家責任制度の構築を優先させた[23]国家責任法の成文法化[24]のために行われ、この条文での国際法の分類は実体法と手続法との区別に対応しているわけではない。裁判権免除事件判決も、実体法と手続法の規範的性格とその区別を自明のもの理解していたとみられるので、国家責任条文草案への言及はなかった。しかし、本稿一 2 で論じたように、権利義務規範の存在とその実現義務を実体法とし、実現の方法を手続法であると分類するならば、国家責任の解除方法など国家責任法の一部を手続法としてみることも可能である。したがって、裁判権免除事件判決がこの条文草案がつけた国際法の分類に留意することは重要であったが、前述したように、判決はこれにはふれなかった[25]。

---

23) 萬歳寛之『国際違法行為責任の研究──国家責任論の基本問題』（成文堂、2015年）3-4頁。

24) A. Orakhelashvili, "The Classification of International Legal Rules: A Reply to Stefan Talmon," *Leiden Journal of International Law*, Vol. 26（2013）, pp. 89-103.

25) 裁判権免除事件のドイツ側代理人であった Ch.Tomuschat はユース・コーゲンスと主権免除法との関係を国家責任法に関する第 1 次規則と第 2 次規則とのそれと同一視した。彼によると、国際慣習法上、特定の国家責任の解除方法は義務づけられていないので、法廷地国に主権免除を否認する義務はないが、その一方でユース・コーゲンス違反の場合には第 2 次規則上の独自の手続レジームの創設が求められる。Ch. Tomushat, "The Case of Germany v. Italy before the I.C.J.," in A. Peters, E. Lagrange, S. Oeter & Ch. Tomushat eds., *Immunities in the Global Constitutionalism*（Brill Nijhoff, 2014）, pp. 89-91.

2 国際司法裁判所の判決における実体法と手続法

(1) 国際協力のもとでの実体的義務と手続的義務：パルプ工場事件

ICJ は、2010年のパルプ工場事件（本案）判決で、国際機関を通じて国際協力を実施するために加盟国が負う国際法上の義務を実体的義務と手続的義務に区別した。

本稿の主題と関わる範囲で事件を振り返ると、この事件の概要は次のようなものである。アルゼンチンとウルグアイは、1975年にウルグアイ川規程（以下、1975年規程）を締結し、第1条で両国の国境を流れるウルグアイ川の最適かつ合理的利用を目的として、共同機構（Joint Machinery）であるウルグアイ河川委員会（以下、CARU と略）を設置することを合意した。同規程第7条から第12条によると、当事国は河川の環境に影響を与える事業を行う際に CARU に通報する。これに基づき CARU は、当該事業計画が重大な損害を引き起こす恐れがある場合には、他の当事国に通報しなければならない[26]。その一方で、同規程第41条は、当事国にウルグアイ川の水環境を保全するために適切な立法を行い、その際に、他の当事国にそれを通知することを義務づけた[27]。

ウルグアイは、ウルグアイ川河岸にスペインおよびフィンランド系の企業がパルプ工場を建設し隣地の港湾を整備する許可を与えたが、CARU に対して十分な通報義務を怠った。これに対して、アルゼンチンは、第7条が定める通報義務違反と第41条の汚染防止義務違反について、ICJ に提訴した。

アルゼンチンは、1975年規程第7条から第12条に規定された通報義務違反が手続的義務違反に相当し、それが1975年規程の目的である河川の環境保全という実体的義務にも違反する、と主張した。さらに、アルゼンチンは、実体的義務と手続的義務とは不可分であり、手続的義務違反が自動的に実体的義務違反を伴うと強調した[28]。実体的義務と手続的義務との関係についていえば、河川の環境保全という国際協力の目的が実体的規定を構成し、それを実現する方法・手順が手続的規定であるというのである。ICJ は、実体的義

---

26) *Pulp Mills case*, para. 80.

27) *Ibid.*, para. 190.

28) *Ibid.*, para. 72.

務と手続的義務の関係を次のように述べる。

　実体的義務は通例では一般的な表現であるが、手続的義務は当事国間の継続的協議の過程を通じて1975年規程の実施を促すためにより狭くかつ具体的である。［国際司法］裁判所は1975年規程が「包括的かつ漸進的レジーム」であると描写した[29]。なぜなら、第1条によって述べられた規程の目的の達成を当事国にみとめることによって、上述の2つのカテゴリーの義務は完全に互いを補完しあうからである[30]。

　さらにICJは、手続的義務が実体的義務の履行を促すために設けられたこと、両者の義務には環境に対する損害の防止に関して機能的連関はあるが、それぞれの義務の違反に対する責任が状況次第で別個に追及されうること、を指摘した[31]。

　パルプ工場事件判決は、直截に実体法と手続法という文言を使用していないが、ウルグアイ川の共有資源の国家による使用に関して実体的義務を定める実体法と、その監視システムの運営に関する手続的義務を定める手続法を区別したといえよう。他方、それぞれの義務違反は別個に問われるとしても、実体的義務と手続的義務は機能的に連関しているので、双方の義務が無関係でありかつ抵触がないというわけではなく補完しあっている、としている。ICJは実体的義務と手続的義務の相違を強調しているようにもみえるが、それぞれの義務違反が別個の訴訟原因となって国際裁判で提訴可能であると述べているにすぎない[32]。状況は異なるとはいえ、この事件では、実体法と手続法との抵触がないことによって手続法が実体法の実現を妨害するとは示唆されていない。いずれにしても、この判決が裁判権免除事件とまったく異なるアプローチを採用したことは、明らかである。もっとも、判示する必要があったとはいえないにしても、この判決が実体法と手続法の規範的性格や定義について体系的かつ理論的な説明を行ったわけではない。

---

29) Pulp Mills on the River Uruguay (Argentina v. Uruguay), Provisional Measures, Order of 13 July 2006, *I.C.J. Reports 2006*, para. 81

30) *Pulp Mills case*, para. 77.

31) *Ibid.*, paras. 78-79.

32) A. Orakhelashvili, *supra* note 24, pp. 93-94.

(2) その他の判決：軍事活動事件と逮捕状事件

ICJ は、裁判権免除事件でユース・コーゲンスと主権免除との抵触がない
と論じる際に、その例証として、2006年の軍事活動事件（新提訴）と2002年
の逮捕状事件（本案）をあげた[33]。

軍事活動事件[34]で、コンゴ民主共和国はウガンダによる国際人道法違反を
ICJ に申し立てた。ウガンダが ICJ の管轄権設定を否定する先決的抗弁を提
起したのに対して、コンゴ民主共和国は、ICJ 規程上強制管轄権の設定がみ
とめられていなくとも、ジェノサイドの禁止のようなユース・コーゲンスに
よって ICJ の管轄権が設定されると主張した。ICJ は原告国側の主張を否定
するのであるが、その際ユース・コーゲンスと管轄権に関する規則との関係
を次のように判示している。

> ……紛争が［ユース・コーゲンス］の遵守に関わるというという事実は、それ自体
> で、そのような紛争を審理する裁判所の管轄権に基礎を提供することはできない。
> 裁判所規程に基づき、管轄権はつねに当事者の同意に依拠する[35]。

この一節は、管轄権の設定に関する規則がユース・コーゲンスの実現を妨
害する場合でも、それによって、管轄権が当事者間の合意に基づき設定され
ることが影響を受けない、と述べている。したがって、軍事活動事件判決は、
実体法と手続法という文言を使用していないにしても、ユース・コーゲンス
違反である実体法が国際裁判所の管轄権の設定という手続法と抵触しないこ
とを示唆している。さらに、実体法と手続法がまったく異なる事項を扱うこ
とも言及されている[36]。ICJ のような国際裁判と主権免除訴訟を同一視でき

---

33) *Jurisdictional Immunities case*, para. 95.

34) Armed Activities on the Territory of the Congo (New Application: 2002) (Democratic Republic of Congo v. Rwanda), Judgment of 3 February 2006, *ICJ Report 2006*, p. 6. この判決に関する和文判例評釈として、山村恒雄「コンゴ民主共和国領における軍事活動事件（新提訴、2002年）」横田洋三・廣部和也・山村恒雄編『国際司法裁判所——判決と意見・第4巻（2005-10年）』（国際書院、2016年）67-86頁。

35) Armed Activities on the Territory of the Congo (New Application: 2002) (Democratic Republic of Congo v. Rwanda), *supra* note 34, para. 64.

36) *Ibid.* 軍事活動事件判決は、「規範の対世的性格と管轄権に対する同意の規則は2つの異なる事項である」と述べた東チモール事件判決（East Timor (Portugal v. Australia), Judgment, *I.C.J. Reports 1995*, para. 29）に言及し、管轄権の設定に関する規則との関係については、対世的義務とユース・コーゲンス上のそれとが同じであると判示した。See also *ibid.*, para. 125.

るのか疑わしい部分もあるが、ICJ は裁判権免除判決で国際裁判も主権免除訴訟も国際法上の手続であると判断し、軍事活動事件判決を実体法と手続法とを区別した先例として評価した。

逮捕状事件[37]についていえば、この事件では、ベルギーがコンゴ民主共和国の現職の外務大臣による国際人道法違反についての逮捕状を発給したことについて、コンゴはベルギーを ICJ に提訴した。ICJ は、外務大臣の現職中の行為がユース・コーゲンス性をもった国際人道法違反であるとしても、外務大臣は人的免除を有し本国の免除も否認されない、と判示した。逮捕状事件判決は、次のように、刑事責任と免除との関係を述べる。

　……裁判権免除は性格上手続的であるが、刑事責任は実体法の問題である。裁判権免除は、一定の期間または一定の犯罪に対して訴追を妨害するであろうが、免除の対象者を刑事上免責することはできない[38]。

逮捕状事件判決は、次のパラグラフで、免除と不処罰（immpunity）の相違を強調し、加害者が処罰される場合を列挙する[39]。しかし、この判決が実体法と手続法との区別について、何らかの体系的かつ理論的な説明を行ったり、具体的なアプローチの提示をしたりしたわけではなかった。

裁判権免除事件で示された ICJ の立場は、軍事活動事件および逮捕状事件と同じであるが、パルプ工場事件とはまったく異なる。そして、裁判権免除事件と同様に、ICJ は、軍事活動事件でも逮捕状事件でも、実体法と手続法の規範的性格を明らかにすることはなく、また、それらを一定の理論的・体系的根拠のもとで分類したともいえない[40]。

---

37) Arrest Warrant of 11 April 2000（Democratic Republic of Congo v. Belgium）, Judgment, *ICJ Report*, 2002, p. 3. この判決に関する和文判例評釈として、森 喜憲「2000年 4 月11日の逮捕状に関する事件　二 本案に関する判決」波多野里望・廣部和也編『国際司法裁判所──判決と意見・第 3 巻（1994-2004年）』（国際書院、2007年）481-492頁。また、植木俊哉「個人の国際人道法違反の行為の処罰と国際法上の特権免除─最近の高裁判決の動向とその分析」村瀬信也・真山全編『武力紛争の国際法』（東信堂、2004年）765-783頁も参照。

38) Arrest Warrant of 11April 2000, *supra* note 37. para. 60.

39) *Ibid.*, para. 61.

40) A. Orakhelashvili, *supra* note 24, p. 92.

三　学説における主権免除＝手続法肯定論と否定論

1　主権免除＝手続法肯定論

主権免除＝手続法肯定論については、主権免除法の権威ともいわれる H. Fox の大著「The Law of Immunity」の初版での説明が端的に物語っている。

> 国家免除は国内裁判所の管轄権に関わる手続的規則である。それは実体法の範囲ではないので、ユース・コーゲンス規範にある禁止規則に違反せず、その違反を他の解決手段に向けさせるにすぎない。国家免除の手続的抗弁には、ユース・コーゲンスの規律が取り組む実体的内容は存在しない[41]。

これは、2006年のジョーンズ事件英国貴族院判決[42]で引用された有名な一節である。要するに、主権免除＝手続法肯定論は、主権免除法が手続法であることが自明であって、ユース・コーゲンス違反に起因する紛争が国内裁判所ではなく、他の国際紛争解決手段を通じて、解決されることになるというのである。このような主張は、主権免除＝手続法肯定論および二分論をとる見解におおむねみられる[43]。そのなかで、S.Talmon は、実体法と手続法の規範的性格の説明を試みながら、主権免除＝手続法肯定論を展開しているので、彼の主張[44]をみていくことにしよう。

Talmon は、実体的規則を定義したのち、手続的規則について述べる。彼

---

41) H. Fox, *The Law of State Immunity* (Oxford University Press, 2002), p. 525.

42) Jones v. Ministry of the Kingdom of Saudi Arabia, [2006] UKHL 26, [2007] 1 AC 270 (Concurring Opinion of Lord Bingham of Cornhill, *ibid.*, para. 24; Concurring Opinion of Lord Hoffman, *ibid.*, para. 44).

43) たとえば、坂巻「前掲論文」(注 7) 137頁、水島朋則『主権免除の国際法』(名古屋大学出版会、2012年) 218、223頁。See also, e.g., H. Fox & Ph. Webb, supra note.6, pp. 21, 38-48; L. M. Caplan, "State Immunity, Human Rights and Jus Cogens: A Critique of the Normative Hierarchy Theory," *American Journal of International Law*, Vol. 97 (2003), pp. 771-772; T. Giegerich, "Do Damages Claims Arising from Jus Cogens Violations Override State Immunity from the Jurisdiction of Foreign Courts ?," in Ch. Tomuschat & J-M. Thouvenin eds., *The Fundamental Rules of International Legal Order: Jus Cogens and Obligation Erga* Omnes (Martinus Nijhoff, 2006), pp. 235-237; L. McGregor, "Torture and State Immunity: Deflecting Impunity, Distorting Sovereignty," *European Journal of International Law*, Vol. 18 (2007), pp. 906-908, 911-912, 916; F. Larocque, "Torture, Jurisdiction and Immunity: Theory and Practice in Search of One Another," in A. Orakhelishvlli ed., *Research Handbook in Jurisdiction* (Elgar, 2015), p. 453.

によると、実体的規則は、次のように定義される。

> ユース・コーゲンス規則を含む実体的規則は、直接であれ間接であれ、個々の行為が適法か違法かを決定する。
> 実体的規則は権利、義務、責任および行為の標準を規定し、法的地位、権原および条件を決定し、法的定義を規定し、かつ、刑事および民事責任を設定する。これには海洋法での基線の測定のための規則と同じく行為の帰属に関する規則が含まれる[45]。

裁判所の管轄権に関する規則とそうでない規則との間で区別すれば、管轄権に関する規則は実体的規則ではなく手続的規則であると断言したのち、何が手続的規則であるかについて、彼は次のように述べる。

> 手続的規則は、個々の行為が合法か違法かといった問題に関わらないすべての規則というように、消極的に定義することができよう。これはあまりに曖昧かつ不正確な定義かもしれない。肯定的にいえば、実体的規則の司法的・非司法的解釈および実体的現則の実施・執行を規律する規則である……[46]。

他方、Talmon は、手続的規則と手続的性格の規則（rule of procedural nature）とはほぼ一致するが、手続の規則よりは広い概念であると説明する。手続の規則はしばしば手続法（procedural law）と呼ばれ、行政手続および司法手続を規律する規則であり、法律および行政過程の方式・仕組みを規律する規則、たとえば文書の登録、証拠の基準、挙証責任、などの規則が含まれるとする。手続的規則は、「手続」を扱う ICJ 規程第 3 章に規定された規則に限られないというのである[47]。

彼によると、手続的規則と手続的義務も区別されなければならない。条約または国際慣習法上の手続的義務は、協力・通知・交渉の義務、データ・情報の交換および共有の義務、事前通報義務、協議の義務などを含み、実体的性格をもつ[48]。

---

44) S. Talmon, "Jus Cogens after Germany v. Italy: Substantive and Procedural Rules Distinguished," *Leiden Journal of International Law*, Vol. 25（2012), pp. 979-1002.

45) *Ibid.*, p. 981.

46) *Ibid.*, p. 982.

47) *Ibid.*

48) *Ibid.*

主権免除をめぐる実体法と手続法　291

　実体法と手続法の区別について（Talmon の定義では実体的規則と手続的規則の区別であるが）、Talmon は、概念的に二分論に疑問をはさむ余地はなく、区別の規準をあらためて提示するまでもないと述べている。彼は、権利と権利侵害（wrong）、強行規範と任意規範、国家責任法における第1次規則と第2次規則、特定の国家に対して負う相互的義務（obligations inter partes）と国際社会全体に対して負う対世的義務（obligations erga omnes）などをあげ、区別の適切さを強調する[49]。法が多元的に多様な視点から分類・区別されるのは当然であるとしても、主権免除をめぐる実体法と手続法の二分論がその他の次元での法の区別とどのような関係があるのか、明らかにされていない。

　裁判権免除事件では実体法と手続法の抵触は否定されたが、Talmon はこの点については曖昧である。彼は、国連海洋法条約第73条1項および同第83条1項に基づく交渉義務は実体的であるが、それ以外で交渉によって紛争を解決する義務は手続的前提条件にすぎないと述べて、状況次第で規則が実体とも手続ともとれると述べる。実体的かつ手続的規則であるそのほかの例としては、国内的救済原則、最恵国待遇および禁反言があげられている[50]。さらに、彼は、「ユース・コーゲンスの実体的規則は、自動的に手続的規則を無効にするわけではないが、状況によっては、一定の（限られた）効果を、手続的規則の解釈・適用に及ぼす」と述べて、実体法としてのユース・コーゲンスが一定の範囲で手続法との抵触があることをみとめている。彼はその例として、国家責任条文草案第48条1項（b）に規定された、対世的利益の侵害がユース・コーゲンス違反となる場合に、被害国以外のすべての国家に加害国の責任追及のための当事者適格がみとめられることをあげる[51]。

　その一方で、裁判所の管轄権の設定に関する規則については、手続法であるとの Talmon の立場は変わらない。彼は、旧ユーゴ国際刑事裁判所でのフルンジャ事件[52]や軍事活動事件を先例として提示することによって、管轄権に関する規則の手続法としての性格を強調し、実体法としてのユース・コー

49) *Ibid.*, p. 984.
50) *Ibid.*, pp. 984-985.
51) *Ibid.*, pp. 995-996.

ゲンス違反がそれに何らの影響も与えず抵触もしないことを力説した。

Talmon が詳細に実体法と手続法の定義を試み、その関係を論じようとしていることは否定できないとしても、彼の見解を検討するといくつかの疑問が浮かび上がる。手続に関する規則全般についてであるが、彼の詳細な定義は国内訴訟法上、不可欠な分析かもしれない。しかし、主権免除や法廷地国の管轄権の設定についての議論において、必要な分析であったのであろうか。むしろ不要なのではないかとの疑いを禁じえない。しかも、手続的規則に関するもっとも合理的定義が、実体的規則でない規則というように消極的な記述にとどまっている点で、手続法の定義には実体法の定義の精確さが前提となる。また、かりに肯定的に定義する場合でも、実体的規則の実現に関する規則としているので、これではあまりに抽象的かつ一般的であるとの批判を免れない。少なくとも、主権免除の文脈での説明は必要であったであろう。要するに主権免除法がなぜ手続的であるかの説明はないのである。次に、二分論についてであるが、いろいろな法の分類方法を例示するだけで、主権免除の文脈でそれが妥当であるかについての説明はない。手続的義務の定義についても、パルプ工場事件での定義が裁判権免除事件では適用できないと述べているにすぎない。他方、主権免除法が手続法であると彼は強調するのであるが、実体法がユース・コーゲンスである場合には、実体法と手続法との抵触を必ずしも否定しない。Talmon の分析が詳細であることを疑うものではないが、彼の主張は裁判権免除事件について投げかけられた問題点を克服するには至っていないようである。

2　主権免除＝手続法否定論

主権免除＝手続法肯定論を批判する言説（以下、主権免除＝手続法否定論と略す）は、主権免除＝手続法肯定論に対して、「不満足な扱い方」[53]、「観念的」[54]、「行き過ぎた形式主義」[55]など、いくぶん価値論的または心情的な批

---

52) Prosecutor v. Furundžija, Case No. IT-95-17/1-T, Judgement, 10 December 1998, para. 155. 旧ユーゴ国際刑事裁判所は、フルンジャ事件で、「犠牲者が国内措置を国際的に違法であると判示することを求めるために権限ある国際または国内司法機関で当事者適格を有する場合に訴訟手続を開始することができる」と判示した。Talmon は、判決のこの部分が当事者適格を実体法とは別個の、しかも手続法上の問題とであると述べている、と解釈したのである。

判が中心であった。

　そのような主権免除＝手続法否定論言説とは異なり、M.Kaldunski は主権免除法が実体法であると明確に主張した。彼は、主権免除が国家平等原則に由来する一方で、領域的管轄権からの逸脱を意味するとした裁判権免除事件判決の一節[56]に注目する。この一節から、主権平等、独立および国家の威信などが手続的であると断定することが困難であるように、主権免除法が手続的性格であることを否定するのである。主権免除は、国際法秩序の他の基本原則、たとえば国家間の友好関係の維持、領域主権、国家の独立または主権平等と同様に、国際法の基本的価値を具現化しかつ保護している。したがって、主権免除と裁判権の抵触は、それは実体と手続の問題ではなく国益と国際社会全体との適切な均衡の発見に関することであり、外国に対して管轄権を行使する国家の権利の限界を決定することでもあるというのである。要するに、外国の主権免除をそれと抵触する法廷地国の国家管轄権との調整以上に問題を拡大すべきでなく、また二分論の適用も誤りである、と彼は指摘する[57]。

　M.Kaldunski は、主権免除が外国に対する民事訴訟の手続的障害として機能してきたことを否定しない。しかし彼によると、主権免除には二面性があり、主権免除が国内民事訴訟の手続的障害としての働くとしても、それはあくまで国内裁判での機能である。主権免除は国内裁判で先決的争点として扱

---

53) P. Di Ciaccio, "A Torturer's Manifesto? Impunity through Immunity in Jones v. The Kingdom of Saudi Arabia," *Sydney Law Review*, Vol. 30 (2008), p. 557.

54) A. Orakhelashvili, "Peremptory Norms as an Aspect of Constitutionalisation in the International Legal System," in M. Frishman & S. Muller eds., *The Dynamics of Constitutionalism in the Age of Globalisation* (Hague Academic Press, 2010), p. 165

55) L. McGregor, *supra* note 43, p. 907.

56) *Jurisdictional Immunities case*, para. 57. このパラグラフは次のように述べる。「……国家免除の規則……は、主権平等原則に由来し、……国際法秩序の基本原則の１つである。この原則は、各国がその領域内で主権を有し、かつ、領域内の事件および人に対する国家の管轄権が主権から生ずるという原則とともに考察されなければならない。国家免除の例外は主権平等原則からの逸脱を表す。免除は、領域主権およびそこから生ずる管轄権からの逸脱を表す場合もある。」

57) M. Kaldunski, "The Law of State Immunity in the Case Concerning JurisdictionaL Immunities of the State (Germany v. Italy)," *Law and Practice of International Courts and Tribunals*, Vol. 13, (2014), p. 72.

われてきたのは確かであるが、その一方で、国際法としての主権免除法は、国際法秩序の実体的価値・原則を保護しているのであって、主権免除法が手続的であると理解することはできない。実際、ICJの裁判実務で、主権免除が先決問題であるとは扱われていないこと自体、手続的争点でないことを表しているというのである[58]。

Kaldunskiの見解は、主権免除の国際および国内の二面性を強調した点に特徴がある。国内裁判における手続的障害としての機能はそのまま国際的平面には妥当しないのである。同時に、国際人権法および国際刑事法の発展にもかかわらず、手続法である主権免除法がそれらと抵触しないとなると、被害者に対する救済の道が永遠に閉ざされてしまうことから、彼は二分論に代わる「第3の道」を探求したと主張している[59]。主権免除概念についても、彼は、M. Koskenniemiの主張を引用して[60]、主権平等と領域主権という競合する主権の限界を定めかつバランスを保つ問題以上に認識すべきではないとした[61]。以上のように、彼は、絶対免除主義のもとでの加害国の免除の権利と法廷地国の免除許与義務という対応関係を否定し、国際法の変動を意識しつつ法廷地国は国際法の制限のもと裁判権を行使することは許容されている、と強調したのである。

おわりに

裁判権免除事件判決は、主権免除=手続法肯定論および二分論に基づき、ユース・コーゲンスと主権免除法との抵触がないという立場である。しかしそれは、いわば法律家の常識に訴えるだけで、先例や国連国際法委員会の作業を参照せず、しかも実体法と手続法についての規範的性格を分析せずに、行われたのであった。とくに、パルプ工場での実体的義務と手続的義務の定義づけに言及しなかったのは、ICJが主権免除=手続法肯定論および二分論

---

58) *Ibid.*, pp. 72, 74.

59) *Ibid.*, p. 74.

60) M. Koskenniemi, *From Apology to Utopia. The Structure of International Legal Argument* (Cambridge University Press, 2009), p. 486.

61) M. Kaldunski, *supra* note 57, p. 72.

を適用するにあたって、同一の基盤または一貫したアプローチに基づき体系的な分析を行うことを放棄したからである。その一方で、このことは、実体法と手続法の一般的な定義づけを行うことも、また実体法と手続法の区別を行うことも国際法上は極めて困難であることも示しているであろう[62]。すなわち、裁判権免除事件判決が主権免除＝手続法肯定論に依拠することは適切なアプローチではなかったのである。

裁判権免除事件判決は、主権免除めぐる法廷地国と加害国との法関係を国際法に基づく免除の権利と主権免除を尊重しかつ実施する他国の義務との対応関係であると説明する[63]。この解釈が妥当するのは、絶対免除主義のもとでの主権免除法についてであろう。絶対免除主義のもとで、主権免除法の指図は加害国に対して一律に法廷地国の裁判権行使を禁ずる内容であった。しかし、制限免除主義の一般化と国際人権・人道法や国際刑事法の拡大・深化によって、主権免除の射程は極めて多様化・複雑化し、単純な禁止規則による規律では対応できないのである。換言すれば、主権免除＝手続法肯定論と二分論は、国際法の変革が主権免除法の射程にどのような影響を与えようが、それをまったく考慮しない、と断言しているに等しい。したがって、主権免除法の規範的性格についても見直すことが必要であり、主権免除概念が主権平等と領域主権という競合する主権の限界を定めかつバランスを保つことならば[64]、主権免除法は、法廷地国の裁判権行使を一方的に無視した、法廷地国の免除許与義務を定める国際法上の規則（rule）と捉えることはできない。原因行為がユース・コーゲンス違反に該当する場合など、その影響を受けて国際法が変更・流動過程にあるならば、むしろその詳細な規則の定立は国家実行に委ねることが求められる。そのように考えるならば、主権免除法は規

---

62) A. Orakhelashvili は、国際法上、実体法と手続法を峻別する規準も峻別する機関もない以上、実体法と手続法の区別はできないと主張する。A. Orakhelashvili, "State Immunity and Hierarchy of Norms: Why the House of Lords Got It Wrong," *European Journal of International Law*, Vol. 18 (2008), p. 968.

63) *Jurisdictional Immunities case*, para. 56. 主権免除に対する権利を「[加害国である] 外国の権利」であるとも述べている。See also *ibid*., para. 106. ちなみに、法廷地国の免除実施・尊重義務を法廷地国の裁判権行使禁止義務と言い換えれば、これは国際法上の禁止規則となる。

64) M. Koskenniemi, *supra* note 60, p 486.

範の精確性の程度が低い原則（principle）として把握するほうが望ましいといえよう[65]。

---

65) E.g., J. Finke, "Sovereign Immunity: Rule, Comity or Something Else?," *European Journal of International Law*, Vol. 21 (2010), pp. 871-881. 国際裁判において国際法の欠缺補充に国際法の原則がはたしてきた機能について、江藤淳一「国際裁判における原則の意義」江藤淳一編『国際法学の諸相——到達点と展望　村瀬信也先生古稀記念』（信山社、2015年）748-753頁。江藤は、逮捕状事件で外務大臣の免除が国際法の原則でなく国際慣習法の適用によってみとめられたことについて、画一的適用の確保が必要であった、と述べている。「同上論文」753頁。なお、国内法上、規則・準則は要件事実に対して一定の効果を指図する規定方式をとり、いわば all or nothing という形で適用されるのに対して、原理・原則は議論を方向づける理由を抽象的概括的に指示する。田中『前掲書』（注1）65-66頁。また、国内法秩序のように授権規範の存在を一般国際法上みとめることはできないかもしれないが、ユース・コーゲンス違反に対する法廷地国による裁判権行使を H.L.A.Hart が分類した権能付与ルール上の行為として見直すことも無益でない。権能付与ルールについて、H. L.A.ハート『前掲書』（注4）31-32、36-39、48、90-91頁。

4 武力紛争・被害者補償

韓国大法院徴用工判決に関する覚書

坂 元 茂 樹

同志社大学教授

はじめに
一　韓国憲法裁判所と韓国大法院判決等の検討
二　国際法から見た韓国大法院判決の問題点
おわりに

はじめに

　日韓両国の関係を揺るがすような判決が韓国大法院によって立て続けに出されている。

　韓国大法院は、2018年10月30日に出した判決で新日鐵住金（2019年4月、日本製鉄に社名変更）に[1]、同年11月29日に出した判決で三菱重工に、いわゆる元徴用工の強制動員慰謝料請求権を認め、両社に損害賠償を命じた[2]。また、これまで韓国大法院が明確に示していなかった賠償訴訟の時効の起算点について、同年12月5日に韓国光州高等法院が新日鐵住金への判決日（2018年10月30日）としたため、今後も同様の訴訟が増えると予想される[3]。さらに、新日鐵住金の事件の原告2人が大邱地裁浦項（ポハン）支部に申請した同社の韓国内にある資産の差し押さえが2019年1月3日付で認められたことを原告代理人の弁護士が同月8日に明らかにした。

---

1) 『読売新聞』2018年10月31日朝刊1面。この判決に対して、安倍晋三首相は、「今般の判決は国際法に照らして、ありえない判断だ。日本政府としては毅然として対応していく」と発言した。河野太郎外相は、「法の支配が貫徹されている社会の中では、およそ考えられない判決なので、……韓国政府が毅然とした対応をとらない場合、国際裁判を含め、あらゆることを視野に入れざるを得ない」と発言した。
2) 『読売新聞』2018年11月30日朝刊1面。

これを受けて、日本政府は、同月9日、1965年6月22日に締結された日韓請求権・経済協力協定（以下、日韓請求権協定）の紛争解決に関する第3条に基づく協議を韓国側に申し入れた。第3条1項は、「この協定の解釈及び実施に関する両締約国間の紛争は、まず、外交上の経路を通じて解決するものとする」と規定している[4]。これに対して、韓国外交部は、「日本側の請求権協定上の2国間協議の要請については綿密に検討する予定だ。政府は強制徴用被害者に対する大法院判決と、司法手続を尊重するという基本的な立場から、被害者らの精神的な苦痛と傷を実質的に癒されなければならないという点や、未来志向的な韓日関係などを総合的に勘案して対応策を準備していく[5]」と声明した。

　日本政府は、日韓請求権協定で解決済みの問題であるにもかかわらず、元徴用工の請求権を認めたこれらの判決、および同判決を尊重するとする韓国の文在寅政権の態度に激しく反発しており、日韓関係はその緊張の度を高めている[6]。日本政府は、先の第3条には規定はないものの、この申し入れに対する回答期限を30日以内としたが、韓国は回答期限の2月8日までに回答しなかった。他方で、2月11日、ソウル中央地検は、梁承泰前韓国大法院院長を職権乱用罪で起訴した。梁前院長は、朴槿恵前政権の意向を酌み、後述する2012年の韓国大法院判決について、「外交的、国際法的に問題がある」と指摘し、差戻審後に上告された裁判を遅らせる方策の検討を指示し、2014年には原告の賠償請求棄却を求める意見を担当裁判官に伝えたことが、その理由とされる[7]。

---

3) 2019年4月4日、元徴用工4人と遺族27人の計31人が、日本製鉄、三菱重工業、不二越及び日本コークス工業（旧三井鉱山）4社に対し、1人当たり最大約1億ウォン（約1千万円）の損害賠償を求める新たな訴訟をソウル中央地方法院に起こした。『朝日新聞』4月5日朝刊。また、同月29日、元徴用工1人、元女子勤労挺身隊員2人、遺族51人が、前記4社に加え、三菱マテリアル、住石ホールディングス、JX金属、西松建設、日立造船の計9社を相手に損害賠償を求める訴訟を光州地方法院に起こした。『読売新聞』2019年4月30日朝刊2面。
4) 韓国側が2国間協議に応じない場合は、日本は次のステップとして第3条2項に規定された仲裁委員会設立の要請を行う方針だという。『読売新聞』2019年1月10日朝刊。
5) 『読売新聞』2019年1月10日朝刊。
6) 『朝日新聞』2019年1月10日朝刊2面。
7) Available at https://headlines.yahoo.co.jp/hl?a =20190211-00000049-jij-kr.

韓国政府が２国間協議に応じる姿勢を示さない中、５月１日、原告側が日本製鉄と不二越２社の資産について売却命令を申請したと発表する一方、韓国の李洛淵首相が５月15日に「政府が対策を出すのは限界がある」と発言したことで、日本政府は５月20日、日韓請求権協定第３条２項に基づく仲裁委員会の設置を韓国政府に要請した。河野外相は、翌21日の記者会見で「李首相の対応のとりまとめを待っていたが、これ以上待つわけにはいかない。文在寅大統領が責任を持って対応してほしい」と述べた[8]。日韓請求権協定に基づき、韓国側が仲裁委員を任命する期限は６月18日となる。

　後述するように、韓国大法院の判決は、日韓両国の間で締結された日韓請求権協定第２条１項の「両締約国は、両締約国及びその国民（法人を含む。）の財産、権利及び利益並びに両締約国及びその国民の間の請求権に関する問題が、1951年９月８日にサン・フランシスコ市で署名された日本国との平和条約第４条（a）に規定されたものを含めて、完全かつ最終的に解決されたこととなることを確認する」との規定に矛盾する内容になっている。日本国との平和条約第２条（a）で、「日本国は、朝鮮の独立を承認して、済州島、巨文島及び鬱陵島を含む朝鮮に対するすべての権利、権原及び請求権を放棄する」が、請求権の問題については、第４条（a）で「この条の（b）の規定を留保して、日本国及びその国民の財産で第２条に掲げる地域にあるもの並びに日本国及びその国民の請求権（債権を含む。）で現にこれらの地域の施政を行っている当局及びそこの住民（法人を含む。）に対するものの処理並びに日本国におけるこれらの当局及び住民の財産並びに日本国及びその国民に対するこれらの当局及び住民の請求権（債権を含む。）の処理は、日本国とこれらの当局との間の特別取極の主題とする」と規定しており、日韓におけるその特別取極が日韓請求権協定である。

　同協定第１条は、協定の効力発生の日から10年の期間にわたって無償で３億米ドルを、長期低利の貸付で同様に２億米ドルを供与するとし、前述した第２条１項に続き、３項で「……一方の締約国及びその国民の財産、権利及び利益であってこの協定の署名の日に他方の締約国の管轄の下にあるものに

8）『読売新聞』2019年５月23日朝刊７面。

対する措置並びに一方の締約国及びその国民の他方の締約国及びその国民に対するすべての請求権であって同日以前に生じた事由に基づくものに関しては、いかなる主張もすることができないものとする」と規定した。

　その意味は、両国がその国民に対する外交的保護権を行使しないことを約束するものであり、これを日本における大韓民国国民の有する財産についてみれば、日本が大韓民国国民の財産の処分を自由に決定することができ、これについて大韓民国は日本に国家責任を追及しないということである[9]。実際、日本は、1965年12月17日に「財産及び請求権に関する問題の解決並びに経済協力に関する日本国と大韓民国との間の協定第2条の実施に伴う大韓民国等の財産権に対する措置に関する法律」（昭和40年法律第144号）（以下「措置法」という）を制定し、その第1条で「次に掲げる大韓民国又はその国民（法人を含む。以下同じ。）の財産権であって、財産及び請求権に関する問題の解決並びに経済協力に関する日本国と大韓民国との間の協定（以下「協定」という。）第2条3の財産、権利及び利益に該当するものは、次項の規定の適用があるものを除き、昭和40［1965］年6月22日において消滅したものとする」と規定し、大韓民国国民の財産権を消滅させた[10]。

　なお、同協定には両国が合意した合意議事録が存在し、その中で、次の了解に到達したとして、「2　協定第2条に関し、(a)『財産、権利及び利益』とは、法律上の根拠に基づき財産的価値を認められるすべての種類の実体的権利をいうことが了解された。……(g) 同条1にいう完全かつ最終的に解決されたこととなる両国及びその国民の間の請求権に関する問題には、日韓会談において韓国側から提出された『韓国の対日請求要綱』（いわゆる8項目）の範囲に属するすべての請求が含まれており、したがって、同対日請求要綱に関しては、いかなる主張もなしえないこととなることが確認された[11]」と規定しているにもかかわらず、今回の韓国大法院の判決は、この8項目合意を無視する内容になっている。

---

9) 東京地裁平成16年10月15日民事第2部判決『訟務月報』第52巻2号404頁。

10) 同法の対象となる日本の管轄下にある大韓民国国民の財産権として、労働省（当時）は朝鮮人労働者に対する賃金を挙げた。谷田正躬・辰巳信夫・武智敏夫編『日韓条約と国内法の解説』（時の法令別冊）（大蔵省印刷局、1966年）111-112頁。

11) 薬師寺公夫・坂元茂樹・浅田正彦編『ベーシック条約集2019』（東信堂、2019年）1272頁。

韓国の対日請求要綱（いわゆる「対日請求8項目」）の第5項には、「韓国法人又は韓国自然人の日本国又は日本国民に対する日本国債、公債、日本銀行券、被徴用韓人の未収金、補償金及びその他の請求権の弁済を請求する。本項の一部は下記の事項を含む」として、「（3）被徴用韓人未収金、（4）戦争による被徴用者の被害に対する補償[12]」が含まれていた。徴用工の問題は、日韓請求権協定とこの合意議事録によって、「完全かつ最終的に解決された」というのが、日本政府の理解である。また、これまでの歴代の韓国政府の理解でもあった。日韓請求権協定第2条1項は、両締約国がこのことを確認したことを明記している。

こうした日韓請求権協定の合意事項に関して、新日鐵住金に関する韓国大法院判決はどのような論理を展開して、新日鐵住金に原告1人あたり1億ウォン（約970万円）の賠償を命じたのであろうか、また当該判決について「三権分立の中で行政府は司法府の判断に関与できず、尊重しなければならない[13]」とする文在寅政権の態度は日韓請求権協定に照らしてどのように評価すべきであろうか、また、個人請求権と一括補償を定めた日韓請求権協定との関係はどう捉えるべきかといった問題を、国際法上、とりわけ条約法の観点から検討してみたい[14]。まずは、元徴用工と慰安婦が紛争解決に関する日韓請求権協定第3条に基づいて、日本政府に対する補償請求権に関する争いを仲裁に付託すべき具体的作為義務が韓国政府にあると主張して請求した憲法訴願事件につき、国家の「裁量行為」なのか義務なのかについて、異なる判断をした憲法裁判所の判断を見てみよう。

一　韓国憲法裁判所と韓国大法院判決等の検討

1　韓国憲法裁判所決定（2000年3月30日）

在日韓国人被徴用負傷者らが日韓請求権第3条に基づき仲裁手続に入るこ

---

12) 同上、1273頁。
13) 『朝日新聞』2019年1月15日朝刊。
14) なお、韓国大法院の判決の内容については、外務省国際法局の仮訳に依った。記して感謝申し上げたい。

とを求めた憲法訴願事件で、憲法裁判所は、「本件協定第3条は本件協定の解釈及び実施に関する両国間の紛争はまずは外交上の経路を通じて解決し、外交上の経路を通じて解決できなかった紛争は一方締約国の政府が相手国政府に仲裁を要請し仲裁委員会の決定によって解決するように規定しているが、『上記規定の形式と内容からみても、外交的問題の特性からみても、本件協定の解釈及び実施に関する紛争を解決するため外交上の経路を通じるのか、又は仲裁に付託するのかに関するわが国政府の裁量範囲は相当に広いものと解する外はない』。したがって本件協定当事者である両国間の外交交渉が長期間効果をあげられずにいるとしても、在日韓国人被徴用負傷者及びその遺族である請求人らの関係で、請求人らに仲裁付託せよとわが国の政府に請求できる権利が生じたとも解しがたい[15]」と述べて、憲法訴願を認めなかった。

　しかし、慰安婦および原爆被害者による憲法訴願については、この判例は第3条1項の「外交的解決義務」を差し置いて2項の「仲裁手続付託義務」を履行しないことを根拠に憲法訴願を提起したものであるから、「第3条全体による紛争解決履行義務」を問題としている2011年8月30日決定の事案とは区別される。日韓請求権協定第3条が定める手続に従い解決せずにいる韓国政府の不作為は違憲であることを確認したのが、次の2011年決定である[16]。

2　韓国憲法裁判所決定（2011年8月30日）

　韓国憲法裁判所は2011年8月30日、慰安婦と原爆被害者をそれぞれの請求人とする2つの憲法訴願審判において、両審判共に裁判官9名中6対3の意見により、被請求人である韓国政府の不作為に対して違憲宣告を行った。両審判における争点は、請求人の賠償請求権の有無ではなく、請求人の賠償請

---

15) 本判決の内容については、「憲法裁判所決定（日本軍慰安婦）」24頁。同判決の訳は、日本弁護士連合会「韓国の法令・裁判例・その他資料」に依る。読みやすさの観点から読点等に変更を加えている。Available at https://www.nichibenren.or.jp/library/ja/kokusai/humanrights_library/sengohosho/saibanrei_02.pdf.

16) 同上、25頁。なお、本文にあるように、2011年の憲法裁判所決定に共同反対意見を書いたイ・カングク、ミン・ヒョンギ、イ・ドンフプ裁判官は、2000年の憲法裁判所が具体的作為義務を認定しなかったのは、日韓請求権協定第3条による「外交的解決」や「仲裁手続付託」すべてが「義務条項」ではなく、韓国の外交的「裁量事項」だというところにあると解するのが妥当であると述べて、この多数意見の論理に反対した。

求権に関する日韓間の解釈をめぐる争いについて、韓国政府がそれを解決するための手続を履行しないことが、請求人の憲法上の基本権を侵害しているかどうかであった。そこで、慰安婦に関する憲法裁判所の決定を検討してみたい。

韓国憲法裁判所は、請求人の日本政府に対する賠償請求権が、1965年の日韓基本条約と同時に締結された日韓請求権協定第2条第1項により消滅したかどうかについては、請求権はすべて消滅したとする日本政府と、協定によって慰安婦と原爆被害者については解決はなされていないとする韓国政府との間で解釈上の争いがあるとした上で、「韓日両国間の解釈上の紛争を、上記協定第3条が定める手続に従い解決せずにいる被請求人［韓国政府］の不作為は違憲であることを確認する[17]」（主文）と宣告した。

請求人らは、日韓請求権協定で放棄したのは外交的保護権であり、個人の損害賠償請求権は放棄されていない。韓国政府としては、大韓民国臨時政府の法統を継承することを明示している憲法前文、人間の尊厳と価値および国家の基本的人権保障義務を宣言している憲法第10条、財産権の保障に関する憲法第23条、ならびに本件協定の締結当事者として行政上信頼保護の原則に立脚した作為義務があり、憲法第37条第1項所定の列挙されない基本的人権である外交的保護権に対応した外交的保護義務がある。韓国政府は、請求人らの基本的人権を実効的に保障し得る外交的保護措置または紛争解決手段の選択等の具体的措置をとっていないが、かかる行政権力の不作為は上記の憲法規定等に違背するものである、と主張した[18]。

これに対して韓国政府は、「請求人らが主張する外交的保護権は、国際法上他国の不法行為により自国民が被った被害について、その国民のために国家が自身の固有の権限として行う外交的行為又はその他の平和的解決方式をいうものであり、その帰属主体は『国家』のみであり『個人』が自国政府に対して主張することができる権利ではなく、憲法上の基本的人権ということはできない」と述べると同時に、「このような外交的保護権の行使の是非及び行使方法については国家の広範な裁量権が認められ、本件協定第3条の解

---

17) 同上、1頁。
18) 同上、4頁。

釈上においても一方締約国が協定の解釈と実施に関する紛争を必ず仲裁委員会に付託すべき義務を負うものではなく、本件協定による紛争解決手段の選択は国家が国益を考慮して外交的に判断する問題であり、具体的な外交措置をとるべき法的義務があるとはいえない[19]」と反論した。この韓国政府の外交的保護権および日韓請求権協定の解釈については首肯できるものである。

しかし、韓国憲法裁判所は、本件協定の締結経緯およびその後の補償処理過程、日本軍慰安婦問題の提起と進行、国連人権小委員会（1996年の「クマラスワミ報告書」および1998年の「マクドゥーガル報告書」）やアメリカ下院決議（2007年7月30日）、オランダ下院決議（同年11月8日）、カナダ連邦議会下院（同月28日）、欧州議会（同年12月13日）らの決議採択や国連人権理事会の動きといった国際社会の反応を検討した上で[20]、「被害者らの毀損された人間の尊厳と価値を回復させる義務は、大韓民国臨時政府の法統を継承した現在の政府が国民に対して負う最も根本的な保護義務に属するものである[21]」とした上で、「本件で問題にされている公権力の不行使とは、本件協定により日本軍慰安婦被害者らの日本に対する賠償請求権が消滅したか否かに関する解釈上の紛争を解決するために本件協定第3条の紛争解決手続を行う義務の不履行を指すのであって、日本に対する上記被害者らの賠償請求権問題を度外視した外交的措置は本件作為義務の履行には含まれない[22]」との判断を示し、「2011年3月現在政府に登録している日本軍慰安婦被害生存者は75名に過ぎず、本件請求人らは本来109名であったが、その間に45名が死亡し、64名だけが生存している。さらに、現在生存している日本軍慰安婦被害者らもすべて高齢であり、これ以上時間が遅延した場合には日本軍慰安婦被害者の賠償請求権を実現して歴史的正義を確立し、侵害された人間の尊厳と価値を回復することは永遠に不可能になりかねない[23]」との基本的人権侵害救済の切迫性を強調し、「憲法第10条、第2条2項及び前文並びに協定第3条の文言等に照らしてみると、被請求人が本件協定第3条による紛争解決の手続

---

19) 同上、5頁。
20) 詳しくは、同上、5-10頁参照。
21) 同上、12頁。
22) 同上、13頁。
23) 同上、17頁。

に乗り出す義務は憲法に由来する作為義務としてそれが法令に具体的に規定されている場合であるということ」ができるとし、「被請求人にはこのような作為義務を履行しない裁量があるとは言えず、被請求人が現在まで本件協定第3条による紛争解決手続を履行する作為義務を履行したと解することもできない[24]」と判示し、韓国政府の不作為は請求人の基本権を侵害しているとして違憲宣告を行った。この判決を受けて、2011年、韓国政府は日韓請求権協定第3条1項に基づく2国間協議の要請を行ったが、日本は日韓請求権協定により解決済みとしてこれを拒否した。

これに対して、共同反対意見を書いたイ・カンガク、ミン・ヒョンギ、イ・ドンフプ裁判官は、「いかに本件請求人らの基本的人権侵害状態が重大で切迫しているとしても、憲法第10条、第2条第2項、憲法前文のみに基づいて、請求人らに対して国家が何らかの行為をすべき具体的作為義務を導き出すことはできず、結局『具体的な作為義務が規定されている法令』が存在してはじめてこれを媒介として国家の請求人らに対する具体的作為義務を認定することができるのである[25]」とした上で、日韓請求権協定第3条についても、「当該条約が国民の権利関係を対象にするという理由のみで、条約上定められた手続上の措置をとることを自国政府に要求する権利は発生しないと解すべきである[26]」とし、他方、「第3条第1項、第2項のどこからも外交上の手続に乗り出すべき『義務』、外交的解決ができなければ仲裁手続に乗り出すべき『義務』があると解釈することはできない[27]」と述べて、「被請求人に対して条約上の行為を強制することができる『義務』条項であると解釈してしまうことは、度はずれた論理の飛躍であると言わざるを得ない[28]」と述べて、多数意見を厳しく批判した。要は、これら3名の裁判官は協定第3条について両締約国の「裁量行為」と解している。他方で、日本政府は現在、韓国政府に外交的協議を、それに応じない場合は仲裁に訴えようとしているが、韓国政府の立場に立てば、この解釈論に沿って拒否は可能と

---

24) 同上、18頁。
25) 同上、22頁。
26) 同上、23頁。
27) 同上、24頁。
28) 同上。

306

いうことになる。

　次に、どの点が日韓請求権協定に違反しているのか、新日鐵住金に対する元徴用工の損害賠償請求に関する韓国大法院の2つの判決とソウル高等法院判決を基に検討してみよう。

3　韓国大法院再戻判決（2012年5月24日）[29]

　原告らは、1997年12月24日、日本の大阪地方裁判所に被告（新日鐵住金）と日本国に対して国際法違反および不法行為等を理由とする損害賠償金と強制労働期間に支給されなかった賃金等の支給を求める訴訟を提起し、2001年3月27日に原告請求棄却判決を宣告され、大阪高等裁判所に控訴したが2002年11月19日に控訴棄却判決を宣告され、2003年10月9日、最高裁判所の上告棄却および上告不受理決定で原審の判決が確定した[30]。

　原告らは、日本での訴訟が終了した後の2005年2月28日、大韓民国の裁判所であるソウル中央地方法院に被告（新日鐵住金）に対して国際法違反および不法行為を理由とする損害賠償金の支払いを求めて本訴訟を提起したが、原告らは日本の訴訟で主張した請求原因と同一内容を本訴訟の請求原因とした。ソウル中央地方法院およびソウル高等法院は、外国判決（日本判決）を承認し、原告は敗訴した。しかし、2012年5月24日、韓国大法院は、徴用工の問題は日韓請求権協定で解決されていないとの判断を示し、「原審判決を破棄し、事件をソウル高等法院に差し戻す[31]」（主文）決定を行った。次に、その内容を紹介する。

(1)　国際裁判管轄権の承認

　強制徴用により日本で働かされたとの原告らの主張に基づけば、韓国の裁

---

29)「新日鉄事件大法院第1部判決」日弁連（注15）Available at https://www.nichibenren.or.jp/library/ja/kokusai/humanrights_library/sengohosho/saibanrei_04_2.pdf. 本判決については、頁数の記載がないが出力紙に沿って頁数を記載する。引用にあたっては、紙幅の関係もあり、一部省略等の作業を行っている。

30)　確定した大阪高裁の判決（大阪高裁平成13年（ネ）第1859号平成14年11月19日判決）については、『訟務月報』第50巻3号815頁参照。

31)「新日鉄事件大法院第1部判決」日弁連（注15）1頁。

判所がどのような理由で管轄権を持つかが問題になるが、韓国大法院は、「本件不法行為による損害賠償請求は、旧日本製鐵が日本国と共に原告らを強制労働に従事させる目的で欺罔や強制により動員し、こうして動員された原告らを強制労働に従事させた一連の行為が不法行為」であると述べ、「大韓民国は日本国とともに上記のような一連の不法行為中の一部が行われた不法行為地である点、被害者である原告らが全て大韓民国に居住しており、事案の内容が大韓民国の歴史及び政治的変動状況などと密接な関係がある点等を認めることができる」とした上で、「大韓民国は本件当事者及び紛争になった事案と実質的な関連性があると言うことができ、従って大韓民国の裁判所は本件に対し国際裁判管轄権を有する[32]」と認定した。

⑵　日本判決承認の拒否理由としての韓国憲法との抵触

　韓国大法院は、「日本判決の理由には日本の韓半島と韓国人に対する植民支配が合法であるという規範的認識を前提とし、日帝の国家総動員法と国民徴用令を上記原告らに適用することが有効であると評価した部分が含まれている。しかし、……現行憲法もその前文で『悠久の歴史と伝統に輝くわが大韓国民は3・1運動により建立された大韓民国臨時政府の法統と不義に抗拒した4・19民主理念を継承し』と規定している。このような大韓民国憲法の規定に照らしてみるとき、日帝強占期の日本の韓半島支配は規範的観点から不法な強占に過ぎず、日本の不法な支配による法律関係のうち、大韓民国の憲法精神と両立しえないものはその効力が排斥されると解さなければならない。そうであれば、日本判決の理由は日帝強占期の強制動員自体を不法であると解している大韓民国憲法の核心的価値と正面から衝突するものであり、このような判決理由が含まれる日本判決をそのまま承認する結果はそれ自体として大韓民国の善良な風俗やその他の社会秩序に違反するものであることは明らかである。したがってわが国で日本判決を承認し、その効力を認定することはできない」と判示し、「原審判決には外国判決の承認に関する法理を誤解し判決結果に影響を及ぼした違法がある[33]」とした。

---

32) 同上、5頁。
33) 同上、6-7頁。

(3) 旧日本製鐵と被告（新日鐵住金）の同一性の有無

　韓国大法院は、「原審は旧日本製鐵が日本国と共に組織的な欺罔により原告らを動員し強制労働に従事させる不法行為を行ったと判断しながら、旧日本製鐵と被告の法人格が同一である事や旧日本製鐵の上記原告らに対する債務を被告が承継した事を認めることはできないという理由で上記原告らの請求を棄却した。しかし、原審のこのような判断は次のような理由により、そのまま首肯することはできない[34]」とし、「日本法の適用を排除して当時の大韓民国の法律を適用してみると、旧日本製鐵が上記１. オでみたように責任財産になる資産と営業、人力を第二会社に移転して同一の事業を継続した点等に照らして旧日本製鐵と被告はその実質において同一性をそのまま維持しているものと見るのが相当であり、法的には同一の会社と評価するに充分であり、日本国の法律が定めるところによって旧日本製鐵が解散し第二会社が設立された後、吸収合併の過程を経て被告に変更される等の手続きを経たからといって、これと異なる評価をすることはできない。したがって上記原告らは旧日本製鐵に対する請求権を被告に対しても行使できる[35]」と判示した。それでは、肝心の請求権については、どのような判断を下したのであろうか。

(4)　請求権消滅の当否

　韓国大法院は、「その先決問題として請求権協定により上記原告らの請求権が消滅したか否かに対する判断をまず行わなければならない」とし、「請求権協定は日本の植民支配賠償を請求するためのものではなく、サンフランシスコ条約第４条に基づき韓日両国間の財政的・民事的債権債務関係を政治的合意により解決するためのものであり、請求権協定第１条により日本政府が大韓民国政府に支給した経済協力資金は第２条による権利問題の解決と法的対価関係があるとはみられない点、請求権協定の交渉過程で日本政府は植民支配の不法性を認めないまま、強制動員被害の法的賠償を根本的に否定し、このため韓日両国政府は日帝の韓半島支配の性格について合意に至ることが

---

34) 同上、7頁。
35) 同上、8頁。

できなかったが、このような状況で日本の国家権力が関与した反人道的不法行為や植民支配と直結した不法行為による損害賠償請求権が請求権協定の適用対象に含まれていたと解することは困難である点などに照らしてみると、上記原告らの損害賠償請求権については、請求権協定で個人請求権が消滅しなかったのはもちろん、大韓民国の外交的保護権も放棄しなかったと解するのが相当である[36]」と判示した[37]。

　さらに、日本における、1965年の日韓請求権協定第2条の実施に伴う大韓民国の財産権に対する措置に関する法律（法律第144号）の存在を念頭に、「その上、国家が条約を締結して外交的保護権を放棄するにとどまらず、国家とは別個の法人格を有する国民個人の同意なく国民の個人請求権を直接的に消滅させることができると解するのは近代法の原理と相いれない点、国家が条約を通して国民の個人請求権を消滅させることが国際法上許容されるとしても国家と国民個人が別個の法主体であることを考慮すれば、条約に明確に根拠がない限り、条約締結で国家の外交的保護権以外に国民の個人請求権まで消滅したと解することはできないが、請求権協定では個人請求権の消滅に関して韓日両国政府の意思の合致があったと解するだけの充分な根拠がない点、日本が請求権協定直後日本国内で大韓民国国民の日本国及びその国民に対する権利を消滅させる内容の財産権措置法を制定・施行した措置は請求権協定だけでは大韓民国国民個人の請求権が消滅しないことを前提とするときに初めて理解できる点等を考慮すれば、上記原告らの請求権が請求権協定の適用対象に含まれていたとしても、その個人請求権自体は請求権協定のみによって当然に消滅したと解することはできず、ただ請求権協定によりその請求権に関する大韓民国の外交的保護権が放棄されたことにより、日本の国内措置で当該請求権が日本国内で消滅したとしても大韓民国がこれを外交的に保護する手段を喪失することになるだけである」として、「上記原告らは被告に対してこのような請求権を行使することができる[38]」と結論した。

---

36) 同上。

37) 韓国大法院のこうした大胆な解釈の変遷を問うものとして、ロー・ダニエル「日韓関係における政治と司法の葛藤」『産大法学』第48巻1号（2015年）193-216頁参照。

38) 同上、8-9頁。

310

⑸　消滅時効完成の抗弁の可否

　韓国大法院は、韓国の「法例」によれば、不法行為に因る損害賠償請求権の成立と効力は不法行為の発生地の法律によることになるが（第11条）、本件の不法行為は大韓民国と日本にわたっているとし、すでに原告が日本法が適用された日本訴訟で敗訴した点に照らして、自己により有利な準拠法として大韓民国法を選択しようという意思をもっていると推認されるので、大韓民国の裁判所で大韓民国法を準拠法にして判断すべきである[39]、とした上で消滅時効完成の抗弁の可否について検討した。

　韓国大法院は、「債務者の消滅時効による抗弁権の行使も民法の大原則である信義誠実の原則と権利濫用禁止の原則の支配を受けるもの」であるとした上で、「1965年韓日間の国交が正常化したが、韓日請求権協定関連文書がすべて公開されない状況の中で、請求権協定第２条及びその合意議事録の規定と関連し請求権協定により大韓民国国民の日本国または日本国民に対する個人請求権が包括的に解決されたものであるという見解が大韓民国内で一般的に受け入れられてきた事実、日本で請求権協定の後続措置として財産権措置法を制定し原告らの請求権を日本で国内的に消滅させる措置をとり、共同原告である原告らが提起した日本訴訟で請求権協定と財産権措置法が原告らの請求を棄却する付加的な根拠として明示されたという事実、一方で原告らの個人請求権、その中でも特に日本の国家権力が関与した反人道的不法行為や植民支配と直結した不法行為による損害賠償請求権は請求権協定で消滅しなかったという見解が、……1990年代後半以後になって徐々に浮き彫りになり、ついに2005年１月に韓国で韓日請求権協定関連文書が公開された後、2005年８月26日に日本の国家権力が関与した反人道的不法行為や植民支配と直結した不法行為による損害賠償請求権は請求権協定により解決されたものと解することはできないという民官共同委員会の公式見解が示された事実等を認めることができる。……少なくとも原告らが本訴を提起する時点である2000年５月１日までは原告らが大韓民国で客観的に権利を事実上行使できない障害事由があったとみるのが相当である。

39）同上、9頁。

このような点を前記の法理に照らしてみると、旧日本製鐵と実質的に同一の法的地位にある被告が消滅時効の完成を主張し原告らに対する不法行為による損害賠償債務または賃金支給債務の履行を拒絶することは著しく不当であり、信義誠実の原則に反する権利濫用であって、許容することができない[40]」と判示した[41]。

　この判決に対して、2012年5月29日、李明博政権下の韓国外交通商部報道官は、①韓国政府の立場は一貫しており、日韓請求権協定で徴用工の請求権に関する問題は外交上解決済みとの政府の立場に変更はない。②今回の判決は、政府が当事者ではなく、個人と企業の訴訟であるため、判決を尊重するものの、拘束力という点でさまざまな検討が必要である。③これまで政府の「対日抗争期強制動員被害調査及び国外強制動員犠牲者等支援委員会」が、強制動員問題に関する被害調査および事実認定ならびに被害者に対する支援を主管してきており、今回の判決に関して生じる問題についても、ひとまず委員会で検討が可能であるとの立場を表明した[42]。他方、呉美英教授によれば、「今回の大法院の判決は、強制徴用された被害者の苦痛と個人の人権尊重という面では大きな意味を持ち、ある程度法的説得力も、韓国人の情緒に呼びかける力もあると評価され、韓国では歓迎された判決である[43]」とされる。

　この韓国大法院判決を受けて、ソウル高等法院が新日鐵住金に対して下した判決については、次に取り上げる。

　その前に、2013年7月30日、釜山高等法院は、三菱重工業に対して、強制徴用被害者5人の遺族に8000万ウォン（約720万円）ずつ支払えとの判決を下した。釜山高等法院は、「三菱（現三菱重工業）は、原告らを広島に強制連行

40）同上、9-10頁。

41）なお、韓国の大法院判決は、過去の権威主義政権時代の国による不法行為に対して、同様の論理をもって「時効の抗弁」を排斥している。金昌禄「韓国司法における歴史と法」『法律時報』第87巻10号（1995年）19頁。

42）菊池勇次【韓国】戦時徴用工個人の賠償請求権に関する韓国大法院判決」『外国の立法』No. 252-1 July 2012、43頁。本論文における紹介された判決は、同日に判決された三菱重工に関する判決であるが、同旨のものである。

43）呉美英「戦時徴用工個人の賠償請求権（韓国大法院　2012年5月24日判決）」『国際人権』No. 24（2013年）140頁。

して劣悪な環境で重労働をさせながらも給料を支払わなかった。原爆が投下された後は、（原告らに）避難場所や食糧を提供する救護処置を行わなかった。これを賠償する責任がある」と判示した。請求額は1億ウォン（約900万円）だったが、同高等法院は、全額は認めなかった。新日鐵住金の被害者の強制徴用期間が2年から4年だったのに対し、三菱重工業の被害者の強制徴用期間は1年ほどだったからである。原告はこれに先立つ1995年12月に広島地裁において、三菱重工業を相手に損害賠償請求訴訟を起こしていた。この訴訟では、1999年に敗訴した。その後2000年5月、三菱重工業の釜山事務所がある釜山地方裁判所で、再び損害賠償請求訴訟を提起した。しかし、第1審は原告の請求を棄却した。また、第2審の釜山高等法院も同様の判決を下した。両裁判所は、日韓両政府が1965年に締結した日韓請求権協定に則って、賃金の未払い給料や、強制労働に対する慰謝料を日本企業に請求する権利は消滅したと判決した。ところが2012年の先の韓国大法院判決を受けて、2013年7月30日、釜山高等法院は原告を一部勝訴とする判決を下した。今回の判決が出るまで、新日鐵住金との訴訟は16年、三菱重工業との訴訟は18年の年月がかかっていた。原告は80代後半から90歳で、裁判中に亡くなった方も多い。この判決を受けて、新日鐵住金と三菱重工業は上告した。実際、韓国大法院が下す最終判決を見届けることができないまま亡くなった原告もいる。大韓弁護士協会は2013年7月30日、「釜山高等法院の歴史的判決を歓迎する。植民地時代の強制動員が不法であったことを認め、損害賠償を命じた。三菱重工業は上告して責任を回避するような非人道的蛮行を即刻中止すべきである。この判決を契機に韓国政府は韓日首脳会談を開き、被害者が生きている間に、植民地支配がもたらした問題を解決すべきである。三菱重工業は強制徴用被害者救済財団を設立し、問題の包括的な解決に乗り出すべきだ」という内容の声明を発表した。早くも財団設立による被害者救済の考えがこの段階で主張されている。

　しかし、これらの判決は1965年の日韓請求権協定第2条の「両締約国は、両締約国及びその国民（法人を含む。）の財産、権利及び利益並びに両締約国及びその国民の間の請求権に関する問題が、1951年9月8日にサン・フランシスコ市で署名された日本国との平和条約第4条（a）に規定されたものを

含めて、完全かつ最終的に解決されたこととなることを確認する」に矛盾する内容になっている。

4　ソウル高等法院判決（2013年7月10日）[44]

ソウル高等法院は、先の韓国大法院判決を受けた差戻審において、「第1審判決中下記において支払いを命じる金員に該当する原告らの敗訴部分を取消す。被告は原告らに各1億ウォン及びこれに対する2013年6月19日から支払済まで年20％の割合による金員を支払え[45]」（主文）を判決した。

判決の多くは、韓国大法院の判決とその理由においても変わらないので、紙幅の関係もあり注目すべき点のみを紹介したい。

(1)　日本判決承認の拒否理由としての韓国憲法との抵触

韓国憲法との抵触部分は、先の韓国大法院判決とほぼ同じであるが、「本件日本判決の理由は侵略戦争の遂行のための日帝強占期の強制動員自体を不法であると解している大韓民国憲法の核心的価値と正面から衝突するものである。さらに、……侵略戦争及びこれを遂行する行為の正当性を否認することは世界の文明国家の共通の価値観であり、日本国憲法もやはり同様であるにも関わらず、これに反する判決理由が込められた本件日本判決をそのまま承認する結果は上記の民事訴訟法にいう善良な風俗やその他の社会秩序が国際性まで考慮した概念だという点を勘案しても、それ自体で大韓民国の憲法など国内法秩序が依拠し守ろうとする基本的な道徳的信念と社会秩序に違反することは明らかである。

したがって我が国において本件日本判決を承認してその効力を認めることはできないので、本件日本判決が大韓民国で承認され得ることを前提に原告らの請求が本件日本判決の既判力に反するので認められないという被告の主張は理由がない[46]」と判示した。

44）新日鉄事件ソウル高等法院判決（差戻審）日弁連「韓国の法令・裁判例・その他資料」（注15）。Available at https://www.nichibenren.or.jp/library/ja/kokusai/humanrights_library/sengohosho/saibanrei_06.pdf.
45）同上、1頁。
46）同上、9-10頁。

314

⑵　損害賠償の範囲に関する判断

　ソウル高等法院は、慰謝料賠償額について、「被告は韓半島に対する不法な植民支配体制を強固にして日本帝国主義の膨張のために侵略戦争を遂行しようとする日本政府と共謀して綿密な計画の下に原告らを強制的に動員し苛酷行為により強制労働を強要し、そのために原告らは若年で家族と離別し、家族から保護を受け又は家族を扶養する機会を奪われ、教育の機会や職業選択の自由も奪われたままひたすら日本国が敗戦する時まで被告が強制する日程と規範により労働に従事しなければならなかったが、このような侵害行為の不法性の程度と期間及びその故意性、それによる原告らの被害の程度、それにもかかわらず不法行為以後50年を超える期間責任を否定し続けた被告の態度など、当審弁論終結当時まで発生した一切の事情と共に、本件不法行為時と当審弁論終結時の間の長期間の歳月の経過に伴う国民所得水準や通貨価値の変更などを考慮し、……被告が支払うべき慰謝料の金額は少なくとも１億ウォン以上であると認めるのが相当である[47]」と判示した。新日鐵住金が日本政府と共謀して侵略戦争を遂行しようとして強制労働を強要したとの事実認定には違和感が残るが、これがソウル高等法院による損害賠償額１億ウォンの理由である。

　その他、請求権消滅の当否、消滅時効完成の当否などの判決部分は、先の韓国大法院判決に基本的に異ならないので、省略したい。これに対し、新日鐵住金側が上告し、朴槿恵政権下では韓国大法院の判決は出なかったものの、文在寅政権下において次のような判決が下された。

5　韓国大法院判決（2018年10月30日）

　韓国大法院は、2018年10月30日の判決で、新日鐵住金の「上告をすべて棄却する。上告費用は被告が負担する[48]」（主文）との判決を下した。

　韓国大法院は、請求権協定締結による両国の措置の中で、「請求権協定は、1965年８月14日に大韓民国国会で批准同意され、1965年11月12日に日本衆議院及び同年12月11日に日本参議院で批准同意された後、両国で公布され、両

---

47)　同上、16頁。
48)　「外務省仮訳」1頁。

国が1965年12月18日に批准書を交換することによって発効した[49]」と述べた後、大韓民国の措置について詳細な検討を行った。韓国大法院は、条約法条約第31条と第32条の解釈規則に沿って日韓請求権協定の交渉記録および締結の際の事情に依拠してその意味内容を明らかにしなければならないとして、詳細に検討している。

(1) 強制動員慰謝料請求権の強調の狙い

そして、「原告らが主張する被告に対する損害賠償請求権は請求権協定の適用対象に含まれると見ることはできない」との結論の理由に際して、原告らの損害賠償請求権を「強制動員慰謝料請求権」と性格づけている。すなわち、「この事件で問題になる原告らの損害賠償請求権は、日本政府の朝鮮半島に対する不法な植民支配及び侵略戦争の遂行と直結した日本企業の反人道的な不法行為を前提とする強制動員被害者の日本企業に対する慰謝料請求権（以下、「強制動員慰謝料請求権」という。）という点を明確にしておかなければならない。原告らは被告を相手に未支給賃金や補償金を請求しているのではなく、上記のような慰謝料を請求している[50]」と性格決定することによって、2005年の盧武鉉政権下の徴用工問題に関する整理、すなわち、日韓請求権協定合意議事録2項（g）がいう、「同条1にいう完全かつ最終的に解決されたこととなる両国及びその国民の財産、権利及び利益並びに両国及びその国民の間の請求権に関する問題には、日韓会談において韓国側から提出された『韓国の対日請求要綱』（いわゆる8項目）の範囲に属するすべての請求が含まれており、したがって、同対日請求要綱に関しては、いかなる主張もなしえないこととなることが確認された[51]」でいうところの8項目合意の5項目に「（3）被徴用韓人未収金、（4）戦争による被徴用者の被害に対する補償」として徴用工の問題が含まれていることを意識し、あえて慰謝料請求権と性格づけ命名する必要があった。それによって、日韓請求権協定の範囲外であることを強調しようとの狙いが、この判決にはある。また、後述するよ

---

49) 同上、5-6頁。
50) 同上、9頁。
51) 薬師寺・坂元・浅田編・前掲書（注11）1272頁。

うに、この判決は日本の国会における1992（平成4）年3月9日の衆議院予算委員会における柳井俊二条約局長（当時）答弁を意識した内容になっている。

韓国大法院は、「強制動員慰謝料請求権」と位置づけたことを受けて、「原告らは成年に至っていない幼い年齢で家族と離別して生命や身体に危害を受ける可能性が非常に高い劣悪な環境において危険な労働に従事し、具体的な賃金の額も分からないまま強制的に貯金をしなければならず、日本政府の苛酷な戦時総動員体制で外出が制限されて常時監視を受けて脱出が不可能であり、脱出の試みが発覚した場合、苛酷な段打を受けたりもした。このような旧日本製鐵の原告らに対する行為は、当時日本政府の朝鮮半島に対する不法な植民支配及び侵略戦争の遂行と直結した反人道的な不法行為に該当し、このような不法行為によって原告らが精神的苦痛を受けたことは経験則上明白である[52]」と精神的損害に対する損害賠償と位置づけた。しかし、原告たちは「請求権協定」の適用対象である未払い賃金を請求していることに変わりはなく、「強制動員慰謝料請求権」と名付けることにより協定で合意した適用範囲を恣意的に狭めている。しかし、これによって、徴用工の損害賠償請求権としての性質が変わるものではない。ちなみに、これを意識したのか、破棄差し戻し審では、原告たちは未払い賃金の請求を除いている[53]。

(2)　日韓請求権協定における無償・有償資金の意義

韓国大法院は、原告らの強制動員慰謝料請求権は日韓請求権協定では解決されておらず、新日鐵住金には損害賠償義務があるとの結論に結び付けるために、植民地支配の問題を提起する。

韓国大法院は、「請求権協定は日本の不法植民支配に対する賠償を請求するための交渉ではなく、基本的にサンフランシスコ条約第4条に基づいて日

---

52)「外務省仮訳」（注48）9頁。
53) 金昌禄教授は、「未払い賃金に対する請求権は『請求権協定』の適用対象であるが、未払い賃金に対する個人請求権は『請求権協定』にもかかわらず消滅していない、ということが大法院判決の判断であると見るべきものなのである」との評価をしている。そして、「破棄差し戻し審では、原告たちが未払い賃金支給の請求を除いているので、今の段階では個人請求権の問題は争点にならなくなっている」とする。金・前掲論文（注41）19頁。

韓両国間の財政的・民事的な債権・債務関係を政治的合意によって解決するためのものであった[54]」と性格づけた上で、「実際に締結された請求権協定文においてもその附属書のどこにも日本の植民支配の不法性に言及する内容は全くない。請求権協定第2条1では、『請求権に関する問題がサンフランシスコ条約第4条（a）に規定されたものを含めて、完全かつ最終的に解決されたこと』とし、上記の第4条（a）に規定されたこと以外の請求権も請求権協定の適用対象となり得ると解釈される余地がある」としながらも、「しかし、上記のように日本の植民支配の不法性が全く言及されていない以上、上記の第4条（a）の範疇を抜け出す請求権、すなわち植民支配の不法性と直結する請求権までも上記の対象に含まれると見るには難しい」と判示した。

その上で、韓国大法院は、「請求権協定の前文で『請求権問題の解決』を言及しているが、上記の5億ドル（無償3億ドルと有償2億ドル）と具体的につながる内容はない。これは請求権協定に関する合意議事録（Ⅰ）2.（g）で言及された『8項目』の場合も同じことである。当時、日本側の立場も請求権協定第1条のお金が基本的に経済協力の性格というものであり、請求権協定第1条と第2条の間に法律的な相互関係が存在しないという立場であった」と判示している。しかし、この判示部分は国交正常化交渉時の韓国政府の主張と異なっている。当時、韓国政府は第1条の資金が第2条の請求権問題と関連があると主張していた[55]。逆に、日本政府は、国会で、椎名悦三郎外相（当時）が、「あくまで有償・無償5億ドルのこの経済協力は、経済協力でありまして、これに対して日本も、韓国の経済が繁栄するように、そういう気持ちを持って、また、新しい国の出発を祝うという点において、この経済協力を認めたのでございます[56]」と答弁していた。実際、第1条1項末尾は、「前記の供与及び貸付けは、大韓民国の経済の発展に役立つものでなければならない」と規定している。しかし、日本政府の立場と異なり、これまでの韓国の歴代政府の対応は、交渉時の主張に沿って行われてきた。

54）「外務省仮訳」（注48）9頁。

55）金・前掲論文（注41）16頁。

56）『第50回国会参議院会議録第8号』（1965年11月19日）8-9頁。

韓国は、1966年2月19日に「請求権資金の運用及び管理に関する法律[57]」
を制定し、無償供与および借款等から発生するウォン資金を「請求権資金」
として、その中から大韓国民がもっている対日民間請求権の補償を行った[58]。
1971年1月19日に、対日民間請求権の正確な証拠と資料を収集することに必
要な事項を定めた「対日民間請求権申告に関する法律[59]」を制定した。なお、
後者における申告対象者は、「日本国によって軍人・軍属又は労務者として
招集又は徴用されて1945年8月15日以前に死亡した者」に限定した。そして、
韓国国民から申告を受けた後、1974年12月21日に実際の補償を行うために
「対日民間請求権補償に関する法律[60]」を制定し、1977年6月30日までに合
計83,519件に対し合計91億8,769万3000ウォンの補償金（無償供与された請求
権資金の約9.7％に該当）の補償金を支給したが、そのうち被徴用死亡者に対
する請求権補償金として合計8,552件に対し1人当たり30万ウォン（約
28,800円）を支給した。2005年1月17日に公開された日韓国交正常化のため
の第6次・第7次交渉の記録のうち植民地支配に伴う補償の中で、韓国外交
通商部（当時）は、経済企画院の問い合わせにつき、「政府は個人請求保有
者に補償義務を負うことになる」と述べている[61]。

　盧武鉉政権は、2006年3月9日、上記の請求権補償法に基づいた強制動員
被害者に対する補償が不十分だったことを認めて追加補償方針を明らかにし、
2007年12月10日、「太平洋戦争前後国外強制動員犠牲者等支援に関する法
律[62]」を制定し、日本によって軍人・軍属・労務者等として国外に強制動員
され、その期間中または国内に戻る過程で死亡し、あるいは行方不明になっ
た「強制動員犠牲者」に、1人当たり2,000万ウォン（約192万円）を支給し
た。日本が韓国に無償供与した3億米ドルは、本来自分たち被害者に支払わ

57）同法律の詳しい内容については、日弁連・前掲「韓国の法令・裁判例・その他資料」（注15）
参照。

58）塚本孝「戦後補償問題—総論」『調査と情報』第230号32-33頁。

59）日弁連・前掲「韓国の法令・裁判例・その他資料」（注15）。

60）同上。

61）横田洋三「韓国および北朝鮮」国際法事例研究会『日本の国際法事例研究（6）戦後補償』
（ミネルヴァ書房、2016年）304頁。

62）日弁連・前掲「韓国の法令・裁判例・その他資料」（注15）。

れるべき資金なのに韓国政府により経済開発に使われたとの不満が、日本企業に対する訴訟の背景にあったと思われる。その意味で、今回の韓国大法院判決は、従前の韓国政府の立場と、この点でも大きく異なっているといえよう。

⑶　日韓請求権協定の範囲外としての植民地支配

　韓国大法院は、「請求権協定の協議過程で日本政府は植民支配の不法性を認めないまま、強制動員被害の法的賠償を基本的に否認し、これにともない、韓日両国の政府は日帝の朝鮮半島支配の性格に関して合意に至らなかった。このような状況で強制動員慰謝料請求権が請求権協定の適用対象に含まれると見ることは難しい[63]」と述べる。しかし、第１文から第２文の間には論理の飛躍がある。植民地支配の不法性を認めなかったからといって、必然的に彼らが言う「強制動員慰謝料請求権」が請求権協定の適用対象外と結論するのは論理が飛躍している。現に被告（新日鐵）が提出した追加的証拠に対する韓国大法院の次の釈明には無理がある。

　「1961年５月10日、第５次韓日会談の予備会談の過程で大韓民国側が『他の国民を強制的に動員することによって負わせた被徴用者の精神的、肉体的苦痛に対する補償』に言及した事実、1961年12月15日、第６次韓日会談の予備会談の過程で大韓民国側が『８項目に対する補償として合計12億2,000万ドルを要求し、そのうち３億6,400万ドル（約30％）を強制動員被害補償に対するものとして算定（生存者１人当たり200ドル、死亡者１人当たり1,650ドル、負傷者１人当たり2,000ドル基準)』した事実等がわかる。

　しかし、上記のような発言内容は大韓民国や日本の公式見解でもなく、具体的な交渉過程で交渉担当者がした話にすぎず、13年にわたった交渉過程で一貫して主張された内容でもない。『被徴用者の精神的、肉体的苦痛』を言及したことは交渉で有利な地位を占めようとする目的から始まった発言に過ぎないものと見られる余地が大きく、実際に当時日本側の反発で第５次韓日会談の交渉は妥結することもなかった[64]」と判示している。しかし、これで

---

63)「外務省仮訳」（注48）11頁。

64)　同上、11-12頁。

は、条約法条約の条約解釈の規則に沿って日韓請求権協定締結の準備作業や締結の際の諸事情を検討する意味が没却されてしまう。とくに「交渉で有利な地位を占めようとする目的から始まった発言に過ぎないものと見られる余地が大きく」との部分は、事実に基づかない単なる推測にすぎない。こうした強引な論理の背景には、日本による朝鮮半島支配は「不法強占」であり、日本の植民地支配責任は請求権協定では未解決との結論に拘泥しているからであろう。

　さらに、「また、上記のように協議過程で合計12億2,000万ドルを要求したにもかかわらず、実際、請求権協定は3億ドル（無償）で妥結した。このように要求額にはるかに達し得ない3億ドルのみを受け取った状況で、強制動員慰謝料請求権も請求権協定の適用対象に含まれたと到底見ることが難しい[65]」と述べるに至っては、14年に及ぶ日韓国交正常化交渉の中で、請求権協定において双方の請求権に関して一括補償交渉が行われた意義を正確に理解しているとはとても思えない。妥結金額の多寡によって、自らが主張する請求権は協定には含まれていないとの結論を導くことを拒否するのが一括補償方式である。合意議事録2（g）にいう「同対日請求要綱に関しては、いかなる主張もなしえないこととなることが確認された」の意義はそこにある。

　韓国で条約に対する最終的な解釈権をもっているのは大法院判決ということであるが[66]、そもそも、韓国大法院がいうように、日本の植民地支配が不法であるというためには、韓国から外交権を奪った1905年の第2次日韓協約や1910年の日韓併合条約といった旧条約が無効な条約であったとの合意が日韓基本関係条約に存在する必要があるが、そのような合意は存在しない。

二　国際法から見た韓国大法院判決の問題点

1　日本の植民地支配の不法性に関する議論

　日韓基本条約と日韓請求権・経済協力協定は、ともに1965年6月22日に締結されていることでもわかるように、いわばセットで締結されている。日韓

---

65) 同上、12頁。
66) 金・前掲論文（注41）21頁。

基本条約の締結にあたって、旧条約の効力に関する日韓基本関係条約第2条は、「1910年8月22日以前に大日本帝国と大韓帝国との間で締結されたすべての条約及び協定は、もはや無効（already null and void）であることが確認される」という表現で妥協した。しかし、今回の韓国大法院の判決は、こうした当時の両国の妥協を受け入れず、「当初から無効」な旧条約により行われた日本による植民地支配は不法であるとの韓国側の一方的主張に基づくものであり、一方的な条約解釈の変更といわざるを得ない。

　第1次日韓会談における日本側草案が旧条約の効力問題にまったく触れなかったのに対して、韓国側の草案には「韓国と日本国は1910年8月22日以前に旧大韓帝国と日本国に締結されたすべての条約が無効であることを確認する」（草案第3条）との規定があった。韓国は、日韓併合条約とそれ以前に締結した関連協定が武力で強要したものであるとして当初からすべて無効であると主張した。これに対して、日本側は、それらの条約は適法に締結された有効な条約であり、1948年8月15日に大韓民国が独立を宣言した時点でその有効性を失ったと主張した[67]。

　今回の韓国大法院判決は、「原告らの損害賠償請求権は、日本政府の朝鮮半島に対する不法な植民支配、および侵略戦争遂行に直結した日本企業の反人道的な不法行為を前提にする、強制動員被害者の日本企業に対する慰謝料請求権という点を明確にせねばならない。強制労働慰謝料請求権については日韓請求権協定で解決されておらず損害賠償義務がある」というものだ。日韓請求権協定は「締結交渉の過程で、日本の不法な植民支配問題が取り上げられておらず、強制動員慰謝料請求権は解決されていない」という理屈である[68]。

　日本も韓国も当事国である条約法に関するウィーン条約は、その前文で、「『合意は守らなければならない』との規則が普遍的に認められていることに

---

67) 日韓の旧条約の効力問題については、坂元茂樹『条約法の理論と実際』（東信堂、2004年）、同「日韓間の諸条約の問題──国際法学の観点から」日韓歴史共同研究委員会『日韓歴史共同研究第3分科会　上巻』（2005年）5-25頁参照。
68) 植民地支配の清算の必要性を論ずるものとしては、さしあたり太田修「日韓請求権問題の再考──脱植民地主義の視角から」『同志社大学文学部論集』第90号（2006年）1-11頁、金昌禄「韓日請求権協定──解決されなかった『植民地支配責任』」『歴史評論』第788号（2015年）61-75頁参照。

留意し」、その第26条で「効力を有するすべての条約は、当事国を拘束し、当事国は、これらの条約を誠実に履行しなければならない」と定めている。韓国の行政府がやるべきことは司法府の判断を尊重する前に、司法府において国際法の基本原則に反するような判決が出ないように、条約を締結しその遵守に責任を負う行政府として、日韓請求権協定の合意内容を正確に法廷で述べることであった。また、韓国大法院の判決といえども、その判決はいわば国内のものにすぎず、条約法条約第27条は、「当事国は、条約の不履行を正当化する根拠として自国の国内法を援用することはできない」と規定しているので、韓国政府が韓国大法院判決を根拠に日韓請求権協定に違反する措置をとることは許されない。韓国大法院は、「韓国側が8項目のうち第5項に『被徴用韓国人の未収金、補償金及びその他の請求権の弁済請求』という文面があるが、8項目の他の部分のどこにも日本の植民支配の不法性を前提とする内容はないため、上記の第5項の部分も日本側の不法行為を前提とするものでなかった」として、両国間の合意を無視する判決を下している。

　こうした判決を読むと、まさしく条約締結の際の事情をめぐる解釈問題が生じていることがわかる。しかし、条約法条約第31条1項は、「条約は、文脈によりかつその趣旨及び目的に照らして与えられる用語の通常の意味に従い、誠実に解釈するものとする」と規定する一方、2項で、「条約の解釈上、文脈というときは、条約文（前文及び附属書を含む。）のほかに、次のものを含める」として、「(a) 条約の締結に関連してすべての当事国の間でされた条約の関係合意」を挙げている。日韓請求権協定における合意議事録が、まさしくそれに当たる。そこには、「(3) 被徴用韓人未収金、(4) 戦争による被徴用者の被害に対する補償」が含まれていた。徴用工の問題は、日韓請求権協定とこの合意議事録によって、「完全かつ最終的に解決された」というのが、これまでの日韓両国政府の解釈であった。今回の韓国大法院判決は、一方的な解釈変更ということになり、日本として受け入れることはできない。

2　強制動員慰謝料請求権の性格づけの問題点

　韓国大法院は、原告らの損害賠償請求権を「強制動員慰謝料請求権」と性格づけているが、これは前述したように、1992（平成4）年3月9日の衆議

院予算委員会における柳井俊二条約局長（当時）答弁を意識しているように思われる。単に損害賠償請求権とすると日韓請求権協定の範囲内に入ってしまうので、あえて「強制動員慰謝料請求権」としたのであろう。

衆議院予算委員会で慰安婦問題をとりあげた伊東秀子議員は、「従軍慰安婦の補償に関してでございますが、……政府の基本的な考え方はどうかと聞いたのに対し、……『あえて申し上げますれば、この種の問題も含めて法的には65年の日韓の正常化の折に決着済みである』というふうにお答えになっておりますが、現在問題になっております請求というのは、個人が日本国政府に対して民族的な迫害及び人格権を侵害された、人間の尊厳を冒瀆されたという精神的な損害に対する慰謝料請求でございます。こういったものが最終的に解決されたという答弁だということになるわけですが、それで間違いないでしょうか[69]」と質問した。

これに対して、柳井俊二政府委員は、「結論から申し上げますれば、1965年の日韓請求権・経済協力協定におきまして、その第2条で、財産請求権の問題が完全かつ最終的に解決されたと規定しているわけでございますが、具体的には、……いわゆる国内法的根拠のある実体的権利については、相手国でそれを消滅させる等の措置をとったとしてもそれに対して文句は言わない、それから、……それ以外の請求につきましては、日韓間の問題としては、いわゆる外交的にこれを取り上げることはしない。すなわち外交保護権を行使することはしないという意味で解決しているということでございます[70]」と答弁した。

---

69) 『第123回国会衆議院予算委員会議録第15号』10頁。

70) 同上。なお、日本政府は、2001（平成13）年3月22日参議院外交防衛委員会において、海老原紳条約局長（当時）が、「従来からの日本国政府の国会等における説明は、平和条約の締結によりまして、さきの大戦にかかわる日本と連合国の請求権の問題は、それぞれの国民がとった行動から生じた個人の請求権にかかわる問題を含めまして、すべて解決済みであるということを一般国際法上の概念である外交的保護権の観点から述べたことである」とし、「……個人の請求権そのものが消滅したというふうな言い方はしておらないわけでございまして、14条（b）項によりましてこれらの請求権、債権に基づく請求に応ずべき法律上の義務が消滅し、その結果救済が拒否されることを述べておるわけでございます」「……国民の持っております請求権そのものが消滅したというようなことでございませんけれども、サンフランシスコ平和条約の結果、国民はこのような請求権につき満足を得ることはできなくなる、すなわち権利はあるけれども救済はないという考え方で一貫しております」と答弁している。『第151回国会参議院外交防衛委員会会議録第4号』13-14頁。

これを受けて伊東議員が、「一身専属権であると言われております慰謝料請求、……これを完全かつ最終的にこの慰謝料請求権を国家が解決できるという立場に現在でも立っておられるということでしょうか」、「今韓国の女性たちが日本政府を訴えているのは個人としての慰謝料請求である。それが最終的に解決済みであるというのが政府の答弁でございますが、こういった一身専属権を国家が本人の承諾もなしに勝手に放棄できるのかどうかということの外務省の見解を簡潔に答えてください[71]」と質問したところ、柳井政府委員は、「……慰謝料等の請求につきましては、これは先ほど申し上げたようないわゆる財産的権利というものに該当しないと思います。……それ以外のものについては外交保護権の放棄にとどまるということで当時決着をした。これはいわゆる請求を提起するという地位までも否定しないという意味においてそのような権利を消滅させていないわけでございます[72]」と答弁している。慰安婦の文脈において、「慰謝料請求権は消滅されていない」と答弁しており、今回の大法院判決は、単なる徴用工の損害賠償請求権では日韓請求権協定で解決済みとされるので、あえて「強制動員慰謝料請求権」としていると推察される。しかし、こうした性格付けによって条約の適用範囲に入っていないとの主張を認めれば、1965年の日韓請求権協定の意義はその実質を失ってしまうことにならないだろうか。

3 一括補償方式の意義

さらに今回の判決は、これまでの韓国政府の日韓請求権協定の解釈からも離れるものである。2005年8月の盧武鉉政権における「韓日会談文書公開後続対策関連民官共同委員会」は、日韓請求権協定を通じて日本から受け取っ

---

71) 同上。

72) 同上。外務省による請求権放棄条項の解釈の変遷については、小畑郁「請求権放棄条項の変遷」『講座国際人権法1　国際人権法と憲法』（信山社、2006年）359-382頁、藤田久一「戦後補償の理論的問題」同283-306頁参照。戦後補償に関する国内判決に絡んで、日韓請求権協定第2条の解釈問題を詳しく検討したものとしては、山手治之「名古屋三菱挺身隊訴訟第一審判決（2005年2月24日）——日韓請求権協定第2条の解釈を中心に」『京都学園法学』2005年第1号91-159頁参照。最近の韓国大法院判決に関して論ずるものとしては、山本春太「韓国・徴用工判決『解釈』を変えたのは誰か？」『世界』（2019年1月号）18-22頁。

た無償３億ドルは、個人財産権（保険、預金等）、朝鮮総督府の対日債権等の韓国政府が国家として持つ請求権、強制動員被害補償問題解決の性格の資金等について包括的に勘案されていると見なければならないと結論していた。他方で、「請求権協定は日本の植民支配の賠償を請求するための協定ではなく、サンフランシスコ条約第４条に基づいて韓日両国間の財政的・民事的債権・債務関係を解決するためのものであり、日本軍慰安婦問題等日本政府と軍隊等日本の国家権力が関与した反人道的不法行為については請求権協定で解決したと認めることはできず、日本政府の法的責任は残っており、サハリンの同胞問題と原爆被害者問題も請求権対象に含まれなかった」と述べた。少なくとも2005年の段階で、日韓請求権協定の対象外とされたのは、慰安婦、サハリンの韓国人と原爆被害にあった韓国人の損害賠償であったが、徴用工の問題は請求権協定に含まれているというのがその結論であった。民官共同委員会は、請求権協定は、請求権の各項目別の金額の決定ではなく、政治交渉を通じて総額決定方式で妥結されたので、各項目別の受領金額を推定することは難しいが、政府は受領した無償資金のうち、相当金額を強制動員被害者の救済に使わなければならない道義的責任があると判断し、追加的補償を行った。

　ところが、韓国大法院は、前述したように、「請求権協定第１条によって日本政府が大韓民国政府に支給した経済協力資金が第２条による権利問題の解決と法的な代価関係があると見ることができるのかも明確ではない」とし、「請求権協定の協議過程で日本政府は植民支配の不法性を認めないまま、強制動員被害の法的賠償を基本的に否認し、これに伴い韓日両国政府は日帝の朝鮮半島支配の性格に関して合意に至らなかった。このような状況で強制動員慰謝料請求権が請求権協定の適用対象に含まれると見ることは難しい」と判示したのである。

　徴用工の問題は日韓請求権協定で解決されているとの2005年の盧武鉉政権の結論を覆し、新たに不法な植民地支配に基づく強制動員慰謝料請求権という概念を持ち出し、新日鐵住金および三菱重工に関する判決でこれを認定し、日本企業に損害賠償を命じているのである。たしかに日韓請求権協定それ自体は、個々の請求権を積み上げる方式ではなく経済協力方式を採ったが、請

求権の根拠となる資料の存否の確認に多大な時間と手間を要することを考えればやむを得なかった選択といえる。今回の判決は、明らかに日韓請求権協定の合意内容に違反しているといえる。

　日韓請求権協定第2条では、請求権の問題につき「完全かつ最終的に解決されたこととなる」という文言を使用しており、それは平和条約における請求権の処理と同様の考え方に基づくといえる。1999年9月に米国およびフィリピンの元捕虜が新日鐵や三菱重工など5つの日本企業を相手取って「奴隷労働」を強いられたとして訴えた事件において、個人の請求権が問題になったが、2000年12月13日付の法廷助言書（*amicus curiae*）において、米国政府は、「1951年［サンフランシスコ］条約交渉における米国の基本的目標は、将来の請求の可能性に道を開いておくと永続的な平和にとって受け入れがたい障害になることがよく理解されていた」ために、「賠償問題をきっぱりと（once and for all）解決することであった」と述べている[73]。このように、戦時における賠償を求めるその後の民事訴訟を避けるために、日韓請求権協定は、あたかも国境画定条約のような「処分的性格」の条約として締結されたのである[74]。国際人権法の発展に伴い、個人の請求権を国家が平和条約によって勝手に放棄することはできないはずであるとの議論も当然あり得るが、カナダ人元捕虜とニュージーランド人元捕虜が自由権規約の個人通報に訴えた事例では、事項管轄および時間管轄を理由に受理不能との決定が行われた[75]。

　イタリアの国内裁判所が、第2次世界大戦中のドイツ軍の行為に対して、ドイツを被告として提起した訴訟においてドイツの主権免除を否定したことは国際法に違反するとして、ドイツがイタリアを訴えた国家主権免除事件判決（2012年）において、国際司法裁判所（ICJ）は、一括補償方式に関して、「国際法が、各々の個人の被害者に対する完全な賠償の支払いを要求する規則を、それからのいかなる逸脱も許されないものとして国際社会全体が受け

---

73) *Amicus Curiae* by the Government of United States, December 13 2000.
74) 国境画定条約のような処分条約（dispositive treaties）については、Cf. Lord McNair, *The Law of Treaties*, Oxford University Press, 1961, pp. 255-271 and 655-657.
75) Harry Atkinson et al. v. Canada（Communication No. 573/1994）and Evan Julia and Carla Maria Drake v. New Zealand（Communication No. 601/1994）.

入れている規則［坂元注：強行規範］として含んでいるとみなすことは困難である[76]」（94項）と判決している。

4 国家間合意と被害者中心アプローチ（victim-centred approach）の相克

　本章で取り上げている元徴用工の問題を論ずるにあたっては、被害者の人権に配慮した被害者中心アプローチが、日韓請求権協定で取られているかどうかという点が問題になる。こうした議論は、すでに日韓の間の懸案事項となっている慰安婦問題に関して行われている。2015年12月28日の日韓両外相共同記者発表で示された日韓合意に関して、国連の人権条約機関の日本の政府報告書審査の場で、被害者中心アプローチの観点から否定的な評価がなされている。そこには、国家間合意の遵守を絶対的原則とする条約法の論理と被害者中心アプローチを主張する国際人権法の論理の相克がみられる。「人権法の基本的構造が国家と個人の対峙にある[77]」ことを考えれば、この相克は当然ともいえるかもしれない。

　たとえば、2016年3月、女性差別撤廃委員会は、日本の第7回・第8回定期審査報告の総括所見において、「『慰安婦』の問題は『最終的かつ不可逆的に解決される』と主張する（assert）韓国との二国間合意の発表で被害者中心アプローチが十分に取られなかったこと[78]」（28項（a））に懸念を表明した。この女性差別撤廃委員会の「主張する」などという用語の使用それ自体が、委員会の不満を表明しているのであろうが、日韓両国の国家間合意に対する尊重に欠けている印象が残る。また、審査における建設的対話の精神に照らしても望ましくはないであろう。合意当時、元慰安婦の46人中36人の約78％が合意に賛成し、1億ウォンの見舞金を受け取っているが、反対した元慰安婦が存在するという事実が、被害者中心アプローチをとっていないことの証

---

76) *Jurisdictional Immunities of the State* (*Germany v. Italy; Greece intervening*), *Judgment, ICJ Reports 2012*, pp. 140-141, para. 94.
77) 寺谷広司「人権の国際保障における刑事的規律——国際人権法と国際刑事法の構造的同一性と展開の諸態様」『法律時報』第90巻1号（2018年）61頁。
78) Concluding observations on the combined seventh and eighth periodic reports of Japan, CEDAW/C/JPN/CO/7-8, p. 8, para. 28 (a).

左になるのか疑問が残るが、その理由の一端が、被害者の意見を徴する機会を持つべきだとする人種差別撤廃委員会の総括所見に見て取れる。

　人種差別撤廃委員会は、2018年8月、日本の第10回・第11回定期報告書審査の総括所見において、「委員会は、2015年の韓国との合意を含む、『慰安婦』問題を解決するための取組に関する締約国から提供された情報に留意しつつ、これらの取組が、十分に被害者中心アプローチを採用しておらず、生存する『慰安婦』に対し適切に意見を求めておらず、本解決が第2次世界大戦中及びそれ以前に、軍がこれらの女性に対して犯した人権侵害に対する明確な責任を果たすものではないとの報告を懸念している」（27項）と述べ、懸念を表明するとともに、「委員会は、締約国に対し、これらの女性の人権侵害におけるその役割に対する責任を受け入れ、すべての国籍の『慰安婦』を含む、被害者中心アプローチを採用した『慰安婦』問題の永続的な解決を確保することを勧告[79]」（28項）した[80]。

　さらに強制失踪委員会は、「委員会は、いわゆる『慰安婦』問題に関して関連する事実及び資料を締約国［日本］が隠蔽している又は開示を拒否しているとの報告を引き続き懸念する。さらに委員会は本条約第24条5項に従った被害回復が欠如していることを懸念するとともに、この問題が『最終的かつ不可逆的に解決されている』とする締約国の立場を遺憾（regret）に思う。これは不処罰を永続させ、被害者が真実を知り、司法手続、被害回復及び再発防止の保障を得る権利を否定するものである（第1条、第8条、第12条、第24条及び第25条)[81]」（25項）と述べた。強制失踪条約は「強制失踪」の犯罪化と訴追・処罰・被害者の救済に重点を置く条約なので、不処罰などの議論になるだろうが、日韓の合意を「遺憾」と評することが、委員会のマンデートといえるかどうか疑問が残る。この総括所見に対して、ジュネーヴ日本代表部の岡村善文大使は、2018年11月30日、強制失踪委員会の議長宛に事実誤

---

79) Concluding observations on the combined periodic reports of Japan, CERD/CJPN/CO/10-11, p. 6, paras. 27-28.

80) 同様の否定的反応は、2016年3月の女性差別撤廃委員会の日本の第6回・第7回定期審査の総括所見で、また2017年5月の拷問禁止委員会の韓国の定期審査の総括所見に見られる。

81) Concluding observations on the report submitted by Japan under article 29 (1) of the Convention, CED/C/JPN/CO/1, p. 5, para. 25.

認に基づくものとして抗議書簡を送っている。強制失踪条約第35条1項は、「委員会は、この条約の効力発生後に開始された強制失踪についてのみ権限を有する」と規定しているにもかかわらず、強制失踪犯罪の継続性と被害者の権利を重視するあまり、実効的救済の確保に関する同条約第12条に基づく「申立て」が日本政府に対して行われていないにもかかわらず、何らの根拠も示すことなく、70年以上前の案件を取り上げたことに強く抗議した[82]。

　ここで言及された、2015年12月28日の慰安婦問題に関する日韓両国外相の共同記者発表は、当時の国連事務総長を含め、国際社会で広く歓迎された合意である[83]。人権の条約機関が被害者中心主義の立場に立つことは当然であるが、建設的対話の精神を離れ、特定の締約国の措置を非難するのであれば、十分な条約上の根拠規定と確実な情報に基づく審査が必要であろう。締約国政府出身の委員を審査に関与させないのは、当該委員を締約国からの圧力から守るという意味では重要であるが、情報の確実性に「相場観」を持てない他の締約国の委員のみに審査を委ねるあり方について工夫が必要なように思える。いずれにしても、国連の人権条約機関が、被害者中心アプローチを重要視するのは理解しうるものの、締約国同士の解決策にどこまで関与すべきか、また関与しうる問題であるかは、委員会の信頼性構築の観点からも、慎重な考慮が求められる。

　しかし、こうした議論も、2019年2月25日、国連人権理事会で日韓合意の相手方である韓国の康京和外交部長官が、「被害者中心の取り組みを著しく欠いていた」と発言したことにより、新たな段階に突入した。韓国外相が、前政権が大韓民国の名において「最終的かつ不可逆的な解決」を確認した2015年の日韓外相合意を無視し、慰安婦問題につき未解決であるかのような認識を示したのである。これは、合意の当事者性の認識に著しく欠けた発言と言わざるを得ない[84]。

---

82) Available at https://www.mofa.go.jp/mofaj/files/000424973.pdf.

83) United Nations Secretary-General (28 Dec. 2015). Statement attributable to the Spokesman for the Secretary-General on the agreement between Japan and the Republic of Korea on issues related to 'comfort women'. Retrieved on 29 Nov. 2018. Available at https://www.un.org/sg/en/content/sg/statement/2015-12-28/statement-attributable-spokesman-secretary-general-agreement-between.

2015年の尹外交部前長官の共同記者発表における口頭の声明が韓国を拘束することについては、疑いを入れない。1933年の東部グリーンランド事件において、常設国際司法裁判所（PCIJ）は、「外務大臣が、外国の外交代表の要請に応じて、その権限に属する問題に関して彼の政府に代わって与えたこの種の回答は、彼が属する国を拘束することはまったく争う余地がない[85]」と判示しているからである。同時に、文政権がいう被害者中心主義は正確には「抵抗する」被害者中心主義に過ぎない。なぜなら、前述したように、約78％の慰安婦の方々が合意を受け入れていることを考えれば、彼らが被害者全体を代表する存在でないことは明らかであるからだ。

他方で、われわれが抱えている主題は、たとえば慰安婦の問題など人間の尊厳に直接かかわりある条約の解釈にあたっては、50年以上前の条約解釈をそのまま適用できるかという、時際法の適用の限界という厄介な問題を抱えている。この問題は、ガブチコボ・ナジュマロシュ事件判決（1997年）のウィラマントリー（Weeramantry）判事の個別意見の中で取り上げられた。対象となったのは環境条約における時際法の問題であるが、倫理的および人権の側面が問題となる環境条約につき、「われわれは今日の問題に昨日の基準を適用できない。田中判事が説得的に述べたように、人道的条約の当事国は、今日、人権に反すると考えられるような方法で行動する権利はない。人権に影響を与える条約は、たとえ40年以上前の条約でそうした行為が取られていたとしても、その適用の時点において人権を否認するようには適用できない。環境の面から正しくないと今日考えられる行為は、許容されるべきではない[86]」との見解を述べた。阿部浩己教授がいう「人間の尊厳を最重要視する法秩序を構築するには、過去の不正義を容認／創出してきた支配的な法のあり様を批判的に紡ぎ直すことが欠かせない[87]」との議論も人権の分野ではありうるわけで、容易に答えがでない問題を内包していることは事実である。

84）『日本経済新聞』2019年 2 月26日配信。Available at https://www.nikkei.com/article/DGXM-ZO41743100W9A220C1000000/.

85）*Legal Status of Eastern Greenland (Denmark v. Norway), Judgement, PCIJ Series A/B*, No.53, p. 71.

86）*Gabčikovo-Nagymarous Project (Hungary/Slovakia), Judgement, ICJ Reports 1997*, Separate Opinion of Vice President Weeramantry, pp. 114-115.

ただし、どのような場合に、いわゆる時際法の適用が制限されるかについて、国際法上明確な基準が存在するわけではない。

おわりに

　日韓請求権協定が締結された1965年と韓国大法院判決がでた2018年の間に、国際関係は大きく変容した。1つは冷戦の終結である。韓国における日韓基本条約に対する賛成論には、冷戦構造の中で必要悪としてこれを受け入れようという議論があったと聞く[88]。その意味で、冷戦が終結した今日、対立を曖昧にしたままで締結した本条約の支持基盤が失われ、他方で当時の反対論が依拠したとされる反日感情や旧条約に対する取扱いに対する不満が現在も残っているとされる[89]。もう1つは、南北朝鮮融和の動きとそれを生み出した文在寅政権の誕生である。文在寅大統領は、2019年1月10日の年頭記者会見で、「韓日が新たな外交関係を結んだが解決できなかった問題がある。韓国が作ったのではない。日本政府はもう少し謙虚な態度を示すべきだ[90]」と述べた。「解決できなかった問題」が慰安婦なのか徴用工なのか、はたまた日本の植民地支配を指すのか、必ずしも明確ではないが、過去の事柄を条約の存在にもかかわらず、「積弊清算」の名の下に無視することは好ましくないであろう。

　同政権の支持母体の1つとして、慰安婦問題を中心に活躍するNGO団体（韓国挺身隊問題対策協議会）が存在することはいうまでもない。NGO団体は基本的に特定の目的のために活動を行っている。韓国挺身隊問題対策協議会も、慰安婦に対する日本政府の真の謝罪と誠意ある対応を求めている。彼ら

87）阿部浩己「過去の不正義と国際法——日韓国交正常化50周年に寄せて」『法律時報』第87巻10号（1995年）9頁。同様の視点で日韓請求権協定を論ずるものとして、申惠丰「日韓請求権協定の射程——何が『解決』されたのか」同上、10-15頁。
88）荒井正大「条約批准審議の背景」『中央公論』（1965年12月号）157頁。
89）2019年2月26日に韓国文化体育観光省が発表した世論調査によると、「日本に好感がもてるか」という質問に69.4％が「もてない」と答えたとされ、「親日残滓の清算」の有無をめぐる質問には80.1％が「清算されていない」と答えたとされる。『朝日新聞』2019年2月27日朝刊11面。
90）『朝日新聞』2019年1月11日朝刊。

の目的が日本政府の責任の追及であることは明らかである。問題なのは、日本による「真の」謝罪であるか「誠意ある」対応であるかは、客観的な基準があるわけではなく、あるとすれば彼らが満足のゆくものでなければならないということである[91]。そうした組織は往々にして先鋭化しがちであり、実際、2017年7月には、「日本軍性奴隷制問題解決のための正義記憶財団」と合併し、新たに「日本軍性奴隷制問題解決のための正義記憶連帯」を立ち上げた。これまでの運動に、さらに彼らがいう「正義」が加わったことになる。

　こうしたNGO団体は、彼らが目的とする単一問題の解決を当然といえば当然であるが最優先の課題としがちである。文在寅政権がこうした支持母体に寄り添えば寄り添うほど、政権としては日本政府の責任の追及に向かわざるをえない。しかし、日本との国際関係の調整も韓国政府の職務である。韓国政府は、1つの問題で日韓関係全体を危機に陥れてならず、お互いに最も重要な隣国の1つとして良好な関係を継続するための努力が求められる。政府はNGO団体とは異なり、さまざまな利害調整の中で政策決定を行うのであり、またそのようなものでなければならない。韓国による植民地支配の問題の取り上げ方は、日本に対する被害者感情があまりに強く、両国の健全な発展を妨げているように日本からはみえる。

　前述したように、いわゆる日韓の1965年体制は、当時の冷戦構造の中で、過去の植民地支配の責任をあいまいにする形で決着した。韓国側には、民主化政権誕生の後、旧条約の効力につき日本側に対し、韓国側の解釈に合わせてほしいとの欲求があり、被害者の声や尊厳回復を求める声も手伝って、今回の大法院判決が出たと思われる[92]。文在寅政権は、「積弊清算」の公約の下、そのあいまいさを正そうとする原理主義的な立場に立つ判決を尊重する

91）現に、韓国の文喜相国会議長は、2019年2月12日、訪問先のワシントンで、「合意書が十数個あっても仕方がない。やられた被害者から最後の承服、『許す』という言葉が出るまで謝罪しろということです」と述べたとされる。

92）1995年10月5日の参議院本会議での「韓国併合条約は当時の国際関係等の歴史的事情の中で法的に有効に締結され、実施されたものであると認識しております」との村山答弁に対して、韓国の孔外相（当時）は日本の山下大使を呼び、「日韓併合条約はわが国民の意思に反して強圧的に締結され、それゆえにもともと無効である」との考えを伝えた。詳しくは、坂元・前掲書（注67）300-327頁参照。

と述べている[93]。しかし、それはとりもなおさず戦後の日韓関係の土台をこわすことになる。協定の締結交渉に携わった人たちが国交正常化交渉で選択した、旧条約の効力は「もはや無効」という、この「建設的な曖昧さ」こそが、戦後の緊密な日韓関係の基礎になっているという事実にも目を向ける必要がある。戦前の歴史あるいは歴史的正義にこだわるあまり、戦後70年続いた日韓の歴史を捨て去ることは賢明とはいえない。

　法の役割は決して責任の追及のみではない。ドイツの公法学者ベルンハルト・シュリンク（Bernhard Schlink）は、「法には想起することと忘却することの両者が内在している。法は、行為者が自分の犯した罪に捉えられ、自分の罪の責任を負うことを要求する。同時に、過去のことはピリオドを打って片付けるべきことも要求する。法には想起と忘却の両者が内在するので、法の一方の方向への道具化も、他の方向への道具化も単なる道具化にとどまらなくなる。道具化は法を衝突させる[94]」と述べている。

　シュリンクが述べるように、「過去に起こったことは克服することはできない。起こったことは起こったことである。過去の出来事は変更不可能である。課題を克服するというような本来の意味における克服は、過去に関しては存在しない[95]」。たしかに、彼のいうように課題は克服すればなくなるが、過去を克服したからといって過去の歴史がなくなるわけではない。

　韓国の一部の団体が主張するような、日本は慰安婦や徴用工の問題に関して何も責任を感じておらず、過去の過ちを正当化しようとしているという指摘は、事実に反するように思われる。シュリンクがいうように、「過去を含む現在が未来に続いていくことが歴史である[96]」とすれば、われわれは同一の事象に対する異なる評価を交しながら、両国の間に生じた「歴史」を省察し、そうした過去の「歴史」に学んだ新たな「歴史」、それをわれわれは未来と呼ぶが、そのような未来を構築できるよう努力を重ねる必要がある。ど

93）向山英彦「内政外交両面で難題に直面する文在寅政権──問題の根源に『原理主義的』思考」Available at https://www.jri.co.jp/MediaLibrary/file/report/researchfocus/pdf/10776.pdf.
94）ベルンハルト・シュリンク（岩淵達治他訳）「法による過去の克服」『過去の責任と現在の法』（岩波書店、2005年）81-82頁。
95）同上、67頁。
96）同上、126頁。

の国にも誇れる歴史と誇れない歴史がある。みずからの民族の歴史の中には、現在および将来の模範として使えないものもあるかもしれない。しかし、過去の日本の一部の実践がわれわれの模範とならないとしても、過去は捨て去るものではなく、未来への知恵を宿すものである。われわれはみずからの歴史に真摯に向き合い、未来への一助として、歴史から学ぶ必要がある。

　人も国も過去に向かって生きることはできない。それゆえ、当然、われわれは未来を語るが、日本の優れた外交官（須之部元外務次官）がかつて指摘したように、「未来は現在の延長線上にのみありうるのであり、そして現在は過去の産物以外何ものでもない[97]」との言葉を想起すれば、われわれが過去の歴史を語ることは、真の意味での未来志向であることがわかる。しかし、その際に、われわれには次のような心構えが必要である。ヴァイツゼッカー（Richard von Weizsacker）元ドイツ大統領が述べた、「私たちは、歴史を自己弁護のためとか、他者の告発や罪の相殺のために悪用しようとは思いません。このようなことを歴史が必要としているわけではありませんし、このようなことをしたところで、私たちを未来に向けて前進させる一助にはならないでしょう[98]」という言葉にこめられた精神である。韓国の一部の団体にみられる、歴史を「他者の告発」、日本への責任追及のみに用いても、そうした行動は日韓を未来に向けて前進させることにはならないであろう。

　日韓が真の和解へ向かうために何が必要なのかを、真剣に語り合う必要がある。「歴史を、それをあるがままに直視し、その諸結果を可能な限り良心的に取り扱うこと」がわれわれには求められている。韓国が日韓請求権協定の範囲外と主張する慰安婦についても、女性のためのアジア平和国民基金、いわゆるアジア女性基金（1995年～2007年）をはじめ、2015年12月28日の慰安婦問題日韓両外相共同記者発表の合意など、日本側として誠実に対応してきたとの思いがある。しかし、韓国政府は、2018年11月21日に、慰安婦問題に関する2015年12月28日の日韓両外相共同記者発表で示された日韓合意のスキームの一翼を担う和解癒し財団を一方的に解散する決定を行った。慰安婦

97）東北アジア問題研究所編『東北アジアの動向と日本外交』（悠々社、1997年）17頁。

98）R.V.ヴァイツゼッカー（山本務訳）『過去の克服——二つの戦後』（日本放送出版協会、1994年）106-107頁。

に関する日韓合意は、日本政府の予算（10億円）により、韓国政府の慰安婦の方々の支援を目的とした財団（和解癒し財団）を設立し、日韓両国政府が協力して、すべての慰安婦の方々の名誉と尊厳の回復、心の傷の癒しのための事業を行うことに合意し、これらの措置が着実に実施されるとの前提で、韓国政府は、日本政府と共に、この問題が「最終的かつ不可逆的に解決される」ことを確認した。この日韓合意は、日本が韓国に一方的に押しつけたものではなく、冷え込んだ日韓関係改善のために双方が折り合った成果である。賠償請求権問題が「完全かつ最終的に解決された」ことを確認した日韓請求権協定の存在にもかかわらず、日本の首相が、改めて元慰安婦の方々に心からのおわびの気持ちを表明する形で歩み寄ったものである。同時に、過去のことに終止符を打って未来を志向しようとする日韓両国の理性的姿勢の所産でもあった。にもかかわらず、いとも簡単にこの合意を事実上破棄してしまっている。日本政府と日本国民の間に韓国政府と韓国国民に対する深刻な不信感が生じている。

　他方、文政権の支持母体とされる団体は「日本軍性奴隷制問題解決のための正義記憶財団」という名称が示すように、「日本軍」という名称を冒頭に冠することにより、この団体の目的が戦時における女性の人権という今日国際社会が抱えている普遍的課題よりも、日本の行為の糾弾こそが目的のように筆者には見える。われわれ日本人は、毎年8月6日と9日の広島と長崎の原爆の日に、過去の原爆の惨禍を想起し、原爆によって戦争は早期に終結させることができたと考える加害国の人たちに、原爆の悲惨さ、核兵器の悲惨さを想起させ、忘却の文化に生きないようにと語りかけている。こうした日本人による原爆記念日の行事は加害者である米国に向けられているのではなく、原爆や核兵器の廃止は人類の課題であるとして普遍化されたメッセージとして発信されている。それゆえにこそ、米国のオバマ前大統領が訪れる施設になっている。韓国による慰安婦問題の取り上げ方は、日本に対する被害者感情があまりに強く、広島や長崎の運動とは異なる面があるように思われる。

　隣国同士にともに深く根をおろした不信感に、われわれは向き合わなければならない時代に突入した。現在、日韓が直面している慰安婦や徴用工の問

題にいかに取り組むか、日韓両政府と両国民には、感情論を超えた理性と現実主義の精神に根差した対応を求めたい。前述した国家主権免除事件で、ICJが述べた、「裁判所は、この結論に至るにあたって、国際法に従ったドイツの主権免除に、当該イタリア国民の司法的救済を妨げる可能性があることに気づいていないわけではない。しかし、裁判所は、99項に言及されたイタリア人捕虜の取り扱いから生ずる請求が、未解決とされている——そしてそれがイタリアの訴訟手続の基礎でもあった——イタリア国民の他の請求とともに、その問題の解決のために、両当事国が関与するさらなる交渉の主題となりうると考える[99]」（104項）との判示に鑑みると、仮に仲裁委員会やICJなど第三者の紛争解決機関にこの問題が持ち込まれても、日韓両国間のさらなる交渉による解決が促される可能性が高い。現在、提起されている日韓請求権協定の解釈問題は、条約法に合致した日本の主張の妥当性が国際法上は支持されうるとしても、国家中心の国際法秩序に代わり個人中心の国際法秩序であるべきだとする国際人権法の立場に立てば、それでは不満を抱く個人の救済がなされ得ないという問題が残るのも事実である。われわれが直面している外交課題には、この容易に答えの出ない問題が内包されていることを忘れてはならない[100]。

---

99) *Jurisdictional Immunities of the State, ICJ Reports 2012, supra* note 76, p. 49, para. 104.
100) 国家中心の国際法秩序から人間中心の国際法秩序への法意識の変化という国際法秩序におけるこの新たな構造変化の問題については、小和田恆「国際法における法の支配——『国際法秩序における法の支配』概念再構築のために」『国際法外交雑誌』第117巻3号（2018年）24-29頁。

国際刑事裁判所における
被害者賠償の展開
―個別的損失補填から行政目的の集団的賠償へ―

古 谷 修 一
早稲田大学教授

はじめに
一　被害者賠償制度の歴史的展開
二　ICC における賠償方式の基本構造
三　賠償判決の動向
結び

はじめに

　すべての社会制度は社会的なニーズの産物である。したがって、一定の制度は必ずその存立を支えるニーズとそれに見合った制度趣旨を持っている。しかし他方で、特定の制度を取り巻くニーズや社会環境の変化は、そうした目的や意義を転換させる可能性も常に内在させている。設計段階における理念的な制度趣旨が実行段階において徐々に変化するといった現象は、いずれの制度においても少なからず見られることである。逆に見れば、そうした制度の運用における表層的な変化は当該制度を支える社会的ニーズの変化を映し出し、その根底にある社会関係の変動を想起させることになる。国際刑事裁判における賠償制度（reparation system）の展開・変化を検討する本稿は、こうした観点からの分析を目的としている。

　2006年 2 月、コンゴ民主共和国のルバンガ・ディーロに対する逮捕状発給を決定するに際して、国際刑事裁判所（ICC）・第一審裁判部は以下のように

指摘している。

> 「〔ローマ〕規程において定められている賠償スキームは、規程のユニークな特徴のひとつであるだけではない。それはまた、鍵となる特徴（a key feature）である。裁判部の見解では、裁判所の成功は一定程度、この賠償制度の成功と結びついている。」[1]

こうした言説は、ICC がその管轄権に入る最も重大な犯罪に責任を負う者の訴追・処罰のための機関であるだけでなく、こうした犯罪の被害者を救済するための機関であることを端的に示している。その点で、被害者救済の指向性（victim-oriented perspective）は ICC 制度の重要な特徴であり、これは制度を規律する規程や手続規則などからも明らかである。それにもかかわらず、賠償制度が運用の段階に入り、実際に賠償を命じる判決が出されると、一定の変化を指向してきているように見える。この変化はどのように起こっているのか。そして、それはいかなる意義を有するのだろうか。

本稿においては、こうした問題を検討するに当たって、2 つの分析視角を設定する。第 1 は、賠償の性格である。国際刑事裁判における賠償は、大別すれば、個々の被害者を対象とする個別的賠償（individual reparation）と一定の集団、たとえば犯罪発生地域の住民や民族コミュニティなどを総体として対象とする集団的賠償（collective reparation）が考えられる。賠償の実現において一定の選択的な幅が想定されるなかで、ICC はどのような性格の賠償を中核として制度運用を行うのか。これは変化の内実を考える指標となる。第 2 は、賠償の実現に責任を持つ者と被害者との法的関係である。国際刑事裁判における被害者賠償は、後に明らかにするように、その設置の歴史的経緯からして、犯罪の実行者による賠償責任を前提とする。換言すれば、犯罪の加害者と被害者との二者の関係のなかで、賠償を行う義務と賠償を受ける権利の相互的な法関係が問題となる。ここでは、こうした関係を責任ベースの賠償（responsibility-based reparation）と呼ぶこととする。他方で、こうした制度だけでは、被害者救済を十分に行えない可能性がある。加害者が賠償を行うに十分な資産を所有していなければ、責任ベースの賠償は実質的には

---

1) *Prosecutor v. Thomas Lubanga Dyilo*, Decision on the Prosecutor's Application for a warrant of arrest, Article 58, 10 February 2006, ICC-01/04-01/06, para. 136.

効果を持たない。そこで、任意的な寄付金など第三者による資金援助を得て、これをもって被害者に対する賠償に当てるという制度が設計される。資金援助を行う主体は私人から国家まで幅があり、それが行われる動機も様々であるが、その背景には国家や民族の相違を超えた被害者に対する同情や被害者救済という法制度の安定的運用が国際社会における秩序維持に資するといった思考がある。こうした賠償は人々の連帯意識の反映である点で、連帯ベースの賠償（solidarity-based reparation）と考えることができる[2]。この賠償は加害者と被害者という不法行為的な責任関係の枠を超えて、被害者救済という行政的な政策実現の性格を帯びることになる。したがって、賠償の実施責任が加害者に求められるのか、それとも任意的な資金を基盤として第三者の関与によって実現するのかは、被害者救済の趣旨目的の変化を探る指標となる。

　以下では、賠償の性格に関する指標と法的関係に関する指標とを組み合わせながら、ICC における賠償に関する判決を分析することにより、賠償制度の変化を立体的な視点から映し出すことを試みる。その前提として、まずは国際刑事裁判における被害者賠償がどのような経緯から生まれてきたのか、いわば賠償制度のオリジナル・ポジションを明確にすることから検討を始めたい。

一　被害者賠償制度の歴史的展開

　国際刑事裁判の発展において、被害者賠償は歴史の浅い制度である。事実、個人責任論に立脚した初めての国際刑事裁判であるニュルンベルグ裁判所と東京裁判所においては、被害者の訴訟参加や被害者賠償に関する制度はまったく存在しなかった。国家間の関係における国際法の違反という概念を打ち破り、国際法違反の行為について個人の刑事責任を追及する制度は、「加害

---

2) See Shuichi Furuya, Chapter 1: "Right to Reparation for Victims of Armed Conflict: The Intertwining Development of Substantive and Procedural Aspects," in Cristian Correa, Shuichi Furuya and Clara Sandoval, *Reparation for Victims of Armed Conflict:* Max Planck Trialogues series Volume III (Cambridge University Press, 2019 *forthcoming*).

者」という個人に注目する新たな地平を切り開くことになったが、他方で別の個人、すなわち「被害者」という個人に光を当てることはなかったのである[3]。その後の国際法委員会によるニュルンベルグ諸原則の定式化やジェノサイド条約の採択などにおいても、被害者に対する賠償が制度化されることはなかった[4]。被害者賠償の理念は、国際刑事裁判に制度的に内在するものというよりは、むしろ1980年代に始まる外部における国際法規範・制度の発展に影響を受けた側面が強い。

1　外部環境の変化

　国際刑事裁判における賠償制度に影響を与えた動きは、3つに大別できる。第1は、国連内における犯罪被害者の権利保障に関する動きである。国連は1970年代中葉から、犯罪防止刑事司法会議を中心として、犯罪被害者の待遇に関する国際基準の策定を行ってきており、それは1985年の国連総会決議「犯罪および権力乱用の被害者のための司法に関する基本原則宣言」[5]の採択へといたることになった。ここでは、被害者が迅速な救済を受ける権利や加害者が被害者に対して原状回復や金銭的補償を与えるべきことなどが規定されているが、宣言が問題とする犯罪被害者はあくまで国内犯罪の被害者であった。ただ、権力乱用による被害者に言及する第18条は、「いまだ国内法の違反を構成しないが、人権に関する国際的に承認された規範の違反を構成す

---

3) Shuichi Furuya, "Victim Participation, Reparations and Reintegration as Historical Building Blocks of International Criminal Law," in Morten Bergsmo, CHEAH Wui Ling, SONG Tianying and YI Ping eds., *Historical Origins of International Criminal Law: Volume 4* (Torkel Opsahl Academic Publisher, 2015), pp. 839-841.

4) ニュルンベルグ諸原則とそのコメンタリーには、「被害者」という言葉さえ見られない。Principles of International Law recognized in the Charter of the Nurnberg Tribunal and in the Judgment of the Tribunal, with commentaries, *Yearbook of the International Law Commission*, 1950, Vol. II, pp. 374-378. ジェノサイド条約の起草過程では、1947年の条約草案13条がジェノサイドの被害者に対する賠償について規定していた (Draft Convention on the Crime of Genocide, UN Doc. E/447, 26 June 1947, p.49)。しかし、この規定は最終的な交渉過程で消え去り、結局ジェノサイド条約には賠償制度は何も盛り込まれていない。See William Schabas, *Genocide in International Law, the Crime of Crime, Second Edition* (Cambridge University Press, 2009), pp. 470-471.

5) Declaration of the Basic Principles of Justice for Victims of Crime and Abuse of Power, UN Doc. A/Res/40/34/Annex (29 November 1985).

る作為あるいは不作為」[6] による被害者も対象としており、いわば人権侵害を犯罪の文脈でとらえ、その被害者に対する救済を問題とする萌芽が見られた。

　こうした基本原則宣言の採択に影響を受け、国連人権委員会の差別防止・少数者保護小委員会は、1989年に人権侵害の被害者賠償に関する検討を始めている。当初 Theo van Boven を特別報告者として始まった検討は、後に Cherif Bassiouni に引き継がれ、2005年に国連総会決議「国際人権法の大規模な違反および国際人道法の重大な違反の被害者のための救済と賠償の権利に関する基本原則とガイドライン」（基本原則・ガイドライン）が採択されるにいたる[7]。こうして、当初は国内犯罪の被害者救済の問題として始まった動きは、国際人権法・国際人道法違反の被害者救済の問題へと展開し、個人の保護を目的とする国際法の違反に対応したより広範な被害者賠償の理念が形成されたのである。

　第 2 の動きは、地域人権裁判所における被害者賠償の発展である。地域人権条約における刑事司法と人権の問題は、当初は刑事手続における被疑者・被告人の人権保護が中心的テーマであった。しかし、1980年代後半において、被疑者・被告人の人権保護から被害者指向の人権保護へという最初の変化が米州人権裁判所において発生する。独裁体制の下で拷問や強制失踪が行われてきた中南米諸国においては、こうした行為の実行者の処罰を進め、被害者の救済を行うことに消極的な姿勢が見られた。そのため、米州人権裁判所は生命に対する権利（4条）や身体の自由に関する権利（7条）を、権利を尊重する締約国の義務（1条）、公正な裁判（8条）、司法的救済を受ける権利（25条）などと一体として解釈することにより、被害者の権利を積極的に承認するようになる。Verásquez-Rodoriguez 事件において、同裁判所は第 1条上の義務の帰結として、締約国は人権侵害を防止、捜査、処罰しなければならず、さらに侵害された権利を回復し、損害に対する補償を与えるべきこ

---

6) *Ibid.*, para. 18.

7) Basic Principles and Guidelines on the Right to a Remedy and Reparation for Victims of Gross Violations of International Human Rights Law and Serious Violations of International Humanitarian Law, UN Doc. A/RES/60/147, Annex（16 December 2005）.

とを判示する[8]。さらに一連の判決において、第8条は締約国に対して、人権侵害の被害者が上記の捜査・処罰や補償を得るための手続にアクセスする権利を保障することを義務づけていると判断している[9]。同様の動きは欧州人権裁判所においても見られ、人権を尊重する締約国の義務（1条）が生命に対する権利（2条）、拷問の禁止（3条）、公正な裁判を受ける権利（6条）、効果的な救済を受ける権利（13条）などと合わせて解釈され、人権侵害の実行者を捜査・処罰する締約国の義務、刑事司法手続に被害者が参画する権利[10]、さらには賠償を請求するための機会を被害者に提供する義務などが明確にされていく[11]。こうして、賠償を含めた被害者の救済が、人権保護の文脈のなかで注目されるようになったのである。

　国際刑事裁判における賠償制度に関連する第3の動向は、武力紛争終結後に個人賠償を実施するためのアドホックな賠償メカニズムの設置である。たとえば、1991年の湾岸戦争後に、国連安全保障理事会は「国連補償委員会」（United Nations Compensation Commission）を設置している。さらにその後、旧ユーゴの内戦終結に際して締結されたデイトン協定により、ボスニア・ヘルツェゴビナに「避難民および難民の不動産請求権に関する委員会」（Commission for Real Property Claims of Displaced Persons and Refugees）が設置され、つづいて1999年にはコソボ紛争に伴って「家屋および財産に関する請求権委員会」（Housing and Property Claims Commission）、2000年にエリトリア・エチオピア間の和平協定による「エリトリア・エチオピア請求権委員会」（Eritrea-Ethiopia Claims Commission）、イラク戦争後に「イラク財産請求権委

---

8) IACtHR, *Verasquez-Rodoriguez v. Honduras*, Judgment, 29 July 29 1988 (Merits), paras. 166 and 174.

9) IACtHR, *Blake v. Guatemala*, Judgment, 24 January 1998 (Merits), para. 97; IACtHR, *The"Street Children" (Villagran-Morales et al.) v. Guatemala*, Judgment, 19 November 1999 (Merits), para. 227.

10) ECtHR, *Ogur v. Turkey*, Application no. 21594/93, Grand Chamber, Judgment, 20 May 1999, paras, 92-93; *Gul v. Turkey*, Application no. 22676/93, Fourth Section, Judgment, 14 December 2000, para. 93; *Hugh Jordan v. The United Kingdom*, Application no. 24746/94, Third Section, Judgment, 4 May 2001, para. 109.

11) ECtHR, *Kaya v. Turkey*, Application no. 22729/93, Chamber, Judgment, 19 February 1998, para. 107.

員会」(Iraq Property Claims Commission) など、次々と新たなメカニズムが誕生している[12]。武力紛争後の賠償請求を一括処理 (lump-sum) の方式で対応していた従来の実行を離れ、個人の賠償請求を個々に受理・処理するこうしたメカニズムの出現は、同様に武力紛争に関連して発生した重大な犯罪を裁く国際刑事裁判において、個人賠償の制度が導入される背景となっている。

2 国際刑事裁判への賠償制度の導入

1993年に設立された旧ユーゴスラヴィア国際刑事裁判所 (ICTY) の規程は、犯罪行為によって不法に奪取された財産の原状回復については、同裁判所が直接に処理する枠組を想定していたが、被害者への補償 (compensation) については何も定めていなかった。ICTY 規程の作成段階において、賠償処理を直接に ICTY に委ねる提案がなかったわけではないが、これは実際には取り入れられなかったのである[13]。そこで、ICTY 設置後に、判事たちは被害者救済の必要性を感じ、手続証拠規則に規則106の手続を導入している[14]。これによれば、損害は発生させた犯罪について ICTY が下した有罪判決は、関係国の権限ある当局に送付される。被害者はこの有罪判決を基礎として、国内裁判所に対して損害賠償の請求を提起する。その際、ICTY の有罪判決は、国内裁判所における加害者の刑事責任について、最終的かつ拘束的なものとして扱われる。これは、ICTY が認定した刑事責任を基盤としながらも、被害者への賠償は関係する国内裁判所に対応が任されている構造である。しかし結局、こうした賠償制度は一度も利用されることなく終わっている[15]。

ICTY 規程に示された被害者賠償に対する消極的姿勢は、ICC の創設にか

---

12) こうしたメカニズムについては、Shuichi Furuya, "Draft Procedural Principles for Reparation Mechanisms," in International Law Association, *Report of the Seventy-Sixth Conference held in Washington D.C.* (International Law Association, 2014), pp. 786-8.

13) Virginia Morris and Michael P. Scharf, *An Insider's Guide to the International Criminal Tribunal for the Former Yugoslavia*, Vol. I (Transnational Publishers, 1995), p. 139.

14) 規則106が創設された背景とその特徴については、拙稿「国際刑事裁判制度における被害者への賠償」『早稲田法学』第83巻3号 (2008年) 160-162頁。

15) Furuya, "Victim Participation, Reparations and Reintegration," *supra* note 3, p. 855.

かわる初期の議論にも見られた。ICC に関する検討を始めた国際法委員会は、不法に奪取された財産の正当な所有者への返還を裁判所が直接に命じ、また支払われた罰金などを被害者の本国あるいは国連事務総長が設置する信託基金に移送する手続を構想している[16]。しかし、最終案には賠償に関する規定は盛り込まれず、ただ信託基金を設置する提案だけが残される結果となっている[17]。

　国際法委員会の作業を引き継いだ準備委員会（Preparatory Committee）では、2 つの提案が行われている。第 1 案は、ICTY の規則106と同様の国内裁判所による賠償処理であった[18]。これに対して、フランスが主導した第 2 案は、裁判所が賠償を直接に処理することを想定していた[19]。先に述べた外部における被害者救済の機運はこの審議にも反映され、フランスの提案は大方の支持を集めるところとなった。他方で、賠償を処理する権限が ICC に与えられた場合、犯罪を発生させた国家の責任が問題となり、行きつくところ国家に対して賠償を命じる手続に発展しないかが大きな懸念となっていた[20]。

　準備委員会からローマでの外交会議に提案された最終案は、現行のローマ規程第75条 2 項と同様に、「裁判所は、有罪の判決を受けた者に対し、被害者に対する又は被害者に関わる適切な賠償（原状回復、補償およびリハビリテーションを含む）を直接に命令することができる」[21]と定めていた。ローマ会

---

16) Draft Statute of an International Criminal Court, Article 53 and Commentary, in Report of the Working Group on a Draft Statute for an International Criminal Court, *Yearbook of the International Law Commission*, 1993, Vol. II, Part 2, p. 125.

17) Draft Statute of an International Criminal Court, Article 47 and Commentary, *Yearbook of the International Law Commission*, 1994, Vol. II, Part 2, p. 60.

18) Report of the Preparatory Committee on the Establishment of an International Criminal Court, Vol. II (Compilation of proposals), General Assembly Official Record, Fifty-first Session, Supplement No. 22A, UN Doc. A/51/22 (13 September 1996), p. 224.

19) *Ibid.*, p. 223.

20) Christopher Muttukumara, "Reparations to Victims," in Roy S. Lee ed., *The International Criminal Court: The Making of the Rome Statute: Issues, Negotiations and Results* (Kluwer Law International, 1999), p. 264.

21) Draft Statute of an International Criminal Court, Article 73 (2) (a), in Report of the Preparatory Committee on the Establishment of an International Criminal Court, Draft Statute and Final Act, UN Doc. A/CONF.183/2/Add.1 (14 April 1998), p.117.

議での最大の争点は、こうした賠償命令が国家に対してまで拡張されるか否かであった。事実、最終案には括弧つきではあったが、ICC が国家に対して賠償命令を出す権限も記載されていた。国家の対する命令を支持する国々は、有罪判決を受けた者が国家の公務員であった場合、犯罪行為は当然に国家に帰属するのであるから、当該国家は被害者賠償を行う義務があり、その実施を ICC が命令する制度は認められるべきと主張する一方で、多くの国は ICC はあくまで個人責任の原則に則って機能すべきであり、国家責任の問題を持ち込むことは裁判所の基本的な組織や手続の構造と一致しないと主張した。そして、もし国家に対する命令を容認するのであれば、すでに合意に至っている管轄権行使の前提条件やトリガーメカニズムを再交渉せざるをえないとの認識が広まっていった[22]。こうした対立のなかで、最終的にはフランスとイギリスが、国家に対する命令に関する部分を削除する新たな共同提案を行い[23]、これが受け入れられることで、現行の第75条の成立へといたったのである。

　ローマ規程に賠償制度が導入されるまでの歴史的な経緯をふまえると、これが２つの特徴を内包していることが理解できる。第１は、被害者賠償は国内における犯罪被害者の救済と同じ文脈で発展し、個々の被害者の人権保護の一環として構想された点である。したがって、本来的には個別的賠償の発想に裏打ちされていたと考えられる。第２に、ローマ会議において国家に対する賠償命令という構想が否定されたことに象徴されるように、ここでの賠償はあくまで有罪判決を受けた者とその犯罪による被害者との二者間の責任ベースの賠償である。国家の賠償責任を組み込んだ多重的な賠償制度はもとより、連帯ベースの賠償といった発想も直接的にはローマ規程に現れていない。このため、ICC に期待されるのは、個々の被害者と有罪判決を受けた者との責任関係と賠償範囲を決定する司法的な裁定であった。

---

22) Muttukumara, *supra* note 20, p. 268.

23) Proposal Submitted by the Delegations of France and the United Kingdom of Great Britain and Northern Ireland, UN Doc. A/CONF.183/C.1/WGPM/L.28 (26 June 1998).

二　ICC における賠償方式の基本構造

被害者の賠償にかかわる規程第75条１項・２項は、次のように規定している。

「１．裁判所は、被害者に対する又は被害者に係る賠償（原状回復、補償及びリハビリテーションの提供を含む。）に関する原則を確立する。その確立された原則に基づき、裁判所は、その判決において、請求により又は例外的な状況においては職権により、被害者に対する又は被害者に係る損害、損失及び傷害の範囲及び程度を決定することができるものとし、自己の行動に関する原則を説明する。
２．裁判所は、有罪の判決を受けた者に対し、被害者に対する又は被害者に係る適切な賠償（原状回復、補償及びリハビリテーションの提供を含む。）を特定した命令を直接発することができる。
　裁判所は、適当な場合には、第79条に規定する信託基金を通じて賠償の裁定額の支払を命ずることができる。」

賠償に関する手続への参加資格は、原則として手続証拠規則・規則85に定められた要件を満たす者である[24]。規則85（a）によれば、被害者とは「裁判所の管轄内の犯罪の遂行の結果として損害（harm）を被った自然人」を意味する。したがって、被害者と認定されるためには、(i) 自然人であること、(ii) 損害を被っていること、(iii) 当該損害をもたらした犯罪が ICC の管轄内に入ること、(iv) 被った損害が犯罪の結果生じたものであることが求められる[25]。もっとも、規則85（b）は、被害者を自然人に限定しておらず、宗教、教育、芸術・学術、慈善目的に供される財産、および歴史的建造物、病院、その他人道的目的のための場所または物に対し、直接的な損害を被った機関または組織を含むことができると定めている。

ICC は賠償を裁定するにあたり、損害、損失、傷害の範囲と程度を考慮す

24）被害者の手続への参加については、拙稿「被害者救済の機関としての国際刑事裁判所」芹田健太郎・戸波江二・棟居快行・薬師寺公夫・坂元茂樹編『講座国際人権法4 国際人権法の国際的実施』（信山社、2011年）455-470頁。

25）*Situation in the Democratic Republic of the Congo*, Decision on the Applications for Participation in the Proceedings of VPRS 1, VPRS 2, VPRS 3, VPRS 4, VPRS 5, VPRS 6, ICC-01/04-101-tEN-Corr, 17 January 2006, para. 79.

ることが求められる。規程上では個別な賠償裁定が想起されるが、手続証拠規則・規則97（1）は「裁判所は、個別に（individualized basis）または適当と認めるときは集団的に（collective basis）、あるいは両方で賠償を裁定することができる」と規定し、集団的賠償だけや個別的賠償との併用も認めている。また、規程第75条2項によれば、具体的な賠償支払の方法についても、2つの方法が想定されている。第1は、有罪の判決を受けた者に対し、被害者本人に対して直接に適切な賠償を行うよう命令する方法であり、第2は、信託基金を通じて賠償の支払を行うよう命令する方法である。

規程第79条は、締約国会議の決定により、「裁判所の管轄権の範囲内にある犯罪の被害者及びその家族のために信託基金を設置する」と定め、これにしたがって、2002年の第3回締約国会議において、「被害者のための信託基金」（Trust Fund for Victims、以下「信託基金」）とこれを管理する理事会（Board of Directors）が設置された[26]。第75条2項後段は信託基金が賠償支払の中継者（intermediary）として機能することを想起させるが、手続証拠規則および「被害者のための信託基金に関する規定」（以下「基金規定」）[27]によれば、信託基金を通じた賠償を含めた賠償の実施方法は、より複雑な構造を持っている。

手続証拠規則・規則98によれば、ICC が命令することができる賠償の実施方式は、4つに区分される。①有罪の判決を受けた者が直接に被害者に対して支払い等の賠償実施を行うことを命令する（規則98（1））、②個々の被害者に対する直接的な賠償が不可能（impossible）あるいは実用的でない（impracticable）場合、有罪判決を受けた者に対して、信託基金に賠償金を供託することを命令する。この場合、供託された賠償金は信託基金の他の資金と区別され、可能な限り迅速に個々の被害者に支払われる（規則98（2））、③被害者の数、賠償の範囲、形式、方法に照らして、集団的賠償の方がより適切であると判断される場合には、有罪判決を受けた者に対し、信託基金を通

26）Resolution ICC-ASP/1/Res.6, Establishment of a fund for the benefit of victims of crimes within the jurisdiction of the Court, and of the families of such victims（9 September 2002）.
27）Resolution ICC-ASP/4/Res.3, Regulations of the Trust Fund for Victims（3 December 2005）, at https://asp.icc-cpi.int/iccdocs/asp_docs/Resolutions/ICC-ASP-ASP4-Res-03-ENG.pdf.

じて賠償を行うように命令する(規則98(3))。他方、④規則98(5)は規程第79条に従うことを条件に、任意の寄付金などを中心とする信託基金の「他の資金」(other resources)を被害者の利益のために使用することができるとしている。

これらの賠償方式を、本稿の2つの分析視角にしたがって整理すれば、図1のようになる。①は典型的な責任ベースの個別的賠償を意味するのに対して、②は責任ベースの個別的賠償ではあるが、信託基金が中継者として使用される点で直接的な賠償ではない。③は責任ベースの賠償ではあるが、集団的賠償であり、④は連帯ベースの賠償スキームによる集団的賠償となる。

図1　規則98における賠償方式

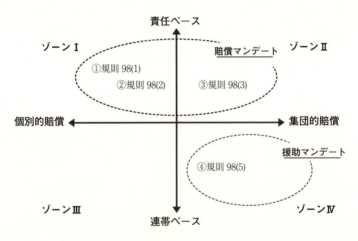

基金規定42項は、信託基金の受益者を規則85が定義する「被害者」であり、かつ「自然人またはその家族」に限定している。そのうえで基金規定46項は、更に罰金・没収によって徴収された金銭と有罪の判決を受けた者から支払われた賠償についての受益者を、「有罪の判決を受けた者により行われた犯罪によって、直接または間接に影響を受けた」者だけに限定している。他方、同48項は、任意の寄付金など上記の金銭以外については、「これらの犯罪の結果として、身体的、心理的、かつ／または物的に危害を被った」者を受益者としている。補完性の原則の適用により、広範な犯罪行為の実行者のうち、

一握りの中心的なリーダーだけを裁くという訴追戦略をとる ICC においては[28]、その管轄に属する犯罪を行ったすべての犯人を訴追・裁判できるわけではない。そうなると、一定地域で広範に発生している犯罪の被害者のうち、犯人が ICC で裁かれ有罪の判決を受けた場合については賠償を得ることができるが、一方で同じ地域の犯罪被害者であっても犯人が ICC により裁かれない場合には、これを得ることができないことになってしまう。48項が「これらの犯罪の結果として」という文言を使い、その点で46項よりもやや広い受益者の定義を置いているのは、こうした点を考慮してのものである。また、46項における基金からの支払は、当然被告人の有罪が確定しなければ行えないことになるが、48項によれば、裁判進行中であっても、信託基金から被害者に一定の援助を提供することが可能となる。したがって、信託基金は、規程第75条や第79条に定められた被害者に対する賠償よりも広範に、被害者救済のための受け皿として機能している。こうしたことから、④の信託基金の「他の資金」を被害者の利益のために使用する任務は、通常「援助マンデート」（Assistance mandate）と呼ばれ、ICC の賠償判決の履行を目的とする「賠償マンデート」（Reparation mandate）と区別して扱われている[29]。

基金規定21項によれば、信託基金の資金は締約国会議から配分される予算に加えて、(a) 政府、国際機構、個人、会社その他の団体による任意の寄付、(b) 罰金や没収によって徴収された金銭・財産、(c) 賠償のために支払われた金銭、(d) 通常の割当金以外に、締約国会議の決定により、信託基金に割り当てられた資金によって構成される。2017年の決算データでは、通常の配分予算がおよそ220万ユーロであるのに対して、国家および私的団体・個人からの任意の寄付金は290万ユーロ近くにのぼっている[30]。

---

28) 最新の訴追戦略については、Office of the Prosecutor, Strategic Plan 2016-2018（16 November 2015), para. 36, at https://www.icc-cpi.int/iccdocs/otp/EN-OTP_Strategic_Plan_2016-2018.pdf. See also Shuichi Furuya, "The Principle of Complementarity in Reality: Who Actually Applies It and in What Way under the ICC System?," in Teruo Komori and Karel Wellens eds., *Public Interest Rules of International Law*（Ashgate, 2009), pp. 306-308.

29) The Trust Fund for Victims, Annual Report 2016, pp. 13-25, at https://www.trustfundforvictims.org/sites/default/files/reports/Annual%20Report-2016_ENG_September_Online.pdf. 野口元郎「被害者信託基金とその活動」村瀬信也・洪恵子共編『国際刑事裁判所――最も重大な国際犯罪を裁く〔第2版〕』（東信堂、2014年）344-345頁。

ICC は賠償方式の選択に関して裁量権限を有しており、どのような方法をとるかは各事件の状況や被害者のニーズに応じて判断されることになる。上記のように、ローマ規程第75条や第79条に明文で規定されているわけではない様々な賠償方式が、手続証拠規則や基金規定において拡大発展したことで、ICC の裁量的な選択幅は広くなっており[31]、それよって次章で検討するように、賠償の方式と手続に変化が生じてきている。

三　賠償判決の動向

1　ルバンガ事件における賠償

ICC はこれまでに３つの事件において賠償段階の審理を終えており、いずれも第一審裁判部と上訴裁判部の判決が出ている。

第一審裁判部は2012年に ICC の歴史上初めて、ルバンガ事件について賠償の決定（以下、「ルバンガ第一審決定」）を行い、被害者の救済をできる限り広範に実現するため、ローマ規程や手続証拠規則に規定された賠償が広範かつ柔軟に適用されるべきであるとの見解を示した[32]。そして、訴訟手続に参加し、賠償の請求を行った少人数のグループだけに賠償を限定することが適当でないと指摘し[33]、また個別的賠償と集団的賠償は相互排他的なものではなく、重複して実施されるべきとの立場を取った。第一審裁判部は訴訟参加をした被害者に対する個別的賠償が、関連する地域コミュニティに緊張と分断をもたらす危険を回避する必要性を強調している。そのため、一般的なリ

---

30) The Trust Fund for Victims, Report to the Assembly of States Parties on the projects and the activities of the Board of Directors of the Trust Fund for Victims for the period 1 July 2017 to 30 June 2018（23 July 2018), Annex I, p. 19.

31) Wyngaert 判事は、賠償に関する規則は曖昧であり、具体的な意味の確定は裁判官の判断に委ねられるかたちとなっていると指摘する。Christine van den Wyngaert, "Victims before International Criminal Courts: Some Views and Concerns of an ICC Trial Judge," *Case Western Reserve Journal of International Law*, Vol. 44（2011), p. 488.

32) *Prosecutor v. Thomas Lubanga Dyilo*, Decision establishing the principles and procedures to be applied to reparations, Trial Chamber II, 7 August 2012, ICC-01/04-01/06, para. 180（hereinafter "Lubanga TC decision"）.

33) *Ibid.*, para. 187.

ハビリテーション、住居、教育・訓練等とともに、精神的・心理的ケアを含めた医療サービスの提供も考慮すべきとする[34]。さらに賠償の方式もローマ規程第75条に列挙されたものだけに限定されず、象徴的、予防的かつ変革的な価値（symbolic, preventive and transformative value）を持った賠償が含まれることも指摘している[35]。

　さらに、ルバンガ第一審決定の特徴的な側面は、有罪判決を受けた者が賠償に供するだけの資産を持たない場合への対応に現れている。第一審裁判部はルバンガが経済的な貧困者（indigent）であり、彼ができることは被害者への謝罪といった象徴的な賠償だけであるが、それは彼の同意に基づくことが適当であるため、裁判所による命令の一部を構成することはないとする[36]。このため、有罪判決を受けた者に資産がない場合には、信託基金に供託された罰金や差押え資産に限定されることなく、信託基金が集めた「他の資金」によって賠償が行われるべきと述べる[37]。そして、こうして信託基金の任意の寄付金等を使用する場合、「コミュニティを基盤とするアプローチ」（community-based approach）が個別的な賠償よりも有益・有用であるとする信託基金の見解を支持し[38]、信託基金が適当な賠償方式の決定とその実施を行うに適していると判断している[39]。これは、援助マンデートに加えて賠償マンデートについても、信託基金に大幅な権限を認めたことを意味し、その点で両マンデートの境界が曖昧になることを示唆する。本稿の分析枠組で言えば、ルバンガ第一審決定は図1における区分ゾーンⅠとⅡの賠償をゾーンⅣにシフトさせる意義を持っており、これによって賠償は被害の個別的な補填という性格から、地域社会全体の復興といった「行政的」色彩を強く帯びることになる。

34）*Ibid.*, paras. 220-221.

35）*Ibid.*, para. 222. 変革的な目的（transformative objectives）をもった賠償プログラムが将来の被害者を防止し、また記念碑や献辞のような象徴的賠償もリハビリテーションの過程に貢献できるものであるとも述べる（*Ibid.*, para. 236.）。

36）*Ibid.*, para. 269.

37）*Ibid.*, para. 271.

38）*Ibid.*, para. 274.

39）*Ibid.*, para. 266.

ところが、被害者の法廷代理人（Legal Representatives of Victims）から上訴を受けた上訴裁判部は、第一審決定とは異なる立場の判決を下している（以下、「ルバンガ上訴審判決」）[40]。上訴裁判部はまず、ローマ規程第75条の下で発せられる賠償命令は、最低限以下の５つの基本的要素を含まなければならないとする。（１）命令は有罪判決を受けた者に対して向けられる、（２）命令において、当該有罪判決を受けた者の賠償に関する責任を示す、（３）集団的、個別的あるいは両者といった賠償形式を特定し、その理由を示す、（４）有罪の判決を受けた犯罪の結果として被害者に発生した損害（harm）を定義し、特定の事件における事情に応じて第一審裁判部が適当と考える賠償の具体的方式を特定する、（５）賠償を受ける資格のある被害者を特定する、あるいは被害者の受けた損害と有罪となった犯罪の間の関係性に基づき、被害者として認定される資格基準を設定する[41]。この見解は、賠償の実体的な性格と賠償の方式を決定する手続的権限という２つの側面において、第一審決定の内容を否定するものである。

　上訴審判決によれば、個人の刑事責任に基づく法制度である ICC においては、賠償命令も本質的にこの個人の責任に結びついていなければならず[42]、したがって賠償命令は有罪判決を受けた者に対して行われるべきである[43]。また、有罪判決を受けた者が経済的な貧困者で、賠償に当てる資産を持たないという理由から、当該者による賠償を信託基金を通じた賠償に転換するという第一審決定の解釈は説得力を持たず[44]、貧困であるという事実は、個人に賠償責任を課す障害とはならないと判示する[45]。こうして加害者の刑事責

40）ルバンガ事件における第一審決定と上訴審判決の包括的な研究として、東澤 靖「国際刑事裁判所（ICC）における被害者のための賠償命令と残された課題——付属【翻訳】上訴裁判部の2015年３月3日賠償命令（修正後）」『明治学院大学法科大学院ローレビュー』第23巻（2015年）63-89頁。

41）*Prosecutor v. Thomas Lubanga Dyilo*, Judgment on the appeals against "Decision establishing the principles and procedures to be applied to reparations" of 7 August 2012 with AMENDED order for reparations（Annex A）and public annexes 1 and 2, Appeals Chamber, 3 March 2015, ICC-01/04-01/06 AA2A3, para. 32（hereinafter "Lubanga AC judgment"）.

42）*Ibid.*, para. 65.

43）*Ibid.*, para. 69.

44）*Ibid.*, para. 70.

45）*Ibid.*, para. 102.

任と賠償責任とを厳密にリンクさせる上訴審判決の立場は、被害者の特定の問題にも波及し、コミュニティの利益のために集団的賠償を行う場合においても、それは被害者の要件を満たしているコミュニティの特定メンバーに限定されるべきであり、コミュニティを構成するすべての者を対象とするものではないと指摘する[46]。第一審決定が命じた「コミュニティを基盤とするアプローチ」は、犯罪被害者の要件を満たしたコミュニティのメンバーとそれ以外のメンバーとを区別する基準を設定せずに賠償を与えるものと批判し[47]、後者については、援助マンデートの枠内で救済が行われるべきであるとする[48]。これはたとえば、性的暴力などルバンガが起訴されていない犯罪による被害者についても同様に当てはまり、これに対しても援助マンデートで対応するのが適当であると判示している[49]。

　また、上訴裁判部が示した5つの基本的要素は、賠償方式の特定、損害の定義、被害者の特定あるいはその資格要件の提示を含んでおり、これは賠償の内容や方式を信託基金の決定に大幅に委ねた第一審決定の見解を否定するものである。こうして見ると、上訴審判決は第一審決定によって曖昧にされた賠償マンデートと援助マンデートの境界を明確にし、ICC が命令する賠償はあくまで前者の範囲にとどまることを示すとともに、この範囲においては裁判部による司法判断によって具体的な賠償の方式や被害者要件の定義が行われことを明らかにすることで、裁判部と信託基金の権限範囲についても鮮明にしたことになる[50]。この点をとらえると、図2のように、第一審決定が示したゾーンIVへと移行するベクトルは、上訴審判決によってゾーンIおよびIIに引き戻されたように見える。

　もっとも、これによって信託基金の役割が援助マンデートに限定されるようになったわけではない。上訴審判決は、コミュニティ内における被害者に対する集団的賠償において、第一審裁判部が個々の申請について審査をする

---

46) *Ibid.*, paras. 211-212. See also, Amended Order for Reparations（Annex A）, paras. 54-55.

47) *Ibid.*, para. 214.

48) *Ibid.*, para. 215.

49) Amended Order for Reparations, *supra* note 46, para. 64.

50) 同意見として、越智萌「ルバンガ事件における国際刑事裁判所（ICC）の被害者賠償手続——修復的正義の要請と国際法上の意義」『国際公共政策研究』第20巻2号（2016年）44頁。

図2 ルバンガ第一審決定と上訴審判決の意義

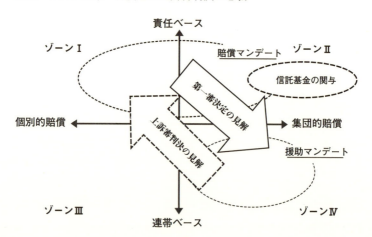

必要はなく、単に集団的賠償がより適当であるか否かだけを判断すれば良いと指摘する[51]。そして、具体的な賠償のデザインは信託基金に委ねる方針を取り[52]、賠償の実施計画案（draft implementation plan）の策定と賠償金額の決定を信託基金に命じるとともに[53]、これをモニタリング・監督する別の第一審裁判部（Trial Chamber II）を設置することを決定している。その後は、信託基金が被害者の特定と所在の確定を含めた賠償規模に関する案なども策定し、これを第一審裁判部が承認しながら、次のステップに進むという手順が取られるようになっている[54]。したがって、上訴審決定は賠償決定の多くを信託基金に「丸投げ」した第一審決定を批判するが、他方で賠償に関する裁判部による司法的コントロールと信託基金による行政的な実務遂行とを切り分け、むしろそれによって賠償マンデートに対する信託基金の役割の拡張を認め、その任務内容を鮮明にしたとも言える。その点で、賠償の構図は単純なゾーンI・IIへの回帰ではなく、権限的な側面ではゾーンIVにおいて機

---

51) Lubanga AC judgment, *supra* note 41, para. 152.
52) Amended Order for Reparations, *supra* note 46, paras. 69-70.
53) *Ibid.*, paras. 75-78.
54) See, *Prosecutor v. Thomas Lubanga Dyilo*, Corrected version of the "Decision Setting the Size of the Reparations Award for which Thomas Lubanga Dyilo is Liable," Trial Chamber II, 21 December 2017, ICC-01/04-01/06, paras. 5-19.

能した信託基金の関与がゾーンⅡにまで展開された形になっている。

2　カタンガ事件・アルマーディ事件における賠償

　ルバンガ上訴審判決後の2017年、カタンガ事件とアルマーディ事件におい
て第一審裁判部の賠償命令が下されている（以下、それぞれ「カタンガ第一審
命令」[55]、「アルマーディ第一審命令」[56]）。いずれの命令においても、ルバンガ
上訴審判決が提示した賠償命令における5つの基本的要素が確認されてお
り[57]、その点で原則的にはルバンガ上訴審判決にしたがった賠償の検討が行
われている。とりわけ、有罪判決を受けた者が経済的な貧困であったとして
も、そのことによって賠償責任を免れるものではないとする点は完全に踏襲
されており[58]、刑事責任と賠償責任が厳格にリンクされた賠償の構図は維持
されている。

　他方で、個別的賠償と集団的賠償の双方において、いくつかの発展的な見
解が示されていることも事実である。カタンガ第一審命令は個別的賠償に関
しても象徴的な賠償方式を認め、賠償に訴訟参加し被害が立証できた297名
に対して、一律に250米ドルを支払うことを命じている[59]。これは一面では、
犯罪の被害者に対する個別の賠償というICCにおける賠償制度の骨格を維
持したものであるが、実質的には被害者の損失補填という意義を持たない。
第一審裁判部も、被害者が自らの損害がICCにより個々的に認められたと
満足する象徴的意義を持つことを強調している[60]。

　問題はこうした個別的賠償の資金をどこから拠出するのかである。カタン
ガは賠償に当てるべき資産を所有していないため、カタンガ第一審命令は初
めて、信託基金の「他の資金」をこれに当てることができると判示した[61]。

---

55) *Prosecutor v. Germain Katanga*, Order for Reparations pursuant to Article 75 of the Statute, Trial Chamber II, 24 March 2017, ICC-01/04-01/07（hereinafter "Katanga TC Order"）.

56) *Prosecutor v. Ahmad Al Faqi Al Mahdi*, Reparations Order, Trial Chamber VIII, 17 August 2017, ICC-01/12-01/15（hereinafter "Al Mahdi TC Order"）

57) Katanga TC Order, *supra* note 55, para.31; Al Mahdi TC Order, *supra* note 56, para. 38.

58) Katanga TC Order, *supra* note 55, paras. 245-246; Al Mahdi TC Order, *supra* note 56, para. 114.

59) Katanga TC Order, *supra* note 55, para. 300.

60) *Ibid.*, para. 285.

61) *Ibid.*, para. 337.

すでに述べたとおり、手続証拠規則・規則98（5）は任意の寄付金などである「他の資金」を援助マンデートに使うことを定めており、援助マンデートはこれ以外の資金（有罪となった者から供託された賠償金や罰金など）を使用して実施してはならないことになっている。逆に、「他の資金」を個別的な賠償マンデートに使用することを認める明文規定はないが、これを禁ずる定めもない。その点をとらえて、カタンガ第一審命令は「他の資金」をもって個別的賠償の資金とすることを認めたのである。これは図3が示すように、手続証拠規則では想定されていなかったゾーンⅢの賠償スキームが事実上創設されたことを意味する。こうした見解はアルマーディ第一審命令でも踏襲されている[62]。

図3 カタンガ第一審命令・アルマーディ第一審命令の意義

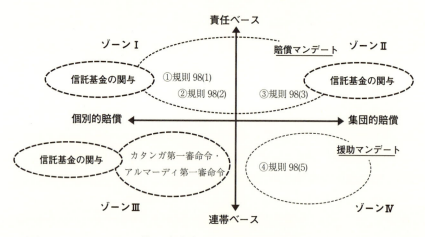

さらに、アルマーディ第一審命令は、個別的賠償においても、要件を充足する被害者を裁判部が特定することが現実的でない場合、申請ベースの手続の代替として（alternative to an application-based process）、信託基金による行政的なスクリーニング（administrative screening）に基づいて賠償を行うことが最良であるとの見解を示している[63]。また、被害者の代理人からこうした信託基金による被害者の特定に関して異議が唱えられた上訴審において、上

---

62) Al Mahdi TC Order, *supra* note 56, para. 138.
63) *Ibid.*, para. 144.

訴裁判部は信託基金が個別的賠償を決定する権限は、手続証拠規則・規則98
（２）の類推に依って認められるとして、この判断を支持している[64]。こう
した見解は、ゾーンⅠの賠償スキームにおいても信託基金が積極的な関与を
行い、裁判部による司法的コントロールのもとで、行政的な賠償実務を担う
ことを示唆している。

　カタンガ第一審命令は、集団的賠償についても発展をもたらしている。同
命令によれば、集団的賠償を受けるためには、当該集団が共通したアイデン
ティティや経験を持つことに加えて、同一の犯罪による被害を受けているこ
とが必要である。犯罪以前に存在した人種的、民族的、社会的、政治的ある
いは宗教的集団はもちろん、犯罪の帰結として集合的に損害を受けた他の集
団も対象となりうる。集団的賠償の鍵となるのは、共通した損害を経験した
集団メンバーの意識である[65]。これをふまえて、第一審命令は集団的賠償を
コミュニティ全体に利益をもたらす「コミュニティ賠償」（community repa-
rations）と、その性格において集団的ではあるが、集団の個々人に焦点を当
てた賠償とに区分する。学校・病院の建設や記念碑の建立などが前者に当た
り、ヘルスケアの実施は後者に属する[66]。この意味で、集団的賠償は「開か
れた概念」（open concept）であって、個人にも集団にも利益をもたらしうる
が、できうる限り個人としての被害者に向き合ったものでなければならない
としている[67]。これによって、賠償方式は厳密な個別的賠償、個人にフォー
カスした集団的賠償、コミュニティ賠償の３つに分化することになるが、特
定化や被害者要件の立証ができない個別的賠償の候補者が、個人フォーカス

64）*Prosecutor v. Ahmad Al Faqi Al Mahdi*, Judgment on the appeal of the victims against the
"Reparations Order," Appeals Chamber, 3 March 2018, ICC-01/12-01/15 A, paras. 60-62. 上訴裁判
部はカタンガ事件賠償の上訴判決においても、第一審裁判部が個々の被害の金額を算定するアプロ
ーチを取ったことを時間や資源の浪費であると批判し、個別的賠償の被害額の算定は信託基金など
の専門家に委ね、第一審裁判部はこれを司法機能として最終承認すれば十分であるとの見解を示し
ている。*Prosecutor v. Germain Katanga*, Judgment on the appeals against the order of Trial
Chamber II of 24 March 2017 entitled "Order for Reparations pursuant to Article 75 of the Statute,"
Appeals Chamber, 8 March 2018, ICC-01/04-01/07 A3 A4 A5, paras. 69-72.

65）Katanga TC Order, *supra* note 55, paras. 274-275.

66）*Ibid.*, paras. 278-280.

67）*Ibid.*, para. 294.

の集団的賠償によってカバーされることによって、実質的に同様の救済を受ける可能性が高くなる。とりわけ、個別的賠償が象徴的な金額の支給にとどまる現状では、個人フォーカルの集団的賠償が実質的には個別的賠償に期待された効果も持ち合わせることになるだろう。

　さらに、アルマーディ第一審命令は、個別的・集団的賠償の実施において信託基金が果たす役割とこれに対する司法的コントロールの手続を3段階に整理している。第1段階は、第一審裁判部による賠償命令の裁定であり、これをガイドラインとして信託基金は賠償の実施計画案（draft implementation plan）を策定する。第2段階では、裁判部がこの実施計画案を承認するとともに、信託基金は賠償実施の信頼できるパートナーを特定する。そして第3段階として裁判部は選択された具体的なプロジェクトを承認する決定を行う[68]。こうして、図3が示すように、信託基金は単に資金の受け皿としての役割から、援助マンデートはもちろん、賠償マンデートにおける個別的賠償も含む賠償制度の全体を掌握する実施機関（implementation agency）として位置づけられることになるのである[69]。

結び

　ICC における賠償制度は、国内犯罪による被害者救済から出発し、国連や地域人権裁判所における人権侵害被害者の賠償にかかわる実行を反映するかたちで形成された。その意味では、犯罪あるいは人権侵害の加害者と被害者との二者関係のなかで、賠償を行う義務とこれを受ける権利の相互的な法関係を基盤としていることは間違いない。しかしながら、実際の運用においては、国際刑事裁判に特有の課題から、その内実に変化が生まれたと考えられる。

　第1に、個別的賠償の実施の困難さが挙げられる。ICC の管轄内に入り、かつ受理許容性が満たされる犯罪は、いずれも大規模な被害者を生み出すことになる。他方で、訴追対象を最も責任のある者に絞り込む戦略が取られて

---

68) Al Mahdi TC Order, *supra* note 56, para. 136.
69) *Ibid.*

いることから、仮にすべてが有罪となったとしても、個別的賠償の義務を負う者の数は限られている。こうした賠償を受けるべき被害者と賠償を行うべき加害者の数の上でのアンバランスが、個別的賠償の実現を難しくしている。さらに、有罪の判決を受けた者が、多少でも賠償を担えるだけの資力を持つのであれば、一定程度の個別的賠償の財政的な基盤は確保できる可能性はあるが、ここで検討した3つの事件が示すように、有罪となった者が資産を持たず、経済的な側面からは個別的賠償にまったく寄与できないことがむしろ一般的と言える。この状況は今後も大きく変わるとは考えられない。

　他方、地域人権裁判所や武力紛争終結後のアドホックな賠償メカニズムにおいては、加害者個人ではなく、その行為が帰属する国家の責任が認められ、国家による賠償というかたちで被害者への個別的賠償が実施されている。こうした方式によれば、加害者本人の無資産は大きな問題とはならない。しかし、ローマ規程第75条の成立過程が明らかに示すように、ICCにおける賠償制度は国家賠償を含まないことが大前提となっている。規程の交渉過程における国家賠償制度への警戒感はきわめて強く、多くの国家がこのスキームを拒絶する姿勢を示した。仮に国家賠償の制度がローマ規程に残ったとすれば、おそらく規程の批准国数は大幅に少なくなり、いまだに発効していない可能性さえある。こうしたことから、ICCにおける賠償制度は、あくまで「刑事法指向の論理」(criminal law-oriented logic)[70]に基づいて、個人の刑事責任と賠償責任をリンクさせることで成立したと言える。これはルバンガ上訴審判決が鮮明にした基本的立場である。ただそれは、実務的には、多くの被害者にとって賠償制度を無意味なものとする危険性を内在させている。

　第2に、こうした個人の刑事責任と賠償責任のリンクは、個別的賠償の効果においても課題を生み出す。ICCは1つの事態で発生した犯罪のすべてを扱うことはできない。また、取り上げる犯罪においても、実際に裁判に付されるのは一握りの主導的地位にある者だけである。そうなると、必然的に当該裁判に付された者が行った犯罪の被害者だけが、ICCにおける賠償の対象

---

70) Carsten Stahn, "Reparative Justice after the Lubanga Appeal Judgment: New Prospects for Expressivism and Participatory Justice or 'Juridified Victimhood' by Other Means," *Journal of International Criminal Justice*, Vol. 13 (2015), p. 807.

とならざるをえない。これは、広範かつ組織的な犯罪が発生した地域の被害者救済という観点では、きわめて限定的な効果しか持ちえない。さらには、賠償を受けられる者とこれを受けられない者が同じ地域・コミュニティ内に生まれることになり、賠償の実施がむしろ地域社会における分断と対立を誘発する危険さえ考えられる。

　一方で、国連内では2000年代に入って、こうした地域社会との関係で、賠償制度が移行期正義の実現において果たす役割が強調されるようになってきている。たとえば、2004年に出された事務総長報告書「武力紛争あるいはポスト武力紛争下の社会における法の支配と移行期正義」は、以下のように指摘している。

> 「いかなる単独の賠償形式も被害者を満足させることにはならないであろう。それよりむしろ、いくつかの賠償措置の適切に考慮された組合せが、刑事裁判や真実委員会の手続を補うものとして、通常は求められることになろう。どのような方式の移行期正義が採用されようとも、またこれに伴ってどのように賠償プログラムが構想されようとも、正義の要請と平和の希求は、被害者に対して何らかの補償がなされるべきことを求めている。」[71]

　賠償制度が移行期正義の実現に寄与すべきであるという要請から、ICC も逃れることができない。ICC が取り扱う事態が発生した国家はいずれも、まさしく上記の報告書が想定するような武力紛争後の融和的な社会の構築過程にあり、それゆえに ICC による刑事裁判が「不処罰の文化」を終わらせ、ひいては法の支配の実現に貢献すると考えられるからである。そうした ICC 制度の一部である賠償もまた、紛争を経験した地域社会全体に寄与する方向にシフトすることは当然の成り行きとも言える。

　このように個別的賠償の困難さと地域社会の再建と融和への貢献という動因が、本稿が検討したような賠償の性質と方式の変化を生んでいると考えられる。一般的な傾向としては、個別的賠償から集団的賠償へと力点が移動し、かつ加害者と被害者の二者関係に立脚した責任ベースの賠償に代わって、第

---

71) Report of the Secretary-General, The rule of law and transitional justice in conflict and post-conflict societies（23 August 2004）, UN Doc. S/2004/616, para 55. See also Updated Set of Principles for the Protection and Promotion of Human Rights through Action to Combat Impunity, 8 February 2005, UN Doc. E/CN.4/2005/102/Add.1.

三者による寄付金等を巻き込んだ連帯ベースの賠償が強調されてきていると指摘できる。こうした変化は、賠償マンデートにおける被害者と援助マンデートにおける被害者を形式的には明確に区分しながらも、救済すべき対象としては包括的に扱う指向性を示しており、その点で厳密な法的責任に基づく損失補填から、地域社会の復興という行政的・政策的目的をもった賠償へとシフトしているのである。これは司法機関としての第一審裁判部が担うべき役割を超えるものであり、そのために援助マンデートはもとより、賠償マンデートにおいても信託基金が前面に立ち現れ、賠償実施の行政機関として包括的な役割を果たすことが期待されるようになっていると考えられる。

　もちろん、信託基金が行う賠償だけで十分であるのかは検討の余地のある問題である。本稿が検討した３つの事件においては、被害者側がいずれも上訴を提起しているが、その理由の根底には、訴訟参加し具体的な損害が認められた自分たちに対する賠償が、地域社会の他の者と同じに扱われることへの不満がある。その点では、上記のような集団的賠償や地域社会の包括的な救済への傾斜は、個々の被害者の満足を実現するという趣旨とは逆方向とも言える。さらにそもそも、社会的融和を図ることと個人の損害を補填することは相互排他的ではなく、同時に実現可能なことでもある。３つの事件に関する賠償命令はこれを形式的には認めてはいるが、限られた資金のなかで、現実に両立させることは難しい問題である。今後、信託基金の「他の資金」によってゾーンⅢの個別的賠償がどこまで進むのか、そしてゾーンⅡやⅣの集団的賠償とどのようにバランスを取ってゆくのか。こうした点が、ICCの賠償制度が抱える課題であると考えられる。

続・空襲被害者と国際法
―個人の損害賠償請求権の行方―

山 下 恭 弘
福岡大学教授

はじめに——重慶大爆撃訴訟控訴審判決を受けて
一　わが国の空襲に係わる訴訟
二　国際法上の権利に係わる主張
三　個人の損害賠償請求権の行方
おわりに——望ましい終着点

はじめに——重慶大爆撃訴訟控訴審判決を受けて

　東京高裁は2017年12月14日、重慶大爆撃訴訟[1]に関する判決を言い渡し、空襲被害者（控訴人）の損害賠償請求権その他の主張を悉く斥けた。

　空襲の違法性に係わる事実の認定　被害者は、空襲が無差別爆撃であり、その非人道性・残虐性を示すべき事実の認定が原判決では不十分であると訴えた。裁判所はこれに対し、「本件においては、一方当事者が争点の論理的関係に照らして、事実関係について確定不要であるとして、あえて何らの反論・反証も行っていないことに照らすと、事実確定のための基礎資料の観点からも、判断に必要な範囲を超えて事実関係の確定を行うことは相当ではないと思料される」[2]とした。

　空襲に関する事実の主張は、専ら被害者からなされており、空襲加害者

---

1) 本訴訟については、下記の第一章1節(2)、とくに東京地裁判決について詳しくは、山下恭弘「空襲被害者と国際法——重慶大爆撃訴訟を素材として」『福岡大学法学論叢』第61巻4号（2017年3月）参照。
2) 控訴審判決22頁。東京高裁平成27年（ネ）1790号事件（判例集未登載）。以下、控訴審判決の該当頁のみを引用する。

（わが国）は、何ら主張・反論していない。したがって、原判決となる東京地裁2015年2月25日判決では、そうした被害者の主張が事実としてそのまま受け入れられることになった[3]。この異例ともいえる膨大・詳細な事実の提示により、当時の重慶が無防守都市——敵の陸上軍隊の作戦行動の直近地域ではない都市——であり、空襲が主に一般住民を威嚇・殺傷するものであったこと、さらに被害者に不必要な苦痛をもたらし、空襲の非人道性・残虐性を示すものとなったことは明らかである。

　ちなみに、無防守都市に対する無差別爆撃、不必要な苦痛を与える空襲の非人道性・残虐性については、わが国ではすでに、いわゆる「原爆判決」[4]でその違法性は明確に判示されている。この判決では、事実の主張は専ら被害者（原告）からなされていることに留意すべきであろう[5]。加えて、重慶大爆撃訴訟では被害者が東京高裁に提出した「意見書」[6]において、空襲の違法性を否定するのであれば加害者からの反論があって然るべき旨の指摘もなされているのである。これは反論しがたい、膨大・詳細な事実の主張があればこその指摘であった。いずれにせよ、裁判上の争点になっていない——したがって、空襲の違法性は認定されたとみてよい——にも拘らず、被害者は空襲の違法性に拘り過ぎたためか、このような判決を生じさせる結果となってしまった。

　本稿の目的　上記のごとく重慶大爆撃訴訟控訴審判決に対する若干の感想はあるものの、本稿では、空襲に係わる訴訟で常に主たる争点となったもの、すなわち、被害者の国際法上の損害賠償請求権の存否について、わが国のこ

---

3) 裁判所が認めることになった被害事実について詳しくは、原判決5-89頁、または訟務月報第61巻9号1737頁参照。以下、原判決の該当頁のみを引用する。

4) 東京地判昭和38・12・7判時355号17頁。判例解説は、岩本誠吾「原爆投下の違法性」小寺彰・森川幸一・西村弓編『国際法判例百選〔第2版〕』（有斐閣、2011年）232-233頁参照。

5) 正確には、被告（わが国）による事実の主張がまったくなかったわけではなく、被告は原告よりも少ない被害者数を主張している。さらにこの判決で留意すべき点を挙げれば、空襲の違法性が原爆投下という空襲の特異性ではなく、原爆を想定していなかった当時の国際法に基づいて判断されたこと。違法性を判断するに際して複数の高名な国際法学者の「鑑定書」が重視されたこと、である。被告の主張・上記の諸点について、論評なども含めて詳しくは、藤田久一『核に立ち向かう国際法——原点からの検証』（法律文化社、2011年）7頁以下参照。

6) これは「甲第1489号証」として2016年11月10日、東京高裁民事第5部に提出されている。

れまでの裁判例その他を論拠にしながら、明らかにしたいと考える。ところ
で、本稿がテーマに掲げる空襲被害者の国際法上の損害賠償請求権について、
これは「国家と個人」に関する国際法上のテーマの１つと捉えることができ
るが、宮崎繁樹先生はこの点に関連して、国際法によって直接に権利を付与
された個人を「国際法の主体と認めて差し支えない」[7]と断言され、必ずし
も通説とはされない主張を詳細に展開されている[8]。本稿は、この宮崎・国
際法学が示している国家と個人の関係を意識しながら、空襲被害者の国際法
上の権利を検証し、現状をまとめたものである[9]。

一　わが国の空襲に係わる訴訟

　米国は第２次世界大戦末期において、わが国のほぼ全土に対して大規模な
無差別爆撃を敢行し、甚大な被害をもたらした[10]。戦後しばらくして、この
空襲の被害を受けた各地から損害賠償と謝罪を求める訴訟が相次いでなされ
ることになった。そうした訴訟がサンフランシスコ平和条約第19条（a）
──米国など連合国に対するわが国・国民の損害賠償請求権の放棄に関係す
る規定──により、真の加害者たる米国ではなく、条約を締結したわが国を
相手にして訴訟が提起されたことは、周知の通りである。
　ここでは、わが国の空襲に係わる訴訟で示された事実や判決などから、被
害者たる個人の国際法上の損害賠償請求権の存否を探ることになるが、訴訟
のなかには国際法に基づいた主張はせず、憲法その他に基づいた主張を展開
し、争点が専ら国内法や条理などに集約されたものもある。そうした訴訟も

---

7)　宮崎繁樹『国際法綱要』（成文堂、1984年）97頁。

8)　同上、95頁以下参照。

9)　空襲被害者も含めて戦争被害者一般の加害国に対する国際法上の請求権の存否を考える出発点
として、藤田久一「国際法における個人請求権の理論的基礎」松井芳郎・木棚照一・薬師寺公夫・
山形英郎編『グローバル化する世界と法の課題　平和・人権・経済を手がかりに』（東信堂、2006
年）、とくに493-495頁参照。また、個人の請求権を考えるに当たって重要な示唆を与えるものとし
て、広瀬義男「戦争損害に対する個人請求権は国際法上存在しないか」『法学研究』第83号（2007
年８月）参照。

10)　わが国の空襲被害の実態については、たとえば総務省ホームページ内の「国内各都市の戦災の
状況」参照。

含めて、さらに本稿の冒頭で触れた重慶大爆撃訴訟も加えて、わが国の空襲に係わる主要な訴訟に順次言及する[11]。

1 国際法が争点の訴訟

(1) 東京大空襲訴訟[12]

事実　原告は1945年3月9日～10日、米軍による浅草など東京下町の住宅密集地に対する焼夷弾の集中爆撃投下――後に東京大空襲と呼ばれることになった――の被害者またはその遺族である。これは集団訴訟となり、原告は被告（わが国）に損害賠償を求めて、次の2点を主張した。① 国際法違反の空襲を行った米国に対し、いわゆるハーグ陸戦条約第3条に基づいて損害賠償を請求できたにも拘わらず、被告がサンフランシスコ平和条約第19条（a）で賠償請求権を放棄したのは外交的保護義務に違反する。② 被告が原告を何ら救済せず放置したのは、憲法前文その他の規定に基づいた立法上の救済義務・平等原則に違反し[13]、さらに原告が主張した具体的な行政上の救済義務や、条理上の作為義務にも違反する、である。

ハーグ陸戦条約第3条は、「前記規則ノ条項〔条約附属書に掲げられた56ヵ条の規則〕ニ違反シタル交戦当事者ハ、損害アルトキハ、之カ賠償ノ責ヲ負フヘキモノトス。交戦当事者ハ、其ノ軍隊ヲ組成スル人員ノ一切ノ行為ニ付責任ヲ負フ」（括弧内筆者）と規定している。

被告は、国際法違反の東京大空襲により被害を受けたとする原告の主張に何ら反論しなかったために、東京地裁は、空襲の国際法違反に係わる問題を

---

11) 本稿の中心素材は、国際法に係わるものであり、国内法その他の主張は、単なる言及に留めている。さらに詳しくは、たとえば内藤光博「戦争被害と平和的生存権の法理――東京大空襲訴訟東京地裁判決（2009年12月14日）をもとに」浦田一郎・加藤一彦・阪口正二郎・只野雅人・松田浩編『立憲主義と憲法理論　山内敏弘先生古稀記念論文集』（法律文化社、2010年）、とくに114頁以下参照。また、下記の大阪空襲訴訟に限っていえば、青井未帆「立法不作為の違憲と『人権』侵害の救済――大阪空襲訴訟大阪地裁判決をめぐって」『学習院大学法学会雑誌』第48巻1号（2012年9月）参照。

12) 本訴訟の判例解説は、山下恭弘「東京大空襲訴訟」『法学セミナー増刊 速報判例解説 vol. 7』（日本評論社、2010年）211-214頁参照。

13) この平等原則違反の主張は、下記の名古屋空襲訴訟にみられるように、「戦傷病者戦没者遺族等援護法」によりすでに救済されている旧軍人軍属と比べて、何らの救済もない文民・空襲被害者は、不合理な差別的扱いを受けていると訴えるものである。

争点とせず、被害事実をそのまま認めたが、その他の原告の主張については、下記の通り、いずれもこれを斥けることになった。

判決　東京地裁は2009年12月14日、次の諸点について判断を下した。① ハーグ陸戦条約第3条について、個人の国際法主体性に関する通説とされる考えと、条約の起草過程の検討から、同条は個人の損害賠償請求権を定めたものと判断できない。② 外交的保護義務について、その前提となるべき個人の損害賠償請求権が認められない以上、判断するまでもなく失当といわざるを得ない。③ 国内法や条理などに基づいた個人の損害賠償請求権について、そもそも国内法は空襲被害に係わる個人の権利を定めていない。立法により個人の権利を認めるかどうか、行政上の救済措置を講じるかどうかは、国会・政府の広範な裁量に任されており、直ちに違反を判断できない、である。

上記の判決は、東京高裁2012年4月25日判決で支持を得た後、最高裁2013年5月8日決定で確定されるに至った。

(2)　重慶大爆撃訴訟[14]

事実　原告（中華人民共和国国民）は、日本陸海軍が1938年から1943年にかけて中華民国の新首都・重慶とその周辺で行った爆撃の被害者またはその遺族である。これは集団訴訟となり、原告は被告（わが国）に損害賠償を求めて、次の2点を主張した。① 爆撃はハーグ陸戦条約第3条が定める「違反」に該当し、また、国際慣習法と認められる「空戦規則」[15]などにも違反する。② 爆撃は当時の日中両国の民法・不法行為規定と条理に違反し、さらに戦後も長年にわたる立法・行政上の不作為が続き、救済措置が講じられ

---

14) 本訴訟の判例解説は、申惠丰「無差別爆撃と戦後補償」『平成27年度重要判例解説 ジュリスト臨時増刊1492号』（有斐閣、2016年4月）286-287頁、山下恭弘「重慶爆撃訴訟」『新・判例解説Watch』（日本評論社、2016年4月）319-322頁を各参照。

15) これは1922年、第1次世界大戦の主要な戦勝国である日米英仏伊欄の法律家委員会により作成されたものである。岩沢雄司編集代表『国際条約集 2018年版』（有斐閣）719頁以下にみられるように、信頼できる条約集に長年にわたり収録されており、単なる条約案に留まらないこと。国内判例でも、すなわち上記の原爆判決（1963年）をはじめとして重慶大爆撃訴訟（2015年）にもみられるように、空戦規則の慣習法性は疑いもなく認められていることに留意する必要があろう。ちなみに本訴訟との関係では、空戦規則第22条・第24条参照。

ていない、である。

判決 東京地裁は2015年2月25日、次の諸点について判断を下した。①個人の国際法主体性、外交的保護との関係について、個人の法主体性は認められず、特別の国際法規範が存在しない限り、個人が直接加害国に対し損害賠償請求権を行使することはできない。戦争被害の場合、被害者の国籍国の外交的保護権により処理されるのが原則であるが、その前提となる個人の損害賠償の請求は、本訴訟以前に行われていない。②ハーグ陸戦条約第3条について、同条の審議過程をみても、個人の損害賠償請求権の存在は判断できない。③空戦規則について、無防守都市に対する無差別爆撃の禁止などは国際慣習法であるが、そのことから被害者の損害賠償請求権を確認することはできない。④国内法・条理に基づく請求について、日中両国の民法・不法行為規定、条理、立法・行政上の不作為の観点からも、原告の主張は認められない、である。

上記の判決は、控訴審判決で、無差別爆撃の禁止などが国際慣習法である旨の判決部分が削除され、支持されることになった。東京高裁はこの削除に言及した後、原判決に次の部分を書き加えることにした。「個人が所属国以外の国家による空戦規則案に反する行為により戦争被害を受けた場合に、加害国に対して直接、損害賠償請求権を行使できる取り扱いが、国家間に法的確信を伴って一般的な慣行として行われていたことまでを示すものではなく、控訴人らの主張するような国際慣習法が成立していたことを基礎付けるものとはいえない」[16]。

空戦規則第24条5項は、違法な空襲を行った国の賠償責任を定めているが、被害者たる個人が加害国に対し、この規定に従って損害賠償を請求し認められたケースは存在しない。したがって、個人の損害賠償請求権は、慣習法成立の2つの要件――法的確信と一般慣行――とは無縁であり、確かに空戦規則が係わることはなかったといえる。ただ、こうした裁判所の判断に連動して、空戦規則の慣習法性すべてを否定するかのような削除が行われたとすれば、これは大いに問題とすべきであろう。いずれにせよ、空襲被害者は上告

---

16) 控訴審判決24頁。

続・空襲被害者と国際法　369

した。現在（2018年12月末日）は、最高裁の判断が待たれるところである。

2　国内法が争点の訴訟

(1)　名古屋空襲訴訟

　事実　原告は、米軍が1945年3月から6月にかけて名古屋市地域で行った空襲の被害者である。原告はハーグ陸戦条約やサンフランシスコ平和条約など、国際法に基づいた個人の損害賠償請求権を主張することはなかった。原告が主張したのは専ら国内法上の論点、とくに「戦傷病者戦没者遺族等援護法」（以下、援護法）の違憲性であり、被告（わが国）に損害賠償を求めて、次の2点を主張することになった。① 旧軍人軍属については援護法を制定しておきながら、民間人たる空襲被害者には何らの立法措置も講じないのは不合理な差別であり、憲法の第14条1項のみならず、第11条・第13条にも違反する。② こうした立法不作為などにより、国家賠償法第1条1項の適用が認められる、である。

　援護法は、その適用対象を旧軍人軍属に限定し、この者に対して一時金や年金を支給し救済を図るものである。平和条約が発効し占領が解除された1952年4月28日の直前に国会で成立、直後に公布され、その後数次の改正を経て今日に至っている。

　ところで被告は、援護法が憲法に違反しないとして、次のように主張した。「太平洋戦争における国民の生命身体財産等の損害は、戦争という国の存亡にかかる非常事態下のものであって、国民の等しく受忍しなければならないところであり、これに対する補償を憲法はまったく予想していない。戦争被害者に対して救済措置を講ずることは、専ら立法政策上の問題であり、被告国は、民間被災者に対しては一般的な社会保障の充実強化により、その中で援護を図るという基本姿勢で対応してきた」[17]。これは後に判例となる戦争被害受忍論（以下、受忍論）に相当するような主張であり、こうした受忍論のごとき主張が空襲に係わる訴訟で初めて登場することになった。

　判決　名古屋地裁は1980年8月29日、次の諸点について判決を下した。①

---

17)　名古屋地判昭和55・8・29判時1006号86頁。

援護法について、これは旧軍人軍属が国の被用者であり、使用者責任類似の国家補償の見地から制定されたものであり、適用対象を限定することに合理的理由が認められ、憲法上の違反はない、したがって国家賠償法上の違反も問えない。② 立法不作為について、違反ではないと明確に論及した後、次のように裁判所の希望を伝えた。「戦後三〇年以上を経た今日においても、十分な補償を受け得ず、今なお戦争による傷跡に苦しみつつ日々の生活を送っている民間被災者が存在することは原告らの弁論の全趣旨を徴して容易にこれを窺い知ることができるのであって、これら人々に対し、国が国家補償の精神に基づきできるだけ広範囲にわたって援護の措置を講じていくことが望まれる」。

　上記の判決は、②の裁判所の希望の部分は除いて、名古屋高裁1983年7月7日判決で支持を得た後、最高裁1987年6月26日判決で確定されるに至ったが、高裁・最高裁ともに、受忍論に言及したために[18]、これが空襲訴訟でも妥当する論拠として認められることになった。受忍論は、空襲訴訟以外でも度々引用されており、戦後賠償に係わる訴訟では定番の主張・論拠となっていった。

(2)　大阪空襲訴訟[19]

　事実　原告は1945年3月から8月にかけて大阪市内をはじめとする日本の各地——静岡・兵庫・宮崎・鹿児島——で米軍が行った焼夷弾の集中爆撃投下や機銃掃射などの被害者またはその遺族である。これは集団訴訟となったが、名古屋空襲訴訟と同様、原告が主張したのは専ら国内法上の論点であった。すなわち原告は被告（わが国）に損害賠償を求めて、次の2点を主張した。① 憲法・条理上の作為義務に基づいた立法義務違反があった。② こうした違反は、単なる民法上の違反に留まらず、国家賠償法上の違法な公権力行使（立法不作為）にも当たる、である。

　判決　大阪地裁は2011年12月7日、立法上の不作為が違法となる場合を検

18）最高裁が言及した受忍論については、下記の第二章1節(2)参照。

19）本訴訟の判例解説は、山下恭弘「大阪空襲訴訟」『新・判例解説 Watch』（日本評論社、2012年10月）307-310頁参照。

討し、憲法上保障されている権利を違法に侵害する場合や、権利行使のために立法措置が必要であるにも拘わらず、長期にわたってこれを怠る場合を挙げたが、本訴訟ではそもそも、立法不作為が問題となるような立法義務は存在しないとした。これは、① 憲法前文、第9条、第13条、第14条、第17条、第29条1・3項、第40条、第98条2項、第99条に基づいた複合的な権利侵害の主張と、② 繰り返された憲法第14条に基づいた平等原則違反の主張を検討した上での結論であった。加えて、条理上の立法義務も存在しないとしたのである。

ちなみに、空襲時の民間人の消火義務について、これは名古屋空襲訴訟控訴審判決でも問題とされたが、いわゆる「防空法」その他に係わる次の事実が認定されることになった。防空法は1941年・43年に改正され、空襲被害者の防火義務が強調され、「退去禁止規定」が新設されるとともに、違反者に対する罰則も規定された。防空壕は一時的な避難所とされ、簡易で安全性の低いものが全国で設置されることになった。また、予想される空襲に関する軍の判断は伝達されず、空襲後も報道管制が行われた、である。この防空法の存在こそが空襲被害者が増大する一因となったことは明らかである。

上記の判決は、大阪高裁2013年1月16日判決で支持を得た後[20]、最高裁2014年9月16日決定で確定されるに至った。

二　国際法上の権利に係わる主張

1　権利否定論

(1)　平和条約枠組み論

サンフランシスコ平和条約の枠組み　重慶大爆撃訴訟において被告は予備的主張として、最高裁が「西松建設事件」[21]で示した、いわゆる平和条約枠組み論や、サンフランシスコ平和条約第14条(b)——連合国・国民のわが国に対する損害賠償請求権の放棄に関係する規定——を援用し、個人の損害

---

20) 大阪高裁は、控訴人による憲法第14条に基づいた国の立法義務違反の主張を斥ける論拠として受忍論に言及した（訟務月報第59巻12号3046頁）。これは地裁レベルではなかったことであるが、受忍論がつい最近まで根強く残っていた証左といえよう。

賠償請求権はすでに放棄されているとし、これは政府見解であると訴えた[22]。ちなみに、最高裁がいう「サンフランシスコ平和条約の枠組み」とは、下記の判決部分を指している。

　　サンフランシスコ平和条約は、個人の請求権を含め、戦争の遂行中に生じたすべての請求権を相互に放棄することを前提として、……日本国の戦後処理の枠組みを定めるものであった。この枠組みは、連合国48か国との間で締結されこれによって日本国が独立を回復したというサンフランシスコ平和条約の重要性にかんがみ、日本国がサンフランシスコ平和条約の当事国以外の国や地域との間で平和条約等を締結して戦後処理をするに当たっても、その枠組みとなるべきものであった[23]。

　日中共同声明5項との関係　最高裁は、こうした平和条約の枠組みと日中共同声明5項（賠償請求権の放棄）との関係に言及し、「日中共同声明5項の文言上、『請求』の主体として個人を明示していないからといって、サンフランシスコ平和条約の枠組みと異なる処理が行われたものと解することはできない」とし、「サンフランシスコ平和条約の枠組みにおいては、請求権の放棄とは、請求に基づいて裁判上請求する権能を失わせることを意味するのであるから、その内容を具体化するための国内法上の措置は必要とせず、日中共同声明5項が定める請求権の放棄も、同様に国内的な効力が認められる」とした[24]。

　様々な意見・判決・反論　この判決の当日、中国政府から強制連行・強制労働は重大な犯罪、重大な人権侵害であるとの批判があったが、わが国では「最高裁判決の内容（日中共同声明第5項による国民の請求権の放棄）に踏み込んだものとはなっておらず、単に最高裁による『一方的な』解釈を形式的に批判するのみであって、いわば外在的な批判にとどまっている点で注目される」とし、批判を軽視するかのような意見が出された[25]。また、中国を第三国とする日華平和条約を考察の中心に据えながら、日中間の膨大な資料を吟

21）西松建設事件とは、第2次世界大戦中にわが国により強制連行された中国人が、西松建設で強制労働に従事させられたことに対して、損害賠償を求めた広島での訴訟をいう。この事件の地裁・高裁の判例解説は、浅田正彦「中国人強制連行損害賠償請求事件広島訴訟（西松建設事件）」松井芳郎編集代表『判例国際法〔第2版〕』（東信堂、2006年）651-655頁参照。

22）原判決476頁。

23）最二小判平成19・4・27判時1969号28頁。

24）同上。

味し、次のように述べる意見もあった。「日中間の賠償問題は、国民の請求権を含めた形で、解決済みであるということになる。ただし、それは、人民政府に対して対抗力を有しなかった日華平和条約における中国の賠償問題の処理に人民政府が日中共同声明において同意を与え、その処理を受け入れたということではなく、日華平和条約と実質的に同じ内容の処理を、人民政府が自ら日中共同声明において創設的に行ったということであろう」[26]。しかしながら、これは中国政府の公式見解をふまえた主張とはいえない。中国政府は上記の最高裁判決が出される以前から、下記の通り発言していることに留意する必要があろう。

> 日中共同声明で放棄したのは国家間の賠償であって、個人の補償請求は含まれない……補償の請求は国民の権利であり、政府は干渉できない[27]。

これは当時の中国副首相兼外相の発言であり、今に通じる中国の公式見解とみてよい。この見解などを引用し、個人の請求権は放棄されていないと結論づける国内の裁判例も存在する[28]。さらに、西松建設事件の控訴審判決では、最高裁判決とは真逆の被害者（控訴人）の勝訴・損害賠償の支払いを命ずる判決も出されているのである[29]。加えて、「サンフランシスコ平和条約には、……第三国に対していずれかの義務を課す規定は存せず、そのような意図を推認できる事情も存しない。中国が書面によって明示的にサンフランシスコ条約に基づくいずれかの義務を引き受けたという事実もない。このため、同条約の『枠組み』を中国の明示の同意なく同国にも引き受けさせるような法解釈には国際法的な根拠が見出せない」[30]との反論もみられる。

　条約法条約第34条・第35条　日中両国が締約国である「条約法に関するウ

---

25) 国際法事例研究会『日本の国際法事例研究（6）戦後賠償』（ミネルヴァ書房、2016年）286-287頁参照。

26) 浅田正彦『日中戦後賠償と国際法』（東信堂、2015年）200頁。ちなみに、この点も含めたこの書の阿部浩己による的確な書評─『国際法外交雑誌』第117巻2号（2018年8月）、とくに228-229頁─も参照。

27) 1995年3月9日の『朝日新聞』記事。

28) 福岡地判平成14・4・26判時1809号111頁参照。これは戦時中に強制連行され、福岡の鉱業所で強制労働に従事させられた中国人被害者の損害賠償請求事件を扱ったものである。その他の裁判例についても、たとえば東京地判平成15・4・24判時1823号61頁参照。

29) 広島高判平成16・7・9判時1865号62頁、浅田「前掲判例解説」（注21）を各参照。

イーン条約」（以下、条約法条約）は、第34条で「条約は、第三国〔条約非締約国〕の義務又は権利を当該第三国の同意なしに創設することはできない」（括弧内筆者）とする条約の解釈・適用に関する基本原則を掲げ、続く第35条で「当該第三国が書面により当該義務を明示的に受け入れる場合」に限って、義務を負う旨を定めている。日中共同声明は条約ではないが、その内容が後の日中平和友好条約で確認されている。したがって、サンフランシスコ平和条約の枠組みを日中間に適用できないとする上記の反論は、国際法上の論理に沿った当然の帰結、正当な意見であるといえよう。

(2) 受忍論、外交的保護の主張

受忍論の後退　受忍論とは、最高裁が名古屋空襲訴訟で示した次の判断をいう。「戦争被害は、国の存亡にかかわる非常事態のもとでは、国民のひとしく受忍しなければならなかったところであって、これに対する補償は憲法の全く予想しないところというべきであり、……補償のために適宜の立法措置を講ずるか否かの判断は国会の裁量的権限に委ねられる」[31]。最高裁はその後も、たとえば「シベリア抑留捕虜補償請求事件」[32]で、国会の広汎な裁量権を認める論拠としてこの受忍論を援用してきた[33]。しかしながら、名古屋以降の空襲に係わる訴訟では、上記の大阪高裁の判決を除いて[34]、受忍論に依拠した判決は皆無である。さすがに、個人の尊厳に絶対的価値を認めて、その実現を追求し続ける現代においては[35]、戦時の個人の犠牲を当然視するような主張は、過去の遺物でしかなく、受忍論の今について「後退した」と

---

30) 阿部浩己「サンフランシスコ平和条約と司法にアクセスする権利——重慶大爆撃訴訟に寄せて」『神奈川法学』第46巻2・3合併号（2013年3月）59頁。

31) 最二小判昭62・6・26判時1262号100頁。ちなみに、最高裁が初めてこの受忍論に言及したのは、「平和条約にもとづく在外財産喪失補償請求事件」（最大判昭和43・11・27判時538号6頁）であった。

32) この事件の判例解説は、竹本正幸・田中則夫「シベリア抑留捕虜補償請求事件」松井編『前掲判例解説』（注21）636-640頁参照。

33) 最一小判平成9・3・13判時1607号11頁参照。

34) 注20参照。

35) そもそもなぜ個人の尊厳は実現されるべきなのか、この点を真摯に再考する出発点として、芹田健太郎『国際人権法』（信山社、2018年）、とくに3-16頁参照。

断言しても、あながち誤りではなかろう。

　立法による救済　シベリア抑留捕虜の救済については、最高裁の判決後しばらくして、国会は議員立法で特別措置法を成立させ、シベリア抑留捕虜の長年にわたる労苦を慰藉するために特別給付金を支給することにした[36]。こうした受忍論を克服したともいえる措置は、空襲被害者の救済を最優先に考えるならば[37]、肯定的に評価されてよいのかもしれない。空襲被害者にとって賠償が認められない厳しい現実を前にして、こうした国の対応は、空襲訴訟が抱える問題——個人の賠償請求権の存否——を決着させる妥当な措置といえるのかもしれない。とはいえ、これは個人の請求権を認めての対応ではなく、請求権の存否を明らかにする措置ではない。わが国が立法によりこうした救済措置をとる場合、その前提として個人の権利を認めたことは過去に一度もないのである[38]。救済は、あくまでも戦争被害者の労苦を慰藉するために行われるのであり、個人の権利は依然として否定されたままであることを看過してはならない。

　外交的保護の主張の変遷　個人の損害賠償請求権を否定する論拠として、散見されるのが外交的保護に係わる主張である。これは空襲訴訟も含めて、いわゆる戦後処理・戦後補償の問題でわが国が主張してきた、いわば定番ともいえるものである。この主張はこれまで、下記の①②にみられるように[39]、言葉巧みな変遷を遂げてきた。

---

36)　この法律の制定までの背景と法律の主な内容について詳しくは、廣松彰彦「シベリア抑留者に特別給付金——議員立法の戦後強制抑留者法が成立」『立法と調査』第308号（2010年9月）参照。

37)　戦争被害者を新たな立法で救済しようとの試みは、わが国では戦中・戦後を通じて進められており、シベリア抑留捕虜が初めてではない。空襲被害者の救済も含めて、この点の概略は注19、さらに詳しくは注36参照。

38)　救済措置と個人の請求権について、宍戸伴久「戦後処理の残された課題——日本と欧米における一般市民の戦争被害の補償」『レファレンス』No. 695（2008年12月）、とくに114頁以下参照。

39)　わが国の主張は下記の①②のみであるが、裁判所はこれらの主張に加えて、個人の実体的権利も放棄したとする第3の主張も判示している。この点を指摘するものとして、古谷修一「平和条約と個人の請求権——中国人慰安婦損害賠償事件（第二次訴訟）」小寺他編『前掲判例解説』（注4）235頁参照。ちなみに、国内判例・下記の政府見解等に基づいて、安藤仁介『実証の国際法学』（信山社、2018年）497頁は、「今日における日本政府の公式見解は、対日平和条約第14条第（b）項および第19条第（a）項の規定により、『連合国の国民の請求権』および『日本国民の請求権』はいずれも放棄されたため、これらに応ずべき法律上の義務は消滅したものとされたのであり、その結果、救済は拒否されることになる」と指摘している。

① 基本—外交的保護権のみの放棄　日韓請求権協定第2条——請求権が「完全かつ最終的に解決されたこととなる」とする規定——の解釈について、外務省条約局長は国会で、次のように答弁した。「いわゆる日韓請求権協定におきまして両国間の請求権の問題は最終的かつ完全に解決した訳でございます。その意味するところでございますが、日韓両国間において存在しておりましたそれぞれの国民の請求権を含めて解決したということでございますけれども、これは日韓両国が国家として持っております外交保護権を放棄したということでございます。したがいまして、いわゆる個人の請求権そのものを国内法的な意味で消滅させたというものではございません。日韓両国間で政府としてこれを外交保護権の行使として取り上げることはできない、こういう意味でございます」[40]。

② 新展開—「救済なき権利」の主張　さらに近年では、放棄されてはいないはずの個人の請求権は、「救済なき権利」と呼ぶに等しいものに変質し、次のように主張されることになった。「消滅したと述べておりますのは、個人の請求権そのものが消滅したというふうな言い方はしておらないわけでございまして、〔サンフランシスコ平和条約〕14条（b）項によりましてこれらの請求権、債権に基づく請求に応ずべき法律上の義務が消滅し、その結果救済が拒否されるということを述べておるわけでございます」（括弧内筆者）[41]。

結論：個人の請求権は放棄されていない　上記の①②は、従来から一貫したわが国の主張であるとし、①で「救済なき権利」に言及しなかったことに触れ、「日本国政府の立場は『平和条約等における請求権の放棄はイコール外交保護権のみの放棄』と誤った理解を不必要に固定させてしまったきらいがあることは否めない」[42]との指摘もある。これは残念ながら、言葉巧みな主張の変更にほかならない。そもそも救済なき権利云々の主張は、個人の請

40）1991年8月27日参議院予算員会議事録第3号10頁。同様なわが国の主張は、たとえば西谷元編著『国際法資料集〔第2版〕』（日本評論社、2016年）344-345頁にみられるように、さまざまな場面で確認することができる。とはいえ、ここで引用した当時の外務省条約局長の答弁は、サンフランシスコ平和条約とは無関係との批判もある。しかしながら、戦後処理・戦後補償の観点からすれば、個人の請求権の取り扱いは一様であって然るべきであり、差異があってはならない。万が一差異を認めたならば、不当・差別的な取り扱いであるとの新たな問題を生じかねないからである。

41）2001年3月22日参議院外交防衛委員会議事録第4号13-14頁。

求権の存否に係わる議論において、権利の実現の実質的な否定を意味するものである。そうした権利の否定を承知しつつ権利の存在を認めていたとすれば、わが国のこれまでの主張・対応は、不誠実の誹りを免れないであろう[43]。かくして、ここで取り上げた権利否定論は、いずれも法的説得力が乏しいといわざるを得ない。結局のところ「個人の請求権は放棄されていない」とするのが、ここでの一応の結論である。

2　権利肯定論

(1)　歴史に基づいた主張

そもそも、個人の損害賠償請求権が肯定される所以は、ハーグ陸戦条約第3条が規定された歴史にある[44]。1907年のハーグ平和会議において、ドイツ代表は1899年のハーグ陸戦条約を改定すべく、「中立の者に損害を与えた交戦国は、彼らに生じさせた不法行為につき、彼らに賠償する義務を負う。……敵対国の者に損害を与えた違反の場合は、賠償の問題は和平の締結時に解決するものとする」[45]条文案を提出した。

「意見書」からの主張　重慶大爆撃訴訟で控訴人が提出した「意見書」は、この条文案と審議過程からして、次のように個人の損害賠償請求権を肯定できるとした。条文案は、「概ね支持されることになったが、中立国・敵対国と損害を被った者を分ける規定の仕方について、イギリス、フランスその他から容認できないとする反対論があり、最終的に現在の規定になった。……

---

42) 小松一郎「国際法における履行確保と国内裁判所に拠る国際法の適用──いわゆる『米国POW訴訟』をめぐって」島田征夫・杉山晋輔・林司宣編『国際紛争の多極化と法的処理　栗山尚一先生・山田中正先生古稀記念論文集』（信山社、2006年）238頁。

43) これは同上の文献の指摘を受けての評であるが、この指摘を行った小松氏（当時の外務省国際法局長）は、文献の冒頭で個人的見解である旨を強調しており、これをわが国の主張と捉えるのは早計かもしれない。確かに、賢明・慎重であるはずのわが国政府が、不誠実の誹りを招きかねない主張・対応をするとは考えられず、ここでの評はあくまでも、取り敢えずのものにすぎない。

44) この点に関連して、ハーグ陸戦条約第3条が規定されるまで、すなわち20世紀より前に個人への金銭賠償の明文の規則は存在しないと指摘するものとして、藤田「前掲論文」（注9）494-495頁参照。

45) E.lémonon, *La Seconde Coférence de la Paix, La Haye*（*juin-octobr1907*）, 1912, pp. 299-300. 邦訳は、申惠丰「ハーグ陸戦条約3条と個人の損害賠償請求権」申惠丰・髙木喜孝・永野貫太郎編『戦後賠償と国際人道法──個人の請求権をめぐって』（明石書店、2005年）286頁参照。

個人の損害賠償請求権について、当時の資料から紛糾・否定されたとの事実はみられない。したがって、3条に至る審議において終始、個人の請求権は当然のこととする共通認識があったとみてよい」[46]。これは第3条の文理解釈から個人の損害賠償請求権の存否を明らかにするのは難しいと判断し、条約法条約第32条に基づいて解釈の補助的手段として条約の審議過程に言及したうえでの結論であった。しかしながら、控訴審判決は、意見書を考慮して多少の変更・追記はしたものの、第3条は国家間の権利義務関係を定めたものとする原判決を支持したのである[47]。確かに第3条は国家間の権利義務に関係する規定であるが、その国家の権利は、実際に被害を受けた個人の損害賠償請求がなければ、主張し難い権利である。何故なら、上記のわが国の主張によれば、この国家の権利は外交的保護の権利にほかならないからである。

　外交的保護の真意　外交的保護とは、「私人がその身体または財産に損害を被ったとき、その私人の国籍国が、損害の生じた領域国……に対し、適当な救済を図るよう求めることをいう。……つまり、いったんその対象となれば、**請求権は、人のものではなく国家のものとなる**」（太字は筆者）[48]。これは外交的保護が被害者の損害賠償請求権が存在しなければ成立しえない国家の権利であることを意味している。したがって、当然の成り行きとして、次のように指摘されることになった。「最近の『西松建設強制連行事件』の最高裁判決（二〇〇七年四月二七日）では……、日中共同声明五項から中国国民個人の（実体的権利はあるが）訴権のみ放棄されたと解釈することにより、逆に、中国国民個人の（国際法上の）請求権が存在していたことを認めることにもなろう。最高裁判所の日中共同声明の解釈については重大な問題が残されているが、日本の司法部が日中戦争中の戦争法ないし人道法違反行為による被害者個人の損害賠償請求権そのものを否定しなかったことは注意しなければならず、この点は、今後の日本の戦後補償の訴訟においても拠り所とされることになるだろう」[49]。いずれにせよ、わが国が外交的保護を主張した段階で、個人の損害賠償請求権の存在を否定し難い状況が生まれたといわ

46）前掲意見書（注6）16-17頁。

47）控訴審判決22-23頁参照。

48）小畑郁「外交的保護」国際法学会編『国際関係法辞典〔第2版〕』（三省堂、2005年）109頁。

ざるを得ない。

　請求権の並立　ところで、ここで確認しておきたいのは、国家の外交的保護権と個人の損害賠償請求権の関係を考える場合、この2つの権利は独立した、並立した存在であるということである[50]。わが国の主張がこうした、いわば「請求権の並立」をふまえた適正なものであったなら[51]個人の請求権を形式面のみならず、実質面でも否定しえないはずである。上記の「救済なき権利」の主張については、わが国のこれまでの主張を跳躍した、理解しえないものであり、何らの正当な論拠も見出せないと評するしかない。

(2)　新たな条約規定の存在

　第一議定書第91条　いわゆる1977年ジュネーブ第一追加議定書——わが国は2005年2月28日に加入——第91条は、「〔1949年ジュネーブ〕諸条約又はこの議定書に違反した紛争当事者は、必要な場合には、賠償を行う責任を負う」(括弧内筆者) と規定している。この議定書の成立を主導した赤十字国際委員会のコメンタリーは、次のようにこの規定を解説している。「当事国は、平和条約を締結するに際して、適当と考える場合、原則として戦争被害一般に関する問題と戦争を開始した責任に関する問題を処理することができる。その一方で、当事国は、戦争犯罪人の訴追を差し控えることはできず、〔1949年ジュネーブ〕諸条約と本議定書の諸規則を侵害された被害者が権利として有する賠償を否定することもできない」(括弧内筆者)[52]。

　結論：個人の請求権は存在する　上記の通り、個人の請求権の存在は、当

---

49)　藤田久一「国際人道法と個人請求権」『法律時報』994号（2008年4月）83-84頁。この論文は、法律時報で「小特集＝中国人戦後補償裁判」と題された、西松建設事件の最高裁判決に関する論文集の1つである。判決を批判・疑問視するその他の日中の研究者・実務家の論文も参照されたい。加えて、西松建設事件最高裁判決について「少なくとも実体的権利としての請求権の存在は明確に認めたものとして一定の評価をすることができよう」と述べる申惠丰「国際人権法および人道法の違反に対する責任と救済——国際人道法の重大な違反の被害者が救済を受ける権利の承認をめぐって」坂本茂樹編『国際立法の最前線　藤田久一先生古稀記念』（有信堂、2009年）425頁参照。

50)　この点について詳しくは、山下恭弘「第二次大戦における外国人の強制労働に対する補償（ドイツ・ボン地方裁判所1997年11月5日判決）」『国際人権』国際人権法学会1998年年報第9号65-69頁参照。

51)　20世紀のわが国の主張は、この権利の並立に違うことのない適正なものであったといえるが、21世紀に入って上記のごとく「救済なき権利」云々の主張が出されるようになった。

然のこととして言及されていることに注目しなければならない。1977年ジュネーブ第一追加議定書第91条は、1907年のハーグ陸戦条約第３条に由来し、1949年ジュネーブ諸条約を経て成立したものであるが、戦争法——今日では国際人道法と呼ばれる——の法典化の始まりとされるリーバー規則（1863年）がこうした規定に至る出発点であったことに異論はないであろう。すなわち、戦争法の発達の歴史をみるならば、戦争法は当初から戦争に直接関係しない個人の生命・身体・財産を如何にして守るかに関心を示して、個人の請求権も様々な形をとりながら、現実的かつ実効的な保障措置が講じられてきたのである[53]。上記の意見書でも触れているように[54]、ハーグ陸戦条約第３条が成立する過程を真摯に顧みるならば[55]、「戦争損害に関する個人犠牲者の国家に対する直接補償請求権を本質的要素とする、制定経過に由来する同条の意義を単に無視することはできない」[56]。結論すれば、同条に基づいた個人の請求権は否定しようがない、歴史的に育まれた存在とみるのが正当ではないか。要するに「個人の請求権は存在する」のである。

　ちなみに、こうした被害者の歴史上の権利を否定するのであれば、下記第三章２節で示されることになる個人の損害賠償請求権の積極的な肯定のプロセスは、歴史とは無関係の突発的な事態と捉えるべきなのか、納得できる説明を求められるところである。

52）Y. Sandoz, Ch. Swinarski, and B. Zimmermann（eds.）, *Commentary on the Additional Protocols of 8 June 1977 to the Geneva Conventions of 12 August 1949*, 1987, para. 3651.

53）この点の戦争法の歴史について詳しくは、申「前掲論文」（注45）270頁以下参照。

54）前掲意見書（注６）17-18頁参照。

55）第３条の起草過程や同条の適用範囲など詳しくは、*See* Frits Kalshoven, "State Responsibility for Warlike Acts of the Armed Forces : From Article 3 of Hague Convention IV of 1907 to Article 91 of Additional Protocol of 1977 and beyond," *International and Comparative Law Quarterly*, Vol. 40, No. 4（Oct. 1991）, pp. 830-838. 邦訳は、フリッツ・カルスホーベン（鈴木五十三・永野貫太郎訳）「軍隊の戦争行為の国家責任一九〇七年ハーグ第四条約第三条から一九七七年第一追加議定書第九一条へ。そしてさらに」藤田久一・鈴木五十三・永野貫太郎編『戦争と個人の権利 戦後補償を求める旧くて新しい道』（日本評論社、1999年）103頁以下参照。

56）同上、108頁。ちなみに、カルスホーベン（ライデン大学名誉教授）は、先の世界大戦で日本軍に捕らえられたオランダの兵士・民間人が東京地裁に提訴した事件その他に係わっており、彼が裁判所に提出した「意見書」（同上、36頁以下、とくに42頁、50頁）と、裁判の資料（これはイギリス等元捕虜・民間抑留者損害賠償請求事件も含めて、同上書136頁以下）も各参照。さらに、大森正仁『国際責任の履行における賠償の研究』（慶應義塾大学出版会、2018年）117頁参照。

三 個人の損害賠償請求権の行方

1 個人の国際法主体性

(1) 通説的見解の定着

　2つの説　わが国の代表的なテキストによれば、個人の国際法主体性について、次の2つの説が有力であるといわれる。1つは「個人の請求権を認める国際的手続の有無を基準として国際法主体性を判断するとの立場（国際的手続説）……これに対して、条約が個人の法的地位や権利義務を明確に定めている場合には個人の国際法主体性を認めるべきだとの立場（実体法基準説）」[57]である。あるいは「個人が直接に権利を実現することのできる国際的な手続が設けられている場合には、個人の国際法主体性が認められるとする説……個人が直接に国際法を適用して権利を実現し、その義務違反の責任を追及されるのであれば、その手続を国際的な手続に限る必要はないとして、国内裁判所が国際法を直接に適用して同様のことが行える場合には国際裁判所と同様な機能を果たしているとみるべきとする説」[58]である。こうした2つの説を前にして、裁判所は下記の通り判示することになった。

　裁判所の対応　東京地裁は、東京大空襲訴訟において「仮に同条約〔ハーグ陸戦条約〕3条が国民個人に対する損害賠償義務を定めたものであるとすれば、国民個人が、加害国に対し、その義務の履行を求めるための手続等についても、何らかの定めが置かれるのが通常であると考えられるにもかかわらず……そのような定めは一切存在しないことなどの点に照らしてみると、同条約3条の規定は、国民個人に損害賠償請求権を認めた規定ではなく、あくまでも、交戦国相互の間における規律を定めたにとどまるものと解すべきである」（括弧内筆者）[59]とした。また、重慶大爆撃訴訟においても「個人がその属する国家以外の国から受けた戦争被害については、所属国の外交保護

---

57) 柳原正治・森川幸一・兼原敦子編『プラクティス国際法講義〔第3版〕』（信山社、2017年）106頁。
58) 浅田正彦編著『国際法〔第3版〕』（東信堂、2016年）18頁。
59) 東京地判平成21・12・14判時2156号60頁。

382

権の行使によって当該国家間において処理されるのが原則であり、特別の国際法規範が存在しない限り、個人が加害国に対し直接に損害賠償請求権等の権利を行使することはできないというべきである」[60]とした。こうした「国際的手続説」を通説のごとく捉えて判示するのは、上記の原爆判決が最初であり[61]、その後の空襲に係わる訴訟がこれを先例として定着させることになった。

(2) 先例を超えて

通説的見解の再考　本稿の冒頭で触れた宮崎繁樹先生の個人の国際法主体性に関する主張は[62]、決して稀有なものではない。たとえば、わが国を代表する別なテキストでは、上記の2つの説を紹介しつつ、次のように説いている。国際的手続説は「やや形式的すぎるだけでなく、伝統的に国内裁判所が国際法の実現にはたしてきた役割を過小評価するきらいがある。……従来の通説のような国際法が個人の権利義務を定めると同時にそれを実現するための『国際的手続』が設定されている場合に限定するのではなく、国際法が定める実体的権利義務が国内法を媒介することなく直接に国内裁判所で適用される場合をも個人の権利義務の直接的帰属性を認めて法主体性を肯定することである。すなわち、当該国際法の規則が国内裁判で直接に適用される場合をも広く含めてとらえること」[63]である。さらに、「国際的手続の有無を基準にした『個人の国際法主体性』の定義に国内裁判所が固執することは、国際法上認められている個人の実体的権利の存在とそれに対する国内裁判所の解釈役割とを不当に制限することにつながる」[64]との指摘もある。

積極的対応の必要性　わが国では憲法第98条2項により、国際法が国内法的効力を有し、裁判所が国際法を直接適用できることは国際法のみならず[65]、憲法上の通説とされているが[66]、すでに以前から国際法の適用に裁判所が消極的である旨の指摘・批判もあり[67]、速やかな国内裁判所の国際法に対する

---

60) 原判決89-90頁。
61) 注4参照。
62) 注7、8参照。
63) 杉原高嶺『国際法学講義〔第2版〕』（有斐閣、2013年）46頁。
64) 申「前掲論文」（注49）423-424頁。

積極的かつ適切な対応が期待されるところである。

　ここであらためて、わが国の空襲に係わる訴訟で争点となったのは何であったのか、確認しておきたい。それは、国内裁判所が被害者たる個人の損害賠償請求権を認め、その権利の実現を図るのは可能か、であった。そもそも、従来の判例のごとく国際法の通説的見解とされるものに拘る必要はなく、殊更に国際的手続の存在を絶対視することはなかったはずである。現在の国内裁判所に求められているのは、国際法適用への積極的な対応であり、これがなければ現状を打開する術はない。現状のままではいわゆる国際法直接適用可能性は可能性の域を出ず、国内裁判所にとってはただの「画餅」にすぎないことを自覚すべきではなかろうか。

2　進化途上の個人の権利

　個人の請求権に係わる問題も、21世紀に入って大きな進展をみせている。たとえば、2002年7月1日に発効し、発効後の戦争犯罪などを訴追・処罰することを定めた「国際刑事裁判所に関するローマ規程」（以下、ICC 規程）——わが国は2007年10月1日に加入——は、第75条（被害者に対する賠償）を設けて、下記の通り規定している[68]。

---

65) 国際法では、国内裁判所による条約の直接適用可能性を認める条件として、条約の適用を求める「当事国の意思」と条約規定の「明確性」などが挙げられたりもするが、そうした国家意思が条約に明示されることはほとんどなく、また、条約の明確性についても、既存の国内法や新たな措置で足りるとする見解が有力である。この点について、岩沢雄司『条約の国内適用可能性——いわゆる"SELF-EXECUTING"な条約に関する一考察』（有斐閣、1985年）299頁、313頁を各参照。

66) 木下智史・只野雅人編『新・コンメンタール憲法』（日本評論社、2015年）751頁参照。

67) たとえば、伊藤正巳「国際人権法と裁判所」『国際人権』国際人権法学会1990年年報1号10頁、伊藤和夫「国際人権規約関係判例の報告」『国際人権』国際人権法学会年報1991年年報2号30頁、佐藤幸浩「第98条（最高法規、条約及び国際法規の遵守）」樋口陽一・中村睦男・浦部法穂・佐藤幸浩『法律学全集4 憲法Ⅳ（第76条～第103条）』（青林書院、2004年）350頁を各参照。

68) 加えて、こうした個人の請求権の進化について、ICC 規程に留まらず、直近ではスーダン・ダルフールでの内戦における国際人権・人道法違反を調査する委員会が、被害者の権利として補償に係わる問題を扱った事例など、筆者は個人の請求権の存在に懐疑的であるものの、さまざまな委員会の補償問題への取り組みを簡潔に扱うものとして、古谷修一「国際人道法違反と被害者に対する補償——国際的制度の展開」『ジュリスト』第1299号（有斐閣、2005年10月）参照。

(1) ICC 規程その他

ICC 規程第75条・第79条　ICC 規程の第75条は「裁判所は、被害者に対する又は被害者に係る賠償（原状回復、補償及びリハビリテーションの提供を含む。）に関する原則を確立」（1項）したうえで、そうした賠償を「特定した命令を直接発することができる」（2項）としている。さらに第79条は、賠償に充てる「信託基金」の創設も定めているのである。これらの規定については、その実際の適用が疑問視されているものの[69]、少なくとも、次のように評価できるのではないか。「この条文の活用は、今後の ICC の実行（訴訟）を待つしかないが、この規定から、重大な国際犯罪による被害者の賠償請求権（および、これに対する加害者個人の賠償責任）の存在を見出すことができよう」[70]。これは本稿で扱う戦争法イコール国際人道法上の個人の請求権が、その他の国際刑事法の分野でも適切に捉えられるようになった証左であり、国際法の分野を問わず個人の請求権が進化しつつある状況を示したものといえよう。

不処罰に関する原則　加えて、国際法上の加害者に対する国内法に基づいた「恩赦」を許さないとの観点から、国連がこれまでにまとめ上げた原則についても、ここであらためて検証する必要があろう。たとえば、オレントリッチャー（Diane Orentlicher）[71]が2005年2月、国連人権委員会に提出した「不処罰と闘うための一連の原則を更新する独立専門家の報告書」の附属書[72]をみると、更新された一連の原則の一覧表が記されており、そのなかに「賠償を求める権利」に関する原則31～34がある。原則31は「いかなる人権

---

69) たとえば、賠償を受けることができる被害者の範囲を確定できるか、信託基金が十分な賠償金を確保できるかなど、ICC の現実的な課題がすでに指摘されている。その他の課題も含めて詳しくは、フィオナ・マッケイ（河島さえ子訳）「国際刑事裁判所における被害者参加・賠償の法的枠組みの実施に関する諸課題」城山英明・石田勇治・遠藤乾編『紛争現場からの平和構築──国際刑事司法の役割と課題』（東信堂、2007年）126-130頁参照。

70) 藤田「前掲論文」（注49）84頁。

71) 彼女は、アメリカン大学の人権・人道法センターの教授であったが、国連事務総長が1年任期の独立専門家に任命し、国連の差別防止・少数者保護小委員会のメンバーであったジョアネ（Louis Joinet）が1997年にまとめた不処罰（impunity）に関する原則について、その後の国際法と国家実行の発展をふまえて更新するように求めたのであった。

72) See UN Doc. E/CN.4/2005/102/Add.1. 邦訳は、山下恭弘「不処罰と闘う行動を通じて人権の保護及び促進を求める一連の原則」『福岡大学法学論叢』第52巻4号（2008年3月）参照。

侵害も、被害者又は被害者の利益を受ける者の側に賠償を求める権利を生じ
させるが、この権利には、国家の側に賠償を行う義務及び被害者が加害者か
ら救済を求める可能性が含まれる」と定めている。そして、賠償手続の詳細
（原則32）、賠償手続の公表（原則33）、賠償を求める権利の範囲（原則34）が
続くのである。これらの原則は、未だ法的基準ではないものの、新たな法の
成立を予感させるものであり、被害者たる個人の請求権行使の実現を考える
とき、大いに参考となるはずである[73]。

(2) 基本原則・ガイドラインの成立

前文　上記の不処罰に関する原則の提出とほぼ同時期の2005年4月、国連
人権委員会は、「国際人権法の大規模な違反及び国際人道法の重大な違反の
被害者のための救済と補償に関する基本原則及びガイドライン」（以下、基
本原則・ガイドライン）を採択し、続けて国連総会も同年の12月、これを採
択した[74]。基本原則・ガイドラインは、本稿の主題である被害者たる個人の
損害賠償請求権に係わるものであり、注目すべきなのはその「前文」である。
そこにはハーグ陸戦条約第3条、1977年ジュネーブ第1追加議定書第91条、
ICC規程第68・第75条が明記され、これらの規定が被害者の請求権の存在を
示していると断言されている。これは基本原則・ガイドラインの成立に向け
て、過去の国際人道法の発展を精査したうえで導き出されたものであった[75]。
ちなみにICC規程第68条は、被害者・証人の保護と公判手続への参加に関
する規定である。

　被害者の救済を受ける権利　基本原則・ガイドラインは、「Ⅶ 被害者の救
済を受ける権利」と題されたパラグラフ11で、次のように定めている。
「……国際人道法の重大な違反に対する救済は、国際法のもとで規定されて
いるような次の被害者の権利を含むものとする。(a) 平等かつ実効的な司法

---

73) 国連の不処罰への対応について詳しくは、山下恭弘「人権侵害加害者の不処罰に対する国連の
取組み」島田征夫・古谷修一編『国際法の新展開と課題　林司宣先生古稀祝賀』（信山社、2009年）
参照。

74) *See* UN Doc. E/CN.4/RES/2005/35 and A/RES/60/147.

75) 基本原則・ガイドラインの成立の経緯と概要について詳しくは、申「前掲論文」（注49）408頁
以下参照。

へのアクセス、(b) 被った被害に対する十分、実効的かつ迅速な救済、そして (c) 侵害と救済メカニズムに関連した情報へのアクセス」。さらに、かかる権利について、(a) はパラグラフ12〜14、(b) はパラグラフ15〜23、(c) はパラグラフ24で、それぞれ詳細かつ具体的に言及している。なかでもパラグラフ17は重要であり、被害者への補償を認める国内判決の積極的な実施を国家に求めており、さらにパラグラフ18は国家が行う補償の具体的な中身について、原状回復・賠償・リハビリテーション・満足を挙げている。その徹底を図るために、この4つの補償の詳細をパラグラフ19〜23で再度規定していることにも注目する必要があろう。

おわりに——望ましい終着点

　結論　個人の損害賠償請求権は存在する、これが結論であり、その権利行使を妨げるものは、わが国裁判所の国際法適用に対する適切な判断の欠如であるというしかない。国際法違反に基づいた被害者たる個人の賠償請求権は、今日では疑いようのない存在とみてよいが、先の大戦中はどうであったか、これがそもそもの本稿の出発点であり主題となったのであるが、戦争法から国際人道法へと移り変わる国際法の発達の歴史をみれば、個人の請求権が20世紀に入って、初めてハーグ陸戦条約第3条で規定化され、これがやがて慣習法となって[76]、第一議定書第91条に引き継がれ、現在では更なる法典化の動きもみせていると理解するのが正解であろう。かくして、空襲被害者・個人の国際法上の損害賠償請求権が認められること、これこそが本稿の望ましい終着点といえよう。

　ところで最近、韓国最高裁においていわゆる元徴用工のわが国企業に対する損害賠償請求権を認める判決が出されて、日韓の対立を煽るものとしてマスコミ等で盛んに取り上げられている[77]。この判決は、個人の国際法上の損

---

76) 極東国際軍事裁判所がハーグ陸戦条約そのものを慣習法であると判示し、わが国がサンフランシスコ平和条約第11条でこの裁判所の「裁判を受諾」していることを想起すべきであろう。この点について、山下「前掲判例解説」(注12) 213頁参照。
77) たとえば、10月31日『毎日新聞』社説参照。

害賠償請求権に関するものであり、この判決について一言し、本稿を締めくくることにする。

韓国最高裁判決を受けて 韓国最高裁が2018年10月30日と11月29日、かつての日本統治の時代に日本企業に動員され徴用工となった人々の損害賠償の訴えを認める判決を相次いで出したことで、本稿でも取り上げた日韓請求権協定第２条の解釈をめぐる日韓の争いが再燃することになった。しかしながら、こうした元徴用工に損害賠償請求権は存在しない。日韓請求権協定の適用云々の話はありえないはずである。韓国最高裁はいかなる理由をもって日本の朝鮮半島統治は違法と判断し、その後の朝鮮半島出身の人々が徴用工とされ、強制労働の被害者となったと結論づけたのであろうか。

そもそも日本が当時の朝鮮半島を支配していた大韓帝国を吸収合併した「日韓併合」は、1910年の条約によってもたらされたものであり、この条約は、当時の国際法に基づいて合法的に締結されたものである。日本の朝鮮半島統治により、そこに居住する人々は本人の意向に関わりなく日本国籍を与えられることになり、戦時中は日本人——とはいえ、戸籍上は朝鮮人[78]——として、総力戦に動員されることになった。こうした日本の戦い方は、国際法上違法とはされていない。この点の確認が日韓両国に求められるところであるが、1965年に締結された日韓の戦後の関係を規律する基本条約では、第２条において併合条約は「もはや無効」と規定され、いつの時点から無効なのか曖昧なまま、両国は法とは無縁の政治的な決着を選択してしまったのである。こうした過去が現在の対立を生む最大の要因になったといわざるを得ない。したがって現在は、過去の曖昧なつけを解消する好機と捉えて、法的な対応に終始一貫しつつ「妥協は将来に禍根を残す」ことを自省し、国家として恥じない行動を自覚する、これの絶好のときというしかない。

宮崎繁樹先生が空襲被害者の国際法上の損害賠償請求権に係わる問題を扱ったならば、果たしてどのような結論が導き出されたのであろうか、この点

---

78) 朝鮮人の国籍・戸籍について詳しくは、向英洋『詳解 旧外地法』（日本加除出版、2007年）67-72頁、124-130頁を各参照。とくに戸籍について、遠藤正敬『戸籍と国籍の近現代史』（明石書店、2013年）173-178頁参照。

を強く意識しながら本稿をまとめることになった。ここでの結論が先生の納得される範囲内に収まっていることを、願わくは、厚かましくも期待するのみである。

第Ⅱ部

核軍縮・安全保障

核軍縮交渉義務

江 藤 淳 一
上智大学教授

はじめに
一 義務の根拠
二 義務の内容
三 義務の履行
おわりに

はじめに

　条約のなかには、条約締結後に一定の事項に関し交渉を行うことを約束するもの（pactum de negotiando）がある。そのなかには、交渉を行うという漠然とした約束以外のいかなる制約もない交渉を定めるもの、一定範囲の内容の合意のみを交渉の対象とするもの、交渉が完了するまでは現状を維持する義務を伴うもの、などさまざまな約束が存在する。一定の事項について将来協定を締結するよう法的に義務づける約束（pactum de contrahendo）もある[1]。

　こうした交渉義務を定めた条約の1つである核兵器不拡散条約（NPT）の第6条は、次のように定めている。

　　各締約国は、核軍備競争の早期の停止及び核軍備の縮小（nuclear disarmament）に関する効果的な措置につき、並びに厳重かつ効果的な国際管理の下における全面的かつ完全な軍備縮小に関する条約について、誠実に交渉を行うことを約

---

1) P. Reuter, "De l'obligation de négocier," *Studi in onore di Gaetano Morelli, Comunicazione e Study*, Vol. 14 (1975), pp. 711-33. pactum de contahendo と pactum de negotiando については、H. Owada, "Pactum de Contrahendo, Padtum de Negotiando," R. Wofrum (ed.), *The Max Planck Encyclopedia of Public International Law*, Vol. VIII (2012), p. 19.

束する。

　この規定は、①核軍備競争の早期の停止、②核軍備の縮小、③全面的かつ完全な軍備縮小の条約、という3つの事項に関し誠実な交渉を求めるものである（本稿では、核軍縮交渉義務は①と②を含むものとして使用する）。それぞれの事項に関する規定の仕方には若干の違いがあるものの、同条約第3条（保障措置）の強い拘束性をもつ交渉義務と比較して、最小限の交渉義務のモデルであると評される[2]。

　これに対し、国際司法裁判所（ICJ）は、1996年の核兵器事件の勧告的意見で、核軍縮交渉義務は核軍縮に関し交渉を行い完結する義務を課すものだという見解を示した。これが、2010年代になり核軍縮交渉に関する新たな動きにつながった。核軍縮交渉義務の不履行をめぐるICJへの訴訟提起と核兵器を全面的に禁止する条約交渉の開始である。いずれも、核軍縮を推進する非核兵器国と市民社会が連携・協力した動きであった。

　2017年7月には、核兵器の開発、実験、生産、取得、使用等をすべて禁止する核兵器禁止条約（TPNW）が採択された。これにより、核兵器の核不拡散と核軍縮は新たな局面を迎えることになった。そのなかで、あらためて核軍縮交渉義務の意義に注目が集まっている。とくに、TPNWの採択により、従来の「核兵器国対非核兵器国」という対立軸に加え「核兵器国とその同盟国対その他の非核兵器国」という対立軸が鮮明になり、日本も含めて核兵器国の同盟国は核抑止戦略の見直しを迫られる事態となっている。

　本稿では、このような問題意識から、核軍縮交渉義務の根拠、内容、履行の問題について検討するものである。なお、「核軍縮（nuclear disarmament）」（核兵器不拡散条約の公定訳では「核軍備の縮小」だが、条約文に言及する以外は「核軍縮」とする）という用語は、核兵器廃絶をさすこともあるが、本稿では、核軍備の一定の制限や削減を含む広い意味で用いる。ただし、核兵器廃絶という政策目標なく行われる核軍備の削減は、NPT第6条の義務をみたさないという見解があることに留意する必要がある。

---

2) Reuter, *ibid.*, p. 724 (note 25).

一 義務の根拠

ここでは、核軍縮交渉義務がいかなる考え方に基づいて確立してきたかという点に関して、国連の創設後の核軍縮への取り組みから始めて、NPT、核兵器事件の勧告的意見、そして、最近の TPNW の締結に至るまでの流れを簡単に整理しておくことにしたい。

1 全面完全軍縮の文脈

国連は、その設立当初から核軍縮への取り組みを始めたが（総会決議1(I)）、米ソの対立のため交渉は進展しなかった。その後、1959年にソ連が行った全面完全軍縮の提案を受けて、国連総会は、この問題も含めた諸提案を検討するよう求める決議1378を採択した。1961年の米ソ軍縮交渉共同声明（マックロイ・ゾーリング声明）は、全面完全軍縮の計画は国内秩序の維持と市民の個人的安全の保護の範囲に軍備を限定し、核兵器をもたない軍隊を保証するものだと説明した[3]。

1970年の友好関係原則宣言（決議2625）は、この全面完全軍縮の概念に関して、武力不行使原則のコロラリーとして、次のように言及している。

> すべての国は、効果的な国際管理の下における全面完全軍縮に関する普遍的条約の締結のために誠実に交渉を行わなければならず、国際緊張を和らげ、諸国間の信頼を強める目的で適切な措置をとるために努力しなければならない。

ここでは、すべての国は全面完全軍縮に関し誠実交渉義務を負うとされているが、しかし、その意味内容や履行方法が具体的に示されているわけではなく、「プログラム法的性格」を備えつつあるものとの見方が示されてきた[4]。

---

3) 全面完全軍縮については、D. S. Jonas, "General and Complete Disarmament : Not Just for Nuclear Weapons States Anymore," *Georgetown Journal of International Law*, Vol. 43（2012), pp. 610-11. 山田寿則「軍縮義務の形成と展開——『誠実な核軍縮交渉』と『核兵器全廃条約』」浦田賢治編『核不拡散から核廃絶へ』（日本評論社、2010年）318-20頁。

4) 藤田久一「軍縮への法的アプローチ」『法学セミナー』1982年8月号52頁。

他方、友好関係原則宣言が採択される以前の1960年代半ばまでには、単一の包括的計画による全面完全軍縮の達成は不可能だというのが各国のほぼ一致した認識となった[5]。全面完全軍縮は長期的な法的目標であり、その実現へ向けての個別の問題への取り組み（部分的軍縮）が優先された。なかでも、核兵器競争の激化や核兵器国の拡大といった事態を受けて、とくに重要だと考えられたのが核兵器の不拡散の問題であった。

2 核兵器不拡散条約（NPT）

1968年に採択されたNPTは、しばしば核兵器国と非核兵器国のグランド・バーゲンだと説明される。非核兵器国が核兵器を保有する権利を放棄する（第2条）代わりに、核兵器国は原子力の平和利用に関し非核兵器国を援助し（第4条）、また、核軍縮へ向けて誠実に交渉する（第6条）ことを約した（NPTの3本の柱）。この条約は、核兵器国には当面は核兵器の保有を認める点で、締約国間に異なる義務を設定するが、核軍縮交渉義務はこの不均衡を是正する役割を果たすべきものとみなされた。

このグランド・バーゲン、とくに第6条の性格についてはいくつかの見解がある。対価関係にある相互的な義務を設定した契約上の取引であり、立法条約とは異なるとみる立場[6]、社会契約に類する取引であって通常の契約条約よりも重要であり、立法条約より立憲的条約とみることができるとの立場[7]、採択時の国際社会の力の均衡のなかで国際法秩序の世界規模の構造を定める条約であり、第3の条約類型であるとみる立場[8]などがある。いずれもNPTが通常の多数国間立法条約とは異なる性質をもつ点に注目している。

このほかNPT前文にも核軍縮への言及がある。そこでは「核軍備競争の停止をできる限り早期に達成し、及び核軍備の縮小の方向で効果的な措置を

---

5) H.Athanasopulos, *Nuclear Disarmament in International Law* (2000), p. 33.

6) D.H.Joyner, *Interpreting the Nuclear Non-Proliferation Treaty* (2011), p. 35.

7) N.D.White, *Advanced Introduction to International Conflict and Security Law* (2014), pp. 15-17.

8) I.Carraciolo, "The Limitation of the 1968 Treaty on the Non-Proliferation of Nuclear Weapons : International Law in Support of Nuclear Disarmament," I. Carraciolo, M. Pedrazzi & T. V. Dachenhausen (eds.), *Nuclear Weapons: Strengthening the International Legal Regime* (2016), pp. 4-6.

とる意図を宣言し」（9項）、「全面的かつ完全な軍備縮小に関する条約に基づき」、核兵器の製造の停止、すべての貯蔵核兵器の廃棄、核兵器とその運搬手段の軍備からの除去を容易にするための国際間の緊張の緩和と諸国間の信頼の強化の促進の希望を表明している（12項）。ここには核軍縮を全面完全軍縮の条約に関連づける従来の議論の流れをみてとることができる。

しかし、第6条の核軍縮交渉義務がグランド・バーゲンの重要な要素であるとすると、全面完全軍縮条約の締結をその条件とする立場は受け入れ難いであろう。第6条は、核軍備競争の早期の停止、核軍縮、全面完全軍縮の条約を並列的に並べただけで、核軍縮と全面完全軍縮を結びつけてはいない。全面完全軍縮とはかなり曖昧な概念であり、これを条件とすることは、交渉義務を意味のないものにしてしまうおそれもある[9]。

3　核兵器事件の勧告的意見

第6条を核兵器国と非核兵器国のグランド・バーゲンとして捉える場合、その義務の根拠は条約上のものにとどまることになる。これに対して、核兵器使用の合法性に関するICJの勧告的意見は、核軍縮交渉義務の根拠につき異なる見解を示した。裁判所は、武力不行使原則（国連憲章第2条4項）や武力紛争法（とくに国際人道法の原則）、さらには、人権保障や環境保護などに照らし、核兵器使用の合法性の検討を行い、それと関連して核軍縮交渉義務にふれたのである[10]。

裁判所は、その意見の最後の部分で、核兵器の法的地位に関する見解の対立を終わらせるという広い文脈において重要であるとして核軍縮に言及した。最初に、NPT第6条の核軍縮交渉義務の重要性を指摘し、この義務が「明確な結果を達成する」義務を含むとの見方を明らかにした（98-99項）。これに続き、核軍縮に関する総会の諸決議や信義誠実の原則の重要性を指摘する

---

9) Joyner は、「全面完全軍縮」の用語は、2010年再検討会議最終文書では削除され、その通常の意味は今日では不明であると指摘する。D.H.Joyner, "The Legal Meaning and Implications of Article VI of the Non-Proliferation Treaty," G.Nystuen, S.Casey-Maslen and A.G Bersagel (eds.), *Nuclear Weapon under International Law* (2014), p. 416.

10) *Legality of the Threat or Use of Nuclear Weapons*, Advisory Opinion, *ICJ Reports 1996.* 以下では、意見の該当部分に関しては、本文にパラグラフ番号を示す。

文書や判例にふれ、また、安保理決議やNPT運用検討会議の最終文書を取り上げ、核軍縮に関する誠実交渉義務が今日の国際社会全体にとってきわめて重要な目標であると結論した（100-02項）。

意見の主文105項（2）Fは、核軍縮交渉義務について全会一致で次のように述べた。

> 厳重かつ効果的な国際管理の下で、そのすべての側面において核軍縮に導く交渉を誠実に遂行し、かつ完結させる義務が存在する。

こうして、核軍縮交渉義務は、全面完全軍縮の文脈から切り離され、また、直接にはNPTに由来するが、そこにとどまらない国際社会における一般的な義務として提示された[11]。ただし、それが慣習国際法として確立したとまで述べているわけではない[12]。

この勧告的意見は、国家の存亡を危うくする極限的状況における自衛のための核兵器の使用に関しては意見を留保した（105項（2）E）。このため、核兵器廃絶を目標として掲げてはいながらも、核軍縮交渉の実現に関し曖昧な部分を残した。また、裁判所は多数の国が核抑止政策を支持している事実にも留意しており（96項）、これも核兵器の完全な排除という結論を遠ざけるものとなる。

4 核兵器禁止条約（TPNW）

ICJの勧告的意見後も、しばらく核軍縮交渉は停滞したままだったが、それが2010年代に入り大きく進展した。総会決議（67/56）により設置された核軍縮交渉を前進させるためのオープンエンド作業部会や核兵器の非人道的

---

11) ICJの法廷でオーストラリアなどの非核兵器国は、合理的かつ速やかな核兵器廃絶は、戦争を制限する国際法の全体系の下での核兵器国の法的義務であるとの見解を示し、これが裁判所の判断に影響を及ぼしたという指摘がある。J.Burroughs, "The Legal Framework for Non-Use and Elimination of Nuclear Weapons," *Briefing Paper for Green Peace International*（February 2006), p. 12.

12) ベジャウィ判事は、誠実に交渉し結果を達成する義務は慣習の性格を獲得したとの意見を示した。*ICJ Reports 1996*, para. 23, p. 52. この見解に関し、モハメド・ベジャウィ「国際法、信義誠実、そして核兵器の廃絶」浦田『前掲書』（注3）178-87頁。この見解の問題点に関し、山田「前掲論文」（注3）323-26頁。

影響を検討する3回の国際会議（オスロ（2013年3月）、ナジャリット（2014年2月）、ウィーン（2014年12月））が開催された。この結果、2017年7月、TPNWの採択に至った。

TPNWは、核軍縮交渉義務に関し勧告的意見の見方を一歩進めた。その前文は、「核兵器のいかなる使用も武力紛争に適用される国際法の規則、特に国際人道法の原則及び規則に違反するであろうことを考慮」するとし、さらに、いわゆるマルテンス条項に従い、「核兵器のいかなる使用も人道の諸原則及び公共の良心に反するであろうことを再確認し」、全面完全軍縮とは切り離して、「厳重かつ効果的な国際管理の下におけるあらゆる点での核軍縮に至る交渉を誠実に追求しかつ完結させる義務が存在することを再確認し」た。

以上のように、核軍縮交渉義務の根拠づけに関しその力点の置き方に変遷があった。最初は、武力不行使原則のコロラリーとして核軍縮交渉が進められた。NPTでは核兵器国と非核兵器国のグランド・バーゲンとして核軍縮交渉義務を定める条項が設けられた。さらに、ICJの勧告的意見を経て、核軍縮交渉義務の根拠として国際法の諸原則、とくに国際人道法の諸原則に重点が置かれるに至った。これに伴い核軍縮交渉義務はNPTにとどまらない一般的な義務と認識され、TPNWはこれを確認している。

二　義務の内容

ここでは、NPT第6条に核軍縮交渉義務の規定が盛り込まれて以来、NPT再検討・延長会議やICJの勧告的意見を経て現在に至るまでのほぼ50年の間にこの義務がどのように理解されてきたかに明らかにし、現時点でこの義務がいかなる内容をもつかを確認する。

1　核兵器不拡散条約（NPT）の起草過程

NPTの交渉を担った一連の会合で核兵器国に核軍縮を強く求めたのはインドであった。インドは、1965年の軍縮委員会で5項目案を提出したが、これは核兵器国が核軍縮義務を履行した後に、非核兵器国が不拡散義務を履行

するとの考えに基づいていた[13]。これに続き、スウェーデンは、核兵器国と非核兵器国の義務のバランスを考慮し、不拡散と軍縮（包括的核実験禁止と兵器用核分裂性物質生産停止）のパッケージ案を提出した[14]。

18カ国軍縮委員会（ENDC）第9会期（1966年1月～5月）では、NPTにおける核軍縮の取扱いに関しさまざまな見解が示された。ここでアラブ連合が「核兵器国は、核軍備競争を停止し、核兵器貯蔵および運搬手段を制限、削減および廃棄する法的義務を負い、そのための適切な具体的措置につき合意に達するための交渉を継続し、加速する法的義務を負う」との条項を本文に盛り込む提案を初めて行った[15]。米ソは、従来と同様、核不拡散と核軍縮を結び付ける提案に反対を示した[16]。

ENDC第12会期（1967年5月～12月）に提出された米ソの同一草案は、前文のなかで、全面完全軍縮の文脈における核軍備競争の停止、貯蔵されたすべての核兵器の廃棄ならびに諸国の軍備からの核兵器とその運搬手段の除去に言及した[17]。これに対し、メキシコは、核軍縮に関する新しい条項の提案を行った。これは、すべての核実験の禁止、核兵器の生産停止、すべての核兵器貯蔵の廃棄、核兵器とその運搬手段の廃棄、に関する協定に達するため、ならびに、厳重かつ効果的な国際管理の下で全面完全軍縮に関する条約について合意に達するため、できる限り早期にかつ忍耐強く誠実に交渉を行うことを約束するよう求めるものだった[18]。これが「誠実な交渉」の文言を盛り込んだ最初の提案であった。

ENDC第13会期（1968年1月～3月）に提出された米ソの改訂草案は、初めて軍縮と核軍備競争の停止に関する条項（第6条）を設けた。「核軍備競争の停止及び軍縮に関する効果的な措置について、並びに、厳重かつ効果的

---

13) United States Arms Control and Disarmament Agency (ACDA), *Documents on Disarmaments 1965*, p. 148.

14) *Ibid.*, pp. 158-65.

15) ACDA, *Documents on Disarmaments 1966*, pp. 76-77.

16) ACDA, *International Negotiations on the Treaty on the Nonproliferation of Nuclear Weapons* (1969), p. 46.

17) ACDA, *Documents on Disarmaments 1967*, pp. 338-341. M. I. Shaker, *The Nuclear Non-Proliferation Treaty: Origin and Implementation 1959-1979* (1980), pp. 109-10.

18) ACDA, *Documents on Disarmaments 1967*, p. 395.

な国際管理の下における全面的かつ完全な軍備縮小に関する条約について誠実に交渉を行うことを約束する」[19]もので、「誠実な交渉」の文言を受け入れた形となった。しかし、非核兵器国の多くは、具体的な内容を伴わないこの提案に不満を表明し、核軍縮に関し早期に特定の措置をとるよう求めた（とくにスウェーデンは包括的核実験の禁止、インドは兵器用核分裂物質の生産削減を求めた)[20]。共同議長は、具体的措置を含める試みは交渉の失敗につながり、将来の軍縮の見通しを危うくすると警告を発している[21]。

その後、米ソは再改訂草案を提出した[22]。これは、第6条に関し、核軍備競争の「停止」を「早期の停止」に改め、たんに軍縮ではなく「核軍縮」と明記した。また、前文に、核兵器のすべての実験的爆発の停止の達成という目標を挿入し、再検討会議（第8条3項）の開催目的に「前文の目標を確保するため」という文言を加えた[23]。その後、国連総会での審議を経て条約が採択され（賛成95、反対21、棄権4）、1968年7月1日に署名のために開放された。

こうして成立した第6条に対する非核兵器国の評価は分かれた。一方には、具体的な措置を規定しなくても、核軍備管理プロセスに着手するという核兵器国の明確な納得のゆく意図の宣言を行うべきだとの見解を示す国もあった[24]。しかし、それは単なる意図の表明でしかなく、核兵器不拡散のために必要な核軍縮の具体的措置を義務づけておらず[25]、また、交渉の開始時期や期限を定めてもおらず[26]、何ら制裁を伴わない不完全な義務にすぎない[27]という否定的な評価が多くみられた。

核兵器国の側は、第6条が核軍縮の約束を含むことは繰り返し認めている。

---

19) ACDA, *Documents on Disarmaments 1968*, pp. 1-6.

20) ACDA, *International Negotiations, supra* note 16, pp. 106-08. スウェーデンの発言（ENDC/PV. 363, pp. 6-7)。インドの発言（ENDC/PV.370, pp. 11-13)。

21) ACDA, *International Negotiations, supra* note 16, p. 106.

22) ACDA, *Documents on Disarmaments 1968*, pp. 162-66.

23) ACDA, *International Negotiations, supra* note 16, pp. 113.

24) *Ibid.*, p. 75. 1967年2月28日 ENDC 会合でのカナダの発言（ENDC/PV.289, p. 16)。

25) 1968年5月20日総会第1委員会でのアルジェリアの発言（A/C.1/PV.1571, p. 7)。

26) 1968年5月13日総会第1委員会でのウガンダの発言（A/C.1/PV.1566, p. 7)

27) 1968年2月27日 ENDC 会合でのインドの発言（ENDC/PV.370, p. 11)。

しかし、それは、たんに誠実に交渉を行うことを要求するだけで、特定の軍縮措置を要求しているわけではなく、そのような努力が結果を生み出さない場合でも義務に違反しないとの見解を示している。また、前文に示されているように、全面完全軍縮を達成する以前に核兵器を廃絶するよう求められてはいないとも主張する[28]。

NPT の起草過程からみれば、第6条が特定の具体的な軍縮措置を課すことに失敗したことは明らかである[29]。しかし、それでもこの規定を受け入れたのは、核兵器の拡散のおそれがあったことに加え、第6条が道義的な義務を定めた不十分な規定であっても、前文の目標の実現も対象とする再検討会議を通じて、長期的には一定の影響力をもつことが期待されたからでもあった[30]。

2　再検討会議での議論

NPT 締結後、その運用について検討するための会議が5年に1度開催されている。この会議（以下、再検討会議）では、NPT の3本の柱（不拡散、軍縮、平和利用）についてセッションを設けているが、そのなかで義務の性質（将来における核軍縮義務）からして最も重要なのは第6条である。核軍縮に関し誠実交渉義務がどのように実施されていくかが非核兵器国の最大の関心事だと言ってよいであろう。

過去の再検討会議のなかで、1995年再検討・延長会議は、核兵器国に核軍縮の具体的な措置の実施を合意させるための最も重要な機会であった。この会議では、NPT の無期限の延長が決定されたが、その際に「核不拡散と核軍縮のための原則と目標」および「条約の再検討プロセスの強化」の2文書

---

28) これらに関し米国務省不拡散問題特別代表であった Ford の見解がしばしば取り上げられる。C.A. Ford, "Interpreting Article VI of the Treaty on the Non-Proliferation of Nuclear Weapons," *Nonproliferation Review*, Vol. 14 (2007), pp. 403-09.

29) Athanasopulos, *supra* note 5, p. 47. Shaker も、核兵器国は誠実に交渉を行うことを受諾したにすぎないとみる。Shaker, *supra* note 19, p. 571.

30) 矢田部は、誠実な軍縮交渉のための道義的義務の規定（6条）は相当程度の成功とみるが、それは再検討メカニズムを通じて道義的義務の圧力が関係国に対して相当の重みを持つと考えたからである。矢田部厚彦『核兵器不拡散条約論』（有信堂、1971年）111頁。

がコンセンサスにより採択された[31]。これらは、中東に関する決議とともに、NPT のあらたなバーゲンとも評される[32]。

この「目標と原則」は、核軍縮義務を確認したうえで（3項）、3つの措置の重要性を指摘した。すなわち、軍縮会議が「包括的核実験禁止条約（CTBT）に関する交渉を1996年までに完了すること」、「核兵器その他の核爆発装置のための核分裂性物資の生産禁止に関する条約（FMCT）の交渉を直ちに開始し、早期に完了させること」、核兵器国が核兵器廃絶を究極の目的として核兵器の削減のための努力を断固として追求すること、である。

2000年再検討会議では、この「原則と目標」を受けて最終文書のなかに「実際的措置」として13項目が盛り込まれた。この文書では、本会議は「第6条を実施するための体系的かつ漸進的な努力を求め」、CTBT の早期発効の重要性（1項）、FMCT の即時交渉開始の必要性（3項）のほか、核兵器の全面廃絶に対する核兵器国の「明確な約束」（6項）、軍縮の実施のための規準としての透明性（9b項）、検証（13項）、不可逆性（5項）、究極的目標としての全面完全軍縮の再確認（11項）、などについて「合意する」と記している。

「原則と目標」や「実際的措置」は、それ自体は法的拘束力のない文書である。これが第6条の解釈適用に際してもつ意義について見解はわかれている。これらの文書が条約法条約第31条3項の解釈規則における事後の合意ないしは事後の実行にあたるという立場[33]と、そうでないとしても条約の解釈適用の規準とみる立場[34]がある。このほか、これら文書を慣習国際法の証拠とする見解もあるが、これには十分な論証があるわけではない[35]。

31）NPT 再検討関連の文書に関しては、United Nations Office of Disarmament Affairs の NPT Review Conferences and Preparatory Committees のサイトに掲載のものを参照。
32）秋山信将「核兵器不拡散条約（NPT）の成り立ち」『NPT 核のグローバル・ガバナンス』（岩波書店、2015年）36頁。再検討会議における審議概要に関しては、黒沢満『軍縮国際法』（信山社、2003年）161-78頁。
33）Joyner, *supra* note 9, p. 412. Burroughs, *supra* note 11, p. 14.
34）International Association of Lawyers Against Nuclear Arms（IALANA）et al, *Good Faith Negotiations Leading to the Total Elimination of Nuclear Weapons*（2009）, available at www.ialana. net. ここでは「実際的措置」を事後の合意とみる有力な議論があるとしつつ、そうでなくてもこの措置の実施は誠実を証明するだろうと指摘する。

「原則と目標」や「実際的措置」を核軍縮に関する効果的な措置の意味を明確にする事後の同意ないし事後の実行とみる立場はこれらの文書の内容からみて支持しがたい。これら文書は、期日を定めた条約交渉や交渉の即時開始など、条約解釈から導きうる範囲を越える措置を含む一方、きわめて漠然とした目標設定にとどまる規定もある。このため、全体としてこれら文書が条約解釈に関する合意を記したとみるのは困難である[36]。

「原則と目標」や「実際的措置」を条約解釈の指針と考える立場は、それを誠実な交渉義務に関連づけて評価しようとするものであろう。誠実な交渉義務を尽くすためには、交渉にあたって提示される条件を誠実に考慮する必要があり、正当な理由なく合理的な提案の考慮を拒否する場合には、それは誠実な交渉を怠ったとみなされる[37]。つまり、これらの文書の指針は、それ自体に法的拘束力はないが、誠実な交渉義務を通じて一定の法的効果をもつとみるべきものである。

このように累次の再検討会議は、第6条の核軍縮交渉義務に関し、条約の起草過程で条文に具体化できなかった核軍縮の措置を文書化するという成果をあげてきた[38]。しかし、実際には、CTBT の採択（発効ではない）が実現したにとどまり、また、FMCT の交渉開始は毎年軍縮会議（CD）に要請がなされてはいるが、ほとんど進展がみられない。いまだに核軍縮に関し時間軸を設定することに成功していないという限界も認識する必要がある。

---

35) E.J. Shafer, "Good Faith Negotiation, the Nuclear Disarmament Obligation of Article VI of the NPT, and Return to the International Court of Justice," presented at International Seminar "Abolition of Nuclear, War and Armed Forces" (2008), p. 11.

36) Joyner も、「実際的措置」は第6条の遵守を測定する「指標」か、あるいは、効果的措置の非網羅的な列挙であり、各国はそのなかから第6条の義務の遵守に最善の方法を選択できると説明している。Joyner, *supra* note 9, p. 412. このほか、これら文書のコンセンサス採択に全締約国が加わっているわけではないという指摘もある。M.Asada, "The Treaty on the Non-Proliferation of Nuclear Weapons and Universalization of the Additional Protocol," *Journal of Conflict & Security Law,* (2011), Vol. 16, p. 14.

37) たとえば、J.F. O'Connor, *Good Faith in International Law* (1991), pp. 100-01.

38) もっとも、「目標と原則」や「再検討プロセス」はよくみると、それ以前を越える核軍縮の約束にはあたらないとの見方もある。M.M.Bosch, "The Non-proliferation Treaty and its Future," L. B.de Chazournes, L.Boisson & P.Sands (eds.) *International Law, International Court of Justice and Nuclear Weapons* (1999), pp. 378-79.

3 核兵器事件の勧告的意見

　ICJ の勧告的意見は、すでにふれたように、核軍縮交渉義務に関し「核軍縮に導く交渉を誠実に遂行し、かつ完結させる義務が存在する」と述べ、一見するとそれまでとは異なる第6条の解釈を示した（105項（2）F）。第6条の文言では、締約国は、そこに明記された3つの目標に向けて誠実に交渉を行うよう求められるが、交渉を完結するように要求されていないようにみえる。しかし、裁判所は、第6条がたんに交渉する義務（行為の義務）だけでなく、結果を達成する義務（結果の義務）を定めたと説明した（99項）。

　この裁判所の解釈に対し、条文の用語の通常の意味と調和させるのは困難だとの批判がある[39]。NPT 第3条が非核兵器国に対し国際原子力機関との間で保障協定の交渉を行い締結するよう求め、かつ、協定の締結期限まで定めていることと比較した場合、第6条が求めているのは交渉にとどまるからである。交渉の義務以上に結果の達成まで義務づける場合には「十分な明確性」をもって規定されなければならないという趣旨である[40]。

　交渉を完結する義務に関し、裁判所は必ずしも十分な説明を与えていない。裁判所は、はじめに核兵器の法的地位をめぐる意見の相違により国際法と国際秩序が害されざるを得ない状況にあると指摘し、この状況を終わらせることが重要であり、このために最も適切な手段は完全な核軍縮であるとの認識を示した（98項）。そして、この文脈で第6条を引用し、これが明確な結果（あらゆる側面での核軍縮）を達成する義務を含むと述べた（99項）。第6条は、誠実な交渉という行為とともに、核軍縮という交渉の結果を求めており、したがって、核軍縮の交渉と完結という二重の義務を課すという論理である。

　この勧告的意見をめぐって、交渉義務と完結義務に関しさまざまな見解が

39）M. Roscini, "On Certain Legal Issues Arising from Article VI of the Treaty on the Non-Proliferation of Nuclear Weapons," I.Carraciolo, M.Pedrazzi & T.V. Dachenhausen (eds.), *Nuclear Weapons: Strengthening the International Legal Regime* (2016), pp. 17-18. ほかに、R.F. Turner, "Nuclear Weapons and the World Court: The ICJ's Advisory Opinion and Its Significance for U.S. Strategic Doctrine," *The Law of Military Operations* (1998), p. 323.

40）Roscini, *ibid.*, p. 18. Cottereau も、交渉者に厳格な義務を課す特別な場合にのみ結果の法的義務を定めたと判断できると指摘する。G.Cottereau, "Obligation de négocier et de conclure ?" Société Française pour le Droit International, *Le droit international des armes nucléaires* (1998), p. 171.

示された。なかには、交渉義務と完結義務の違いはわずかであって、この二重の義務にさほど大きな意味はないとの見解もある。誠実な交渉義務という場合には一定の結果の達成を目的として交渉を行う義務であるし、完結義務といっても特定の結果を必ず達成しなければならないわけではないという[41]。とくに第6条や関連文書は、交渉期限を設定していない以上、完結義務といっても交渉義務を越える意味をほとんどもたないともいえる。

最近の太平洋アクセス交渉義務事件で、ICJ は、核兵器事件の勧告的意見（98項）を引用して、交渉を規定する際に「明確な結果を達成する義務」を設定できると説明している。そして、原告の申立てである「太平洋への十分な主権的アクセスをボリビアに付与する合意に達するためボリビアと交渉する義務」は、（核兵器事件と）「類似の性格をもつ義務に言及していると理解することができる」と指摘した。ただし、裁判所は、ボリビアが主張するこの義務の存在を認めなかった[42]。

義務の内容という点では大差はないとしても、「完結」という言葉を書き加えたことの意味は大きかったようにみえる。この意見は、核軍縮を推進する一部の非核兵器国と市民社会の連携・協力を促し、TPNW の採択を導く原動力の1つとなった。TPNW は、その前文で、全面完全軍縮の達成のための行動を決意し、「交渉を誠実に行い完結する義務」を再確認している。これは、核軍縮交渉義務の存在を示す文言が、NPT 第6条の文言から勧告的意見主文105項（2）F の文言に代ったことを意味する。

最後に、この勧告的意見では、核軍縮交渉義務を全面完全軍縮から切り離したことが重要であると指摘される[43]。全面完全軍縮義務に言及することなく、あらゆる点での核軍縮交渉義務を認めていること（105項（2）F）、また、核軍縮と全面完全軍縮を併記して誠実な交渉を求める安保理決議984（1995年）を引用していること（103項）、がその証左とされる。さきにふれた「実際的措置」における核廃絶の「明確な約束」（6項）が「全面完全軍縮」

---

41) Cottereau は、単純な締結義務は交渉義務ほど内実はないようにみえるとし、pactum de nego-tiando と pactum de contrahendo を区別するとしても、後者は真の結果の義務をもたらさず、交渉の枠づけを強調するだけだと説明した。*Ibid.*, p. 173.

42) *Obligation to negotiate access to the Pacific Ocean*（Bolivia v. Chile), Judgment, paras. 87-89.

43) Burroughs, *supra* note 11, p. 3

の最終目標の確認（10項）から切り離されているように、現時点では全面完全軍縮を核軍縮交渉義務の条件とする主張は困難になったと言える。

三　義務の履行

　NPT の無期限延長後、核軍縮交渉が進まない状況に対し不満を募らせた一部の非核兵器国は、2010年代に入ると、市民社会と協力して核軍縮交渉を進めるための新たな戦略の模索を始め、それが核兵器国・保有国に対する訴訟提起や核兵器を忌むべき兵器として悪の烙印を押す条約の締結（stigmatization）につながった。

1　核軍縮交渉義務事件

　米国が行った核実験で大きな被害を被ったマーシャル諸島は、この補償問題の打開とも関連して、核兵器国・保有国 9 カ国の核軍縮交渉義務違反に関する訴えを ICJ に提起した[44]。このうち選択条項受諾宣言に基づく管轄権の根拠があった 3 カ国（英、インド、パキスタン）につき審理が開始されたが、いずれも紛争の不存在という理由で訴えは受理されずに終わった。ここでは、NPT 締約国である英国に対する訴えについて、核軍縮交渉義務の履行に関連する問題を検討する。

　マーシャル諸島は、その訴状において、過去に受けた被害にふれ、核爆発がもたらす破壊的な人道上の効果を防ぐことが自国の利益であると説明した[45]。また、この訴えは、1 国の違反が他のすべての当事国の立場を変更する相互依存的な条約である NPT の当事国としての地位から、そして、対世的義務の違反に対処する国際社会の一員であることからも引き出されるとする[46]。こうして同国は、自国の利害に関わる切実な問題であることを強調し

---

44) *Obligations Concerning Negotiations Relating to Cessation of the Nuclear Arms Race and to Nuclear Disarmament*（Marshall Islands v. UK）（Jurisdiction and Admissibility）, *ICJ Report 2016*, para. 12. 以下では、判決の該当部分に関しては、本文にパラグラフ番号を示す。
45) Application instituting proceedings against the United Kingdom submitted on 24 April 2014 by the Republic of the Marshall Islands, paras. 10-11.
46) *Ibid.*, paras. 26-28.

つつ、条約上および慣習国際法上の対世的義務に基づく訴えを提起した。

　マーシャル諸島は、申述書において、大きく分けて２つの事項に関し裁判所の判断を求めている。１つは、英国が、核軍縮および核軍備競争の停止のための交渉を誠実に遂行し完結させることを怠っていることにより、NPT（とくに６条）と慣習国際法の義務に違反しているとの宣言を求めるものである。もう１つは、それらの義務の履行に必要なすべての措置（核軍縮条約の締結を目指した誠実な交渉の義務の遂行を含む）をとるように命ずる判決を求めるものである（12項）。

　具体的に義務違反と主張された英国の行為は次のものである。第１に、核軍縮の交渉に関し、核兵器禁止条約の交渉開始に反対し、また、核軍縮に関するオープンエンド作業部会設置の支持を拒否したこと、第２に、核軍備競争停止の交渉に関し、兵器システムの質を改良し、それを無期限に維持する努力を続け、多国間フォーラムでの包括的核軍縮交渉に反対したこと、第３に、核軍縮および核軍備競争停止の義務に関し、核軍備を積極的に格上げし、近代化し、改良していること（これらは核の垂直的拡散に該当）ならびに無期限に核兵器政策を維持していること、である[47]。

　裁判所は、英国が提起した先決的抗弁のうち、管轄権の条件である紛争が存在しないとの抗弁を検討した。裁判所は、判例をふまえ、紛争は「自らの見解が積極的に反対を受けていることを被告が認識していたか、または、認識しなかったことはありえないことが証拠に基づき証明されたときに存在する」との要件を示した（41項）。これに照らしマーシャル諸島の主張を検討した結果、本件に関し紛争は存在しないと結論した（44項-58項）。

　とくに具体的に問題となったのは、「核兵器庫を保有する国は［核軍縮交渉に関する］法的義務の履行を怠っていると考える。そのような交渉の即時開始と完結はNPT第６条と慣習国際法の下で各国が負っている核軍縮の法的義務により要求されている」（28項）とのマーシャル諸島の発言（2014年ナジャリット会議）である。裁判所は、この会議に英国が出席せず、また、会議の主題はとくに核軍縮交渉ではなく、この発言は全核兵器国の行動に対す

47）*Ibid.*, paras. 101-07.

る一般的批判で、違反となる英国の行動を特定せず、英国に具体的対応を求めるものではなかったと指摘した。このため NPT 第 6 条と慣習国際法の義務の不遵守について、両国間に具体的紛争が生じているというには不十分であると結論する（50項）。

この判示に対し、紛争の認定に関し「認識」という受け入れ難い新たな規準を設けたとの反対意見が多くみられた[48]。本稿ではこの問題に立ち入る余裕はないが、従来の判例で確認されてきた「（両者が）一定の国際義務の履行または不履行の問題に関し明らかに反対の見解を有する」[49]という規準からすれば、「認識」がまったく新しい要素とまでは言えないようにみえる。ただ、この判示が紛争の認定に関する柔軟な立場を変更し新たな方向を示すものだという指摘[50]が正しいとすれば、本件が対世的義務の違反を争う訴訟であるという事情が大きく左右したと考えられる[51]。

紛争の不存在を理由に訴えを却下したため、裁判所は英国が提起した他の先決的抗弁の検討は行わなかった。しかし、多くの裁判官がふれたとおり、紛争の存在が認められた場合、別の抗弁、すなわち、本件の訴えは裁判所に出廷していない諸国の本質的利益に関わるため請求は受理不能とする抗弁（貨幣用金事件で争点となった抗弁）が重要な争点になったと考えられる。交渉の成否は、関係国の協力に左右されるものであり、そのうちの 1 国の違反のみを認定し交渉を命令することが果たして紛争解決に意味を持ちうるかである。

本件に対する貨幣用金抗弁の適用に関しいくつかの見解が示された。一方に、被告の行動は他の核兵器国との関連で評価されねばならず、本件で貨幣

---

48) Dissenting opinion of Judge Yusuf, *ICJ Reports 2016*, paras. 20-26. Dissenting opinion of Judge Bennouna, *ibid.*, p. 901. Dissenting opinion of Judge Sebutinde, *ibid.*, paras. 30-33. Dissenting opinion of Judge Robinson, *ibid.*, para. 4. Dissenting opinion of Judge Crawford, *ibid.*, paras. 4-6. Dissenting opinion of Judge Bedjaoui, *ibid.*, paras. 26-31.

49) *Alleged Violation of Sovereign Rights and Maritime Spaces in the Carribean Sea*（Nicaragua v. Columbia）, *ICJ Reports 2016*, para. 50.

50) Declaration of President Abraham, *ICJ Reports 2016*, paras. 6-7.

51) この点に関し、玉田大は、主観的訴訟を通じて形成された紛争存在要件によって客観訴訟に一定の歯止めがかかり得ることが示されたとみる。玉田大「国際裁判における客観訴訟論」『国際法外交雑誌』第118巻 1 号（2017年）27頁。

用金原則の適用を検討すべきだったという意見[52]があり、他方に、第三国の責任が問われておらず貨幣用金原則の適用はないが、他の核兵器国の不在により多数国間の文脈での原告の主張を考慮できず請求は受理不能との意見[53]があった。ほかに、貨幣用金原則の適用は本件紛争の中心をなす本案の争点であるとの意見[54]もあった。いずれも他の核兵器国の行動を検討する必要性に目を向けるものである。

　マーシャル諸島も、おそらくこの問題を十分に考慮して請求を構成したと考えられる。とくに、英国による核兵器の近代化がNPTと慣習国際法の義務の誠実な履行に反するとの請求は、核兵器の近代化自体が核軍縮を後退させる行為であり、したがって、その違反の認定に際して関係国がいかなる行動をとったかを考慮する必要はないという論法である[55]。交渉の開始や継続を怠ったというのではなく、交渉の前提となる現状の変更により交渉義務の違反が問えるという判断であろう[56]。

　しかし、この論法にも依然として疑問は残る。核兵器の近代化が関係国の軍備の近代化への対応としてなされたのであるとすれば、やはり関係国の行動を考慮する必要はあるのではないか。それを考慮せずに、管轄権の根拠がある1国についてのみ義務不履行を認定しても、それは当該国に対して説得力をもたないであろう。ましてや、それに基づき交渉命令を発しても事態の改善につながるとは考えられない[57]。

　これらの点を考えると、核軍縮交渉義務の問題を2国間の紛争に構成して、特定国の義務不履行の責任を追及する方法には限界がみえる。これまで特定

---

52) Separate opinion of Judge Xe, *ICJ Reports 1996*, paras. 9-11.

53) Separate opinion of Judge Tomka, *ibid.*, para. 38.

54) Dissenting opinion of Judge Crowford, *ibid.*, paras. 32-33.

55) 山田は、原告が、この文脈で第6条の義務が「結果の義務」であることに言及し、近代化がこの結果達成を妨げる行為であり、誠実交渉義務に違反するとの主張に結びつけたと分析する。山田寿則「核軍縮交渉義務事件と核軍縮へのアプローチ——マーシャル諸島共和国対英国事件を手掛かりに」『文教大学国際学部紀要』第26巻2号（2016年）109頁。

56) 非核兵器国は、核兵器の近代化は第6条の違反にあたるとしばしば主張してきた。Joyner, *supra* note 9, p. 403.

57) マーシャル諸島が、米国連邦裁判所において提起した同種の訴えも、原告が主張する侵害は、条約の1国のみによる特定履行を強制することによっては救済されえないという理由で却下された。79 *F.Supp.* 3d 1068. この点に関し、山田「前掲論文」（注55）103頁。

の2ないし3の当事者間の交渉義務を扱った国際裁判は少なからずあり、そのなかには、交渉の不当な中断、異例の遅延、手続の無視、提案の徹底した拒否などが交渉義務違反になりうるとの見解を示した事件もあった[58]。しかし、現在の国際司法裁判の制度設計を考えると、多数国の協力関係を前提とする交渉義務に関し、裁判を通じた履行確保に期待を寄せることは難しい。核軍縮交渉義務の問題は、裁判所の勧告的意見の対象とはなりえても、特定国の義務不履行の形で争われる争訟事件にはなじまないと考えざるをえない。

2 核兵器禁止条約（TPNW）の締結

2010年代のもう1つの大きな動きはTPNWの採択である。この条約の締結を推進した諸国やNGOは、これをNPT第6条が定める核軍縮に関する「効果的な措置」として位置づけた。人道上忌むべき核兵器に悪の烙印を押し、その保有・使用等を包括的に禁止することによって、国際法上、核兵器は正当化できない兵器であるとの認識を確立させ、それによって核軍縮義務の履行を促すとの立場である[59]。こうした人道的アプローチは、対人地雷やクラスター爆弾の禁止条約の締結に際して大きな効果をもつものであった。

これに対し、核兵器国やその同盟国は、人道的側面のみを強調し、安全保障政策への配慮を欠いた核兵器の法的禁止は、それだけでは「効果的措置」にはなりえないと反論した。条約採択直後の英米仏3カ国の共同声明は、この構想が安全保障環境を明らかに無視し、70年間に及ぶ欧州・北アジアにおける核抑止戦略と両立せず、安全保障に取り組まない核兵器禁止は核軍縮にはつながらず、核の高まる脅威に対し世界が団結すべきときに分裂を生み、現行の安全保障の構造を損なうリスクをもつと説明した[60]。代替手段のある対人地雷やクラスター爆弾の禁止条約は、核兵器禁止の際の参考にはなりえないとも考えられる。

---

58) たとえば、*Affaire du lac Lanoux*（Espagne, France）, *R.I.A.A.*, Vol. XII, pp. 306-07.

59) Stigmatization につき、M.Kurosawa, "Stigmatizing and Delegitimizing Nuclear Weapons," *Journal for Peace and Nuclear Disarmament*, Vol. 1, No. 1（2018）, pp. 1-17.

60) Joint Press Statement from the Permanent Representatives to the United Nations of the United States, United Kingdom, and France Following the Adoption of a Treaty Banning Nuclear Weapons, available at United States Mission to the United Nations, at https://usun.state.gov/remarks/7892.

TPNW の安全保障政策への影響を考えるうえで注目されるのは、中立の立場にあるスイスとスウェーデンの動向である。両国は、核兵器の非人道的側面に関する検討に積極的に関与し、TPNW の交渉にも参加し条約の採択に賛成票を投じた。しかし、直ちに署名はせず、この条約への署名・批准の問題に関し慎重な審議を行っている。これに関連して、両国の議会や政府の要請に基づく報告書が注目を集めている[61]。

両国の報告書は、次の点で概ね一致している。① TPNW は安全保障上の配慮に欠けるとの懸念、② TPNW は実効性を欠く宣言的文書にとどまり核軍縮に影響力をもつ可能性はないとの判断、③ TPNW は核軍縮の二極化（TPNW と NPT）をもたらすのではないかとの警戒感、④ TPNW は西側の核兵器国とその同盟国の戦略論を損なうとの危惧、である。こうした理由から、TPNW には署名・加入すべきでなく、せいぜいオブザーバー参加にとどめるべきだと勧告した（スイスは、すでに参加の意向を表明した[62]）。

両国の報告書は、TPNW の具体的な問題点に関しても共通の指摘を行っている。1 つは、TPNW は、非核保有国の保障措置に関し、現行協定の維持ないし締結を義務づけるが、より厳格な追加議定書の保障措置の締結は義務づけていない点（第 3 条）であり、これは NPT 体制の実効性確保に係る問題といえる。もう 1 つは、TPNW が禁止する援助（第 1 条（d））とは何かが明確でない点であり、これは核関連物質の取引などに影響を及ぼすおそれである。いずれも、今後に調整が必要になりうる問題と考えられている。

現時点で、NPT 体制と TPNW 体制の間に対立や分断が生じるかを判断するのは時期尚早だろう。NPT 再検討会議の準備委員会では、核兵器国は

61）スイス報告書は連邦外務省指揮下の作業部会により 2018 年 6 月に提出された（注 62 のサイトから入手）。Federal Department of Foreign Affairs（FDFA）, *Report of the Working Group to Analyse the Treaty on the Prohibition of Nuclear Weapons.* スウェーデン報告書は、政府の指名した報告者（元外交官 Lars-Erik Lundin）により 2019 年 1 月に提出された（政府のサイトから入手、https://www.regeringen.se）。Utredning av konsekvenserna av ett svenskt tillträde till konventionen om förbud mot kärnvapen. 本稿では英語の要約を参照した。*Inquiry into the Consequence of a Swedish Accession to the Treaty on the Prohibition of Nuclear Weapons, Executive Summary.*

62）The Federal Council, The Federal Council decides not to sign the Treaty on the Prohibition of Nuclear Weapons at the present time, available at https://www.admin.ch/gov/en/start/documentation/media-releases.msg-id-71821.html.

軍縮よりも不拡散を強調する向きがあったとの指摘[63]もあるが、TPNW 支持国が参加を拒む事態は生じていない。CD では、9 年ぶりに「核軍備競争の停止と核軍縮」を含む 4 つの中核的な事項に関する補助機関の設置に合意した。NPT や CD が軍縮交渉にふさわしいという理由で TPNW の交渉を拒否してきた核兵器国は、補助機関の設置に反対できなかったと推測される[64]。

　TPNW 体制と NPT 体制は、ともに核軍縮を推進するための取り組みであり、基本的には両立しうる関係にあるはずである。しかし、上記のように潜在的な緊張関係もあり、それが顕在化しないよう調整が必要になるかもしれない。TPNW が発効した場合、その運用にどのような形で関わることができるか検討を要する問題である。

おわりに

　核軍縮は、当初、全面完全軍縮の一環として議論されていた。NPT の前文には核軍縮とそれとの関係を示す条項が残るが、第 6 条は両者を関係づけてはいない。NPT 再検討会議では、両者を切り離す方向での検討が重ねられてきた。しかし、そこで検討されてきた核軍縮の措置は、段階を踏んだ特定の個別的なものであった。

　TPNW は、この展開を一挙に最大限に変更しようとする企てである。その前文は全面完全軍縮に言及してはいるものの、その進展にはかかわりなく、人道的考慮を最優先し、核兵器を全面的に禁止するに至った。これは、条約を推進した諸国が、核兵器廃絶を安全保障の根幹とする、従来とは異なる安全保障観に立つことを意味している。

　今後、TPNW が発効すれば、核軍縮は新たな局面を迎えることになる。もちろん、核軍縮に関し NPT 体制の下で取り組むべき重要な課題はある。しかし、NPT 体制だけでなく、旧態依然たる CD に代わる新たなフォーラムを設置するなど、何らかの改善をはかることが必要だろう。これまでどお

---

63) M.Hamel-Green, "The Nuclear Ban Treaty and 2018 Disarmament Forums: An Initial Impact Assessment," *Journal of Peace and Nuclear Disarmament*, Vol. 1, No. 2 (2018), p. 442

64) *Ibid.*, pp. 454-55.

りの姿勢では、NPT 体制と TPNW 体制の分断が始まり、それが新たな核兵器拡散の脅威につながる可能性がないとは言えないだろう。

　核軍縮交渉義務は、一般国際法の原則に根差すもので、いずれの国も誠実に交渉を行うことが求められる。結果の達成が重要なのはもちろんだが、その実現を急ぐあまり、協力して誠実に交渉を継続する義務をないがしろにすることがあってはならない。このことを再確認しつつ、安全保障政策をめぐる対話を続けながら、核軍縮の進展の方途を探ることが求められている。

付記：本稿脱稿後、山田寿則「核軍縮交渉義務の発展過程とその機能」日本軍縮学会編『軍縮・不拡散の諸相』（信山社、2019年）と林美香「核不拡散条約 6 条の分析視座」岩沢雄司ほか編『国際法のダイナミズム』（有斐閣、2019年）に接した。

核兵器禁止条約の非締約国に対する影響
―核兵器使用の禁止を中心に―

小 倉 康 久

明治大学兼任講師

はじめに
一　法規範の性質による影響の違い
二　TPNW が規定する核兵器使用の禁止の性質
三　非締約国に影響を及ぼすシステム
四　市民社会の役割
おわりに

はじめに

　2017年 7 月 7 日、ニューヨークの国連本部において核兵器禁止条約
(Treaty on the Prohibition of Nuclear Weapons: TPNW)[1] が採択された。この条約は、核兵器使用および保有等を禁止の対象としており、核兵器廃絶を目標とするものである。

　この目標を達成するためにはすべての核兵器保有国の批准が必要であるが、実際にはこれらの国は交渉会議にさえ参加しなかった。現状では、核兵器保

---

1) A/CONF.229/2017/8. 条約の発効要件は50ヵ国の批准であるが（第15条）、2019年 4 月11日現在、署名70ヵ国、批准23ヵ国である。なお、核兵器を禁止する条約案の作成は、さまざまな形で行われてきた。1976年の第22回原水爆禁止世界大会では、宮崎繁樹教授など 7 名が起草した「核兵器使用禁止国際条約（案）」が発表された（藤田久一編『軍縮条約・資料集』（有信堂、1988年）所収）。この条約案は、「本条約の加盟国は、核兵器の使用は、いかなる状況下においても、人類に対する犯罪であるとともに、国連憲章に反し、国際法の原則と規定に反するものであることを宣言し、これを禁止する。」（第 1 条）と規定し、国連憲章ならびに国際法の原則および規則に反することを理由に核兵器使用を禁止したうえで、それが「人類に対する犯罪」を構成すると宣言した点が特徴的である。一方、核兵器の保有等の禁止については、「核兵器の使用、実験、製造、貯蔵を禁止する国際条約」を予定するにとどまっており（第 3 条）、それ以上の言及はなされていない。

有国が TPNW を批准することは考えにくい。果たしてこのような条約により、核兵器廃絶という目標を達成できるのであろうか。

　TPNW の中心的な義務は、核兵器使用および保有の禁止である。保有の禁止については、核不拡散条約（NPT）が核軍縮に取り組むことを条件に核兵器国には当面の保有を認めていることから、TPNW が核兵器国に直接的に法的な影響を及ぼすことは考えにくい。

　一方、特定の兵器の規制は、まず使用が禁止され、その後に保有が禁止されることが一般的である。TPNW の作成に貢献した核兵器廃絶国際キャンペーン（ICAN）のベアトリス・フィン（Beatrice Fihn）事務局長も、「核兵器［使用］を禁止することが、核兵器廃絶を実現する不可欠な要素である」[2]と述べており、使用を禁止することが保有の禁止につながると主張しているのである。

　このような理由から、本稿では TPNW が規定する核兵器使用の禁止の非締約国に対する影響を検討することとする。影響には、TPNW が直接的に影響を及ぼす場合と、システムや枠組みを通じて間接的に影響を及ぼす場合が考えられることから、TPNW が規定する締約国会合および検討会議ならびに NPT との関係についても検討の対象とする。

　また、市民社会の役割についても明らかにしたい。TPNW の前文は「核兵器の全面的な廃棄の要請に示された人道の諸原則の推進における公共の良心の役割を強調し、また、このために国際連合、国際赤十字・赤新月運動、その他の国際機関及び地域的機関、非政府機関、宗教指導者、議員、学術研究者、及びヒバクシャが行っている努力を認識し、次のよう協定した」と規定しており、この条約の作成には非政府機関、宗教指導者、学術研究者、ヒバクシャといった市民社会が大きな役割を果たしたことを謳っている。TPNW を普遍化することによって核兵器廃絶という目標を達成する際にも、市民社会が大きな役割を果たすと考えられるからである。

---

2) Beatrice Fihn, "The Logic of Banning Nuclear Weapons," *Survival: Global Politics and Strategy*, Vol. 59, No. 1 (February-March 2017), p. 48.

一　法規範の性質による影響の違い

　一般的に条約の非締約国に対する影響は、その条約が規定する法規範の性質により異なる。ウィーン条約法条約第34条が「条約は、第三国の義務又は権利を当該第三国の同意なしに創設することはない」と規定しているように、条約は非締約国に法的義務を課すことはできない。しかし、これは新たな法規範を定立する条約の場合であって、慣習国際法の法典化または既存の法規範を確認する条約は、非締約国であっても、その条約と同一内容の法規範に拘束されることになる。

　TPNW が規定する核兵器使用の禁止という規範がどちらに該当するかについては、この条約を推進する側においても見解は分かれている。

　前者（新たな法規範の定立）の見解に立つものとして、ICAN の主張がある。ICAN は、TPNW について「核兵器の開発、実験、生産、貯蔵、移譲、使用、威嚇の一切は禁止されるということを法的に定め、核兵器の廃絶を命じるものであるが、そこからの具体的な廃棄と検証について詳細には立ち入らない」[3]と説明しており、新たに核兵器使用の禁止を法的に定めることをこの条約の主な目的としている。

　また、2014年12月にウィーンで開催された「第3回核兵器の人道的影響に関する会議（ウィーン会議）」でオーストリアが発表した「オーストリアの誓約（Austrian Pledge）」[4]は、すべての NPT 加盟国に対して「核兵器の禁止および廃棄に向けたリーガルギャップ（legal gap）[5]を埋めるための効果的な措

3）川崎哲『核兵器を禁止する（岩波ブックレット、No. 978）』（岩波書店、2014年）40頁。TPNW の作成に貢献したことを理由に2017年度のノーベル平和賞を ICAN に授与したノルウェー・ノーベル委員会は、授賞理由で「核兵器は、［地雷、クラスター弾および生物・化学兵器と比較して］さらに破壊的であるが、同様の国際的な法的禁止の対象とされてこなかった」と述べており、核兵器使用を禁止する法規範が存在していないことを前提としている（The Nobel Peace Prize for 2017, October 6, 2017, at https://www.nobelprize.org/nobel_prizes/peace/laureates/2017/press.html）。
4）Austrian Pledge, December 8-9, 2014, at https://www.bmeia.gv.at/fileadmin/user_upload/Zentrale/Aussenpolitik/Abruestung/HINW14/HINW14vienna_Pledge_Document.pdf. なお、「オーストリアの誓約」は、2015年 NPT 運用検討会議の際に「人道の誓約（Humanitarian Pledge）に改称され127ヵ国が賛同を表明している（2017年5月1日現在）。

置を特定し、追求するよう」要請した。このリーガルギャップの概念は必ず
しも明らかではないが、*lex ferenda*（在るべき法）と *lex lata*（現行法）の間
に存在するギャップと捉えるなら、核兵器使用の禁止という法規範は存在し
ていないことになる。

　後者の見解（慣習国際法の法典化または既存の法規範の確認）に立つものと
しては、1996年の核兵器の合法性に関する国際司法裁判所（ICJ）の勧告的
意見[6]がある。

　1996年の勧告的意見は「核兵器の威嚇または使用は、武力紛争に適用され
る国際法の諸規則、特に国際人道法の諸原則および諸規則に、一般的に違反
するであろう」と判断した（105パラグラフ（2）E 項前段）。さらに、モハメ
ド・シャハブディーン（Mohammed Shahabuddeen）判事、クリストファー・
G・ウィラマントリー（Christopher G. Weeramantry）判事、アブデル・G・
コルマ（Abdul G. Koroma）判事は、核兵器使用は国際法に「全面的に」違反
するとして、この部分については反対票を投じている[7]。このような判断は、
核兵器使用を禁止する法規範の存在を前提とするものといえる。

　また、国際反核法律家協会（International Association of Lawyers Against
Nuclear Arms: IALANA）等[8]が中心となって作成したモデル核兵器条約
（Model Nuclear Weapons Convention）[9]は、核兵器使用は既存の規範により禁

---

5) リーガルギャップについては、以下の文献を参照。John Burroughs and Peter Weiss, "Legal
Gap or Compliance Gap?," *Arms Control Today*, Vol. 45 (October 2015); Gro Nystuen and Kjølv
Egeland, "A 'Legal Gap'? Nuclear Weapons Under International Law," *Arms Control Today*, Vol.
46 (March 2016); Article 36 and Reaching Critical Will, *Filling the Legal Gap: The Prohibition of
Nuclear Weapons* (April 2015), at http://www.article36.org/wp-content/uploads/2015/05/A36-
RCW-gaps-table-updated.pdf; 山田寿則「核兵器禁止条約に関する予備的考察——核兵器による威嚇
または核兵器の使用に関する『法的ギャップ』」『文教大学国際学部紀要』第28巻 1 号（2017年 7
月）；福井康人「新たな技術と国際法の適用可能性」『世界法年報』第36号（2017年 3 月）164-167
頁。

6) *Legality of the Threat or Use of Nuclear Weapons, Advisory Opinions, I.C.J. Reports 1996*
[hereafter *I.C.J. Reports 1996*], pp. 226-593.

7) *Ibid.*, pp. 375-428, 429-555, 556-582.

8) この他に、拡散に反対する国際科学技術者ネットワーク（International Network of Engineers
and Scientists Against Proliferation: INESAP）、1985年にノーベル平和賞を受賞した核戦争防止国
際医師会議（International Physicians for the Prevention of Nuclear War: IPPNW）が起草作業に参
加した。

止されているということを前提に、核兵器廃絶を実現するための具体的な計画および実効的な検証制度を規定したものである[10]。

以上のようなことから、まずは TPNW が規定する法規範の性質を明らかにすることが必要となる。

二　TPNW が規定する核兵器使用の禁止の性質

1　条約の構造

TPNW は、前文で「核兵器のいかなる使用も武力紛争に適用される国際法の諸規則、特に国際人道法の諸原則及び諸規則に違反するであろうことを考慮し」（パラグラフ10）と明記したうえで、本文で「核兵器その他の核爆発装置を使用すること又は使用すると威嚇すること」を「いかなる場合にも（under any circumstances）」禁止すると規定する（第1条1項C）。

なお、前文のこの部分は、2017年5月22日付の条約案（第1次案）[11]では「宣言し（declaring）」とされていたが、同年6月27日付の条約案（第2次案）[12]では「考慮し（considering）」に表現が弱められたという経緯がある。この背景としては、TPNW の交渉会議において、国際法の現状として核兵器のいかなる使用も既存の法規範により禁止されているということに合意が得られなかったことが指摘できる。

この点に関して、アイルランドは、TPNW の交渉会議の招集を国連総会

---

9) モデル核兵器条約は、1997年10月31日にコスタリカを通じて国連に提出され国連文書（UN Doc. A/C.1/52/7）として加盟国に配布された。その後、改訂版が作成され2007年5月1日にコスタリカを通じて2010年 NPT 運用検討会議・第1回準備委員会に作業文書（NPT/CONF.2010/PC.I/WP. 17）として提出された。さらに、2007年12月17日にコスタリカおよびシンガポールを通じて国連に提出され、国連文書（UN Doc. A/62/650）として加盟国に配布された。なお、モデル核兵器条約については、以下の文献を参照。International Physicians for the Prevention of Nuclear War, International Association of Lawyers Against Nuclear Arms and International Network of Engineers and Scientists Against Proliferation, *Securing Our Survival (SOS): The Case for a Nuclear Weapons Convention* (IPPNW, 2007)（邦訳：浦田賢治編訳、伊藤勤・小倉康久・山田寿則・城秀孝・森川泰宏訳『地球の生き残り――［解説］モデル核兵器条約』（日本評論社、2008年））.

10) *Ibid.*, p. 9（同上、13頁）.

11) A/CONF.229/2017/CRP.1.

12) A/CONF.229/2017/CRP.1/Rev.1.

に勧告したオープンエンド作業部会（OEWG）において「核兵器使用がすでに国際法により禁止されているかどうかについては、論争が存在する」[13]と指摘した。また、TPNW の交渉会議においてエジプトは前文のこの部分について、核兵器使用は「一般的に」国際法に違反するとする1996年の勧告的意見に留意すべきであると主張した。スウェーデンは7月7日の条約採択時の投票説明において、現行国際法を記述しようとする前文のこの部分には同意しないことを明言し、核兵器使用の禁止については1996年の勧告的意見の見解に立つと述べた[14]。

　つまり、TPNW は、核兵器のいかなる使用も既存の法規範により禁止されているということを確認するものではなく、少なくともその一部において新たな法規範を定立するという構造になっているのである。

2　核兵器使用に対する法的評価

(1)　1996年の国際司法裁判所の勧告的意見

　核兵器使用に対する最も重要な法的評価としては、唯一の国際裁判所による司法判断である1996年の勧告的意見を挙げることができる。勧告的意見そのものには法的拘束力は与えられていないが、高い法的権威が認められている[15]。

　1996年の勧告的意見は、核兵器使用に適用される国際人道法の基本原則として、①無差別攻撃の禁止、②戦闘員に不必要な苦痛を与えることの禁止を挙げたうえで、これらは慣習国際法であると判断した（パラグラフ78、79）。その上で、「裁判所が先に言及したような核兵器の独自の特徴からすれば、核兵器使用は実際にこのような要件とほとんど両立しないであろう。しかし

13）A/AC.286/WP.35.

14）Sweden, Explanation of vote, July 7, 2017, at https://s3. amazonaws. com/unoda-web/wp-content/uploads/2017/07/170707-EoV-Sweden.pdf.

15）この点については、「むしろ、それが持つ高い内在的価値のゆえに、高い法的権威が認められる。意見がそのような価値と権威をもつことの実質的基盤は、裁判所がこれをもっぱら司法手続で取り扱ってきたことに求められる。すなわち、判決と同様に厳正な手続きで審理し、かつ判決と同じ判断基準を採用してきたことから、それは不可避的に法の表明としての価値を内包することになる」と指摘されている（杉原高嶺『国際司法裁判制度』（有斐閣、1997年）427頁）。

ながら、核兵器使用はいかなる状況においても武力紛争に適用される法の諸原則および諸規則に必然的に矛盾すると確信を持って結論するに足りる十分な要素を保有していないと考える」（パラグラフ95）と指摘した。

これらを受けて、主文において核兵器使用を明示的に禁止する一般国際法は慣習国際法にも条約国際法にも存在しないことを確認したうえで（パラグラフ105（2）B項）、「核兵器の威嚇または使用は、武力紛争に適用される国際法の諸規則、特に国際人道法の諸原則および諸規則に、一般的に違反するであろう」（パラグラフ105（2）E項前段）と判断した。

つまり、核兵器使用はその独自の特徴（膨大な熱やエネルギー、強力かつ持続的な放射線など）からすれば、使用される個別の状況（核兵器の破壊力やタイプ、攻撃対象、予想される被害の大きさなど）に依存することなく、「武力紛争に適用される国際法の諸規則、特に国際人道法の諸原則および諸規則」と「ほとんど」両立しないが、「いかなる場合にも」違法であるとまでは断言することはできないとして、主文においては「一般的に」違反すると判断するに至ったと考えられる。

したがって、1996年の勧告的意見は、「自衛の極限的な状況」以外にも極めて限定的ではあるが合法的な核兵器使用の余地を残していると解釈することもできる。実際、ジルベール・ギョーム（Gilbert Guillaume）判事、シュテファン・M・シュベーベル（Stephan M. Schwebel）判事、ロザリン・ヒギンス（Rosalyn Higgins）判事は、E項前段の例外を後段の「自衛の極端な状況」以外にも認めている[16]。その例外としては、破壊力が著しく制限された小型核兵器や洋上を航行する軍艦に対する核兵器の使用などが考えられる。

また、1996年の勧告的意見は「国家の存亡そのものがかかった自衛の極端な状況」においては、「核兵器の威嚇または使用が合法であるか違法であるかについて明確に結論することはできない」（パラグラフ105（2）E項後段）として判断を回避した。これは、必ずしも「自衛の極端な状況」においては核兵器使用は合法であると判断したものではないが、このような状況が国際人道法の適用になんらかの影響を与える可能性があることを示唆したものと

---

16) *I.C.J. Reports 1996*, pp. 290, 320-322, 589-590.

いえる。

しかし、「自衛の極端な状況」が国際人道法の適用を除外するものとするなら、かつてドイツの研究者が主張した戦数（Kriegsraeson）のような理論を認めることになり、国際人道法の存在理由そのものを否定することにもなりかねない。

一般的に国際人道法は軍事的必要性と人道の要請のバランスに基づくとされるが[17]、軍事的必要性に「国家の存亡」からの回避が含まれるとするなら、「核兵器の非人道性」を前提としたとしても、核兵器使用が容認される可能性は否定できない。

ところが、ICJ は「自衛の極端な状況」の概念を定義せず、また、このような状況が国際人道法の適用に具体的にどのような影響を与えるのかについても明らかにしていないことから、この領域における国際法は不明確である。

(2) 「核兵器の非人道性」からのアプローチ

2010年 NPT 運用検討会議の最終文書[18]は「会議は、核兵器のいかなる使用も壊滅的な人道上の結末をもたらすことに深い懸念を表明する」（「結論および今後の行動に向けた勧告」I. A. v.）と述べた。

これにより、核兵器国を含むすべての NPT 加盟国は、核兵器は使用される個別の状況に依存することなく、「いかなる使用」も「壊滅的な人道上の結末をもたらすこと」、すなわち「核兵器の非人道性」に合意したということになる。

その後、2013年3月にはオスロで核兵器爆発の人道上の影響を科学的側面から検討するための「核兵器の人道的影響に関する会議」が開催された。さらに、2014年2月にはナジャリット（メキシコ）で第2回会議、同年12月にはウィーンで第3回会議（ウィーン会議）が開催された。ウィーン会議には、158ヵ国、国連の諸機関および赤十字国際委員会などの21の組織、非政府組

---

17) International Committee of the Red Cross, *Commentary on the Additional Protocols to the Geneva Conventions of 8 June 1977 to the Geneva Conventions of 12 August 1949* (Springer, 1987), pp. 392-393.

18) NPT/CONF.2010/50 (Vol. I).

織、研究者などが参加した。核兵器保有国では、過去2回の会議に引き続きインド、パキスタン、さらに今回初めてアメリカ、イギリスが参加した。また、アメリカから拡大核抑止の提供を受けている同盟国（北大西洋条約機構に加盟している非核兵器保有国、日本、韓国、オーストラリア）も参加し、「核兵器の非人道性」に関する議論が深められた。

　主催国であるオーストリアの単独の責任の下で公表された「議長総括」[19]は、「核兵器の非人道性」を次のように要約した。

・原因にかかわらず、核兵器爆発の影響は国境内に留まることはなく、地域的さらには地球的な結末を生じさせる。それは、環境、気候、健康と福祉、社会経済開発および社会秩序に対して深刻かつ長期的な損害を与えるだけでなく、破壊、死および強制退去を引き起こし、人類の生存すらも脅威にさらし得る。
・核兵器爆発により引き起こされる人道上の結末の範囲、規模および相互関係は、壊滅的であり一般的に考えられているよりも複雑である。その結末は、大規模になる可能性があり、潜在的に不可逆的である。
・核兵器の使用および実験は、破壊的で即時的および中・長期的な結果を実証した。世界のいくつかの場所で行われた核実験は、深刻な健康および環境への結末という遺産を残した。これらの実験による放射能汚染は、女性および子供に偏って影響する。それは食料供給を汚染し、今日に至るまで大気中で計測され続けている。

　核兵器爆発の人道上の影響は科学的事実の問題であることから、参加国から「核兵器の非人道性」を否定するような見解は示されなかった[20]。このような「核兵器の非人道性」を前提とすれば、核兵器のいかなる使用も国際人

19）Vienna Conference on the Humanitarian Impact of Nuclear Weapons, 8 to 9 December 2014, Report and Summary of Findings of the Conference, at https://www.bmeia.gv.at/fileadmin/user_upload/Zentrale/Aussenpolitik/Abruestung/HINW14/HINW14_Chair_s_Summary.pdf.

20）この点に関して、アメリカは「我々がこれまで述べてきたように、核兵器使用の人道上の結末を明確に理解することが、過去数十年にわたる我々の全ての努力を支えることである」と述べたが、核兵器使用の法的評価や国際法との関係については言及しなかった（U.S. Statement during Discussion/General Debate, December 9, 2014, at https://www.bmeia.gv.at/fileadmin/user_upload/Zentrale/Aussenpolitik/Abruestung/HINW14/Statements/HINW14_Statement_USA.pdf）。イギリスは「多くの人が熱意を持って核兵器使用は壊滅的な人道上の結末を生じさせると主張している。イギリスは、これに合意する」と述べたが、アメリカと同様に核兵器使用の法的評価や国際法との関係については言及しなかった（UK intervention at Vienna Conference on the Humanitarian Impact of Nuclear Weapons 8-9 December 2014, at https://www.bmeia.gv.at/fileadmin/user_upload/Zentrale/Aussenpolitik/Abruestung/HINW14/Statements/HINW14_Statement_UK.pdf）。

道法の基本原則と両立できないと考えられる。とくに「核兵器爆発の影響は国境内に留まることはなく、地域的さらには地球的な結末を生じさせる」という点は、国際人道法の基本原則である無差別攻撃の禁止に必然的に違反することになる。

さらに「それは、環境、気候、健康と福祉、社会経済開発および社会秩序に対して深刻かつ長期的な損害を与えるだけでなく、破壊、死および強制退去を引き起こし、人類の生存すらも脅威にさらし得る」と指摘しており、違法性の程度も非常に高い。

このような「核兵器の非人道性」を前提とすれば、1996年の勧告的意見が「自衛の極端な状況」以外に合法的な使用の可能性があると判断した部分についても核兵器使用は違法であるということができる。

一方、「核兵器の非人道性」は国際人道法との関係であることから、「自衛の極端な状況」が国際人道法の適用に与える影響に変更を加えるものではないと考えられる。

3 TPNW が規定する核兵器使用の禁止のカテゴリー別評価

(1) 通常の核兵器使用

TPNW は核兵器使用を「いかなる場合にも」禁止しているが、核兵器使用のカテゴリーとしては、（1）通常の核兵器使用（すべての核兵器使用から、次の（2）および（3）を除いたもの）、（2）1996年の勧告的意見が判断を回避した「自衛の極端な状況」における核兵器使用、（3）復仇（reprisal）としての核兵器使用に分類することができ、それぞれのカテゴリーごとに、法規範の性質および影響を検討する。

TPNW が規定する核兵器使用の禁止のうち通常の核兵器使用の禁止に該当する部分は、1996年の勧告的意見が「一般的に」違法であると判断した内容と「核兵器の非人道性」を前提とすれば必然的に国際人道法に違反すると考えられる部分によって構成されると考えられる。そうであるとするなら、TPNW のこの部分は、非締約国であっても同一内容の法規範に拘束されることになる。

あるいは、少なくとも、TPNW の採択により通常の核兵器使用は禁止さ

れていると考えている一定数の国が国際社会に存在することになる。これらの国は、NPT などの核軍縮フォーラムにおいてグループを形成し交渉力を強め、核兵器保有国などに対して核兵器使用の合法性の立証を求めていくことになる。このような過程を通じて、核兵器使用に適用される国際法の不明確な部分が明らかにされていくことは国際社会に大きく貢献することになる。

(2) 「自衛の極端な状況」における使用

TPNW はすべての核兵器使用を禁止していることから、1996年の勧告的意見が判断を回避した「自衛の極端な状況」においても核兵器使用は禁止されることになる。「自衛の極端な状況」における核兵器使用の禁止が、新たな法規範の定立なのか、あるいは既存の法規範の確認なのかについては明確にすることは困難である。

しかし、この条約により、少なくとも「自衛の極端な状況」は国際人道法の適用に影響しない（あるいは影響すべきではない）と考えている一定数の国が国際社会に存在することになる。このカテゴリーにおいても、これらの国はグループを形成し、核兵器保有国などに対して自国の見解を明らかにするよう求めていくことなる。

実際に核兵器使用の可能性が考えられるのは、「自衛の極端な状況」あるいはそれに類似する状況であると考えられることから、このカテゴリーにおける国際法の状況が明らかにされることは、国際社会にとってとくに重要であると思われる。

(3) 復仇としての使用

TPNW は「いかなる場合にも」核兵器使用を禁止していることから、復仇としての使用も禁止されることになる。復仇とは、「ある国家の他国に対する侵害的かつ国際法に違反する行為であるが、他国に対して、その国際的な義務違反によって生じた紛争の満足な解決に同意するよう強制するために例外的に許容される行為」[21]とされる。

---

21) Lassa Oppenheim, edited by Hersch Lauterpacht, *International Law: A Treatise, Volume II Disputes, War and Neutrality*, Seventh Edition（Longmans, 1952）, p. 136.

具体的には、核兵器使用が既存の法規範により禁止されているとしても、先行する核兵器による攻撃に対して、核兵器で反撃することは違法性が阻却される可能性がある[22]。復仇は、統一的な法の執行機関を欠く国際社会において、国際法の実効性を確保する手段として伝統的に容認されてきた制度であり[23]、1996年の勧告的意見も、核兵器による復仇を禁止していない（パラグラフ46）。したがって、この部分はTPNWが新たな法規範を定立したものであり、非締約国に法的な影響を直接的に及ぼすことは困難である。

　ところで、復仇としての核兵器使用を禁止することは、安全保障政策として採用されている核抑止を根本から否定するものといえる。核兵器使用が禁止されたとしても、復仇としての使用が留保されていれば、核抑止と両立し得る可能性は残されているからである。ところが、TPNWは復仇としての核兵器使用も禁止しており、核兵器保有国および拡大核抑止の提供を受けている同盟国に対して、核抑止の放棄を迫るものといえる。

　つまり、復仇を禁止することは、ハードルの高い条約義務を課すことであり短・中期的には、かえって署名や批准を困難なものとすると考えられる。しかし、この条約は「核兵器に汚名を着せる（stigmatize）」ことにより、その影響を長期的なスパンで核兵器保有国に及ぼし、核兵器廃絶という目標を達成するというものである[24]。そのためには、ハードルの高い条約義務を課すことになったとしても、核兵器が合法的に使用される余地が残されてはならないのである。

22）復仇の要件としては、先行する相手国の国際法違反行為の他に、救済の要求を尽くすこと、違反行為と復仇としてとられる措置の間に均衡性が存在することなどが挙げられる。また、特定の目標に対する復仇は禁止されている。たとえば、1977年ジュネーブ諸条約第1追加議定書第52条は、民用物に対する復仇を禁止している。

23）「復仇は、確実な抑止効果を有しており、第2次世界大戦中、毒ガスの使用を防止したのはまさに復仇の恐怖であった」とも指摘されている（Peter Malanczuk, *Akehurst's Modern Introduction to International Law*, Seventh revised edition（Routledge, 1997）, pp. 351-352）。

24）Mitsuru Kurosawa, "Stigmatizing and Delegitimizing Nuclear Weapons," *Journal for Peace and Nuclear Disarmament*, Vol. 1, No. 1（January 2018）, p. 37.

三　非締約国に影響を及ぼすシステム

1　締約国会合および検討会議

　TPNW は、「この条約の適用又は実施に関する問題について、並びに核軍縮のための更なる措置について検討するため及び必要な場合には決定するため」に２年毎、または締約国の３分の１以上の要請があった場合には締約国会合を開催することを規定している（第８条１項）。具体的に検討する事項としては、(a) この条約の実施および締約状況、(b) この条約に対する追加の議定書を含む、核兵器計画の検証を伴い時間的枠組みのある不可逆的な廃棄のための措置、(c) この条約の規定に従いかつ適合するその他の事項を含むと規定しており、この条約に関する問題だけでなく、核兵器使用の禁止や核軍縮に関連する広範な事項が検討の対象とされている。

　また、「この条約の運用及びこの条約の目的の達成についての進展を検討するため」に原則として６年毎に検討会議を開催することも規定している（第８条４項）。

　TPNW における締約国会合および検討会議の最大の特徴は、非締約国に対してもオブザーバーとして出席するよう招請することが規定されていることである（第８条５項）[25]。核兵器廃絶という目標は共有するもののさまざまな事情から TPNW を批准していない国も、この条約の全体または一部について協力できる体制が整えられているのである。

　一方、非締約国が出席を招請されたにもかかわらず不参加の場合には、国民に対してその理由を説明する政治責任が定期的に生ずることになる。不参加（または参加）の事実およびその理由、また締約国会合および検討会議における発言などは、民主主義の過程において国民の審判の対象となる。このような意味で、TPNW は非締約国に対して政治的な影響を及ぼすことができるのである。

25）この他に、国連、関連する国際機関および地域的機関、赤十字国際委員会、国際赤十字・赤新月社連盟、関連する非政府組織に対してオブザーバーとして出席するよう招請することが規定されている。

2 NPT

　現在の核軍縮に関する最も重要な条約は、NPT である。この条約には、核兵器保有国も加盟しており、5年毎の運用検討プロセスは核兵器保有国と非核兵器保有国が核軍縮について交渉する数少ないフォーラムである。TPNW も前文において、NPT を「核軍縮と不拡散体制の礎石」と位置づけており、その重要性と両者の関係性を確認している。

　NPT は、すべての締約国に「核軍拡競争の早期の停止及び核軍備の縮小に関する効果的な措置につき、並びに厳重かつ効果的な国際管理の下における全面的かつ完全な軍備縮小に関する条約について、誠実に交渉を行うことを約束する」(第6条) という義務を課している。ところが、交渉の結果として核兵器廃絶を達成する義務まで含まれているかどうかについては確定的な判断は存在しなかった。

　この点に関して、1996年の勧告的意見は「この義務の法的意味は、単なる行動の義務を越えている。ここに含まれる義務とは、特定の行動の進路をとること、すなわちこの事項について誠意ある交渉を進めることによって、明確な結果、すなわちすべての側面における核軍縮を達成することである (パラグラフ99)」としたうえで、「厳格かつ効果的な国際管理の下において、すべての側面での核軍縮に導く交渉を誠実に行い、かつ完結させる義務が存在する (パラグラフ105 (2) F項)」と判断した。

　つまり、NPT 第6条の義務には核軍縮交渉を完結させること、すなわち核兵器廃絶を達成することが含まれているのである。TPNW は、前文において1996年の勧告的意見のこの部分をそのまま引用し、この義務を確認している。

　したがって、核兵器廃絶を目標とする TPNW は、NPT 第6条の義務を履行するための「効果的な措置」と位置づけることができるのである[26]。

　このような NPT は、①核軍縮、②核不拡散、③原子力の平和利用を条約

---

26) ICAN も同様な見解を採用している (ICAN, *BAN NUCLEAR WEAPONS NOW* (2013), p. 8, at http://www.icanw.org/wp-content/uploads/2012/08/BanNuclearWeaponsNow.pdf)。また、2020年 NPT 運用検討会議・第2回準備委員会においてオーストリアも同様な発言を行っている (Cluster 1, Statement Austria, at http://statements.unmeetings.org/media2/18559395/austria-npt-cluster-1-austria-short.pdf)。

の三本柱と位置づけているが、2010年NPT運用検討会議は、今後の運用検討プロセスにおいて核軍縮と関連して核兵器使用の側面についても取り扱うことを決定した。

2010年NPT運用検討会議の最終文書は「会議は、核兵器のいかなる使用も壊滅的な人道上の結果をもたらすことに深い懸念を表明し、全ての国家がいかなる時も、国際人道法を含む適用可能な国際法を遵守する必要があることを再確認する」(「勧告」I. A. v.)と述べ、「核兵器の非人道性」を指摘したうえで、核兵器使用と国際法の関係に言及したのである。

これらの問題は、2015年NPT運用検討会議でも取り扱われ最終文書案[27]に記載された。しかし、中東問題をめぐる対立からアメリカ、イギリス、カナダの反対により[28]、実質事項についての最終文書案を採択することはできず、手続事項のみの最終文書[29]を採択して閉幕した(なお、この不採択が一因となって、最終的にTPNWの採択につながる「多国間核軍縮交渉の前進に関するオープンエンド・作業部会」を設置する国連総会決議(A/RES/70/33)が採択されることになる)[30]。

核兵器使用の側面は、今後の運用検討プロセスにおいても引き続き取り扱われていくことになるが、TPNWの賛成国(NPT加盟国のおよそ3分の2にあたる122ヵ国が、この条約の採択に賛成した)はグループを形成し交渉力を高め、核兵器国に対して合法性の立証や自国の見解を明らかにするよう強く求めていくことになる。

なお、NPT第6条は、核兵器国を含むすべての加盟国に「誠実な交渉義務」を課しており、NPTの枠組みでは核兵器国はTPNWの賛成国が形成するグループに対して誠実に交渉しなければならないのである。

---

27) NPT/CONF.2015/R.3. ただし、その内容は、審議の過程でかなり後退したものとなっている。この部分の作成過程については、『核兵器・核実験モニター』第473号(2015年6月)1-3頁参照。

28) NPT/CONF.2015/SR.15.

29) NPT/CONF.2015/50 (Part I), (Part II), (Part III).

30) 会議の様子については、さしあたり以下の文献を参照。黒沢満「2015年NPT再検討会議と核軍縮」『阪大法学』第65巻3号(2015年9月);福井康人「2015年NPT再検討会議——核廃絶決議との相関性から見て」『広島平和研究』第3号(2016年3月);鈴木達治郎・広瀬訓・中村桂子・梅林宏道『2015年NPT再検討会議を終えて——その評価と今後の課題』(長崎大学核兵器廃絶研究センター、2015年)。

四　市民社会の役割

　TPNW は、前文において市民社会がこの条約の作成に大きな役割を果たしたことを謳っている。

　一方、TPNW を普遍化することによって核兵器廃絶という目標を達成するためには、すべての核兵器保有国の批准が必要である。その際、外交政策を決定するのは、民主主義国であれば最終的にはその国民である。つまり、国民を含む市民社会は、この条約の作成だけでなく、普遍化にも影響を及ぼすことができるのである。

　TPNW は第一義的には加盟国に義務を課すものであるが、条約の目標を達成する手段として市民社会の役割も重視している。前文は「あらゆる点での平和及び軍縮教育の重要性並びに核兵器が現在及び将来の世代にもたらす危険及び帰結についての意識を高めることの重要性を認識し、この条約の原則及び規範の周知を図ることを約束し」と規定しており、核軍縮の担い手として加盟国と並んで市民社会も意図しているのである。

　さらに、前文は「女性の核軍縮への効果的な参加を支援しかつ強化することを約束し」と規定し、女性の核軍縮への参加に言及している。この背景としては、これまで核兵器のような安全保障に関係する分野の政策決定には、男性の関与が多く、女性の関与は少なかったことが指摘できる。たとえば、2015年 NPT 運用検討会議における各国代表団のうち73.5パーセントが男性であったことなど、過去35年間の26回の核兵器を含む安全保障に関する多国間フォーラムにおいて、男性は「過剰に代表している（heavily over-represented）」と指摘されている[31]。

　「女性は男性よりも本質的に非好戦的であるということに、意見の一致はみられない」[32]ことなどから、女性の参加の拡大が政策決定の方向性にどの

---

31) International Law and Policy Institute（ILPI）and United Nations Institute for Disarmament Research（UNIDIR）, *Gender, Development and Nuclear Weapons: Shared goals, shared concerns*（October 2016）, p. 19, at http://www.unidir.org/files/publications/pdfs/gender-development-and-nuclear-weapons-en-659.pdf.

ような影響を与えるかについては必ずしも明らかではない。しかし、国際法制研究所（ILPI）および国連軍縮研究所（UNIDIR）が公表した報告書によれば、「男性と女性の両者の政策決定への参加が、その質と効率を高める」[33]と述べている。

また、ウィーン会議の「議長総括」などが指摘しているように女性は男性よりも放射線の影響を受けやすいという近年の研究成果も、女性が核軍縮に関する政策決定を行う際には影響を与えると思われる。

このように市民社会との関係では、TPNW が「核兵器の非人道性」に基づき核兵器使用を全面的に禁止することによって「核兵器に汚名を着せる」ことは、大きな意義を持つことになる。汚名を着せられた核兵器に対して、市民社会が倫理的にも「絶対悪」であると認識するようになれば、核兵器保有国などが主張する安全保障上の必要性[34]を乗り越え、民主主義の過程を通じて核政策は変更されることになるからである。

おわりに

本稿で検討したように、TPNW の非締約国に対する影響としては 3 種類のタイプが考えられる。まず、（議論の余地はあるが）慣習国際法の法典化または既存の法規範を確認した部分については、非締約国であっても同一の内容の法規範に拘束されることになる。

次に、慣習国際法の法典化または既存の法規範を確認した部分に異議を唱える国が存在する場合や「自衛の極端な状況」おける核兵器使用のように国際法の状況が不明確な部分については、TPNW の賛成国はグループを形成

---

32) UNODA, *Gender Perspectives on Weapons of Mass Destruction*（March 2001）, at https://unoda-web.s3-accelerate.amazonaws.com/wp-content/uploads/assets/HomePage/gender/docs/note1.pdf.
33) ILPI and UNIDIR, *Gender, Development and Nuclear Weapons*, p. 27.
34) TPNW が採択されたことに対するアメリカ、イギリス、フランスの共同声明は、「禁止条約への加盟は、70年以上にわたりヨーロッパおよび北アジアにおける平和の維持に不可欠であった核抑止政策と両立しない」と反論した（Joint Press Statement from the Permanent Representatives to the United Nations of the United States, United Kingdom, and France Following the Adoption of a Treaty Banning Nuclear Weapons, July 7, 2017, at https://usun.state.gov/remarks/7892）。

し交渉力を強め、核兵器保有国などに対して、自国の見解を明らかにするよう強く迫っていくことになる。このような過程を通じて国際法の不明確な部分が明らかにされ、精緻化されることにつながる。

また、TPNW が採択される以前のように議論のベースとなる国際法が不明確であったことと比較すれば、採択後はこの条約をめぐって議論が展開されることになり、議論が促進されていくことになる。

さらに、「たとえ最初は限られた数の政府による承認または受諾だとしても、法典化されたものは、実証主義的かつ有形な成果であり、法典化作業の漸進的な拡大の第一歩となる」[35]という指摘もあり、TPNW の存在そのものが非締約国、さらには国際法秩序に影響を及ぼしていくことも考えられる。

しかし、これらの影響は、核兵器使用と国際法の関係の不明確な部分を明らかにすることには貢献するが、この条約の目標である核兵器廃絶そのものに直結するものではない。むしろ、TPNW に対しては核軍縮を推進する国と核抑止力に依存する国の間の溝をさらに深めたという指摘もある[36]。

TPNW の最も重要な影響は、核兵器使用を全面的に禁止することによって「核兵器に汚名を着せる」ことである。そうすることによって、市民社会を通じて核兵器保有国の核政策を長期的なスパンで変更させ、核兵器廃絶という目標の達成を目指すのである。この点に関して、ICAN のフィン事務局長は、「この条約は、核武装国および核同盟国内にあるコミュニティが、内部からの変化に影響を及ぼせるようエンパワーするものである」[37]と述べている。

したがって、本稿の冒頭で疑問を呈したような核兵器保有国がこの条約を批准していないことは、必ずしも TPNW に対する批判とはなり得ないのである。問題は、この条約を締約国および市民社会がいかに活用し、非締約国に影響を及ぼしていくかにかかっているのである。

---

35) Hersch Lauterpacht, "Codification and development of international law," *American Journal of International Law*, Vol. 49, No. 1 (January 1955), p. 39.
36) 阿部達也「核兵器禁止条約」国際法学会エキスパート・コメント、No. 2017-1、2017年10月10日、at http://www.jsil.jp/expert/20171010.html。
37) Fihn, "The Logic of Banning Nuclear Weapons," p. 47.

伝統的国際法における
在外自国民保護のための武力行使の機能
―「意思または能力の欠如」要件の含意―

宮 内 靖 彦
國學院大學教授

はじめに
一　武力行使の正当化問題と本質の議論の必要
二　在外自国民保護のための武力行使の機能
三　国際法の強制措置としての干渉
おわりに

はじめに

　国際社会が分権社会であることは、国際法の形成・適用・執行が分権的に
行われることを意味する。しかし、そのことが有する実際の国際法の解釈適
用への影響は必ずしも一般に認識されているとはいえない。国際法の作動の
分権性に伴う解釈適用の苦労と比べれば、国内法を解釈するとき、政府に集
中した権力を背景にした、裁判所を含む国家機関の行為の解釈と批判をして
いれば済むことが、どれだけ解釈者の負担を軽減していることかと思わざる
をえない。国内法の形成は立法機関の立法作業を追えばよく、また、強制執
行の体制も確立しているから、国内法の解釈適用は裁判所の判決や、そこに
至るまでの法過程を追っていけば、とりあえず果すことができる。しかし、
国際法において、同じことは期待できない。分権的に作動する国際法の解釈
適用は、形成面においては諸国による条約の締結や慣行の累積といった個々
の行為の集積に基づかねばならず、その事実だけで、国際社会の状況や変化

の影響を直接に受けるため、法と政治、あるいは、法と権力関係の近接性は国内法の比ではない。国際裁判所の判決も、実際の国際紛争の解決に資するものでなければ意味はない。判決が両紛争当事国の合意・同意を調達できなければ、強制執行できるわけでもなく、判決は執行されない。いくら理論的に「正しく」ても、現実に起こっている国際紛争が解決されなければ、何のための手続かということになり、判決そのものの法的意義も制約を受ける。安保理決議の実施も、国連加盟国の応答次第である。国連の経済制裁も周辺諸国からの抜け駆け行為に注意を払わねば実効性も確保できないし、PKOの国連軍も加盟国から必要な人員が集まらず十分な機能を果せないことが実際に生じている。このことは安保理の決定の実施においてすら、各国の政治的判断が介在する余地があることを意味している。国際法には、法の適用と執行においても国内法以上の権力的契機が介在する余地があるのであり、どの局面をとっても、法と政治、法と権力が物事の表裏として合わさっていることを看過することはできない。

　このように、法の形成・適用・執行のいずれの面においても、実際の社会状況、引いては主権という権力から極めて大きい影響を受けやすい国際法を解釈する国際法学の第1次的使命は、実際に作動している国際法規の解明である。これは、国内裁判所が政府権力を背景にして国内法秩序を維持していることと比べて、国際法秩序維持のための不可欠の任務である。その任務は、政府や国際裁判所に委ねれば済むものではなく、国際司法裁判所規程第38条1項d号に示されているように、「学説」にも同じ責任が課されているのであり、そうであるとすれば、社会が絶えず変化し続けているときに、その社会状況を無視した法解釈は責任放棄といわざるをえない。

　もちろん、現状を明らかにする解釈の結果が、政治的理想や解釈者の希望に沿わないこともあろう。しかし、国際法が国際社会の意思決定をふまえた社会構築をしている限り、善し悪しは別にして、秩序維持の観点から、意思決定の状況を可視化することが重要であり、その結果、たとえ不十分な規則であっても、そのまま明らかにすることが必要である。1つの規則や制度の背景には、権力関係を通して反映した、それまでのさまざまな利益の対抗関係や調整結果が伏在しているのであって、そのバランスをとりあえずは尊重

することも不安定を招かないための判断でもありうる。その不十分さは国際社会のそれまでの選択の結果であり、たとえ「非人道的」と批判が出る結論になろうとも、それが所定の方法に従って国際社会の意思決定によって形成された法規であるなら、「非人道的」であるのは人間自身であろう。価値論や正義論の観点からあるべき法解釈が実際の法解釈であると主張することも一定の効果はあろうが、合意された法規の状況を特定し、突き放して現状を鑑の如く映し出すことにより、逆説的に社会の認識と反省を促し、むしろ適切な解釈適用や国際立法を促す効果もありえよう。確かに、国際法において、「法は、客観的に存在しているのではない。それは、求め、築いていくもの」であり[1]、また、国際法は、そのようにして常に発達・変容していくプロセスである。

以上の状況は武力行使の規制にも当てはまる。国際法の成立の時期をいつに求めようと、その成立以来、国際法における武力行使の機能も、それぞれの時代の要請に応じて変容してきている。たとえ19世紀後半といえども、国際法において武力行使は野放しであったわけではなく、一定の機能を前提にして規制の有無が考えられていた。また、20世紀以後の現代国際法において戦争や武力行使が違法化されたとしても、全面的に廃絶されたわけではない[2]。個別の国家による国際紛争解決のための武力行使は禁止されても、集団安全保障や自衛権の行使は明文で認められているのであり、武力行使のこれまで期待されていた機能が制約を受け、別の機能が求められるように変容しているというのがむしろ妥当である。さらに21世紀に入り、国際社会は、9・11事件やイラク戦争を経験した。当時、これらに関して武力を行使した米国ブッシュ・ジュニア政権は批判されたが、2004年の「脅威、挑戦および変化に関するハイレベル・パネル報告書」や2005年の「世界サミット成果」文書においては、テロ行為・大量破壊兵器・非人道的事態を新たな脅威として国連の集団安全保障の枠組みの中で対応すべき必要性が謳われている[3]。

1) 宮崎繁樹『国際法綱要』(成文堂、1984年) 2頁。
2) 三牧は、戦争の廃絶と裁判による国際紛争解決の社会への変化を求めたアメリカの戦争違法化運動の挫折を描写しているが (三牧聖子『戦争違法化運動の時代——「危機の20年」のアメリカ国際関係思想』(名古屋大学出版会、2014年))、その描写は、武力行使の機能を必要とする自助社会が原則として存在し続けていることを示しているといえよう。

このことは、ブッシュ・ドクトリンが、必ずしも、「戦争屋」が戦争を弄ぶただの口実にすぎなかったわけではなく、その提起した問題が国際社会全体にとって否定できない問題であることを意味している。つまり、武力行使は廃絶されているどころか、21世紀の新たな国際社会の状況に応じて、求められる機能が再び変容してきているのである。このような変容する社会状況に応じた法的対応を探るとき、周囲を見渡しても比較対象はない。むしろ過去に遡り、根本的な再評価と再編成が求められる。

　本稿は、現代国際法において武力行使の機能がどのように変容しつつあるかを検討する前提として、これまで国際法において武力行使はどのような機能を求められていたかについて、伝統的国際法上の在外自国民保護のための武力行使の検討を通じて、今後の国際法秩序を運営・構築するために必要となる要素の手がかりを得ようとするものである。

一　武力行使の正当化問題と本質の議論の必要

　在外自国民保護のための武力行使は、19世紀以後多数行われ、第2次大戦後も多数の事例が発生し、その時の状況によって、同意・自衛・国際組織の決議・人道的干渉など、さまざまな正当化事由が主張されたり議論されたりしてきた。とくに現代国際法においては、個別国家の武力行使はまず自衛権としての正当化が試みられるのであり、在外自国民保護のための武力行使も自衛権行使としての主張の妥当性が問われてきた[4]。

　第2次大戦後の学説において自衛権で肯定する考え方を示した者として、Bowett や Waldock などが著名である。Bowett は、自衛権で正当化できる根拠を、国民が国家の一部であるという論理を前提に、在外自国民保護のための武力行使が他国の領土保全や政治的独立を害さないゆえに違法ではないという国連憲章第2条4項の制限解釈と、自衛権が固有の権利であることに

3）'A more secure world: our shared responsibility. Report of the High-level Panel on Threats, Challenges and Change,'（UN Doc. A/59/565）（2 Dec. 2004), p.11.　'World Summit Outcome'（UN Doc. A/RES/60/1).

4）山本草二『国際法〔新版〕』（有斐閣、1994年）734頁。

求めている[5]。在外自国民保護のための武力行使を自衛権で正当化する際の要件については、Waldock が、①自国民に対する侵害の差し迫っていること、②領域主権国による外国人保護の意思または能力の欠如していること、③保護措置が自国民保護の目的に厳密に限定されることの3要件を挙げている[6]。その後、自衛権による正当化を主張する国家実行も多く、武力行使国が彼らの学説を引用することによって正当化する傾向も見られた。マヤゲス号事件、エンテベ空港事件、在テヘラン米国大使館人質事件でも武力行使国が自衛権による正当化を主張し、その妥当性が議論され続けてきた[7]。

このように、国連期に在外自国民保護のための武力行使がもっぱら自衛権によって正当化されるようになっている原因については、松隈清や森肇志の精緻な分析があり、1928年に締結された不戦条約以後、戦争が一般的・原則的に禁止されたことに伴い、各国に自国の武力行使を自衛権で正当化する必要性と動機が生じ、その影響が在外自国民保護のための武力行使にも及んだことが指摘されている[8]。

松隈清は、その上で、自衛権が領土保全または政治的独立という国家の法益を守るためのものと定式化されるものであるにもかかわらず、在外自国民保護のための武力行使はこれに該当しないということや、満州事変の際の国際連盟や英国等の反応などを理由として、結論として自衛権によって正当化できないと主張した[9]。

確かに、要件の点から見ても不整合が認められる。Waldock は上記の3つの要件を「カロライン号事件で定められた原則」と述べるが、カロライン号事件以来認められてきた自衛権の要件は、当時のウェブスター米国務長官の示した、「自衛の必要が、差し迫っており、圧倒的であって、手段の選択

---

5) D. W. Bowett, *Self-Defence in International Law* (Manchester University Press, 1958), pp. 91-94.

6) C.H.M. Waldock, 'The Regulation of the Use of Force by Individual States in International Law,' 81 *Recueil des Cours* (1952-II), p. 467.

7) 拙稿「在外自国民救出のための武力行使――"subsequent practice" の分析」『早稲田大学大学院法研論集』第59号（1991年）参照。

8) 松隈清「在外自国民保護のための武力行使と国際法」『八幡大学論集』第18巻1・2・3合併号（1967年）140-141頁。森肇志『自衛権の基層――国連憲章に至る歴史的展開』（東京大学出版会、2009年）168頁以下。

の余地なく、熟考の時間もなかった」「非合理若しくは過剰なことは一切行っていないこと……自衛の必要によって正当化される行為は、かかる必要性によって限界付けられ、明白にその範囲内でなければならない」という定式である[10]。現在は、①侵害の急迫性、②必要性、③均衡性としてまとめられる要件であるが、在外自国民保護のための武力行使の要件として Waldock が示したものとは一致しない[11]。また、カロライン号事件でイギリスが阻止しようとしたのは、内戦への米国側からの支援であり、イギリスが守ろうとしたのは植民地におけるイギリスという国家の安全保障であって、在外自国民の生命や財産の保護ではない。その意味で、上記の3つの要件をカロライン号事件以来の要件に結びつけるのは Waldock の解釈にすぎず、論理的または歴史的に必然ではない[12]。

その結果、在外自国民保護のための武力行使は自衛権で正当化できず違法であると結論づけるのは容易であるが、そのように結論づけたからといって、武力行使国がそのような選択に迫られた状況が解消するわけではない。そこでは、在外自国民保護のための武力行使を必要とする国家の側のニーズがあるのであり、そのニーズに対応した規制のあり方と制度の本質があるであろう。それらの点を考慮しなくては、法制度が変わり、ただ違法になったといっても、実効性は図れない。そこで、あらためて、伝統的国際法上、在外自国民保護のための武力行使が果たしてきた役割を振り返ってみる必要がある。

---

9) 松隈清・同上、141-145頁。もっとも、松隈清が引用する田岡の見解は、確かに、現代国際法上の自衛権を領土保全や政治的独立を守るために武力攻撃に対して対応するものと解釈しているが、それは国連憲章上定められている自衛権の解釈についてであり、国連憲章上の自衛権概念の不合理性を主張するのがその主眼であった。田岡自身の国連期における一般国際法上の自衛権概念は、実は、自助と同じ範囲にまで拡張されて解釈されているのであり（田岡良一『国際法上の自衛権〔補訂版〕』（有斐閣、1981年）359頁）、在外自国民保護のための武力行使も含むことは可能であって、批判の根拠にはなりにくいといわなくてはならない。

10) Waldock, *supra* note 6, p. 463.

11) 松隈清「前掲論文」（注8）150頁。

12) さらに国連憲章下では、自衛権の第1要件として「武力攻撃の発生」の有無が問題とされるようになったため、さらに在外自国民に対する脅威と武力攻撃文言との関係が問題とされることともなり、本来の議論のスジとはますますそぐわなくなったが、国連憲章が第51条に記している「武力攻撃」が戦争を前提としていることと比べても、異なる文脈の正当化の説明として自衛権が求められていると指摘される（森肇志『前掲書』（注8）186頁、250頁以下）。

二　在外自国民保護のための武力行使の機能

1　伝統的国際法上の位置づけ

(1)　戦争の制約要因としての平時の武力行使

　伝統的国際法では戦争の合法性が想定されているが、それは国際紛争の解決のためであった。もっとも、戦争の悲惨さについて盲目であったわけではなく、19世紀初頭のナポレオン戦争で生じた戦争の被害の規模の衝撃は、ヨーロッパにとって第1次世界大戦に匹敵するものであり、その際、当時の国際社会の選択は、戦争そのものを禁止するというよりも、戦争という手段の利用の機会を減少させる方向で国際法の形成を促したといわれる。戦争の惨禍を回避するため、同じく武力を行使するとしても、平時においても限定的な目的を達成するための限定的な武力行使を認めるようになったのであり、自衛・復仇・干渉等の平時の武力行使原因の成立・発展はその結果である[13]。自衛概念も、伝統的国際法上発達するにあたり、それがカロライン号事件における反徒支援の断絶を目的としていたことに示されているように、平時国際法上の不干渉原則の例外として発達してきたものであり[14]、戦争の正当化事由としての自衛権ではない[15]。自衛は平時における国家の重要法益の緊急防衛であり、復仇は国際紛争の強力的解決手段（forcible means of settlement）の1つとして位置づけられ、他国の国内問題に対する介入となる場合、干渉行為ともなり、不干渉原則に対する例外として位置づけられてきた[16]。伝統的国際法で武力干渉が戦争として扱われなかったのは、戦争の場合の議会対策、世論対策、戦争法上の中立国との権利義務の回避などの考慮があったと指摘されるが[17]、国家の側の動機がいかなるものであれ、戦争を避ける目的

---

13)　A. Cassese, *International Law in a Divided World*（Clarendon Press, 1986）, p. 218.

14)　ウィリアム・エドワード・ホール（立作太郎譯述）『ホール氏国際公法』（東京法学院、1899年）383頁。立作太郎『平時国際法論』（日本評論社、1939年）196頁。Waldock, *supra* note 6, p. 464.

15)　森肇志『前掲書』（注8）95頁以下。

16)　たとえば、ホール・立『前掲書』（注14）382頁。また、松本祥志「武力干渉をめぐる国際法理論の再検討──19世紀から20世紀初頭にかけて」『立命館法学』第132号（1977年）291、293-295頁。

をもって行われる措置であることが求められて平時国際法上の措置として位置づけられたのである。在外自国民保護のための武力行使も、伝統的国際法上、このような正当化事由の枠組みの中で正当化を求められた。

(2) 問題となる国際法規としての外国人保護義務

　武力行使は何の前触れもなく突然行われるものではなく、原因となる問題や国際紛争があるのであり、紛争を解決するために適用されることが想定される国際法規も存在する。在外自国民保護のための武力行使の場合、それは外国人保護の義務である[18]。19世紀において、在外自国民とその財産は国家権益に回収され、その内容となり、その保護のために、相互に相手国が自国民をいかに待遇するかについての国際法規が形成された[19]。

　この義務の違反から生ずる国家責任が問題となり、また、責任の解除に対する対応が問題となって、すべての論点が流出してくる。そして、国家責任の追及の一環として外交的保護権が行使されるが、その方法は、ただ交渉や抗議がなされるだけでなく、非軍事的または軍事的な圧力が予定され、外交上の圧迫、外交使節の引き揚げ、報復（retorsion）、復仇、干渉、武力の誇示、武力の行使、戦争など多様な手段が執られてきた[20]。

　在外自国民保護のための武力行使は、以上のような国際義務の執行の過程で武力の行使を伴う場合であり、その目的は、在外自国民の生命や財産が脅かされる場合に、自国民を在留国の危難から保護したり、違法行為の被害に対して責任を追及し賠償を請求したり、在留国の不安定な国内状況を鎮圧し

---

17) ホール・立『前掲書』（注14）381頁。

18) ボーチャードも、伝統的国際法上、在外自国民保護のための武力行使は外国人待遇義務の懈怠に由来することに言及している（Edwin M. Borchard, *Diplomatic Protection of Citizens Abroad or the Law of International Claims* (The Banks Law Publishing Co./ Kraus Reprint, 1915/1970), p. 456)。

19) このことと比べれば、第2次大戦後の規制は、戦争原因の反省をふまえ、まず自由貿易や合意の遵守・尊重を基調としており、各国の権益保護の側面が前面に出てくるわけではないという意味で、第2次大戦の前後で国際法の運用は異なるものがある。

20) Borchard, *supra* note 18, pp.445-456. 田畑茂二郎「外交的保護の機能変化（一）」『法学論叢』第52巻4号（1946年）206頁。鈴木萬美「在外国民保護権論（二）」『法律論叢』第28巻2・3号（1954年）126頁。

て、当該領域国の国内秩序を回復したりすることであった[21]。

(3) 干渉としての性質

在外自国民保護のための武力行使は、その目的と措置から、領域国の国内問題にまで及ぶことが多く、大抵の場合、干渉となる。そのため、不干渉原則との抵触が問題となり、正当化が求められる。実際、戦間期までの議論においても、国家の基本的義務を論じる中で、不干渉原則の例外として、「外国における自国臣民の生命、安全、名誉又は財産を保護するため外国に対し干渉することを得」として、武力干渉が権利として認められてきたといわれる[22]。

当時の文献に則すれば、干渉とは、「一国が他の二国間の関係につき、一方又は双方の承諾を得ずしてこれに干与し、又は他国内の現在の状態を維持し、あるいは、これを変更する目的をもってその国家の意思如何に関せずしてその内事に関与する行為を言う」とされる[23]。

国際法上、干渉は原則的に禁止され、許容される場合は例外に落とし込まれ、一定の事由に該当する場合に制限されたが、それは、不干渉原則が主権・独立権に基づいており、干渉が生じる状況は干渉を肯定する原則と干渉を否定する原則が抵触する状況であるがゆえに、不干渉原則を乗り越える十分な事由を必要としたからと説明される[24]。そして、許容される武力干渉として議論されていたものとして、内戦に対する干渉、自衛権または自己保存権に基づく干渉、勢力均衡のための干渉、法を擁護するための干渉、人道的干渉、集団的干渉などが挙げられ、在外自国民保護のための干渉もその1つ

---

21) Borchard, *supra* note 18, p.455.

22) 松原一雄『現行国際法 上巻』(中央大学、1926年) 191-196頁。

23) ホール・立『前掲書』(注14) 381頁。現代においては、他国の国内問題への命令的圧制的介入とまとめられ、干渉の対象は国内問題に対するものと整理されるが、当時は、「国内問題に限定する必要はなく、国際問題(他の二国間の関係)への介入が一般により重大な侵害(offense)であることは疑いなく、状況によって情状酌量されることがさほど多いわけでもない」として、必ずしも国内問題に限られないことがとくに指摘されている(Ellery C. Stowell, Intervention in International Law (John Byrne & Co., 1921), pp. 320-321)。

24) C. G. Fenwick, 'Intervention: Individual and Collective,' *American Journal of International Law*, Vol. 39 (1945), p. 646.

として挙げられていた[25]。

(4) 在外自国民保護のための武力行使の目的と正当化の論理の多様性

　もっとも、在外自国民保護のために武力が行使される状況も措置内容も多様であり、その多様な状況・内容に応じて、正当化事由もさまざまに説かれることになる。伝統的国際法の時代においては、戦争が原則として合法であったこと、また、当時の諸国にとっては、いずれであっても、国家の利益を確保するための措置であることから、正当化事由について、さほど区別の実益を有しなかったと指摘されるが[26]、同じく国益を保護するにしても、復仇が救済の獲得を目的とすることに着目した概念である一方、干渉は国内問題への圧制的強制的介入であって、その目的は異なり、また、その正当化事由の選択によって要件も異なり、措置内容の範囲にも影響することに変わりはない。在外自国民保護のための武力の行使についていえば、ボーチャードの列挙に則れば、武力の行使、復仇、戦争が該当し、それぞれの正当化事由に応じた要件の充足が求められる[27]。

　ボーチャードは、外国人保護義務の違反に対して復仇が行われる場合として、金銭債権の不払いに対するものを分類し、違法行為国の船舶の拿捕、税関の建物の占拠、都市の一時的占拠、沿岸都市への砲撃、港湾の封鎖、通商妨害、懲罰部隊の派遣等の措置の正当化を狙ったものとしているが[28]、侵害への救済を得るために違法行為国の財産の獲得や、違法行為国の利益の侵害を目的とするものである。復仇の要件は、①国際違法行為に対して、②平和的救済請求によって解決しないこと、③均衡性の３つであるが、伝統的国際法上、在外自国民保護のために武力が行使されるのも、在外自国民の生命または財産に対する侵害またはその虞があり、国際法上の平和的救済方法を尽くしても解決不能な場合である。「外国人の待遇が国際法と文明国の慣習によって定められた標準に達しない」場合で、「行政機関であれ司法機関であ

---

25) ホール・立『前掲書』（注14）383頁、390頁など。また、松本祥志「前掲論文」（注16）288-290頁。

26) Cassese, *supra* note 13, p. 217.

27) Borchard, *supra* note 18, pp. 448-456.

28) Borchard, *supra* note 18, pp. 453-454.

れ、現地の保護機関が生命と財産の安全のために採る措置における欠点のために、十分な救済の保障としては不十分と考えられる」ときに行われたのであり[29]、平和的救済方法を尽くした後に認められるのであれば、復仇の適用となる。

実例としては、有名なものだけでも1902年のベネズエラ封鎖や1923年のコルフ島事件が挙げられよう。ベネズエラ封鎖じたい、在外自国民保護のための武力行使の典型例の1つとされるが、そこに至るまでのドラゴー主義やカルボ条項で問題とされてきたものも、契約上の債務回収をめぐる国際義務の違反に対する責任と、責任解除のための強制力としての武力行使であり、そこで議論されたものは、まさに武力復仇とその要件以外の何ものでもないし[30]、ベネズエラ封鎖をふまえて1907年に締結されたポーター条約は、中南米諸国が欧米列強諸国の強制行動を排除しようとするものである[31]。また、コルフ島事件は、国際連盟が管轄する連盟規約の「戦争」に該当するかどうかの問題を惹起したが、武力復仇の国際連盟規約による統制の可能性が問題であった[32]。しかし、同事件は、イタリアの代表委員がギリシャの軍服を着た暴徒の一団に暗殺されたことによって、殺害の抑止不能による国際義務の違反に対するギリシャの国家責任をイタリアが追及したものであって、これも在外自国民保護のための武力行使に該当する。いずれの事件も、武力行使国は復仇の要件を念頭に主張し自国の行動をコントロールして、戦争へのエスカレートを防いでいるのであり、これらの議論や事例において、侵害の急迫性は問題とならず、侵害後の対応が問題とされたのであった。

他方、ボーチャードのいう「武力の行使（use of armed force）」とは、「現地政府が、能力または意思の欠如のゆえに、問題となる外国人の身体または財産に十分な保護を与えない緊急の場合に、外国に所在する市民やその財産の保護のために陸軍や海軍を使用すること」であり、混乱した現地における自国民の保護、自国民殺傷に対する現地住民の処罰、現地の騒乱の鎮圧と秩

---

29) Borchard, *supra* note 18, p. 456. 松隈清「前掲論文」（注8）131頁。

30) 松隈清「前掲論文」（注8）132頁。

31) 松隈清「前掲論文」（注8）133頁。

32) 拙稿「武力復仇の規制に対する『国際法の欠缺』の起源と展望」島田征夫・江泉芳信・清水章雄編『変動する国際社会と法』（敬文堂、1996年）324頁。

序の回復維持、賠償金の回収、税関の建物の差押え、現地政府の安定性の維持などの措置の正当化が求められている[33]。その目的は、復仇の目的が救済の獲得や違法行為国の利益侵害であるのに対して、外国の一部領域の一時的占領を行い、違法行為国に圧力をかけたり、行政・警察権力の代執行を行うことにより治安維持を行うこととされ、復仇とは別項目立てがされているとともに、異なる目的と措置の正当化が求められている[34]。

　また、要件として、「現地政府が、能力または意思の欠如のゆえに、問題となる外国人の身体または財産に十分な保護を与えない緊急の場合」であることが求められており、復仇であれば求められる平和的救済請求の有効性を見極める余裕のない緊急性が問題となる。

　なお、米国が20世紀初頭まで行ってきた中南米諸国への行動について、干渉（intervention）か interposition かという議論がなされていたが[35]、これは interposition を主張することにより干渉の違法性を払拭するにあたり、その議論を構成要件レベルで解消しようというものである。しかし、大抵の場合、不干渉原則違反に対する違法性阻却の文脈で正当化が試みられており、不干渉原則に違反する行為としての違法性を阻却するものとして例外的に許容されたという正当化の説明である[36]。

　このようにして、伝統的国際法上、在外自国民保護のための武力行使は、外国人保護義務違反の場合にとられる、国際義務の強制執行のための自助の措置として求められたのであり、状況に応じて細かな要件が設定され、正当化されつつ統制されてきたのである[37]。

2　在外自国民保護のための武力行使の議論の留意点

　伝統的国際法における以上の状況を現代国際法の状況と対比した場合、次

---

33) Borchard, *supra* note 18, pp. 449-450. 松隈清「前掲論文」（注8）129-131頁、135-137頁。

34) Borchard, *supra* note 18, pp. 448-9, 453.

35) たとえば、Borchard, *supra* note 18, pp. 448.

36) 松隈清「前掲論文」（注8）128-129頁。また、広部和也「内政不干渉義務の成立と変容」『国際問題』第318号（1986年）7頁。

37) もちろん、軍事力の行使は侵略の口実として利用される危険性も指摘されてきた（田畑茂二郎「前掲論文」（注20）206-208頁）が、それは別に問題とすべきことがらである。

の点が注目される。

(1) 国益の保護

第1に注目すべき点は、法益としての「在外自国民」であろう。債務の不払いとともに、在外自国民の現地保護の失敗が在外自国民保護のための武力行使の原因とされるが[38]、これは、在外国民とその財産が国家の権益そのものであり、それを保護することが諸国の基本政策だったことを意味する。つまり、19世紀当時、「在外自国民」の示すものは国家の経済権益であり、国家の経済権益も国家の存立に必須の要素と捉えられて、在外自国民を脅かすということは国家の存立を脅かすことと同義とされた。

それと比べれば、現在の「在外自国民保護のための武力行使」は、むしろ、人質救出作戦を念頭に論じられており、法益として、まさに外国領域内に所在する国民自身の生命・身体の保護が問題となっている。人命救出という側面を捉えて、在外自国民保護のための武力行使を人道的干渉で正当化しようとするのも、このような背景の変化があるように思われる[39]。その点で、伝統的国際法と現代国際法では議論の背景が異なり、伝統的国際法の時期において、国家は国民を守っていたというよりは、国民を通じて国家法益の保護こそが念頭にあったものということができる。治安維持や行政代執行まで行うのは、在外権益を含めて国家の存続の不可欠の要素と捉え、国家の存続のための武力干渉と認識されていたからではないかと思われるのである。

(2) 「意思または能力の欠如」要件の示す問題点――本質論の混濁

第2の注目点は、在外自国民保護のための武力行使の要件の継受に関係する。伝統的国際法上、在外自国民保護のための武力行使は、「現地政府が、能力または意思の欠如のゆえに、問題となる外国人の身体または財産に十分な保護を与えない緊急の場合」に行われるが[40]、ここで注目すべきは領域国政府による外国人保護の「意思または能力の欠如」である。前述のとおり、

---

38) Borchard, *supra* note 18, p. 455.

39) 拙稿「前掲論文」（注7）167-168、172頁。

40) Borchard, *supra* note 18, p. 448.

Waldock が掲げた、現代国際法上自衛で正当化する場合の要件は、①自国民に対する侵害の差し迫っていること、②領域主権国による外国人保護の意思または能力の欠如していること、③保護措置が自国民保護の目的に厳密に限定されることの3要件であったが[41]、このうち、第2の要件「領域国による外国人保護の意思または能力の欠如」と同じであり、伝統的国際法上の在外自国民保護のための武力行使の要件が、Waldock による自衛権による正当化の際にそのまま引き継がれたものと考えることができる。

国家の権益保護という共通性を利用して自衛による正当化に移行させたことによって要件も引き継がれたことになろうが、在外自国民保護のための緊急時の武力行使を自衛に流入させたことを意味する。ボーチャードは緊急時の武力行使を自衛として説明しているわけでなく、在外自国民保護ための武力行使の1つとして分類しているに留まるのであって、これを自衛に分類することじたいは、カロライン号事件の要件との不整合も含め、勇み足といえよう。その意味で、在外自国民保護のための武力行使の正当化問題をめぐるさまざまな議論は、本質の異なる武力行使を自衛権に流し込んだがゆえに生じたものということができる。

国連憲章の下で、一般国際法上の自衛権の発動要件が「武力攻撃の発生」に制限されたか、カロライン号事件以来の「侵害の急迫性」から制限されていないのかという伝統的議論について、いずれの立場をとろうとも、「領域主権国による外国人保護の意思または能力の欠如」という要件や基準が生じる必然性はない。そのため、その後もやはり、在外自国民を無条件に領土保全や政治的独立と同等の国家法益と同一視しうるかどうか疑問であるとか、相手国の領土保全等の法益との均衡を保ちうるか疑問であるという法益面からの批判がなされることになる[42]。

実務上は、条約締結時に共通の了解や明文で個別国家に認められた正当化事由である自衛権に依拠しようとしたのであろうし、そのような国家の発言を重視すれば、自衛としての正当化に頭を悩ますことになろうが、自衛というタグを付けたからといって、武力行使の本質が異なるものとなるわけでは

---

41) Waldock, *supra* note 6, p.467.

42) 山本『前掲書』(注4) 741頁。

なく、依然として、自衛に名を借りた自助が疑われることになる。武力干渉としての均衡性と自衛の均衡性には、それぞれの目的から、当然、異なる基準が求められるはずであるが、その点の精査を経た上での変更とも考えられない。その結果、現場において、在外自国民保護という目的と自衛の限界との間の齟齬が生じる可能性もある。

　もっとも、実際に武力行使国が主張し続けてきた国家実行（subsequent practice）がそれに対する批判にもかかわらず展開されてきた状況を考えれば、自衛として正当化できないにしても、武力行使そのものをただちに違法とはいえない。そもそも、このような正当化の主張がなされることじたい、不戦条約に始まる現代国際法における「戦争の違法化」という国際立法の「隙」を示すものである。領土保全や政治的独立を脅かす攻撃または侵入に至らない平時の限定的武力行使、いわゆる「小さな武力行使」そのものについて大した注意を払っていなかった結果と考えられ、それが後に問題の温床となったといえるという意味で、やはり「過激な国際立法」の煽りを受けたものといえるであろう[43]。戦争の違法化に伴い、正当化事由とその論理を自衛に移行させたことにより、自助の論理の自衛への流入が生じ、正当化事由の本質論が混濁し捩れたものと捉え、その意味を考えるべきであろう。

(3)　「意思または能力の欠如」要件の本来の含意

　在外自国民保護のための武力行使の機能を考えるにあたっては、領域国の「意思または能力の欠如」という要件が本来示しているものを探る必要があるが、そのこととの関係で、在外自国民の保護のために武力を行使する国が外国領域を一時的にせよ軍事占領する目的が、当該領域国の「主権の実効性への疑問視」に基づくことが指摘されていることに注目する必要がある[44]。この点については、章をあらためて検討したい。

---

43)　同旨について、武力復仇に関して拙稿「前掲論文」（注32）も参照。

44)　Borchard, *supra* note 18, p. 449.

三 国際法の強制措置としての干渉

1 国際法の執行の文脈上の国家管轄権と武力行使の目的

伝統的国際法期の在外自国民保護のための武力行使の「干渉」による正当化の議論を追うと、無視できない側面が浮かび上がってくる。それは国家管轄権との関係である。

武力行使も国家の物理的暴力作用の一面である限りは、国際法全体の中での役割を有しており、国際法の実現との関係を考えねばならない。その合法性も合意規範である国際法の中で与えられるのであり、国家による国際法秩序の実現と関連性を有する。

合意規範としての国際法は、その執行も国家に依拠している。そのため、主権国家による領域内の実効的統治がなされていることが前提であり、国家は主権に基づき、その国家管轄権を行使して国際法の執行・実現を行う。ここにおいて、領域主権は国際法を執行するための手段として認識され、国家は何者からも独立した存在というよりも、国際法執行の機関と認識される（領域主権の手段性）[45]。国際法が個人を規律する際も、伝統的には、国家（その代表機関である政府）を通じて行うが、それは、国家が国際法の遵守に責任を負うからであり、それゆえ、国際的な救済も、大抵は、まず国際違法行為を行った政府に対して向けられねばならないことになるとされてきた[46]。そして、「この期待を満たす諸国が独立していると承認され、国際社会の正会員として承認されるのである」とされた[47]。即ち、国際法執行の拠点は主権であり、国家管轄権である。

それに対して、武力行使は、このような国際法を執行する国家管轄権が、何らかの理由で、領域国に国際法を執行するだけの能力がなく行使されないか、領域国が意図的に行使しないとき、国際法を強制するために、または、不足した国家管轄権の作動を埋め合わせるために発動されるものとされる[48]。

---

45) Stowell, *supra* note 23, pp. 1, 297.
46) Stowell, *supra* note 23, p. 1.
47) Stowell, *supra* note 23, p. 297.

つまり、伝統的国際法における武力行使の役割を追っていくとき、国際法の執行のための国家管轄権の適用の強制こそが、武力行使の目的であることが明らかとなる。国家管轄権の適用こそが、国家の「力」の実体であり、その「力」を通じて国際法が実現され、逆に、国家に「力」がなければ、他国によって埋め合わされる。これは、現代であれば、執行する能力がないという面においては、破綻国家の状況が該当しよう[49]。

　他方で、国家管轄権の行使方法に関し、国家間に異論が生じる場合、それが国際紛争となり、武力が行使されれば、いずれの、または、どのような国家管轄権の行使を実現するかについて強制がなされるということになり、そのような強制を通じて国際法秩序の整理がなされ、平和条約による強制は国際法の定立という側面をも有することになるのである。

2　他国による国際法の強制執行としての干渉の機能

　武力干渉は不干渉原則の例外・違法性阻却事由の側面が強調されるが、当時の国際法における武力干渉の位置づけとして、上述のように、武力干渉が国際法違反に対する対応であることが強調されている。

　在外自国民保護のための武力行使が、国際法違反に対する武力干渉として実施されることは既述のとおりである。それ以外の武力干渉も、多くの場合、国際法違反や国際法上保護される法益の保護の文脈で認識されているのであり、国際法の強制措置としての側面が認識されていた。

　在外自国民保護のための武力行使の理由として、ボーチャードは次のように述べる。

　　これらの規制措置が、大抵、強国によって弱小国に対して使われるとしても、それは主に、弱小国においては、外国人の待遇が国際法と文明国の慣習に達しないことが多いためであり、これらの強国には、行政機関であれ司法機関であれ、現地の保護機関が、生命と財産の安全のためにとられる措置の欠点のゆえに十分な救済の保証としては不十分と考えられることが多いからである。[50]

48）Stowell, *supra* note 23, pp. 297-298.

49）Stowell, *supra* note 23, p. 39.

50）Borchard, *supra* note 18, p. 456.

この一節については、もちろん、伝統的国際法の文明国中心・西洋諸国中心の差別的認識と捉えることもできよう。しかし、当時のそのような構造を前提としても、当時の論者が意識していたのは、国際法の執行である。

たとえば、「非行に抵抗する権利」が強調される場合も、「国家間に国際法違反の行為があった場合」が指摘され、また、「他国の不正なる干渉を防止せんがために行う干渉は、国が国際法上不法なる行為に反対する事由を享有すといえる原則にもとづくものなり」として議論される[51]。この「非行」の中には「違法」「道義違反」「宗教擁護」など、さらにいくつかの原因を含んでいるが、後二者についても「国際法が禁止していること」が求められているのであり、つまり、国際法違反への対応であることが示されている。

また、「正当化されうる干渉はすべて、特定の事項のガバナンスのために設定された監督の場合である」とされ[52]、干渉が国際法の執行や執行の監督業務として位置づけられている。米国が依拠しようとしていた interposition も、損害の補填や再発防止の確保も含め、国際違法行為に対する賠償の確保が目的であり、その場合の救済を確保することが指摘される[53]。

干渉が向けられる対象国は、国際法の期待に応えられない諸国とされ、それらの諸国が、自国の権利に対して他国から相当の関心を向けてもらえないか、自国の国家管轄権の範囲内で秩序を維持できないことにより、外国人にその権利の平和的享有を保証できず、隣国がこのような状況から大きな不便をこうむることが原因とされる[54]。つまり、領域国が自国領域の実効的統治を果せず、領域内に国際法を執行するだけの力がなければ、他国がその欠缺を埋め合わさざるをえなくなり、他国による干渉の契機となるということを意味する。

領域国による国際法遵守の「意思または能力の欠如」要件も、上記の文脈から導き出される要件であり、本来であれば領域国が行うべき外国人保護義務の履行の「意思または能力の欠如」である。外国人本国が外交的保護権を

---

51) ホール・立『前掲書』（注14）383、387、390頁。

52) Stowell, *supra* note 23, p. 316.

53) Stowell, *supra* note 23, pp. 2, 9, 46.

54) Stowell, *supra* note 23, p. 298.

行使して平和裡に国家責任を追及することによっては自国民保護の任を果せ
ず、当該領域国政府も、革命や内戦によって、脅威から外国人を保護する能
力がない場合に、干渉国は国際法の遵守を直接強制することが許容され、自
助が可能となる[55]。領域国による実効的統治の不足のゆえに違法行為から生
ずる被害を向けられた結果、干渉国は被干渉国の領域に侵入して、被干渉国
の権利を侵害し、その安全を脅かす個人を処罰することも必要と判断される
と説かれる[56]。つまり、干渉は、外国が自国自身の力でその空白を埋めなく
てはならなくなる場合であり[57]、領域主権を通じた国際法の執行が果されな
いときの補完措置としての意味を認識されていたということを意味する。

　さらに、武力干渉を行うこと、つまり、干渉手段として武力の行使に訴え
ることについて、その「目的の中には、懲罰（punishment）がある」とも説
かれるが[58]、違法行為の抑止や再発防止のための武力行使の目的として「懲
罰」が考えられていたことは、伝統的国際法において国際法違反に対する対
応は、ただ国家責任の履行確保に留まらず、国際法がストレートに力によっ
て担保されていたことを物語るものといえよう。

　その際、「一国は、自国の特権や利益への侵害に対する救済を求めるとき、
悪事をたくらむすべての国に、違法行為国には自助が向けられるだろうとい
うことを確実にすることによって、社会を守っているのである」と理解され
ている[59]。つまり、その武力干渉は被害国の自助と位置づけられるが、それ
とともに、国際社会の法秩序維持機能を有することが指摘されているのであ
り、分権的な国際社会における自助の二重機能が理解されていたということ
が言えよう。

　そのような武力干渉の枠の中において、在外自国民保護のための武力行使
が行われたのであって、その機能も、権力による国際法秩序の維持・実現で
あったことが看守されるのである。言い換えれば、在外自国民保護ための武
力行使で認識されていたのは、領域国の実効的統治の責任と、それが欠けた

---

55) Stowell, *supra* note 23, pp. 3-4.
56) Stowell, *supra* note 23, pp. 41-42.
57) Borchard, *supra* note 18, pp. 449-450.
58) Stowell, *supra* note 23, p. 38.
59) Stowell, *supra* note 23, pp. 38-39.

450

場合の、「実効的統治の埋め合わせ」である。つまり、強国のための国際法という側面よりも、むしろ、国際法の実効的な実施を通じて、国際秩序をいかに運営していくかという側面であり、そのための、実施主体と実施制度の確保である。

おわりに

在外自国民保護のための武力行使は、国連期に入ってこそ、自衛権で正当化されることが多かったものの、自衛概念の発生の面でも、国連憲章由来の武力攻撃要件との関係でも、自衛権の保護法益の点でも、自衛権による正当化の説明には困難が伴う。

それにもかかわらず、在外自国民保護のための武力行使について自衛権による正当化が主張される理由を考えれば、戦争の違法化の煽りを受けて、個別の国家の軍事行動の自衛権による正当化の企図の傾向が指摘されるが、それは戦争の違法化が、当時の国際法の必要条件をすべて検討した上でなされたものではない、いわゆる「過激な国際立法」であったことを意味しよう[60]。そして、その場合の要件は、カロライン号事件以来発達してきた自衛の概念と要件とは異なる、領域国による外国人保護に代表される国際法遵守の「意思または能力の欠如」を含む要件である。その由来をさらに求めれば、そもそも、第1次世界大戦前の伝統的国際法上、在外自国民保護のための武力行使は国際法違反に対応する武力干渉として正当化されており、その要件がそのまま在外自国民保護のための自衛権の行使の際に移入されたことがわかる。しかし、これは、武力行使の正当化事由をめぐる本質論の混同を伴うものであり、法概念の設定と運用という点で健全とはいえない。

さらに、在外自国民保護のための武力行使がその基礎を有していた武力干渉の伝統的国際法上の機能を再確認すれば、そこには、国際法の強制を通じた国家自身の権益保護が目指されていた。そして、国家による武力干渉が、国際社会全体から見た場合、国際法の執行・実現の補完措置として機能して

60）拙稿「前掲論文」（注32）330頁以下。

いること、また、そこでは、単に正当な武力行使かどうかという側面だけで
なく、国際法秩序の維持という権力的要素が存在していたことが明らかとな
った。つまり、領域国の実効的統治の「意思または能力の欠如」の場合に生
じる「権力の空白」を他国の権力で埋める作用が武力干渉なのであり、それ
によって国際法秩序が維持されていた側面がある。

　主権に基づく国家管轄権の行使は、それじたいが国家の「力」なのであり、
その「力」によって実効的な領域統治を行うことは、自国の独立を他国に承
認させるためであるとともに、国際法に基づき、国際社会に対する責任でも
ある。「どの国家も、その行動によって、独立した主権国の国際法上の義務
を履行できないことが明らかなとき、独立と呼ばれる、主権的決定権を維持
することを期待することはできない」[61)]という言明は、主権国家が責任をも
って、かつ、十分な力をもって領域統治することの重要性を強調しているも
のといえよう。そのような、国家管轄権に基づく実効的統治が果されない、
つまり、「力の真空」が生まれたとき、かかる真空を他国の「力」で埋め合
わせることが、伝統的国際法では想定されていたのである。このことは、第
2次世界大戦後の国際法や国際法学が、不承認義務や自決権など、正当性や
正義の実現に集中していたこととかなり異なる風景であると言わなくてはな
らない。

　もちろん、「力」を強調することについては、正義の実現こそが重要であ
るとする見方から強烈な批判が提起されよう。実際、1921年の Stowell の著
書は、あるべき国際法を求める Ralston によって、「力が法を作る」ことを
認めるものとして強烈に批判されている[62)]。しかし、法は国内法においてす
ら政府権力によって担保されていることを考えれば、国際法において、法を
動かすために、いかなる権力を整備するか、誰がどのように実施し、その条
件・手続をどのように整備するか、また、それによって、国際社会に生じる
すべての事態への責任をいかに果すかということを考えることの重要性は軽

---

61) Stowell, *supra* note 23, pp. 313-314.
62) Jackson H. Ralston, 'Intervention in International Law. by Ellery C. Stowell, Washington D.C.:
John Byrne & Co. 1921. pp. viii, 558.' *American Journal of International Law*, Vol. 16, No. 4（Oct.
1922）, p. 744.

視できないと思われる。確かに、「国際社会にも法が存在するという以上は、国際紛争も、力によってではなく、正義と法によって、解決されなければならない」[63]が、その「正義と法」を実現するための「力」の構成方法についても、人間自身が考えなくてはならない。

現代国際法は、一定の理念を「実体法・手続法上の法技術的な規範として制度化することに努め」る法技術規範として構成されてきているといわれるが（国際法の技術規範化）[64]、以上の分析は、そのような法規範だからこそ、いかに法を支える権力を構成するかということを考えることが重要であることを意味している。ましてや、20世紀以来の戦争違法化運動の努力にもかかわらず、国際社会は、現在でも依然として、裁判を基盤とした社会ではなく、「自助の社会」である。そのような社会において、国家が武力を行使するのは、今でも、自国の権利や利益を守るためであることは、第2次世界大戦前と変わるものではない[65]。つまり、第2次世界大戦後現在まで続く現代国際法においても、正義の実現には、それを重視し、その観点から分析・批判するだけでなく、正義を実現し支える力・権力が必要であること、そして、そのような力・権力を国際社会においていかに整備するかが重要であることを示しているものと思われる。

言い換えれば、primary rule を実施するための secondary rule の重要性であり、その secondary rule は法を実施する力の構築に留意したものでなくてはならない。また、規範を実現するにおいても、権力という身体が必要であり、いかなる身体を構築するのかということと連動する問題である。国際社会における「合意」も、ただの規範形成ではなく、分権社会における権力関係の調整と規範実施権力の構築と見る必要があろうし、国際法の形成・解釈適用においてもそのことをふまえる必要があるように思われる。

実際の現行法制度を前提に考えれば、国連の集団安全保障との関係の問題があるのであり、集団安全保障制度の機能の有無や範囲を見極める必要があろう。Bowett は、自衛権に関するその著書を執筆するにあたり、戦争の違

---

63) 宮崎『前掲書』（注1）631頁。

64) 山本『前掲書』（注4）35頁。

65) cf. Stowell, *supra* note 23, pp. 455, 458.

法化によって、武力行使を、違法行為・制裁・自衛の３つに類型化する規制のtrilogyが導入されたものと認識し、そのtrilogyを実効的に作動させるものとして自衛権の解釈を展開していた[66]。しかし、そのtrilogyが理想的な枠組であるとしても、それを動かす担い手をあらためて検討する必要があろう。実際の国際社会の経験をふまえれば、とくに冷戦後の経験から見れば、国際法の強制を図る場合にも国連が管轄しえない部分がありうることが示されてきており、それでも武力行使の禁止を求めるならば、そのための法秩序と法組織の提案が必要であろう[67]。それがなければ、法の欠缺が延長されているにすぎず、問題解決に迫られた国家は常に違法行為を迫られることとなる。そして、その場合に、「違法だが正当 illegal but legitimate」なる言い訳が語られることになる。

国際法は「国際社会の一般的法益」や「国際公益」が語られるまでになったが、それらの法益は強制の是非・可否をも射程に入れた議論である。そうであれば、なおさら、国際公益を実現する「力」をどのように構成するかを考える必要がある。また、国際法学においては、国際社会全体において適切な権限配分を通じた処理が可能となる合意や解釈の発見が重要である。戦争の禁止という水平的秩序における規範をただ貫けば済むのでなく、国連の集団安全保障と国家の担当部分とをいかに組み合わせて国際秩序を運営するかの問題を検討すべきことが必要であることが示されているように思われるのである[68]。

---

66) Bowett, *supra* note 5, p. 12.

67) 田岡の国連の集団安全保障体制への批判と自助へのこだわりは（田岡『前掲書』（注９）331頁以下）、その主張と考えることができる。

68) その観点から見た場合、在外自国民保護のための武力行使について、「相手国の領土保全に対する違法な侵害とならないことを条件として、国際違法行為に対する対抗措置（人道による干渉、復仇、国家責任の追及など）の範囲内に留めるべきものである」という主張（山本『前掲書』（注４）741頁）には、ただ違法性阻却事由の選択を示したのみならず、より積極的な意味をもたせることができるように思われる。

核兵器禁止条約（TPNW）
第6条および第7条の検討

山 田 寿 則

明治大学兼任講師

はじめに
一　核兵器禁止条約（TPNW）成立の背景と経緯
二　TPNW 第6条および第7条について
おわりに

はじめに

　ヒロシマ・ナガサキへの原爆投下から今日までの歴史をみたとき、2017年の「核兵器の禁止に関する条約」（以下、核兵器禁止条約又は TPNW）[1]の成立は画期的な出来事といえる[2]。これまで核軍縮に関する条約には、一般条約としては、非核兵器国につき核兵器の製造・取得等を禁じる核不拡散条約（NPT）等があり、特別条約として、一定数までの核削減を約束する条約（新 START 条約等）は存在した。また、一部地域につき核兵器の不存在を確保する非核兵器地帯条約が存在した。しかし、核兵器の使用および使用するとの威嚇を禁止するだけでなく、核兵器の開発・実験・生産・製造・占有・貯蔵等を禁止し、加えて所有・占有・管理する核兵器の全廃を義務づける条約であって、すべての国に開かれた条約はこれまでに存在していなかった。

---

1)「核兵器の禁止に関する条約」（Treaty on the prohibition of nuclear weapons）の採択に至った交渉会議の公式サイト（https://www.un.org/disarmament/ptnw/index.html）からは、会議における文書および動画等の関連記録ならびに認証謄本を含む採択された条文を閲覧することができる。なお、条文の日本語訳については、外務省による「暫定的な仮訳」（https://www.mofa.go.jp/mofaj/files/000433139.pdf）がある。

よく知られているように国連総会の最初の決議は、諸国の軍備から原子兵器等の大量破壊兵器を除去する提案を行うことをその任務に含む原子力委員会を設置する決議[3]であり、国連は創設当初から、核兵器の廃絶に取り組んできた。以来70年余を経て国際社会はようやくこの核兵器の廃絶を可能にする条約を成立させた。

従来から、専門家を含む市民社会の側からも、政府間外交の場においても、核兵器の禁止ないしは全廃に関する条約の提案はなされてきた。たとえば、日本では学者・法律実務家たちの取組みがあり、1976年に開催された第22回原水爆禁止世界大会では、1978年の国連軍縮特別総会に備えるため田畑茂二郎や宮崎繁樹など日本の国際法学者7名が起草した「核兵器使用禁止国際条約（案）討議案」が発表された[4]。これは、はじめて条文形式をとった提案であるとされ[5]、前文および全7条からなる簡潔なもので、核兵器の使用を

---

2) すでに専門家による論評または分析が数多く公表されている。さしあたり以下を参照。長崎大学核兵器廃絶研究センター『核兵器禁止条約採択の意義と課題』（2017年8月）（http://naosite.lb.nagasaki-u.ac.jp/dspace/bitstream/10069/37700/1/REC-PP-06.pdf）、阿部達也「核兵器禁止条約」『国際法学会エキスパート・コメント』No. 2017-1（http://www.jsil.jp/expert/20171010.html）、山田寿則「核兵器禁止条約（TPNW）の検討」『文教大学国際学部紀要』第28巻2号（2018年1月）103-125頁、Treasa Dunworth, "The Treaty on the Prohibition of Nuclear Weapons," *ASIL Insights*, 21（12）, at https://www.asil.org/insights/volume/21/issue/12/treaty-prohibition-nuclear-weapons, last visited on November 18, 2017; John Mecklin, "Overview: The Treaty on the Prohibition of Nuclear Weapons," *Bulletin of the Atomic Scientists*, 6-Oct-17, at https://thebulletin.org/overview-treaty-prohibition-nuclear-weapons11174, last visited on November 18, 2017; Dan Joyner, "The Treaty on the Prohibition of Nuclear Weapons," *EJIL*: Talk!, July 26, 2017, at https://www.ejiltalk.org/the-treaty-on-the-prohibition-of-nuclear-weapons/, last visited on November 18, 2017; Stuart Maslen "The Relationship of the 2017 Treaty on the Prohibition of Nuclear Weapons with other Agreements: Ambiguity, Complementarity, or Conflict?" *EJIL*: Talk!, August 1, 2017, at https://www. ejiltalk. org/the-relationship-of-the-2017-treaty-on-the-prohibition-of-nuclear-weapons-with-other-agreements-ambiguity-complementarity-or-conflict/, last visited on November 18, 2017; Yasmin Afina, John Borrie, Tim Caughley, Nick Ritchie, and Wilfred Wan, *Negotiation of a Nuclear Weapons Prohibition Treaty: Nuts and Bolts of the Ban - The New Treaty: Taking Stock*, UNIDIR RESOURCES, 2017, at http://www. unidir. ch/files/publications/pdfs/-en-687. pdf, last visited on November 18, 2017; Gaukhar Mukhatzhanova, "The Nuclear Weapons Prohibition Treaty: Negotiations and Beyond," *ARMS CONTROL TODAY*, September 2017, at https://www.armscontrol.org/act/2017-09/features/nuclear-weapons-prohibition-treaty-negotiations-beyond, last visited on November 18, 2017.

3) Establishment of a Commission to deal with the Problem by the Discover of Atomic Energy, UNGA Resolution 1（1）.

禁止の対象とした（第1条）。この使用禁止の文言は、核兵器の使用が国連憲章や国際法の原則・規則に違反するだけでなく、人類に対する犯罪であると規定する点で、1961年に採択された国連総会の核兵器使用禁止決議（決議1653）の内容を踏襲している。核兵器による威嚇については、条約加盟国がこれを許さないために協力する義務を規定するにとどまる（第2条）。なお、核兵器の廃棄や検証に関する規定はないものの「核兵器の使用、実験、製造、貯蔵を禁止する国際条約」を予定していた（第3条）。

　また、1978年には日本弁護士連合会が核兵器使用禁止条約案を発表している[6]。これは、核使用の禁止等の規定（第1条～第3条）に加えて、核兵器・運搬手段の廃棄に着手することも規定する（第5条）。また、個人の処罰規定（第6条）および条約実施機関（第9条）等一定の実施規定を含んでいた[7]。

　これら条約草案は、核使用の禁止にとどまらず、全廃にいたる過程に一応の注目が寄せられており、そのための手続規定にも一定程度の言及がみられる。しかしながら、核兵器使用の被害者の救済に関する条項の提案は存在していない。

　前述のように国連においては創設当初から核兵器の禁止ないしは除去が議論されてきており、冷戦期には前記国連総会決議1653（1961年）が採択され、加えてソ連やインドが核兵器の使用を禁止する条約案を提起してきた[8]。

　冷戦終結後には、1996年の国際司法裁判所（ICJ）による核兵器勧告的意

4）平野義太郎「核兵器使用禁止国際条約の解明」『法律時報』第49巻2号（1977年）77頁。平野は起草者の1人であった。

5）藤田久一「核兵器使用禁止国際条約案の意義」『法学セミナー』第259号（1976年）15頁。

6）1978年5月27日、日弁連は広島市で開催された第29回定期総会（広島市）において、「核兵器の完全禁止に関する決議」を採択し、「核兵器の完全禁止をめざす第一歩として、世界の諸国間に、核兵器の使用・威嚇・運搬を禁止する国際条約が締結されるよう提言」している。同決議は以下を参照。http://www.nichibenren.or.jp/ja/opinion/ga_res/1978_3.html

7）この他にいわゆる原爆訴訟（下田事件）の原告側弁護人を務めた松井康浩弁護士による「核兵器廃絶条約要綱」（1993年）がある（浦田賢治編『モデル核兵器条約　反核法律家別冊1』（日本反核法律家協会、1997年）所収）。

8）たとえば、1967年国連総会（第22会期）にはソ連が核兵器使用禁止条約の締結を、条約案を付して議題として提案しており（U. N. Doc. A/6834）、インドは1978年以来核兵器使用禁止条約の締結に関する提案を行っており、1982年～1997年までは具体的な条約案を提示した（See for example U. N. Doc. A/RES/37/100C, Annex）。

見を契機に、市民社会が起草したモデル核兵器条約（MNWC）をコスタリカ等が国連総会および核不拡散条約締約国の会合において回章するに至り、政府間で議論されるに至った。この MNWC は主に化学兵器禁止条約（CWC）をモデルとし、核兵器を包括的に禁止しかつ全廃に至るプロセスと制度を詳細に規定する内容を含んでおり、個人の刑事責任に関する規定を含んでいた[9]。

　これら、諸提案はいずれも核兵器を禁止する規定を含み、核兵器の全廃に至るプロセスにつき程度の差はあれ言及するものもあったが、核兵器の使用および実験の被害者を救済するための規定を含んではいなかった。

　他方、2017年に成立した TPNW は後述するように対人地雷禁止条約（APM）およびクラスター弾条約（CCM）をモデルに起草され、被害者援助に関する規定を含んでいる。本稿は、この条約成立の背景・経緯にふれたうえで、被害者援助および環境修復に関する規定（第6条および第7条）につき検討を加え、被害者救済および核軍縮・不拡散に及ぼす含意などにつき考察する。

一　核兵器禁止条約（TPNW）成立の背景と経緯

　2010年ごろから主張されてきた核軍縮への人道的アプローチ[10]の下では新たな核兵器禁止条約としていわゆる BAN 条約が提唱された。これは、次の3点を内容とする条約のアイデアであった。すなわち、①核兵器の使用、開発、生産、貯蔵、移譲、取得、配備および資金提供を禁止しならびにこれら行為への援助を禁止する。②核使用・実験の被害者の権利を確保し、その影響を受けた地域の除染・救援およびこれら義務履行のための協力・援助の提供を規定する。③条約への核兵器国の参加を当初からの必要条件とせず、非核兵器保有国のみでの条約成立も視野に入れる[11]。

　この BAN 条約は、規制対象となる兵器使用の帰結の非人道性に着目して

---

9) メラフ・ダータン他（浦田賢治編訳）『地球の生き残り――［解説］モデル核兵器条約』（日本評論社、2008年）参照。
10) 黒澤満「核廃絶への人道的アプローチ」『阪大法学』第64巻3・4号（2014年）967-986頁参照。

当該兵器そのものを汚名化（stigmatize）することによって禁止条約の成立を推進してきた APM および CCM を範としており、その成立のプロセスも条約内容においても APM および CCM に類似している。第1に、条約追求の論拠として当該兵器のもたらす人道上の帰結（非人道性）に着目し、これを条約追求の論拠とした。このため、人道的アプローチの下では、核爆発によってもたらされる人道上の帰結について検証するための国際会議が3回にわたって開催され（それぞれノルウェー、メキシコおよびオーストリア政府が主催）、多くのヒバクシャが証言するともに、これに関する新たな科学的知見が報告された。第2に、対象となる兵器の禁止を主張する市民社会諸組織のネットワークが存在し、これに賛同する有志国が協働して条約成立を推進した。NPT 会合における意思決定がコンセンサス方式によることが慣例化していることも要因となっておよそ20年にわたり核軍縮が停滞しているとみられており、これに対するフラストレーションが非核兵器国側に存在していたことが背景にある。それゆえに、第3に、コンセンサスによって停滞しがちであった既存の軍縮メカニズムの外で条約の成立を図った。具体的には、国連総会の下に2013年と2016年に核軍縮に関するオープンエンド作業部会（OEWG）が設置され活動した。ここでは、前記の MNWC および BAN 条約を含む核軍縮措置に関する諸提案が検討され、2016年 OEWG は最終的に TPNW につながった文書につき交渉する会議の開催を国連総会に勧告する報告書を採択した。同年国連総会はこの報告書をうけて決議71/258を採択し、2017年において「核兵器を禁止し全廃にいたる法的拘束力のある文書につき交渉する会議」（以下、交渉会議）の開催を決定した。

交渉会議第1会期（2017年3月27日〜31日）においては、①原則および目的、②中核的禁止および③制度的取極、この3点についての一般的な意見交換が行われ、これらの意見をふまえて、5月22日に議長原案（第1案）が提示された。第2会期（6月15日〜7月7日）においては、短い一般討論の後、

---

11) *A treaty banning nuclear weapons: developing a legal framework for the prohibition and elimination of nuclear weapons*, Reaching Critical Will of the Women's International League for Peace and Freedom and Article 36, 2014, at http://www.reachingcriticalwill.org/resources/publications-and-research/publications/8654-a-treaty-banning-nuclear-weapons.

460

冒頭から議長原案の第1読が逐条審議の形式で前文から開始された。この第1読においては前文についての討論を受けて、前文についての議長修正案が提示されている（6月20日）。第1読後には新たに議長原案の修正案（第2案）が提示された（6月27日）。この修正案につき第2読が行われた。ここでは条約本文を4つに分割し、それぞれを作業部会に付して作業が継続され（非公開会合を含む）、7月3日には議長により採択に付すべき「最終案」（第3案）が提示された。しかし、同案に関する交渉者の各本国による指示を受けた議論を受けて、7月6日には更に第4案が提示され、採択に至った[12]。

二　TPNW 第6条および第7条について

このようにして成立した TPNW 第6条および第7条は、先行する APM および CCM に類似する条文であるが、交渉会議における議論の結果、さまざまな修正や追加部分が存在する。以下、これら条文に関係する前文規定も含めて検討を加える。

1　前文の関連規定について

TPNW では、条約作成の動機、前提となる認識、条約の目的、行動の目標、軍縮関連諸条約の地位および軍縮推進の主体に関する規定等が前文で示されている。すなわち、2～7項では事実の認識と評価が示され、8～11項では核使用禁止規範の認識と評価が言及され、1および12～17項では核軍縮規範と今後の行動が、18～21項では関連規則について、22～24項では軍縮の担い手について示されている。ここでは第6条および第7条の解釈に関連する前文として以下を検討する。

---

12) 会議の信任状委員会の報告によれば、①正式な信任状を提出したのは77か国、②国家代表の任命に関する情報を通報したのは52か国、③会議参加を招請したがこれらのいずれも提出していない国が66か国であった（U. N. Doc. A/CONF.229/2017/7, paras. 6-8）。交渉会議では、信任状委員会の報告の後に、7か国の信任状の追加が受理されている（A/72/206, para. 12）。①と②および追加の7か国を加えると136か国となる。日本は前記③のグループに該当する。なお後に公表された参加者リストに拠れば125か国となる（U. N. Doc. A/CONF.229/2017/INF/4/Rev.1, 25 July 2017）。

核兵器禁止条約（TPNW）第6条および第7条の検討　　461

(1)　2項〜7項について

　まず、2〜7項においては、TPNW 採択の動機となった核兵器の非人道性に関する認識が列挙される。

　2項の前半部分は、2010年 NPT 再検討会議最終文書以来、人道的アプローチのなかで繰り返し確認されてきた点であり、あらゆる核兵器使用のもつ人道上の壊滅的帰結への深い憂慮が示されている。2項後半の「核兵器の完全な廃絶の必要」（need to completely eliminate such weapons）には consequent の語が修飾しており、この必要性が前半の人道上の帰結に由来するものとして位置づけられ、核兵器廃絶の理論的根拠が人道上の帰結にあることが明瞭となっている。このような前半と後半の関連づけは、NPT 前文1項に倣ったものであり、議長原案からすでに示されていた。2項は、核兵器使用の壊滅的な人道上の帰結という事実が核兵器の完全な除去を要請するものであり、核兵器の不使用を確保する唯一の方法もまた核兵器の完全な除去であることを明示することで、この条約の論拠を示している。

　3項は、核兵器のリスクに留意する。このリスクは核兵器の存在そのものに由来するものであり、その影響は、すべての人類の安全に及ぶことを示すとともに、すべての国の核使用防止責任を強調している。このリスクへの言及は議長原案には存在せず、前文議長修正案から登場し、交渉過程で付加され独立した条項となった。

　4項は、核兵器による人道上の帰結への対処不能性とこの帰結の影響が時空間を越えること等を認識している。この人道上の帰結への対処不能性は、2010年以来の人道的アプローチのなかで繰り返し指摘されてきた[13]。また人道上の帰結の時空的超越性は、従来の人道的アプローチのなかで指摘されてきたし、1996年の ICJ 核兵器勧告的意見でも指摘されている[14]。また、「人類の生存」以下で指摘される影響の多くは、国連総会における「人道上の帰結」に関する決議で言及されている[15]。さらに、女性への電離放射線の影響

---

13) See for example Chair's summary at Oslo conference on the Humanitarian Impact of Nuclear Weapons in 2013 at https://www.regjeringen.no/en/aktuelt/nuclear_summary/id716343/.

14) *ICJ Reports 1996*, p. 243, para. 35.

15) See for example U. N. Doc A/RES/73/47.

については、2014年の核兵器の非人道性に関するウィーン会議における議長総括において、核実験による放射能汚染が女性と子どもに不均衡な影響を及ぼすことが指摘されている[16]。

5項は、核軍縮を追求する倫理上の要請があることを認め、かつそれが国および集団の安全保障に資することを認めている。この倫理上の要請は、2015年以来の南アが提出している国連総会決議[17]に由来し、これとまったく同一の文言が採用されている。

6項では、ヒバクシャ（hibakusha）および核実験被害者の受けた容認し難い苦しみに留意する。これは、人道的アプローチの基調を示しており、APM前文、CCM前文、武器貿易条約（ATT）第1条においても、それぞれ規制対象とする兵器によりもたらされた被害者の苦しみに留意・言及する規定が存在しており、ヒバクシャと核実験被害者の苦しみに留意する文言はTPNWでも議長原案から規定されている。

7項では、先住民に対する核兵器活動の不均衡な影響が認識されている。これは議長原案では示されていなかったが、核実験被害は各地の核実験場周辺の先住民に広がっており、人道的アプローチの下で開催された核兵器の非人道性に関する国際会議では、核実験被害者の証言も行われてきた。交渉会議でも先住民への言及を求めることが主張され現行の条文となった。

このように前文2～7項までは、これまでの核軍縮に関する人道的アプローチのなかで確認されてきた核兵器の非人道的な影響のもつさまざまな側面が列挙されている。この諸点は本条約形成の動機でもあり、かつ以下でみるように核兵器（とくに使用）の法的評価を確定する際の前提となる事実認識ともなっている[18]。

---

16) See Chair's summary at Vienna Conference on the Humanitarian Impact of Nuclear Weapons in 2014 at https://www.bmeia.gv.at/fileadmin/user_upload/Zentrale/Aussenpolitik/Abruestung/HINW14/HINW14_Chair_s_Summary.pdf.

17) See for example U. N. Doc A/RES/70/50 and A/RES/73/68.

18) 2015年以来新アジェンダ連合（NAC）が提出する "Towards a nuclear-weapon-free world: accelerating the implementation of nuclear disarmament commitments" と題する国連総会決議では、人道的アプローチにおける国際会議で示された事実を「決定的な証拠」（compelling evidence）として位置づけている（U. N. Doc. A/RES/70/51, A/RES/71/54 and A/RES/72/39 and A/RES/73/70）。

核兵器禁止条約（TPNW）第6条および第7条の検討　　463

(2)　8項～11項について

　8項は、国際人道法および国際人権法を含む適用可能な国際法遵守の必要性を確認する。これは2010年NPT再検討会議最終文書の内容をふまえており、議長原案にはなかったが、前文議長修正案から新設された。国際人道法のみならず国際人権法にも言及されていることで、被害者援助および環境修復を国際人権法の観点から条約本文を解釈することが可能となり、また、適用可能な国際法には環境法を含むと解することが可能となっており、環境法の観点からの条文解釈も可能となっている[19]。

　9項は、核兵器の使用に関する適用法を特定し、TPNWが国際人道法の諸原則・規則に立脚することを明示する。これはCCM前文、APM前文および特定通常兵器使用禁止制限条約（CCW）前文に類似条項が存在している。これに続く、10項は「あらゆる核兵器の使用」が武力紛争に適用される国際法の諸規則、とくに国際人道法の諸原則および諸規則に反することを考慮する。1996年ICJ核兵器勧告的意見では、核使用・威嚇の一般的違法性を判示しつつも「自衛の極端な状況」での判断不能が示されていたが、本項では、「あらゆる核兵器の使用」が違法であることが示された。これは議長原案から規定されているが、生物兵器禁止条約（BWC）、化学兵器禁止条約（CWC）、APMおよびCCMのいずれの前文でもかかる条項は存在せず、この条約特有の条項となっている。議長原案（第1案）では核使用の違法性を「宣言し」（Declaring）とされ、前文議長修正案では、使用に加えて核兵器による「威嚇」も違法とする修正が加えられたが、議長原案修正案（第2案）からは「威嚇」が脱落し、「宣言し」も「考慮し」（Considering）と修正されている。このような交渉過程からは条約採択に賛成した122の国すべてが核兵器のあらゆる使用の違法性に同意しているわけではないことが推察されるが、この10項の文言そのものは現行国際法におけるあらゆる使用の違法性を述べていることには注目しておく必要がある。なお、核使用の違法性の根拠として援用されるのは、ここでは国際人道法のみであり、8項にみられる国

---

19)　なお、TPNW採択後に国連総で採択されているNAC決議およびマレーシア決議では、この項がそのまま引用されることはなく、国際人道法を含む国際法を遵守するとした2010年NPT最終文書の定式が引用されている（See for example U. N. Doc A/RES/73/7 and A/RES/73/64）。

際人権法には言及がない[20]。

核使用が人道の諸原則および公共の良心に反することを再確認する11項の議長原案では、いわゆるマルテンス条項の全文が援用されていたが、前文議長修正案では、「人道の諸原則」と「公共の良心の表明」という同条項を構成する要素のうち2要素のみが援用され、あらゆる核使用がこれに反するとされている。CCM前文およびCCW前文ではマルテンス条項の全文が援用されていることと対照的である。国連総会での関連決議では、南アの提出した倫理要請決議[21]のいずれも主文3において言及され、いかなる核使用も、国際人道法若しくは国際法の要請、または道徳の法則、または公共の良心の命令と両立しうるとは考え難いこと（主文3(h)）、ならびに核兵器は本質的に不道徳的であることが宣言されている（同(i)）。

このように前文からは、核兵器の使用が現行国際法上違法であるとの認識を前提としてTPNWが作成されていることがわかる。

(3) 小括

以上のように、TPNW前文においては、まず、核兵器の使用および爆発のもたらす人道上の帰結の非人道性が認識されるとともに、その被害者として、核使用の被害者（ヒバクシャ）のみならず、核実験の被害者ならびに女性および先住民が列挙されていることが注目される。加えて、環境への重大な影響にも言及している。

また、国際人道法のみならず国際人権法が適用されるべきことが再確認されていることも注目されてよい。そのうえで、TPNWは「あらゆる核兵器の使用」が武力紛争に適用される国際法に違反するとの認識を前提としていることが理解される。

---

20) ICJは、1996年核兵器勧告的意見（*ICJ Reports* 1996, p. 226)、2004年パレスチナの壁勧告的意見（*ICJ Reports* 2004, p. 136）および2006年コンゴ領軍事活動事件判決（*ICJ Reports* 2006, p. 6）において、武力紛争時に人権が適用されることを認めてきた。なお自由権規約委員会は2018年に採択した同規約6条（生命に対する権利）についての一般的意見36において、「大量破壊兵器、特に核兵器による威嚇又は核兵器の使用は……生命の権利の尊重と両立せず、国際法上の犯罪に該当しうる」と述べている（U. N. Doc. CCPR/C/GC/36, para. 66.)。

21) See for example U. N. Doc. A/RES/73/68.

核兵器禁止条約（TPNW）第 6 条および第 7 条の検討　　465

　他方で、被害者援助の点からすれば、CCM および APM のそれぞれ前文にみられるような、被害者援助の提供に関する条項が存在せず（APM 前文 3 項、CCM7 および 8 項）、また「被害者の権利の完全な実現」への決意（CCM6項）や障害者権利条約への留意（CCM9項）に関する条項が存在していない点にも留意が必要である。もっともこの点は上記のように国際人権法の適用が再確認されていることとあわせて考えることが必要となる。

2　第 6 条について

　TPNW は核兵器を包括的に禁止し廃絶に向けての一定の措置を規定した条約であるが、核使用・実験の被害者に対する援助および核使用・実験により被害を受けた環境の修復に関する規定が存在する。このことは、程度の差はあれ APM や CCM といった人道に基づく軍縮アプローチをとっている諸条約（人道的軍縮条約）に共通の特徴であり、実際、TPNW の第 6 条および第 7 条は、APM および CCM の関係条文を参照して作成された[22]。

　しかし、APM における被害者援助は、国際協力・援助に関する条文において規定されていることから、国際協力および援助の一環として締約国に義務づけられていると解されており、しかも、「可能な場合」（in a position to do so）に限定されていた（第 6 条 3 項）[23]。

　これに対して、CCM においては、被害者援助が独立した条文として規定されており、締約国に対して自国の管轄または管理下にある地域に所在する被害者について援助提供を義務づけており、かつ APM における「可能な場合」という限定は付されていない（第 5 条 1 項）。

(1)　1 項について

　第 6 条は「被害者に対する援助及び環境の修復」に関する規定であり、「核兵器の使用又は実験により影響を受ける自国の管轄下にある個人について」締約国に援助を提供する義務が課せられている（1 項）。このように

---

22) 交渉会議第 2 期第17回会合（2017年 6 月20日）における議長発言。

23) Stuart Maslen, *The convention on the prohibition of the use, stockpiling, production, and transfer of anti-personnel mines and on their destruction*, 2nd ed., Oxford UP, 2005, p. 195, para. 6.20.

TPNW は、各締約国に対して自国管轄下にある被害者に援助を提供することを義務づける。

　これは CCM が「自国の管轄又は管理の下にある地域に所在するクラスター弾による被害者」について締約国に援助義務を課していることをふまえている（第5条1項）。ただし、CCM における援助義務は被害者所在地国に限定されるが、TPNW では議長原案に存在した属地性への言及（「自国の管轄又は管理の下にある地域に所在する」）は、最終的に削除された。この点に関して、交渉会議においてマーシャル諸島共和国が、被害者の管轄上の地位に関係のない締約国の援助義務を主張したことが注目される。同国は、被害者援助の要請は国際人権法に属するとしたうえで、被害国の援助能力の限界を指摘し、管轄の如何を問わず、被害者への援助の提供がなされるべきことを主張した[24]。最終的に採択された条文に基づけば、被害者所在地国たる締約国のみならず、何らかの形で被害者に管轄権を及ぼす締約国、たとえば被害者の国籍国たる締約国にも援助提供義務が課せられると解し得ることとなった。これにより、被害者への援助義務を負う締約国は増えることになったが、他方で、当該関係国間で援助に関する調整を行う必要が生じる規定となっている。

　被害者所在地国等がまず援助義務を負うことについては、核使用・実験国の加害国としての責任を問うべきとの観点からは問題視されうるが、この援助義務は、被害者の権利救済・人権保護を趣旨とする観点から理解される必要がある。本項の特徴は、核使用・核実験被害者の人権を救済する、いわゆる「権利アプローチ」（rights-based approach）をふまえて起草されていると解される点にある。本項の基礎となった CCM 第5条は明らかにこの権利アプローチに基づき成立している[25]。CCM 前文では「被害者の権利の完全な実現を確保することを決意し」（6項）、かつほぼ同時期に成立した「障害者の権利に関する条約」に留意している（同前文9項）。TPNW ではこれに類

---

24) Compilation of amendments received from States on the President's draft text and South Africa's proposal - 29 June 2017, at https://s3.amazonaws.com/unoda-web/wp-content/uploads /2017/06/Preamble-Article-1-21_compilation_-SA-proposal_29-June.docx, pp. 49-51.
25) Gro Nystuen and Stuart Casey-Maslen, *The Convention on Cluster Munitions: A Commentary*, Oxford UP, 2010, p. 355, para. 5.62.

する前文規定がないが、TPNW の交渉過程においては交渉国からは被害者の権利に言及すべきことが有力に主張されており[26]、加えて市民社会からの提案は権利アプローチを明示していた[27]。また、被害者の権利を救済するには、被害の実態をよく知り被害者へのアクセスがより容易である被害者所在地国および国籍国に援助義務を課すということは妥当なことに思われる[28]。条約発効後に予定されている締約国会合・検討会合においては、市民社会からこの権利アプローチに基づく第6条の実施が主張されることになろう。

なお、CCM 第2条1項とは異なり、TPNW には被害者の定義条項は存在しない。これに関連して、援助を受ける「被害者」すなわち核使用・実験により「影響を受ける……個人」（individuals...who are affected）とは誰かが問題となる。まず、直接の被害者に限定されるかという点が問題となる。CCM では直接の被害者のみならず「関係する家族及び地域社会」を含む広範な定義規定（第2条1項）があるが、TPNW には定義規定は置かれていない。ただし、前文においてヒバクシャおよび核実験の被害者のみならず先住民（indigenous peoples）および女性の受ける影響につき言及することからすれば、本項でいう「被害者」もまた、広義に解されうる。次に、締約国の管轄下にある過去の核使用・実験の被害者を含むかという点である。条約の不遡及を根拠に TPNW 発効以前の核使用・実験の被害者は援助対象から排除されるとの見解があり得る[29]。しかし、TPNW の援助規定が前述のように被害者の権利救済規定であるとすれば、現に被爆の「苦しみ」の下にある被害者が援助対象となると解するのは妥当であろう[30]。前述したように CCM 前文6項でクラスター弾被害者の「権利の完全な実現を確保すること」が決

---

26) たとえば、交渉会議第2期第17回会合（2017年6月20日）におけるリヒテンシュタイン代表およびニュージーランド代表の発言。

27) See for example A/CONF.229/2017/NGO/WP.14, para. 1.

28) Bonnie Docherty, "A 'light for all humanity': the treaty on the prohibition of nuclear weapons and the progress of humanitarian disarmament," in Joseph A. Camilleri eds., *The 2017 Nuclear Ban Treaty* (Routledge, 2019), p. 51.

29) 交渉会議第1会期第5回会合（2017年3月29日）においてスウェーデン代表は将来の核爆発被害者の援助規定について言及した。

30) Daniel Rietiker and Manfred Mohr, *Treaty on the Prohibition of Nuclear Weapons: A short commentary article by article* (IALANA, 2018), p. 25.

意されていることに比して、TPNWでは被害者の「苦しみ」（前文6項）に言及するにとどまっている点が問題となるが、同時に国際人権法の遵守の必要もまた再確認されている（前文8項）ことからすれば、現に存在するヒバクシャ等の人権救済の要請をふまえて本項を解釈することは可能である。

核使用・核実験の「影響」の射程に関しては、被害者個人が受けた被害と核爆発との因果関係の立証は個別には困難であるという問題[31]の他に、原因行為に核使用・実験のみならず、たとえば、そのためのウラン採掘や核兵器の海洋投棄処分といった活動からの影響も含まれるかどうかが論点となり得る[32]。環境修復に関する第6条2項では核使用・実験に「関係する活動の結果」汚染された地域が除染対象となることとの関連でも、このことは今後の論点となろう。

援助の内容・様態として、第6条1項は①年齢・性別への配慮、②医療、リハビリテーションおよび心理的支援その他、③被害者の社会的・経済的包容（包摂）、④国際人道法・人権法の準拠、⑤「適切な」（adequately）提供、この5つの要素に言及する。いずれも、CCM第5条1項およびAPM第6条3項をふまえている。とりわけ⑤の適切性は、締約国に援助提供についての一定の裁量を付与したものと解し得る[33]。TPNWでは前述したようにCCM前文と異なり被害者の権利ないしはニーズへの明示的言及が欠落しており、かつCCM第5条2項のような援助提供の細目に関する実施規定を欠いているだけに、援助提供の実施において締約国の裁量の余地が比較的大きくなる可能性があり、援助提供の適切性の評価基準の明確化が今後の課題となる。

---

31) これに関して、日本における原爆症認定訴訟における争点については以下参照。原爆症認定集団訴訟・記録集刊行委員会編『原爆症認定集団訴訟たたかいの記録——明らかにされたヒバクの実相』（日本評論社、2011年）。

32) See Rietiker and Mohr, *supra* note 30, p. 27.

33) 同じ文言はCCM第5条1項にも存在し、①被害者のニーズおよび権利への対応の質と即応性を確立するとともに②自国の文脈に被害者援助を適応させる柔軟性を締約国に認めるという2重の目的をもつことが指摘されている（Nystuen and Casey-Maslen, *supra* note 25, p. 360, para. 5.77.）。

(2)　2項について

　2項は核使用・実験により「汚染された地域の環境を修復するため必要かつ適切な措置をとる」ことを当該地域を管轄または管理している締約国に義務づけている。議長原案では、当該地域を管轄または管理する締約国が「汚染された地域の環境の修復に向けた援助を要請し及び受ける権利を有する」とされていたところ、修復措置の義務を求める主張[34]や自国内で核実験を実施した核兵器国にも援助を要請する権利を付与することにつながるとの疑義[35]が提起された結果、現行条文となった。

　もっとも、「環境を修復するための必要かつ適切な措置」とは何かについても必ずしも明らかではない。今後の締約国会合では、CCM第4条（クラスター弾残存物の除去および廃棄ならびに危険の低減を目的とする教育）およびAPM第5条（地雷敷設地域における対人地雷の廃棄）が、TPNW第6条2項の実施に関して参照されることとなろう[36]。さらに、TPNW前文7項では先住民の被害が言及されていることから、先住民の権利ないしはニーズを考慮することも必要となる[37]。なお、汚染が公海等の国際公域に及ぶ場合については規定されていない。

(3)　3項について

　本項は、1項および2項の義務が「国際法又は二国間の協定に基づく他国の責務及び義務（duties and obligations）に影響を及ぼすものではない」と規定する。

　この規定は、議長原案には存在しなかったが、2項が環境修復の援助要請権の規定から「必要かつ適切な措置をとる」義務へと変更されたことと併せ

---

34) たとえば、交渉会議第2会期第17回会合（2017年6月20日）におけるブラジル代表およびICRC代表の発言。
35) 同会合におけるウガンダ代表発言。
36) Docherty, *supra* note 28, p. 51.
37) Daniel Rietiker, "The Treaty on the Prohibition of Nuclear Weapons: A Further contribution of the Human-and Victim-Centred Trend in Arms Control Law," in *Nuclear Non-Proliferation in International Law - Volume IV: Human Perspectives on the Development and Use of Nuclear Energy* (Springer, 2019), pp. 347-348.

て挿入された。これにより、前記被害者援助および環境修復の義務が特別法または後法であった場合でも、これと抵触する一般法または前法が優先適用されることとなった。たとえば、米国とマーシャル諸島との間の自由連合盟約では米国による核実験被害への補償に関する規定（第177条）が存在するが、仮に両国がTPNW締約国となったとしても、この盟約に基づく実施協定における米国の義務は変更されないこととなる[38]。

3　第7条について

　以上みたように、第6条の特徴は核使用・実験により影響を受けた締約国（被害国）の側に被害者援助および環境修復に関する第1次的責任を負わせる点にあり、これはCCMの特徴を引き継いだものである。だがこの締約国の負担は、第7条に規定される国際協力および援助を通じて軽減される。

(1)　1項および2項について

　国際協力および被害者援助に関する第7条では、まず、締約国に対して条約実施の相互協力を義務づけ（1項）、次いで他国に援助を請求しかつ受領する権利が締約国にあることを規定する（2項）。1項は、条約促進のための締約国間の一般的な協力義務であり、この協力義務の射程は第6条を含むTPNW全体である。1項は議長原案から修正されることなく最終案となった。2項は、条約義務履行のために他の締約国に援助を求めかつ受領する締約国の権利を規定する。類似規定はCCM第6条1項およびAPM第6条1項に存在する。議長原案では、CCMと同一の文言が提案されたが、最終的にAPMに近い文言となった。すなわち、CCMは援助の請求先を特定していないが、TPNWはAPMと同じく援助の請求先を他の締約国に限定した。ただし、APMは「実行可能な場合には」に加えて「可能な限りにおいて」として権利行使に条件を付しているが、TPNWは前者のみを採用し「可能な限りにおいて」の語句は挿入されていない。この点APMについては援助の実行可能性が締約国の援助請求権および受領権を条件づけることの意味は

---

38) Rietiker and Mohr, *supra* note 30, p. 27.

必ずしも明らかではないが[39]、TPNW については、核爆発直後の救援の不可能性は人道的アプローチの下で開催された条約成立に至る諸会合のなかで繰り返し言及されてきた点であり、前文でも「核兵器の壊滅的な帰結は、適切に対処できないものである」（4項）とされている。もっとも、「可能な場合」の定義は一義的に明らかではなく、今後とも議論が必要となる。

(2) 3項および4項について

次に、3項は核使用・実験により影響を受けた締約国（被害国）への援助義務を、4項は、被害者のための援助提供義務を各締約国に課す規定である。これらの規定により被影響国（被害国）の被害者援助・環境修復の第1次的責任は軽減されることとなった。被影響国への援助の内容は「技術的、物的及び財政的援助」（3項）であるが、被害国に課せられる第1次的な被害者援助義務（第6条1項）の履行を支援するとの観点からすれば、極めて多岐にわたることが考えられる。なお、4項の「被害者のための援助」との文言から直ちに被害者個人の援助請求権が導かれるかは必ずしも明らかではない。

3項および4項の義務は、「援助を提供することのできる」（in a position to do so）締約国に課せられている。類似の文言は、特定通常兵器使用禁止制限条約議定書V、APM および CCM に存在する。締約国間の援助提供義務はいわば応能負担であることを示す文言であるが、上述した多様な援助内容に照らして援助可能な締約国はすべての締約国を含むと広く解すべきとの主張がある[40]。

(3) 5項について

5項は前述の締約国間の援助の様態を規定しており、国際援助（民間援助も含まれる）または二国間援助によるとされる。二国間の直接援助のみならず、国際機関等を通じた間接的な援助および NGO を通じた援助の形態も示

---

39) Maslen, *supra* note 23, pp. 191-192, paras. 6.13-6.14, and Nystuen and Casey-Maslen, *supra* note 25, p. 391, para. 6.28.

40) International Human Rights Clinic, "Victim Assistance under the Treaty on the Prohibition of Nuclear Weapons," Harvard Law School (April 2018). at http://hrp.law.harvard.edu/wp-content/uploads/2018/04/Victim-assistance-short4-8-18-final.pdf.

されている。類似規定は、特定通常兵器使用禁止制限条約議定書V、APM
および CCM に存在する。

⑷　6項について

　本項では、被害者援助・環境修復目的で影響を受けた締約国に援助を提供
する責任を「核兵器その他の核爆発装置を使用し又は実験を行った締約国」
に対して課す。この責任は「国際法に基づく当該締約国の他の責務又は義務
に影響を及ぼすこと」はないとされる。

　本項は議長原案では規定されていなかったが、交渉会議において核使用・
実験国の責任を問うべきとの主張が交渉国から相次いで提起されたことをう
けて、最終的に挿入された。交渉過程では、主にこの核使用・実験国の援助
責任条項挿入の可否およびこの責任を規定する場合の管轄国の援助義務（第
6条1項）との関係が争点となった。

　まず、核使用・実験国の援助責任が管轄国の援助義務よりも優先ないしは
重視されるべきとの主張があった。たとえば、エジプトは核使用・実験締約
国が医療支援等の援助を提供する責任を負い、加えて「援助を提供すること
のできる他の締約国」が援助を提供できるとする趣旨の提案を行い、ベトナ
ムは核使用・実験の損害に対処することついて被害国に対する核使用・実験
締約国の「第1次的責任」（primary responsibility）を規定する条項を現第6
条1項に前置することを提案した[41]。キューバも核使用・実験国の援助につ
いての「特別の責任」（special responsibility）の明示を求めた[42]。イラン、マ
レーシア等も核使用・実験国の第1次的責任を支持した[43]。

　これに対して、第6条を含む条文を検討する作業部会のファシリテータを
務めたチリは、核使用・実験国の責任を規定することが核兵器国の条約参加
意欲を損なわないようバランスをとるべきことを主張した。エクアドルはこ
のチリの立場を支持しつつ、管轄国側の第1次的な責任を支持している[44]。

41）交渉会議第2会期第17回会合（2017年6月20日）における発言。
42）Compilation of amendments, *supra* note 24, p. 42.
43）交渉会議第2会期第17回会合（2017年6月20日）における発言。
44）同上。

また、TPNW の推進国であるオーストリア、ニュージーランド、アイルランドなどは核使用・実験国の責任に関する提案に対して積極的な支持を表明していない[45]。

もっとも、両者を折衷する提案もなされており、たとえば、ブラジルは、核使用・実験被害者の援助義務については自国内に限定することなくかつ要請に基づくべきことを提案し[46]、ガーナは核使用・実験締約国の援助義務と被害国との協力義務を提案した[47]。さらに、フィジーは道義的義務とする立場から、使用国・実験国に援助を奨励する規定を提案し、被害者援助・環境修復のための基金設置を主張したバチカンは、核使用・実験の責任ある国にこの基金への貢献を呼びかけるべきと主張した。なお、マーシャル諸島は、責任の分担よりも被害者援助を重視すべきと主張している[48]。

市民社会では、ICAN は核使用・実験国の援助責任には言及しなかったが、核使用・実験国による援助の必要や可能性を指摘する声は存在した[49]。

このような議論を経て 6 月30日に公表されたファシリテータ文書では、第 8（現 7）条 6 項については、核使用・実験締約国は「被害者の援助及び環境の修復を目的として、影響を受けた国／締約国に対して適切な援助を提供する第 1 次的な／基本的な責任（a primary/ the fundamental responsibility）を有する」とされていた[50]。ところが 7 月 3 日に提示された議長案（第 3 案）では、この条項全体が削除されており、これに対して複数の国からの強い反対が表明された結果、争点となっていた文言（a primary/ the fundamental）を削除した現行条文が採択された。このような交渉過程の背景には、7 月 7 日までのコンセンサスによる条約成立が追求されたことが指摘できよう。

このように、本項で規定される核使用国・実験国の責任の性質、とくに管

45）なお、ICRC も、核使用・実験国の責任に言及しない条文案を提起した（U. N. Doc. A/CONF. 229/2017/CRP.2）。

46）Compilation of amendments, *supra* note 24, p. 41.

47）*Ibid.*, p. 44.

48）*Ibid.*, pp. 40-56.

49）U. N. Doc. A/CONF. 229/2017/NGO/WP. 14, A/CONF. 229/2017/NGO/WP. 24, A/CONF. 229/2017/NGO/WP.32, A/CONF.229/2017/NGO/WP.33 and A/CONF.229/2017/NGO/WP.36.

50）"the fundamental" の語の提案国はエジプトであった（交渉会議第 2 会期第26回会合（2017年 7 月 5 日）におけるエジプト代表の発言）。

轄国（被害国）の援助義務との関係については交渉国間で見解が必ずしも一致していない。作業部会の段階では核使用・実験締約国の援助責任がprimaryまたはfundamentalであることにコンセンサスがあったことがうかがわれる[51]。他方、成立した条文では、本項は国際協力および援助に関する第7条に位置づけられており、このことからすれば、管轄国に援助提供の第1次的責任が存在し（核使用・実験国の「第1次的」責任は否定された）、核使用・実験締約国の援助責任は第7条における国際協力・援助として、管轄国の負担を緩和する機能を果たすとみることができる。しかし、この点は発効後の条約の運用において引き続き争点となる可能性は残っているように思われる[52]。

これに関連して、核使用・実験締約国の「援助を提供する責任」（a responsibility to provide ...assistance）と国家責任との関係も問題となる。TPNWは核使用が国際法に反することを考慮して作成され（前文10項）、核兵器の使用および実験を「いかなる場合にも」禁止した（第1条）。この点からすれば、また用いられる文言（responsibility）からみても、本項における援助提供責任は違法行為に基づく責任と位置づけられ得る。他方、第7条は国際協力および援助に関する規定であり、核使用・実験国が負うであろう違法行為責任が6項における援助により解除されるかは必ずしも明らかではない。

加えて、6項における援助の直接的受領者は「影響を受けた締約国」（被害国）であって、被害者個人ではないが、被害国援助の目的が被害者援助に限定されることから、被害者個人の権利の存否に関する問題が議論され得る。交渉過程では、前述のように多くの交渉国および市民社会が「被害者の権利」に言及し、これを明示する提案も存在したからである。

さらに「当該締約国が国際法に基づき負う他の義務に影響を与えることな

---

51) 交渉会議第2会期第26回会合（2017年7月5日）におけるフィリピン代表およびチリ代表の発言。

52) これに関して、化学兵器禁止条約第1条2項および3項では遺棄化学兵器の廃棄義務は、化学兵器を遺棄した締約国と遺棄化学兵器が所在する締約国がともに負うが、検証付属書第4部（B）15項においては遺棄締約国側がすべての必要な資金等を提供することが義務づけられており、条約本体における規定が検証附属書によって実質的に修正されていることが想起される。

く」との部分の意味も問題となる。これらの点は核兵器の使用および実験により生じる責任とその解除をめぐる国際法の在り方もふまえた広範な議論を要する。

おわりに

このように TPNW における被害者援助および環境修復義務（第 6 条）は、核使用・実験の影響を受けた締約国に第 1 次的責任として課されており、この責任を補完するものとして国際協力・援助の義務（第 7 条）が規定されるという規範構造を有し、これは被害国の負担を軽減するものとし機能しうるということが指摘できる。

以下これら規定の法的および実践的含意ないし課題につき指摘しておきたい。

まず第 1 に、核使用・核実験被害者の救済を前進させる可能性についてである。被害者の管轄国（所在国または国籍国）に援助提供義務を課すことは、TPNW 締約国の管轄下にある被害者に援助が提供されることを意味する。従来は、日本における原爆訴訟（下田事件）にみられるように、原因行為者（加害国）に対する請求の主張がまず検討され、ついで講和条約等で「国民の請求権」が放棄されている場合には、その放棄の責任を追及する手法がとられてきたが、必ずしも成功してこなかった[53]。TPNW でとられた権利アプローチはこのような困難を克服する契機を提供する。

他方で、TPNW では被害者援助および環境修復の義務または責任を負う締約国が、被害者援助の場合には、被害者の管轄国、援助を提供できる締約国および加害行為国（核使用・実験国）、環境修復の場合には汚染地域の管轄国、援助を提供できる締約国および加害行為国、と複数存在する。援助提供・環境修復においてはこれら関係国間での協力および義務・責任の配分が必要となり、その実施のための指針の策定が課題となる。

また、これら規定を根拠に被害者の権利を主張しうるかについても必ずし

---

53) 五十嵐正博「日本の『戦後補償裁判』と国際法」『国際法外交雑誌』第105巻 1 号（2006年）、藤田久一「戦後補償の理論問題」『国際人権』第15号（2004年）参照。

も明らかではない。交渉過程では被害者の権利の明記が主張されたが、議長原案から採択条文に至るまでの諸原案ではこれに類する文言は存在していない。TPNW 第 6 条は明らかに CCM 第 5 条を基礎として起草されており、権利アプローチによる解釈は妥当と思われるが、この点は今後の締約国会合等で確認される必要があろう。

　第 2 に、上記の規範構造の一般法化の可能性についである。TPNW 第 6 条および第 7 条はいずれの条項も締約国を名宛人としているが、同時に TPNW は条約の普遍化を強く志向しており、条約の普遍化を目標として非締約国に署名等を奨励するよう締約国に対して義務づけている（第12条）。また TPNW に先立ついわゆる BAN 条約の提案からしてすでに条約の成立を手段とした普遍的規範の変容を目指すものであった[54]。このように TPNW は規範創設的性質をもつ。この点からすれば、上記の規範構造が、TPNW 非締約国における関係する国内措置に与える影響についても注視する必要がある。加えて、今後の人道に基づく軍縮条約および違法な戦闘行為による被害者の救済に関する国際法のあり方に対する影響も注目される。

　とくに、後者に関しては包括的な原則およびガイドラインが2005年に国連総会で採択され[55]、また国際法協会（ILA）も2010年に「武力紛争の被害者に対する賠償に関する国際法原則に関する宣言（実体的論点）」を採択した[56]。同宣言では、武力紛争被害者の回復の権利（Right to Reparation）を明示的に認め（第 6 条）、有責当事者の義務（第 3 部）ならびに国際社会および諸国の義務（第 4 部）も規定している。この宣言は「国際法の漸進的発達に貢献する」ものとして採択されており（決議2/2010前文 1 段）、TPNW 第 6 条・第 7 条はこの宣言に沿った国家実行例と位置づけられる。

　第 3 に、TPNW に批判的な核兵器国の条約参加意欲を更に損なう可能性についても考慮する必要がある。交渉過程では核使用・実験国の責任の重視

---

54) *A treaty banning nuclear weapons*, *supra* note 11, pp. 24-29.

55) Basic Principles and Guidelines on the Right to a Remedy and Reparation for Victims of Gross Violations of International Human Rights Law and Serious Violations of International Humanitarian Law, U. N. Doc A/RES/60/147, Annex.

56) International Law Association, RESOLUTION NO 2 /2010 "REPARATION FOR VICTIMS OF ARMED CONFLICT".

が強く主張され、他方で有責国の負担が参加意欲低減につながることへの懸念も提起された。発効後の条約運用においてはこの点も考慮する必要があろう。なお、日本の条約参加については、すでに存在する被爆者援護法等の国内的措置をTPNW第6条に照らして評価することが求められる。この観点からすれば、非締約国としてでも条約会合に積極的に参加し運用に関与することには一定の意義がある。

　TPNWの第6条および第7条の規定は先行するCCMに比して簡易な内容でありながら、加害国の責任を付加する点で新規の内容を含んでいる。今後の締約国会合等の運用過程においては上記の点を含め議論を深める必要がある。被害者救済を重視する観点からは、これら規定が「被害者の権利を強化しニーズの充足を確保する道具」[57]として機能するかどうかが今後の課題である。

付記：本稿はトヨタ財団2017年度研究助成プログラムによる成果の一部である。

---

57) International Human Rights Clinic, "Victim Assistance under the Treaty on the Prohibition of Nuclear Weapons," Harvard Law School (April 2018) at http://hrp.law.harvard.edu/wp-content/uploads/2018/04/Victim-assistance-short4-8-18-final.pdf.

第III部

国際経済・環境

国際環境法における義務と
共同体利益（Community Interest）

井 上 秀 典

明星大学教授

はじめに
一　共同体利益
二　損害防止義務（No-harm Rule）と対世的義務（*Erga omnes*）
三　検討
おわりに

はじめに

　国際社会において一般的に主権国家の誕生はウェストファリア条約が原点だとされている[1]。伝統的国際法のもとで国際社会は分権的な性格を有し、立法機関がないため国家間の条約および慣習国際法が国際法の基本的な法源だとされてきた。新しい国際的な問題が生じた場合、それが各国の共通利益である場合に条約および慣習国際法に基づく解決方法がとられてきた[2]。条約は締約国しか法的に拘束しないので二ヵ国間の環境問題ならまだしも気候変動のようなグローバルな環境問題の解決には微力である。ただし、国際河川の問題のように多数国間条約での解決は行われている。

---

1) 明石欽司『ウェストファリア条約』（慶應義塾大学出版会、2009年）4頁では「近代国際法が1648年のウェストファリア条約から始まる」という認識は、まさに神話であるとする。
2) Jutta Brunnée, *Common Areas, Common Heritage and Common Concern*, Daniel Bodansky, Jutta Brunée, & Ellen Hey eds., Oxford Handbook of International Environmental Law. Oxford Univ. Press（2018）.

本稿ではこのような国際社会の分権的性格から国際環境法における義務と
共同体利益（Community Interest）の関係を、とくに損害防止義務（No-harm
Rule）について手続的側面および実体的側面について条約ならびに国際判例
を中心に検討する[3]。

一 共同体利益

共同体利益とは Bruno Simma は、「ある基本的な価値の尊重にもとづい
たコンセンサスが国家の自由な意向に任されないことだけでなく、すべての
国家の関心事として国際法によって認識され、かつ強制されるコンセンサス
である」とする[4]。たとえば、国家および他の行為体の協力なしには解決で
きないような国際平和、人権、共同財産概念、地球規模の環境問題などが例
としてあげられる。

ソフト・ローはグローバル化が進んだ国際社会における環境保護にどのよ
うな役割を果たすのかという点に着目したのが、国際共同体（international
community）における国際公益の考え方である。Delbruck によると「グロー
バル化は人類の共有物（common good）に資する」という[5]。

グローバル化による規範ならびに各原則の変化はウェストファリア体制に
おける主権国家間の関係では説明できない現状がある。現在の地球規模の環
境問題解決には従来の主権国家間の調整では解決できなくなってきている。
そこで、国際環境保護における諸原則の活躍の場が出現する。グローバル化
を別の側面から見る考え方が国際共同体の考え方である。

国際共同体は法的共同体（legal community）である。法的共同体は規範お
よび原則に支配されていて、権力に支配されるものではない。Delbruck は

---

3) See Tim Stephens, International Courts and Environmental Protection Cambridge Univ. Press.
(2009), Hisashi Owada, *International Environmental Law and the International Court of Justice*,
Iustum Aequum Salutare II 2006/3-4. 5-32., http://ias.jak.ppke.hu/hir/ias/200634sz/owada.pdf.
4) Bruno Simma, *From Bilateralism to Community Interest in International Law* (1994) 250
Recuiel des Cours de l'Academie de Droit International 217, 233.
5) Jost Delbruck, *Globalization of Law, Politics and Markets-Implication for Domestic Law- A
European Perspective*, Indiana Journal of Global Legal Studies, Vol. 1 (1994), pp. 9-11.

国際化とグローバル化を以下のように区別している。

国際化（internationalization）は、たとえば国益という国民のニーズを満たす国民国家の努力を補完するものとしての役割を果たすが、グローバル化は国際化と異なり、一連の政治、経済、社会的活動を国内化するプロセスを主張するもので規範的な概念として理解するとき、グローバル化は人類の共有物（common good of humankind）たとえば実現可能な環境保護または経済社会福祉対策に役立つためのものである[6]。地球環境のような人類の共有物に対する共同体利益がここに成り立つのである。

二　損害防止義務（No-harm Rule）[7]と対世的義務（*Erga omnes*）[8]

環境損害を防止する義務が対世的義務かどうかについて次に考察する。

国際環境法の分野で対世的義務が論点となったものとして、後述の「核兵器の威嚇または使用に対する合法性に関する勧告的意見」がある。勧告的意見では「管轄権と管理の範囲内の諸活動が他国の環境または国家の規制を越えた地域の環境を尊重するように確保すべき諸国の一般的な義務の存在はいまや環境に関する国際法の総体の一部分である」と判断した[9]。また、後述のガブチコボ・ナジュマロス事件の小田裁判官の反対意見、Weeramantry裁判官の個別意見にも見られるように二国間の紛争の対世的義務への適用に

---

6) *Ibid.*, pp. 10-11.

7) 山本草二「国際環境協力の法的枠組の特質」『ジュリスト』第1015号（1993年1月）145-150頁。兼原敦子「地球環境保護における損害予防の法理」『国際法外交雑誌』第93巻3・4号（1994年）160-203頁。村瀬信也「国際環境レジームの法的側面」同『国際立法──国際法の法源論』（東信堂、2002年）343-364頁。See Leslie-Anne Duvic-Paoli, The Prevention Principle in International Environmental Law, Cambridge Univ. Press（2018）.

8) *Erga Omnes* の文献として、篠原梓「国際法における対世的義務の概念」『亜細亜大学国際関係紀要』第9巻1・2号（2000年2月）。See Maurizio Ragazzi, The Concept of International Obligations Erga Omnes, Oxford University Press（2000）, Christian J. Tams Enforcing Obligations Erga Omnes in International Law, Cambridge Univ. Press（2005）, Christian Tomuschat & Jean-Marc Thouvenin eds., The Fundamental Rules of the International Legal Order: Jus Cogens And Obligations Erga Omnes, Martinus Nijhoff（2005）.

9) The Legality of the Threat or Use of Nuclear Weapons, Advisory Opinion, 8 July 1996, https://www.icj-cij.org/files/case-related/93/093-19960708-ADV-01-00-EN.pdf, para. 29.

ついて言及している[10]。

国際法委員会第52会期において国家責任に関する特別報告者の Crawford が指摘するように、環境のような グローバル・コモンズ（global commons）への侵害は国際共同体義務違反であるとして次のようにいう[11]。

　　もし特定の被害者がいない場合、（国際公域への侵害を含む環境分野における対世的義務違反のような）また、もし原状回復が物理的に不可能な場合、他の国家は中止、精神的満足（satisfaction）、再発防止の保証を求めることができるにすぎない。

2001年に採択された「国際違法行為に対する国の責任に関する条文」では被害国による責任の追及に関し、国は当該国を含む国の集団もしくは国際共同体全体に対するものであり、かつその義務の違反がその義務の履行の継続について他のすべての国の立場を根本的に変更する性格のものである場合に他国の責任を追及する権利を有すると規定される。（第42条1（b）（ii））また被害国以外のいかなる国も、違反された義務が国際共同体全体に対するものである場合、他国の責任を追及する権利を有する。（第48条1（b））

国際環境法の保護法益は今日、国際人権法とともに国境を超えた性質を有する共同体利益になってきている。一方で、国際環境法には強行規範（*jus cogens*）の性質を持つ規範は存在しないとする見解がある[12]。この見解は後述のガブチコボ・ナジュマロス事件判決にみられる。判決は国際環境法における強行規範の存在を否定した。しかし、判決を見ると強行規範の存在は否定しているが、国際環境法が有する新しい規則の義務的な性質を受け入れたものと理解することができるとしている。

国際公域への損害防止義務が対世的義務となっているかについては、後述の深海底における活動に関して人および団体を保証する国の責任と義務（Responsibilities and Obligations of States Sponsoring Persons and Entities with respect to Activities in the Area）勧告的意見に見ることができる。すなわち、

---

10) Ibid., Dissenting opinion of Judge Weeramantry. p. 78.
11) James Crawford, Third Report on State Responsibility, U.N. Doc A/CN.4/507/Add.4, 2000, paras. 374, 379.
12) Patricia Birnie, Alan Boyle & Catherine Redgwell, *International Law and the Environment* 3rd ed., Oxford Univ. Press（2009）, p. 110.

国連海洋法条約第137条2は「深海底の資源に関するすべての権利は、人類全体に付与されるものとし、機構は、人類全体のために行動する」と規定し、各締約国は公海および当該海域の環境保全が対世的義務であるという観点から補償を請求する資格を有するとしている。そしてこのことは国際法委員会の国際違法行為に対する国の責任に関する条文第48条が裏付けとなっている[13]。第48条のコメンタリーは「国家集団の共同利益や国際社会全体の利益を保護する特別な義務違反の事例では、第42条における被害国でない国家により責任は追及される」という考えに基づくとする[14]。

国際海洋法裁判所の判断とは異なり、国際司法裁判所の判例は後述のように損害防止義務が対世的義務の性質を有するかについては言及していない。

一方、損害防止義務が国家間の越境損害に言及されたのが、後述のガブチコボ・ナジュマロス事件判決、パルプ工場事件判決ならびに国境地域においてニカラグアによって実施されたある種の活動事件（コスタリカ対ニカラグア）およびサン・フアン川沿いのコスタリカにおける道路建設事件（ニカラグア対コスタリカ）である。

国際法上の義務は性質上の分類として、国家は相当な注意をもって環境損害を防止する「特定事態発生の防止義務」および環境損害防止措置の実施を怠れば国家責任を生じる「実施・方法の義務」に分けることができる[15]。また、国家は一定の措置をとるだけでは不十分で国家は一定の法的・事実的な状態を継続的に維持すべきとする「維持の義務」を主張する考え方がある[16]。

国際法委員会が第1読で採択した国家責任条文草案も国家の義務を2つに分けていた。特定の実施態様の実施を要求する義務（第20条）と特定の結果の達成を要求する義務（第21条）である。さらに特定の事態を防止する義務（第23条）を規定する[17]。

---

13) Responsibilities and Obligations of States Sponsoring Persons and Entities with Respect to Activities in the Area, Case No.17, Advisory Opinion of Feb. 1, 2011 ITLOS Rep. 10, para. 180.

14) 訳は国家責任条文草案逐条解説第48条。http://itl.irkb.jp/iltrans/A_RES_56_83.html, Junta Brunnée, *International Legal Accountability Through the Lens of the Law of State Responsibility*, 26 Netherlands Yearbook of International Law 21, pp. 33-35（2005).

15) 山本草二『国際法〔新版〕』（有斐閣、1994年）113-114頁。

16) 村瀬『前掲書』（注7）355-357頁。

後述の1972年人間環境宣言原則21[18]および1992年のリオ宣言も損害防止義務を規定する[19]。このような損害防止義務は地球大気などのグローバル・コモンズにも適用される[20]。

　後述の1996年、核兵器の威嚇または使用の合法性に関する国際司法裁判所の勧告的意見は「管轄権と管理の範囲内の諸活動が、他国の環境または国家の規制を越えた地域の環境を尊重するように確保すべき諸国の一般的な義務の存在は今や環境に関する国際法の総体（corpus）の一部分である」とする（拙訳）[21]。

　後述の1997年ガブチコボ・ナジュマロス事件判決および2010年パルプ工場事件判決においてもこの考え方を適用している。また、このような文脈で、パルプ工場判決、2015年ある種の活動事件および道路建設事件判決では損害防止義務をめぐる手続的義務および実体的義務を検討している。

　さらに、実現はしなかったが、パラオは2011年に気候変動について国際司法裁判所に対し勧告的意見の要請を国連に求める計画を発表した。国際司法裁判所の裁判例は国家領域内の管轄下および管理下の活動は他国の環境を尊重することを国際慣習法で義務づけていることを確認している。そして国連海洋法条約第194条2の文脈で、国家が領域内の活動による温室効果ガス排出が他国に損害をもたらしていないことを確認する法的責任を有するかどうかについての勧告的意見を求める案を提唱した[22]。

---

17) DOCUMENT A/32/10, Report of the International Law Commission on the work of its twenty-ninth session 9 May-29 July1977, http://legal.un.org/docs/?path =../ilc/documentation/english/reports/a_32_10.pdf&lang = EFSXP

18) 一之瀬高博「国際環境法における地球環境保全の類型と構造──ストックホルム宣言原則21の現代的意味」『環境共生研究』第9号（2016年3月）。https://www.env.go.jp/council/21kankyo-k/y210-02/ref_03.pdf

19) https://www.env.go.jp/council/21kankyo-k/y210-02/ref_05_1.pdf

20) 松井芳郎『国際環境法の基本原則』（東信堂、2010年）51頁。

21) Legality of the Treat or Use of Nuclear Weapons, Advisory Opinion, 1996, para. 29.

22) https://news.un.org/en/story/2011/09/388202, Climate Change & the International Court of Justice, Yale Center for Environmental Law & Policy., https://papers.ssrn.com/sol3/papers.cfm?abstract_id =2309943

1 越境損害防止に関するソフト・ローならびに条約

越境汚染の1つの例として河川の越境汚染をあげることができる。河川の越境汚染に関して国際慣習法のもとでは4つの法的アプローチをあげることができる。①絶対的領域主権アプローチ：下流または他の流域国に配慮することなく流域国が自由に利用できることである。②絶対的領域保全（integrity）アプローチ：下流国は上流国からの流水の水質、水量の損失がないように要求することができる。③限定的領域主権アプローチ：トレイル溶鉱所事件仲裁判決で示された領域使用の管理責任である。④共同体（Community）理論アプローチ：共有河川の管理責任・責務を共同することである[23]。

河川の越境汚染防止に関してはヘルシンキ条約（Convention on the Protection and the Use of Transboundary Watercourses and International Lakes）がある[24]。また、河川の越境汚染に加えて越境損害防止を規定したソフト・ローならびに主要な条約には次のものがある。

(1) 人間環境宣言（Declaration of the United Nations Conference on the Human Environment）[25] リオ宣言（The Rio Declaration on Environment and Development）[26]

> 人間環境宣言原則21 「各国は、国連憲章及び国際法の原則に従い、自国の資源をその環境政策に基づいて開発する主権を有する。各国はまた、自国の管轄権内又は支配下の活動が他国の環境又は国家の管轄権の範囲を越えた地域の環境に損害を与えないよう措置する責任を負う。」（環境省訳）

トレイル溶鉱所仲裁判決[27]が影響を与えた原則21は長距離越境大気汚染条約、オゾン層保護条約、生物多様性条約など主要な環境条約にも影響を与えた。さらに環境と開発に関する国連会議で採択されたリオ宣言原則2も人間

---

23) See Albert E. Utton, *International Water Quality Law*, 13 Nat. Resources J. 282 (1973). 河川の汚染に関しては、拙著「国際水環境紛争における衡平な利用原則の検討」『人間環境論集』第6巻1号（2005年）参照。

24) 地球環境法研究会編『地球環境条約集〔第3版〕』（中央法規出版、1999年）。

25) 同上 http://www.un-documents.net/unchedec.htm

26) 同上 http://www.un-documents.net/rio-dec.htm

27) Trail Smelter Case, *International Environmental Law Reports*, Vol. 1 (1999), pp. 231-331.

環境宣言原則21を踏襲している。ただし、トレイル溶鉱所事件仲裁判決と原則21の内容は異なる。

> リオ宣言原則2「各国は、国連憲章及び国際法の原則に則り、自国の環境及び開発政策に従って、自国の資源を開発する主権的権利及びその管轄又は支配下における活動が他の国、又は自国の管轄権の限界を超えた地域の環境に損害を与えないようにする責任を有する。」（環境省訳）

(2) 有害な活動による越境損害防止条文（Articles on Prevention of Transboundary Harm from Hazardous Activities）[28]

本条約は環境越境損害に特化したものであり、次のように規定する。

> 第1条「本条は物理的影響によって重大な越境損害を引き起こすリスクを含む国際法上禁止されていない活動に適用される。」
> 第2条（c）「越境損害（Transboundary harm）」とは当該国家が共通の境界を有するかどうかにかかわらず、原因国以外の国家の領域内または国家の管轄下もしくは管理下の他の区域（places）において生じた損害をいう。」
> 第3条「国家は重大な越境損害防止またはリスク削減の適切な措置をとらなければならない（shall）」。

さらに第7条にリスクアセスメントの規定、第8条に通報、第9条に防止措置の協議の規定を置いている。

(3) 生物多様性条約（Convention on Biological Diversity）

> 第3条「諸国は、国際連合憲章及び国際法の諸原則に基づき、自国の資源をその環境政策に従って開発する主権的権利を有し、また、自国の管轄又は管理の下における活動が他国の環境又はいずれの国の管轄にも属さない区域の環境を害さないことを確保する責任を有する。」[29]

本規定は地理的な越境損害の原則を確認したものである。

---

28) Articles on Prevention of Transboundary Harm from Hazardous Activities with commentaries 2001, https://www.legal-tools.org/doc/be3d27/pdf/
29) 前掲（注24）『地球環境条約集〔第3版〕』。https://www.cbd.int/doc/legal/cbd-en.pdf

(4) 国連経済権利義務憲章（Charter of Economic Rights and Duties of States）

> 第30条 「現在のおよび将来にわたる世代のために環境を保護し、保全し、改善することは、すべての国の責任である。全ての国は、このような責任に従って、自国の環境及び発展政策を確立するように努力する。全ての国の環境政策は、発展途上国の現在の及び将来にわたる発展の潜在力を高めるべきであり、それを損なうべきでない。全ての国は、自国の管轄又は管理下における活動が、他国の又は国家管轄権の範囲外の区域の環境に損害を与えないよう確保する責任を負う。全ての国は、環境の分野における国際的な規範及び規則を発展させることに協力すべきである。」[30]

　本規定はメキシコの提案によって多くの開発途上国によって支持され、自然資源に対する国家主権を明確に規定した。とくに貿易と発展についての平等原則を強調している。

(5) ECE 長距離越境大気汚染条約（Convention on Long-rage Transboundary Air Pollution）[31]

> 第1条 「『長距離越境大気汚染』とは、その物理的起因の全部又は一部が一国の国家管轄権の下にある地域に位置している大気汚染であって、一般に個別的放出源又は一群の放出源の寄与を区別することが不可能な距離に位置する他の国の管轄権の下にある地域に悪影響をもたらすものをいう。」

　ヨーロッパにおける酸性雨防止の原因である硫黄酸化物による越境汚染防止の目的で採択された条約である。

(6) エスポ条約（The Convention on Environmental Impact Assessment (EIA) in a Transboundary Context）[32]

　越境損害そのものというより越境汚染の際の環境影響評価の実施を規定し

30）岩沢雄司編集代表『国際条約集2019』（有斐閣、2018年）。http://www.un-documents.net/a29r3281.htm

31）前掲（注24）『地球環境条約集〔第3版〕』。http://www.unece.org/fileadmin//DAM/env/lrtap/lrtap_h1.htm

32）同上 https://www.unece.org/fileadmin/DAM/env/eia/documents/legaltexts/Espoo_Convention_authentic_ENG.pdf

た条約である。「越境影響」の次のような定義規定がある。

第1条（vii）「『越境影響』とは、もっぱら地球的規模の性質を有する影響ではなく、その物理的起源が他の当事者の管轄権下の地域に全部又は一部所在する計画活動によって引き起こされる、当事者の管轄権下の地域内における影響をいう。」

エスポ条約はこれまでに改正されておりⅡ／4（2001）では、条約上の手続への公衆参加について民間団体、とくに、NGOを明記し、UNECE域外でも条約当事国になることができるとした。また、Ⅲ／7（2004）では、影響を被る国を越境EIAの対象とし、遵守に対する審査を規定した。

エスポ条約上の義務規定は条約の適用（第2.2条, 2.5/App. Ⅰ＋Ⅲ）、通報（第3.1条）、参加の表明（第3.3条）、情報提供（第3.6条）、公衆参加（第3.8条）、EIA文書の作成（第4条/App. Ⅱ）、影響を被る機関および公衆参加適用上のEIA文書の配布（第4.2条）、当事者間の協議（第5条）、最終決定（第6.1条）、最終決定文書の通告（第6.2条）であり、任意規定はプロジェクト開始後の評価（第7.1条/App. Ⅴ）である。

(7)　国連海洋法条約（United Nations Convention on the Law of the Sea）

第194条2「いずれの国も、自国の管轄又は管理の下における活動が他の国及びその環境に対し汚染による損害を生じさせないように行われること並びに自国の管轄又は管理の下における事件又は活動から生ずる汚染がこの条約に従って自国が主権的権利を行使する区域を越えて拡大しないことを確保するためにすべての必要な措置をとる。」[33]

(8)　米加大気質協定（Agreement between the Government of the United States and the Government of Canada on Air Quality）

第1条2「越境大気汚染とは、その物理的起因の全部又は一部が一方の締約国の管轄権下にある地域に位置している大気汚染であって、地球的規模の影響以外の悪影響を他の締約国の管轄権下にある地域にもたらすものをいう。」

アメリカ・カナダ間の酸性雨問題解決のために締結された二ヵ国間条約で

---

33) 前掲（注30）『国際条約集2019』。http://www.un.org/Depts/los/convention_agreements/texts/unclos/unclos_e.pdf

ある。酸性雨の原因である硫黄酸化物および窒素酸化物の排出規制した条約であり、国内法として同一内容の大気清浄法（Clean Air Act）を両国で制定し、原告適格などの整合性をとっている[34]。

　以上のいずれの条約も「自国の管轄または管理下」における活動を対象としている。したがってグローバル・コモンズにおいても自国の管理下にある活動に対しては損害防止義務を負っている。

2　領域内の活動に関する判例

(1)　ガブチコボ・ナジュマロス事件（Judgement of 25 September 1997, Case concerning the Gabcikovo-Nagymaros Project）（Hungary v. Slovakia）[35]

　【事案】ドナウ川の開発をめぐるスロバキアとハンガリー間の紛争である。スロバキアとハンガリーは1977年のドナウ川の開発と河川管理に関する条約で、上流国であるスロバキアの領域内にあるガブチコボと下流国であるハンガリーの領域内にあるナジマロシュにそれぞれ、ダム、発電所、航行施設を「単一かつ不可分の計画」として建設することに合意した。スロバキア側の工事は1989年までに順調に進んだが、ハンガリーは計画によってもたらされる環境に対する重大な影響の危険性などの緊急事態を理由に環境影響評価が完了するまで計画を一時停止することを求めた。スロバキアは1977年条約を一方的に変更し、1991年にドナウ川を分流して人工運河とダム貯水湖を建設する「バリアントＣ計画」を実施した。それに対し、ハンガリーは1992年に緊急事態の存在、環境保護に関する国際法の新たな規範の発展などを理由に1977年条約の終了宣言を行った。その後「バリアントＣ計画」の完成によっ

---

34) 前掲（注24）『地球環境条約集〔第3版〕』。https://www.epa.gov/sites/production/files/2015-07/documents/agreement_between_the_government_of_the_united_states_of_america_and_the_government_of_canada_on_air_quality.pdf

　酸性雨については、拙稿「越境大気汚染の国際管理」菅原正孝・山田健治編『広域汚染と環境政策』（成文堂、1989年）参照。

35) Judgement of 25 September 1997, Case concerning the Gabcikovo-Nagymaros Project (Hungary v. Slovakia), https://www.icj-cij.org/files/case-related/92/092-19970925-JUD-01-00-EN.pdf.『国際法判例百選〔第2版〕』（有斐閣、2011年）、拙稿「国際環境法形成におけるソフト・ローの役割」『環境法研究』第36号（2011年）、河野真理子「ガブチコヴォ・ナジュマロシュ計画事件判決の国際法における意義」『世界法年報』第19号（2000年）。

てハンガリーに流量の変化などの被害を及ぼした。スロバキア側はハンガリーの条約終了宣言によって経済的損失を被ったとした。

環境影響評価に関して、ハンガリーはスロバキアが環境影響評価を適切に実施していないと主張した。スロバキアは環境影響評価の実施義務があるかどうかについては争わなかった。

【判旨】両当事国はガブチコボ発電所の操業の環境への影響を再度、調べる必要がある。とくに、ドナウ川の旧川床および川の両岸に放出される水量に関して満足のいく解決に至らなければならない。

環境の脆弱性および環境リスクは継続的に評価されなければならないとする認識が条約締結時から強くなってきている[36]。

このような新しい規範、および基準は国家が新規の活動を計画し、既存の活動を継続する場合にも考慮されなければならない[37]。

Weeramantry裁判官の個別意見　本件では環境配慮が条約第15条および第19条に組み込まれていることは環境影響評価の原則が条約中に確立されていることを意味する。当該条項はプロジェクトが実施される前の環境影響評価に限定されず、プロジェクトの継続中のモニタリングの考え方も含んでいる。環境法の現在の状況は環境へ重大な影響を及ぼすと合理的に考えられる[38]。

(2) MOX工場事件 (Order, the Mox Plant Case) (Ireland V. United Kingdom)[39]

【事案】イギリス北西部のアイリッシュ海に面したセラフィールド (Sellafield) 原子力発電所、核燃料再処理工場（以下、MOX工場）の操業が予定されていた。アイルランドはMOX工場の操業はアイリッシュ海への回復不可能な海洋汚染をもたらすことを懸念していた。2001年10月イギリスにおけるMOX工場の操業が環境影響評価の結果認可された。アイルランドはMOX

---

36) *Ibid.*, para. 112.

37) *Ibid.*, para. 140.

38) *Ibid.*, Separate Opinion of Vice-President Weeramantry, p. 111.

39) Order, the Mox Plant Case (Ireland V. United Kingdom.), https://www.itlos.org/cases/list-of-cases/case-no-10, 岡松暁子「MOX工場事件」『環境法研究』第29号（2004年）参照。

工場の認可に対し、イギリスは国連海洋法条約の諸義務に反しているとして、国際海洋法裁判所に暫定措置命令を求めた。同時に国連海洋法条約の海洋環境保護に関する手続規定違反を仲裁裁判に求めた。

（アイルランドの主張）イギリスは国連海洋法条約第206条に基づく環境影響評価の実施義務に違反している。UNEP環境影響評価原則、エスポ条約、ECの環境影響評価指令を援用して、従来の環境影響評価は不十分だとした。

（イギリスの主張）MOX工場の建設・操業が許可された時点で国連海洋法条約第206条は適用されないと主張した。

【暫定措置命令】協力義務は国連海洋法条約第12部および一般国際法の基本原則であり、MOX工場の操業によるアイルランド海への影響調査のため協力すべきである。

Mensah裁判官は、協力・協議義務および適切な環境影響評価の実施義務から生じる手続的権利の違反が存在しないことは以下の点で決定的（irreversible）であるとする。すなわち、もし、仲裁裁判によって事実上違反があったと結論づけられたとしても、付属書Ⅶによる仲裁裁判の決定によって手続的権利を実質的にイギリスに対して強要することはできないとした[40]。

Szekely裁判官は、環境影響評価は損害防止のための国際法の重要なツールであるが故に1993年の環境影響評価の不適切性は暫定措置命令によってさらに正当化されたとする[41]。

本件はヨーロッパ司法裁判所において2006年、国連海洋法条約の海洋環境保護の規定の解釈、適用はヨーロッパ司法裁判所の管轄権に服するとした[42]。その後、付属書Ⅶによる仲裁手続をアイルランドが取り下げたため仲裁手続は終了した[43]。

---

40) *Ibid.*, Separate Opinion of Judge Mensah, p. 4.
41) *Ibid.*, Separate Opinion of Judge Szekely, paras. 12-17.
42) Case C-459/03, Commission v. Ireland（2006）ECR I-4635, para. 121.
43) Order No.6, Termination of Proceedings, PCA, 6 June 2008.

494

(3) パルプ工場事件（Judgement, 20 April 2010, Case concerning Pulp Mills on the River Uruguay（Argentina v. Uruguay）[44]

【事案】本件は、ウルグアイとアルゼンチン間の紛争であり、両国境界であるウルグアイ川の堤防に2カ所のパルプ製造工場を建設することに端を発する。1つはスペイン資本の Celulosa de M'Bopicua であり、もう1つはヨーロッパでも大手であるフィンランド資本の Oy Metsa Botnia による15億ドルのプロジェクトである。後者はアルゼンチン側のリゾート地から25キロ圏内にある Fray Bentos 近くに建設されている。Oy Metsa Botnia による Orion mill プロジェクトによってウルグアイでの雇用促進と国民総生産の伸びが2％以上見込まれていた。

2006年5月4日、パルプ製造工場の建設は1975年の「ウルグアイ川の最適かつ合理的な利用に必要な合同レジュームの創設」を規定したウルグアイ河川規程（Statute of the River Uruguay、以下1975年規程）に違反しているとしてアルゼンチンはウルグアイを提訴した。アルゼンチンはウルグアイが違法な行為を中止し、1975年規程に規定された、事前通報および協議を行わなかったと主張した。また、生態系の保護および汚染防止についても1975年規程に違反しているとした。

本件の争点は建設許可が1975年規程の手続的義務を守っていたか、またウルグアイが工場の操業開始以来1975年規程の実体的義務を守ってきたかどうかの2点である。

【判旨】

---

44) Judgement, of 20 April 2010, Case concerning Pulp Mills on the River Uruguay（Argentina v. Uruguay）, https://www.icj-cij.org/files/case-related/135/135-20100420-JUD-01-00-EN.pdf. 拙稿「Pulp Mills Case」『環境法研究』第35号（2010年）159-168頁、一之瀬高博「越境損害防止をめぐる国際司法裁判所の2つの判決について」星野昭吉編『グローバル化のダイナミクスにおける政治・法・経済・地域・文化・技術・環境』（テイハン、2018年）376-391頁、同「ウルグアイ川パルプ工場事件」横田洋三他編『国際司法裁判所──判決と意見 第4巻（2005-10年）』（国際書院、2016年）、岡松暁子「環境影響評価」『国際法判例百選〔第2版〕』（有斐閣、2011年）。See Guillermo R Moncayo, Martin Moncayo von Hase, *The International Court of Justice and the Environment: The Recent Paper Mills Case*, Ulrich Fastenrath, Rudolf Geiger, Daniel-Erasmus Khan, Andreas Paulus, sabine von Schorlemer & Christoph Vedder eds. From Bilateralism to Community Interes, Essay in Honour of Judge Bruno Simma, Oxford Univ. Press（2011）.

手続的義務：ウルグアイはアルゼンチンとパルプ製造工場の建設許可以前にウルグアイ川管理委員会（Administrative Commission of the River Uruguay, 以下 CARU）を通じて、通報および協議を行う条約上の義務があったが、ウルグアイは当該義務を怠った。その結果、ウルグアイには1975年規程の義務違反があった[45]。

　環境影響評価の実施が各国間で受け入れられており、国境を越える、とくに共有資源に関して開発が著しく有害な影響をもたらすリスクがある場合、環境影響評価実施の必要性を一般国際法のもとで考慮することができる[46]。

　実体的義務：慣習国際法のもとで著しい越境損害を防止する実体的義務にも言及している[47]。

　計画された開発の性質および規模、環境への悪影響のおそれ、また環境影響評価を実施する際の相当な注意の必要性を考慮しつつ事例ごとに必要とされる環境影響評価の中身を国内法制またはプロジェクトの許可手続過程において決定するのは当事国である[48]。

　国際司法裁判所は著しい環境損害が起こっていない場合でも手続的義務を切り離して検討している[49]。一方で実体的義務は損害防止義務を課すものではなく、著しい越境影響を国家は防止する努力をする相当な注意（due diligence）を行うことが要求されている[50]。そして、相当な注意は越境影響を防止する環境影響評価、潜在的な被影響国に対する通報協議という適切な手続手段を必要とする[51]。ただし、手続的要件を充足しなかったからといって必ずしも損害防止義務違反にはならない[52]。

45）*Ibid.*, paras. 104-107. para. 122.

46）*Ibid.*, para. 204.

47）*Ibid.*, paras. 77-79.

48）*Ibid.*, para. 205.

49）*Ibid.*, paras. 78-79.

50）*Ibid.*, para. 101.

51）*Ibid.*, para. 204.

52）*Ibid.*, para. 72-74.

(4)　国境地域においてニカラグアによって実施されたある種の活動事件およびサン・フアン川沿いのコスタリカにおける道路建設事件判決[53]

①国境地域においてニカラグアによって実施されたある種の活動事件（Certain Activities Carried out by Nicaragua in the Border Area）（Costa Rica v. Nicaragua）[54]

【事案】ニカラグアとコスタリカは1858年に締結された条約でサン・フアン川中流部から河口までを国境として画定していた（図1参照）。ニカラグアは船舶の航行のために浚渫工事を行った。また、コスタリカ領域内で水路の掘削工事を行い、軍隊を駐留させた。

（コスタリカの主張）ニカラグアが浚渫工事を行い、また、水路の掘削工事および軍隊を駐留させたこと、さらにサン・フアン河における航行を妨げたことは国際義務に違反する。

　そして浚渫に関してニカラグアが環境影響評価を実施し、コスタリカに対して通報協議を行う義務（手続的義務）およびコスタリカに対してニカラグアが環境損害をもたらさない義務（実体的義務）に反していると主張した。

【判旨】

　手続的義務：パルプ工場事件判決のパラグラフ101を引用し、重大な越境損害をもたらすことを防止するために「相当な注意」を尽くす国際慣習法上の義務を確認した。そして「重大な越境汚染を防止する相当な注意を尽くす義務を満たすために、……国家は重大な越境汚染のリスクがあるかどうかを確認しなければならない。それが環境影響評価を実施する条件のきっかけとなる」。さらに、パルプ工場事件判決のパラグラフ205を引用し、環境影響評価がリスクを確認した場合、国家は相当な注意にしたがい国家の計画につい

---

53) Philippe Sands, *Principles of International Environmental Law* 4th ed., Cambridge Univ. Press (2018). pp. 359-360., Jacob Katz Cogan, INTERNATIONAL DECISIONS, AJIL, 110（2016）. 2018年に国境地域のある種の活動に対する補償の判決が出ている。Certain Activities carried out by Nicaragua in the Border Area（Costa Rica v. Nicaragua）, Compensation owed by the Republic of Nicaragua to the Republic of Costa Rica, https://www.icj-cij.org/files/case-related/150/150-20180202-JUD-01-00-EN.pdf

54) Certain Activities Carried out by Nicaragua in the Border Area, https://www.icj-cij.org/files/case-related/150/150-20151216-JUD-01-00-EN.pdf

て「潜在的被影響国に対し誠実に通報および協議を行うための活動を必要とする[55]」。ゆえに「重大な環境損害リスクの欠如という点からニカラグアは環境影響評価を実施する国際義務を負っていないからコスタリカへの通報協議は必要が無い」とした[56]。

実体的義務：重大な越境損害を防止するために相当な注意を尽くす国際慣習法上の義務を確認した。パルプ工場事件判決パラグラフ101を引用し、サン・フアン川下流での浚渫工事はニカラグアの義務違反だとする証拠がないと結論づけた[57]。

②サン・フアン河沿いのコスタリカにおける道路建設事件（Construction of a Road in Costa Rica along the San Juan River）（Nicaragua v. Costa Rica）[58]

【事案】コスタリカは2010年12月にサン・フアン川沿いに国道1856号線の建設を開始した（図2参照）。ニカラグアは当該道路建設が重大な越境環境損害を引き起こし、国際義務に違反するとした。

（ニカラグアの主張）道路建設は重大な越境環境損害を引き起こし通報協議する義務（手続的義務）および重大な越境環境損害を防止する義務（実体的義務）に違反する。

道路建設から生じる土砂が河川の形態および航行可能性に重大な損害を引き起こし、河川の水質や生態系に重大な損害を引き起こした。また、生物多様性条約第14条に規定される環境影響評価の実施が行われていない。

【判旨】

手続的義務：判決は先ず、コスタリカが一般国際法における環境影響評価を実施する義務を負っているか、もし負っているとすれば環境診断評価（Environmental Diagnostic Assessment）の実施義務について検証する[59]。環

---

55) *Ibid.*, para. 104.

56) *Ibid.*, para. 108.

57) *Ibid.*, para. 120.

58) Construction of a Road in Costa Rica along the San Juan River, https://www.icj-cij.org/files/case-related/152/152-20151216-JUD-01-00-EN.pdf 鈴木淳一「サンフアン川沿いのコスタリカでの道路の建設に関する事件」横田洋三他編『国際司法裁判所──判決と意見 第5巻（2011-16年）』（国際書院、2018年）。

59) *Ibid.*, para. 152.

498

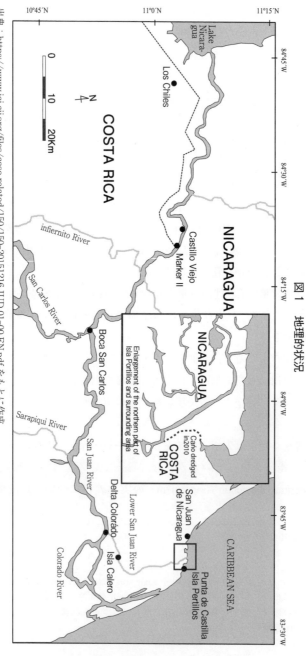

図1 地理的状況

出典：https://www.icj-cij.org/files/case-related/150/150-20151216-JUD-01-00-EN.pdf をもとに作成

境診断評価は環境影響評価制度におけるスクリーニングに相当する。そして
パルプ工場事件判決パラグラフ205を引用し、環境診断評価の実施義務はリ
スク評価を事前に行うことである。環境診断評価は事後に行われたのでコス
タリカは環境影響評価を実施する一般国際法上の義務を履行しなかった[60]。

本判決パラグラフ104を振り返り、相当な注意を尽くす義務は計画実施前
に計画が重大な越境環境損害を引き起こすリスクの存在を確認し、リスクが
存在する場合には環境影響評価を実施しなければならないとする[61]。

道路建設計画は大規模であり、道路が河川に近いことにより土砂が河川へ
排出されるリスクがあり、また、森林伐採およびハリケーンなどの自然災害
による浸食の増大、道路建設計画地域にはニカラグア側にあるラムサール条
約の重要な湿地が存在することを認めたうえで道路建設計画は重大な越境損
害のリスクを有しており環境影響評価を実施する限界値を満たしていたとし
た[62]。

実体的義務：道路建設から生じる土砂が河川の形態および航行可能性に重
大な損害を引き起こし、河川の水質や生態系に重大な損害を引き起こした点
についてはニカラグアの主張を退けた[63]。

生物多様性条約第14条について、本規定は生物多様性に対する重大な悪影
響を及ぼすおそれのある活動に環境影響評価を実施する義務を課していない
としてニカラグアの主張を退けた[64]。

2つの事件において手続的義務と実体的義務の関係について Donoghue 裁
判官は個別意見で重大な越境損害の防止のために相当な注意を尽くさなかっ
たことは潜在的被影響国への本質的な（material）損害がなかったとしても
国家責任を生じるとする。さらに手続的義務と実体的義務を区別することは
有益ではないとする[65]。

Dugard 裁判官は個別意見で一般的義務は越境損害のリスクがあれば環境

60）*Ibid.*, paras. 160-162.
61）*Ibid.*, para. 153.
62）*Ibid.*, paras. 155-156.
63）*Ibid.*, paras. 177-217.
64）*Ibid.*, paras. 163-164.
65）*Ibid.*, Separate opinion of Judge Donoghue, para. 9.

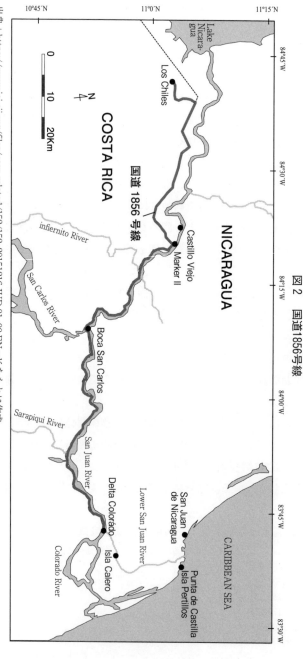

図 2　国道1856号線

出典：https://www.icj-cij.org/files/case-related/152/152-20151216-JUD-01-00-EN.pdf をもとに作成

影響評価が必要だとする慣習国際法のルールであるとする[66]。さらに当該義務は越境損害を防止する相当な注意義務からは独立しているとする。重大な越境損害を防止するための相当な注意義務と損害を生じさせない義務を判決が区別しなかったことに賛同していない。この点は次のパルプ工場事件判決パラグラフ204に言及したITLOS勧告的意見にも見られる[67]。また、Dugard裁判官は判決がコスタリカ内のラムサール条約によって保護される重要な湿地におけるニカラグアの活動によるリスクに配慮せず、重大な越境損害のリスクがないので環境影響評価は必要が無いとしたことにも賛同していない[68]。

Dugard裁判官の見解では、ラムサール条約の対象湿地において、コスタリカ内の湿地で計画された活動が潜在的影響を考慮するというニカラグアの義務の引き金となった、より低いリスクの限界値があったと裁判所は判断すべきであったとする[69]。

3 領域外の活動に関する国際判例および勧告的意見

(1) 深海底における活動に関して人および団体を保証する国の責任と義務 (Responsibilities and Obligations of States Sponsoring Persons and Entities with respect to Activities in the Area) 勧告的意見[70]

【事案】国際海底機構理事会（Council of the International Seabed Authority）から以下の論点についての勧告的意見要請にしたがって、国際海洋法裁判所は国連海洋法条約第191条に基づき2010年5月6日にDecision ISBA/16/C/13を採択した。

①条約とくに第XI部、1994年第XI部実施協定に基づく海域における活動

---

66) *Ibid.*, para. 16.

67) Responsibilities and obligations of States sponsoring persons and entities with respect to activities in the Area（Request for Advisory Opinion submitted to the Seabed Disputes Chamber），https://www.itlos.org/cases/list-of-cases/case-no-17/, para. 147.

68) *Supra* note 58, Separate opinion of Judge Dugard, paras. 36-44.

69) *Ibid.*, para. 32.

70) 柳井俊二「〈講演〉国際海洋法裁判所の特徴と最近の判例」『中央ロー・ジャーナル』第10巻1号（2013年）、佐古田彰「〈資料〉国際海洋法裁判所『深海底活動責任事件』2011年2月1日勧告的意見（一）（二・完）」『商学討究』第66巻1号2・3号（2015年）。

502

の保証（sponsor）に関する締約国の法的責任および義務。

②条約第153条2(b)に従い締約国が保証する者（entity）が条約（とくに第 XI 部）および1994 年実施協定の規定に従わなかったことについての当該国の責任の範囲は何か。

③条約第139条、付属書Ⅲおよび1994年の実施協定のもとで 保証国が責任を全うするためとらなければならない必要かつ適切な措置は何か。

【勧告的意見】

　締約国は公海および深海底海域の環境保全に関する義務の対世的義務の性質の観点から締約国は海域の被害に対する補償を主張する資格がある。そして ILC の国家責任条文草案第48条に規定される国際共同体（international community）に課せられた義務違反は国家責任を生じるという規定を引用してこの考え方を支持している[71]。

　環境影響評価に関して、海洋法裁判所海底紛争裁判部は1994年条約付属書第１節７で求められている海域の活動に関する環境影響評価の実施義務について判断を行った。付属書第１節７は計画の認可に際して潜在的環境影響評価を必要とすると規定する。海底紛争裁判部は以下の見解を述べている。すなわちパルプ工場事件の国際司法裁判所判決を引用し、環境影響評価の実施義務は慣習国際法において一般的義務になっていることを確認している[72]。また、予防的アプローチは、また、相当な注意義務の必須部分であり、損害防止のための適切な措置を国家がとり、問題となっている活動の範囲および潜在的消極的な影響が不十分な場合に科学的証拠が不十分な場合でも妥当な証拠がある場合を除いて適用される。結論として当該リスクを無視した場合、国家は相当な注意義務を尽くす必要は無い[73]。

(2)　核実験事件（Order, 22 September 1995）[74]

【事案】フランスが1973年に行った大気圏核実験に対し、オーストラリアは国際司法裁判所に大気圏核実験の停止を求めた仮保全措置を出すように要請

---

71) *Ibid.*, para. 180.

72) *Ibid.*, paras. 141-150.

73) *Ibid.*, para. 131.

した。これに対し、国際司法裁判所はオーストラリア領域の主権を侵害し、放射性降下物による公海の汚染は公海の自由を侵害し、核実験を中止すべきである旨の仮保全措置を出した。さらにフランスの将来の核実験に対し、ニュージーランドはフランスの核実験はニュージーランドの国際法上の権利を侵害すると主張し、国際司法裁判所に提訴した。フランスはその後、核実験の停止を一方的に宣言したことにより、1974年の国際司法裁判所判決は訴訟目的が消滅したとしてニュージーランドの請求を棄却した。判決のパラグラフ63で「本判決の基礎が影響されることになれば原告は裁判所規程の条項にしたがい状況の再検討を要請することができる」と言及した。その後1995年9月以降フランスの南太平洋地域における地下核実験の発表があった。そこでニュージーランドは1974年判決パラグラフ63に基づいて国際司法裁判所に提訴した。

ニュージーランドは南太平洋天然資源環境保護ヌーメア条約および国際慣習法上の環境影響評価実施義務の不履行を主張した。

フランスは損害発生防止の義務は国家の裁量であり、環境影響評価の実施は必要ではないと主張した。

本件は再審請求要件を満たしていないという理由で請求が棄却されたが、反対意見が付されている。

Weeramantry 裁判官は反対意見で環境影響評価の目標および原則（Goals and Principles of Environmental Impact Assessment）原則 1 に言及し、環境影響評価を実施する必要性は国際的に受け入れられ国際司法裁判所が関心を持つ一般的認識の段階に達しているとする[75]。また、Palmer 裁判官は、活動が環境に重大な影響を及ぼすおそれがある場合、国際慣習法は環境影響評価が必要であるとする規範を発達させてきたとする[76]。

---

74) Order of 22 September 1995, Request for an Examination of the Situation in Accordance with Paragraph 63 of the Court's Judgment of 20 December 1974 in the Nuclear Tests（New Zealand v. France）Case, https://www.icj-cij.org/files/case-related/97/097-19950922-ORD-01-00-EN.pdf

75) *Ibid.*, Dissenting Opinion of Judge Weeramantry, p. 344.

76) *Ibid.*, Dissenting Opinion of ad hoc Judge Sir Geoffery Palmer, p. 411.

504

(3) 核兵器の威嚇・使用の合法性に関する勧告的意見[77]

【事案】核兵器の威嚇または使用が合法かどうかについて総会および WHO から要請があったが WHO の「活動の範囲内において生じるものではない」として WHO からの要請は退けられた。総会決議49/75K による勧告的意見の諮問に応じ国際司法裁判所は損害防止義務に関して以下の判断を示した。

【勧告的意見】

　裁判所は環境が日毎脅威にさらされていること、かつ核兵器の使用が環境にとって大災害になりうるであろうことを認める。裁判所はまた、環境が抽象的な存在ではなく生まれていない世代を含む人間の生活空間、生活の質および健全な状態そのものを意味することを認める。管轄権と管理の範囲内の諸活動が、他国の環境または国家の規制を越えた地域の環境を尊重するように確保すべき諸国の一般的な義務の存在は今や環境に関する国際法の総体（corpus）の一部分である[78]。

　しかし、裁判所の見解では問題は環境の保護に関する諸条約が武力紛争時に適用できるかどうかではなく、むしろこれらの条約から由来する義務が武力紛争時に完全な制約となる義務として意図されたものであるか否かである。

　裁判所は問題の諸条約が、国家が環境保護の義務を負うことを理由に、その国家からその国際法上の自衛権を奪うとは考えない。にもかかわらず諸国は、正当な軍事的な目的を追求する際に何が必要かつ均衡的であるかを評価するときに環境上の諸要因を考慮しなければならない。環境を尊重することは、行動が必要性および均衡性の諸原則に合致するかどうかを評価するのに役立つ諸要素の１つである。

　このアプローチは、実際のところ次のように規定するリオ原則24の文言によって支持される。「戦争は元来、持続可能な開発を破壊する性格を有する。そのため、各国は武力紛争時における環境保護に関する国際法を尊重し、必要に応じてその一層の発展のために協力しなければならない。」[79]

---

77) Advisory Opinion of 8 July 1996, Legality of the Threat or Use of Nuclear Weapons, https://www.icj-cij.org/files/case-related/95/095-19960708-ADV-01-00-EN.pdf

78) *Ibid.*, para. 29.

79) *Ibid.*, para. 30.

裁判所の判断は条約ベースに基づく判断であるが、核実験事件における Weeramantry 裁判官の反対意見は次のとおりである。環境法は核兵器によって侵害された諸原則を具体化している。……したがって、これらの環境法の諸原則は条約規定の重要性に依存している。それらは国際慣習法の一部分である。それらは人類生存のための必須条件（*sine qua non*）の一部である。諸原則とは世代間衡平原則、共同財産原則などである[80]。

三　検討

実体的義務は一般的に、条約規定による重大な越境損害を防止する義務であり、手続的義務は条約規定による通報協議義務および環境影響評価実施義務である[81]。そして国際環境法における手続的義務と実体的義務のつながりは慣習法上の損害防止義務における中心となる相当な注意基準を具体化する努力がなされてきた。このような相当な注意は人類の共有資源に対する損害防止義務と予防的措置をとる義務の橋渡しをしてきている。しかし、最近の国際司法裁判所の判断は必ずしもこのつながりを明確にはしていない。越境損害における手続的義務は国家間の環境紛争においては進展したが、共同体利益の文脈では国家実行の不足および一般国際法における実体的義務の不確定な位置づけという点で後退している。一般国際法および条約体制の文脈では国際環境法における手続的側面は共同体利益に資する鍵を握っている[82]。

パルプ工場事件判決では1975年規程の手続的義務（通報義務）違反を認め、1975年規程第41条の水質保全義務を実体的義務（環境影響評価実施）として捉えている。

一方、ある種の行動事件および道路建設事件判決では手続的義務を環境影響評価実施義務および通報協議義務として捉え、越境損害防止義務は実体的

---

80) *Supra* note 74., https://www.icj-cij.org/files/case-related/97/097-19950922-ORD-01-05-EN.pdf

81) 通報協議義務については、一之瀬高博『国際環境法における通報協議義務』（国際書院、2008年）、児矢野マリ『国際環境法における事前協議制度——執行手段としての機能の展開』（有信堂高文社、2006年）参照。

82) Jutta Brunnée, *International Environmental Law and Community Interest*, Community Interests Across International Law, Oxford Univ. Press（2018）, p. 155.

義務と捉えている。このようにパルプ工場事件判決、ある種の行動事件およ
び道路建設事件判決では環境影響評価に関して手続的義務と実体的義務の分
類が異なっている。

　すなわち環境影響評価実施義務に関してパルプ工場事件では実体的義務に、
ある種の活動事件判決、道路建設事件判決では、手続的義務に分類した。

1 実体的義務

　損害防止義務に基づいて国家は重大な越境損害を防止する義務を負ってい
るが、被影響国は限界値以下の損害は受忍しなければならない。このような
考え方は前述の多くの多国間環境条約および国際判例に支えられてきた[83]。
人間環境宣言原則21およびリオ宣言原則２に規定される損害防止義務はグロ
ーバル・コモンズにも適用され、共同体利益に資する。

　国際司法裁判所は1996年の核兵器の威嚇または使用の合法性に関する勧告
的意見において「国家の管理下を越える領域」に損害を及ぼさない義務は国
際環境法の総体の一部であるとした。このことは1997年のガヴチコボ・ナジ
ュマロス事件判決および2010年のパルプ工場事件判決においても国家間の影
響をめぐって繰り返されている。また、パルプ工場事件、ある種の行動事件
および道路建設事件判決において損害防止義務における手続的義務に踏み込
んでいる。

　パルプ工場事件判決において、アルゼンチンはウルグアイの手続的義務お
よび実体的義務違反を主張した。判決は「一般国際法」における環境影響評
価の実施という手続的義務[84]と実体的義務として「慣習国際法」の下におけ
る重大な越境損害防止義務の関係に言及した[85]。すなわち重大な環境損害が
生じなくても手続的義務違反だとしている[86]。また、実体的義務は絶対的な
損害防止義務を課していない。むしろ重大な越境損害防止の相当な注意を要
求している[87]。相当な注意という要件を満たすために締約国は適切なルール

---

83) Patricia Birnie, Alan Boyle & Catherine Redgwell, *supra* note 12, pp. 147-150.

84) Judgement, of 20 April 2010, Case concerning Pulp Mills on the River Uruguay（Argentina v. Uruguay）, para. 204.

85) *Ibid.*, paras. 77-79.

86) *Ibid.*, paras. 78-79.

および措置をとるだけではなく、実施の際に一定レベルの警戒（vigilance）ならびに活動に対するモニタリングのような行為者に対する行政のコントロールを国家は確保しなければならない[88]。さらに相当な注意は環境影響評価や潜在的被影響国への通報協議といった越境損害を防止する適切な手続段階を必要とする[89]。しかし、判決はアルゼンチンが主張するように手続的義務違反は必ずしも損害防止義務違反には当たらないとした[90]。そして裁判所は手続的義務と相当な注意を明確に結びつけた[91]。

　パルプ工場事件判決では環境影響評価は実体的義務として扱われている。一方、ある種の活動事件判決ではニカラグアの浚渫に関して、重大な越境損害防止の際に相当な注意義務を尽くすために重大な越境損害のおそれがあるかどうかを国家は確認しなければならない。確認することによって、国家が環境影響評価を実施する必要性の引き金になる。さらに、もし、環境影響評価によってリスクが確認されれば相当な注意により計画に対し、潜在的被影響国と誠実に通報協議すること要求することができる[92]。その上でリスクが確認されなかったのでニカラグアは環境影響評価を実施する義務を負っていないとした。また、コスタリカへの通報協議義務はないとした[93]。

　道路建設事件判決では道路建設計画が環境影響評価を実施義務の引き金となった。結論としてコスタリカが通報協議義務を有しているかの検証は必要ではなく、なぜなら一般国際法のもとでは道路建設以前に環境影響評価実施義務に従う必要が無いからである[94]。通報協議義務を伴う国家の手続的義務がリスクの事前の証明に依存する通報協議義務のような手続的義務を考慮しているかどうかは不明確である。その点、パルプ工場事件判決においては重大な越境損害の証拠の欠如は損害防止義務の違反にはならないとしている。

---

87) *Ibid.*, para. 101.

88) *Ibid.*, para. 197.

89) *Ibid.*, para. 204.

90) *Ibid.*, paras. 72-74.

91) *Ibid.*, para. 78, 204.

92) Certain Activities Carried out by Nicaragua in the Border Area, para. 104.

93) *Ibid.*, para. 108.

94) Construction of a Road in Costa Rica along the San Juan River, para. 168.

Donoghue 裁判官は個別意見において、重大な越境損害防止のための相当な注意を尽くさなかったことは潜在的被影響国の本質的（material）損害がないとしても原因国の国家責任を生じる。さらに、判決のような手続的義務と実体的義務の相違は有用とは思わないとする[95]。環境影響評価の実施義務が慣習法の手続的義務から独立しているかどうかに疑問を呈する。したがって判決にいう環境影響評価の実施が相当な注意に基づく「一般的義務」であるとしている[96]。

　Dugard 裁判官は個別意見で反対の結論をとっている。「一般的義務」という用語は越境損害のリスクがある場合に環境影響評価を必要とする慣習国際法のルールを意味するとしている[97]。

　環境影響評価を行う義務は損害のリスクがある場合に生じる重大な越境損害防止義務から独立している。重大な損害防止のための相当な注意を尽くす義務に付属する義務ではない。相当な注意は国家が重大な越境損害防止のために常に示さなければならない行為規範である[98]。また、重大な損害が生じなかったことが後に証明されたとしても、重大な環境損害を引き起こしたかどうかの判断にとって、このような決定を行う限界点は高い基準ではなく、リスク評価というより低い基準であることは明確である[99]。

2　手続的義務[100]

　MOX 工場事件暫定措置命令では協力義務は一般国際法の基本原則であるとし、MOX 工場操業による影響調査のために協力するべきであるとしている。また、Mensah 裁判官は協力・協議義務および適切な環境影響評価の実施義務を手続的義務だとしている。

---

95) Certain Activities Carried out by Nicaragua in the Border Area, separate opinion of Judge Donoghue, para. 9.

96) *Ibid.*, para. 13.

97) *Ibid.*, Separate opinion of Judge Dugard, para. 16.

98) *Ibid.*, para. 9.

99) *Ibid.*, para. 10.

100) 手続的義務を考察した文献として、児矢野マリ「国際環境法における手続的義務に関する一考察――『柔かいコントロール』のプロセスの基礎として」『新世代法政策学研究』Vol. 20（2013）。

パルプ工場事件判決において国家はリスクがあれば相当な注意義務を尽くす義務という環境保全の実体的義務をとることを示した。また、Birnie, Boyle & Redgewell は次のようにいう。越境環境影響評価は越境協力義務の必要な部分であり、「事前の環境影響評価なしに大部分の環境リスクにおいて意義ある通報協議とはならない。言い換えれば義務は何がわかっているのかを通報するにとどまらず何が通報される必要があるのかを知ることである。」[101]

手続的義務に関して、ある種の活動事件および道路建設事件において環境影響評価および通報協議義務が争点となった。

パルプ工場事件判決およびある種の行動事件および道路建設事件判決は越境損害防止義務が相当な注意義務であるとし、手続的義務として環境影響評価実施義務および通報協議義務が含まれるとする。

さらに、その実施段階を分類している。すなわち、(1) 事前に重大な越境損害のリスクがない場合、環境影響評価は不要とし、事前に重大な越境損害のリスクが存在する場合は環境影響評価の実施が必要であるとする。(2) 環境影響評価を実施した場合に重大な越境損害のリスクが存在する場合、原因国は被潜在的影響国と通報協議をしなければならないとする。

深海底における活動に関して人および団体を保証する国の責任と義務勧告的意見では環境影響評価の実施義務は慣習国際法において一般的義務になっていることを確認している。核実験事件において Palmer 裁判官は、活動が環境に重大な影響を及ぼすおそれがある場合、国際慣習法は環境影響評価が必要であるとする規範を発達させてきたとする。

おわりに

以上検討したように国際社会においては今日、実体的義務であるグローバル・コモンズに対する損害防止義務は共同体利益に資する。また、一般的に手続的義務に分類される環境影響評価実施義務および通報協議義務も共同体

---

101) Patricia Birnie, Alan Boyle & Catherine Redgwell, *supra* note 12., p. 169.

利益に資する。これらの義務が国際慣習法および対世的義務かどうかは意見の分かれるところであるが、少なくとも多数国間環境条約は共同体利益の具現に役立っている。

　気候変動のような地球規模の環境も共同体利益であり、パラオによる勧告的意見要請は国家の損害防止義務を確認している。また、パリ協定においても地球の大気というグローバル・コモンズの保護を共同体利益と捉え、法的拘束力はないものの締約国が自主的に削減目標を設定する約束草案（nationally determined contributions, NDCs）を締約国が定期的に提出する制度を構築した。また、締約国の削減目標のチェックのためのグローバル・ストックテイク（global stock-take）を設けた[102]。

　このように環境保護は共同体利益そのものであり、共同体利益実現のために国際社会は協力していかなければならない。

---

102) Daniel Klein, Maria Pia Carazo, Meinhard Doelle, Jane Bulmer & Andrew Higham eds., The Paris Agreement on Climate Change: Analysis and Commentary, Oxford Univ. Press（2017）. 拙稿「2020年以降の地球温暖化防止に関する法政策──パリ協定を中心に」『環境法研究』第41号（2016年）。

グローバル・サプライ・チェーン下における FTA 特恵原産地規則の課題

平 覚

大阪市立大学名誉教授

一 序 論
二 FTA 特恵原産地規則の存在理由
三 FTA 特恵原産地規則の内容の多様性
四 FTA 特恵原産地規則の貿易制限的効果
五 FTA 特恵原産地規則に対する法的規律
六 FTA 特恵原産地規則のハーモナイゼーションの可能性
七 結 論

一 序 論

　日本が締結している経済連携協定（economic partnership agreement: EPA）などを含め、WTO（世界貿易機関）法上では「自由貿易協定（free trade agreement: FTA）」と呼ばれる特恵貿易協定が世界中で増殖し拡散している。WTO ドーハ・ラウンド貿易交渉の停滞と中断により、多数国間レベルの貿易自由化の進展を期待できない状況下で、諸国は、二国間または複数国間の合意可能な範囲内で貿易自由化を実現し自国の国際競争力を維持していくため、FTA を通じた経済統合を加速させている。

　入念にデザインされた包括的な FTA、とくに EPA は、地域的な貿易自由化を推進し、加盟国の国内構造改革を促す有効な手段でもあり、長期的には WTO の多角的貿易自由化のための積み石（building block）となりうるものである。

　しかし、他方で、企業にとって、特定の FTA の特恵関税待遇を享受する

ためには、当該 FTA の原産地規則に従って域内原産品と認定してもらう必要がある。原産地認定基準が過度に厳しい場合には、すでに最適なものとして構築していたグローバル・サプライ・チェーンを FTA 域内のサプライ・チェーンに変更する必要が生じるなどしてコストが発生する場合がある。また、企業が同時に複数の FTA 市場に産品を輸出し、それぞれの FTA 市場で特恵関税待遇を享受しようとすれば、それぞれの FTA の原産地基準に従って域内原産品と認定してもらう必要がある。そのためには、異なる原産地規則に従って FTA 市場ごとに産品仕様や生産ラインを変更する必要に迫られ、やはりコストが発生するであろう。これらのコストが各 FTA の特恵関税マージンを上回る場合には、企業は当該 FTA の特恵関税待遇の利用を諦め、むしろ通常の最恵国関税待遇の享受に甘んじることになろう。そのような場合には、結局 FTA の存在は無意味なものとなる[1]。果たして、FTA の原産地規則は、法的にはどのように評価されるのであろうか。厳格さに対する制約は存在しないのであろうか。また、複数の FTA 間にあっても 1 つの原産地規則に従えばよいとするような、原産地規則のハーモナイゼーションは考えられないのであろうか。本稿は、FTA 特恵原産地規則の課題として、これらの問題を考察しようとするものである。

　本稿の構成は次のとおりである。最初に、第二章では、FTA 特恵原産地規則の存在理由を検討する。第三章では、FTA 特恵原産地規則の多様な内

---

1) 日本については、現在、TPP11や日欧 EPA を含めて17の EPA が発効済みである。『2014年版通商白書』289頁によると、JETRO によるジェトロ・メンバーズ企業を対象とした「EPA/FTA 利用上の問題点（複数回答）」に関するアンケート調査において、「輸出のたびに証明書発給申請が必要であり、手間」と回答するのが52.9％、「原産地基準を満たすための事務的負担」と回答するのが48.3％、「品目ごとに原産地判定基準が異なり、煩雑」と回答するのが35.8％、その他であった。At http://www.meti.go.jp/report/tsuhaku2014/2014honbun_p/pdf/2014_03-01-04.pdf.

　2017年当時15の FTA を締結していた韓国の FTA 比率（全輸入額に占める FTA 締結国との輸出入額の割合）は67.8％で、日本に比較してきわめて高いと言われている（日本については、2015年の時点で22％。同時点での韓国の比率は62％であった。大阪税関業務部「経済連携協定の概要と原産地規則」スライド資料（2017年 1 月24日）、7 頁）が、韓国の関税庁は FTA 比率を高めるためにとくに中小企業にさまざまな支援を行っている。この点について、福本渉・茨田陽一「韓国実地調査（ヒアリング）報告書」大阪市立大学大学院法学研究科国際経済法研究室『韓国の積極的 FTA 戦略の現状と課題』（平成28年度大阪税関との包括連携協定に基づく共同研究報告書、2017年10月） 3 頁以下、at http://www.customs.go.jp/osaka/news/houkatsurennkeikyoutei/kenkyuuseikahoukokusyo_2016_17_1.pdf.

容を概観する。第四章では、FTA 特恵原産地規則の貿易制限的効果を考察する。第五章では、FTA 特恵原産地規則に対する法的規律を検討する。第六章では、FTA 特恵原産地規則のハーモナイゼーションの可能性を考察する。そこではとくに原産地累積制度に注目し、その機能を分析する。最後に、第七章で結論を述べる。

二 FTA 特恵原産地規則の存在理由

1 WTO 法上の FTA

WTO 法上、FTA は GATT 第24条 8 項（b）の下で次のように定義される。

> 関税その他の制限的通商規則……がその構成地域の原産の産品の構成地域間における実質上のすべての貿易について廃止されている 2 以上の関税地域[2]の集団をいう。

このような FTA は、国際貿易体制にとって次のような利益とコストをもたらす。まず、利益としては、一般に貿易創出効果[3]と呼ばれるものである。すなわち、FTA 加盟国間での貿易（域内貿易）の自由化は、産品にとって長期的な市場アクセス機会を創出しかつ拡大するため、スケールメリットを追求することができる。また、域内における競争を促進し、資源の効率的配分により FTA 加盟国の経済厚生を改善する。

他方で、コストとしては、一般に貿易転換効果[4]と呼ばれるものである。すなわち、従来行われていた域外の比較優位国との貿易が、域内自由化の結果として域内の比較劣位国との貿易に転換され、効率的な資源配分が損なわれることがある。さらに、FTA 加盟国間の域内貿易を域外諸国との貿易よりも自由化するものであるため、相対的に域外諸国との貿易に対する差別を

2）GATT 第24条 2 項は、「関税地域」を次のように定義する。
「関税地域とは、当該地域とその他の地域との間の貿易の実質的な部分に対して独立の関税その他の通商規則を維持している地域をいう。」
3）たとえば、中川淳司・清水章雄・平覚・間宮勇『国際経済法〔第 3 版〕』（有斐閣、2019年）255-256頁。
4）同上。

形成する。そして、この差別は、GATT 第1条1項の最恵国待遇原則[5]に基づき WTO が目指す無差別の多角的貿易体制と論理的に矛盾衝突する。

FTA の有する以上のような利益とコストをふまえ、WTO 法は、GATT 第24条4項において次のような態度を表明している。

　　締約国は、任意の協定により、その協定の当事国間の経済の一層密接な統合を発展させて貿易の自由を増大することが望ましいことを認める。締約国は、また、関税同盟又は自由貿易地域の目的が、その構成領域間の貿易を容易にすることにあり、そのような領域と他の締約国との間の貿易に対する障害を引き上げることにはないことを認める。

このため、WTO 法は、FTA について、貿易創出効果を最大化し、域外国に対する差別と貿易転換効果を最小化するような規律を設け、この規律に従う FTA を最恵国待遇原則の例外として許容するものとしている。WTO 法は、部分的な自由化の促進が最終的には多角的貿易体制の実現に貢献するという考え方に立ち、FTA を WTO 体制のサブシステムまたはいわゆる「積み石」として肯定的に位置づけているのである。

2　FTA 特恵原産地規則の存在理由

FTA 特恵原産地規則は、FTA 域内輸入国が、ある輸入品を、FTA 特恵を許与すべき域内輸出国の原産品と認定するための条件を定めるものである[6]。このような原産地規則の存在理由または必要性は、理論的には、「貿

---

5) GATT 第1条1項は、次のように規定する。

　「いずれかの種類の関税及び課徴金で、輸入若しくは輸出について若しくはそれらに関連して課され、又は輸入若しくは輸出のための支払手段の国際的移転について課せられるものに関し、それらの関税及び課徴金の徴収の方法に関し、輸入及び輸出に関連するすべての規則及び手続に関し、並びに第3条2及び4に掲げるすべての事項に関しては、いずれかの締約国が他国の原産の産品又は他国に仕向けられる産品に対して許与する利益、特典、特権又は免除は、他のすべての締約国の領域原産の同種の産品又はそれらの領域に仕向けられる同種の産品に対して、即時かつ無条件に許与しなければならない。」

6) 後述（第六章1）の WTO 原産地規則協定附属書2「特恵に係る原産地規則に関する共同宣言」第2項は、特恵原産地規則を次のように定義する。

　「『特恵に係る原産地規則』とは、1994年のガット第1条1〔項〕の規定の適用を受けない特恵関税を供与するための自律的な又は合意に基づく貿易制度の下で、物品が特恵的な待遇を受けるための適格性の有無を決定するため加盟国が適用する法令及び一般に適用される行政上の決定をいう。」

易偏向（trade deflection）」の阻止に求められる。すなわち、FTA は、加盟国が域外第三国との貿易において独自の関税と通商政策を維持し続けるため、FTA 特恵を許与されない域外原産品が域内の低関税国を通じて域内の高関税国へと転送される（transshipped）のを阻止する必要があるということである[7]。さもなければ、FTA は、当該低関税国の関税を域外国に対する共通関税とする事実上の関税同盟となり、もはや FTA としては存在しえないからである。そのため、FTA 特恵の許与を厳密に域内原産品に限定する手段として原産地規則が必要となるのである。なお、このための原産地規則は、FTA 加盟国間で共通の、またはハーモナイズされた原産地規則でなければならない。なぜなら、各加盟国で適用される原産地規則が異なるとすれば、原産地規則が緩やかな加盟国からより厳しい加盟国に域外産品が転送されることになり、やはり貿易偏向が生じてしまうからである[8]。したがって、FTA 加盟国は、FTA を形成する際に、通常、共通に適用される FTA 特恵原産地規則を合意するか、少なくとも各加盟国の特恵原産地規則をハーモナイズさせなければならない[9]。

　このような FTA 原産地規則の存在理由は、トルコ繊維事件における

---

7) Antoni Estevadeordal and Kati Suominen, "Rules of Origin : The Emerging Gatekeeper of Global Commerce," in Mina Mashayekhi and Taisuke Ito（eds.）, *Multilateralism and Regionalism: The New Interface*（UNCTAD, 2005）, Chapter V, p. 52. なお、この「貿易偏向」は上述の「貿易転換（trade diversion）」とは概念上区別されることに注意する必要がある。José Antonio Rivas, "Do Rules of Origin in Free Trade Agreements Comply with Article XXIV GATT?," in Lorand Bartels and Federico Ortino（eds.）, *Regional Trade Agreements and the WTO Legal System*（Oxford University press 2006）, p. 150, n. 4.

8) この点については、後述注54および関連する本文も参照。

9) WTO 加盟国は、最恵国待遇の適用の可否、アンチダンピング措置、相殺関税措置およびセーフガード措置などの通商救済措置の適用、原産地表示、政府調達ならびに貿易統計のために原産地を識別する必要から、いわゆる非特恵原産地規則を有している。WTO 原産地規則協定第 1 条参照。FTA 特恵のための特恵原産地規則は、通常、非特恵原産地規則と区別されるが、両者の内容が必然的に異なる必要はない。Mavroidis and Vermulst は、最近、FTA 特恵原産地規則が最恵国待遇ベースで適用される非特恵原産地規則と異なるべきことの法的根拠はなく、前者を廃止して、後者に一本化すべきことを主張している。Petros C. Mavroidis and Edwin Vermulst, "The Case for Dropping Preferential Rules of Origin," *Journal of World Trade*, Vol. 52, No. 1,（2018）, pp. 1-14. しかし、後述（第六章1参照）のように、WTO 原産地規則協定に基づく非特恵原産地規則のハーモナイゼーション交渉が停滞している現状では、少なくとも FTA 加盟国間で合意またはハーモナイズされた非特恵原産地規則が採用される必要があるであろう。

WTO 上級委員会の判示[10]からも確認することができる。本件は、EC とトルコの関税同盟に関わる事件であるが、両者は、関税同盟を形成するにあたって関税同盟の定義規定である GATT 第24条8項（a）に従い、「同盟の各構成国が、実質的に同一の関税その他の通商規則をその同盟に含まれない地域の貿易に適用する」義務を負っていた。トルコは、EC と「実質的に同一の通商規則」と考えるものを適用するため、インド産の繊維および衣類の輸入に対して数量制限を導入した。インドの申立てに基づき、紛争解決小委員会は、本件数量制限は、GATT 第11条、第13条および繊維協定第2.4条に違反し、GATT 第24条はこのような数量制限の導入を許容しないと結論した。トルコは上訴したが、上級委員会は、本件数量制限を賦課する以外に選択の余地がないとするトルコの主張をしりぞけて、次のように判示した。

> たとえば、トルコは、繊維および衣類について原産地規則を採用することができたであろう。それによって、EC は、関税同盟の条件の下に EC への自由なアクセスを享受するトルコ産の繊維および衣類とインドを含む第三国産の繊維および衣類を区別することが可能となる。[11]

要するに、上級委員会は、原産地規則がトルコ原産品と第三国原産品の区別を可能にするのであれば、そのような原産地規則によって、第三国原産品が、貿易障壁がより低い同盟の加盟国を通じて域内に流入し、その後に貿易障壁がより高い同盟の他の加盟国に転送されるのを阻止することができる、すなわち、貿易偏向を回避できると述べているのである。

本件は、FTA ではなく関税同盟に関する事件であった。GATT 第24条8項（a）（ii）の下で、関税同盟を形成する加盟国は、域外第三国との貿易に対して「実質的に同一の」関税およびその他の通商規則を適用しなければならない。したがって、域外第三国に対する完全な共通関税と共通通商政策を採用する関税同盟においては、このような貿易偏向問題は生じないであろう。しかし、「実質的に」という形容詞は、本件のように、関税同盟の域外第三国に対する通商規則のハーモナイゼーションがいまだ完成していない場合も

---

10) Appellate Body Report, *Turkey-Restrictions on Imports of Textiles and Clothing Products*, WT/DS34/AB/R, adopted 19 November 1999.

11) *Ibid.*, para. 62.

許容していると解することができる[12]。その結果、このような未完成の関税同盟では貿易偏向問題がやはり発生するといえよう。本件上級委員会の判示の論理は、域外第三国に対する通商規則が加盟国ごとに異なるFTAにもそのまま当てはまるものである[13]。

このようにして、FTA特恵原産地規則は、FTA加盟国が、域外第三国によるフリーライドを懸念することなく域内貿易障壁の除去に専念することを可能にすることによって、まさにFTAの存立を確保するためのメカニズムといえるのである[14]。FTA特恵原産地規則は、FTAの必要不可欠な一要素であり、上述のようにFTAが多角的貿易体制にとって積み石であるとすれば、FTA特恵原産地規則もその一部として多角的貿易体制の構築に貢献するはずのものである。

三　FTA特恵原産地規則の内容の多様性

現行の多くのFTA特恵原産地規則は、品目別規則と産品横断的な一般規則に区別することができる[15]。本稿では、本稿の目的に必要な範囲でこれらの規則の内容を概観しておく[16]。

1　品目別規則

(1)　完全生産品基準

一加盟国においてのみ完全に栽培され、収穫されもしくは抽出された産品またはこれらの産品からもっぱら当該加盟国において生産された産品を当該

---

12) Jong Bum Kim and Joongi Kim, "The Role of Rules of Origin to Provide Discipline to the GATT Article XXIV Exception," *Journal of International Economic Law*, Vol. 14, No. 3, (2011), p. 633.

13) Jong Bum Kim and Joongi Kim も、関税同盟に関わる上級委員会の判示は事件の事実から生じる相違を考慮してFTAにも適用可能であると指摘している。*Ibid.*, p. 632, n. 86.

14) Won-Mog Choi, "Defragmenting Fragmented Rules of Origin of RTAs : A Building Block to Global Free Trade," *Journal of International Economic Law*, Vol. 13, No. 1, p. 114. なお、本論文は、本稿のテーマに関する重要な先行業績である。本稿も本論文に大きく依拠した。

15) このような区別は、Antoni Estevadeordal and Kati Suominen, *supra* note 7, pp. 53-54に基づく。

16) たとえば、次も参照。財務省関税局・税関『わが国の原産地規則——EPA原産地規則(詳細)』(2018年7月)、at http://www.customs.go.jp/roo/origin/epa_roo.pdf。

加盟国の原産品とするものである。

(2) 実質的変更基準

　産品の生産過程で最後の実質的変更が行われた地を当該産品の原産地とする基準である。実質的変更の程度を次の主要な3つの構成要素のいずれかまたはそれらの組み合わせによって判断する。

　a. 関税分類変更基準

　生産過程で使用された域外原産材料と最終産品の間に関税分類の変更が存在するかどうかを基準とする。この基準は、関税分類の変更が、統一システム[17]の類（上2桁）、項（上4桁）、号（上6桁）またはそれ以下の各国の細分品目番号（上8ないし10桁）のレベルで行われることを要求する。

　b. 付加価値基準

　特恵待遇の対象となるFTA域内原産品または域内輸出国の原産品と認定するために、当該産品の全体の価値のうち域内または輸出国内における生産過程で一定割合以上の価値の付加を要求するものである[18]。

　c. 加工工程基準

　産品の生産において特定の加工工程が実施された地を原産地とするものである。

2　一般規則

　品目別規則に加えて、FTA特恵原産地規則は、次のような一般規則に応じて多様なものとなる。下記の(1)から(3)の基準は、規則の適用に柔軟性を与

---

17)「商品の名称及び分類についての統一システムに関する国際条約」1988年1月1日発効、我が国についても同日効力発生。

18) NAFTA（北米自由貿易協定）を修正するため2018年11月30日に署名されたUSMCA（米国・メキシコ・カナダ協定）は、新自動車原産地規則として、域内付加価値率をNAFTAにおける62.5%から段階的に75%まで引き上げるとともに、このうち40%は時給16ドル以上の労働者による生産割合とする賃金基準を新たに導入した。この賃金基準は、米国やカナダの工場は満たすことができるがメキシコの工場は満たせないと報道されており、実質的に米国内での生産を要求する保護主義的な性格を持つものである。このような労働基準が原産地規則の内容として新たに導入されたことは注目されるとともに、原産地規則をなお一層複雑なものとしている。平家正博・箱田優子「USMCAにおける自動車原産地規則（2）」、at http://onesource.tax.thomsonreuters.com/jp_blog_usmca_rules_of_origin_for_automobiles_p2? elqTrackId = 1e63bfd94a7e4a22bb6e72cceee58095&elq=00000000000000000000000000000000&elqaid =1959&elqat =2&elqCampaignId =

える救済規定といえるが、(4)および(5)の基準は、規則の厳格性を高めるように作用する。

(1) 僅少（de minimis）基準

最終産品において非原産材料が一定の僅少な割合を占めるにすぎない場合には、原産地の確定に影響を及ぼさないとする。非原産材料を使用する最終産品が原産性を獲得しやすくするため上記の関税分類変更基準や加工工程基準に一定の柔軟性を与えるものである。

(2) ロールアップ

付加価値基準の適用上、一次材料が原産性を有している場合に、当該一次材料中の非原産材料の価値についても当該一次材料の価値に含めるものである。

(3) 累積[19]

あるFTA加盟国の最終産品の生産者が他のFTA加盟国の原産材料を使用しても、当該最終産品は前者のFTA加盟国の原産性を失わないとするものである。二国間累積（bilateral cumulation）は、FTA加盟国である二国間で作用し、これら二国は、相手国においてFTA特恵を許与されるために相手方の原産品をあたかも自国の原産品であるかのように使用することができるとするものである。対角累積（diagonal cumulation）は、同一の原産地規則によって連携する複数のFTAが、この連携地域内のいずれか一国の原産品をあたかも自国の原産品として使用することができるとするものである。さらに、完全累積（full cumulation）は、対角累積を拡張するもので、同一の原産地規則によって連携する複数のFTAが、当該連携地域内で行われたいずれかのまたはすべての加工作業（によって生じた付加価値）を、あたかも最後の生産国で行われたかのように累積することができるとするものである。

(4) 微小加工基準

原産性を認めるには不十分とみなされる作業のリストがあらかじめ掲げられる場合がある。たとえば、輸送または保管の間の保存のための工程ならびに洗浄、仕分、塗装、包装、組み合わせ（セット化）、およびラベリングな

---

19) Antoni Estevadeordal and Kati Suominen, *supra* note 7, p. 54；今川博「特恵原産地規則における累積制度──EPA特恵制度を最大限活用するために」『貿易と関税』2015年5月号18-37頁。

どの単純な作業などである。

(5) トレーシング

　付加価値基準の適用上、一次材料が非原産材料である場合に、当該一次材料中の価値に含まれる原産材料の価値を除外するものである。

四　FTA 特恵原産地規則の貿易制限的効果

1　貿易制限的効果

　FTA 特恵原産地規則の貿易制限的効果は、当然のことながら当該規則の内容に応じて変化する。この点を具体的に述べれば、およそ以下のようになるであろう。

　すなわち、貿易制限的効果は、とくに原産地国において要求される産品の加工または生産の程度に依存するといえる。原産地国において要求される加工または生産の程度が大きければ大きいほど、原産地規則は相対的により貿易制限的なものとなる。

　したがって、原産地規則が関税分類変更基準に依拠する場合には、統一システムの関税分類番号のより大きな変更を要求するものほど貿易制限的効果が高まる。たとえば、輸入材料から最終産品へ2桁レベルの「類」の変更を要求する規則は、4桁レベルの「項」の変更を要求する規則より制限的なものとなる。同様に、「項」の変更を要求する規則は、6桁レベルの「号」の変更を要求する規則より制限的なものとなる。また、原産地規則が付加価値基準に依拠する場合には、貿易制限的効果は、産品について要求される現地付加価値率の高さによる。より高い付加価値率を要求する品目別規則は、より低い付加価値率を要求するものより制限的となる。さらに、原産地規則が加工工程基準に依拠する場合には、貿易制限的効果は、産品の性質と生産者が特定の加工工程を利用できるかどうかによる。原産地規則がこれらのいずれかの基準の組み合せによって構成される場合には、貿易制限的効果は、結局、産品の性質と生産者の能力に依存することになる。たとえば、より柔軟な能力を有する生産者は要求される原産地規則を充足するためにより効率的に材料を使用することができるであろう[20]。

2 通商政策手段としてのFTA特恵原産地規則

FTA特恵原産地規則は、上述のように、貿易偏向を阻止する有効な手段として機能するものである。しかし、FTAの下で特恵待遇を許与される産品の範囲を画定するため、結果的にはFTAがもたらす経済的利益の程度と受益者の決定において重要な役割を果たすものとなる。そのため、実際には、貿易創出効果よりもむしろ貿易転換効果を実現する保護主義的な通商政策手段として利用される傾向にある。

まず、FTA特恵原産地規則は、FTA域内外に及ぶグローバル・サプライ・チェーンよりも域内サプライ・チェーンを優遇するために利用されることがある。それによって、域内の原材料生産者が域外の競争相手から間接的に保護されたり、域外の競争相手よりも比較劣位にある域内の最終産品の生産者に域内市場への輸出機会を確保するために利用されたりする。また、域外の最終産品の生産者も、FTA域内での競争力を確保するため、域内サプライ・チェーンの構築を目指すようになる。いわゆる「原産地規則のジャンピング」[21]と呼ばれる行動である。さらに、このことは、長期的には投資家による投資場所の決定にも影響を及ぼすであろう。このようなFTA特恵原産地規則の保護主義的機能については、たとえば、すでに2009年に次のような指摘がなされていた。

> ……原産地規則は、広く「隠れた保護主義」とみなされている。すなわち、それは、関税自由化の利益を相殺するように作用しうる隠然とした不明瞭な通商政策手段である。原産地規則は、実際、地域貿易協定加盟国の周囲に壁を作り、地域貿易協定加盟国が自国の最終産品に一部の材料を使用することを阻止する。このことは、地域貿易協定の域内生産者が域外の材料にアクセスするのを制限するだけではなく、域外の材料供給者が域内へ販売することをも制限する。原産地規則が制限的であればあるほど、それが作り出す壁は高くなり、資源の効率的な配分はより一層困難となる。原産地規則の要件を満たせないと、輸出者は地域貿易協定が許与する特恵待遇を享受しえなくなるため、原産地規則は、特恵貿易に君臨する中心的な市場アクセス手段でありえ、かつそのようなものとしてみなされなければならない。……原産地規則の制限性は、関税と同様の保護主義的な利害によって決定されるのである。[22]

20）Jong Bum Kim and Joongi Kim, *supra* note 12, pp. 626-627.

21）Antoni Estevadeordal and Kati Suominen, *supra* note 7, p.58.

3 FTA 特恵原産地規則のフラグメンテーション

以上のような FTA 加盟国による特恵原産地規則の保護主義的な利用に加え、FTA をめぐる近年の状況は、特恵原産地規則の貿易制限的効果をより一層高めている。すなわち、特恵原産地規則は FTA ごとに作成されてきたため、FTA の数だけ特恵原産地規則が存在するという状況である。近年のFTA の数の増加と重複による錯綜した国際貿易環境は、いわゆる「スパゲッティー・ボール現象」と呼ばれている[23]が、多数かつ多様な FTA 特恵原産地規則の存在はこれら規則のフラグメンテーション（断片化）を惹き起こしている[24]。この結果、複数の FTA 市場で同時に貿易に従事する生産者、輸出入業者および投資家は、同時に複数の特恵原産地規則に熟知していなければならず、また FTA ごとに最適なサプライ・チェーンを構築する必要がある。さらには、異なる原産地証明手続に従うための行政コスト[25]も生じるため、これらすべての取引コストは相当なものとなり、国際貿易に対する追加的な制約となっている。

五 FTA 特恵原産地規則に対する法的規律

FTA 特恵原産地規則の内容や貿易制限的効果は FTA ごとに異なり多様である。FTA 加盟国は、域内貿易について関税を撤廃するため、関税に代わる自国産業の保護手段として原産地規則の内容についていわば相互に「譲許」し合う傾向にある。果たしてこのような譲許の交渉およびその結果としての合意はどのような法的規律に服するのであろうか[26]。

---

22) Estevadeordal, A., Suominen, K. Harris J. and Shearer, M., *Bridging Regional Trade Agreements in the Americas* (Inter-American Development Bank, 2009) cited by Maria Donner Abreu, "Preferential Rules of Origin in Regional Trade Agreement" (WTO Economic Research and Statics Division, 2013), p. 5.

23) *The Future of the WTO*, Report by the Consultative Board to Director-General Supachai Panitchpakdi (WTO, 2004), para. 60, at https://www.wto.org/english/thewto_e/10anniv_e/future_wto_e.pdf. この比喩的表現は、本報告書の諮問委員会のメンバーであった Jagdish Bhagwati が1995年に初めて使用したと言われている。

24) Won-Mog Choi, *supra* note 14, p. 113.

25) Antoni Estevadeordal and Kati Suominen, *supra* note 7, p. 55.

まず、本稿第二章の冒頭に引用した GATT 第24条8項（b）によれば、FTA 加盟国は、域内原産品の域内貿易について関税「その他の制限的通商規則」を廃止しなければならない。したがって、FTA 特恵原産地規則がこの廃止すべき「その他の制限的通商規則」に該当するかどうかが問題となる。

トルコ繊維事件の上級委員会は、上述のように関税同盟の形成という文脈においてではあるが、他の GATT 規定に違反する措置を GATT 第24条の下で正当化するため、次のような2つの条件を提示した。

> 第1に、この［第24条］の抗弁の利益を主張する当事国は、当該措置が第24条8項（a）および5項（a）の要件を十分に充たす関税同盟の形成にあたって導入されていることを証明しなければならない。そして、第2に、当事国は、当該措置を導入することを許容されなければ当該関税同盟の形成が妨げられたであろうことを証明しなければならない。[27]

すなわち、上級委員会は、関税同盟の形成にあたって必要な措置は存続させることが可能であることを認めたのであり、この論理は、第24条8項（b）および5項（b）の要件を十分に充たす FTA についても当てはめることが可能であろう。そうすると、すでに述べたように、FTA 特恵原産地規則は FTA の不可欠の一要素であるから、上級委員会が述べた上記2つの条件を充足するものとみなすことができ、廃止すべき「その他の制限的通商規則」には該当しないということになりそうである。しかし、問題は、ここで終わらず、果たして過度に厳格でかつ貿易制限的な原産地規則が FTA 形成に必要かが次に問われなければならないであろう。そうすると、本来 FTA の形成に必要な原産地規則は域外産品と域内産品の識別を可能にすれば足りるはずであるから、この問いに対する答えは否定的にならざるを得ず、そのような原産地規則を維持することは第24条8項（b）違反ということになろう。もっともこの場合、どの程度厳格でかつ貿易制限的であれば違反が成立する

26）後述（第六章1参照）のように、WTO 原産地規則協定は附属書IIにおいて特恵原産地規則についても一定の規律を設けているが、FTA 特恵原産地規則の実質的内容は FTA 加盟国が自由に決定することができる。この場合、FTA 加盟国は FTA 特恵原産地規則を相互に合意するか、各加盟国の FTA 特恵原産地規則をハーモナイズさせる必要がある。

27）Appellate Body Report, *Turkey-Restrictions on Imports of Textiles and Clothing Products, supra* note 10, para. 58.

のか、その閾値を求めるのは実際上極めて困難であり、個別のFTAの合法性を審査するWTOの地域貿易協定委員会や旧GATTの作業部会でも意見の一致は見られていない[28]。

さらに、GATT第24条5項（b）は、FTA形成の要件として次のように規定する。

> 自由貿易地域……に関しては、各構成地域において維持されている関税その他の通商規則で、その自由貿易地域の設定……の時に、当該地域に含まれない締約国……の貿易に適用されるものは、自由貿易地域の設定……の前にそれらの構成地域に存在していた該当の関税その他の通商規則よりそれぞれ高度なものであるか又は制限的なものであってはならない。

したがって、各FTA加盟国がFTA形成後に域外第三国に対して維持する「その他の通商規則」は、FTA形成以前のそれよりも制限的なものであってはならないことになる。FTA特恵原産地規則は、FTA域内だけではなく域外に対しても適用されることから、ここでいう「その他の通商規則」に該当するかどうかが問題となる。すでに述べてきたように、FTA特恵原産地規則がFTAの不可欠の一要素であるとすれば、答えは否定的となろう。しかし、過度に厳格で貿易制限的である場合には、第24条8項（b）の場合と同様にその必要性について疑問が生じる。たとえば、FTA域内の最終産品の生産者が、FTA特恵原産地規則に従い特恵待遇を享受するため、中間財を域外供給源からではなく域内供給源から調達するようになれば、そのような特恵原産地規則は当該中間財の貿易において域外国に対して貿易障壁を高めたものとみなすことができ、貿易制限的と評価することもできるであろう[29]。しかし、この場合、FTA特恵原産地規則が当該FTAの形成以前の原産地規則よりも制限的であるかがさらに問題となる。この点については、新規のFTAにおける特恵原産地規則を同一加盟国間で存在していた旧来の

---

28) Jong Bum Kim and Joongi Kim, *supra* note 12, p. 628. Jong Bum Kim and Joongi Kimは、FTA加盟国の非特恵原産地規則をベンチマークとして、それよりも貿易制限的なFTA特恵原産地規則は廃止の対象とすべきと主張する。*Ibid.*, p. 630. なお、彼らは、GATT第24条8項（a）および（b）における関税同盟またはFTAの「構成地域の原産の産品の実質上すべての貿易」は、当該関税同盟またはFTAの特恵原産地規則によってではなく非特恵原産地規則によって決定されるべきであると主張する。*Ibid.*, p. 624.

FTA における特恵原産地規則と比較する必要があるという考え方[30]と、新規の FTA 特恵原産地規則を FTA 加盟国に従来存在していた最恵国待遇ベースの非特恵原産地規則と比較すべきとする考え方[31]が存在する。前者の考え方によれば、旧来の FTA が存在せず FTA がまったく新規のものである場合には、比較が不可能ということになり[32]、第24条5項（b）違反は成立しないということになろう。また、後者の考え方によれば、FTA 特恵原産地規則の内容を非特恵原産地規則の内容と一致させなければならず、別段のFTA 特恵原産地規則を創設する必要がなくなることになるが[33]、諸国の実行とは乖離するものである。

　これまでこれらの問題は、個別の FTA の合法性を審査する地域貿易委員会や旧 GATT の作業部会で議論されてきたが、結論は出ていない。また、WTO の紛争解決手続による司法判断も存在しない。しかし、FTA 形成にあたって、FTA 加盟国は、FTA 特恵原産地規則について「譲許」交渉を行う場合に、このような法的規律が存在し、特恵原産地規則を通商政策手段として必ずしも自由に利用できるわけではないことを意識すべきであろう。

六　FTA 特恵原産地規則のハーモナイゼーションの可能性

　第四章で述べたように、FTA のスパゲッティー・ボール現象は、FTAの数と同じ数の、かつ多様な特恵原産地規則のフラグメンテーションを惹き起こしており、国際貿易に従事する企業に追加的な取引コストの負担を強い

---

29) このような評価について、たとえば、GATT Document, Report of the Working Party, Agreement between the European Communities and Austria, L/3900, 13 September 1973, para. 5 cited by *ibid.*, p. 635. ただし、実際に FTA 特恵原産地規則が原因で生産者がそのように行動したことの立証は必ずしも容易ではないであろう。

30) Jong Bum Kim and Joongi Kim, *supra* note 12, pp. 634–637 ; José Antonio Rivas, *supra* note 7, p. 167は、そのような例として、NFATA の原産地規則とその前身である CUSFTA（米加自由貿易協定）の原産地規則を比較する。

31) James H. Mathis, *Regional trade Agreements in The GATT/WTO: Article XXIV and the Internal Trade Requirement*（TMC Asser Press, 2002), p. 253. ただし、Mathis 自身は、この考え方に否定的である。

32) *Ibid.*

33) Mavroidis and Vermulst, *supra* note 9は、まさにこの点を主張するものである。

ている。本章では、この問題に対処するための1つの方法としてFTA特恵原産地規則のデフラグメンテーション、すなわち、ハーモナイゼーションの可能性を考察する。

1 原産地規則のハーモナイゼーションの試み

原産地規則のハーモナイゼーションの試みは、1953年に、国際商業会議所（International Chamber of Commerce: ICC）によってなされたことがある。ICCは、当時のGATTに対して、定型的な「製品の国籍を決定するための定義」について合意する提案を行った。しかし、一部の締約国は、定型的な原産地規則に従ったグローバルな原産地指定基準の作成を支持したが、他の一部の締約国は、原産地の決定は各国の経済政策に基づくべきであると主張し、結局、ICCの提案は受け入れられなかった[34]。

さらに、1974年9月25日に発効した「税関手続の簡易化及び調和に関する国際規約」（「京都規約」）の附属書D[35]は、原産地規則をハーモナイズする1つの可能性をもたらすものであった。京都規約は、原産地決定基準として、第三章で述べた完全生産基準や実質的変更基準のほか、さらに何が実質的変更を構成するかについて関税分類変更基準、加工工程基準および付加価値基準を規定し、今日の各国が採用する原産地規則について基本原則を提供するものであった。しかし、GATTの多くの締約国は、附属書Dを批准せず[36]、その法的拘束力は限定されていた[37]。

1986年から開始されたGATTのウルグアイ・ラウンド交渉では、原産地規則に関する協定（WTO原産地規則協定）が交渉され、採択された。これは、1980年代後半に、次のような3つの重要な発展が原産地規則によって提起される問題に注意を喚起したからであった。第1に、すでにFTAなどの地域

34）Hatem Mabrouk, *Would Harmonizing Preferential Rules of Origin Aid Trade Liberalization?* (2014), p. 80, at https://www.researchgate.net/publication/303046422_Would_Harmonizing_Preferential_Rules_of_Origin_Aid_Trade_Liberalization.

35）現行条約は、1999年6月26日にWCO（世界税関機構）において採択された京都規約の改正議定書（改正京都規約）および附属書Kであり、日本については2006年2月3日に発効している。

36）日本は、1980年6月10日受諾している。

37）Hatem Mabrouk, *supra* note 34, p. 81.

貿易協定を含む特恵貿易協定が増加していたこと、第2に、多繊維取り決めや鉄鋼の自主規制のような数量割当から生じた原産地に関する紛争が増加していたこと、そして、第3に、アンチダンピング措置の発動の増加とその後のアンチダンピング措置の迂回問題、であった[38]。

このような状況の下に、1989年には、日本が統一的な原産地規則の策定について提案を行い、米国も賛同していたが、EU が地域貿易協定に付随する特恵原産地規則はそれぞれの交渉の結果に基づくものであり統一は困難であると主張した[39]。このため、最終的に成立した原産地協定は、第1条で、特恵関税の供与に関するものを除き、もっぱら最恵国待遇ベースで適用される非特恵的な通商政策手段において利用される原産地規則のみを扱うものとされた。

このようにして特恵原産地規則が協定の規律対象から除外され、したがって、その後、ハーモナイゼーション作業からも除外されたのは、協定の起草者が、特恵貿易協定や自主規制協定のような諸国が任意に締結する通商政策文書は、特恵の程度を規制し、貿易偏向を防止するために特別の原産地規則を必要とすると認識していたからであるという。それはまた、特恵貿易協定は任意協定であり、当事国は自分たちの原産地規則を自由にデザインすることができるということの承認でもあった。これに反して、上記の協定第1条に掲げられる通商救済措置や数量制限が一方的に発動される場合には、発動国は原産地規則が隠れた通商政策手段として利用されないようにハーモナイズされた規則を適用すべきであるとされた[40]。

協定は、非特恵原産地規則について部分的にハーモナイゼーションを実現したものの、WTO 閣僚会議が、関税協力理事会（CCC、現在の世界税関機構（WCO））との連携によりさらなるハーモナイゼーションのための作業計画

---

38) WTO, Technical Information on Rules of Origin, at https://www.wto.org/english/tratop_e/roi_e/roi_info_e.htm

39) Luc De Wulf and Jose B. Sokol (eds.), *Customs Modernization Handbook* (World Bank, 2005), p. 188.

40) Joseph A. LaNasa III, "Rules of Origin and the Uruguay Round's Effectiveness in Harmonizing and Regulating Them," *American Journal of International Law*, Vol. 90, (1996), p. 639. 前述注9) も参照。

を実施するものと規定した[41]。この作業計画は、WTO の原産地規則委員会と WCO の原産地規則に関する技術委員会との連携により、1995年7月20日に開始され、3年後（1998年7月20日）に終了することが予定されていたが期限内には終了できず、その後は延長されてきた。

　ハーモナイゼーションのための作業計画が完了するまでの間（すなわち、経過期間中）、WTO 加盟国は、自国の原産地規則を、保護主義的な目的を追求する手段として用いないこととされ、さらに、いかなる新たな規則も、透明に、差別なく、国際貿易を制限し、歪めまたは混乱させることなく、かつ不遡及に適用しなければならないとされた[42]。ハーモナイゼーションのための作業が完了した後には、ハーモナイズされた非特恵原産地規則は、原産地協定の不可分の一部として附属書に定められ、WTO 加盟国は閣僚会議が決定する効力発生の日から最恵国待遇ベースで実施するものとされた。また、実質的な規則として、産品の原産地は、その生産に2以上の国が関与している場合には実質的変更基準によるものとされ[43]、その場合、さらに関税分類変更基準、付加価値基準および特定工程基準が補足的に用いられるものと規定された[44]。

　しかしながら、この作業計画は、交渉開始から12年目の2007年には、事実上停止した。加盟国間での「コア政策問題」に関する意見の対立が原因であった。それらは、新たにハーモナイズされた原産地規則が上述の第1条に掲げられた適用範囲を超えてどこまで及ぶか、および通商政策手段としての原産地規則の利用に関する不確定性を理由として、機械部門（HS84類から90類）の原産地規則を付加価値基準とすべきか関税分類変更基準とすべきか、ということであった。加盟国間の意見の対立から、一般理事会は、2007年に一般理事会が作成する指針が出るまでの間これらの問題についての作業を停止するように勧告した。しかし、その後、一般理事会からは指針が提示されないまま、原産地規則委員会では交渉の意欲が失われていった[45]。2013年に、

---

41) WTO 原産地規則協定第9条。
42) WTO 原産地規則協定第2条。
43) WTO 原産地規則協定第3条（b）および第9条2項。
44) WTO 原産地規則協定9条2項。

委員会の議長の質問に対し、いくつかの加盟国は、世界貿易が大きく変化し、各国は特恵関税にのみ注意を払うようになっており、非特恵原産地規則のハーモナイゼーション交渉はもはや政治的優先性を持たないと回答していた[46]。このような状況から、WTO原産地規則協定の下での非特恵原産地規則のハーモナイゼーション作業は、当初の熱意を失い今日まで停止した状態が続いている[47]。

なお、以上のようにWTO原産地規則協定は、非特恵原産地規則のハーモナイゼーションを中心に規定しているが、附属書Ⅱの「特恵に係る原産地規則に関する共同宣言」において特恵原産地規則の主に手続的な内容について一定の合意を規定している。すなわち、透明性、積極的基準、行政上の認定、司法審査、規則変更の不遡及および秘密性に関する非特恵原産地規則のための協定上の一般原則および要件が特恵原産地規則にもまた適用されること、さらに、加盟国は事務局に特恵取決めのリスト、特恵原産地規則に関する司法決定および一般的適用の行政決定を含む自国の特恵原産地規則を速やかに提出すること、などである[48]。

2 ハーモナイゼーションの契機としての累積制度

第三章で述べたように、FTA特恵原産地規則の一般規則としての累積には、二国間累積、対角累積および完全累積の3種類が存在する。

FTA特恵原産地規則に従うということは、企業によるサプライ・チェーンの構築や投資決定に重大な影響を及ぼす。たとえば、ある最終産品の輸出企業にとって最適な既存のグローバル・サプライ・チェーンから輸入した材料を使用した最終産品が、当該企業の本国が新たに加入したFTAの原産地規則の下では輸出国原産品とは認められない場合には、当該企業は、FTA特恵関税を享受するためにサプライ・チェーンを変更し、より高価な材料を

---

45) この経緯について、Report（2013）of the Committee on Rules of Origin to the Council for Trade in Goods, G/L/1047, 10 October 2013, pp. 1-2.

46) *Ibid.*, p. 2.

47) Report（2018）of the Committee on Rules of Origin to the Council for Trade in Goods, G/L/1266, 18 October 2018, P.1.

48) WTO原産地規則協定附属書Ⅱ参照。

自国内で調達しなければならない。しかも、この企業が最終産品を輸出する際に享受する特恵関税の利益も減少する。材料コストの上昇が特恵関税マージンを超える場合には、この企業はむしろ既存のグローバル・サプライ・チェーンから材料を輸入し、最終産品の輸出の際に最恵国関税を支払うことを選択するであろう[49]。FTA特恵は無意味なものとなる。

しかし、当該FTAが輸入材料について上記3種類のいずれかの累積を認める場合には、この企業は、最終産品の原産地性を損なうことのないより安価な材料の新たなサプライ・チェーンを構築することができる可能性が高まる。とくに対角累積や完全累積が認められる場合には、累積が認められる複数のFTA間の連携地域内のいずれかにおける材料および生産行為が原産地の決定において考慮されるため、最終産品がFTA特恵関税を享受できる可能性は一層高まるであろう。この場合、累積が認められる複数のFTA間の連携地域において、新たなサプライ・チェーンが構築され、また生産行為も分担されることになり、当該地域内の経済統合も深化していく[50]。

ところで、対角累積や完全累積が認められるためには、2つの条件が満たされなければならない。第1に、累積が認められる複数国間でそれぞれ1対1のFTAが締結されていなければならない。たとえば、韓国、米国およびメキシコ間でコンピューターの貿易が行われると仮定しよう[51]。米国が、米国、メキシコおよび韓国の3国による対角累積制度の下で、韓国製半導体を使用したコンピューターをメキシコに輸出しようとしたとする。しかし、メキシコは、韓国との間にFTAを締結していなければ、コンピューターに特恵関税待遇を認めないであろう。メキシコは、米国から輸入したコンピューターに組み込まれた韓国製半導体がメキシコ・韓国間のFTAが存在しないにもかかわらず、特恵関税待遇を享受することを許容しないからである。さもなければ、メキシコは、韓国とのFTAが存在しないのにもかかわらず韓国製半導体を優遇することになりGATT第1条の最恵国待遇原則に違反するおそれがある。したがって、この仮説で対角累積が認められるためには、

---

49) Won-Mog Choi, *supra* note 14, p. 123.

50) *Ibid*., p. 124.

51) この仮定は、*ibid*., pp. 127-128を参照した。

少なくとも、3国がそれぞれ相互間でFTAを締結していなければならない[52]。

　第2に、対角累積が認められるためには、参加するすべてのFTAにおいて同一の原産地規則が採用されていなければならない。さもなければ、参加国によって特恵関税待遇が許与されたりされなかったりし不公平が生じることになる[53]。さらに、最も緩やかな原産地規則の国から第三国産品が累積によって形成される特恵関税地域内に侵入し、貿易偏向が生じてしまうであろう[54]。

　たとえば、韓国・米国間FTAにおいて対角累積の取決めがなされ、韓国、メキシコ、カナダおよび米国が累積参加国と指定されたと仮定しよう[55]。米国、メキシコおよびカナダ三国間ではNAFTAが存在し、さらに、韓国がメキシコおよびカナダとそれぞれFTAを締結することができたとする。したがって、この段階で、すべての参加国が相互にFTAを締結していなければならないとする上述の第1の条件が満たされたことになる。しかし、韓国が、米国、メキシコおよびカナダとそれぞれ締結したFTAの原産地規則が同一ではなかったとしよう。たとえば、韓国・米国間および韓国・メキシコ間のFTAでは繊維製品の原産地規則としてファブリック・フォワード・ルール（fabric forward rule）が採用され、他方で、韓国・カナダ間FTAではヤーン・フォワード・ルール（yarn forward rule）が採用されたとする[56]。さらに、インドから輸入された糸がメキシコで布地に織られ、韓国に輸出された後、そこで衣服に縫製され、最終的に米国に輸出されたと仮定しよう。韓

---

52) *Ibid.*, p. 127.

53) *Ibid.*, pp. 127-128.

54) Pierre-Jacques Larrieu, Jan Vangheluwe and Gillaume Dorey, "The Regional Convention on Pan-Euro-Mediterranean Preferential Rules of Origin : Remedying the 'spaghetti bowl effect'," *WCO news*, No. 72, (October 2013), p. 43, at http://www.wcoomd.org/-/media/wco/public/global /pdf/media/wco-news-magazines/wco_news_72.pdf.

55) この仮定は、Won-Mog Choi, *supra* note 14, pp. 128-129を参照した。

56) ファブリック・フォワード・ルールは、「織る」および「縫製」の2工程を要求するもの。また、ヤーン・フォワード・ルールは、「紡ぐ」、「織る」および「縫製」の3工程を要求するもの。財務省関税局・税関「TPP原産地規則について」（2015年11月）スライド13、at http://www.cus-toms.go.jp/yokohama/notice/03tpp-4.pdf.

国・メキシコ間 FTA のファブリック・フォワード・ルールによれば、メキシコで織られた布地はメキシコ原産品と認められ、韓国に輸出されたメキシコ産布地は対角累積規則によって韓国産布地とみなされ、最終的に韓国から米国に輸出された衣服は、韓国・米国間 FTA の下でのファブリック・フォワード・ルールによって特恵関税待遇を許与されるであろう。

他方で、同じインド産の糸がカナダで織られ、韓国で衣服に縫製され、最終的に米国に輸出される場合には、まったく反対の結果になる。韓国・カナダ間 FTA のヤーン・フォワード・ルールが適用され、その結果、カナダから韓国に輸出された布地はカナダ原産品ではなくインド原産品と認定され、韓国から米国に輸出された衣服は、特恵関税待遇を許与されないであろう。このような状況では、韓国の衣類生産者は、もっぱらメキシコだけから布地を輸入することを望み、結果的にカナダの布地生産者に構造的な損害をもたらすことになる。したがって、この場合、カナダは、累積に参加しないということになろう[57]。

このようにして、対角累積または完全累積が認められるためには、参加する各 FTA 間で原産地規則が同一でなければならない。そして、この点に注目すると、この第 2 の条件こそ、複数 FTA 間の原産地規則のハーモナイゼーションの契機となるものと見ることができるのである。

3 汎欧州地中海条約の事例

対角累積制度を契機とする複数 FTA 間の原産地規則のハーモナイゼーションの事例は、「汎欧州地中海特恵原産地規則に関する地域条約（Regional Convention on Pan-Euro-Mediterranean Preferential Rules of Origin, PEM 条約）」[58] に典型的に見られる。同条約は、汎欧州地中海特恵原産地規則に関する単一の地域的条約であり、締約国間で対角累積を許容する統一原産地規則を採用している。

EU は、1970年代初頭に採択した基本的な原産地規則をベースにしながらも EFTA 諸国など域外第三国との FTA において多様な原産地規則に関す

---

57) Won-Mog Choi, *supra* note 14, p. 129.

58) OJ L54 of 26 February 2013.

グローバル・サプライ・チェーン下におけるFTA特恵原産地規則の課題　　533

る議定書を締結していた。この状況は、貿易業者や税関にとってきわめて複雑で負担の大きいものであったが、ウルグアイ・ラウンド交渉における最恵国関税の低減は、FTA特恵関税のマージンを侵食し、それゆえ過度に厳格で複雑な特恵原産地規則に服する産品の範囲も侵食していった。さらに、1990年代初頭のベルリンの壁の崩壊に続き、EUが中東欧諸国と締結したFTAも多様で複雑な原産地規則を含み混乱に拍車をかけていた[59]。

　このようなスパゲッティー・ボール状況を解消するため、1994年11月、欧州委員会は、それまでのFTAでは一部しか認められていなかった対角累積制度の地域的範囲の拡大を目指し、「汎欧州原産地累積制度」を創設するとともに、同時に「汎欧州原産地規則」と呼ばれる統一的な原産地規則を漸進的に採用する政策を導入した。上述のように、対角累積を認めるためには、参加するFTA間の原産地規則を同一にする必要があったからである[60]。この政策は、EUが締結した各FTAに附属する原産地規則に関する議定書を新たに標準化された汎欧州原産地規則に順次置き換えていくもので[61]、したがって、まさに複数のFTA間の原産地規則のハーモナイゼーションを実現することになった。さらに、EUと地中海諸国は、1995年に新たに汎欧州地中海パートーナーシップを形成するいわゆるバルセロナ・プロセスを開始し、1998年以降、EUは順次地中海諸国と連合協定を締結していく。そして、2005年には、それまでの汎欧州原産地累積制度は地中海諸国に拡大され、新たに「汎欧州地中海原産地累積制度」が創設されるとともに、各FTAの原産地規則も統一された「汎欧州地中海原産地規則」に置き換えられていった[62]。

　このような経緯を経て、2010年に採択されたPEM条約は、最終的には汎欧州約地中海原産地規則を採用する約60の二国間議定書を単一の法文書に置き換えようとするものである。その主な目的は、締約諸国が急速に変化する経済情勢に迅速に対応することを可能にすることによって汎欧州地中海原産

59）Stefano Inama, *Rules of Origin in International Trade*（Cambridge University Press, 2009）, p. 238.

60）Pierre-Jacques Larrieu, Jan Vangheluwe and Gillaume Dorey, *supra* note 54.

61）Stefano Inama, *supra* note 59, pp. 238-239.

62）*Ibid.* ; Pierre-Jacques Larrieu, Jan Vangheluwe and Gillaume Dorey, *supra* 54, p. 43-44.

図1　PEM条約以前の状況

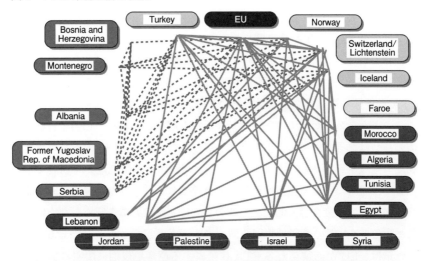

60以上のFTAがそれぞれ附属の議定書において、「汎欧州地中海原産地規則」を採用していた。
出典　Pierre-Jacques Larrieu, Jan Vangheluwe and Gillaume Dorey, *supra* 54, p. 42

図2　PEM条約成立後の状況

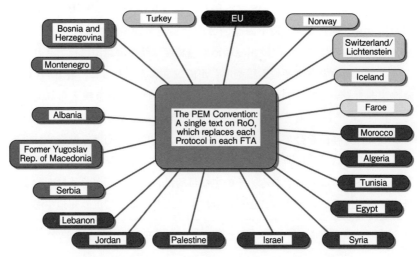

PEM条約の統一原産地規則が各FTAの原産地規則に附属する議定書に置き換えられた。
出典　*Ibid.*, p. 43.

地累積制度のより実効的な運用を実現しようとするものである。これにより、汎欧州地中海地域における特恵原産地規則のハーモナイゼーションが実現し、複雑な複数の二国間議定書の個別の改正を行うことなく単一の法文書の改正という方法により、統一された原産地規則の迅速な改正が可能になった[63]。

七　結　論

　FTA特恵原産地規則は、これまでFTAごとに異なり、FTAの数と同じ数だけ存在してきた。それは、きわめて複雑で多くの技術的事項を含んでいる。ある産品の原産地を決定するためには、複数の原産地決定方法が適用可能である。さらに、累積制度の存在は、一部には貿易を促進するものと考えられているが、原産地の決定をなお一層複雑にし、貿易に従事する多くの企業や税関職員を日々悩ませている。果たして、人々は、貿易に従事し、自己の権利と義務を知るためにはどれだけの数の原産地規則を知らなければならないのであろうか。

　保護主義的な通商政策手段として乱用されるFTA特恵原産地規則については、GATT第24条の下で一定の法的規律を課すことができそうである。しかし、FTAの形成に不可欠な原産地規則と貿易制限的なそれとの境界線を引くのは必ずしも容易ではない。地域貿易協定委員会の合法性審査は機能不全に陥り、これまでWTOの司法判断も存在しない。

　FTAが存在する限り、FTA特恵原産地規則がなくなることはない。最恵国関税をゼロまで引き下げることができれば、FTAを形成する意味が失われるので、問題は解決するかもしれない。しかし、近い将来、最恵国関税

---

63) The Pan-Euro-Mediterranean Cumulation and the PEM Convention, at https://ec.europa.eu/taxation_customs/business/calculation-customs-duties/rules-origin/general-aspects-preferential-origin/arrangements-list/paneuromediterranean-cumulation-pem-convention_en.
　現在のPEM条約の締約国は、EUの他、次の22カ国である。EFTA諸国（スイス、ノルウェー、アイスランド、およびリヒテンシュタイン）、フェロー諸島、バルセロナ・プロセス参加国（アルジェリア、エジプト、イスラエル、ヨルダン、レバノン、モロッコ、パレスチナ、シリア、チュニジア、およびトルコ）、EUの安定化および連合プロセス参加国（アルバニア、ボスニア・ヘルツゴビナ、マケドニア、モンテネグロ、セルビア、およびコソボ）、モルドバ。

がゼロになる可能性もない。

　残された1つの解決策は、FTA特恵原産地規則をハーモナイズすることである。統一化された原産地規則は、簡素化され、透明性や予測可能性を高め、企業の取引コストを大幅に低下させることができるであろう。本稿では、そのようなハーモナイゼーションの可能性を検討した。グローバルなレベルでのハーモナイゼーションは、WTOにおける非特恵原産地規則のハーモナイゼーション作業が停滞している状況から見ても困難であろう。しかし、対角累積制度による地域的レベルでのハーモナイゼーションの可能性は注目できるように思う。欧州のPEM条約は興味深い先例である。本稿のテーマに関する先行業績として本稿でも頻繁に参照した論文の著者であるWon-Mog Choiは、アジア地域でのハーモナイゼーション構想として、中国、韓国および日本の三国間FTAを軸として、この三国がそれぞれ締結しているFTAを連携していく、いわばPEM条約のアジア版を提案している[64]。将来の通商戦略として我が国も一考していく価値があるように思う。

謝辞：本稿は、2017年度〜2018年度における大阪市立大学と大阪税関との包括連携協定に基づく共同研究「グローバル・サプライ・チェーン下における特恵原産地規則の課題」の研究報告書として筆者が執筆したものである。執筆のための調査においては、世界税関機構（WCO）Tariff and Trade Affairs Directorateのテクニカル・アタッシェ東海梨香氏、欧州連合（EU）のAmericas, Africa, Far East and South Asia, Oceania and international organizations: Trade Facilitation, rules of origin, Head of UnitのJean-Michel Grave氏およびフランクフルトのHarald Hohmann弁護士にご協力いただいた。また、大阪税関における共同研究会では、大阪税関の方々と大変有益な意見交換をさせていただくとともに、とくに総務部企画調整室の竹田恵氏には、上記の海外調査や共同研究会などでさまざまにお世話いただいた。ここに記して厚く御礼を申し上げたい。ただし、本稿の内容についてのすべての責任は筆者にある。

---

64) Won-Mog Choi, *supra* note 14, p. 137.

国際経済法における社会条項（労働条項）
―貿易自由化と人権保障―

濱 田 太 郎

近畿大学教授

はじめに
一　社会条項の誕生・発展と多様な思想的背景
二　一般特恵制度（GSP）における社会条項
三　近年の貿易投資協定における社会条項の普及と多様化
四　社会条項の遵守・履行状況に対する評価
おわりに

はじめに

　社会条項とは労働条項とも呼ばれ、中核的労働基準の保障等を貿易自由化や開発援助供与等の条件として国際協定や国内法に組み込む方策を言う[1]。具体的には、①国際労働基準に言及して労使関係または最低限の労働・雇用条件を定めるもの、②国内法または貿易協定に基づき設定された基準の遵守を定めるもの、③協力や対話、労働問題の監視の取組みを規定することを言う[2]。

　米国の労働組合の強力なロビー活動により、北米自由貿易協定（NAFTA）の付属協定である北米労働協力協定（NAALC）に社会条項が設けられたことから、社会条項は国内産業保護を目的とする偽装された保護主義として途上国や有力な経済学者から強い批判を受けている。しかし、こうした評価は

---

1) 中川淳司・清水章雄・平覚・間宮勇『国際経済法〔第2版〕』（有斐閣、2012年）315頁。
2) International Labour Organization, *Assessment of Labour Provisions in Trade and Investment Arrangements*（ILO, 2016）,p21.

一面的なものであり、社会条項は多様な歴史的背景の中で多様な思想的な支持を集めていたことも事実である。

近年は多様な社会条項が先進国・途上国を問わず、自由貿易協定・経済連携協定（FTA/EPA）や投資協定（BIT/BIA/IIA）等の貿易投資協定に急速に普及し多くの先行研究が出ている[3]。本稿はこうした近年の多様化した社会条項、多様化したその遵守・履行確保手段、実際の適用状況を分析評価し、社会条項が締約国の人権保障に一定程度寄与することを論じる。

これまでは国際経済法、特にガット／WTOにおける人権保障の問題は主にガット20条の例外の問題として議論されてきた[4]。国際労働機関（ILO）は「労働は、商品ではない」とする根本原則に則っており、本質的に異なる労働問題は貿易自由化の例外として位置づけられる方が理論的に整合的であるかもしれない。ILOはこのような原則論的立場から社会条項に批判的だったが近年その役割を肯定的に評価する報告書を相次いで公表している[5]。

加盟国間の対立によりドーハ開発アジェンダ交渉が暗礁に乗り上げFTA等の地域統合が急速に普及し多くのFTA等に社会条項が設けられるに至り、社会条項の制定・適用が貿易と労働あるいは人権の適切な制度間調整機能を

---

3) 紙幅の都合で社会条項についての近年の代表的研究を挙げる。Jan Orbie and Lisa Tortell, "The New GSP + Beneficiaries: Ticking the Box or Truly Consistent with ILO Findings?," *European Foreign Affairs Review* 14 (2009), pp. 663–681. ; Jan Orbie, "Promoting Labour Standards Through Trade: Normative Power or Regulatory State Europe?," in Richard G. Whitman (ed.), *Normative Power Europe Empirical and Theoretical Perspectives* (Palgrave Macmillan, 2011), pp. 161–184. ; Franz C. Ebert, Anne Posthuma, "Labour Provisions in Trade Arrangements: Current Trends and Perspectives," downloaded from International Institute for Labour Studies（最終閲覧日2019年1月30日）; Anuradha R.V. and Nimisha Singh Dutta, "Trade and Labour under the WTO and FTAs," downloaded from Centre for WTO Studies http://wtocentre.iift.ac.in/（最終閲覧日2019年1月30日）; Stefan Griller, Walter Obwexer, Erich Vranes, *Mega-Regional Trade Agreements: CETA, TTIP, and TiSA: New Orientations for EU External Economic Relations* (Oxford University Press, 2017). ; Goett, Henne ed., "Labour Standards in International Economic Law (Springer, 2018). 濱田太郎「EUの特恵制度における社会条項──「貿易と労働」問題を中心に」『EU法研究』第5巻（2018年）43-72頁。

4) 柳赫秀編著『講義 国際経済法』（東信堂、2018年）29-30頁。

5) International Labour Organization, *Social Dimensions of Free Trade Agreements* (ILO, 2013). ; International Labour Organization, *supra* note 2; International Labour Organization, *Handbook on Assessment of Labour Provisions in Trade and Investment Arrangements* (ILO 2017).

有するか否かを検討せざるを得ない。

一　社会条項の誕生・発展と多様な思想的背景

1　社会正義・人道的見地からの提唱

　社会正義・人道的見地から貧しい工場労働者の劣悪な労働条件を改善するよう提唱したオウエン等の運動が、後に1901年の国際労働立法協会の設立につながった。各国における労働運動の高まりを背景に国際労働者協会や国際労働組合連盟が結成され、国際的規制を通じた労働条件の改善を強く提唱した。こうした流れを受けてヴェルサイユ条約で ILO の設立が合意された（13編）[6]。「国際連盟は世界平和の確立を目的とし而して世界平和は社会正義を基礎とする場合のみ確立し得べきもの」（前文）であり、「正義人道を旨とし世界恒久平和を確保する希望を」有していたからこそ（同）ILO は設立されたのである。ILO は国際貿易に関する規律制定を目的としているわけではないが、「一国において人道的労働条件を採用せざるときは他の諸国の之が改善を企図するものに対し障害となる」（同）という確信のもとで多数の国際労働基準を制定してきた。

　同じくヴェルサイユ条約（1編）で設立が合意された国際連盟は、「各国間の平和安寧を完成せむがため」（前文）に設立され、「自国内において及びその通商産業関係の及ぶ一切の国において、男女及び児童のために、公平にして人道的なる労働条件を確保するに力め、且つ之がため必要なる国際機関を設立維持す」ること、「一切の連盟国の通商に対する公平なる待遇を確保するため方法を講ず」（第23条）ることを任務とした。国際連盟によるこうした規律制定の動きは大きな成果を挙げず第 2 次世界大戦により中断した。

　国際貿易機関（ITO）憲章（ハバナ憲章）では、加盟国に対し完全雇用の達成及び維持が義務づけられた（第 3 条 1 項）。締約国の雇用関連措置は国際的条約及び宣言に基づく労働者の権利を完全に考慮しなければならない。輸出向け生産における不公正な労働条件が国際貿易の障害となるため、各加盟

6）林雅彦「ILO における国際労働基準の形成と適用監視」『日本労働研究雑誌』640号（2013年）46-47頁。

国はこのような不公正な労働条件を根絶しなければならない（第7条1項）。労働基準に関連するすべての事項について、ITO が ILO と協議・協力する義務を課した（第7条3項）。周知のとおり、このような ITO の広範・強力な権限に対し米国が強い懸念を示し結局 ITO 憲章の締結を見送ったため他国も米国に追従し結局 ITO 憲章は未発効に終わった。

2　途上国による提案と先進国の社会民主主義からの支持

　国連貿易開発会議（UNCTAD）等が主導した一部の国際商品協定でも社会条項が実定法化された。締約国に課される義務の程度から見て2種類がある。国際商品協定における社会条項は、1954年の第1次すず協定ではじめて設けられた[7]。「参加国は、生活水準の低下及び世界の貿易における不公正な競争状態の発生を避けるため、すず産業において公正な労働基準を確保するように努力することを宣言する。」（第15条）このような宣言にとどまる社会条項を有するのは、すず協定のほかにココア協定と天然ゴム協定がある。これに対し、第3次砂糖協定（1968年）においては締約国に対する義務を課す社会条項が設けられている。「締約国は、砂糖関連産業において公正な労働基準が維持されることを確保しなければならない（shall ensure）。」（第63条）

　国際商品協定は経済学的には生産者独占を目指すものであり、たとえば第1次すず協定には多角契約方式（上限・下限価格規制）、輸出規制、緩衝在庫といった経済条項が設けてられていた。経済条項が廃止された後も社会条項は残っていた[8]ため、社会条項は経済条項と直結していたわけではない。こうした社会条項は、国際商品協定の正当性を高めて生産国だけでなく消費国もその加盟国となるように図ったものと考えられる。

　もっとも、条約機関（理事会等）が社会条項の遵守状況を監視監督していた形跡はまったく見られず、その違反に対して何らかの制裁が加えられたこ

---

7) Ulrich Kullmann, "'Fair Labour Standards' in International Commodity Agreements," *Journal of World Trade* Vol. 14 Nov. 6 (1980), p527.
8) 現在では国際商品協定の存在理由・意義は生産国と消費国の情報交換に求められており、社会条項を有する国際商品協定はもはや存在しない。

ともない。

南北問題の膠着を受けマクナマラ国際復興開発銀行（世界銀行）総裁の提案により「国際開発問題に関する独立委員会」（いわゆるブラント委員会）が設置され、その第1次報告書（1980年）は、理想主義的な社会民主主義的な立場からこうした途上国が提唱した社会条項の徹底した遵守を提唱した[9]。ブラント委員会報告書は、賛否両論を合わせて国際的議論を呼んだものの新古典派経済学者からマルクス経済学者まで厳しい批判を受け支持が広まらなかった[10]。

二　一般特恵制度（GSP）における社会条項

GSP は先進国による途上国に対する一方的恩典であり、その適用あるいは適用停止要件を決定できる裁量を有すると考えられたため[11]、米国や EU は社会条項を GSP の適用あるいは適用停止の要件とするようになった。途上国間で待遇の格差を設けることはガット1条が定める最恵国待遇に反する恐れがあった。EU-GSP 事件[12]において上級委員会は、一定の客観的基準の下で先進国が途上国間の特恵格差を設けることを認めた。

1　米国の GSP における社会条項の発展

米国は、1974年貿易法（Trade Act of 1974）で GSP を初めて規定した[13]。現在の米国の GSP は、世界銀行が高所得国に分類した国を受益対象から除

---

9) Independent Commission on International Development Issues, *North-South, a Programme for Survival : Report of the Independent Commission on International Development Issues,*（Pan Books, 1980), p152.

10) 詳しくは、星野桃子「ブラント委員会報告書をめぐる同時代的批評の再検討——1980年代初頭の国際開発論への問い」『千葉大学人文公共学研究論集』第36号（2018年）87頁。

11) 中川淳司他『前掲書』（注1）34頁。柳赫秀編著『前掲書』（注4）551頁。

12) Appellate Body Report WT/DS246/AB/R. 川島富士雄「EC の途上国に対する関税特恵の供与条件（GSP）事件」公正貿易センター『ガット・WTO の紛争処理に関する調査 調査報告書 XV』（2005年）213～251頁。

13) United Nations Conference on Trade and Development, Generalized System of Preferences Handbook on the Scheme of the United States of America, UNCTAD/ITCD/TSB/Misc.58/Rev.2, p25.

外する国別卒業基準、競争力が十分にあると判断される特定産品を受益対象から除外する品目別卒業基準を設けている。米国は1984年改正[14]によりGSPに相互主義を規定し、知的財産権が十分効果的に保障されていない国、一定の労働条件等を遵守しない国を受益国として認めない[15]。すなわち、受益国は結社の自由、団体交渉権、あらゆる形態の強制労働の禁止、子どもの雇用に係る最低年齢、最低賃金、労働時間、労働安全衛生に関する受容可能な労働条件等の国際的に広く認められた労働者の権利を保護しなければならない。受益国は最悪の形態の児童労働を禁止しなければならない。このような受益国基準の違反があった場合、特恵が停止または制限される。もっとも、これらの社会条項では、差別禁止原則が規定されておらずILO条約に対する直接の言及はない。

　政府は受益対象国・産品を定期的に見直しており利害関係者は受益対象品目拡大または除外について請願できる。米国の労働組合が社会条項違反を理由に適用除外を頻繁に請願したことから、途上国から社会条項が保護主義的であるとして批判を浴びた。UNCTADは、1985年から1999年までの計192件の請願のうち121件が社会条項の違反に関する請願であると報告しており[16]、ミャンマー、中央アフリカ、チリ、モルディブ、モーリタニア、パラグアイ、スーダン、シリア、アラブ共和国に対し一時的に特恵適用を停止し、リビア、ニカラグア、ルーマニアに対して特恵適用を終了した。現在米国が特恵の適用を停止している国は4カ国である。1989年以降ミャンマーについて強制労働の慣行を理由として停止した。2000年以降ベラルーシについて結社の自由と団体交渉権の侵害を理由として停止した。2013年以降バングラデシュについて結社の自由と団体交渉権の侵害、不十分な労働安全衛生を理由として停止した。2015年以降結社の自由と団結権の侵害を理由としてスワジランドに対するアフリカ成長・機会法（African Growth and Opportunity Act：AGOA）に基づく特恵を停止した。

---

14) H.R. 3398（98th）: Omnibus Tariff and Trade Act of 1984.

15) United States Trade Representative, U.S. Generalized System of Preferences Guidebook, March 2017, downloaded from http://www.ustr.gov（最終閲覧日2019年1月30日）

16) United Nations Conference on Trade and Development, *supra* note 15, p26.

2 EU の GSP における社会条項の発展

EU は1971年規則で GSP を初めて規定した。EU の GSP は2014年に施行された改正規則[17]により、世界銀行の高所得国あるいは中高所得国に３年連続で分類された国を受益対象から除外する国別卒業基準、競争力が十分にあると判断される特定産品を受益対象から除外する品目別卒業基準を設けている。

1994年改正規則で社会条項を追加的特恵供与要件として初めて規定した[18]。1994年改正規則は、ILO87号、98号及び138号条約の国内法化と遵守を追加特恵供与要件とし、1926年及び1956年ジュネーブ奴隷条約、ILO 29号及び105号条約にいう強制労働を特恵停止要件として規定した[19]。

2005年改正規則[20]では、追加的特恵が持続可能な開発及びグッド・ガバナンスに関するものと後発途上国対象の２種類となった。前者が一般に GSP プラスと呼ばれ、社会条項も含まれる。後者は一般に「武器以外はすべて（Everything but Arms: EBA）」特恵と呼ばれる。GSP プラスは、①附属書 III の A 部に定める条約を批准締結し効果的に実施している国、②附属書 III の B 部に定める条約を締結し効果的に実施している国、③批准締結した条約の実施規定に従い実施に関する定期的監督及び審査を受けること、④一定の要件を満たして脆弱であると認められること等を要件とする（第９条１項）。A 部は中核的人権及び労働権に関する国連及び ILO 諸条約と題され、後述する基本的 ILO 条約に加えて、自由権規約、社会権規約、人種差別撤廃条約、拷問等禁止条約、児童権利条約、ジェノサイド条約、アパルトヘイト条約の15条約が列挙されている。B 部は環境及びグッド・ガバナンス関連条約と題され、モントリオール議定書、バーゼル条約、ストックホルム条約、ワシントン条約、生物多様性条約、カルタヘナ議定書、京都議定書、麻薬に関する単一条約、向精神薬に関する条約、麻薬及び向精神薬の不正取引条約、腐敗防止条約の11条約が列挙されている。特恵の一時的適用停止条件について、

---

17) United Nations Conference on Trade and Development, Generalized System of Preferences Handbook on the Scheme of the European Union, UNCTAD/ITCD/TSB/Misc.25/Rev. 4, p6.

18) Orbie, *supra* note 3, p169.

19) Council Regulation（EC）No. 3281/94.

20) Council Regulation（EC）No. 980/2005.

544

①関連監視メカニズムの結論に基づき認められた附属書 III の A 部の条約に
定められた原則の深刻かつ制度的な違反等を規定した（第16条）。調査に際
し欧州委員会はすべての必要な情報を収集しなければならず、国連及び
ILO その他の関連国際機関の監視メカニズムによる利用可能な評価、意見、
決定、勧告及び結論を調査の出発点としなければならないとされた（第19条
3 項）。

　2008年改正規則[21]は、さらに女子差別撤廃条約を加え16条約の締結を要件
とした。

　2012年改正規則[22]は、関連条約のすべてについて当該条約が禁止しまたは
当該条約の趣旨目的と両立しないと考慮される留保を行っていないことを条
件に加えた（第 9 条 1 項）。①当該条約が明示に定める趣旨により両立しない
と定められている場合、②EU 加盟国が条約法条約に従い当該留保に異議を
唱えるかあるいは留保国との間で条約の発効について反対した場合のいずれ
かに該当しない場合には当該条約の趣旨目的と両立するとみなされる。

　1997年に強制労働の慣行を理由にミャンマーに対し GSP の適用を停止し
たが2012年に再度受益国と認定された。2006年にベラルーシに対する特恵を
停止した。ILO 第87号、第98号条約違反に関する2004年の ILO 調査委員会
報告に基づき停止を決定した[23]。

　2010年にスリランカに対する GSP プラスの特恵を停止したが、児童権利
条約委員会の意見等を考慮しその停止を決定した[24]。もっとも、2008年にエ
ルサルバドルにおいて結社の自由に関する調査を行ったが停止には至らなか
った。ラナ・プラザ崩落事故を受けてもバングラデシュに対し GSP の適用
を停止していない。しかし、GSP プラスは受益国の ILO 条約批准を促進し、
2005年から2006年の 1 年間を見てもボリビア、コロンビア、ベネズエラ、モ
ンゴル、エルサルバドルが 1 つ以上の基本的 ILO 条約を批准したと評価さ
れている[25]。

---

21) Council Regulation（EC）No. 732/2008.

22) Regulation（EU）No. 978/2012.

23) Ebert and Posthuma, *supra* note 3, p22. ; International Labour Organization, *supra* note 2, p34.

24) International Labour Organization, *supra* note 2, p34.

25) Orbie and Tortell, *supra* note 3, p673.

3　米国と EU の GSP における社会条項に対する評価

　いずれもいわゆるダブルスタンダードの問題がある。EU は2007年までにすべての加盟国が基本的 ILO 条約のすべてを批准したが、米国は基本的 ILO 条約のうち 2 つを批准しただけで 6 つを批准していないのに受益国に対して基本的 ILO 条約を批准するよう要求したり実質的にその内容を遵守するよう要求している。

　EU の GSP プラスにおいて ILO や人権条約機関の事実認定や履行評価を用いて特恵の適用あるいは適用停止要件とするよう規則が改正されたとはいえ、EU と米国で異なる基準が適用され異なる対応がなされていることは変わらない。ILO や人権条約機関の認定よりも政治経済外交上の理由あるいは経済的利益を優先して適用されたり適用停止されており恣意性が残る。

　米国の GSP は相互主義を規定している上に、労働組合からの頻繁な請願と適用停止により国内産業保護として批判を浴びてきた。EU の GSP プラスは国別卒業基準に加えて脆弱性を要件としており、要件充足が非常に難しい。脆弱性基準は、①輸出品目が特定の品目に集中していること、②当該受益国の対象輸入額が全 GSP 対象輸入総額の 1 パーセント未満にとどまることを指し、その現在の対象国はアルメニア、ボリビア、カーボベルデ、キルギス、モンゴル、パキスタン、フィリピンの 7 カ国に限られる。加えて、GSP プラスは通常の GSP や EBA との特恵差が小さく卒業要件もあるため受益国が16もの人権・環境条約を批准・締結するために十分なインセンティブになりえない。

三　近年の貿易投資協定における社会条項の普及と多様化

　何らかの社会条項を有する FTA 等は急増し77協定に及ぶ[26]。先進国間、先進国・途上国間（南北協定）、途上国間（南南協定）のいずれにも見られる。EU や米国に加えニュージーランド、欧州自由貿易連合（EFTA）、チリなども社会条項を規定している。

---

26) International Labour Organization, *Handbook on Assessment of Labour Provisions in Trade and Investment Arrangements, supra* note 5, p11.

1 労働基準の普遍化

社会開発に関するコペンハーゲン宣言（1995年）は、「質の高い労働を確保する目標を追求し、労働者の基本的権利及び利益を保護し、このために、強制労働及び児童労働の禁止、結社の自由、団結及び団体交渉の権利及び無差別の原則を含む関連の ILO 条約の尊重を自由に促進する」と定めた（コミットメント 3 項 (i)）。社会開発の文脈で要求されるこれらの国際労働基準は先進国途上国を問わずすべての国が遵守しなければならないことが確認された。そして、「労働における基本的原則及び権利に関する ILO 宣言とそのフォローアップ（ILO 基本権宣言）」（1998年）において、ILO の制定した国際労働基準の中でもとくに重要な中核的労働基準として 8 つの ILO 条約（基本的 ILO 条約という）を特定し、「すべての加盟国は、問題となっている条約を批准していない場合においても、まさにこの機関の加盟国であるという事実そのものにより、誠意をもって、憲章に従って、これらの条約の対象となっている基本的権利に関する原則、すなわち、(a) 結社の自由及び団体交渉権の効果的な承認、(b) あらゆる形態の強制労働の禁止、(c) 児童労働の実効的な廃止、(d) 雇用及び職業における差別の撤廃を尊重し促進しかつ実現する義務を負うことを宣言」した。

【基本的 ILO 条約】

結社の自由・団体交渉権の承認	結社の自由及び団結権の保護に関する条約（87号）（150カ国批准。韓国、中国、米国等未批准） 団結権及び団体交渉権についての原則の適用に関する条約（98号）（160カ国批准。韓国、中国、メキシコ、米国等未批准）
強制労働の禁止	強制労働に関する条約（29号）（175カ国批准。米国、韓国、中国等未批准） 強制労働の廃止に関する条約（105号）（171カ国批准。日本、韓国、中国等未批准）
児童労働の禁止	同一価値の労働についての男女労働者に対する同一報酬に関する条約（100号）（168カ国批准。米国等未批准） 雇用及び職業についての差別待遇に関する条約（111号）（168カ国批准。日本、米国等未批准）

| 差別の撤廃 | 同一価値の労働についての男女労働者に対する同一報酬に関する条約（100号）（168カ国批准。米国等未批准）
雇用及び職業についての差別待遇に関する条約（111号）（168カ国批准。日本、米国等未批准） |

2 多様化した社会条項

　米国は NAALC 以降、FTA で労働章を設けて社会条項を規定して国内法遵守義務を課している。その遵守・履行については原則として労働章特有の遵守・履行確保手段を設けた上で労働章についても FTA 自体の紛争処理制度の適用対象としている。これに対し、EU は初期の貿易協定では、社会条項を規定したとしても限定的な内容に限られるか、社会問題に関する協力や対話を求めたにすぎなかった。たとえばアルジェリア等との欧州地中海協定では、労働者の一定の地位や待遇についての規定が設けられ、社会問題について定期的協議を行うこととされている。しかし、その後 EU カリブ海諸国経済連携協定（EU-CARIFORUM 協定）以降は政策転換し、詳細な社会条項を規定して国内法遵守義務や労働基準（保護水準）改善義務等を課した。遵守・履行確保手段は対話や協力だけでなく社会条項に固有の遵守・履行確保手続を設けた。もっとも、EU の紛争解決手法は政治的圧力を用いた協議や説得に基づいている。政府間協議を通じて解決できない問題は専門家パネルを通じた解決を図るが、その違反に賦課金や貿易制裁が加えられることはない。もっとも、EU-CARIFORUM 協定の社会条項は貿易制裁を含む仲裁を定める紛争処理手続の適用対象となり、唯一の例外である。

(1) 国内法遵守義務

　国内法遵守義務には、国内法遵守義務、貿易に対する影響を回避する義務との組み合わせ、特定の労働基本権の保障のための国内法遵守義務の3種類が見られる。

① 国内法遵守義務

　NAALC では、締約国が国内労働法及び規則を遵守する義務を負う（第2条）。ここにいう労働法は、結社の自由、団体交渉権・団体行動権の承認、

強制労働の禁止、児童労働の禁止、差別の禁止といった基本的 ILO 条約の規定内容と同様のものに加えて、最低賃金等の最低限の労働条件、職業上の疾病防止と補償（労働安全衛生）、移民保護に関する法令を指しており（第49条１号）、厳格に言えば附属書１が定める11の労働原則に関する国内労働法の遵守と実効的執行の促進に限られる。このような国内法遵守義務は、日 EU 経済連携協定（日 EUEPA）16.2条２項等でも類似規定が見られる。

② 国内法遵守義務と貿易に対する影響回避義務

　中米自由貿易協定（CAFTA-DR）では、締約国が締約国間の貿易に影響を与える方法で国内法の効果的な執行を怠ってはならないという義務が課されている（第16.2条）。

③ 特定の労働基本権（基本的 ILO 条約）に関する国内法遵守義務

　日 EUEPA では、締約国が1998年の ILO 基本権宣言についての措置に関するそれぞれの約束を再確認し、労働における基本的な権利に関する国際的に認められた (a) 結社の自由及び団体交渉権の実効的な承認、(b) あらゆる形態の強制労働の撤廃、(c) 児童労働の実効的な廃止、(d) 雇用及び職業に関する差別の撤廃の４つの原則を自国の法令慣行において尊重促進実現することを約束する（第16.3条２項）

　この規定は、国際基準に合致した労働基準（保護水準）を義務づける規定とも解される。EU 韓国自由貿易協定（EU 韓国 FTA）第13.4条３項にも類似規定が見られる。

(2)　労働基準（保護水準）を定める規定

　労働基準（保護水準）を定める規定には、基準・水準改善義務、特定の基準・水準維持義務（ILO 基本権宣言遵守義務）、ILO 条約批准義務の３種類が見られる。

① 保護水準改善努力義務

　締約国が労働保護法令及びその基礎となる保護水準を改善するよう努力義務を課す（日 EUEPA 第16.2条１項等）

② 1998年の ILO 基本権宣言遵守義務

　先に述べたとおり、国内法遵守義務でありかつ労働基準（保護水準）を定

めていると解される（日 EUEPA 第 16.2 条 2 項等）。

③ ILO 条約批准努力義務

　締約国が ILO 条約の批准にむけた努力義務を負う（日 EUEPA 第16.3条 3 項、EU 韓国 FTA 第13.4条 3 項等）

(3) 貿易投資に対する規律権限の問題と同質化した社会条項

　近年は貿易投資に対する規制権限を過度に緩和することを禁止する規定が見られる。水準緩和による貿易投資奨励禁止（日 EUEPA 第16.2条 2 項等）等がある。

(4) 遵守・履行確保手段の多様化

　社会条項の遵守・履行確保手段は、大別すると促進的社会条項と条件付社会条項に分けられる。促進的社会条項とは、社会条項の不遵守に対し締約国間の協議を通じて解決するものである。遵守・履行確保手段としては協議、監視、資金援助、技術支援等がある。条件付社会条項とは、社会条項の不遵守に制裁や不利益を与えるもので、遵守・履行確保手段としては批准前手続と紛争処理制度がある。批准前手続とは、貿易協定の批准権限を議会が有する米国において貿易協定の交渉権限を有する行政府が批准の前提条件として義務づける他方締約国の労働条件改善や制度・法令改革を指す。議会が批准しなければ協定は発効しないため、米国議会の批准権を背景に強い態度で交渉に臨む行政府に対し他方締約国はその要求に応じざるを得ない。往々にして他方締約国の労働条件改善等において画期的な成果がもたらされる。

① NAALC の遵守・履行確保手段

　NAALC は、遵守・履行確保のための機関として、委員会、理事会（閣僚級）、事務局、国内行政当局（NAO）、国内諮問委員会を設ける。

　NAO は自らが他方締約国の労働法について調査を行い他方締約国の NAO と協議を行い（第21条）、合意に至らない場合閣僚級協議（第22条）により解決を図る。それでも解決に至らない場合専門家評価委員会（第23条）に付託することができる。

　労働組合や市民団体を含め何人も（any person）も労働法に関する問題に

ついて他方締約国の NAO に請願することができる[27]。問題が発生した国以外の NAO に請願することが特徴である。NAO は、他締約国 NAO、企業、請願人等から必要な情報を収集し報告書を公表する。報告書公表により問題解決に至らない場合、NAO 間協議（第21条）等により問題の解決を図る。

　11の労働原則（附属書1）のうち労働安全衛生、児童労働、最低賃金規制に関する紛争については紛争処理手続（第27条以下）に付託することができる。結社の自由、団体交渉権・団体行動権の承認、差別撤廃等については、協議や技術協力を通じてそれらの権利の保全を図ることができるにとどまる。

　NAALC の紛争処理手続（第27条以下）では、締約国間協議（第27条）が行われ解決に至らない場合仲裁パネルの設置を要請することができる（第29条）。最終的には違反国は賦課金を支払わねばならず、支払われない場合申立国が貿易制裁を課すことができる（第39条等）。

　紛争事例の多くは請願に基づくものである[28]。ほとんどがメキシコの労働法に関するもので、結社の自由や労働安全衛生等に関するものが多い。専門家評価委員会の設置にまで至った紛争はなく、すべての紛争が閣僚級協議までで解決されている。締約国が友好的な解決を指向し協議を通じた解決に努めていると評価されている[29]。

② CAFTA-DR の社会条項の遵守・履行確保手段

　CAFTA-DR の労働章（16章）における実質的な実体規定は国内法遵守義務（第16.2条1項）のみである。労働章固有の遵守・履行確保手段として締約国間協議（第16.6条1項）と理事会（閣僚級）付託（第16.6条4項）がある。

　NAALC 同様に労働組合や市民団体を含め何人も（persons）（第16.4条3項）[30]労働章の各規定違反について他方締約国の労働官庁（米国の場合労働省

---

27) United States Department of Labor, Bureau of International Labor Affairs, North American Agreement on Labor Cooperation: A Guide, at https://www.dol.gov/ilab/trade/agreements/naalc-gd.htm（最終閲覧日2019年1月30日）

28) United States Department of Labor, Submissions under the North American Agreement on Labor Cooperation（NAALC）, at https://www.dol.gov/ilab/trade/agreements/naalc.htm（最終閲覧日2019年1月30日）

29) International Labour Organization, *Social Dimensions of Free Trade Agreements, supra* note 5, p45. ; International Labour Organization, *Handbook on Assessment of Labour Provisions in Trade and Investment Arrangements, supra* note 5, p44.

貿易労働課（OTLA: Office of Trade and Labor Affair））に請願することができる。問題が発生した国以外の労働官庁に請願するのが特徴である。

　国内法遵守義務（第16.2条1項）に関する紛争に限り、労働章に定める固有の遵守・履行確保手段で解決できない場合、CAFTA-DR が定める紛争処理手続（20章）に付託することができる。ここにいう紛争処理手続では、締約国間協議（第20.4条）や委員会付託（第20.5条）が行われ解決に至らない場合仲裁パネルの設置を要請できる（第20.6条）。社会条項の違反国は賦課金を支払わねばならず、支払われない場合申立国が貿易制裁を課すことができる（第20.17条）。

③ EU 韓国 FTA の社会条項の遵守・履行確保手段

　EU 韓国 FTA では社会条項は「貿易と持続可能な開発」章（13章）に規定されている。遵守・履行確保のための機関として連絡部局、貿易と持続可能な開発委員会、市民社会との定期的対話、国内諮問委員会、専門家パネルがある。政府間協議（第13.14条1項）を通じて解決できない問題は貿易と持続可能な開発委員会に付託される（同3項）。国内諮問委員会に諮問を求めることもできる（同4項）。政府間協議を要請して90日後に専門家パネルの設置を要請することができる（13.15条1項）。専門家パネルは報告書を作成し専門家パネルによる勧告の履行は持続可能な開発委員会が監視する（同2項）。専門家パネルの報告は勧告にすぎず、EU 韓国 FTA の紛争処理手続（14章）とは異なりその違反に対し貿易制裁を課すことはできない。

　国内諮問委員会は、市民社会との定期的対話（市民社会フォーラム Civil Society Forum: CSF）を実施する（第13.13条1項）。国内諮問委員会はその委員の中から関連する利害関係者の均衡のとれた形で市民社会フォーラムの代表を選任する（同2項）。市民社会フォーラムの意見や認定は当事国に提出される（同3項）。

　EU の近年の貿易協定においては、市民社会が参加する国内諮問委員会等を締約国が設置し、国内諮問委員会あるいは締約国が市民社会と定期的な対話を行うことにより、市民社会のより幅広い関与を保障する制度が設けられ

---

30) United States Department of Labor, Procedural Guidelines and Public Submissions under FTAs, at https://www.dol.gov/agencies/ilab/about/laws（最終閲覧日2019年1月30日）

ている。

3 評価

　一方的恩典である GSP とは異なり、近年の貿易投資協定が定める中核的労働基準等の国際的労働基準であれ国内法遵守義務であれ、両締約国が同一の遵守義務を負う。

　貿易投資協定に基づく市場アクセスは卒業なしに恒久的に保障される。受益国から見れば、自国の経済発展によりいつかは卒業することになる GSP よりも貿易投資協定による恒久的な市場アクセスの方がはるかに大きな経済的利益を得る。貿易投資協定における社会条項とその遵守を条件とする特恵供与は、特に途上国側からは米国あるいは EU への市場アクセスの経済的重要性に鑑みると、社会条項の遵守について十分なインセンティブになろう。ただ、仮に社会条項に違反し貿易制裁として市場アクセスが停止されれば経済的に大打撃になるおそれもあり、まさに「飴と鞭」に当たる。

　貿易投資協定における社会条項の違反について他方締約国の労働組合が米国に請願している。これは米国の GSP における請願との顕著な違いである。多様な市民団体の参加により社会条項の保護主義性が希薄化されている。

　NAALC の制定当初は米国の労働組合の強力なロビー活動を通じて設けられた社会条項を制裁まで用いて遵守させることに強い反発があった。しかし、NAALC において成果を出しているのは制裁ではない。すべての紛争は専門家評価委員会の設置にまで至らず協議により解決されている。閣僚級協議では、問題点の共有とその問題の解決に向けた実行計画の承認が行われる。このように、米国の貿易協定における社会条項においては批准前手続や促進的社会条項（協議、技術支援、能力構築等）が組み合わされ、国内法の実効的実施の成果を上げていると言える。

四　社会条項の遵守・履行状況に対する評価

1　紛争処理手続を通じた国内法遵守義務の履行の限界

　2008年４月米国とグアテマラの６つの労働組合は、グアテマラの労働法遵

守義務違反について OTLA に請願を行った。グアテマラの国内法遵守義務違反について両国間で協議等が行われたが解決せず、米国は2011年8月仲裁パネルの設置を要請した。2017年6月仲裁パネルは報告書を公表した[31]。米国が締結した FTA の紛争処理手続で社会条項が争われ仲裁パネル報告書の公表まで至った史上初の事案である。仲裁パネルは第16.2条にいう国内法遵守義務について各国労働法が執行され使用者を問わず適用されることを確保することであると解釈した。この義務の違反については、外国の競合する生産者に比べ国内の使用者が競争上の相対的な優位（たとえば生産費用の低下）をもたらすような国内法令の不十分な執行や不執行を立証する必要があると解した。

CAFTA-DR のように国内法の効果的な執行を貿易に対する影響を回避する方法で怠らないという義務を課す場合、貿易に対する影響の要件充足が難しいことが示されている。仲裁パネルは、違反が国中に見られるわけではないとして貿易に対する影響が認められないことを理由に米国の申立を却下した。この仲裁パネル報告書に対し特に米国において厳しい批判が見られる[32]。このような仲裁パネル報告が相次げば、締約国特に米国は仲裁パネルへの提訴を躊躇するであろう。しかし、先に述べたように、NAALC のように制裁を伴う紛争処理手続を有していたとしても締約国はあくまで協議を通じて友好的に問題解決を図ってきた。この仲裁パネル報告書により従来のこのような傾向がますます強くなると予測される。

CAFTA-DR では、結社の自由や団体交渉、差別禁止等について立法と法執行との間に大きなギャップが存在していたため、批准前手続として労働官庁の能力強化のために米国が大規模な資金協力や技術支援を行った。このことがエルサルバドルでは結社の自由と団結権、団体交渉権に関する ILO87号及び98号条約の批准につながったと評価されている[33]。

---

31) Arbitral Panel Established pursuant to Chapter Twenty, Final Report of the Panel, In the Matter of Guatemala – Issues Relating to the Obligations under Article 16.2.1 (a) of the CAFTA-DR, June 14, 2017.

32) RTA DISPUTE SETTLEMENT BRIDGES : Trade Dispute Panel Issues Ruling in US Guatemala Labour Law Case, *BRIDGES*, 21-24, 6 July 2017. Downloaded from https://www.ictsd. org（最終閲覧日2019年1月30日）.

中東諸国や中南米諸国における結社の自由の深刻な無視・違反等について
も批准前手続における資金協力や技術支援によって解決されている。ILO
は、米国の批准前手続が他方締約国の労働法制の抜本的改正をもたらしてお
り、結社の自由を中心とした権利保障や労働条件改善に大きな成果を上げて
いると評価している[34]。オマーンでは、団結権と団体行動権を認める法令が
制定された。バーレーンやモロッコでは反組合的差別からの保護が強化され
た。批准前手続において資金協力や技術支援が行われることによって労働基
準の改善や国内法令の効果的実施の成果を上げている。

2　多様な市民社会の多様な参加機会の保障

　貿易投資協定においては多様な市民社会の多様な形態での参加が保障され
ている。NAALC や CAFTA-DR の場合、労働組合をはじめとする市民団体
は協定の履行状況を常に監視し、その違反について他方締約国の行政機関に
請願することができる。市民社会は仲裁パネルの設置を直接に申し立てるこ
とはできないが、設置された仲裁パネルに対して意見書や証拠を提出するこ
とができる。また、遵守・履行確保手段を通じて締約国が合意した実行計画
の実施状況の履行監視にも参画する。

　NAALC や CAFTA-DR におけるこのような他方締約国の行政機関に対す
る請願が各締約国の労働組合の国際的連帯を強化促進し、締約国政府や企業
に強い圧力をかけて国内労働法違反を是正させてきている。請願がきっかけ
となって国境超えた労働者団体の連帯が生まれ、労働基準に関する共通認識
が形成されたと ILO は肯定的に評価している[35]。

　EU の近年の貿易協定においては市民社会のより幅広い関与を保障する制
度が設けられている。たとえば EU 韓国 FTA では、先に述べたように国内
諸問委員会が CSF を実施している。その成果文書[36]を見ると、CSF は韓国
政府に対し未批准の 4 つの基本的 ILO 条約を早期に批准するよう要請して

---

33) International Labour Organization, *supra* note 2, p 92.

34) International Labour Organization, *Social Dimensions of Free Trade Agreements, supra* note 5,
pp. 36-42.

35) International Labour Organization, *supra* note 2, pp. 57-58.

いる。CSF が ILO の履行監視メカニズムを補完し、ILO 条約の批准と遵守に一定の役割を果たしている。そして、2018年12月、EU は CSF の意見に沿って韓国が基本的 ILO 条約の実施と批准努力を怠っているとして政府間協議を要請した[37]。EU が社会条項の違反についてその固有の遵守・履行確保手続に訴えたのは初めてである。

おわりに

1996年12月の WTO シンガポール閣僚宣言では「貿易と労働」問題に対する激しい先進国・途上国の対立が解けず、ILO が中核的労働基準を制定しその適用を監視する適切な機関であることを確認するにとどまった。貿易と労働を結びつける社会条項は本質的な誤りであると評価されるかもしれない。

ILO の評価のように NAALC や CAFTA-DR における他方締約国の市民社会による請願が国際的な市民社会の連携特に労働組合の国際的連帯を促進して結社の自由等の保障が図られ労働者の権利や労働条件が改善されたとしても、多くの経済学者が指摘するように生産費の上昇を通じて消費者が犠牲になり、生産費の上昇を嫌い産業が域外に移転し経済が衰退するおそれがある。

普及し多様化した今日の社会条項の多くは、基本的 ILO 条約の遵守を求めている。基本的 ILO 条約は、結社の自由・団体交渉権の承認、強制労働の禁止、児童労働の禁止、差別の撤廃の４つの分野の規則である。結社の自由は、集会、言論、表現の自由といった自由権と密接な関係にあり[38]、世界人権宣言第20条、自由権規約第22条、児童権利条約第15条１項等の普遍的国際人権規範でも結社の自由が保障され、世界人権宣言が労働の権利の一環と

---

36) Conclusion of The Civil Society Forum under the EU-Korea Free Trade Agreement 5th meeting in Brussels 20–21 February 2017. at https://www.eesc.europa.eu/resources/docs/eu-korea-csf-conclusions_september-2015_en_final-version.pdf（最終閲覧日2019年１月30日）.

37) ジェトロビジネス短信「欧州委、FTA の枠組みで韓国に労働に関する協議要請」2018年12月20日付。

38) 林「前掲論文」（注６）50頁。

して団結権を保障し（第23条4項）、社会権規約では広範な団結権や団体行動権を確保する義務を締約国に課している（第8条）。人種差別撤廃条約は、団結権等についてあらゆる形態の人種差別を禁止撤廃することを締約国に義務づけている（第5条（e））。

強制労働禁止については、世界人権宣言第4条や自由権規約第8条であらゆる形態の奴隷制度や強制労働が禁止され、世界人権宣言では労働の権利の一環として労働するすべての者は公正かつ適当な報酬を受ける権利が保障されている（第23条2項）。社会権規約では労働の権利を保障し（第6条1項）、報酬を伴う公正良好な労働条件を享受する権利が保障されている（第7条）。

児童労働禁止については、最悪の形態の児童労働の禁止及び撤廃のための即時の行動に関する条約（182号条約）は、①人身売買、武力紛争での強制的徴兵、債務奴隷、奴隷労働、②売春、ポルノ製造、わいせつな演技のために児童を使用・斡旋すること、③麻薬等の生産・取引等の不正な活動に児童を使用・斡旋すること、④児童の健康、安全、道徳を害するおそれのある労働の4種類を禁止する。これらは児童権利条約が定める児童の搾取からの保護（第19条）、経済的搾取及び有害労働からの保護（第32条）、麻薬及び向精神薬からの保護（第33条）、性的搾取・虐待からの保護（第34条）、児童売買禁止（第35条）、武力紛争における保護（第38条）、武力紛争児童関与選択議定書、児童売買選択議定書の規律に対応している。

差別禁止については、世界人権宣言第7条や自由権規約第26条が法の前の平等を保障し、世界人権宣言はいかなる差別もない同一労働同一賃金を保障する（第23条2項）。人種差別撤廃条約は、同一労働同一賃金等についてあらゆる形態の人種差別を禁止撤廃することを締約国に義務づけている（第5条（e））。社会権規約第7条（a）や女子差別撤廃条約第11条（d）はいかなる差別もない同一労働同一賃金を保障する。

少なくとも基本的ILO条約の遵守を義務づける社会条項は基本的ILO条約の規律内容から見て国際社会で普遍的に受け入れられている人権の保障を確保する手段となりうると言えるだろう。

実証分析を見ると、国際的なマクロレベルでは社会条項を伴う貿易協定は労働参加率特に女性の労働参加率を高めている。貿易協定の社会条項に付随

する政策対話や市民参加を通じた意識向上により国民の労働条件への期待が高まり就労意欲を向上させていると考えられている[39]。雇用と職業における差別禁止を規定した社会条項は、ジェンダーの格差縮小に一定の効果を及ぼしているものと見られる。

各人権条約機関は締約国による遵守・履行を定期的に監視している。ILO条約は条約勧告適用専門家委員会、条約勧告適用委員会等を通じてその遵守・履行が監視されている。日本の例を挙げれば、公務員の団結権等の労働基本権の制限や男女の賃金格差等について再三にわたってこれらの機関から勧告を受けているが是正までの道のりは近いように思われない。人権条約機関やILOによる既存の遵守履行監視制度に加えて幅広い市民社会が参画した継続的監視を伴う社会条項の遵守・履行確保手段が加えられることで、確かに異なる制度で異なる判断が下されるいわゆる断片化の問題[40]はありうるが、これらの監視制度が連携してより高い水準の人権保障を目指すことができよう。フォーラムの違いこそあれ、基本的ILO条約の遵守に関しては、人権条約機関であれILOであれ社会条項であれ普遍的価値を有する同様の規範の遵守を目指している。社会条項の遵守・履行確保手段においてはILOや人権条約機関の事実認定を尊重する義務を負わせるべきである。

それでもなお社会条項は規定内容や適用状況を注視する必要がある。保護主義に回帰し国際基準から乖離した社会条項が設けられる危険性が常にあるからである。社会条項を設ける意義は、これまで別個に国際法体系が構築されてきた貿易と労働あるいは人権の間の制度間調整機能にある。普遍的なILOの基準に準拠することを義務づける社会条項の制定と適用はこのような適切な制度間調整機能を有すると言えるだろう。

もっとも、仮にこのような考えだとしても、制裁を課してまで遵守させることが適切・合理的かという問題が残る。ILOの制裁を伴わない独特の遵守・履行確保制度のように、労働問題はあくまで対話で解決すべきもので、

---

39) International Labour Organization, *Handbook on Assessment of Labour Provisions in Trade and Investment Arrangements, supra* note 5, p30.
40) 多くの研究が出ているが、とりわけ小森光夫「国際法秩序の断片化問題と統合への理論課題」『世界法年報』第28巻（2009年）3-41頁、村瀬信也「国際法の『断片化』と国際経済法」日本国際経済法学会編『国際経済法講座Ⅰ』（法律文化社、2012年）23-41頁等参照。

社会条項を通じた国際労働基準の履行確保も本来は対話を通じて求めていくべきなのかもしれない。既に述べたように賦課金と貿易制裁を伴う NAALC ですら専門家評価委員会の設置にまで至った紛争はなくすべての紛争が協議により解決されている。批准前手続、協力や対話あるいは資金援助や技術支援といった促進的社会条項によって労働基準の改善や国内法令の効果的実施の成果が出ている。制度上は社会条項の違反に制裁が認められていても社会条項は制裁まで用いてその遵守を図ってきたとは言えない。今後もこのような友好的解決が指向されるだろう。

　しかし、社会条項が保護主義に回帰する危険な兆候は既に見られる。2018年10月に USTR が行った発表によれば、NAFTA が改正され United States-Mexico-Canada Agreement（USMCA）と呼称されるようになり、NAFTA の自動車の原産地規則が改正され自動車の生産工程の40パーセントが時給16米ドル以上の労働者によって行われることを義務づける労働価値割合基準が導入される予定である。ジェトロ[41]によると、メキシコの自動車業界の平均賃金は時給3.41〜7.34ドルであり、メキシコで生産された部品を多く利用している自動車は労働価値割合基準を満たせず、まさに社会条項が保護主義に回帰している。こうした「悪い社会条項」が普及すれば、ようやく社会条項に対し ILO が理解を示すまでに至ったこれまでの成果が水の泡になってしまう。

41）ジェトロビジネス短信「NAFTA 原産地規則見直し案は域内自動車市場縮小の可能性」2018年5月8日付。

第 IV 部

国際裁判・国際機構

国際裁判における *non liquet* の宣言禁止の許容性をめぐる論議
――Lauterpacht、Stone および Fitzmaurice 論争の核心点――

長 谷 川 正 国
福岡大学名誉教授

一　序　論
二　Kelsen の法の欠缺論
三　Lauterpacht の *non liquet* 論
四　Stone の *non liquet* 論
五　Fitzmaurice の *non liquet* 論
六　結　論

一　序　論

　核兵器の威嚇または使用の合法性事件において国際司法裁判所は主文(2) E で裁判長の決定投票により次のような意見を与えた。

　　E.　7対7により、裁判長の決定投票によって、
　　上述の要件から、核兵器の威嚇または使用は武力紛争に適用可能な国際法規則、とくに国際人道法の規則および原則に一般的に反するということになる。
　　しかしながら、国際法の現状と裁判所が利用しうる事実の諸要素を考慮すると、裁判所は、核兵器の威嚇または使用が国家の存亡そのものが危機にさらされる自衛の極限状態において合法または違法であるかを確定的に結論することはできない[1]。

　E に関しては、裁判長の決定投票で採択されたこともあって、その評価に関しては議論百出である。とくに、後段に関しては *non liquet*（適用法規の

---

1) *ICJ Reports*, 1996 (1), p. 266.

562

不存在または不明瞭を理由とする裁判不能）を宣言したかをめぐり、裁判官の間でも議論が分かれる。*non liquet* を宣言したという裁判官も少なくない[2]。この事件の評釈でも、裁判所が *non liquet* を宣言したという見解は有力である[3]。国際法の現状と裁判所が利用しうる事実の諸要素に照らして、その争点に関する法が不明であると考慮した裁判所は *non liquet* を宣言したと解するのが妥当であろう。

　この判決が盛んに議論された20年ほど前に、*non liquet* の主題をより深く理解したいと思いこの主題に関する多数の資料を収集した。その際に Fitzmaurice が Ch. Rousseau の記念論文集 *La Communauté Internationale* に寄稿した論文[4]でこの主題について論じているのを発見した。この論文は著者の独自の視点および方法から *The Function of Law in the International Community* に始まる Lauterpacht の一連の著作における *non liquet* 論、そして *Legal Controls of International Conflict* に始まる Stone の一連の著作における *non liquet* 論を整理し、両者の対立点を明らかにした上で、全体として Stone 見解に依拠しながら Fitzmaurice 独自の見解を示す。しかも、Fitzmaurice は両者が *non liquet* に関して発表したすべての文献を時系列的に正確に列挙するので研究上たいへん便利であった。これらの文献を分析することにより、本論文は20年ほど前に一度試みたが結局果たせなかった目的、す

---

2) Bedjaoui 裁判長の宣言、*ibid.*, pp. 271-272; Vereshchtin 裁判官の宣言、*ibid.*, pp. 279-281; Fleischauer 裁判官の個別意見、*ibid.*, pp. 206-208; Schwebel 裁判官の反対意見、*ibid.*, 322-323; Koroma 裁判官の反対意見、*ibid.*, p. 558; Higgins 裁判官の反対意見、*ibid.*, pp. 584, 590-591.なお、喜多康夫「ハーシュ・ローターパクトの国際法の完全性再考」『帝京法学』第14巻（2006年）68頁注 4 、Stephen C. Neff, "In Search of Clarity: *Non Liquet* and International Law," in *Essays in Honour of Colin Warbrick*, (2009), pp. 75-83を参照せよ。

3) 江藤淳一『国際法における欠缺補充の法理』（有斐閣、2012年）159頁、朴培根「国際法規則の不存在と国際法上の合法性の判断」『法制研究』第63巻（1996年）376-377頁、松井芳郎「国際司法裁判所の核兵器の使用に関する勧告的意見を読んで」『法律時報』第68巻12号（1996年）4 頁. P. Weil, "The Court Cannot Conclude Definitively…" *Non Liquet* Revisited, *Columbia Journal of Transnational Law*, Vol. 36（1997）, pp. 109-110. Marcelo G. Kohen, "L'avis consultatif de la CIJ sur la Licéité de la menace ou de l'emploi d'armes nucléaires et la fonction judiciaire," *EJIL*, Vol. 2 (1997), pp. 346-349. Mariano J. Aznar-Gómez, "The 1996 Nuclear Weapons Advisory Opinion and Non Liquet in International Law," *ICLQ*, Vol. 48 (1999), pp. 3-19.

4) Gerald Fitzmaurice, "The Problem of non-liquet: Prolegomena to a Restatement," in *Communauté International* (1974), pp. 89-112.

なわち、それらの文献の検討を通じて Lauterpacht, Stone および Fitzmaurice という20世紀を代表する国際法学者の *non liquet* 論を明らかにしようとする。*non liquet* 論のいっそう深い理解につながると考えるからである。しかし、注意しなければならないのは、三者間で丁々発止の論争が展開されたわけではないことである。Lauterpacht は Stone 著の *Legal Controls of International Conflict* 中の *non liquet* に関する論説を読んでいた。Stone は Lauterpacht 著の *The Function of Law in the International Community* と Verzijl の記念論文中の Lauterpacht 論文を読んでいた。Fiztmaurice はすべての論文を読んでいた。その上での三者間の論争点である。

なお、ウィーン大学時代に Kelsen の指導を受けた Lauterpacht は Kelsen の法の欠缺論（法秩序の「形式的」完全性を前提とした *non liquet* の否定論）を意識している。また、Stone も Kelsen の議論を前提とした理論を展開している部分がある。また、その影響は Fitzmaurice の議論にも認められる。そこで本論文は Kelsen の議論から出発する。

二 Kelsen の法の欠缺論

Kelsen は国内法秩序と同じく国際法秩序も段階構造をなす法規範の体系であると認識する。そして、この秩序の性質に関して動的規範体系の概念を提示する。これによれば、動的規範体系の規範は一定の上位規範により規範定立権限を授権されている機関（個人）により意思行為を通じて定立されなければならない。この授権は委任であり、規範定立権限は上位の機関から下位の機関に委任される[5]。

これをより実際的に見ると、法秩序において上位規範が、（1）「一定の下位機関に下位規範の定立を授権し」、（2）「下位規範の定立手続を定め」、（3）「下位規範の内容を制限する」。これを別の観点から見ると、上位規範から下位規範へと、一般規範から個別規範へと展開する規範の具体化であり、この作用の中で法の解釈および適用が行われる。

---

5) H. Kelsen, *General Theory of Law and State*（1961）, pp. 113-114. ハンス・ケルゼン（尾吹善人訳）『法と国家の一般理論』（木鐸社、1991年）196頁参照。

法の欠缺に関して Kelsen はスイス民法第 1 条[6]を例にとって説明する。このような場合、第 1 条によれば適用できる一般規範は存在する。その規定は原告が被告によって侵犯されたと主張する義務がいかなる一般規範によっても規定されていない場合にのみ言及する。このような場合、裁判官は原告の請求の棄却を余儀なくされるのではない。かれはその具体的なケースについて主張された義務を立法者として規定する可能性をもつであろう。だがかれは現行法がその主張された義務を規定していないという理由でその訴えを棄却する他の可能性をも持つであろう。

　Kelsen によれば、もし裁判官が後者の可能性を利用するならば、「法の欠缺」は決して想定されない。裁判官は明らかに妥当する法を適用する。たしかにかれは諸個人をある行為に義務づける積極的な規則は適用しない。まさしく被告を原告が主張する行動に義務づける規範が存在しないのであるから、被告は実定法に従って自由であり、かれの行動によってなんら違法行為を犯したとは言えない。もし裁判官がその訴えを棄却するならば、かれは何人も法によって義務づけられない行為を遵守すべく強制されてはならないという、いわば消極的な規則を適用することになる[7]。ある与えられた紛争を立法者として決定することが裁判官に授権される条件は—欠缺の理論が主張するように—現実に妥当する法の適用が論理的に不可能であるという事実ではなくて、現実に妥当する法の適用が—裁判官の意見では—法政策的に不適当であるという事実である[8]。

　Kelsen によれば、この論理構成は国際裁判の場合にも基本的に同じである。すなわち、具体的事例への適用に関して、特別条約法（または特別慣習法）は一般慣習法に優先する。特定の事例に適用されるいかなる条約（また

---

6)「本法典はその文言又はその解釈によりその規定が該当するすべての法律問題に適用される。法律からいかなる規定も引き出すことができない場合には、裁判官は、自己が立法者として定めるであろう法規に従って判決を言い渡すものとする。裁判官はその場合通説及び判例により導かれなければならない。」

7) H. Kelsen, *op. cit.*, note 5, p. 146. ケルゼン（尾吹訳）『前掲書』（注 5）243-244頁参照。なお、H. Kelsen, Reine Rechtslehre, Second ed. (1960), p. 251. ハンス・ケルゼン（長尾龍一訳）『純粋法学〔第 2 版〕』（岩波書店、2014年）237頁も参照せよ。

8) H. Kelsen, *ibid.*, pp. 147-148. ケルゼン（尾吹訳）『前掲書』（注 5）244-245頁。同じく、H. Kelsen, *ibid.*, p. 252. ケルゼン（長尾訳）同上、238頁も参照せよ。

は特別慣習法）も存在しないならば一般慣習法が適用される。条約国際法と慣習国際法のいずれも具体的事例に対して適用不可能であることは論理的にありえない。現行国際法は、具体的事例、つまり国家（または他の国際法主体）は一定の方法で行動することを義務づけられるのか、それとも義務づけられないのか、の問題に常に適用可能である。もし国家（または他の国際法主体）に一定の方法で行動する義務を課す条約国際法または慣習国際法のいかなる規範も存在しないならば、当該主体は国際法上思いどおりに自由に行動することができる。この趣旨の決定により現行国際法は当該事例に適用される。しかし、この規定は論理的に可能ではあるが、道徳的または政治的に満足のいくものではないことがある。この意味でのみあらゆる法秩序と同じく国際法にも「欠缺」が存在する[9]。

Kelsen によれば、多くの学者は、現行国際法に欠缺が存在すること、そして国際法を適用する権限を有する国家または国際機関がこれらの欠缺を補充することを授権されることを当然のこととして認める。しかし、かれらはそれらの欠缺は諸事例に当てはまるいかなる現行国際法規則も存在しないために現行法が論理的に適用されえないそうした事例が存在すると仮定する。ある事例に当てはまる規則が存在しないことは国家（または他の国際法主体）に対してこの場合に一定の方法で行動する義務を課する規則が存在しないことを意味するにすぎない。そのような場合に現行法を適用することはできないと仮定する者は、法主体にとって法的に禁止されないことはその主体に法的に許容されるという基本原則を無視している[10]。条約が欠缺を補充する権限を付与することがあることは疑うことができない。国際司法裁判所規程第38条の規定はまさしくこの観点から理解されるべきである。すなわち、裁判所は「付託される紛争を国際法に従って裁判することを任務とし」、条約国際法および慣習国際法のみならず、「文明国が認めた法の一般原則」を適用する。これらの「法の一般原則」は2つの他の淵源、つまり条約と慣習が適用されないときに適用されるべき国際法の補充的淵源であるとおそらく仮定

---

9) H. Kelsen, *Principles of International Law* (1952), p. 305. ハンス・ケルゼン（長谷川正国訳）『国際法原理論』（信山社、2016年）248頁.

10) H. Kelsen, *ibid.*, p. 306. ケルゼン（長谷川訳）同上、249頁参照。

されるであろう[11]。

Kelsen はかれの実定法認識から、国際法秩序のある意味で「形式的」完全性を主張する。Stone はこれを「残余的消極原則」（residual negative principle）と呼ぶ[12]。法的に禁止されないことは法的に許容される、というものである。この原則のより実際的な機能については後に触れる。

三　Lauterpacht の *non liquet* 論

Lauterpacht は *The Function of Law in the International Community*（1933）において司法判断適合性の文脈で、国際法秩序の完全性[13]とそのコロラリーとしての *non liquet* の禁止を論じている。その前提としてかれは次のように論じる。「すべての国際紛争は、その重大性にかかわりなく、法の支配が求められる限りで法規則の適用によって解答を得ることができるという意味で法的性質の紛争である[14]」。後にイギリス国際法年鑑で詳細に論じられる *non liquet* 禁止論の骨格部分はすでに本書で率直に論じられていた。たとえば、「アプリオリな法原則としての *non liquet* の禁止」と題する節は以下のとおりである。

　　基本的な法原則の問題として裁判官がかれに提出されたあらゆる事件において原告を支持しまたは反対する決定を下すために実定法のいかなる明示的規定も必要とされない。制定法または慣習法といった個別分野の完全性とは異なるものとしての法の支配の完全性はすべての法体系のアプリオリな前提であって、実定法の規定ではない。アプリオリな前提問題として、請求に関して判決を下すことを拒否する結果として法規則が行き詰まることは法の意思であると考えることは不可能である。制定法または全体としての制定法に欠缺が存在することがある。また、慣習法のさまざまな声明に欠缺が存在することがある。だが、全体として理解される法体系にはいかなる欠缺も存在しない。……法的歴史の問題として、裁判所と法を運営する機関は正式な法典および入念な法規則に先行した。裁判官を導くほんの少数の抽象

---

11) H. Kelsen, *ibid.*, p. 307. ケルゼン（長谷川訳）同上、250頁参照。

12) J. Stone, "Non Liquet and the Function of Law in the International Community," *BYIL* Vol. 35 (1959), p. 136.

13) Lauterpacht の完全性論に関しては、喜多「前掲論文」（注2）も参照せよ。

14) H. Lauterpacht, *The Function of Law in the International Community*（1933), p. 111.

的規則を備えた最も初歩的な法体系は、共同体構成員の紛争を裁判官の最終的決定に付託するかれらの明確な義務が存在する限り、完全であると正確に述べることができる。通常の法の支配の下で、裁判所が法の欠如を理由に *non liquet* を宣言すべきであるとは考えられない。これは確かにそうではない。なぜなら、実定法はあらゆる可能な緊急事態に解決を与えてきたからである。その理由は次のようなものである。すなわち、人間生活を秩序づける手段として認識される法は―法学自体を含む理論科学とは異なり―いかなる解答も許さない状況が存在することを認めることができないのである[15]。

しかし、Lauterpacht が後の論文では法の支配の完全性をアプリオリな前提という言い方をせずにいっそう実証的なアプローチをとるに至ったことが注目される。あるいは完全性を「自明」と主張することを回避する。国際法の完全性は確立された原則であり、法の一般原則でもある。

1 国際法の完全性

Lauterpacht によれば、国際法の完全性を容認する原則（これは *non liquet* の禁止の実定的な形式化である）は、130年にわたる国際裁判所（仲裁裁判および司法裁判を含む）判決例を検討して *non liquet* を宣言した判決は一件も存在しないという事実によって補強される。この原則が係争手続に適用されるときには、裁判所はある主張が法的に正当化されるかどうか、したがって、判決は原告または被告に有利に与えられるべきかどうかを決定する立場にあり、そして常にそうでなければならないことを意味する[16]。

法の完全性が意味するのは次のとおりである。すなわち、(a) ひとたび当事者が裁判所に管轄権を委託することに合意したならば、それらの当事者は、参照することにより紛争が解決されうるいかなる法規則も存在しないという意味で当該紛争が法律的紛争ではないと主張することによりかれらの義務を回避することができない。また、(b) 当該裁判所は適用法規の欠如を理由に決定を与えることを差し控えることができない。

ここで述べられた意味において国際法の完全性の原則、すなわち、*non li-*

---

15) *Ibid.*, pp. 63-64.
16) H. Lauterpacht, "Some Observations on the Prohibition of Non Liquet and the Completeness of the Law," *Symbolae Verzijl*, (1958), p. 199.

quet の禁止は国際仲裁および司法慣行の途切れない継続性によって証明されるものとして実定国際法の最も明確に確立された規則の１つを構成する[17]。

2　文明国が認めた法の一般原則

　常設国際司法裁判所規程第38条(1)(c)は「文明国が認めた法の一般原則」を国際法の３つの主要なそして形式的法源の１つに高めた。それはそれ自体新たな革新であって、以前の慣行の宣言および確認などではない。とにかく明確な革新が *non liquet* の禁止に付け加わった。それは２つの方法でそうである。第１に、文明化された人類の法的経験に具体化された実質法の淵源を無制限に利用可能にする。すなわち、国内法、とりわけ私法の全分野の類推に具体化される実質法の淵源を制限なしに利用可能にすることにより、もし必要ならば、主権国を含むあらゆる紛争の法的解決のために法規則または原則が常に身近にあるであろうことを確実にした。第２に、法秩序の完全性はそれ自体法の一般原則なのであるからそれはその理由で今後は裁判所によって適用されるべき法の一部になった。Sir Frederick Pollock がイギリス法に関して述べたように、いかに新しくそしていかなる現行法規則によってカバーされなくとも、裁判官はあらゆる事件に関して判決を下さなければならないという規則は「われわれの慣習法の第一のそして最も重要な規則である[18]。」法典またはその他の積極的あるいは消極的な規定によるにせよ、それはあらゆる法体系における司法の運営の共通の特徴である。それは法の一般原則中の最も一般的な原則である。Brierly 教授は1930年にあらゆる必要な明確さと強調を伴って次のように述べた。「確かにわれわれが国際法または国内法の欠缺について述べるとき、われわれは批評家にとって都合のよい底意のある暗喩を用いるのであって、法律家の専門用語の１つを用いるのではない。われわれは裁判所が原告国または原告たる個人に与えることのできる唯一の解答はその不満が現行法の下で訴訟原因を構成しないということであるような偶然的な出来事を考えている。われわれは、法はこれらの偶然的な出来事に対していかなる規則も持たないという意味で述べているのではな

---

17) *Ibid.*, p. 200.

18) Note in Maine's *Ancient Law* (ed. of 1920), p. 46.

くて、法が裁判所に適用を命じる規則をわれわれは好まないという意味で述べているにすぎない[19]」。この関連で裁判所規程第38条における国際法源の広範な公式化はほとんど当然のこととして他の国際裁判所によって採用されてきた。もっとも、そのような採用は以前の慣行の宣言にすぎない。「実定的」という名称が *non liquet* の禁止よりもいっそう大きな正当化理由を伴って適用されうる国際法の規則または原則であると想像することは容易ではないであろう。それは国際司法および仲裁解決においてその地位の重要性を練り上げてきた人々を鼓舞したであろう何らかの明白に「メタリーガルな」または他の不正確な前提とはまったく無縁である[20]。*non liquet* の禁止は慣習法規則としても、また文明国が認めた法の一般原則としても位置づけられる。

3 存在すべきまたは修正されるべき法に関する意見および勧告

　道徳的正義を管理しまたは社会的に望ましいあるいは平和の維持に資するものに効果を与えることは裁判所の任務ではないといっそうの説得力をもって述べられるであろう。裁判所の任務は法を管理することであってそれ以外の何物でもない。しかしながら、Lauterpacht によれば拘束的決定においてまたそれを直接的に導く理由において公式化された意見以外の何らかの意見の表明をその範囲から排除する司法機能に関する見解は裁判所の法的性格に関する避けがたい結果であるかどうかに関しては検討の余地がある。裁判所によって宣言されたそして当事者を間違いなく拘束するような法に関してはいかなる疑問の余地も残さないけれども、このように宣言された法の欠点および改正の必要性に—それが必要と思われるならば—注目すべきであるということは宣言の司法的性格と一致するのであろうか。裁判所が、何がそのような変更の内容であるべきかを直接的にまたは推論の方法によって間接的に指示することはその機能と両立するのであろうか。当事者の権利義務を権威をもって明確に述べた後で、裁判所が、勝訴した当事者が—恩恵的な、善隣的なまたは便宜的な行為により—平和のためにまたは道徳的義務に従ってそ

---

19) J. Brierly, " The General Act of Geneva," in *BYIL*, Vol. 11 (1930). ジェームズ・レスリー・ブライアリー（長谷川正国訳）『諸国民の法および諸論稿』（成文堂、2013年）382頁.

20) H. Lauterpact, *op. cit.*, note 16, pp. 205-206.

の法的権利の修正に同意してあるいは漸進的な国際法の必要性を考慮して、いかに振る舞うべきかにつき意見を表明することは適切なのであろうか。何らかのそのような意見の表明は法的宣言の権威を高めるのであろうかそれとも逆の効果をもたざるをえないのであろうか[21]。

Lauterpacht は常設国際司法裁判所がそのような意見を表明した例を列挙する。それらの事件は自由地帯事件[22]、セルビア公債事件[23]およびベルギー商事会社事件[24]である。これらの事件に関して注目されるのは、裁判所に管轄権を付与する文書が法的性質の義務以外の当事者の義務に関して勧告または意見の表明に関するいかなる明示的規定も含んでいなかったことである。

同様の先例は第1次世界大戦前後の英米請求委員会の仲裁裁定に見出される。裁判所は判決において権威をもって宣言された法的義務の範囲外で何らかの行動を当事者に勧告することが適切であると考慮した。

Cadenhead 事件で、裁判所は脱走するイギリス兵士を射殺したことに関する補償請求を棄却した。しかし、当該主題に関する合衆国軍隊の規律が「十分に慎重ではなかったかもしれない」という事実を考慮して、裁判所は、「合衆国政府がそのような悲惨な事情の下でのかれらの親族の不幸な死亡のために Miss Cadenhead の代理人に恩恵的な行為として何らかの補償を好意的に考慮するであろう[25]」という願望をあえて表明した。

Home Missionary Society 事件において、裁判所はシエラ・レオネ保護領における原住民の反乱の過程で教会が被った人命の損失と損害に関する合衆

---

21) *Ibid.*, p. 212.

22) この事件で裁判所は、「もし古い条約を維持することでスイスがその地帯から生ずる経済的利益を得るならば、スイスはその見返りにその地帯の人々に保証的な経済的利益を与えるべきであるという意見を表明することをためらわない」と述べた。P.C.I.J. Publications, Series A/B, No. 46, p. 169.

23) 裁判所は世界戦争が引き起こした経済的混乱が債務国をその債務から免れさせることを認めることを拒否した。もっとも、裁判所は次のように付け加えた。「ただし、それらは交渉において疑いなく適切な考慮を受けるであろう衡平を表す」と。Series A. No. 14, p. 40.

24) 裁判所は支払い問題に関してベルギー政府の補佐人によって行われた宣言を記録したが、それに関して次のように述べた。「その宣言は裁判所が両政府が原則として友好的な解決の目的で交渉の可能性を熟考することを可能ならしめる。その際に、とりわけギリシャの支払い能力が考慮されるであろうし、そのような解決は極めて望ましい」と。Series A/B, No. 78, p. 176.

25) *Reports of International Arbitral Award*, VI (1955), p. 41.

国の請求を棄却した。しかしながら、裁判所は当該事件の事情の下で以下のことを記録した。もしイギリス政府が「原住民の反乱において被った損失を可能な限り償う何らかの基金を利用しうるならば、それはこの裁判所がその政府の寛大さに心から勧告せざるをえない恩恵的行為である[26]」。

Jesse Lewis 事件において裁判所は、国際法に従っていたと考慮される漁船 David J. Adams 号の拿捕および捕獲等確認の判決の請求を拒否した。同時に、裁判所は当該事件の事情と「特に不適切で無益である」と考慮される没収の結果を列挙した。裁判所は、船舶の所有者がカナダ水域に入ることを明確に禁じたその船長の行為について無罪であったと思われる同所有者の悲惨な経済状態を指摘した。これを考慮して、裁判所は、船舶所有者が被った損失に注意を引くことを義務と考え、同政府が船舶の損失とそれから生じた損害について恩恵的行為として酌量を好意的に考慮する「願望をあえて表明した」。「この裁判所はその補償をイギリスおよびカナダ政府の関心を引くよう熱心に力説する[27]」上述の勧告を伴って、請求は棄却された。

Adolf G. Studer 事件において、裁判所は当該領域に関してイギリスが国際責任を引き受ける前にジョホールのスルタンによって行われた土地の付与に関して合衆国市民のために行われた請求を斥けた。裁判所はその趣旨の明確な請求にもかかわらず、証拠の欠如と裁判所で当該問題の提出を説明できなかったことを理由に当該請求を棄却した。それにもかかわらず、当該請求を棄却する際に、「次の明確な勧告に従うことを条件とした」。すなわち、「この裁判所はこの申し出が繰り返されそして受諾されること、またこの事件でジョホール裁判所がその出来事の場合に法的な精緻さと詳細な規定を考慮することなしに自由な精神で問題を取り上げることを真剣に勧告する[28]」。

法に基礎づけられる主文と正義により法を緩和する勧告が典型的に表明されたのは William Hardman 事件である。裁判所は米西戦争中にキューバにおいてアメリカ軍事当局が軍隊の衛生維持のために行ったイギリス人私的財産の破壊に対する補償請求を棄却した。請求を棄却しながら、裁判所は以下

---

26) 1920年12月18日の裁定、*ibid.*, p. 44.

27) 1921年12月9日の裁定、*ibid.*, p, 93.

28) 1925年3月19日の裁定、*ibid.*, p. 153.

のように述べた。

　　他方、戦争の必須的行為が交戦国の補償義務を意味しないという国際法において
　一般的に承認された原則にもかかわらず、やはり、かれら自身の判断でそうするこ
　とができると感じた時に、また、被災者がとくに関心に値すると思われる時に、純
　粋に恩恵または恩典の問題として損失に対して私的所有者に補償する国々によって
　従われる一定の人道的行為が存在する。そのように行動するいかなる法的義務も存
　在しないけれども、法によってカバーされない道徳的責務が存在することがある。
　なぜなら、その点に関して各国が裁判官であるために、人間的援助の心奥にのみ基
　礎づけられ、また、その履行は国家の経済的および政治的条件に依存するからであ
　る[29]。

　Lauterpacht はこれらを総括して次のように論じる。裁判所が法を適用す
ることを義務づけられるという事実は裁判所が法を無批判的に適用しなけれ
ばならないことを必ずしも意味しない。法規則または法原則は道徳的権利を
含め適用されるべき権利を主張するために卓越したあらゆる美徳を必要とし
ない。決定的な考慮はそれが有効な規則または原則であることである。しか
し、その事実は裁判所が法の欠点または当事者の任意的な行為によるその修
正の可能性へのあらゆる言及を無視することにより倫理的な無関心または相
対主義の印象を創造しがちである超然性の進路に従わねばならないことを意
味しない。これはわれわれが多くの場合に勝利した当事者と敗北した当事者
との間のように法的理非の優越が些細であって、たとえ全会一致であっても、
決定が反対の結論になったかもしれないと考慮するときにとくにそうである。
国際的と国内的の両分野において、その立場は明確な法的権利が法的権利の
明確な不存在に対置されるようなものでは滅多にない。述べられるように、
いかにわずかであろうとも法的理非の優越によってもたらされる最終的で権
威的な決定が存在しなければならない。いかなる *non liquet* も存在してはな
らない。しかし、そのことは拘束的決定の任意的な修正の望ましさに関する
意見の表明を適切なる場合に排除する決定の不可侵性が存在することを意味
しない。当事者が自国世論または国庫の可能な反対を考慮しながら、善隣的
な、寛大なおよび妥協的な態度を採用することをいっそう容易にするものと

---

29) 1913年6月18日の裁定、*ibid.*, p. 26.

してこの種の勧告を歓迎する場合があるであろう。そのような勧告が主文で正式に表明される必要はないであろう。それは裁判所の理由づけにおいて多くの実際目的上十分な効果を伴って現れうる。どこでまたいかに表明されようとも、政府がそのような勧告に基づいて行動することを拒否することにいかなる非難も正当に加えることができない。自己の権利を主張する当事者はその態度に関して弁明または説明をする必要がない。その当事者はその道徳的義務の最高の裁判官である。同様に、その当事者はその勧告の理由づけの説得力の度合いおよびそれを公式化した多数派に正しく重要性を付することがある。他方で、既述のように、そのような勧告が両当事者によって有用と認められ、当事者の十分な合意に基礎づけられることから、法的判断の最終性を越える最終性を共にする解決への道を整える状況が生じることがある[30]。

四　Stone の *non liquet* 論

Stone は国内法に比較して国際法が未発達な法体系であることを認める。その意味で Lauterpacht が主張する国際法を完全な法体系と認識するアプローチとは前提からして異なる。また、*non liquet* の宣言は場合によっては肯定しなければならないと主張する。Stone は *non liquet* を認めた仲裁裁定が乏しい理由を次のように説明する。第 1 に、裁定に異議を唱えるために利用可能な他の根拠が非常に豊富であることは国家による *non liquet* の根拠の無視を説明する。それが導く深い理論的水域および国家にとってそれを援用することは実定法によりその立場を支えることができないかもしれないと告白することであるという事実を考慮するととりわけそうである。第 2 に、国内法で訓練されている国家の法律顧問および仲裁人は国内体系における *non liquet* 一般に対する否定的な態度を国際慣行に持ち越している。第 3 に、ほとんどの国家間訴訟が当事者対抗的形式で生じるという事実は、原告国により依拠される規則が立証されない限り、裁判所が被告国の有利に決定することにより *non liquet* の問題をすべて回避することを可能にする。この解決策

---

30) H. Lauterpacht, *op. cit.*, note 16. pp. 219-220.

は、国家の義務は推定されえないという曖昧な法原則に都合良く基礎づけられた。第4に、そして最も重要なことは一世紀半の仲裁付託の大部分において国による仲裁付託は紛争が熟した後に *ad hoc* であった。そのような紛争の *ad hoc* な付託において当事国は法の明白な状態を含め、すでにすべての関連要素を評価する地位にある。これは *non liquet* の事後的援用がなぜ少ないかを説明するのに確実に役立つであろう[31]。

　Stone の議論は多岐にわたるので、これをすべて論じることはできない。ここでは Lauterpacht の理論とは明確に対立する三点について論じる。それは、（1）*non liquet* の禁止と司法的法創造の関係ならびに法の一般原則、（2）当事者対抗的原則の機能的限界、（3）*non liquet* の宣言と望ましい修正の勧告、である。

1 *non liquet* の禁止と司法的法創造の関係ならびに法の一般原則

　裁判所が完全性の原則によって要求される規則に内容を与えるに際して創造的な選択を行わなければならない限りで、代替的な可能性の十分さに関する裁判所の見解はそれを扱うために明らかに多くをなさなければならない。ここでわれわれは次の点を想起させられる。すなわち、*non liquet* の問題は国際共同体における司法権限のみならず、法創造（すなわち、広い意味での立法）権限の基本問題を提起する。

　non liquet の問題がひとたび司法的手続の単なる出来事ではなくて、国際秩序における立法機関の未発達な状態の反映として認識されるならば、人間の状態へのアプローチとして国際法秩序の仮定された完全性に関するよりバランスのとれた見解が可能である。というのは、Kelsen や Lauterpacht がこの概念を強制的なものとして、時にはあらゆる法秩序において固有なものとしてわれわれに提供するときに、かれらは司法的権限について語っていると思われるからである。われわれが国々により裁判所に付託される紛争に関して決定する司法裁判所の概念に慣れていることからわれわれにとってこれは妥当であると思われる。しかし、*non liquet* の議論によって紛争に関する

---

31) J. Stone, *Legal Controls of International Conflict*, (1954), p. 163.

現行法の十分性に焦点が合わせられる時に、まったく異なる側面が現れる。そのような計画を受け入れる者によって主張されるものは単に法適用ばかりでなく、さらに重要なことに国家に対する裁判所の法創造権限に及ぶと理解される。そして、立法権限の拡大に関するあらゆる主題はそれに伴ってその良識の基準として執行的および強制的権限の問題を持ち込む[32]。

　Stone によれば、*non liquet* の禁止は決定を求めて裁判所に付託される問題の新規さと範囲によってのみ制限される新たな規則を発展させる義務の裁判所への押し付けをもたらす。われわれが確信するのは *non liquet* が真の問題である争われる決定の分野で、裁判所は *non liquet* を宣言するかあるいは等しく利用可能な法的選択肢の中で司法的行為により法の創造に従事するかのいずれかでなければならないことを認めることを免れることができないということである[33]。

　Lauterpacht は *non liquet* を排除する国際法の「完全性」によって、現行の国際法原則とその一部としての法の一般原則の潜在的な精巧化を意味していると思われる。その概念は新たな状況に関する規則の淵源としてのそのような原則の肥沃さに関係する。この意味それ自体は、それは「法の一般原則」を含む限りにおいて代替的な見解の迷路を提供する。そのいずれに関しても、その主唱者は排他的な権威を主張することができない。しかし、われわれがたとえ議論のために Lauterpacht にとって最も有利な自然法的見解、つまりこれらの見解の潜在的な法の一種の無尽蔵な貯蔵庫を受け入れるとしても、それらはここで議論される *non liquet* の分野において法創造的選択を行うことから裁判官を免れさせることはできないであろう。

　そこから生じるものとしてある原則または他の原則の内容にある決定を結びつけることはもちろんしばしば可能である。しかし、主な司法問題が、普通は対立する決定が異なる原則に結合されうるが、実際にはその曖昧さ、回りくどさまたは不確実性のために同じ原則に結びつけられうるという事実から生じることは法的にありふれたことである。これらの競合する出発点それ自体において、それらのいずれが正しいものか、つまり当該事件のために選

---

32) J. Stone, *supra* note 12, pp. 131-132.

33) *Ibid.*, p. 132.

択すべき正しい原則または原則のバージョンであるかを裁判所に指示できる
ものは何もないのである。結局、その選択はそれが最終的に選択された原則
からの論理的推論の形式によっていかに隠されていようとも、裁判所による
選択、すなわち法創造的選択である。それが裁判所の決定である限りで、裁
判所がこの決定を行うに際して十分な知識を働かせることを期待することお
よび結果としての法的規制の内容の正当性および賢明さに関して裁判所に責
任をもたせることを期待することは適切である[34]。

　Lauterpacht は *non liquet* の禁止を全体としての国際法秩序の完全性の一
種のコロラリーと見なす。また、*non liquet* の禁止を「文明国が認めた法の
一般原則」と解する。しかしながら、われわれは異なる状態に関していかに
期待しようとも、国際法秩序によって包含される国家間関係の範囲は国際裁
判所に付託されまたは将来付託されうるような範囲よりもはるかに広範であ
ることを認めなければならない。関係の裁判されない範囲の明確化とその確
定は国家行動、相互行動、交渉および協力といったいっそう伝統的なプロセ
スによって支配されなければならない。規程第38条(1)(c)[35]が裁判所に付託
される事件に関する国際裁判所に対する指示である限りで、それが裁判所に
まったく付託されない事件に関して（規程の当事国であろうとなかろうと、多
少とも説得力のある類推を国々に対して与えることは別として）当該規程がど
のような意味で拘束しうるのか明らかでない。一般的な付託分野の拡大のみが
困難を実質的に減少させる。そして、われわれは、そのような拡大が法技術
的問題と *non liquet* 問題の政策的問題の双方を提起するであろうと観察する
機会を得てきた。

　これらの困難および制限にのみ従うことを条件として、Lauterpacht が主
張するように、第38条は（*non liquet* の禁止に関するコロラリーを伴って）法制

---

34) *Ibid.*, p. 133.

35) Stone によれば、規程第38条(1)(c)の問題点は次の三点である。（1）その広範な受諾にもかか
わらず、規程はすべての国家を拘束する文書ではない。（2）規程の当事国にとってさえ、第38条
(1)(c)が対応する規定を欠く文書の下で法廷または裁判所の手続においてかれらを拘束する規則を
確立するか疑わしい。（3）規程の当事国である国家にとってさえ、第38条(1)(c)はかれらがいかな
る裁判所への付託にも合意しなかった法的関係に関してかれらを拘束する規則を確立するか疑わし
い。*ibid.*, p. 146.

度の完全性の原則を国際法原則へと高めたと主張することは正しいと思われる。これらの制限は第38条(1)(c)が *non liquet* の禁止は実定国際法の一般規則であるというかれのテーゼを十分な条約的基礎として役立つことを妨げるようなものである[36]。

2 当事者対抗的原則（adversary principle）の機能的限界

Stone によれば Lauterpacht が国際法秩序の完全性を主張するための第2の基礎は司法手続の当事者対抗的な原則である。一方が原告、他方が被告のすべての紛争において、裁判所は原告の主張を支持する法規則が存在することを発見しない限り、判決は被告を支持しなければならない。どこか他の箇所で提起されたこの基礎の十分性に関するいくつかの問題がわれわれをここで手間取らせる必要はない。なぜなら、たとえ当事者対抗的原則が十分な基礎であるとしても、われわれはここで司法活動がいかなる性質を有するかをテストすることに関心を有するにすぎないからである。それゆえ、ここでともかく当事者対抗的原則が拘束的な国際法原則であるという前提を受け入れてみよう。裁判所が当事者対抗的原則を参照することにより *non liquet* 論争を引き起こす種類の事件を決定する時には、裁判所は1つの結果のみを導きうる国際法の指示に従って行動しているのであろうか。あるいは、その時でさえ裁判所は2以上の潜在的法規則のいずれが出発点になるかを決定するのであろうか。それとも（これは同じことであるが）2以上の潜在的規則のいずれが裁判所の選択により両当事者にとって現実の（現行の）法となるのであろうか[37]。

当事者対抗的原則が作用する場合には利用可能ないかなる選択肢も存在しないと述べることは魅力的である。原告の主張を正当化する国際法規則が存在するかまたはしないかのいずれかである。もし存在するならば、法は原告を支持する判決を命じる。しかし、この明確性はわれわれが次のように問う時に直ちに消滅する。すなわち、裁判所は原告の主張を正当化する国際法規則が存在することをどのように確認するのか、と。明らかにこれは裁判所が

---

36) *Ibid.*, pp. 146-147.

37) *Ibid.*, p. 134.

当該事件の正確な事情をカバーする規則が必ず存在しなければならないことを意味しえない。すべての学者のうちでLauterpachtは確実に次のように主張するであろう。すなわち、裁判所はもしその意見において請求が、以前に決して適用されたことはないけれども、確立された国際法の原則または法の一般原則から生じる規則によって正当化されうるならば、原告を支持する判決を下さなければならない、と。しかし、もしそれがそうであるとするならば、その時には（ここで有効であると仮定される）当事者対抗的原則は特定の事件において裁判所に原告の請求を斥けるよう命じるように作用するかどうかの問題は、それ自体、もしあるとして上記の国際法原則および法の一般原則が原告の請求に対していかなる意味をもつかに関する裁判所自身の評価に依存する。それゆえ、当事者対抗的原則は法創造活動を排除することが常であるどころか、真相は、むしろ、当事者対抗的原則はもし裁判所が事件に関するある規則を引き出すためにある原則（またはある原則と競合する原則）を選択する法創造的機能を行使しないことを選択する場合にのみ機能するということである[38]。

　実際には、Lauterpachtは、法的に禁止されない国家の行為は法的に許容されるという仮定された「残余的消極原則」（residual negative principle）の作用に基礎づけられるKelsenの法制度の完全性の見解にたじろく。Lauterpachtは実のところ国際法の完全性を証明するためにKelsenの見解に依拠しないよう努める。しかしながら、とくに、Lauterpachtの当事者対抗的原則への依拠に伴うKelsen見解の明白な拒絶の文脈においてこの基礎と「完全性」の理論の関連性に注目することは適切である。というのは、Stoneの分析によれば当事者対抗的原則の働きだけでは *non liquet* の可能性を排除するには十分でありえないからである。なぜなら、当事者対抗的な手続において裁判所が原告の主張を支持するいかなる法規も発見できなかったことを理由に被告の主張を支持する判決を与えるときでさえ、この判決は原告が勝訴しないこと、そしてかれの主張が依拠する規則が存在しないと確かに決定するからである。しかし、その時、裁判所による *non liquet* の宣言は同じ効果

---

38) *Ibid.*, pp. 134–135.

を有するであろう。

当事者対抗的原則に基づく判決が被告に有利な *non liquet* の単なる宣言を越えるためには、被告を支持する判決は何らかの他の原則を援用しなければならないであろう。加えて、この更なる原則は実定法の現在の内容の沈黙または不明瞭さの想像しうるすべての場合をカバーするためにその範囲において十分に一般的な決定を基礎づける実質的法規則の裁判所による創造を規定しまたは授権するものでなければならないであろう。法的に禁止されないことは法的に許容されるという「残余的消極原則」は係争事件においてそのような実質規則を直接的に提供するであろう。それは（とくに賢明でないときでさえ）法秩序を効果的に完全にするであろう。というのは、法的禁止のあらゆる欠如はこの原則の下で法的許容の存在を構成するであろう。*non liquet* の「法の存在しない範囲」はこのように許容的な法規則によって占められるであろう[39]。

しかし、Lauterpacht はかれの見解の基礎として残余的消極原則を拒否する（これはあくまでも Stone の見解である。これと異なる Lauterpacht の見解については本論文の結論部分のかれが準備中であった体系書の記述を見よ―筆者注）。そしてかれがそうする限りで当事者対抗的原則が単なる *non liquet* を生み出さないことを確保する唯一の代替的方法は司法的法創造の原則（principle of judicial law creation）を援用することである。*non liquet* の排除が司法的な法創造を意味することを認めることであることは再びこの分析方法によっても到達される。

要するに、これらの原則の一方または他方が用いられない限り、もっぱら当事者対抗的原則に依拠して被告を支持する裁判所の判決は実際には全体としての事件を解決せずに、その一定の側面を解決するにすぎない。たとえば、判決による被告の行動の自由の確認は原告による反対の行動を必ずしも否定しない。というのは、（規則が単に中立的であることとは異なるものとしての）行為を法的に許容する規則のみが論理的にそれと反対の行為を意味するからである。実際、（Lauterpacht が存在すると認めるような）実体的国際法におけ

---

39) *Ibid.*, p. 136.

る欠缺を補充するために当事者対抗的原則に基礎づけられる国際訴訟で被告を支持する判決は残余的消極原則または司法的法創造のいずれかへの補足的な訴えがなされない限り厳密には *non liquet* の効果のみを持つであろうと述べることは決して誇張ではないであろう。これがそうである限りにおいて、Lauterpacht はそれらのいずれか（残余的消極原則または司法的法創造の原則）なしにこの結果が達成されえないことを不承不承認めながら、ある結果、つまり国際法秩序の完全性を肯定すると思われる。そこで、Lauterpacht はかれの見解が残余的消極原則に依拠しないことは明確なのであるから、かれは、*non liquet* を禁止する規則が同じく司法的な法創造を要求することを認めると（ともかく黙示的に）確約すると思われるであろう。

われわれはここで *non liquet* を議論するための疑問の余地のない共通のプラットホームをもつ。これは双方の側が *non liquet* の可能性を排除することは、権威的な資料が単一のかつ明瞭な指示を与えない時にはいつでも、裁判所に裁判所が適用しなければならない規則に代わって、もちろん経験と知識がその目的に役立つすべてを利用して、（スイス民法典に類似する言葉で）もしかれが立法者であるならば選択するであろう内容を選択することを命じることであることを必然的に承認しなければならないということである[40]。

3　*non liquet* の宣言と望ましい修正の勧告

Lauterpacht によれば、裁判所はたとえ関連する内容の明確な現行法を発見できないとしても、裁判所に付託された事件を決定しなければならない。いかなる *non liquet* も存在しえないというかれの主張はしたがって次のことを意味する。裁判所はもちろん法の一般原則を含め整えうる法的淵源を用いてあらゆる事件を決定しなければならない。これは次に裁判所は何とかしてこれらの淵源から特定の事件で受諾しうる結果をもたらすであろう内容の規則を発展させまたは創造しなければならないことを意味する。明らかに、われわれが今や共通の基盤であると証明したように、*non liquet* が禁止されるという見解はそれが国内法において意味するのと同程度に国際裁判所にとっ

---

40) *Ibid.*, p. 137.

て避けがたい法創造的機能を意味する。

しかし、裁判所は *non liquet* を理由に事件の判断を拒否することを禁じられると再主張した後で、Lauterpacht は、裁判所が発見しまたは考案しうるような規則に従って事件を決定し、その根拠に基づき拘束的な判決を下した後で裁判所が適用した規則および裁判所が到達した結論が望ましいものであるかどうかを続けて検討する裁判所の義務に慎重な注意を向ける。そして、かれは、裁判所が達した結果が不正または不都合であると確信するならば、裁判所はその結果を具体化する拘束的な判決を下した後で裁判所がなぜ法が修正されるべきかの説明に進み、当事者は判決自体により創造された法的現状の（裁判所がおそらく示唆するであろう）「望ましい修正」を相互的な合意によって達成すべきであると勧告する[41]。

Stone によれば、この立場が司法プロセスのより一般的な議論において採用されるならば、それはそれに関する裁判官の賛成または不賛成にかかわりなく、法が明白である限りで法を適用する裁判官の義務、そして同時にかれがこのように適用を強いられる法を制定されるべき法（*de lege ferenda*）として批判するかれの自由を主張するものとして理解されるであろう。その文脈で、適切に法を適用した後で法の不十分さを暴露する司法的な権利義務は十分に合理的である。しかし、それは *non liquet* の議論においてだれもが裁判所は *non liquet* を宣言すべきであるまたは宣言しうるであろう、あるいはその反対に判断を差し控えるべきであるあるいはそうしうると提案したそのような文脈ではない。*non liquet* 問題が発生するのはこの範囲外であり、むしろ、現行法規のいかなる適用可能な内容も（つまり判決以前に存在する法も）確認されえない、対照的な文脈においてである。ここで合意があるのは裁判所にとって唯一可能な選択肢は、*non liquet* を宣言するか、あるいは事件のための法創造に可能な限り前進することである。したがって、勧告する司法的自由が今や宣言されるのはこの後者の選択肢を主張する過程においてであり、またそのような重い立法的責任を *non liquet* の禁止によって裁判官の肩に置く知恵を疑ってきた人々を納得させる類いの譲歩としてである[42]。

---

41) *Ibid.*, pp. 147-148.

42) *Ibid.*, pp. 148-149.

こうして Stone は次のように提案する。すなわち、裁判所が自由に *non liquet* を宣言すべきであると述べるであろうそれらの事態において、もし裁判所が慣行による法の将来的発達の望ましい方向と、裁判所が現在それらの方向と理解するような妥協案をその *non liquet* の宣言に付け加えるならば、それは大変貴重であろう、と。もちろん、これらの提案は、それらが正式な判決を構成せず、また、仮説上、試験的に、ためらいがちにそして実質において暫定的にすぎないという双方の理由で決して拘束的ではないであろう。しかし、双方の当事者を聴取し、そして困難に対するその意見を調整した後で、有能な裁判所は国際的な国家関係の新分野において指針または勧告によって貴重な貢献をなしうるであろう。これが可能である法秩序は、望ましくない解決が *non liquet* を禁止する仮定された規則によって最初に是認される法秩序よりも、合意された「任意的修正」または他の当事者間の調整を通じた前進にいっそう従順な法秩序ではないだろうか[43]。

五　Fitzmaurice の *non liquet* 論

Fitzmaurice の *non liquet* 論に取りかかる前に、Fitzmaurice による Lauterpacht の *non liquet* 論の基本的論点の正確な記述、そして、Fitzmaurice による Stone の *non liquet* 論に関する評価を概観しておくことは有益である。前者は「Lauterpacht と司法的機能に対するかれの態度」と題する論文で[44]、後者は Stone 著の *Legal Controls of International Conflict* に関する書評で論じられた[45]。

前者の論文の要点は以下のとおりである。

Lauterpacht は、国際法はギャップと欠缺に満ちた不完全でほとんど原始的な体系であるという当時普及していた、そして今日依然としてかなり普及している見解を完全に拒絶し、または錯覚と見なした。もちろん、かれは法

---

43) *Ibid.*, p. 153.

44) Gerald Fitzmaurice, "Hersch Lauterpacht and his Attitude To the Judicial Function," *BIYL*, Vol. 50, (1979), pp. 1–10.

45) Gerald Fitzmaurice, "Inter Arma Silent Leges, A Review Article of Stone's Legal Controls of International Conflict?," *The Sydney Law Review*, Vol. 1 (1953–55), pp. 332–343.

はすべての問題に対して出来合いの解答を常に自動的に与えることはできるとは主張しなかった。かれは次のように主張した。国際裁判所はさまざまな方策および技術への訴えを通じて国際法の一般精神と一致する解答を発見することが必ずできるであろう。それはコモン・ローの全盛期において書面のまたはその他の十分に定義された規則の不存在は裁判所が法を発見しかつ宣言することを決して妨げなかったのとまったく同じである、と。要するに、かれは技術的に *non liquet* と呼ばれるものの可能性を認めなかった。

　もちろん *non liquet* が常にあるいは少なくともほとんどの場合に回避されうる純粋に形式的な意味が存在する。もし X 国が Y 国に対して請求を提起するまたは申立を行うならば、そして裁判所が依拠すべき適用可能ないかなる法も存在しないと考慮するならば、裁判所は、（準法律的である）その理由に基づき、もし当該主題に関して適用可能な法が存在しないならば、いっそう有力な理由で（*a fortiori*）Y 国に帰するいかなる法的責任も存在しえないことを根拠に、簡単に請求または申立を斥け、被告国 Y に有利に判断しうる。それゆえ、この範囲で *non liquet* は存在しないであろう。すなわち、裁判所は、他方ではなく一方に有利に、そして形式的に正しい理由で判決を下したであろう。しかし、これは Lauterpacht が *non liquet* の必要性があることを否定した時にかれが留意したことではまったくない。第 1 に、たった今述べた類型はそれに関して *non liquet* の問題が生じうる主要なものであるかもしれないが、唯一のものではない。国際裁判所に付託される多くの紛争は一方の当事者による他方の当事者に対する単純な請求または申立を含まない。とくにこれは一方の当事者による一方的な申立ではなくて合意されたコンプロミにより裁判所に付託される紛争に関してそうである。また、これは当事者がかれらのいずれかが法技術的に原告または被告であることあるいは立証責任を負わされることを回避しようと欲する場合がそうである。さらに、裁判所は、対立する 2 つの見解または条約条項の解釈のどれが正しいかを宣言することを求められるであろう。特定の境界が「どこに」位置するか、あるいは一定の要件が満たされているかどうか、等々である。

　しかし、Lauterpacht は、*non liquet* の必要性を否定した時に国際裁判所の側の「無能力」（*non possumus*）に由来する何らかの態度よりも多くのこと

を意味した。かれは、そのような裁判所は形式的および技術的意味において
事件における決定ばかりでなく、含まれる本案の実質的な争点を扱うであろ
う決定を取り上げることが常にでき、またはそうすることが常に可能である
べきであるとする。もし一見したところ関連する適用可能な法が存在しない
と思われたならば、あるいは見せかけのギャップまたは不確定性が存在する
ならば、裁判所はこれらの欠乏を他の手段によって埋め合わせなければなら
ない。Lauterpacht の最初の重要な作品 *Private Law Sources and Analogies
of International Law* は―同書は *With Special Reference to International
Arbitration* の副題を有するのであるが―とりわけこの目的、つまり国際法
における注目すべき程度のギャップが同様のまたは類似した分野に、たとえ
ば土地法、財産、相続、時効取得された権利、地役権、過失および損害に対
する責任、損害賠償の算定基準、契約、不動産賃貸借、証拠および訴訟手続
に訴えることにより満たされることを証明することに向けられた。これらの
すべてそして他の多くの主題は国際公法においてそれらに匹敵するものをも
つ。これはもし国家がその不動産が多かれ少なかれ互いに近似しており、ま
た多くの類似した事業利益を有するならば、土地所有権者の集積に類似した
ものと見なされるのはごく普通である。

　後の著作において、また裁判官としての時代を通じて、Lauterpacht は、
その決定に達する際にとりわけ「文明国が認めた法の一般原則」を適用しう
るそれぞれの規程の第38条によって先の PCIJ そして現在の ICJ に割り当て
られた義務に関して *non liquet* のあらゆる必要性のかれによる拒絶に関して
不変の支持を見出した。これはかれの意見によれば、裁判所が争われる事件
において依拠したであろう適用可能な規則または原則が存在しないと結論す
ることを問題外にする。

　Lauterpacht はこのテーマに絶えず立ち返った。*Sources and Analogies* の
後、かれは、*The Function of Law* の80頁以上を、1958年の *The Develop-
ment of International Law by the International Court* の全章をこのテーマに
捧げた。かれが *ICJ* の裁判官になりハーグに赴いた後で、*Symbolae Verzijl*
での自己完結的論文は "The Prohibition of 'Non Liquet' and the Complete
of the Law" と題するものであった。Lauterpacht が *non liquet* に関する正

当な理由を見出したのは、「法の一般原則」とそれらを適用する裁判所の義務への言及を伴ったたった今述べた裁判所規程第38条においてであった。というのは、第38条の言い回しを前提とすると、適用可能な法規則および原則を発見できないいかなる余地も存在しえないであろう。しかしながら、当時なおかなり革命的な見解であると思われたが、最善の要約と思われるのは依然として四半世紀前に書かれた *The Function of Law*（105頁）である。その一節はかれのスタイルの典型であるので、言葉どおりに引用する。

> 国際的な（法的）仲裁裁判の歴史は申し立てられた法規則の欠如が実際の慣行において国際紛争の司法的解決の行く手の障害を構成しないという見解の継続的な証拠である。というのは、最近の130年間の国際仲裁の慣行から３つの教訓が説得力のある明確性を伴って生じるからである。第１の教訓は、大多数の事件において国際裁判所は出来合いの解答を手元に持たない新たな事態に直面してきたということである。第２の教訓は、著者が気付いている限りで、国際裁判所が適用可能な法が存在しないことを理由に裁判することを拒否した紛争は記録されていないということである。第３の教訓は、それぞれの事件で法を宣言するこの司法的義務の一貫した履行は国際仲裁裁判所の厳格な法的正確性を犠牲にして達成されたのではなかったということである[46]。

Stone 著の *Legal Controls of International Conflict* の *non liquet* 問題に関する部分の Fitzmaurice による書評は次のようなものである。

Stone は *non liquet* が国際裁判において実際的な問題ではないという事実を明らかにする。なぜなら、一世紀半の現代仲裁裁判においていずれかの裁判所が *non liquet* を実際に宣言したというあるいは訴訟当事国がそれを理由に決定を妨げるまたはその無効を獲得しようとしたという例はただの一件も発生していないからである。しかし本書評者の意見によれば、著者は、問題は理論上存在し、また、国際法により禁止されないすべてのことは国々に許されるために *non liquet* は決して発生しえないというような主張によって十分に処理されえないと正しく結論する。現実の訴訟において原告国または申立国はその主張を証明しなければならない。したがって、その作為（または不作為）は国際法によって支持されるまたは正当化されると証明しえない限り、決定はその国に不利に違いない（決定が存在しないことは決してありえな

---

46) Gerald Fitzmaurice, *supra* note 44, pp. 8-10.

い）。それにもかかわらず疑問と欠缺は残る。積極的な禁止規則を侵害しないすべてのことは必然的に合法であり、国々に許容されると仮定することは正確ではないであろう。たとえそうであるとしても、また、その理由に基づき原告国または申立国が規則を支持する十分な証拠の不足のために失敗するならば、この失敗はそのようなものとしての被告国に有利な認定によると同様に効果的に *non liquet* の認定によって記録されるであろう。最後に、この議論はいずれにせよ係争手続に関してのみ有効であり、したがって、勧告的意見の要請をめぐってまたはいずれの当事国も原告または被告の地位にあると確定的に言えない他の事例に関してそれ自体で *non liquet* が発生することを妨げないであろう[47]。

1 Fitzmaurice の *non liquet* 論文の主旨

　上述の記述を前提にしながら、Rousseau の記念論文集における Fitzmaurice の *non liquet* 論を検討してみよう。論文は三部構成であり、第一部で Rousseau の *non liquet* 論を簡単に紹介する。第二部「分析」（Fitzmaurice）と第三部「問題」（Lauterpacht *versus* Stone）が本論である。Fitzmaurice は第三部を Lauterpacht と Stone によって公式化された見解の蒸溜物であると断っているが、第二部も基本的な点で両者の見解に依拠している。議論は多岐にわたるので第三部を中心に Fitzmaurice の *non liquet* 論を明らかにしたい。

　Fitzmaurice は *non liquet* の外観を有する事態の広範なカテゴリーを3つの観点から分析した上で、論文の前半部分の結論としてその要点を次のように整理する。まず、*non liquet* は、その概念の固有の意味において裁判所が請求を審理する権限を有する場合と請求自体が少なくとも一見したところ受理許容的である場合の双方においてもっぱら発生しうる。こうして、*non liquet* は大体において定義上、権限ある裁判所が受理許容的な請求の本案に関して判断できないことに関係する[48]。加えて、*non liquet* はその適切な意味において法の失敗または「裁判所」の態度からのみ生じるのであって、

---

47) Gerald Fitzmaurice, *supra* note 45, pp. 335-336.
48) Gerald Fitzmaurice, *supra* note 4, p. 93.

「当事者」の態度、行為または不履行に帰しうる何かから生じるのではない[49]。

Fitzmaurice は、第二部の記述から引き出される隠された問題点を次のように要約する。第 1 に、*non liquet* が決してまたはほとんど発生する必要がないという事実、そしてそれゆえ（裁判所が通常は怠慢、鈍感またはあまのじゃくではないと仮定して）、*non liquet* が決してまたはほとんど発生しないという事実は、争われる真の問題ではない。すなわち、問題がそれと同程度に単純であるとするならば、裁判所に対して時として刑罰の威嚇の下で反対の誘惑にもかかわらず、*non liquet* を宣言しない義務を課すことにより、あるいは、一部の国内立法の場合には、一定の事情の場合には反対のこと、つまり問題を立法府の関心に委ねるプロセスの一部として *non liquet* を宣言することを命じることにより、国内制定法と国際文書の双方において見出されるインジャンクションを何ら必要としないであろう。そのようなインジャンクションはその正確な意味がどうであれ、（他の意味ではそれほど確実ではないけれども、たぶん法技術的に事実であるように）、もし裁判所が欲するならばいつでもそうすることができると仮定して、真の問題は、裁判所が常に *non liquet* を回避できるかどうかではなくて、裁判所は常に *non liquet* を回避しなければならないかどうかであることを証明する。第 2 に、裁判所が *non liquet* を回避する能力は、法秩序は必ず「欠缺が存在しないこと」、また、いかなる沈黙、不明瞭さまたは矛盾も含まないことを決して意味しない。もしそうであるとするならば、*non liquet* の問題は存在しないであろう。同様に、もしその対極から出発して法秩序は完全なのであるから、*non liquet* は決して存在しえないしまたはすべきではないと述べるとすれば、われわれは循環論に陥る。というのは、それはアプリオリな仮説を述べるにすぎず、また、論理学者にとって分析的として知られている種類の声明を行うにすぎないからである。そこでは結論はすでに前提に含まれている。したがって、等式の両側は必然的に等しい。真の問題は法秩序それ自体の完全性の仮説は正しいかどうか、もしそうであるとすればそれはいかなる意味においてか、で

---

49) *Ibid.*, p. 96.

588

ある[50]。

第三部において Fitzmaurice は Lauterpacht の仮説を次のように論じる。もし *non liquet* はいかなる犠牲を払っても回避されなければならないという仮説が受け入れられなければならないとするならば、法秩序の完全性は（もちろん Lauterpacht がそうしたように）必然的に仮定されなければならない。というのは、その秩序（すなわち法秩序）は今度は完全ではない、つまり、立法または立法に類似したプロセスへの訴えが欠如するならば、*non liquet* が宣言されなければならない事例が生じるに違いないからである。しかし、たとえわれわれが *non liquet* が実際にはめったに宣言されないと認めるとしても、それらがいかに回避されるかの問題が残る。というのは、われわれが今や理解し始めたように、*non liquet* の真の問題はその回避と回避方法の問題であるからである。この問題は何らかの形で、そしてしばしば隠されるとしても、頻繁に発生してきたからである。それゆえ、一見したところ、法秩序は少なくともその実質的内容に関して完全ではありえない、あるいは極めて特殊な、そして曖昧なまたは不確実な意味においてのみそうであると思われるであろう。その他の点では回避の問題は生じないであろう。というのは、明らかに完全であるものは、通常は、その完全性を証明し、またはその反対の結果を避ける真剣な努力の主題である必要がないからである。それでは、法秩序は完全であると同時に不完全であるというこの逆説はどのように説明されるべきなのであろうか[51]。

2　法秩序の形式的完全性（*non liquet* の形式的回避）

non liquet を回避する絶対的な必要性の理論、すなわち、実際にはドグマは重大な理論的困難に苦しむ。それはそれが操作可能であるためには、法秩序の完全性の仮説のみならず、立法的活動が可能でないならば、その仮説がそれによってのみ信頼性を与えられうる方策の利用を必要とする。しかし、これらの方策はたとえそれらが最も通常の種類であるとしても、一定種類の係争手続に関してのみ利用可能であって、*non liquet* の問題がそれでもやは

---

50) *Ibid.*, pp. 101-102.

51) *Ibid.*, pp. 103-104.

り発生する他の種類の手続には利用不可能である。さらに、これらの方策自体は、たとえ利用可能な場合でも、極めて不十分であるあるいはおそらくそうであろう。たとえば、裁判所に他方の当事者に有利に判断することを義務づけるまたは可能にする実体法のいかなる規則または原則も発見しえないという単なる理由で当事者の一方に有利に判断するよう裁判所に要請するまたはそうすることを許す法秩序を、もっとも陳腐な意味以外の何らかの意味で誰が完全なものと見なすことができるであろうか。この種の完全性は、たとえ擬制ではないとしても、少なくとももっぱら形式的または手続的である[52]。

もっぱら形式的根拠に基づく *non liquet* の回避が極めて不十分であるもう1つの方法がある。これまでわれわれは便宜を口実にこれが行われるすべての方策を十把ひとからげにする傾向があった。これは Stone 教授が注意を払った、いかなる適用可能な法規則も当該事件をカバーしないまたはいかなる実際の規則も原告の主張を支持しないことを理由とする被告に有利な判決と、いかなる法規則も被告の行為を「禁止」しないといういっそう積極的な理由に基づく被告に有利な判決との間の微妙な違いを（裁判所が時として無視するように）無視することである。前者は、事件に含まれる実質的な法問題を依然として未解決のままに残す。それゆえ、被告の行為は積極的に禁止されないけれども必然的に「許容される」ことを意味しないと見なされうる。しかし、その場合、判決は *non liquet* になるまたは *non liquet* と同じ効果をもつ。後者の場合において、判決は、被告に有利であるけれども、基本的にもっぱら手続的である判決に基づき実質問題を依然として未解決のままに残すことと引き換えにその問題に決着をつけるような方法で、被告の行動を実際に有効にすると見なされうる。たとえこの区別があまりにも微妙で多くの事態で実際的な意味をもたないとしても、それはそれにもかかわらずかなりの理論的重要性をもち、さまざまな間接的および二次的な効果をもつ可能性がある[53]。

もしいかなる適用可能な法規則または法原則も原告国または申立国の主張を支持しないならば、あるいは、紛争の主題に適用可能であるだろうまたは

---

52) *Ibid.*, pp. 107-108.

53) *Ibid.*, p. 108.

その主題をカバーするであろういかなる規則または原則も発見されえないならば、最も一般的な種類の訴訟（ただし、決してすべての訴訟ではない）において裁判所は通常は事件の被告国または被申立国に有利な判決を与えることができることを根拠としてある程度まで法秩序の「形式的な」完全性を仮定することができる。この根拠は、われわれが検討したように、すでに与えられた理由のみならず、それが直ちに帰謬法（*ruductio ad abusurdum*）を導くために不完全かつ不十分である。というのは、問題の論理が押し進められるならば、その結果は、たとえ法秩序がいかなる実質的な規則または原則をまったく含まないとしても、それは依然として形式的に完全であるだろうということであろう。なぜなら、まさしく「その根拠に基づき」、「裁判所」は被告国—被申立国に有利に判決を言い渡すであろう。すなわち、一部の事件ですでに指摘されたように、いずれの当事者も勝利しないという趣旨で形式上「判決」なるものを与えるであろうからである。真相は全体的な形式的立場は循環論に陥るということである。なぜなら、それは、適用可能な実質的な規則および原則が欠如すると思われることは判決が与えられるのを許さないのであるから、まさしくその欠如は、もし必要ならば、それ自体で判決の根拠とならなければならないことを意味するからである。明らかに形式主義と無益性はそれ以上進まないであろう[54]。

3 法秩序の実質的完全性（*non liquet* の実質的回避）

　もしわれわれが、あらゆる事態をカバーするために実質法の規則または原則が存在する「または容易に利用可能である」という意味で、法秩序の完全性、つまり具体的かつ実質的な完全性という代替的な根拠に取りかかるならば、われわれは《no *non-liquet*》のドグマの最も熱狂的な支持者でさえ、発生することがあるあらゆる不測の事態に対処するために「今ここで」規則または原則を含むという意味で、法秩序は完全でないと認め、そしてさもなければ可能な *non liquet* を回避するために規定が設けられるべきことを要求するのはまさしくこの事実であると認めることに気付く。こうして、*non li-*

---

54) *Ibid.*, pp. 109-110.

quet の問題を単なる擬制的問題としてではなく、現実問題として提起し、他方で、同時に、法秩序の完全性を仮定することは、法秩序は形式的意味でのみ、つまり、*non liquet* の回避に関する限り、説得力をもたないという意味で完全であると認めることである。というのは、まさしく *non liquet* に訴えることによってのみ達成される回避の場合に、われわれは *non liquet* が真に回避されてきたこと、つまりたとえ形式的に回避されても、*non liquet* が実質的に発生しなかったことに依然として納得していないからである[55]。

それゆえ、今や、われわれはあらゆる援助が失敗するときに、法秩序または法制度が真に完全であると述べられうるものに照らして、国際法は *non liquet* を回避するために形式的な方策に訴える以外の何らかの方法を提供するかどうかを問わなければならない。われわれは以下の 2 つの結論によってこの問題に最も適切に解答することができる。

第 1 に、すべての問題は、われわれが *non liquet* の概念を単に形式的または残余的な意味ではなくて、実質的および実体的な意味で理解しない限り、非現実的または自己撞着的であると見なされうる。つまり、机上の空論以外ではほとんどありえない。はっきりと述べると、われわれは裁判所が判決、つまり法的性格の決定さえ正式に下すという単なる事実に満足することはできない。というのは、*non liquet* は判決が裁判所に提出された紛争または事項に含まれる実質的な法律問題に関して司法的な解答を与えない限り、依然として本当に回避されないからである。もし判決が法の仮定される沈黙または削減できない複雑性または不明瞭さを理由にこれを行わずに、しかし、それにもかかわらず、「まさしくこの根拠に基づき」当事者の一方または他方に有利な法技術的判決または何らかの他の種類の残余的に基礎づけられた判決を与えるとするならば、実質的には *non liquet* という結果になる。われわれは裁判所がこの種の事態において単に「訴訟を終わらせるために」（*ut sit finis litis*）この種の判決を与えることが必ず正しいかをすでに検討した。実質的に解決されえない紛争が差し当たり解決されずに残るのは時にはベターではないのではあるまいか（これは Lauterpacht と Stone との間の論争の主要

---

55) *Ibid.*, p. 110.

592

問題の1つであった）。もっぱら技術的な判決は、多分真実であろうように、もし訴訟の真の実体に一致していないならば—その結果、少なくとも、*non liquet* は避けられるであろうが—明白な不正に帰着することは起こりえないのであろうか。

第2に、ここまで来たのであるから、われわれは更なるステージに進まなければならない。というのは、立った今提起された問いと並んで、もう1つのいっそう重要な問いが生じるからである。*non liquet* はそれが実質的に回避されない限り本当は回避されないという結論に達したのであるから、われわれは、次に、もしそれが回避されなければならないとすれば、それはいかなる手段によれば必ず実質的に回避されうるかを問わなければならない。また、われわれがこれを問わなければならないのは、よく知られた法的推論の技術—類推の利用、国内法の適切な規則への依拠、法の一般原則等に訴えること—を基礎として、国際裁判所が司法的機能の制限内にもっともらしく依然としてとどまりながら[56]、実質的な判決を与えることができる種類の事件との関連においてではない。われわれが問わなければならないのは、これらの援助が何の役にも立たないあるいは実際に起きていることが司法立法の一部であるという事実をほとんど隠蔽することができない拡大のプロセスによってのみ利用可能になる種類の事件、つまり、欠缺（*lacuna*）または不明瞭という種類の事件に関してである。それゆえ、最後の問題が存在するにちがいない。われわれは、最後の手段として実質的な *non liquet* を回避する代償として司法立法を受け入れる用意があるのであろうか。Fitzmaurice はこの問題に答えるためには別の論文が必要とされるとしながら、2つの要点を指摘する。(a) 国際法の立場が国内法において行われている立場と著しく異なるのはまさしくこの文脈においてである。国内法体系は欠缺を補充し、または裁判所の作業が明らかにした不明瞭さを一掃する立法者または立法団体を含む。国際法体系はそのようなものを含まない。そのため、国際分野ではおそらく通常は国内的に受諾可能とは見なされないであろう程度の司法立法を

56）Fitzmaurice によれば、それはかなりの制限である。というのは、多くの人はそのような援助に訴えることはそれだけで立法行為のかなりの要素を含むと判断するであろう。*ibid.*, p. 111, note 34.

保証するものと見なされるであろう。(b) 諸裁判所が事件の実体について判断する必要なしに判決を下し、そして形式的な *non liquet* を回避することを可能にするであろうそれらの技術的方策を用いることがあるのは、しばしばそれらの裁判所があまりに立法じみていると考えるものに訴えなくともよいようにするためである[57]。

六　結　論

　本稿の議論の出発点はもちろん Lauterpacht による国際法の完全性の理論である。また、そこでの議論は Lauterpacht 理論の当否をめぐる論争である。したがって、この結論部では最初に Lauterpacht の基本的アプローチを確認した上で、Lauterpacht がかれ独自の体系書の完成を目指しつつ、差し当たり Oppenheim 第 9 版の総論部分として従来の記述を完全に書き改めた草稿[58]によって、完全性の理論を再確認する。その上で、*non liquet* をめぐる論争の核心点を Lauterpacht 対 Stone、そして Lauterpacht 対 Fitzmaurice という順序で整理し、最後に結論を述べたい。

1　Lauterpacht の基本的アプローチ

　イギリスという新天地で McNair の指導の下で完成した第二の著作において国際法の完全性の理論を唱えた Lauterpacht にとって同書でコモン・ローの基本的概念を論じることは我が意を得たものであったに違いない。かれにとって国際裁判所の存在が法の支配の基本的前提であった。かれは法の存在が裁判所の設置に先行するという大陸法に対して、Sir Henry Maine 等の英国学者に依拠しつつ、裁判官および裁判所の存在が法の支配の決定的基準であると主張した。明確な行為の諸規則の十分な一団の存在は法の存在にとって何ら必須的ではなく、決定的なテストは争われる権利について決定しかつ平和を命じることができる裁判官が存在するかどうかであるという見解には

---

57) *Ibid.*, pp. 111-112.
58) "The International Law-The General Part," *International Law being the Collected Papers of Hersch Lauterpacht*, edited E. Lauterpacht, Vol. I, The General Works (1970).

実質がある。法の支配の下にある共同体において、「何が法であるか」(*quod est juris*) を権威的に定める機関の欠如よりも明示的な制定によって法を課す主権的な権威の欠如を想像するほうがいっそう容易である[59]。

　社会において通用している行為規則の法的性格の決定に関連があり、そして、義務的な司法的解決の問題に関係する他の考慮が存在する。前者は、紛争当事者以外の機関の最終的な決定を通じてのみ法は確実にされうるということである。それは利害当事者の「独断的定言」(*ipse dixit*) によってそうされるのではない。そのような確実性は法の本質である。秩序を確保するという法の目的は、もし議論の余地のある行為規則が永続的に紛争事項として残るならば覆されるに違いない。最終的にかつ上訴なしで現行の法的諸権利を決定することのできる機関が存在しない限り、そのような行為規則はそのままであるに違いない。後者の考慮は、法の命令的な性質に証拠を示し、効果を与える機関が存在することは法の支配にとって不可欠であるということである。法の外面的な性質はそれが法主体の意思とは無関係に創造される規則であるという事実に、あるいは、それはかれらの意思とは無関係に法主体に関して有効であり、そして存在し続けるという事実のいずれかに現れるであろう。法の外面的な性格のこれら 2 つの面に関して後者は実際により顕著であり、したがっていっそう重要である。法の淵源はその創造に関して法により拘束される人々と無関係であるという事実は原始的な社会および現代的な社会の双方において慣習法現象の背後に効果的に隠されている。というのは、後者は政治的および社会的事実の問題としてよりも法的分析の問題として共同体の個別的構成員のコントロールを越えるからである。しかし、裁判所により確認されるそして実施される法の外面的な性質に関していかなる可能な曖昧さも存在しない。国際社会では法に服する人々とは無関係に法が創造されることがあるという法の外面的な特徴が大幅に欠如する。その欠点は国際立法府が存在しない限りおそらく残るに違いない。その確立は超国家と呼ば

---

59) *Supra* note 14, pp. 424-425. 同趣旨のことは本論文でもすでに引用した同書の前半の部分で次のように述べられていた。「法的歴史の問題として、裁判所と法を運営する機関は正式な法典および入念な法規則に先行した。裁判官を導くほんの少数の抽象的規則を備えた最も初歩的な法体系は、共同体構成員の紛争を裁判官の最終的決定に付託するかれらの明確な義務が存在する限り、完全であると正確に述べることができる。」*supra* note 14, p. 64.

れるものの確立と実際的に等しい。国際法の法的性質に関する他の声明、つまり裁判による権利の客観的な確認は既存の慣行と国際法理論の枠組内で達成されうるものである。国際法のその側面の恒久的な欠如を黙認することはその法的性格を破壊点まで引きずることである[60]。

2 準備中の体系書における国際法の完全性論

この体系書の草稿で Lauterpacht は次のように主張した。あらゆる他の法体系と同じく、国際法体系は国際司法および仲裁機関が必要な管轄権を付与されるときには、原告国によって提出された請求を許可しまたは棄却することにより付託されたあらゆる紛争を決定しなければならない、また、決定できるという意味において完全であると見なされなければならない。裁判所はいわゆる *non liquet* を宣言する、すなわち、法の不十分さまたは不明を理由に判決を差し控える自由がない。裁判所は、また、付託された事件が新しい、そして前例のない性質の問題を提起するという理由でそのように手続を進めることができない。付託された事件に直接的に適用可能な法規則が存在しない場合には、国際裁判所は、最初に、現行国際法に由来したより広範な法原則に照らしてまたはそれらの原則の類推により紛争を決定しなければならない、あるいは、勧告管轄権の場合にはその意見を与えなければならない。一般的適用のあるこれらの諸原則の1つは国家に作為または不作為の義務を課す明確な規則が存在しない場合には、国家は、誠実に行動する義務に従うことを条件として、裁量に従って手続を進める資格を付与され、また、何らかのそのような規則に基礎づけられない請求は棄却されなければならないということである。そのような場合には法におけるギャップの問題は存在しない。すなわち、事態は国家が行動の自由を有するという残余規則によって規律される[61]。

次に、国際法が文明国により認められた法の一般原則を含むという事実は、たとえすべてではないとしても、国際法の完全性の概念を確認する。国際司法および仲裁裁判所の活動はその法源の可能性を確認する。第3に、条約に

---

60) *Ibid.*, pp. 425-426.

61) *Supra* note 58, pp. 94-95.

規定される国際法のその部分に関して、しばしば欠缺（*lacuna*）は、条約は「およそ事物はこれを無効ならしめるよりも有効ならしめるをもって可とする」（*ut res magis valeat quam pereat*）という法諺に従って有効であるように解釈されなければならないという原則に照らして当事者の意図と一致して正当に補充されるという意味で明白かつ暫定的であるにすぎない。こうして、常設国際司法裁判所は条約の違反が生じたかどうかを決定する管轄権を裁判所に付与する条約規定は条約の違反に支払われるべき補償に関し決定する管轄権を意味すると判示した[62]。

Lauterpacht によれば、国際法秩序の完全性の原則は法の一般原則である。それは最も基本的な法原則の１つである。そのようなものとして、国際裁判所の慣行によるのと同じように、それは国際裁判所によって運営される実定国際法の一部と見なされなければならない。問題の原則は有名な仲裁裁定において明快に表明されてきた。すなわち、国内法と同じく国際法は特定の事件に関する決定的に明白な規則を含まないことがあるしまた一般に含まない。しかし、法学の機能は、法の特別な規定が欠如する場合には一般原則のコロラリーを適用することにより対立する権利および利益の衝突を解決し、そのようにして数理科学におけるのとまったく同じように、問題の解決を発見することである。これは法学の方法である。それは法があらゆる国家において次第に発展してきた方法であり、個人間と同じく国家間でも法的関係の確定および解決という結果をもたらした[63]。

3 Lauterpacht 対 Stone

Lauterpacht は国際法の完全性を前提として国際裁判官はあらゆる解釈技術を駆使して、また必要ならば法の一般原則を適用することにより *non liquet* を回避できると主張する。これに対し Stone はすべての問題に関して現行法を適用することは裁判所による法創造的権限を無視することになると警鐘を鳴らす。Stone は原則からの論理的推論の形をとることがあっても、

---

62) *Ibid.*, p. 95.

63) *Eastern Extension, Australia and China Telegraph Company, Limited* (Great Britain) v. United States (November 9, 1923), *Report of International Arbitral Awards*, Vol. II, pp. 114-115.

裁判所による選択は法創造的選択であると述べる。Stone は non liquet の議論によって現行法の十分性に焦点が合わされる時には、まったく異なる側面が現れる。そこで確認されるのは単に法の適用ばかりでなく、裁判所の法創造権限に及ぶことである。non liquet の禁止は決定を求めて裁判所に付託される問題の新規さと範囲によってのみ制限される新たな規則を発展させる義務の裁判所への押し付けをもたらす。non liquet が真の問題である争われる特定の分野で、裁判所は non liquet を宣言するかあるいは等しく利用可能な法的選択肢の中で司法的行為により法の創造に従事するか、のいずれかでなければならないことを認めることを免れることはできない。真の国際立法権限の現在のレベルで、しかも司法的誤り、愚かさまたは先見の明のなさを正す何らかの方法が欠如するときに、そのようなありえない負担が法によって課されるという主張は最大の注意を払って検証されるべきである[64]。

　あらゆる事件で、そしてすべての裁判所によって、non liquet の宣言を禁止すると仮定された国際法の「実定」規則を明白に確立するものとして Lauterpacht により提示された仲裁および司法慣行はそれゆえ検証されなければならない。この慣行はたとえ裁判所が先在する法の不存在または曖昧さを発見するとしても、国際法は裁判所がある事件を決定することを禁止しないという規則に対する明確な支持を明らかにする。それはまたコロラリーによってそのような状況において裁判所に法創造的権限を付与する規則を支持する。これを述べるもう１つの方法は慣行の傾向はそのような事件において裁判所に non liquet を宣言することを強いる何らかの規則の存在を否定するということである。しかし、この慣行の傾向は判示事項に関してであろうと、傍論に関してであろうと、Lauterpacht によって示されたいっそう厳格な規則、すなわち、「裁判所は non liquet を宣言することを禁じられるという規則」を確立していると述べることはできない。こうして、Stone は、non liquet タイプの事件において裁判所は創造的な決定によって当該事件を決定することを強いられないけれども、禁じられもしない。また、non liquet を宣言することを強いられないけれども、禁じられもしないと述べる[65]。

---

64) J. Stone, note 12, p. 159.

65) *Ibid.*.

Stone の議論は当事者対抗的原則をめぐって白熱する。当事者対抗的原則によれば、一方が原告、他方が被告のすべての紛争において、もし原告の主張を支持する規則が発見されるならば、裁判所は原告の主張を支持しなければならない。もし原告の主張を支持する法規則が発見できないならば、裁判所は原告の主張を斥け、被告を支持する。Stone によれば、後者の場合は実質的に *non liquet* の宣言と同じである。この実質的に *non liquet* の状態を超えるためには、確実な実質的規則が必要とされる。Stone は法的に禁止されないことは法的に許容されるという残余的消極原則はその場合に実質規則を提供するであろうとする。しかし、Stone は当事者対抗的原則が *non liquet* を生み出さないことを確保する唯一の代替的方法は司法的法創造の原則を援用することであるとする。

上で引用した Lauterpacht の草稿は、誠実に行為する義務を最大限重視しながら、残余規則（これを残余的消極原則と呼ぶこともできる）にはっきりと言及する。もし Lauterpacht がこの規則を認めていたとすれば、Stone の Lauterpacht 批判は大幅な修正を必要としよう。その場合には、Lauterpacht の国際法の完全性の理論は、Kelsen の国際法の完全性の理論とかなり近いものとなるであろう。加えて、当事者対抗的原則に基づいて原告の主張する規則が存在せず、またその場合に残余的消極原則に該当する規則が適合しない場合には、被告国は *non liquet* に等しい状態がおかれることになるであろう。Lauterpacht がこの点についてまで想定しているかについては疑問が残る。これは Stone の論文を読む際に注意しなければならない論点である。田岡教授は文脈と用語は若干異なるがこの点をすでに指摘していた[66]。

ところで、裁判所は *non liquet* を理由に事件の判断を拒否することを禁じられると再主張した後で、Lauterpacht は、裁判所が発見しまたは考案しうるような規則に従って事件を決定し、その根拠に基づき拘束的な判決を下した後で裁判所が適用した規則および裁判所が到達した結論が望ましいもので

66）田岡良一「法律紛争と非法律紛争の区別（1）—ラウターパハト説と其批判」『法学』第6巻708-709頁。「法規の沈黙は……常に法が問題を当事国の一方の自由裁量に委ねることを意味するのではなく、法規の沈黙には二つの意味があり得る。第一は、国際法が問題を当事国の自由なる裁量に委ねることを意味する場合である。第二は、問題の規律は本来国際法の任務に属するにも拘らず、其のための実定法規が未だ作られていないことを意味する場合である」。

あるかどうかを続けて検討する裁判所の義務に慎重な注意を向ける。そして、かれは、裁判所が達した結果が不正または不都合であると確信するならば、裁判所はその結果を具体化する拘束的な判決を下した後で裁判所が法がなぜ修正されるべきかの説明に進み、当事者は判決自体により創造された法的現状の（裁判所がおそらく示唆するであろう）「望ましい修正」を相互的な合意によって達成すべきであると勧告する。

これは Lauterpacht がいかに誠実な学者であったかを証明する[67]。しかし、Stone に従えば、この立場が司法プロセスのより一般的な議論において採用されるならば、法が明白である限りで法を適用する裁判官の義務、そして同時にかれがこのように適用を強いられる法を制定されるべき法 (*de lege ferenda*) の観点から批判するかれの自由を主張するものとして理解されるであろう。その文脈で、適切に法を適用した後で法の不十分さを暴露する司法的な権利義務は十分に合理的である。しかし、それは *non liquet* の議論においてだれもが裁判所は *non liquet* を宣言すべきであるまたは宣言しうるであろう、あるいはその反対に判断を差し控えるべきであるあるいはそうしうると提案したそのような文脈ではない。*non liquet* 問題が発生するのはこの範囲外であり、むしろ、現行法規のいかなる適用可能な内容も（つまり判決以前に存在する法も）確認されえない、対照的な文脈においてである。Stone によれば、ここで合意があるのは裁判所にとって唯一可能な選択肢は、*non liquet* を宣言するか、あるいは事件のための法創造に可能な限り前進することである。したがって、勧告する司法的自由が今や宣言されるのはこの後者の選択肢を主張する過程においてであり、またそのような重い立法的責任を *non liquet* の禁止によって裁判官の肩に置く知恵を疑ってきた人々を納得させる類いの譲歩としてである。

そこで、Stone は次のように主張する。裁判所が *non liquet* を宣言すべきであると述べるであろう事態において、もし裁判所が慣行による法の将来的発達の望ましい方向と、裁判所が現在それらの方向と理解するような妥協案

---

67) もちろん Lauterpacht の全業績を考慮した上での評価であるが、このような提案は McNair の言う「創造的な理想主義の精神」の現れなのであろう。A. McNair, Hersch Lauterpacht 1897-1960, Proceedings of the British Academy (1961), p. 378.

をその *non liquet* の宣言に付け加えるならば、それは大変貴重であろうとする。もちろん、これらの提案は、それらが正式な判決を構成せず、また、仮説上、試験的に、ためらいがちにそして実質において暫定的にすぎないという双方の理由で決して拘束的ではないであろう。こうして、Stone は、双方の当事者を聴取し、そして困難に対するその意見を調整した後で、有能な裁判所は国際的な国家関係の新分野において指針または勧告によって貴重な貢献をなしうるであろうとする。

　Lauterpacht は現行規則が不完全または不十分であっても、現行法として存在する限りこれを適用して、補足的に是正を勧告することを主張する。かれは多数の先例を列挙してこれを実証する。これに対して、Stone はあくまでも *non liquet* を宣言することが適切な事態においてではあるが、*non liquet* を宣言した上で、当事国の意見を聴取しかつ調整した上で、当該問題分野に関して望ましいと考える規則を勧告することを提案する。

4　Lauterpacht 対 Fitzmaurice

　Fitzmaurice は Lauterpacht に敬意を払う立場から Lauterpacht に対する直接的な批判は差し控える。しかし、Fitzmaurice の議論の根底にあるのは国際法秩序の完全性に対する懐疑である。それはある意味で de Visscher の批判に類似する。de Visscher は紛争の司法判断適合性に関する議論の中で「国際法の完全性はという命題は学説的な概念、つまり国際法の性質と役割に関する超法的なイメージの所産である。それは国際関係の現実にとうてい一致せず、またある種のカテゴリーの紛争の司法判断適合性が政府に突きつける問題の解決に全く役立たない[68]」と述べている。

　Fitzmaurice は、Stone の議論に依拠しつつ、国際法の完全性に対する批判を大局的に論じる。Stone 教授は、いかなる実際の規則も原告の主張を支持しないことを理由とする被告に有利な判決と、いかなる法規則も被告の行為を「禁止」しないといういっそう積極的な理由に基づく被告に有利な判決

---

68) Ch. de Visscher, *Théories et Réalités en Droit International public*, quatrième édition, (1970), p. 389. シャルル・ド・ヴィシェール（長谷川正国訳）『国際法における理論と現実』（成文堂、2007年）335頁。

との間の微妙な違いを厳格に区別した。前者は、事件に含まれる実質的な法問題を依然として未解決のままに残す。それゆえ、被告の行為は積極的に禁止されないけれども必然的に「許容される」ことを意味しないと見なされうる。その場合、判決は *non liquet* になるまたは *non liquet* と同じ効果をもつ。後者の場合において、判決は、被告に有利であるけれども、基本的にもっぱら手続的である判決に基づき実質問題を依然として未解決のままに残すことと引き換えにその問題に決着をつけるような方法で、被告の行動を実際に有効にすると見なされうる。これらの両者において、*non liquet* は形式的に回避される。すなわち、*non liquet* の問題を単なる擬制的問題としてではなく、現実問題として提起し、他方で、同時に、法秩序の完全性を仮定することは、法秩序は形式的意味でのみ、つまり、*non liquet* の回避に関する限り、説得力をもたないという意味で完全であると認めることである。というのは、まさしく *non liquet* に訴えることによってのみ達成される回避の場合に、われわれは *non liquet* が真に回避されなかったこと、つまりたとえ形式的に回避されても、*non liquet* が実質的に回避されなかったことに納得しないからである。

　Fitzmaurice はさらに法秩序の「実質的完全性」の問題の検討へと進む。すなわち、われわれは国際法が *non liquet* を回避するために形式的な方策に訴える以外の何らかの方法を提供するかどうかを問わなければならない。いかなる実際の規則も原告の主張を支持しないことを理由とする被告に有利な判決といかなる法規則も被告の行為を「禁止」しないといういっそう積極的な理由に基づく被告に有利な判決はいずれも実質問題を扱っていない。われわれは次の２つの結論によってこの問題に最も適切に解答することができる。

　第１に、すべての問題は、われわれが *non liquet* の概念を単に形式的または残余的な意味ではなくて、実質的および実体的な意味で理解しない限り、非現実的または自己撞着的であると見なされうる。つまり、机上の空論以外ではほとんどありえない。率直に言えば、われわれは裁判所が判決、つまり法的性格の決定を正式に下すという単なる事実に満足することはできない。というのは、*non liquet* は判決が裁判所に提出された紛争または諸事項に含まれる実質的な法律問題に関して司法的な解答を与えない限り、依然として

本当に回避されないからである。もし判決が法の仮定される沈黙または削減できない複雑性または不明瞭さを理由にこれを行わずに、しかし、それにもかかわらず、「まさしくこの根拠に基づき」当事者の一方または他方に有利な法技術的判決または何らかの他の種類の残余的に基礎づけられた判決を与えるとするならば、実質的には *non liquet* という結果になる。われわれは裁判所がこの種の事態において単に「訴訟を終わらせるために」（*ut sit finis litis*）この種の判決を与えることで問題はすべて決着したと言えるのであろうか。もっぱら技術的な判決は、もし訴訟の真の実体に一致していないならば—その結果、少なくとも、*non liquet* は避けられるであろうが—明白な不正に帰着することは起こりえないのであろうか。

　第2に、われわれは更なるステージに進まなければならない。というのは、立った今提起された問いと並んで、もう1つのいっそう重要な問いが生じるからである。*non liquet* はそれが実質的に回避されない限り本当は回避されないという結論に達したのであるから、われわれは、次に、もしそれが回避されなければならないとすれば、それはいかなる手段によれば必ず実質的に回避されうるかを問わなければならない。また、われわれがこれを問わなければならないのは、よく知られた法的推論の技術—類推の利用、国内法の適切な規則への依拠、法の一般原則等に訴えること—を基礎として、国際裁判所が司法的機能の制限内にもっともらしく依然としてとどまりながら[69]、実質的判決を与えることができる種類の事件との関連においてではない。われわれが問わなければならないのは、これらの援助が何の役にも立たないあるいは実際に起きていることが司法立法の一部であるという事実をほとんど隠蔽することができない拡大のプロセスによってのみ利用可能になる種類の事件、つまり、欠缺（*lacuna*）または不明瞭という種類の事件に関してである。それゆえ、最後の問題が存在するにちがいない。われわれは、最後の手段として実質的な *non liquet* を回避する代償として司法立法を受け入れる用意があるのであろうか。

69）Fitzmaurice によれば、それはかなりの制限である。というのは、多くの人はそのような援助に訴えることはそれだけで立法行為のかなりの要素を含むと判断するであろう。*supra* note 4, p. 111, note 34.

Fitzmaurice は、上で引用した2つの場合、すなわち、いかなる実際の規則も原告の主張を支持しないことを理由とする被告に有利な判決（実質的に *non liquet* の場合）といかなる法規則も被告の行為を「禁止」しないといういっそう積極的な理由に基づく被告に有利な判決（残余的消極原則が適用される場合）のいずれも実質問題に取り組んでいないという理由で、事件が少なくとも法の欠缺または法の不明瞭に関係する場合には、*non liquet* を実質的に回避するために司法立法に訴えることを肯定するのである。すなわち、実質問題が解決されない限り、問題は解決されないのである。Fitzmaurice は次のように述べて司法立法を支持する。すなわち、「国際法の立場が国内法において行われている立場と著しく異なるのはまさしくこの文脈においてである。国内法体系は欠缺を補充し、または裁判所の作業が明らかにした不明瞭さを一掃する立法者または立法団体を含む。国際法体系はそのようなものを含まない。そのため、国際分野ではおそらく通常は国内的に受諾可能とは見なされないであろう程度の司法立法を保証するものと見なされるであろう[70]」。

5　おわりに

Lauterpacht、Stone および Fitzmaurice の議論は係争手続を前提として展開されている。しかし、法的問題を提起する限り、*non liquet* は勧告手続においても当然問題になりうる。核兵器の威嚇または使用の合法性事件において事実上 *non liquet* が宣言されたことは重要な先例的意味を有するであろう。

Lauterpacht は国際裁判所は国際法の完全性の理論に基づき *non liquet* の宣言が禁じられると主張する。*non liquet* の禁止は130年にわたる国際裁判実務によって実証されてきた。Lauterpacht によれば、これは類推の利用、目的解釈等の解釈技術の駆使および法の一般原則への適切な依拠を通じて実現された。杉原教授は「これまでの判例をふまえて考察するなら、国内法の場合と同様に、国際法においても法的決定としての裁判を不可能にするよう

---

70) Ibid., p. 111.

な法の不存在はないこと、すなわち、国際法の適用によって決定されえない
紛争はない[71]」と結論し、「法の不存在ないし不明瞭を理由とする *non liquet* は許容されないとする実定国際法の原則が成立しているということができる[72]」と主張する。こうして、Lauterpacht 説を基本的に支持する。

　確かに国際判例の歴史的検討は *non liquet* の宣言禁止の伝統が辛うじて維持されてきたことを証明する。しかしながら、国際社会の同質性に大きな亀裂が認められる、また、科学技術の発達がますます加速しつつある現代国際社会において法の発達が社会の発達に追いつけない状況が近年とみに生じつつあることは否定できないと思われる。この状況で国際法の完全性を貫徹することは果たして可能なのであろうか。また、そうすることは合理的と言えるのであろうか。そのような懐疑的観点から、Stone と Fitzmaurice はいわば国際法の不完全性、したがって *non liquet* の可能性を主張する。Stone は *non liquet* が生み出されざるをえない法状況を解明し、司法立法による *non liquet* 回避の必要性を認めながら、裁判所が事情に応じて *non liquet* を宣言することを容認する。これに対し、Fitzmaurice は、*non liquet* は形式的にではなく実質的に解決されなければならない問題であるとして、その回避と回避方法を探求する。結論としてかれは *non liquet* を回避する方法は司法立法であるとする。Fitzmaurice は *non liquet* を宣言するだけでは国際裁判所に対する不信を招くと考えるのであろう。それゆえ、法の支配を貫徹するためには *non liquet* の回避方法は司法立法以外にありえないと主張するのである。

---

71)　杉原高嶺『国際裁判の研究』（有斐閣、1985年）210頁。
72)　同上、209頁。

能力構築と国連

林 一 郎
熊本大学教授

はじめに
一　ピボット概念としての能力構築
二　国連行政ネットワーク（UNPAN）
結びにかえて

はじめに

　国際法の遵守に関するヘンキンの有名な言辞に関わらず、内戦の形での戦争は後を絶たず、法には不遵守がつきまとう[1]。違法は合法の表裏でありこれ自体は病的とはいえない。国連憲章および国際法により武力の威嚇と行使が違法になっている現代国際社会においても、国際紛争に武力を行使すべしとの意見が散見される。そこには、法、国際法に対する無知がうかがえるように思う。

　冷戦後、破綻国家、体制移行期国家、紛争復興期国家と評される状態の国家が多数出現し、内戦に突入した国家もあった。現代の戦争の主要形態である内戦は、国際法の不備により生じるわけではなく、国際法を遵守するべき国家の国内で発生している。法の支配、立憲主義も、国家の名による国家当局者である自然人の暴走を抑制するために発達してきた。いかに国際人権制度が高度に発展しようが、国家を含め人権を守るべき主体が責務を果たさなければ人権侵害の根絶は遠い課題であり続けるだろう。

---

1) "It is probably the case that almost all nations observe almost all principles of international law and almost all of their obligations almost all of the time.", Louis Henkin, *HOW NATIONS BEHAVE* (Columbia University Press, 1968), p. 47.

606

　国際法研究は日々進展している。他方で、国際法遵守への疑問も尽きない。国際法主体である国家は法人格であり、実際の行為は国家機関である個人が行う。国際法学がいかに高度化し精緻になろうと、その運用者がそれを理解しなければ国際法が適切に解釈・運用されることはない。制度の精緻化とともに、その担い手の意思と能力の向上も重要である。たとえば、日本の司法試験や公務員試験における国際法の位置づけを考えれば、法律実務家や公務員といえども国際法を十分に理解していないことは容易に想像できる。

　内戦の当事国となったのは多くは開発途上国や旧社会主義国家であったが、先進国もグローバリゼーションの負の影響や汚職などの国内問題をコントロールしきれずにいるようにみえる。いずれの統治主体も、国際法遵守能力を含むガバナンスの能力が不十分であり、自ら単独でその能力を向上させたり回復することが困難な状態にあるといる。このため、国家なかんずく政府の「能力構築」（Capacity Building）やその強化・向上のために、国際社会や国際機構、国際連合が、法整備支援などの能力構築を支援することが必要になる。

　ガバナンス能力の脆弱な国家に対する能力構築支援は、当該国家の透明性、説明責任、リーダーシップの向上を支援することを通じて、政府に対する国民の支持・信頼を高め、結果として政府の正統性の強化に資することにもなる。それは内戦や紛争の発生・再発への抑止となる。ここに能力構築と平和構築のつながりがみえる。

　国連はその設立当初から能力構築支援を行ってきたが、1996年に国連経済社会局（the Department of Economic and Social Affairs of the United Nations, DESA）[2]に、国連行政ネットワーク（United Nations Public Administration Network. 以下、UNPAN）を創設し、加盟国に対する能力構築支援を行っている。

　現代社会の各分野において、情報通信技術（Information and Communications Technologies. 以下、ICTs）の利活用が活発になっている。国家の能力構築の分野において、ICTs を利用した能力構築支援を行っている１つが、こ

---

2) 組織名称は、国際連合広報センター東京事務所のホームページの「各部局」での訳にしたがった。

の UNPAN である。

　本稿は、UNPAN と国連からネットワークを介して公開されている公文書の分析を通じて、国連経済社会局 UNPAN による、ICTs を利用したガバナンス能力構築支援の現状、有効性、限界と課題を明らかにし、基本的な国際法主体である国家・政府の能力構築とその支援方法の改善に貢献することを第一目的とし、副次的に、国際法の健全な運用能力を持つ実効的な政府の要素について具体的に明らかにすることを目的とする研究の一部である。能力構築は、先進国であるか途上国であるか、政府内の上下関係のどこに位置するか、中央政府であるか地方政府であるかを問わない課題である[3]。

　国際法の前提たる狭義の国際社会は、単一の主権国家が合理的に行動することを仮定している。しかし、すでに問題が明らかになっている。1つは、国家は単一の一枚岩でなく、国内の諸力を変数として国家意思が形成されていることであり、国家意思の分析には水平垂直の国内諸力を分析する必要があるということである。2つは、国家の行動が必ずしも合理的ではないことである。本研究では、後者の理由の1つとして、政府のガバナンス能力の欠如ないし低下に注目し、これを克服し正常な能力を持つ政府、国家を再建するために国際社会が行っている「能力構築」（Capacity Building）の支援の意義と限界を明らかにするために、その一手段として国連 UNPAN が行っている活動を検討するものである。

　本稿では、2001年国連総会で採択された国連総会／国連経済社会理事会による5年目アセスメントをおおむね一区切りとして、UNPAN による能力構築支援について検討する[4]。5年目アセスメントでは、組織の目標として、持続的な開発のために、効果的、効率的で、透明性があり、説明責任を果たす、革新的で、市民中心的な、公的ガバナンス、行政とサービスを促進することが挙げられている[5]。UNPAN のより具体的な活動内容（ホームページの

---

3) 2016（平成28）年熊本地震における他県からの応援職員という仕組みも、一国内の垂直水平の行政レベル間での能力構築・能力支援に関わる。

4) A/56/127 - E/2001/101, "Five-year assessment of the progress made in the implementation of General Assembly resolution 50/225 on public administration and development"（a56127.pdf）, 2 July 2001. 以下、5年目アセスメント。

5) *Ibid.*, para. 70.

構成を含む。）と、以降の動向については稿を改める。近年の動向については、主に、国連経済社会理事会補助機関の行政専門家委員会（the Committee of Experts on Public Administration, CEPA）の活動の分析を通じて明らかにする予定である。

　本稿の第一章では、構築・向上させるべき「能力構築」（Capacity Building）関係概念について UNPAN が提供している諸定義を整理する。そして、法制度や紛争処理の客観面の分析から、それらの担い手としての国家・政府という主体の主観面の分析への問題意識の移行について概説する。法の遵守を確保するためには、法が高度化・精緻化されるだけでは足らず、規範を遵守すべき授範者の能力構築が必要なのである。第二章では、ICTs を用いて能力構築に寄与している UNPAN とその活動について概観し、その後の評価公文書から、UNPAN とその活動の現状と課題を検討する。結びにかえてでは、法の遵守に関するアプローチの１つである本稿のアプローチの展望と残る課題とについて整理する。本研究は、政府・行政とその実効性の在り方についての考えの洗練化に貢献することにはなるだろう。

一　ピボット概念としての能力構築

1　能力構築とは

　慣習国際法における規則の履行継続期間の重点は、履行継続の期待にある[6]。その前提は、主体が合理的期待を共有できるということである。合理的期待の形成が崩れた場合、相互間の規範の遵守も紛争の合理的な解決も困難となる。合理的期待を再構築するということは、その主体の再教育、能力構築をすることといえるだろう。

　近年国連において "Civil Society" が強調されておりそれは適切なことであると考えるが[7]、国内社会、国際社会、そして The Sustainable Develop-

---

6) 宮崎繁樹『国際法綱要』（成文堂、初版第１刷、1984年）14頁。

7) たとえば、国連ホームページの「Home」タグの第２階層には「Civil Society」があるし、1999年の UN Global Compact、2010年の UN Academic Impact も同じ流れに位置づけることができよう。at http://www.un.org/en/ (as of February 20, 2019).

ment Goals/the Millennium Development Goals（SDGs/MDGs）の主要なプロモーターが国家・政府・行政であることは変わりない[8]。

　本稿は、国際法を遵守し国際紛争を管理する国家・政府の構成員の能力構築に焦点を当てるものであるが、関係する定義について UNPAN の UN Public Administration Glossary は以下のように説明する[9]。

　構築されるべき「能力」（Capacity）については、「持続的な方法で、職務を遂行し、問題を解決し、目標を設定し達成する、個人、制度、社会の能力である。それは、個人的（経験、知識、技術レベル）、組織的（組織的システムと手続）、体系的あるいは実行環境に関する（政策、立法、社会規範、など）、能力が発展するべき３つのレベルがある」とされ、個人の能力のみならず、制度と社会の能力にも言及がなされている。

　「能力構築」（Capacity building）とは、「関係国の人民による環境のポテンシャルと限界の理解およびニーズの理解に基づき、開発オプションの中での政策選択と実施モードに関する極めて重要な問題を診断し対処する能力のない状態（たとえば、紛争後の行政再建）において、能力を構築することである。それは、国毎の人的、科学的、技術的、組織的、制度的、資源的な能力を含む」とされる。国家の重要問題を診断しそれ対処する能力のない状態の主体に働きかけ、それらを診断し対処できるようにするのが能力構築ということである。また、「能力開発」（Capacity Development）という概念も示されており、「長期的な開発の中心プロセスであり、持続的な方法で、職務を遂行し、問題を解決し、目標を設定し達成する、個人、制度、社会の能力が、ゆっくり時間を掛けて開発維持されるプロセスである。そこには、職務を遂行するために制度、組織、集団や個人が能力を取得することが含まれる」とされている。開発すべき「能力」については先の定義が繰り返されている。

　制度、組織、集団と並ぶ能力主体の１つである「個人の能力開発」（Individual capacity development）については、「公務員個人が変化を学習・適応

8）UNPAN 設立の A/RES/50/225（前出）前文は、国家の主権的権利と責任を再確認する。

9）UN Public Administration Glossary, at http://www.unpan.org/Directories/Glossary/tabid/1398/language/en-US/Default.aspx（as of February 19, 2019）。ここには、109項目の用語が掲載されている。

し、既存の知識やスキルを構築し、それらを新しい方向に強化し使用するための、継続的なプロセスに参加することが出来る諸条件を設定することである」とし、そのための新しい人事管理アプローチを要求し、「学習の増大への新しい方法としての知識管理（knowledge management）の重要性を指摘する」。

また、「社会能力開発」（Societal capacity development）について、「社会レベルでの能力開発は、行動と国民のフィードバックから等しく学ぶ、より双方向的な行政のパラダイムを支援することが求められる。行政が責任感を持つ説明的なサービス供給者とみられるために、そのパフォーマンスは監視される必要があり、社会の変化が要求される」としている。

具体的な能力構築の分野として、平和構築を挙げることができる。1992年のガリ事務総長報告『平和への課題』（An Agenda for Peace）に先立ち、1970年代にガルトゥング（Johan Galtung）は「平和管理と紛争解決（peace management and conflict resolution）のための固有の能力を支援することによって」平和を促進する平和構築を主張し[10]、能力の支援に言及している。さらに、2007年の事務総長政策委員会は、平和構築が、「紛争管理のためあらゆるレベルでの国家の能力を強化すること」（strengthening national capacities at all levels for conflict management）によって、紛争の再発または再発の危険を減らし、持続的平和と発展の基礎を置くことを目的とする一連の措置を含むとし[11]、国家の能力の強化に言及している。ここには、紛争、平和と、能力構築支援の関係が示されている。危機下にあったり紛争後の国家のガバナンスの回復と政府への信頼の構築には、行政改革とそれに対する能力構築支援が必要となる[12]。

法整備支援もまた、国家や政府機能の在り方を問う「良い統治」（good governance）の要素とされており、能力構築の一例といえる[13]。

---

10) "What Is Peacebuilding?," at http://www.un.org/en/peacebuilding/pbso/pbun.shtml (as of March 9, 2018. 2019年2月18日不通). https://www.un.org/peacebuilding/supportoffice（2019年2月19日アクセス、当該資料なし）.

11) *Ibid.*

12) "The Challenges of Restoring Governance in Crisis and Post-Conflict Countries" (UN-PAN025512.pdf), 2007, p. 7, at http://www.unpan.org/.

2 問題意識

筆者が「紛争管理」(conflict management) という概念を初めて聞いたのは、1997年に「国際レジームとしての国際法」に関する在外研究のために赴いた米国の研究先においてであった。

その後、2000年に JICA (国際協力事業団) 技術協力専門家研修 (法整備支援第1回) に参加した。研修では、紛争後国家再建における国家の能力構築の一部といえる法整備支援について理論的および実践的に学び、日本によるカンボジアに対する法整備支援の現場を視察した。当時現地には常用言語による近代的な法律基本用語すらなく、それらを造語するために、サンスクリット語にまで戻って新用語を考えているということであった。こうして、法整備支援を通じて新しい法律が作られつつあったが、その運用面を見ると、いわゆるカンボジア内戦を生き抜いた裁判官は4名しかおらず、法曹養成は急務であるといえた[14]。

2003年～2007年に、熊本大学法学部・法曹養成研究科共同拠点形成研究 B 『「社会の「法化」に最適な司法制度と紛争解決システムの構築——法的解決システムと非法的解決システムの競合と連携—」』(平成15年度～平成19年度) に参加し、「紛争管理」(conflict management) と向き合うことになった[15]。

紛争と平和は連続したものであり、紛争自体は非日常的なことではない[16]。通常の紛争処理プロセス内で当該紛争を解決する十分な能力を国家が持っていないことが問題なのであり、重要かつ必要なことは紛争処理能力を含む国家のガバナンス能力を回復・強化することである。いわゆる破綻国家という

---

13) 林一郎「公共性の再興と法整備支援——国際公共政策に向けて」中村直美・岩岡中正編著『時代転換期の法と政策』(成文堂、2002年) 211-229頁。

14) 林「前掲論文」(注13)「公共性の再興と法整備支援」、林一郎「JICA 法整備支援 (Legal and Judicial System Development) とカンボジア:帰朝報告」『熊本法学』第98号、2000年)。

15) 林一郎「国際紛争のサイクル・プロセス管理」熊本大学法学部・法曹養成研究科共同研究グループ『社会の「法化」に最適な司法制度と紛争解決システムの構築——法的解決システムと非法的解決システムの競合と連携・中間報告書』(2005年3月) 144-153頁、林一郎「持続的紛争管理の制度化としての米州システム形成」吉田勇編著『法化社会と紛争解決』(成文堂、2006年) 209-225頁)、林一郎「国際紛争の管理及び転換に関する考察」吉田勇編著『紛争解決システムの新展開』(成文堂、2009年) 247-267頁。

16) 林「前掲論文」(注15)「国際紛争のサイクル・プロセス管理」。

現象もこの流れの中で理解することができよう。しかしながら、とくに内戦で疲弊した国家・政府においては統治に必要な人材が枯渇しており、当事者のみで能力構築・強化を実現することが困難であり、国際社会による法整備支援などの国家の「能力構築」（Capacity Building）支援が必要になる。

　そうした観点から国際機構による国際紛争管理について研究し、「紛争転換」（Conflict Transformation）という概念にたどり着いた[17]。これは、認識、問題、期待、利益、当事者間関係といった主観的要素と、ルール、制度、社会または体制といった客観的要素に変化をもたらすことによって紛争を解決するという考えである。

　この考えは、紛争の客観面のみならず、主観面にも焦点を当てるというもので、ここに、紛争転換を促す主体、紛争管理を行う主体、法を遵守する主体の能力について著者の関心が向かうようになった。紛争が適切に管理され転換されないのは、法が遵守されないのは、それらの担い手の意思と能力が不足しているのであり、ガバナンス能力を欠く政府には紛争転換を実現することは不可能であり、その「能力構築」（capacity building）が行われなければ、どのような素晴らしい制度も画餅にすぎないと考えるようになった。

　確かに国際法などの制度側にも不十分さがあることは否定できないが、いくら制度を完璧に近づけても、それを運用する主体が合理的判断に基づいて、制度を適切に運用できなければ、理論が求めるような良い結果は期待できない。紛争処理や法遵守の当事者である国家の能力と意思（満足度）が健全でないから、国際法を適切かつ合理的に解釈・運用し、紛争を合理的に処理できないのである。法遵守の問題は、制度側のみならず、制度を運用する主体の側にもある。

　かくして、制度の客体面にかかわる国際レジーム論発展型グローバル・ガバナンス研究、客体面と主体面にかかわる法整備支援研究と紛争転換研究が、「能力構築」（Capacity Building）というキーワードを中核にして著者の思考において統合された。この時期、国連のサーチシステムで「Conflict Management」（紛争管理）を検索すると「capacity building」（能力構築）に多数

---

17) 林「前掲論文」（注15）「国際紛争の管理及び転換に関する考察」。対象である紛争を変化させるために主体が能動的に働きかけるという点を重視して、この訳語を当てた。

行き当たった。UNPAN には、"Capacity-Building in Conflict Management"（紛争管理における能力構築）、"Governance and Public Administration Capacity Building"（ガバナンスと行政能力構築）、"Building Capacities of Governance and Public Administration for Managing Conflict"（紛争を管理するためのガバナンスと行政の能力の構築）といった項目があり、紛争と能力構築の関係が強く打ち出されていた[18]。

　国際法を健全に運用し、紛争を合理的に処理できるように、国家の能力の構築を支援する方法の1つとして、本稿では、情報通信技術（Information and Communications Technologies, ICTs）の広範な利用という現代的状況を背景に、それらを用いて、国家の健全な能力（紛争処理能力を含む。）の構築を支援する方法の1つとして、国際連合による「能力構築」（Capacity Building）支援の現状と課題について UNPAN に焦点を当てて分析する。

二　国連行政ネットワーク（UNPAN）

1　設立

　国連による能力構築自体は国連創設直後に遡るが、能力構築の直接の出発点となったのは、国際行政訓練センターを設立するという1948年12月4日の総会決議 A/RES/246（III）である[19]。それに1952年1月12日の総会決議 A/

---

18) UNPAN のホームページのドキュメント検索の「Advanced Search」の「Thematic Keyword」に "conflict management" があらかじめ設定されていた。「行政能力」（public administrative capacities）は1995年、「能力構築」（capacity-building）は1995年、「人材養成」（human resources）は1995年、「市民社会」（civil society）は1996年、「参加型アプローチ」（participatory approach）は1996年から検索結果が出ており、冷戦明けから能力構築支援が活性化したことが見て取れる。

19) United Nations, General Assembly resolution 246 (III) of 4 December 1948, "International facilities for the promotion of training in public administration"; Department of Economic and Social Affairs, Division for Public Administration and Development Management, *The Contribution of the United Nations to the Improvement of Public Administration - A 60-Year History*, ST/ESA/PAD/SER.E/115 (United Nations, New York, 2009), pp. 8-9., at http://www.unpan.org. UNPAN の任務と設立に関わる主要な決議のリスト：Home > About Us > Our Mandates > Resolutions and Mandates > Public Administration and Development, at https://publicadministration. un. org/en/About-Us/Mandates (as of February 18, 2019). 上記リストの日付と本文中の日付が異なる決議について、本稿本文では、決議本文中の日付に依った。

RES/518 (VI) が財政基盤を与え[20]、さらに翌1953年10月23日の総会決議723 (VIII) がそれらを拡張改訂した[21]。この改訂国連行政プログラムでは、行政分野における技術情報の収集、分析、交換のほかに、行政の技術支援の具体的方法として、(i) 専門家の助言、(ii) 奨学金、(iii) 訓練機関、セミナー、会議、ワーキンググループその他、(iv) 技術的出版物の提供を挙げている[22]。

次の基本文書は14年後の1967年5月24日の経社理決議 E/RES/1199 ((XLII) であるが、事務部門の格上げと、専門機関や関係 NGO との協力が言及されている。いうまでもなく、国連憲章そのものが NGO に言及しており、のちに国連各所で "Civil Society" への言及がなされるが、本分野でもこの時点ですでに NGO への言及があることは肯定的に注目したい。その後1994年まで27年間基本文書は空白である[23]。

能力構築支援としての UNPAN の構築は1990年代中旬に始まる。四半世紀ぶりの総会決議 A/RES/49/136は1994年12月19日に採択された[24]。本決議では、良質な市民サービスの提供のために「行政能力」(public administrative capacities) の強化が必要であるとし、「人的資源の開発」(the development of human resources) の重要性に言及し、持続的開発のための公的セクターと民間セクターの相互補完性を指摘し、「開発のための行政における能力構築」(capacity-building in public administration for development) における途上国への国際的支援を強調して、「開発のための行政の能力構築における途上国と経済移行国の支援」(assisting developing countries and countries with economies in transition in capacity-building in public administration for development) で得られた経験に基づき、経社理経由で総会に貢献するよう行財政専門家グループに要請した[25]。

---

20) A/RES/518 (VI), "Technical assistance activities under General Assembly resolutions 200 (III), 246 (III) and 418 (V)," 12 January 1952.

21) A/RES/723 (VIII), "Technical assistance in public administration," 23 October 1953.

22) *Ibid.*, A/RES/723 (VIII), para. 1.

23) 活動が停滞していたわけではない。詳細は予定している別稿に譲る。

24) A/RES/49/136, "Public administration and development," 19 December 1994.

25) *Ibid.*, para. 4.

1996年の国連総会は、1990年代前半に開催された一連の国際会合をふまえて、環境と開発、人権保障などにおける行政の重要性に注目し、「行政と開発」（public administration and development）テーマを取り上げ、UNPAN の基礎となる総会決議 A/RES/50/225（19 April 1996）を採択した[26]。

総会決議 A/RES/50/225は、「開発への参加型アプローチ」（the participatory approach to development）に基づく行政の質の強化の重要性を再確認し、要請主義を取り国家の主要な責任に言及しつつ、「社会の全てのセクターにおける民主的で透明で説明責任を果たすガバナンスと行政が、社会的で国民中心の持続可能な発展の実現（the realization of social and people-centred sustainable development）のために不可分の基盤であることを再確認」[27]している。関係文書各所と同じく、あくまで被支援国の要請に基づくとして干渉問題を回避しつつ、国連が支援するということが明記されている。また、能力構築活動のパフォーマンスの評価とも関わるが、「行政の質」の強化の重要性が確認されている。ついで、国連が集中すべき活動領域として、「(a) 政策開発、行政改革、市民サービス改革、人材開発、行政訓練のための政府の能力を強化すること、(b) 公的セクターにおけるパフォーマンスを改善すること、(c) 財政マネジメント、(d) 公的セクターと民間セクターの相互関係、(e) 社会開発（Social development）、(f) インフラ開発と環境保護、(g) 政府の法的能力（Government legal capacity）、(h) 紛争後の政府メカニズムのリハビリと再建、(i) 開発プログラムのマネジメント」[28]を挙げ、「国連が、行政における情報へのアクセスを促進すること、全てのレベルで行財政における訓練と研究を促進すること、経験を交換すること、助言サービス、技術支援、能力構築、人材開発を通じて、これらの諸活動を実施すべきである」[29]とし、「行政と開発の分野における国連システムの諸活動の調整を最大化するために適切な措置を取るよう事務総長に勧告」[30]し、UNPAN 設立の

---

26) A/RES/50/225 (19 April 1996), "Public administration and development," at http://www. unpan.org; *supra* note 19, "*The Contribution of the United Nations to the Improvement of Public Administration,*" p. 11; *supra* note 4, A/56/127-E/2001/101, "Five-year assessment," Annex.

27) *Ibid.*, A/RES/50/225, para. 5.

28) *Ibid.*, para. 13.

29) *Ibid.*, para. 13.

根拠をもたらした。

　1999年国連総会は、国連経済社会局行政開発管理部（The Division for Public Administration and Development Management of the Department of Economic and Social Affairs of the United Nations）に、デジタルデバイド（digital divide）に直面している国家、とくに途上国と経済体制移行国を支援するため、インターネット・ベースの行財政ネットワークである UNPAN の開発と実施を委任した。UNPAN の使命は、公共政策に関する、知識、経験、最善のプラクティスを世界中で共有することを促進することである[31]。

　国連経済社会局（DESA）行政開発管理部（DPADM）が、国連行政開発プログラムを事務局支援する。それは、MDGs を含む国際開発目標を達成するためイノベーションとテクノロジーを通じて、国連加盟国が、効率的で、効果的で、透明で、説明責任を果たし、クリーンな、市民中心のパブリック・ガバナンスと行政とサービスを促進することを援助するものとされた[32]。2019年2月現在、UNPAN は、国連経済社会局（DESA）に支援され、公共制度デジタル政府部（the Division for Public Institutions and Digital Government, DPIDG）によって実施管理されている[33]。

　2001年12月21日の総会決議 A/RES/56/213は、「加盟国が行政に関する情報と経験の交換のために利用できる強力なツールの1つとして、国連行政オンラインネットワークが設立されたことを歓迎し」[34]、「ネットワークが、行政の国内省庁や制度の能力を強化し、行政の情報や経験や実行へアクセスし、オンライン訓練を受けることが出来るように拡張されるよう勧告」[35]した。

30）*Ibid.*, para. 18.

31）"ABOUT UNPAN," at http://www.unpan.org（as of June 1, 2009）.

32）"Our Mission," at http://www.unpan.org（as of June 1, 2009）. DPADM ＞ Home ＞ Our Mission and Mandates（at http://www.unpan.org/DPADM/Home/OurMissionandMandates/tabid /1215/language/en-US/Default.aspx）（as of June 27, 2012; March 10, 2015; October 30, 2017）. 上記 URL をクリックすると、以下 URL（at https://publicadministration.un.org/en/About-Us/Mandates（as of February 18, 2019）に転換され、同じ内容にアクセス。）。

33）"UNPAN Partners," at http://www.unpan.org/Home/UNPANPartners/tabid/68/language/ en-US/Default.aspx（as of 26 February, 2019）.

34）A/RES/56/213, "Public administration and development"（N0149370.pdf）, 28 February 2002, para. 1.

35）*Ibid.*, para. 2.

UNPAN の主要なオンラインサービスは、情報サービス、トレーニング・サービス、技術助言サービス、関係者の意見交換と対話のための会議サービス、行政に関する世界的ディレクトリ・サービスの 5 つである。その主要な関心テーマは、「公共経済政策」(public economic policy)、「ガバナンスと制度構築」(governance and institutional building)、「市民サービスと公的セクターの改革」(civil service and public sector reform)、「経営管理のイノベーションと開発」(management innovation and development)、「財政」(public finance)、とされた[36]。

2 活動評価

2001年 7 月 2 日、総会決議 A/RES/50/225の 5 年後評価を行うように勧告した1998年12月15日の総会決議 A/RES/53/201[37]に基づく決議が採択された[38]。

決議 A/56/127 - E/2001/101（5 年目アセスメント）は、行政システムが、平和、自由の拡大、社会的衡平と持続的発展の追求において決定的に重要な役割をもつとする[39]。そして、貧困と収入格差の緩和、人権と両性平等の進歩、総ての人のためのグローバリゼーション、人口予測と HIV/AIDS の影響、環境保護と持続的開発、暴力紛争の予防と管理についての現状分析を行い、それらへの行政的対応の特徴として以下の11項目を挙げる。それらは、A. 民主化と分権化の促進、B. 法的制度的枠組みと経済的ガバナンスシステムの開発、C. 脱官僚主義の促進、D. 倫理と反汚職戦略の展開、E. 公的セクターの透明性、説明責任、実効性の強化、F. 総ての人への公的サービス提供、G. 資源動員と財政管理システムの改善、H. 電子政府の潜在的可能性の開発、I. 国家、市場、市民社会間のパートナーシップの促進、J. 多様性の管理と紛争予防のための能力の強化、K. 国際協力と地域統合の促進、である。このうち、「J. 多様性の管理と紛争予防のための能力の強化」について、国

---

36) "UNPAN: A Portal of Public Administration and a Tool for Bridging the Digital Divide" (unpan002087.pdf), 2001, pp. 4-5.

37) A/RES/53/201, "Public administration and development," 15 December 1998.

38) *Supra* note 4, A/56/127 - E/2001/101, "Five-year assessment."

39) *Ibid.*, p. 3.

家的、地域的、国際的なレベルにおけるガバナンスと行政システムによる
「紛争管理」（conflict management）の注意を予防に向けるように強調する。
そして、経験上、ほとんどの暴力紛争は、司法システムが脆弱であったり、
行政システムに社会的文化的政治的な多様性を管理する適切な能力がなかっ
たために悪化しており、政府は、紛争の予防から平和構築に至る適切な能力
を開発する必要があると指摘し[40]、政府に対する「能力構築」（Capacity
Building）を強調する。

　5年目アセスメント第4節は3つの教訓を記す[41]。第1は、「改革におけ
る被援助国の主導権の強化」（Enhancing countries' ownership of reforms）であ
る。従来の支援がともすれば、被援助国の状況を考慮しない援助国からの押
し付けになってしまったことを反省し、被援助国が主導し被援助国に最適に
カスタマイズされたアプローチをとるべきとされた。第2は、「民主主義を
意味あるものにすること」である。「経験上、民主主義の委縮は、公共への
皮肉、無関心、疎外を導」き、「国家は権力や自治を喪失してしまう」[42]こと
になる。第3は、「ガバナンスのかなめとしての国家」である。国家は、そ
れが機能する3つのレベルすなわち、中央政府レベル、地方政府レベル、国
際レベルのかなめとして位置づけられる[43]。そして、国家のパフォーマン
ス・レベルをあげるために、政府の専門性と能力構築がとくに強調されるべ
きとされる[44]。

　5年目アセスメント第5節は、「能力強化の課題と国連の役割」として、
A. 見解主張（Advocacy）、B. 共通理解の構築、C. 情報共有と経験の交換、
D. 戦略的能力と本質的スキルの構築（Building strategic capacities and essen-
tial skills）、E. 公共サービスの専門性と倫理性の強化[45]、F. 制度構築におけ
る援助の提供、G. 開発援助の調整の改善、を挙げる[46]。

---

40) *Ibid.*, pp. 6–11. J について、para. 40.

41) *Ibid.*, pp. 11–12.

42) *Ibid.*, para. 48.

43) *Ibid.*, para. 50–51.

44) *Ibid.*, para. 52.

45) "Reinforcing core public service values" を意訳した。

46) *Supra* note 4, "Five-year assessment," pp. 12–17.

このうち、「B. 共通理解の構築」について、各国の行政システムの多様性を認めつつ、選挙や会計監査に関するもののような、世界で共通に承認された諸原則やガイドラインが発展してきており、その普遍性と中立性ゆえに国連が果たす役割があるという[47]。「C. 情報共有と経験の交換」について、UNPANが行政改革を始めた政府が信頼できる最新の情報にアクセスする強力なツールであり、UNPANの能力は拡大されるべきという[48]。「D. 戦略的能力と本質的スキルの構築」について、それぞれの国に適した改革プログラムを企画実施評価するリーダーシップ・スキルと戦略的能力を緊急に構築する必要があると指摘し[49]、国連が政策助言するべきとする[50]。また、UN-PANネットワークが、開発とそのコア・スキルの改良の地域協力のモデルを提供するとする[51]。そして、ITCsの可能性を政府が利用できるように、UNPANを拡大するべき[52]として、UNPANを肯定的に評価する。

「E. 公共サービスの専門性と倫理性」では、「国連公共サービス・デー」（United Nations Public Service Day）が提唱された[53]。2003年から6月23日がそれに当てられ、各国のグッド・プラクティス（good practice）に対して国連公共サービス賞（the United Nations Public Service Awards）が授与されるようになった。2010年には、日本政府が推薦した佐賀県が日本で初めて同賞を受賞した[54]。

「F. 制度構築における援助の提供」については、訓練プログラムや情報交換に焦点化した政策助言サービスを通じて、国連が主要な役割を果たすことができるとする[55]。

---

47) *Ibid.*, para. 67.

48) *Ibid.*, para. 71.

49) *Ibid.*, para. 74.

50) *Ibid.*, para. 76.

51) *Ibid.*, para. 77.

52) *Ibid.*, para. 78.

53) *Ibid.*, para. 80.

54) 2010（平成22）年5月19日総務省報道資料、at http://www.soumu.go.jp/menu_news/s-news/02gyosei04_02000017.html（as of February 19, 2013）. アジアの受賞は、韓国、インド、シンガポールに偏っていることを指摘できる。

55) *Supra* note 4, "Five-year assessment," para. 83.

結論において、5年目アセスメントは、行政管理改革が継続的かつ多面的プロセスであると強調しつつ、多くの国家で重要な改革が増大した[56]として国連の取組に対して肯定的に評価している。最後に、本報告は、途上国と経済移行国における統治能力の強化を援助する必要を強調して終わる。

　また、UNPANのパフォーマンス評価を数量的に行っているものもある[57]。同文書には「事務局の期待される成果」が記述され、それに対応する「成果の指標」が記述されている。「成果の指標」として、(a)(i) UNPAN訪問数とダウンロードの増加、(a)(ii) DBに利益のある利害関係者の増加、(b)(i) 政府間組織決議中での参照数の増加、(b)(ii) 途上国のための各種サービス数の増加、(b)(iii) 国内計画での、UNPAN由来参照数の増加、(c)(i) 国連公的サービス賞へのエントリー数の増加、(c)(ii) UNPANで訓練された専門家数の増加、(c)(iii) UNPANに従った各国国内政策数の増加、の8指標が挙げられている[58]。具体的に、本文中では、たとえば、2013年に、UNPANページ・ビュアー数が82万を超えていること[59]、オンライン・トレーニング・センターのインタラクティブ・コース配信が5287に上ること[60]、国連公共サービス受賞候補者が28％増の82件に増加していること[61]、助言サービス提供が15か国23件に増えていること[62]が記載されている。

　このような数値に依拠した評価方法は主要な方法ではあるが、制度の趣旨から考えれば、評価には量の増減だけでなく、各国政府の質の向上を評価するものを加える必要があるだろう。この点、「成果の指標」のうち、パフォーマンスの質的向上に関わりそうなのは「(c)(iii) UNPANに従った各国国内政策数の増加」であるが、依拠した政策が採用されたという入り口だけでなく、当該政策の有効性に関する政策効果の事後的検証、出口の検証も必要であろう。なぜなら、採用政策数が増えたとしても、それらが当該国家にと

---

56) *Ibid.*, para. 88.
57) E/C.16/2014/5, 24 January 2014.
58) *Ibid.*, para. 70.
59) *Ibid.*, para. 22.
60) *Ibid.*, para. 27.
61) *Ibid.*, para. 43.
62) *Ibid.*, para. 60.

能力構築と国連　621

って有効でなかったならば、本当の意味での成果とはいえないからである。5年目アセスメントの教訓1においても、能力構築支援は被援助国に最適にカスタマイズされるべきと指摘している[63]。

結びにかえて

　社会科学は社会制度を考察の対象とする。それはあたかも独自の命を持つかのように考察する。しかし、社会制度そのものが自らを運用しているのではない。社会制度を動かしているのはまさに人なのである。社会は人から成る。社会を良くするのも悪くするのも、社会そのものによってなされるのではなく、その構成員の人間によってなされることである。統治能力を欠く国家とは、結局のところ、統治能力を欠く「人」によって統治されている国家である。

　20年の内戦を経たカンボジアで裁判所を各地に作ることは難しいことではなかったが、裁判制度構築と同時に重要なのは、そこで適切に裁判する能力のある人材の養成であった。国家再建を含む制度構築そのものの重要性は今更言うまでもないが、ひとしく重要なのは、それを運用する人材とその養成である。国家を立て直し、適切に国際法を執行させるということは、その構成員たる人を立て直すことである。それはすなわち、教育と言っていいだろう。教育である以上その取り組みは中長期的なものにならざるをえない。能力構築と教育の強いつながりは、The United Nations Academic Impact[64]を介して、研究教育機関である大学が能力構築支援に協力する必然性をもたらす。とくに、本稿で取り上げた UNPAN による能力構築は、現代社会に広く広がっているデジタル・ネットワークを利用するものなので、外交中枢である首都から離れている地方大学がそれに関わることを容易にする。

　内戦によるガバナンスのハード面、ソフト面の欠落、デジタルデバイド、

---

63) *Supra* note 4, "Five-year assessment," p. 11. para. 44-47. 質的評価の指標作りが極めて困難であることは容易に予想できる。

64) 国連アカデミック・インパクト Japan（http://www.academicimpact.jp/）（as of March 8, 2019).

いずれも国際的格差であり、もの・金・人の制約の下で、これらを同時的に克服する手段として、ICTs の利用が日常化している現代における UNPAN の活用は理に適っていよう。運用開始後の評価文書も、いくつかの教訓をくみ取りつつ、肯定的に評価している。国際協力である以上、内政不干渉の制約は免れないが、UNPAN の支援は要請主義であり、過激なアプローチではない。国家側が能動的に支援を求める場合は当然に、UNPAN のホームページに掲載されている大量の資料を受動的に閲覧するだけであるなら、国家主権との軋轢も起きないだろうと思われる。

　根本的に避けられない問題は、UNPAN のパフォーマンス評価の指標についてである。現行の評価は主にページ・ビューのような一般的な量的指標で示されているが、それに加えて、質的評価の指標が必要である。その作成には一般的に困難が予想される。

　加盟国から提供されるプラクティスの評価も問題であろう。どういう基準で特定のプラクティスをグッド・プラクティスと評価するのか。そして、提供されたプラクティスは実際に役に立っているのか。同じく、これらも評価と評価指標作成が難しいところである。

　また、ネット情報一般にそうであるが、UNPAN でも日々情報量が増えており、その整理、検索の利便性向上も大事な課題である。さらに、本稿中でも散見されるところであるが、ネット情報はその特性の１つとして時にソースが変わってしまい、図書の場合以上に情報源そのものが喪失してしまう危険性がある。ネット情報の一貫した管理と継続的な公開も重要な課題である。

　加えて、このようなシステムを各国の行政官が訓練に利用する余裕はあるのかということも気になる。日本にも「電子政府の総合窓口 e-Gov イーガブ」[65]があり、ネットワークを利用して行政システムを使いやすくするという手法は現代においては世界共通の当たり前なものになっているといえるだろう。しかし、日本の行政プラクティスを世界に敷衍化することには言語の壁がある。また、UNPAN においても主に欧米言語による情報という言語の偏り、世界的なデジタルデバイドの問題があるし、各国行政官の日常業務の

---

65) https://www.e-gov.go.jp/（as of 27 February 2019）.

多忙さが、外国語での閲覧ということと相まって、システムの利用を不活発にしはしないだろうかという懸念もある。ネットワーク利用なので閲覧が容易であるとしても、その先には、国際的なグッド・プラクティスを現地にカスタマイズするという課題が控えている。

　本稿は、UNPAN によるネットワークを利用した能力構築支援研究の序論といえる。その活動の詳細の分析は別稿に委ねることになる。そこでは、国連経済社会理事会補助機関の行政専門家委員会（the Committee of Experts on Public Administration, CEPA）の活動の分析を中心に、基本文書空白期の活動も含めて、国連と UNPAN による能力構築の動向と課題に関して明らかにする予定である。

　本稿では、法人格である国家の実際の担い手としての自然人である個人の能力構築に焦点を当てた。個人に視点を当てる点で国際人権保障の宮崎国際法の延長につながればとも考える。また、宮崎先生は『国際法綱要』において、国家承認の本質は国際法律行為ではないと論じておられるが[66]、他方で多くの国際法のテキストは国家承認を取り上げ続けている。本研究の延長には、政府承認の要件としての実効的政府の詳細化、すなわち、法律論としての承認論の精緻化を展望することができるかもしれない。UNPAN の専門委員会では、政府の透明性、効率性、説明責任、包摂性（building effective, accountable and inclusive institutions at all levels）[67]等が問題とされている。これらを承認の要件とすることは厳格にすぎるであろうが、承認の要件を明確にすることにはまだ意味があると考える。

　本稿は、法の遵守に関するアプローチの１つとして、法制度の側の重要性のみならず、法の運用主体の側の能力構築の重要性に光を当てた。本稿の執筆には環境と時間の制約がついて回り不十分なところも多いことは自認しているが、制度のみならずその運用主体に注目することにより、政府とその実効性の在り方についての考えの洗練化につながればと思う。

66）宮崎『前掲書』（注６）243頁。本論文は、宮崎繁樹先生追悼論文集の一部である。

67）E/2018/44-E/C.16/2018/8, Report on the seventeenth session（23-27 April 2018）, Economic and Social Council Official Records, 2018, Supplement, No. 24, Summary.

第Ⅴ部

特別寄稿

人権教育啓発推進センターにおける
宮崎繁樹先生のご貢献

横田洋三
人権教育啓発推進センター理事長

　筆者が現在理事長を務める「公益財団法人人権教育啓発推進センター」
（以下「人権センター」）は、1987年に、同和（部落差別）問題に関する啓発活
動の日本における中心的機関として、当時の総務庁（現総務省）所管の「財
団法人地域改善啓発センター」として設立された。その後、「同和問題の早
期解決に向けた今後の方策について」と題する1996年の閣議決定に基づいて、
地域改善（同和問題）に関する特別対策が人権一般対策の中に位置づけられ
ることになり、人権センターは、「人権教育及び人権啓発を推進し、支援す
る財団法人として発展的にその在り方」が見直されることになった。

　これを受けて人権センターは、1997年4月、「次代を担う青少年等に対す
る同和問題など人権に関する総合的な教育・啓発及び広報を行うとともに、
人権に関する教育・啓発について調査、研究、情報収集・提供及び国際的連
携を図り、あわせて、人権に関する相談を実施し、もって、基本的人権の擁
護に資する」ことを目的とする法務省、文部省（現文部科学省）、総務庁の三
者が共管する「財団法人人権教育啓発推進センター」として、名称も新たに
再出発した。

　この間、世界においては、1993年のウィーンにおける世界人権会議、1995
年の北京における第4回世界女性会議など、人権に関する重要な会議が開催
され、それぞれウィーン宣言および行動計画、北京宣言など具体的な成果が
あがり、国連を中心に人権との取組みが大きく進展した。日本もこうした世
界の動きに呼応して、すでに批准を済ませていた社会権規約（1979年）、自
由権規約（1979年）、難民条約と同議定書（1982年）に加えて、女性差別撤廃

条約（1985年）、子どもの権利条約（1994年）、人種差別撤廃条約（1996年）、拷問等禁止条約（1999年）に加入し、人権を重視する外交政策を強力に進めるようになった。また日本は国連の人権委員会のメンバー国となり、その下部機関である「差別防止および少数者保護小委員会」（のちに「人権促進保護小委員会」と改称、以下「人権小委員会」）に正委員・代理委員として2人の専門家を送り、国際的な人権分野の活動に積極的に関わるようになった。

　その後、世界においては人権との取組みがさらに進展し、国連の経済社会理事会のもとにあった人権委員会が総会の補助機関としての人権理事会に格上げされ（2006年）、その人権理事会のもとですべての国連加盟国を対象とする人権状況監視のための「普遍的定期審査（UPR）」が開始された（2008年）。また、人権教育の分野では、2005年に総会決議に基づいて「人権教育の世界計画」が開始され、第1段階（2005～09年）は子どもたちへの人権教育の推進がうたわれ、それは第2段階（2010～14年）の高等教育機関および公務員への人権教育、さらに第3段階（2015～19年）のメディアと報道関係者への人権教育へと引き継がれてきている。

　このような人権に関する国際的、国内的動向をふまえて、人権センターは、人権教育啓発の総合的ナショナルセンターとして、主たる監督官庁である法務省と密接に連携しつつ、国や地方自治体、さらには企業等が行う人権啓発活動や人権研修を支援し、幅広く国民に対する人権情報の提供を行ってきている。

　2012年には、国の新公益法人制度の発足に伴い、人権センターは法務省のもとの財団法人から内閣府管轄の公益財団法人に移行して今日にいたっている。

　さて、宮崎繁樹先生は、長年国際法研究者として明治大学法学部で教鞭をとられ、1975年には同法学部長、92年には明治大学総長に就任された。この間先生は、87年に世界法学会理事長、91年に国際人権法学会理事長に選任され、学界での国際法、国際人権法の研究の発展に大きく寄与され、これらの分野において数多くの若手研究者を育てあげられた。宮崎先生は、国際法において、それまでの学界の通説であった「国際法の主体は国家」、「個人は国際法の客体」という考え方に異を唱えられ、「個人も国際法の主体たりうる」

との説を主張された。そしてそのお立場で人権を国際法の独自の研究対象に位置づけて正面から取り組まれ、「国際人権法を国際法の体系の主要な一分野」として確立することに尽力された。こうした宮崎先生の、個人を国際法の主体と認め、人権を国際法の固有の規律および研究の対象分野として位置づけるお考えは、未来社から出版された『国際法における国家と個人』（1963年）、および、日本評論社から刊行された『人権と平和の国際法』（1968年）に始まり、『亡命と入管法』（伸松堂書店、1971年）、『戦争と人権』（学陽書房、1976年）、『現代国際人権の課題』（三省堂、1988年）、『解説　国際人権規約』（日本評論社、1996年）などの一連のご著書において明確に示されている。

　また、宮崎先生は、国際法や人権を単なる理論上の関心事として研究されたのではなく、ご研究が実際社会においてどのような意味をもつかという現実との関わりにも目を向けた研究姿勢をとられ、とくに日本独自の深刻な人権問題であった同和問題と正面から取り組まれ、1993年に地域改善対策協議会会長、そして97年には人権擁護推進審議会委員などに就かれ、それは1996年に明石書店から出された『世界の人権と同和問題──人権の世紀をめざして』、および、『現代の人権と同和問題』（編著）として実を結んだ。

　こうして、宮崎先生は、人権を国際法の固有の一分野として正面から取り組む国際法研究者として、また、理論と実践の両面にわたる活動を進めてこられた人権の専門家として、すぐれた実績をあげられ、そのことは、学界はもとより、当時の人権センターの監督官庁であった法務省、文部省、総務庁の関係者の間でも高く評価されていた。その結果、1997年にご就任間もなく急逝された磯村英一理事長の後任として宮崎先生が財団法人人権教育啓発推進センター理事長に選任された。先生は、その後2006年３月に退任されるまで10年間に及ぶ期間理事長として、同和対策の一環としての財団法人地域改善啓発センターから、人権一般の教育啓発事業を行う財団法人人権教育啓発推進センターへの移行という困難な時期に、人権センターを主導する重要な役割を果たされた。

　この間、人権センターは、こうした制度上の大きな変更と事業の大幅な拡充に伴い、当初４、５名の職員であった事務局が20人近い職員を抱える組織

に拡大された。そしてその事務所も、千代田区永田町の小さな間借りスペースから1993年には千代田区一番町の小ぢんまりとした独自のワンフロアーに転居し、さらに人権ライブラリーを擁する港区新橋のビルの独自のワンフロアーに移り、最終的に、宮崎先生の理事長としての最後の大きなお仕事として、2005年3月、現在の人権センターの事務所のある港区芝大門のビルの、研修会場が設置された広いワンフロアーを占める場所への移転を実現された。私はその一年後の2006年4月に、宮崎先生の後を引き継いで人権センターの理事長に就任したが、それは先生が作られ基礎を固められた新生人権センターを、先生の敷かれたレールに沿って進むという比較的肩の荷の軽い役割を演ずればよい立場であった。

　私は、宮崎先生の理事長ご退任に際して、先生の長年の理事長としてのご経験とご苦労で得られた知見をその後の人権センターの管理運営に活かす必要があると考え、大変失礼とは考えたが2006年4月からは人権センターの顧問として引き続きセンターに関わっていただきたいとお願いしたところ、先生は一も二もなく快くお引き受けくださり、新米の理事長である私にとって大変心強い支えになってくださった。また2012年4月に、人権センターが、監督官庁であった法務省を離れて内閣府のもとの公益財団法人に移行した際にも、新体制のもとで人権センターの管理運営を円滑に進めるうえで先生のご経験と知見が欠かせないと考えた私は、先生に人権センターの評議員としてご奉仕いただけないかとご相談したが、その折にも先生はご快諾くださり、その評議員としてのお立場はお亡くなりになる2016年まで続けられた。

　今日、人権センターは、「中立公正な立場から人権に関する総合的な教育、啓発及び普及等を行い、基本的人権の擁護及び人権尊重意識の醸成・発展に寄与する」ために、日本における人権教育啓発活動のナショナルセンターとして、人権に関する総合的な教育、啓発および普及事業、情報収集・提供事業、調査・研究事業、研修事業、支援事業、相談事業、国際的連携事業などを、法務省、経済産業省（中小企業庁）、厚生労働省などの関係省庁、都道府県市町村などの地方自治体、民間企業、市民団体などと協力して推進している。このような人権センターの幅広い活動の基盤を作られその健全な管理運営（ガバナンス）に長年にわたって指導的役割を果たされた宮崎繁樹先生は、

人権センターにとって極めて大切な功労者であられるが、同時に先生は、日本の人権教育啓発活動の先導者として長く私たちの心に残る方である。深い尊敬の念と感謝の気持ちを込めて、本稿を先生のご霊前にお奉げする。

編集委員会後記：横田洋三先生は2019年6月12日にご逝去されました。謹んで哀悼の意を表します。

宮崎繁樹先生　略歴

1925年10月21日	出生
1930年8月	父繁三郎の転任に従い満州のハルピンに居住（1933年3月まで）
1942年3月17日	名古屋陸軍幼年学校卒業
1945年6月17日	陸軍士官学校卒業
1945年6月17日	近衛歩兵第9連隊配属
1945年8月1日	陸軍少尉、連隊旗手
1945年11月30日	予備役編入復員
1947年11月28日	公職追放（1951年8月6日解除）
1947年12月13日	高等試験司法科試験合格
1949年3月25日	明治大学法学部法律学科卒業
1951年4月1日	弁護士登録
1952年4月1日	明治大学法学部兼任講師
1953年4月1日	明治大学法学部助教授
1955年3月20日	明治大学教職員組合副委員長（1956年3月まで）
1955年3月20日	明治大学専任教授連合会事務局長（1956年3月まで）
1955年6月16日	国際法学会評議員（1994年10月まで）
1959年4月1日	明治大学法学部教授（1996年3月まで）
1960年5月5日	在外研究員として西独に滞在（1961年3月まで）
1965年4月1日	明治大学学生部長（1967年3月まで）
1966年4月1日	早稲田大学法学部・同大学院法学研究科非常勤講師（1993年3月まで）
1970年10月17日	国際法学会理事（1994年10月まで）
1975年4月1日	明治大学法学部長（1976年9月まで）
1975年10月16日	国際法協会日本支部理事（2016年2月まで）
1976年5月23日	世界法学会理事（1999年5月まで）
1980年6月2日	自由人権協会代表理事（1984年6月まで）
1981年11月1日	日本平和学会理事（1985年10月まで）
1983年6月1日	マックスプランク国際法研究所客員研究員（1984年3月まで）
1984年12月25日	日本国際法律家協会副会長（1986年12月まで）
1987年5月16日	世界法学会理事長（1990年5月まで）
1990年8月1日	マックスプランク国際法研究所客員研究員（1991年4月まで）
1991年12月1日	国際人権法学会理事長（1994年12月まで）

1992年4月1日　明治大学総長（1996年3月まで）
1992年6月9日　社団法人私立大学連盟常務理事（1996年3月まで）
1994年5月25日　財団法人理想教育財団理事（2014年6月まで）
1993年3月1日　地域改善対策協議会会長（1997年2月まで）
1996年4月1日　明治大学名誉教授
1997年5月26日　人権擁護施策推進審議会委員（2002年3月まで）
1997年5月29日　財団法人人権教育啓発推進センター理事長（2006年3月まで）
1997年12月27日　財団法人朝鮮奨学会理事（逝去まで）
2001年4月29日　勲二等旭日重光章を授けられる
2016年4月10日　逝去

（注）『現代国際社会と人権の諸相　宮崎繁樹先生古稀記念』（成文堂、1996年）337-341頁
に1996年までのより詳細な御経歴が掲載されている。

635

宮崎繁樹先生　主要業績一覧

※1996年11月20日までに公刊された業績については、『現代国際社会と人権の諸相——宮崎繁樹先生古稀記念』（成文堂、1996年）342-371頁に掲載されている。以下は、それ以降の主な業績一覧である。

［著書］

『現代の人権と同和問題』（共編集、明石書店、1996年 2 月）

『世界の人権と同和問題——人権の世紀をめざして』（明石書店、1996年 8 月）

『子どもがかたる人権の詩』（監修、明石書店、1996年11月）

『解説　国際人権規約』（編著、日本評論社、1996年12月）

『国際化時代の人権と同和問題』（編著、明石書店、1999年10月）

『21世紀の人権問題を考える——平成14年度人権啓発講演会』（富山県、2002年）

『近衛歩兵第九聯隊概史〔改訂版〕』（私家版、2002年 1 月）

『人権百科事典』（監訳、明石書店、2002年 4 月）

『雲乱れ飛ぶ——明大学園紛争』（2003年 1 月）

『図解による法律用語辞典〔補訂 2 版〕』（共著、自由国民社、2006年 2 月）

『ハンス・ケルゼン著作集 3 』（共訳、慈学社出版、2010年 9 月）

［論文］

「心の中に人権の砦を築け」『潮』第456号（1997年 2 月）

「明治大学と国際法」『明治大学社会科学研究所紀要』第35巻 2 号（1997年 3 月）

「大東亜・太平洋戦争の評価について」『法律論叢』第70巻 1 号（1997年 7 月）

「人権の世紀をめざして同和教育を考える」『研究報告〈奈良県大学同和教育研究協議会〉』第12号（1998年）

「特別講演　国際人権の現代的課題」『国際人権』第 9 号（1998年）

「人権擁護推進審議会の由来と現状」『法学セミナー』第43巻 7 号（通号523号、1998年 7 月）

「これからの人権啓発・人権教育」〔共著〕『ヒューマンライツ』第133号（1999年 4 月）

「人間らしく生きる社会のために」『ヒューマンライツ』第133号（1999年 4 月）

「人権週間によせて——人権問題の理解と認識のために」『保険展望』第46巻 8 号（通号548号、1999年11月）

「人権週間によせて——人権問題の理解と認識のために」『郵便貯金』第49巻11号

（通号584号、1999年11月）

「人権週間によせて——人権問題の理解と認識のために」『情報通信ジャーナル』第
　17巻11号（通号140号、1999年11月）

「人権週間によせて（特集 人権）」『郵政』第51巻11号（通号604号、1999年11月）

「研究所の三十年に対して思うこと」『中央学術研究所紀要』第28号（1999年12月）

「主権国家の世紀から人権の世紀へ」『時の動き』第43巻12号（通号1018号、1999年
　12月）

「同和問題と人権」『都市問題研究』第52巻1号（通号589号、2000年1月）

「日本における人権問題——人権の世紀を前にして」『法律論叢』第72巻5号（2000
　年2月）

「特別講演録 21世紀を迎える人間の権利」『中央学術研究所紀要』第30号（2001年）

「明治大学史料館のあり方（特集 創立一二〇周年と大学史料館）」『紫紺の歴程：大
　学史紀要』第5号（2001年）

「人権救済制度と司法」『法の支配』第123号（2001年10月）

「『人権教育のための国連10年』、さらなる継続と発展を」『ヒューマンライツ』第
　191号（2004年2月）

「ジュネーブ条約追加議定書への加入の意義」『アイユ』2004年12月号

「大日本帝国憲法下の日本陸軍の法制面と問題点——日本陸軍の創設から消滅まで」
　『法律論叢』77巻6号（2005年3月）

「死刑の是非」『中央学術研究所紀要』第35号（2006年）

「大日本帝国憲法下における軍の規律維持と法制——軍隊手牒の採用と変遷」『法律
　論叢』第79巻4・5号（2007年3月）

「大日本帝国憲法下における叛乱（二・二六事件）——法律の仮面を被った不法と
　法律を超える法」『法律論叢』第80巻4・5号（2008年2月）

「人権について思う」『わたしと人権 part 2』（ぎょうせい、2009年7月）

「敗戦、占領、戦後民主主義〔インタビュー〕（同時代史を生きる 国際人権法学
　者・宮崎繁樹との対話）」『同時代史研究』第9号（2016年）

［新聞］

『読売新聞』1998年12月10日「世界人権宣言50周年シンポ　重み増す人類普遍の権
　利＝特集　基調報告」

『読売新聞』2006年5月10日「同和行政を考える（中）」大阪夕刊

［その他］

「弔辞（高橋洸教授追悼号）」『経営論集』第43巻3・4号（1996年3月）巻頭3頁

「資料 地域改善対策協議会総括部会報告書」『部落解放』第406号（1996年 6 月）

「資料 地域改善対策協議会意見具申」〔共著〕『部落問題研究：部落問題研究所紀要』第137号（1996年 7 月）

「書評：竹本正幸著『国際人道法の再確認と発展』」『国際法外交雑誌』第95巻 5 号（1996年12月）

「書評：マイノリティ研究会訳・山崎公士監修『国内人権機関――人権の伸長と保護のための国内機関づくりの手引き書』」『部落解放研究：部落解放・人権研究所紀要』第119号（1997年12月）

「書評：松田幹夫編『流動する国際関係の法』」『国際法外交雑誌』第98巻 1 ・ 2 号（1999年 6 月）

「連載：街かどの人権話」（第 1 回～第12回）『アイユ』2002年 4 月号～2003年 3 月号

「座長コメント　日本における人権条約機関設置をめぐって」『国際人権』第14号（2003年11月）

「翻訳／資料 ローマの法・格言・法諺抄」『法律論叢』第81巻 4 ・ 5 号（2009年 3 月）

おわりに

　宮崎先生にご指導を受けた明治大学関係者と早稲田大学関係者が一昨年の宮崎先生を偲ぶ会に出席した際に全員の胸中に去来したのは、宮崎先生の学恩に対する我々の感謝の思いを具体的な形で表したいということでありました。宮崎先生に記念論文集を捧げたことのない者が多数になったという事情から、先生に記念論文集を捧げる計画はこれまで何度か浮上しましたが、しかし実現せずにおりました。先生の御存命中に論文を捧げることはかなわなくなりましたが、この追悼論文集を先生に捧げることは宮崎先生に教えを受けた者の総意であります。

　この思いを同じくする明治大学関係者と早稲田大学関係者が緊密に連絡を取り合い編集委員会を立ち上げました。阿部浩己、今井直、梅田徹、江藤淳一、齊藤功高、平覚、濱田太郎、林一郎、古谷修一の各氏が宮崎先生の学恩に報いたいという一念からこの計画を実現してくれました。深く深く感謝しています。また、事務局の濱田氏にはとりわけ大変なご苦労を頂き御礼の言葉もありません。

　さらに、学会を通じて宮崎先生と個人的な関係を持たれた方々が、宮崎先生のためならばと玉稿を寄せて下さいました。荒巻重人、江島晶子、北村泰三、坂元茂樹、申惠丰、薬師寺公夫、横田洋三の各氏に厚く御礼を申し上げます。

　ここで、宮崎先生にご指導を受けた最古参の一人として決して忘れることのできない思い出をいくつか記したいと思います。いずれも国際法とは関係がありませんが先生のお人柄を知る一助になればと思います。

　宮崎先生はあの大学紛争時代に明治大学の学生部長として大変困難な日々を過ごされました。これは先生が執筆された『雲乱れ飛ぶ——明大学園紛争』に詳しく記されています。本書を読むと宮崎先生が教育者としてスト派の学生にも深い愛情を抱いていたことがわかります。そうした学生達の将来も憂慮しておられました。パレスチナゲリラとして活動した重信房子さんも

スト派の幹部の一人でした。重信さんの逮捕のニュースが大きく報じられた
ことがあります。その数年後、ある時、宮崎先生が「名古屋の刑務所で重信
さんと面会してきました。お元気でした。」とぽつりとお述べになりました。
その時、先生の温かい深い思いやりを感じたことを今でも覚えています。

　御茶の水の駅から神保町に向かって歩いて行くとかつての風景が一変して
います。明治大学のリバティー・タワーが周辺を圧しています。このタワー
は宮崎先生が総長の時に建設されたものです。友人の明大教員から先生が総
長としてご苦労されていると聞いておりました。伝統のある私立大学はどこ
でも大きな改革を行う際にはさまざまな障害に直面します。先生にお会いす
る機会があった時にリバティー・タワーは立派ですねと申し上げたところ、
先生は「僕は二つの原則を貫徹しました。一つは品物が良いこと、もう一つ
は値段が安いこと、これだけです。」とお答えになりました。幼年学校、士
官学校で軍人の教育を受けた先生は正しいと確信したことは万難を排して実
行するという断固たる信念をお持ちでした。近年、明治大学は最大の受験生
を集めていると報じられています。これは施設をも含めた改革の成果であり、
先生のご苦労が報われたのだと信じています。

　抜き刷りや本をお送りすると数日中に必ず宮崎先生の礼状が届きました。
約50年間不遜にもそれを当然のこととして過ごしてきました。東京に宮崎先
生が居られると想像するだけで、何となく安心できました。先生が亡くなら
れてあいた心の穴はとうてい修復不可能なようです。院生時代から今日まで
先生のような学識と人徳を兼ね備えた学者を我が師として仰ぐことができた
幸せをしみじみ噛み締めております。

　2019年 3 月30日

　　　　　　　　　　　　　　　　　　　　　長 谷 川 正 国

国際法のフロンティア──宮崎繁樹先生追悼論文集

2019年7月30日　第1版第1刷発行

編集代表　平　　覚・梅田　　徹・濱田太郎

発行所　　株式会社 日本評論社
　　　　　〒170-8474 東京都豊島区南大塚3-12-4
　　　　　電話 03-3987-8621　　FAX 03-3987-8590
　　　　　振替 00100-3-16　　https://www.nippyo.co.jp/

印刷所　　精文堂印刷
製本所　　牧製本印刷
装　幀　　図工ファイブ

検印省略　© S. TAIRA, T. UMEDA, T. HAMADA 2019

ISBN978-4-535-52361-6　　Printed in Japan

JCOPY　〈（社）出版者著作権管理機構　委託出版物〉

本書の無断複写は著作権法上での例外を除き禁じられています。複写される場合は、そのつど事前に、
（社）出版者著作権管理機構（電話03-5244-5088、FAX 03-5244-5089、e-mail: info@jcopy.or.jp）の許諾を
得てください。また、本書を代行業者等の第三者に依頼してスキャニング等の行為によりデジタル化する
ことは、個人の家庭内の利用であっても、一切認められておりません。